Walter Bußmann

Zwischen Preußen und Deutschland

Friedrich Wilhelm IV., der in den Jahren 1840 bis 1861 Preußen regierte, wurde von seinen Zeitgenossen halb hochachtungsvoll, halb geringschätzig der »König der Künste« genannt. Unter diesem Philosophen auf dem Thron, dem hochbegabten, am Ende umnachteten König erlebte Preußen zwischen den antinapoleonischen Freiheitskriegen und den Einigungskriegen Bismarcks Jahrzehnte des Friedens. Diesem nur wenig bekannten, durch die Ereignisse der Revolution von 1848 tragisch umschatteten Monarchen gilt Walter Bußmanns große Biographie, die zum ersten Mal auch den unveröffentlichten, handschriftlichen Nachlaß Friedrich Wilhelms IV. aus den Archiven der ehemaligen DDR auswertet. Zugleich schildert der Autor aber auch anschaulich die Ereignisse der deutschen Geschichte jener Jahrzehnte, in denen noch nicht entschieden war, ob aus Preußen, Bayern und Württembergern endlich Deutsche werden sollten oder nicht.

Walter Bußmann, 1914 geboren, war Professor für Geschichte in Göttingen, Berlin und München. Von 1970 bis zu seiner Emeritierung lehrte er in Karlsruhe. Seit 1969 ist der Autor Mitglied der Bayerischen Akademie der Wissenschaft.

Zu seinen wichtigsten Veröffentlichungen zählen: »Treitschke. Sein Welt- und Geschichtsbild« (1952); »Das Zeitalter Bismarcks« (1968); Band 5 des »Handbuchs der europäischen Geschichte«: »Europa von der Französischen Revolution bis zu den nationalstaatlichen Bewegungen des 19. Jahrhunderts«.

Walter Bußmann

Zwischen Preußen und Deutschland

Friedrich Wilhelm IV. – Eine Biographie

Ein Siedler Buch bei Goldmann

Der Goldmann Verlag
ist ein Unternehmen der Verlagsgruppe Bertelsmann

Made in Germany · 1/92 · 1. Auflage
Genehmigte Taschenbuchausgabe
© 1990 by Wolf Jobst Siedler Verlag GmbH, Berlin
Umschlaggestaltung: Werner Rebhuhn
unter Verwendung eines Gemäldes von Franz Krüger
aus dem Archiv für Kunst und Geschichte, Berlin
Gesamtherstellung: Presse-Druck Augsburg
Verlagsnummer: 12831
Lektorat: Dirk Rumberg
DvW · Herstellung: Barbara Rabus
ISBN 3-442-12831-5

Inhalt

Vorwort ... 9

Kindheit und Jugend ... 13

Hochzeit der Eltern · Geburt Friedrich Wilhelms · Sieben »stille Jahre« · Vollständige Niederlage Preußens bei Jena und Auerstedt · Flucht der königlichen Familie · Königsberger Tage · Über die Kurische Nehrung nach Memel · Begegnung mit dem Zaren · Treffen der drei Monarchen auf einem Floß auf der Memel · Königin Luises Begegnung mit Napoleon · Friede von Tilsit · Der Einfluß der Reformer auf den Kronprinzen · Gneisenau, Scharnhorst, Clausewitz und der Freiherr vom Stein · Die »Erziehungskrise« · Rückkehr nach Berlin · Tod der Mutter · Der Erzieher des Kronprinzen: Jean Pierre François Ancillon · Befreiungskriege · Der Kronprinz »im Feuer«: Die Schlacht bei Großgörschen · Napoleons entscheidende Niederlage: Die Völkerschlacht bei Leipzig · Einzug in Paris · »Legitimität« als Prinzip der Restauration · Friedenssicherung: Der Grundgedanke des Kronprinzen · Zerstreuungen in der Weltstadt · Rückkehr nach Berlin

Liebe und Vermählung ... 67

»Brautschau« · Prinzessin Elisabeth von Bayern · Konfessionelle Hindernisse · Vermittlungsversuche · Begegnung mit Staatsmännern Europas · Hochzeit in München · Vermählungsfeierlichkeiten in Berlin · Höfische Pflichten · Charlottenhof · Prinz Wilhelm und Elisa Radziwill · Unerfüllte Liebe · Das »Fest der weißen Rose« · Europäische Revolutionen 1830 · Choleraepidemie · Dynastische Verbindungen · Morganatische Ehe Friedrich Wilhelms III. mit Gräfin Auguste von Harrach · Übertritt zur evangelischen Kirche

Tod des Vaters und Thronfolge ... 110

Tod Friedrich Wilhelms III. · Trauerfeierlichkeiten · Das politische Testament · Kontinuität der höfischen und staatlichen Ämter · »Die frohen Tage der Erwartung« · Huldigungsfeste · Gottesgnadentum · Romantisches Staatsdenken und Gleichgewichtslehre

Theologie und Kirchenpolitik 130

Der »Laientheologe« auf dem Königsthron · Friedrich Julius Stahl · Das monarchische Prinzip · »Thron und Altar« · Der protestantische Kirchenbegriff · Das »Majestätsrecht« in der Kirchenverfassung · »Über die christliche Toleranz« · Entfremdung zwischen Friedrich Wilhelm IV. und Friedrich Julius Stahl

Orientalische Krise und das Bistum Jerusalem 153

Europäische Bündnisse · Der Meerengenvertrag · England als Gewinner · Das Schicksal von Juden und Christen im Heiligen Land · Karl Josias Freiherr von Bunsen · Bistumspläne mit England · Bunsens Illusionen und seine Differenzen mit dem König

Evangelischer Staat und Katholische Kirche 174

»Kölner Wirren« · Verhaftung des Kölner Erzbischofs · Die polnische Frage · Mischehenstreit · Vermittlerrolle des Königs · Kirchenpolitischer Sieg der Kurie · Pläne zum Wiederaufbau des Kölner Domes · Der Kölner Dom als Nationaldenkmal · Das Dombaufest · Die »Ruhmeshalle« Walhalla · Ludwig I. von Bayern · Italienische Reisen und Träume

Gottesgnadentum und Vereinigter Landtag 210

Das uneingelöste Verfassungsversprechen · Die provinzialständische Verfassung · Restaurationspolitik · Personalfragen · Soziale Sturmzeichen · Erstes preußisches Parlament · »Ich und mein Haus wir wollen dem Herren dienen« · Am Vorabend der Revolution · Judengesetzgebung

Revolution und preußische Verfassung 240

Folgen der Märzrevolution · Zeughaussturm · Latente Bereitschaft zum Staatsstreich · Übergangsministerien · Deputation der preußischen Nationalversammlung · Europäischer Konservatismus und ungebrochenes Gottesgnadentum · Entscheidende Rolle der Armee · Oktroyierte Verfassung · Konflikte um den Oktroi · Verfassungseid des Königs

Preußen und die deutsche Einheit 273

Allgemeine Verelendung und europäische Revolutionen · Massenversammlung vor dem Berliner Schloß · Der 18. März · Barrikadenkämpfe · Militärische Überlegungen · Chaos in der Staatsführung · Flucht des Prinzen von Preußen · Umritt des Königs · Leichenzug für die »März-Gefallenen« · »Preußen geht fortan in Deutschland auf« · Demonstrative Zugeständnisse an den bürgerlichen Geist · Polnische und dänische Frage · Deutscher Einmarsch in Jütland · Militärischpolitische Fragen zur Deutschen Einheit · Nationalversammlung in der Frankfurter Paulskirche · Kaiserdeputation · Ablehnung der Kaiserkrone · Niederwerfung des Badischen Aufstandes · Unionspolitik · Deutscher Bund · Gegenrevolution · Erfurter Unionsparlament · Die »Hessische Sauerei« · Olmütz: Sieg der Vernunft oder »moralisches Jena«?

Kunst und Wissenschaft 340

König der Künstler · Geborener Baumeister · Schinkel · Stüler · Persius · Rauch · Potsdam und der große Vorfahr · Kulturlandschaft an der Havel · Bauten für die königliche Familie · Schloß- und Gartenanlagen von Sanssouci · Plan der »Via Triumphalis« · Lenné · »Geträumte Architekturen und Landschaften« · Italienische Eindrücke und Einflüsse · Enge Verflechtung zwischen Wissenschaft und Staatsbeamten · Alexander von Humboldt · Die Friedensklasse des Ordens Pour le Mérite · Berlin als geistiger Mittelpunkt Deutschlands · Kulturelle Blüte trotz Restauration

Friedrich Wilhelm IV. und der Krimkrieg 387

Die orientalische Frage · Leopold von Ranke · »Preußen soll in Neutralität verharren« · Abberufung Bunsens aus London · Entlassung des Kriegsministers von Bonin · Leopold von Gerlach und der Einfluß der Kamarilla · Krise im Hause Hohenzollern · Militärs als Diplomaten · »Lehrjahre« der Generalität · Die militärische Umgebung des Königs · Die Beziehungen zwischen Berlin und Wien · Friedenspolitik · Das Verhältnis zu Rußland · Die Isolierung Preußens zeichnet sich ab · »Autonome Neutralität« oder »Aktive Neutralität«? · Die Gefahr einer »Germanisierung« der orientalischen Frage · Rücksichtnahme auf das Habsburger Reich · Tod des Zaren · Friede von Paris

Die letzten Regierungsjahre 431

Briefdiebstahl · Tod des Polizeipräsidenten Hinkeldey im Duell · Neuenburger Konflikt · Royalistische Erhebung · Konsequenzen des Gottesgnadentums · Drohender Prozeß gegen die Aufständischen · Verstrickung des Königs · Vermittlung · Anerkennen der Realitäten

Krankheit und Tod 453

Körperlicher und geistiger Verfall des Königs · Höfische Verpflichtungen · Annäherung an den Prinzen von Preußen · Stellvertretung oder Regentschaft? · Übernahme der Regentschaft durch den Prinzen von Preußen · Familienangelegenheiten · Letzte Reisen · Tod enger Vertrauter · Tod Friedrich Wilhelms IV. · Beisetzung in der Friedenskirche

Epilog 475

Friedrich Wilhelm IV. im Urteil der Historiker · Der »Laientheologe« auf dem Thron · König der Künstler · Friedenskönig · König von Gottes Gnaden

Anmerkungen	487
Quellen- und Literaturverzeichnis	501
Namenregister	514
Abbildungsnachweis	525
Stammtafel: Hohenzollernkönige und -kaiser	526

Vorwort

Das Interesse an diesem Hohenzollern ist von Gedenktagen unabhängig, wenn auch zu den ersten Annäherungen an Friedrich Wilhelm IV. ein Festvortrag gehörte, den ich aus Anlaß seines 100. Todestages 1961 in dem von ihm gestifteten Centraldiakonissen-Mutterhaus Berlin gehalten habe. Erst als ich andere Arbeiten zum 19. Jahrhundert, in deren Mittelpunkt Bismarck stand, abgeschlossen hatte, gab ich dem Wunsch des Verlages nach, eine Biographie des Königs zu schreiben. Das Vorwort soll nicht einen Forschungsbericht über die historiographische und publizistische Auseinandersetzung im 19. Jahrhundert mit diesem Regenten geben. Obwohl Publikationen der letzten Jahre andeuten, daß das Thema »Friedrich Wilhelm IV. in seiner Zeit« gerade jüngere Forscher anzieht.

Das vorliegende Buch beruht auf einem Quellenbestand von ungewöhnlichem Umfang. Es handelt sich nicht nur um den Reichtum der zeitgenössischen Literatur in den Bibliotheken und aus Druckereien des 19. Jahrhunderts, sondern auch und vor allem um ungedruckte Quellen, die weithin noch unerschlossen sind. Eine Reihe von Archiven habe ich mir zugänglich machen können. Das Zentrale Staatsarchiv in Merseburg enthält den umfangreichen Nachlaß Friedrich Wilhelms IV. und seiner Zeitgenossenschaft. Generationen von Historikern haben die Bestände des Hausarchivs benutzt, so daß hier schon Bekanntes noch einmal durchgesehen wurde. Es bleibt für den Historiker immer wieder erregend, die Originale von Aufzeichnungen in Händen zu halten, auch wenn ihm der Inhalt schon aus der Literatur bekannt ist.

Die Arbeit im Zentralen Staatsarchiv in Merseburg wurde fortgesetzt im Geheimen Staatsarchiv Preußischer Kulturbesitz in Berlin-Dahlem, im Fürstlichen Hohenzollernschen Haus- u. Domänenarchiv in Sigmaringen, im Staatsarchiv Sigmaringen, in den Archiven der Kurhessischen Hausstiftung Schloß Fasanerie sowie in dem Archiv des ehemals regierenden preußischen Königshauses Hechingen. Die Archivalien des Bayerischen Hauptstaatsarchivs München konnten dagegen nur begrenzt benutzt werden; dieser Mangel wurde in Kauf genommen, da Heinz Gollwitzers große Ludwig-Biographie zur Verfügung stand. An einer grundsätzlichen Bemerkung ist mir indes gelegen: Wenn ich auch auf die Arbeit in den Archiven nicht verzichten wollte und wenn sie der

Darstellung zugute gekommen ist, so wäre eine Biographie mit Hilfe der gedruckten Quellen gleichwohl möglich gewesen. Mir ist wohl bewußt, wie sehr mein Bedürfnis, mich in die Persönlichkeit des Königs »hineinzuleben«, das Urteil auch trüben kann. Ich erhebe nicht etwa den Anspruch, die nunmehr gleichsam »gültige Lebensgeschichte« dieses gebildeten Monarchen vorzulegen. So wie der König dazu neigte, sich vor seiner Mitwelt zu »effacieren«, so ähnlich hat sich sein oftmals rätselhaftes Wesen dem Urteil des nachsinnenden Historikers entzogen. Ich habe als Angehöriger einer Generation, die nicht in der Bismarck-Orthodoxie, wohl aber in seiner kritischen Bewunderung den größten Teil ihres wissenschaftlichen Lebensweges zurückgelegt hat, den Wunsch gehabt, dem König gerecht zu werden. Indem ich versuchte, die facettenreiche Gestalt des spät- beziehungsweise nachromantischen Königs zu beschreiben, war es gleichzeitig mein Bestreben, auch von seiner Zeitgenossenschaft in den sehr verschiedenen Milieus einen Eindruck zu vermitteln. So sollte auch ein Teil der preußischen Geschichte im 19. Jahrhundert veranschaulicht werden.

Skeptisch bin ich gegenüber der Ansicht, daß ein Staat durch eine »Idee« oder gar durch eine zu erfüllende Mission legitimiert werden müsse. Wenn auch Friedrich Wilhelm IV. in seiner Selbstauffassung mit Ideologie geradezu überladen war, so blieb Preußen während seiner Ära doch ein Staat im politischen und sozialen Wandel. Dieser König stand zwischen Preußen und Deutschland. Wenn er auch seine Aufgabe in der Wahrung preußischer Interessen – so wie er sie interpretierte – sah, so hörte der Gedanke an Deutschland, an die Einigkeit der deutschen Staatenwelt einschließlich Österreichs dabei nicht auf, ihn zu beschäftigen. Fürst Metternich hat mit der Klarheit, die dem Mißtrauen eigentümlich sein kann, während eines Besuchs in München 1845 gesagt: »Die Gefahr liegt darin, daß das Preußentum in das Deutschtum übergehe.« Der habsburgische Staatsmann durchschaute das Dilemma dieses Königs von Preußen, zumal Friedrich Wilhelm im Gegensatz zu seinen Beteuerungen und zu seinem Verhalten nicht ohne deutschen Ehrgeiz war. Unabhängig von seiner Friedensliebe hat allerdings der Gedanke an das Recht einer Machtpolitik im Wege gestanden. Und diese Friedenspolitik war durchaus ein integraler Bestandteil der preußischen Geschichte.

Der Dank gilt vielen Persönlichkeiten, die nicht namentlich genannt werden sollen und können. Zu ihnen gehören Kollegen, die mir wissenschaftlich und menschlich nahe stehen. Der Dank richtet sich an die

Damen und Herren des Zentralen Staatsarchivs in Merseburg sowie an die Mitarbeiter der genannten Archive in der Bundesrepublik Deutschland. Zu danken habe ich der Deutschen Forschungsgemeinschaft für die Gewährung des Zuschusses für die Reise zum Zentralen Staatsarchiv Merseburg. Mein Dank gilt vor allem Herrn Joachim Stemmler M.A., für seine Mitarbeit, insbesondere für die Erstellung des Quellen- und Literaturverzeichnisses sowie des Registers.

Alle Zitate sind – bis auf charakteristische Eigentümlichkeiten der Schreiber und der Autoren – der modernen Schreibweise angepaßt. Frau Gertrud Stauffer, einst Karlsruher Institutssekretärin, hat unermüdlich die verschiedenen Fassungen des Manuskripts geschrieben. Dankbar verbunden fühle ich mich dem Verleger. Ohne die fördernden Anregungen und das kritische Mitlesen des Freundes und Verlegers Wolf Jobst Siedler wäre das Buch weder begonnen noch vollendet worden. Seine Hilfe überschreitet weit das herkömmliche Maß der Hilfe, die ein Verleger zu leisten vermag. Sein Assistent, Dirk Rumberg, hat mit Umsicht und Engagement die redaktionelle Arbeit durchgeführt.

Walter Bußmann

*Die Gefahr liegt darin,
daß das Preußentum
in das Deutschtum übergehe.*

Clemens Graf Metternich

Kindheit und Jugend

In das Geburtsjahr Friedrich Wilhelms, 1795, fiel der Baseler Friede, der dem preußischen Staat noch einmal eine Atempause vor dem Sturm der Französischen Revolution und Napoleons zu gewähren schien. Norddeutschland wurde in diesem separaten Friedensvertrag zwischen Berlin und Paris neutralisiert. Die von Preußen garantierte Demarkationslinie, die den größten Teil Westfalens, Hessens und auch Frankens umschloß, verlief nach einer Zusatzkonvention von Ostfriesland über Münster, Kleve und Limburg bis an den Main. Berlin stimmte zu, daß die französischen Truppen die linksrheinischen Besitzungen Preußens bis zum allgemeinen Reichsfrieden besetzt hielten; in den Geheimartikeln war bereits die Verabredung einer rechtsrheinischen Entschädigung zugunsten Preußens vorgesehen.

Die Urteile über den Frieden, der Frankreich die Rheingrenze sicherte, schwankten zwischen moralpolitischen Verurteilungen und realpolitischen Rechtfertigungen. Die kaiserlich gesinnten Publizisten sprachen von einem »nationalen Verbrechen« und bezeichneten den preußischen König Friedrich Wilhelm II. als »Judas am Reiche«. Es war der Beginn einer Auseinandersetzung, die weder die Interessenlage Preußens noch die Österreichs berücksichtigte. Beide Staaten ließen sich nur von der Einschätzung ihres vermeintlichen Vorteils lenken, wobei fraglich bleibt, ob die Politik der Berliner Unterhändler klug und weitsichtig gewesen ist. Für den Abschluß des Friedens läßt sich eine Reihe von Gründen anführen. Er kam der Friedenssehnsucht in fast allen Schichten der Bevölkerung entgegen. Preußen hatte sich in den vorangegangenen Feldzügen im Westen und Osten finanziell und wirtschaftlich erschöpft. Die Friedenspartei am Hofe, zu der neben dem Kronprinzen und einer Reihe militärischer und politischer Ratgeber vor allem der noch immer um Einfluß ringende und zu Frankreich neigende Prinz Heinrich, der jüngere Bruder Friedrichs II. gehörte, hatte den Baseler Frieden schließlich durchgesetzt. Wohl teilte Preußen dem Regensburger Reichstag den Separatfrieden mit, aber der preußische Wunsch, einen Reichsfrieden zu erreichen, ging nicht in Erfüllung. Eine moralisierende Verurteilung dieses Friedens ist jedoch längst obsolet geworden. Es ist umstritten, ob das Ausscheren Preußens aus der Koalition gegen Frankreich zu seiner späteren verhängnisvollen Isolierung in

Europa und zu seiner Niederlage geführt hat. Nicht geleugnet werden kann indes, daß der Baseler Frieden zu den Voraussetzungen für die Entfaltung des kulturellen Lebens gehörte, das in der Klassik dieses Jahrzehnts eine einzigartige Blüte erreichte. Ranke sprach geradezu von dem Glanz der »goldenen Tage in Weimar«, die der Sonderfriede erst möglich gemacht habe. Kultureller Aufstieg und politischer Niedergang standen zumindest in einem Staate mittleren Ranges nebeneinander.

Dem Frieden war eine Periode »politischer Zerfahrenheit« vorausgegangen. Im Westen hatte Preußen an der Reichskampagne gegen das revolutionäre Frankreich teilgenommen, aber ihr mäßiger Erfolg war nicht geeignet, den Nimbus der friderizianischen Armee zu bewahren. Die Kanonade von Valmy bedeutete keine militärische Entscheidung, aber aufgrund der Vorgänge im Polnischen entschloß sich Preußen 1792, seine Hauptarmee vom westlichen Kriegsschauplatz zurückzuziehen. Die unglückliche Kampagne wurde das Signal für die Überlegenheit des revolutionären Volksheeres über die zu einem großen Teil aus Söldnern bestehenden Armeen der Koalition gegen die »Königsmörder«. Was aus der Sicht des Tages als ein isolierter militärischer Vorgang erscheinen mochte, war in Wirklichkeit ein epochales Ereignis. Unter den Mitlebenden sind es stets nur wenige, die das Gefühl für Epochales zu spüren und auszudrücken vermögen.

Goethe verstand den Zukunftsgehalt des Ereignisses: »Von hier aus und heute geht eine neue Epoche der Weltgeschichte aus, und Ihr könnt sagen, Ihr seid dabeigewesen.«[1] Während des Rückzugs wurde seine Prognose düsterer: »Europa braucht einen Dreißigjährigen Krieg, um einzusehen, was 1792 vernünftig gewesen wäre... Dieser Feldzug wird als eine der unglücklichsten Unternehmungen in den Jahrbüchern der Welt eine traurige Gestalt machen.«[2] Die Kritik eines Teils der militärischen Führerschicht war verbittert. Oberst von Massenbach hat die Skepsis des preußischen Oberbefehlshabers, des Herzogs Karl Wilhelm Ferdinand von Braunschweig, eines Neffen Friedrichs II., überliefert: »Ja, der Untergang Preußens ist unvermeidlich.« Militärische Teilerfolge wie die Eroberung von Mainz am 23. Juli 1793 konnten das Kriegsglück nicht mehr wenden.

Nach dem ersten Koalitionskrieg verlagerte sich der Schwerpunkt der preußischen Politik von Westen nach Osten. Ende September 1793 verließ Friedrich Wilhelm II. die Armee am Rhein und reiste in das neuerworbene Südpreußen. Die Truppenteile im Westen standen seit Januar 1794 unter dem Befehl des Feldmarschalls Möllendorff, bis die Armee

Ende Oktober vom westlichen Kriegsschauplatz abzog. 1795 erhielt Preußen im Verlaufe der dritten Teilung Polens, der es sich anschloß, die polnischen Gebiete mit Warschau und Podlachien nördlich des Bug und westlich des Njemen. Mit diesen Erwerbungen hatte sich Preußen weit nach Osten ausgedehnt. Indem es sich an der Vergewaltigung Polens beteiligte und sich große rein slavische Gebiete einverleibte, wuchs es gleichsam aus Deutschland heraus. Der Gebietszuwachs in Polen hat Preußen eher geschwächt als gestärkt; seine Verwaltung war den Eroberungen in gar keiner Weise gewachsen.

Die herrschende Meinung, Friedrich Wilhelm II. sei ein unfähiger Regent gewesen, ist unhistorisch: den neuen König an der Größe seines Onkels Friedrich II. zu messen, wird ihm nicht gerecht. Friedrich Wilhelm II. konnte aus dem Schatten des kinderlos verstorbenen großen Königs nicht heraustreten, und er stand als ältester Sohn des Prinzen August Wilhelm von vornherein in scharfem Gegensatz zu ihm. So gehört Friedrich Wilhelm II. nicht zu den Regenten unter den Hohenzollern, die die Sympathie der preußischen Zeitgenossen und der Nachwelt gefunden haben. Er versuchte den Regierungsstil des aufgeklärten Absolutismus fortzusetzen, dem er aber in gar keiner Weise gewachsen war. Über noch so begründeten Vorwürfen, die sich vor allem gegen seine Günstlingswirtschaft richteten, kann nicht vergessen werden, daß er den Künsten und Wissenschaften frische Impulse gegeben hat. Vor allem holte er bedeutende Architekten nach Berlin. Zu den großen Bauten seiner Ära gehörte der Neue Garten mit dem Marmorpalais am Heiligen See bei Potsdam. Der Vorwurf der Verschwendungssucht ist weit übertrieben worden. Weder auf die Bautätigkeit noch auf die »Versorgung« der Mätressen trifft er zu.

In den Häusern der Rahel Levin und der Henriette Herz entstanden jene Berliner Salons, an deren intellektuellem Leben Gelehrte, Künstler, Offiziere – Bürgerliche wie Angehörige des hohen Adels – teilnahmen. Berlin hat auf dem langen Wege zur Metropole unter Friedrich Wilhelm II. eine nicht unbeträchtliche Strecke zurückgelegt.

Das Kronprinzenpaar, der künftige Friedrich Wilhelm III. und die als Tochter des Herzogs Karl Ludwig Friedrich von Mecklenburg in Hannover geborene und in Darmstadt aufgewachsene Prinzessin Luise von Mecklenburg-Strelitz, hat zum Mißvergnügen der Oberhofmeisterin Gräfin Voß an der Entfaltung eines freieren gesellschaftlichen Lebens seinen Anteil gehabt. Die Verbindung zwischen beiden begann in stürmischer Zeit, und die Briefe der Prinzessin vermitteln davon ein

Die siebzehnjährige Prinzessin Luise von Mecklenburg-Strelitz heiratete am Weihnachtsabend 1793 den Sohn des preußischen Königs Friedrich Wilhelm II., den späteren Friedrich Wilhelm III. Zwei Jahre später wurde dem kronprinzlichen Paar jener Sohn geboren, der 1840 als Friedrich Wilhelm IV. den preußischen Königsthron besteigen sollte. Anonymes Gemälde des einjährigen Friedrich Wilhelm mit seiner Mutter von 1796.

Das junge Kronprinzenpaar bestieg nach dem Tod Friedrich Wilhelms II. im Jahre 1797 den Thron des preußischen Königs, beide überall gefeiert, er wegen seines »bürgerlichen« Auftretens und sie wegen ihres Liebreizes. Der Zeitgeist dieser revolutionären Epoche gibt sich auch im offiziellen Gemälde von Friedrich Georg Weitsch zu erkennen: Das Königspaar wird inmitten der Natur in legerer Haltung gezeigt, nicht in der erstarrten Pose der traditionellen Hofporträts.

anschauliches Bild. Der König hielt nach dem Feldzug in der Champagne und der Rückeroberung der Krönungsstadt im Winter 1792/93 in Frankfurt Hof. Auf einem der Bälle lernten sich der damals 22jährige Friedrich Wilhelm und die gerade 16jährige Luise kennen und fanden spontan Zuneigung füreinander. Am 20. März 1793 fand die Verlobung statt; am Weihnachtsabend 1793 wurde in Berlin eine Doppelhochzeit gefeiert, denn Luises Schwester Friederike, die spätere Prinzessin von Solms und in dritter Ehe Königin von Hannover, heiratete den Prinzen Ludwig. Eine Ehe begann, deren ideale Vorbildlichkeit die folgenden Generationen fasziniert hat. Die Ehe blieb trotz weniger Krisen und einiger Mißverständnisse glücklich und harmonisch. So war sie besonders geeignet, zum Vorbild »bürgerlich-patriarchalischer Häuslichkeit«[3] zu werden. Die junge Kronprinzessin ist in den ersten Ehejahren oft allein gewesen, denn der Kronprinz nahm nach den Feldzügen in der Champagne an der Niederschlagung des polnischen Aufstandes gegen die Teilungs- und Besatzungsmächte teil. Die Erinnerung an die Schreckensbilder der Schlachtfelder begründete einen tiefgefühlten Widerwillen gegen den Krieg. Luise ist nach anfänglichen Schwierigkeiten eine patriotische Preußin geworden.

Am 15. Oktober 1795 wurde im Kronprinzenpalais der erwünschte Sohn, der spätere Friedrich Wilhelm IV., geboren. Die Taufe fand am 28. Oktober im Kronprinzenpalais Unter den Linden statt, und zu den Taufpaten gehörten die beiden Brüder Friedrichs des Großen, Prinz Heinrich und Prinz Ferdinand. Noch während der Kronprinzessinenzeit gebar Luise am 22. März 1797 den zweiten Sohn. Im Herbst dieses Jahres siedelte die Familie für einige Wochen in das Landschlößchen Paretz über, wo sie »das einfache Leben von Gutsleuten« führten.[4] Als Friedrich Wilhelm III. wurde der Kronprinz im Jahre 1797 König von Preußen. Der Thronwechsel erfolgte unter Umständen, die mit der tiefen Entfremdung zwischen dem sterbenden König und dem Thronfolger zusammenhängen. Der Sohn hat dem sterbenden Vater die Zerrüttung des Familienlebens niemals verzeihen können. Während der König starb, fuhr der Kronprinz ins Theater; das war für den Nachfolger, Friedrich Wilhelm III., charakteristisch, der sich in schwierigen Situationen stets in Zerstreuungen flüchtete.[5]

Über den Kinderjahren Friedrich Wilhelms IV. lag noch nicht der Schatten, den die Expansionspolitik des napoleonischen Frankreichs auf Europa warf. Die Schauplätze der Idylle, in der er aufwuchs, wechselten zwischen den Schlössern in Berlin, Potsdam und Paretz sowie der geliebten Pfaueninsel.

Man spricht von den sieben »stillen Jahren« zwischen 1797 und 1804. Wenn der König nicht auf Reisen, vornehmlich zu Truppenbesichtigungen, war, verlief das Familienleben einfach und frugal. Wir haben so gut wie keine Äußerungen des heranwachsenden Kronprinzen, aber das Leben am preußischen Hofe erschließt sich uns aus den Briefen der Königin sowie den Mitteilungen der Verwandten und der zum Hofe gehörenden Persönlichkeiten. So schreibt Prinz Wilhelms Frau vom »Schlaraffenland« in Berlin und schildert im Gegensatz dazu den monotonen Tagesablauf in Potsdam: »Ein Tag ist wie der andere ... Jetzt naht der schreckliche Augenblick, wir sitzen um einen Tisch, um zu arbeiten und den Tee einzunehmen, wenn er genommen ist, beginnen der König und seine Brüder zu lesen, so sind wir natürlich verpflichtet zu schweigen, manchmal setzten die Königin und ich uns in ein anderes Zimmer, das geht dann sehr gut, aber ist dem König nicht recht ... Um halb neun setzt man sich zum Nachtessen ... gewöhnlich spricht niemand, und man unterhält sich mit dem Lesen der Speisekarte. Um neun tritt der wachhabende Offizier ein mit dem Rapport, man steht auf, zieht sich durchs Zimmer oder arbeitet auch bis halb elf.«[6]

Dieser Alltag wurde unterbrochen durch winterliche Hoffeste und Kostümbälle, auf denen stets die Königin der strahlende Mittelpunkt war, sowie durch sommerliche Reisen in die Provinzen und vor allem zur mecklenburgischen und oranischen Verwandtschaft. Je unsicherer die preußische Neutralitätspolitik wurde, desto mehr machte die Königin ihren Einfluß geltend. Der unsichere und friedliebende König war den verschiedenen Einflüssen seiner Ratgeber ausgesetzt, bis er nach wechselnden Konstellationen in den auswärtigen Beziehungen zu einem denkbar ungünstigen Zeitpunkt und noch dazu nach einer Demobilisierung seiner Armee Napoleon ultimativ aufforderte, die französischen Truppen aus Süddeutschland und Westfalen abzuziehen sowie die Bildung eines Norddeutschen Bundes nicht zu behindern.

Aus der Idylle eines nur noch scheinbaren Friedens ergab sich jäh ein Feldlager. Während sich die Königin zur Kur in Bad Pyrmont aufhielt – ihre Gesundheit war nach acht Schwangerschaften angegriffen –, erreichten die hektischen und zum Teil widersprüchlichen diplomatischen und militärischen Aktionen in Berlin einen Höhepunkt. Napoleons Truppen rückten über Würzburg und Bamberg in die Nähe der preußischen Grenze; der König zögerte lange, bis er am 20. September 1806 den nach Thüringen ziehenden Truppen folgte. Gemeinsam mit der Königin traf er in Naumburg im Hauptquartier ein. Ein zweites Ultimatum mit der wiederholten Forderung nach Abzug der französischen Truppen wurde von Napoleon weder ernst genommen noch beantwortet. Daß Luise den König ins Hauptquartier begleitete, war ein in der preußischen Heeresgeschichte unerhörter Vorgang. Gewiß hatte auch der französische Kaiser seine Hauptstadt mit seiner Frau Josephine verlassen, aber sie blieb in Mainz zurück. Die Anwesenheit der preußischen Königin reizte Napoleon zu spöttischen Kommentaren, auch wenn viele seiner Äußerungen oftmals apokryph sind.

Friedrich von Gentz berichtete als Augenzeuge über die Reise des königlichen Paares: »Der Weg nach Auerstedt bot eines der feierlichsten Schauspiele, die ich in meinem Leben gesehen. Der König und die Königin saßen in einem verschlossenen Wagen, von zwanzig anderen gefolgt, und waren von allen Seiten von Truppen, Kanonen und Geschützwagen umringt. Großartig war der Anblick ... der Gedanke aber, daß die Herrscher einer Schlacht zueilten, machte diesen Marsch zugleich imponierend und trauererregend.«[7] Noch aus Naumburg schrieb die Königin dem Zaren: »Das muß gut gehen.«[8]

Befehlshaber der preußischen Hauptarmee war wiederum der neunundsiebzigjährige Herzog Karl Wilhelm Ferdinand von Braunschweig; ein Korps stand unter dem Befehl des Fürsten Hohenlohe. Napoleon befand sich von vornherein in einer strategisch günstigeren Ausgangslage; sein Hauptquartier lag am 12. Oktober in Gera, seine Truppen waren auf den Höhen von Jena versammelt. So konnten die Franzosen warten, bis ihnen das preußische Haupttheer in der Nähe des Thüringer Waldes entgegenkam. Wenn die Königin zunächst noch sehr viel Zuversicht gezeigt hatte, so wurde der Tod des Prinzen Louis Ferdinand sogleich als böses Omen empfunden. Man wollte ihn nicht an der Heeresleitung beteiligen, zu der er auf Grund seiner militärischen Begabung gehört hätte. Persönliche Gründe, wohl eine Eifersucht des Königs, haben bei diesem Ausschluß des Prinzen aus hohen Kommandostellen eine Rolle gespielt.

In einem Vorhutgefecht fiel Louis Ferdinand in der Nähe von Saalfeld. Die Tagebucheintragung der Königin gibt nur verhalten ihre Gefühle und ihren Schmerz wieder: »Der König kam, mir das [Tod des Prinzen] zu sagen, und ich verzichte wiederzugeben, welchen Eindruck dieser grausame Tod auf mich machte; von diesem Augenblick an hatte ich die schlimmsten Vorahnungen über diesen Krieg, der gerade erst begann, und ich fürchtete, daß er nur unglücklich enden könne, nachdem das erste Gefecht so unheilvoll war und uns einen Prinzen des königlichen Hauses gekostet hatte, auf den die größten Hoffnungen gerichtet waren.«[9]

Am 14. Oktober 1806 erfolgte die vollständige Niederlage der preußischen Truppen bei Jena und Auerstedt. Die Flucht und das Exil wurden so das prägende Erlebnis des Kronprinzen, der am 15. Oktober elf Jahre alt geworden war. Ihr Schatten fiel über die nächsten sechs Jahre Friedrich Wilhelms, der noch als König davon sprechen sollte.

Bei Jena und Auerstedt handelte es sich um mehr als nur eine militärische Niederlage; es war der Zusammenbruch eines politischen Systems. Die hohe Bürokratie des ausgehenden 18. Jahrhunderts hatte ihre Kritik gerade gegen die erstarrte »Verfassung« gerichtet, die unfähig sei, dem gesellschaftlichen Wandel gerecht zu werden. Preußen – wie auch die anderen Staaten der Epoche – war denn auch einer dynamischen Kraft wie der Napoleons nicht gewachsen. So spiegelt der Gemeinplatz, die preußische Armee habe sich »auf den Lorbeeren Friedrichs des Großen ausgeruht«, nicht die ganze politische Wirklichkeit wider, aber diese Auffassung wurde immerhin von einem Teil der führenden militärischen und politischen Schichten geteilt; das Versagen der Armee stand im Vordergrund des Erlebens.

Gleich nach der Niederlage versuchte man, militärische Konsequenzen zu ziehen. Ein königliches »Publikandum wegen Abstellung verschiedener Mißbräuche bei der Armee« vom 1. Dezember 1806 kündigte eine militärische Untersuchung des Verhaltens jener Kommandanten und Offiziere an, die ihre Truppen ohne Not verlassen oder die Festungen übergeben hatten. Durch solche Untersuchungen ist ohne Zweifel der Wandlungsprozeß in der Geschichte Preußens beschleunigt worden, aber darüber darf nicht die Kontinuität der militärischen Führungsschichten von Jena und Auerstedt bis Leipzig und Waterloo übersehen werden.

Napoleon hat im Verfall der Friderizianischen Armee eine der Ursachen für den Zusammenbruch des preußischen Staates gesehen; das deutete er an, indem er nach dem Siege nach Sanssouci eilte, in den Zimmern des großen Königs verweilte und dessen Degen mit sich nahm. Der Mythos Friedrichs des Großen wurde von der Monarchie in und nach der Niederlage beschworen. In jener Begegnung mit Napoleon in Tilsit hatte Königin Luise gesagt: »Sire, dem Ruhme Friedrichs des Großen war es erlaubt, uns über unsere Kräfte zu täuschen, wenn anders wir uns getäuscht haben.«[10] Dieser Satz wurde in vielerlei Variationen wiederholt.

Unmittelbar nach der Niederlage waren aber Männer aufgetaucht, die politische und soziale Reformen einleiteten und solches Reformwerk als »politische Pädagogik« verstanden. Die Intentionen dieser Reformer und die Widerstände dagegen blieben dem Kronprinzen weitestgehend verborgen, nicht nur seines kindlichen Alters wegen. Der elfjährige Kronprinz wurde mit den wichtigsten Reformern damals in Memel und Tilsit und dann in Königsberg, wenn auch noch so flüchtig, bekannt, aber natürlich stand das Abenteuer der Flucht im Mittelpunkt seines Erlebens. Es war indes nicht nur Abenteuer, sondern fortwirkende und prägende Erinnerung. Sein bewußtes Leben beginnt ja mit der Flucht vor Napoleon an die äußerste Grenze des preußischen Staates.

Wer über Kindheit und Jugend Friedrich Wilhelms berichtet, muß die Aufmerksamkeit auf Königin Luise lenken, die bis zu ihrem frühen Tode im Mittelpunkt der Erlebniswelt des Kronprinzen stand. Das Bild der Königin ist von Legenden zugedeckt. Jedenfalls wuchs die mecklenburgische Prinzessin, die in ihrem Selbstverständnis »aus dem Reiche« stammte, in der Zeit der Not über sich selbst hinaus. Die Königin berichtet in einer eigenhändigen Aufzeichnung, sie sei am 13. Oktober um zwei Uhr im Feldwagen des Königs von Weimar abgereist und habe schon fast Auerstedt erreicht gehabt, als sie dem Oberkommandierenden, dem Herzog von Braunschweig, begegnete. »Um Gottes Willen, was tun Sie hier? Um Gottes Willen, was wollen Sie hier tun?« Die Königin erwiderte ihrem Bericht nach: »Der König glaubt, daß ich nirgends sicherer bin als hier im Rücken der Armee, da der Weg, den ich nach Berlin einschlagen sollte, nicht mehr sicher ist.«[11] Es war seit dem Großen Kurfürsten das erste Mal, daß eine Königin auf einem Feldzug bei ihrem Gemahl im Hauptquartier war.

Nach einer abenteuerlichen Flucht traf sie in Schwedt an der Oder im königlichen Schloß ihre Kinder wieder. Den Söhnen teilte sie die Nachricht von der Niederlage in Worten mit, die nicht wörtlich überliefert sind. Der populären und quellengesättigten Darstellung der deutschen Befreiungskriege zufolge soll sie gesagt haben: »Ihr seht mich in Tränen, ich beweine den Untergang meines Hauses und den Verlust des Ruhmes, mit dem Eure Ahnen und ihre Generäle den Stamm Hohenzollern gekrönt haben ... Es gibt keinen preußischen Staat, keine preußische Armee, keinen Nationalruhm mehr ... Aber begnügt Euch nicht mit den Tränen allein; werdet Männer und geizet nach dem Ruhme großer Feldherren und Helden! Könnt Ihr aber mit aller Anstrengung den niedergebeugten Staat nicht wieder aufrichten, so sucht den Tod, wie ihn Louis Ferdinand suchte.«[12] Diese Worte sind im Zusammenhang bestimmt nicht so gesprochen worden, aber in diesem Sinne werden ihre Worte geklungen haben, und so ist die Überlieferung innerlich glaubwürdig; Luise hat ohne Zweifel im Sinne der Zeit eine antikische Form gewählt, um ihren Schmerz zum Ausdruck zu bringen.

Von Schwedt ging die Flucht weiter nach Stettin, wo sie die Weisung des Königs erreichte, nach Küstrin zu reisen. Die Kinder sollten in Begleitung des Leibarztes Hufeland nach Danzig gebracht werden. Am 20. Oktober erreichte der König nach gefahrvollen Begegnungen mit dem Feinde Küstrin und traf dort seine Frau. Die Festung war bereits von Flüchtlingen aller Stände überfüllt. Der Kommandant der Festung, die Präsidenten der Regierung und hohe Behördenvertreter waren nicht in der Lage, die Zuversicht des Königs zu stärken. Die Lage der Festung war unter dem Gesichtspunkt der Verteidigung an sich günstig, zumal sie durch die breiten Arme der Oder und Warthe und durch Moräste auf der anderen Seite geschützt war, aber am 26. Oktober mußte das Königspaar Küstrin verlassen und erreichte am 3. November Graudenz.

Inzwischen waren über Kuriere Waffenstillstandsverhandlungen mit Napoleon geführt worden, dessen Forderungen von Mal zu Mal unerträglicher wurden. Als gegenüber der Festung Graudenz die ersten Franzosen an der Weichsel erschienen, reisten König und Königin überstürzt nach Osterode, das sie am 16. November erreichten. Hier fiel die politische Entscheidung, die Bedingungen Napoleons nicht anzunehmen, sondern den Kampf auf dem Boden Ostpreußens fortzusetzen. An diesem politischen Entschluß, zu dem man sich durchrang, hatten der Freiherr vom Stein sowie Königin Luise einen nicht geringen Anteil – obwohl sich die strategische Lage der preußischen und russischen Heeresteile stündlich verschlechterte.

Der Zar war um die Sicherung seiner Westgrenze besorgt, aber auch als Warschau am 28. November von der preußischen Garnison geräumt wurde, nahmen die Russen die Stadt nicht etwa ein und dachten nicht daran, die auf dem rechten Weichselufer gelegene Vorstadt Praga zu besetzen. Von Osterode reiste der König über Ortelsburg nach Pultusk ins russische Hauptquartier, wo er die wenigen ihm noch gebliebenen Heeresteile dem russischen Oberbefehlshaber Bennigsen unterstellte. Nach seiner Rückkehr nach Ortelsburg lebten der König und Luise in einer kleinen Behausung, die ein Engländer eine »elende Scheune«

nannte; es gab kaum Nahrungsmittel, das Wasser war nicht trinkbar. Die Festungen hatten längst kapituliert, und das wirkte wie ein Signal des untergehenden Preußen. In der Tat schien es eine Zeitlang, als denke Napoleon an die völlige Zerstörung des preußischen Staates und an die Auflösung der Monarchie.

Die Flucht des Kronprinzen und seiner Geschwister führte über Cöslin, Stolp und Danzig, wo sie acht Tage blieben, nach Königsberg. Die Tagebuchblätter Delbrücks vermitteln einen intimen Einblick in das tägliche Geschehen.[13] Dem Erzieher ist von einer Reihe führender Männer in seiner Zeit und von späteren Historikern kaum Gerechtigkeit zuteil geworden. Königin Luise, die über die Erziehung sorgfältig wachte, wünschte, die Kinder »zu wohlwollenden Menschenfreunden« zu bilden. Das war auch das Ziel der Erziehungsarbeit Delbrücks, an dem die Königin – je länger, desto schärfer – nicht mit Kritik sparte. Noch schärfer fiel das Urteil Steins aus. Gewiß ist Delbrück den Philanthropinisten zuzuzählen. In einer Biographie des ersten deutschen Kaisers wurde er als »ehrlich und warmherzig, zugleich weich – so scheint es doch – bis zur Schwächlichkeit« bezeichnet.[14] Und doch gewährt sein Tagebuch mannigfache Aufschlüsse und Einsichten in die Entwicklung Friedrich Wilhelms. Es ist nur bis zu einem gewissen Grade zutreffend, wenn Lewalter über den Erzieher schreibt, die Ereignisse des Winters hätten Delbrück verwandelt: »Aus dem Idylliker, dem Jünger der unberührten Natur, ist ein Mann geworden, dessen Herz heiß für Preußens Ehre schlägt.«[15] An seinem Sinn für Preußens »Ehre«, an seiner Verachtung des Korsen und an seiner Bewunderung der Königin kann gerade vor dem Zusammenbruch des preußischen Staates nicht gezweifelt werden. Wenn von einer »Wandlung« gesprochen wird, dann von einer solchen, die die Zeitgenossenschaft Friedrich Wilhelms gemeinsam erfahren hat. Während Delbrück meint, die Flucht habe »eine wertvolle Frucht getragen: das Fürchten haben die Prinzen für ihr ganzes Leben verlernt«[16], so ist doch das Gegenteil richtig: der Gewinn der Erlebnisse des Winters lag in der Erfahrung von Angst und Sorge, die den Kronprinzen sicher nachhaltiger beeindruckt und geprägt hatte als den jüngeren Bruder Wilhelm, den späteren Kaiser.

Je mehr Friedrich Wilhelm in die Verantwortung für den Staat rückte, desto spürbarer wurde das bleibende Gefühl der Bedrohung. Diese Angst unter der Last der Entscheidung schloß den Mut auf dem Schlachtfeld nicht aus. Diese Interpretation – die auch dem »verkannten« Preußen gerecht werden möchte – wird auch nicht widerlegt durch die Beobachtung, daß die Neugier auf den nächsten Tag und Abenteuerlust die Empfindungen der Geschwister mitbestimmt haben. Ein Brief der Schwester Charlotte, die später als russische Großfürstin die Stätten der Flucht wiedersah, bestätigt das: »Für uns war die Freude zu reisen größer als der Kummer zu flüchten.«[17] Die Flucht wurde ein Schlüsselerlebnis des heranwachsenden Kronprinzen.

Die Pedanterie der Tagebuchblätter darf den Blick für den Reichtum der Mitteilungen nicht verstellen. Am 9. Dezember erreichte der Reisewagen der Königin Königsberg, wo die Kinder sie erwarteten. Der Weg nach Königsberg, das Wort Flucht wurde in späteren Berichten vermieden, führte über Frauenburg, wo ihnen die Gastfreundschaft des Weihbischofs zuteil wurde und wo sie das Grabmal des Copernikus besuchten. »Auch vom Polnischen war die Rede«[18], schreibt Delbrück und spricht so die mit den östlichen Gebieten Preußens zusammenhängende Frage an, die noch oft auftaucht. Immer wieder empfahl er, die Prinzen möchten polnischen Sprachunterricht nehmen. In Braunsberg empfing ein wohlhabender Kaufmann namens Oestreich, der sein Vermögen durch den Handel mit Hanf, Getreide und Flachs gewonnen hatte, die Flüchtlinge. Die intensiven Begegnungen mit Vertretern der Kaufmannschaft gehörten zu den nachhaltigen Erfahrungen dieser ersten großen Reise der Kinder des Königs.

Im Königsberger Schloß fand der Empfang durch den Geh. Finanzrat von Auerswald statt, der Präsident der ostpreußischen Kriegs- und Domänenkammer und seit 1802 gleichzeitig Kurator der Universität Königsberg war. Auerswald hatte wenige Jahre später maßgeblichen Anteil an den Stein-Hardenbergschen Reformen; 1813 berief er ohne königliche Genehmigung den Landtag ein, der den Kampf gegen Napoleon beschloß. Das Bedrückende am Aufenthalt in Königsberg war zunächst das Ausbleiben aller militärischen Nachrichten, bis eine Hiobsbotschaft nach der anderen eintraf.

Am 9. Dezember war die schwer erkrankte Königin ebenfalls in Königsberg eingetroffen. Am 16. Dezember trug Gräfin Voß in ihr Tagebuch ein: »Man glaubt, daß die Franzosen bis hierher kommen werden, da die Russen untätig sind. In dem Falle sollte die Königin trotz ihrer Krankheit fortgebracht werden.« Die Angst, in französische Gefangenschaft zu fallen, war groß. In der Tat klangen die Nachrichten von den Fronten immer widersprüchlicher, aber letztlich doch düster. Die Nachricht von einem russischen Siege bei Putulsk am 26. Dezember 1806 bedeutete nur einen vorübergehenden Hoffnungsstrahl. General

Bennigsen hatte sich gegen ein starkes französisches Heer behauptet, aber die Russen gaben ihre letzten Stellungen schließlich doch auf. Nach Ansicht des Präsidenten von Auerswald »werde der nicht verfolgte Sieg Verderben über uns bringen«. Uneinigkeit der militärischen Befehlshaber auf russischer Seite sowie zwischen Preußen und Russen beeinträchtigte seiner Ansicht nach die militärischen Operationen; das habe sich auch bei dem Angriff eines preußischen Truppenteiles unter General l'Estocq bei Soldau gezeigt. Zwar mußte man schließlich den Rückzug antreten, aber die preußischen Soldaten hatten immerhin einen Angriffsgeist gezeigt, der den französischen Marschall Ney beeindruckte, wie ein Brief an Napoleon erkennen läßt. Napoleons Hauptquartier lag damals bereits in Warschau. Mit 15 000 Mann standen die Franzosen in Thorn; ihr Einfall nach Preußen drohte vom Süden her. Gelegentlich tauchte sogar der Gedanke eines Übergangs nach Rußland auf, wurde aber sogleich wieder verworfen.

In den Königsberger Tagen wurde, so gut es eben ging, der Unterricht fortgesetzt; die Auswahl der Lektüre ist aufschlußreich. Vor allem Goethe und Schiller wurden immer wieder gelesen. Daß der Kronprinz und sein jüngerer Bruder mit den zeitgenössischen deutschen Autoren vertraut gemacht wurden, war im Rahmen damaliger Fürstenerziehung durchaus nicht selbstverständlich. Das Epos »Hermann und Dorothea« paßte besonders gut zu der Situation, in der sich die Flüchtlinge befanden. So konnte Delbrück Zelter bitten, Goethe »einen tiefgefühlten Dank« zu übermitteln. »Seit unserem Eintritt in Königsberg, den 3. November 1806, ist sein Hermann unser täglicher Gefährte gewesen, unser Mitdulder, unser Tröster, unser erheiternder Freund. Gott! zu keinem Gedicht hat irgendein Zeitalter einen so furchtbar deutlichen Kommentar geliefert. Man kann wohl sagen, daß er mit Blut geschrieben ist. Der Kr.Prz. hat viele Stellen auswendig gelernt, zuerst die Herzensergießung Hermanns gegen die Mutter.«

Daß die Philosophie Kants, wenn auch durch mannigfache literarische Umwege und Vermittlungen, die Familie tief beeindruckte, versteht sich in Königsberg geradezu von selbst. Der Kronprinz entwarf sogar Zeichnungen für ein »würdiges Ehrenmal« des Philosophen. Als Delbrück erwog, »dem Andenken Kants einen Stein zu setzen im Namen des Kronprinzen«[19], stimmte dieser begeistert zu. So wurde Kants Grabstätte selbstredend besucht; zur Errichtung eines Denkmals kam es erst nach Jahrzehnten, im Jahre 1864. Der Geist Kants war zu jener Zeit in den höheren Kreisen der Bürokratie und des Militärs der

Provinz lebendig; in dem Oberpräsidenten Theodor von Schön, der nach der Katastrophe von Jena dem Hofe als Geh. Finanzrat im Generaldirektorium nach Königsberg folgte, hat die Wirkung der Kantschen Philosophie im Rahmen der hohen Beamtenschaft einen Gipfel erreicht. Schön war in Preußisch-Litauen geboren, und das Studium eines litauischen Wörterbuchs gehörte bezeichnenderweise auf Schöns Rat zum Unterricht des Prinzen. Ob man sich der vielzitierten Worte Kants vom »gestirnten Himmel über uns und dem moralischen Gesetz in uns« erinnerte, muß dahingestellt bleiben; der Geist dieses Satzes ist gleichsam ein »Unterrichtsprinzip« gewesen.

Die Flucht erreichte einen Höhepunkt auf der Fahrt von Königsberg nach Memel; Delbrücks Tagebuch steigert sich zu dramatischer Höhe, und es kann nicht daran gezweifelt werden, daß seine Darstellung auch die Empfindungen der Prinzen widerspiegelt. Es handelt sich um die aufregendste Strecke der Flucht. »Und die Natur ließ es an nichts fehlen, eine Trauerszene daraus zu machen! Ein tiefverschleierter Himmel, ein vom Regen aufgelöster Boden und unaufhörlicher Wind, der bald in Sturm überging.« Die Flucht führte weiter über die Kurische Nehrung, einen teilweise kaum zwei Kilometer breiten Streifen Landes, der sich zwischen dem Kurischen Haff und der Ostsee nordwärts bis Memel hineinzieht. »Die Ostsee stellte sich dem Auge dar, mehr noch dem Ohr; sie sprach unter dem Geheul des Windes wie mit Donnerstimme zu uns. Welch' ein majestätisches Schauspiel! ... Das Toben und Brausen des Meeres, das Heulen und Schmettern des Sturmwindes, das Rasseln der Schlossen, die Finsternis des Himmels ... und die langsame Bewegung der Wagen, langsamer wie ein Leichenzug – welch' ein fürchterliches Bild unserer gesamten Lage! Die Nacht, in welcher König Lear seinen Töchtern fluchte, war ruhig gegen diese Nacht. Kurz vor dem Einbruch derselben sehen wir ein Wrack, über welches die Wellen zusammenschlugen, ein Bild unserer Monarchie, über welcher die Wogen des Verderbens zusammenschlagen!«

Als die Flüchtlinge endlich in Rossitten angelangt waren, empfing sie ein einfaches Obdach sowie ein bescheidenes Abendessen, das ihnen der Prediger des kleinen Ortes bereitet hatte. Immer wieder muß die Aufmerksamkeit auf die »einfachen«, ja kärglichen Verhältnisse gelenkt werden, die der Heranwachsende damals kennenlernte. Die Einkünfte Rossittens beliefen sich auf weniger als 200 Taler, und so war »eine Schüssel gesalzener Fische« das willkommene Mittagsmahl. Delbrück hatte selbst auf dieser Fahrt die Lektüre nicht vernachlässigt. Es ergab sich die Assoziation mit Kant: Delbrück rezitierte das Lied »Hoch über mir der Sternenhimmel«, und die Prinzen den Vers: »Fürchte Dich nicht, ich bin bei Dir.« Für die Fahrt über das Memeler Tief (Haff) stand nur ein kleines Boot zur Verfügung. In Memel erst empfing sie die »behagliche« Gastfreundschaft des Kaufmanns Argelander sowie anderer Großkaufleute. Der Name des Memeler Kaufmanns, der dem Kronprinzen und der königlichen Familie freundschaftlich verbunden blieb, kehrt des öfteren wieder; er ist repräsentativ für die aufstrebende Schicht wohlhabender Kaufleute in Ostpreußen. Die Fröhlichkeit der Kinder stellte sich rasch wieder ein, gedämpft allerdings von dem Gerücht, daß sich die Franzosen Königsberg näherten. Daß sie auf einem Ausflug zum »Turme« in Memel »rechts die russische Grenze, links Ergießung des Haffs ins Meer« erlebten, hat einen bleibenden Eindruck hinterlassen. Wenige Tage später erreichte das Königspaar Memel, und die erkrankte Königin, die den Kindern folgte, beschrieb, wenn auch nüchtern, in Briefen an die mecklenburgische Verwandtschaft ähnliche Eindrücke von der Fahrt über die Kurische Nehrung. Sie mußte in das Haus des Kaufmanns Consentius getragen werden, das sie wie 1802 bei der Zusammenkunft mit dem Zaren bewohnte. Das Exil war bedrückend, auch wenn sich die Flüchtlinge auf altpreußischem Boden befanden. Gleichwohl entwickelte sich in der Hafenstadt Memel ein geselliges Leben, und es wurde – so schreibt Prinzessin Wilhelm – »fast wie in Potsdam«. Der Gedanke an eine Flucht ins Ausland wurde unter denen, die keine Verantwortung trugen, gelegentlich erwogen. An die sogenannte »Weichheit« des Pädagogen Delbrück erinnerte nichts mehr, wenn er etwa zu Beyme, dem Geheimen Kabinettsrat, sagte: »Der König müsse sich mit seinen noch jungen Prinzen an die Spitze der Armee stellen und lieber auf dem Schlachtfeld sterben, als in fremdes Land flüchten.« Beyme fand das mit Recht »romanhaft«. Und Delbrück reagierte: »O ja, freilich, das Prosaische hat uns auch zu Grunde gerichtet!« In denselben Gedankenkreis gehörten der Traum, Friedrich Wilhelm möge an Napoleon schreiben, um sich den Degen Friedrichs II. zurückzuerbitten und auch die Spiele, in deren Verlauf die Prinzen Paris eroberten.

Der Unterricht in Geschichte und Geographie war selten so voller Aktualität wie damals, als der Krieg mit wechselndem Erfolge in Ostpreußen weiterging. Es muß ein lebendiges Lernen gewesen sein, als die Prinzen die Namen der Flüsse memorierten: Dange, Pregel, Weichsel, Oder, Spree. Napoleon dachte schon an Winterquartiere, als es am

Noch nicht ein Jahrzehnt nach der Thronbesteigung Friedrich Wilhelms III. führte der unzeitige Kriegseintritt Preußens in den europäischen Krieg gegen Napoleon zu dem Debakel der Doppelschlacht von Jena und Auerstedt vom 14. Oktober 1806. Das Königspaar mußte über Schwedt und Küstrin immer weiter nach Osten fliehen, schließlich 1807 über die Kurische Nehrung nach Memel (das Bild von Johannes Heydeck zeigt die Flucht der Königin), wo sie im Hause des Kaufmanns Consentius (Bild unten) Zuflucht suchten, während ihr Land von den Truppen des französischen Kaisers besetzt wurde.

7. und 8. Februar zur Schlacht bei Preußisch-Eylau kam, in der es den Russen mit preußischer Hilfe gelang, den Franzosen schwere Verluste zuzufügen. So wie bei Pultusk gab aber Bennigsen bei Preußisch-Eylau den vorzeitigen Befehl zum Rückzug vom Schlachtfeld; es war den Berichten nach eine der blutigsten Schlachten des 19. Jahrhunderts.

Wenn sich die preußisch-russische Allianz in jenen Monaten festigte, so hatte Königin Luise daran solchen Anteil, daß sie des öfteren die Verdächtigungen widerlegen mußte, sie mische sich in die Politik ein. Ihr Briefwechsel mit der Kaiserin-Mutter und der Zarin legen davon beredtes Zeugnis ab. Am 1. April 1807 trafen sich der Zar und der König in Polangen, wo ihre Begegnung »brüderlich-zärtlich« ausgefallen sei; am 2. April traf Kaiser Alexander dann in Memel ein. Königin Luise, bezaubert von seiner Persönlichkeit, schrieb an ihre Schwester Therese: »Du kannst Dir wohl denken, was der König und ich alles bei dem Wiedersehen eines solchen Freundes empfinden mußten. Unser Retter, unsere Stütze, unsere Hoffnung. Nein, es läßt sich nicht wiedergeben, was ich empfand, als ich ihm danken, ihm unsere Erkenntlichkeit ausdrücken wollte. Nie wollte es mir gelingen, Tränen erstickten jedes Wort, und er selbst war so bewegt, so traurig, und doch so groß, so edel er mit einer aus dem Grunde seiner Seele kommenden Überzeugung sagte: er tue nur seine Pflicht. Du kennst seine Seele, und Du wirst nicht mehr zweifeln, wenn ich von seiner Vollkommenheit rede.«

Der Besuch des Zaren, von der Bevölkerung herzlich aufgenommen, gehörte zu den Höhepunkten der freundschaftlichen Beziehungen zwischen preußischen und russischen Offizieren. Das chevalereske Benehmen hoher Offiziere bei der Königin Luise gehört in eine Tradition, die sich über die Befreiungskriege hinaus fortgesetzt hat. Nie ganz überwunden haben der König und seine nächsten militärischen Begleiter allerdings die Emigration jener Offiziere, die auf russischer Seite den Kampf fortsetzen wollten; dies warf einen leichten Schatten auf die Memeler Begegnung.

Wenn Friedrich Wilhelm auch mit den Fragen der großen Politik, um die es in den Unterhaltungen ging, kaum bekannt gemacht worden sein dürfte, so wurde er doch zweifellos Zeuge des sich wandelnden Geistes der Zeit. Es ging nicht zuletzt um Fragen der Neugestaltung des Staates. Es war demonstrativ, wenn der Zar gleich am Tage der Ankunft Hardenberg besuchte und sich mit ihm lange unterhielt. In der Nacht vom 3. zum 4. April verließ der Zar Memel, um in Kydullen am Njemen an der preußisch-russischen Grenze anrückende Verstärkungen zu besichtigen. Auf seine Einladung folgten ihm Friedrich Wilhelm und auch Luise; auch Hardenberg war eingeladen. Hier in Kydullen ernannte der König Hardenberg zum ersten Kabinettsminister und übertrug ihm die Führung der auswärtigen Geschäfte; eine folgenreiche Entscheidung, die auch den Wünschen der englischen Regierung entsprach. Erstmals in der preußischen Geschichte konnte auf dieser Reise ein Minister dem König ohne Teilnahme eines Kabinettsrats Vortrag halten. Preußen befand sich in der Phase der Umwandlung der obersten Staatsbehörden, und der Kronprinz lernte die Männer, die die Erneuerung trugen, aus nächster Nähe kennen. Es gehörte zu den Artigkeiten des Zaren gegenüber der Königin, daß er sie durch eintausend Mann der Garde empfangen ließ. In Bartenstein an der Alle, südöstlich von Königsberg, verhandelten Zar und König, und aus den Verhandlungen, an denen Hardenberg teilnahm, ging am 26. April ein Abkommen hervor, das die Wiederherstellung Preußens, die Zurückdrängung Frankreichs über den Rhein und die Unabhängigkeit Deutschlands vorsah. Die Universalität des Kampfes gegen Napoleon kam in der Einladung an England, Österreich und Schweden, dem Bündnis beizutreten, zum Ausdruck.

Der Anteil der Engländer an der Geselligkeit in Memel ist aber auch jenseits des sich abzeichnenden Bündnisses groß gewesen. Die ein- und ausfahrenden Schiffe haben das Interesse der beiden Prinzen gefesselt. Die englischen Kapitäne waren beim König jederzeit gern gesehene Gäste, zumal sie des öfteren lukullische Kostbarkeiten, zu denen sogar Austern gehörten, für die königliche Familie mitbrachten. Während des Aufenthalts in Memel schien das Leben der Königskinder mit Unterricht, Spielen, Reiten, auch Exerzieren geradezu normal weiterzugehen, fast »wie in Potsdam«; die Welthändel erreichten Memel erst mit tagelanger Verspätung. Am 16. Juni traf die Nachricht von der Niederlage der Russen bei Friedland vollkommen überraschend ein. »Der Kronprinz blieb unerschütterlich. ›Wir haben 2 Mal gesiegt, jetzt sind wir geschlagen. Wir werden wieder siegen. Es wird alles gut gehen.‹ « Man wanderte nach dem Huk, um zu erforschen, »ob die Russischen Truppen nahe wären«. Überlegungen wurden angestellt, ob man nach Riga ausweichen solle. Das Exil der königlichen Familie in Memel glich einem bedrohten Hauptquartier, das, solange es nur ging, gehalten werden sollte. Trotz aller Sympathien für den Zaren wurde die Stimmung gegen marodierende russische Soldaten immer schlechter. Die legendäre Waffenbrüderschaft entstand erst 1813; jetzt waren die Russen noch unheimlich.

Der Brief der Königin an ihren Vater vom 17. Juni, zwischen Friedland und Tilsiter Frieden, gewährt einen Einblick in ihren Seelenzustand und bleibt ein Zeugnis, das auch für ihren ältesten Sohn aufschlußreich ist: »Es ist wieder aufs neue ein ungeheures Unglück und Ungemach über uns gekommen, und wir stehen auf dem Punkt, das Königreich zu verlassen – vielleicht auf immer – ... Glauben Sie ja nicht, daß Kleinmut mein Haupt beugt. Zwei Trostgründe hab' ich, die mich über alles erheben: der erste ist der Gedanke, wir sind kein Spiel des Schicksals, sondern wir stehen in Gottes Hand, und die Vorsehung leitet uns; der zweite, wir gehen mit Ehren unter.« Fast möchte man von amor fati sprechen, wenn die christliche Ergebung in das Erlittene nicht aufrichtig gewesen wäre. Das Gefühl des Untergangs Preußens hat den Kronprinzen wenigstens berührt. Im Briefe fährt Luise fort: »ich gehe, sobald dringende Gefahr eintritt, nach Riga ... Gott wird mir helfen, den trüben Augenblick zu bestehen, wo ich über die Grenze meines Reiches muß.« In der Umgebung bereitete man sich zur Flucht auf Schiffen oder über die Grenze nach Riga vor.

Der Tilsiter Friede zwischen Frankreich und Rußland vom 7. Juli 1807 schien die Wende oder wenigstens eine Ruhepause der internationalen Politik zu bringen. Der Zar und Napoleon verständigten sich über die Aufteilung Preußens und Deutschlands. Das Arrangement zwischen Frankreich und Rußland schien die Anerkennung der Hegemoniestellung Frankreichs auf dem Kontinent zu besiegeln, ferner die Einbindung Rußlands in die Kontinentalsperre, also Fortsetzung des Krieges gegen England zu bedeuten.

Auf einem Floß auf der Memel trafen am 25. Juni Napoleon und Alexander zusammen, während König Friedrich Wilhelm III. erst am nächsten Tag an den Besprechungen teilnehmen durfte. Nur die russische und die französische Flagge waren aufgezogen. Napoleon hatte in der Mitte des Njemen zwei Flöße errichten lassen, die mit je einem Pavillon versehen waren und gleichsam neutralen Verhandlungsboden darstellten. An persönlichen Demütigungen des preußischen Königs, der während der Verhandlungen in Piktupönen Quartier bezogen hatte, sollte es nicht fehlen.

Mag Königin Luise von einer patriotischen Überlieferung noch so stilisiert und idealisiert worden sein, bei der Begegnung mit Napoleon in Tilsit befand sie sich ohne Zweifel auf einem Höhepunkt ihrer persönli-

Nur der Fürsprache des Zaren verdankte die preußische Monarchie ihr Überleben, da Napoleon den Staat kurzerhand abschaffen wollte. Am 25. Juni 1807 trafen sich die drei Monarchen, Zar Alexander, Napoleon und Friedrich Wilhelm III., auf einem Floß, das auf der Memel verankert war (Gemälde von Adolphe Rohen). Wenig später besiegelten sie in Tilsit den Friedensschluß, der Preußen seiner westlichen Provinzen beraubte, nachdem Königin Luise bei ihrer legendären Begegnung mit Napoleon vergeblich gebeten hatte, die harten Friedensbedingungen zu mildern. Ausschnitt aus einem Gemälde von Nicolaus Louis François Gosse.

chen Entwicklung. Wer nur ihre höfischen Allüren vor der Katastrophe im Auge hat und nicht ihre Haltung auf der Flucht und während der Begegnung mit dem Kaiser der Franzosen bedenkt, vermag nicht die Bedeutung der Mutter im Leben des Kronprinzen und ihre bleibende Gegenwärtigkeit nach dem Tode zu erkennen. So wie die Flucht nach Ostpreußen und der Zusammenbruch der Monarchie gehört das Vorbild der Mutter zu den prägenden Erfahrungen seiner Kindheit und Jugend.

Der König hatte seiner Frau einen Brief geschrieben, dem ein Schreiben des Grafen Kalckreuth beigefügt war, der eine Reise nach Tilsit empfahl. Es ist anzunehmen, daß der Marschall Murat dazu geraten und daß auch Napoleon eine solche Begegnung gewünscht hatte. Die Königin sagte zu. Nach zehnstündiger Fahrt erreichte sie am 4. Juli, begleitet von ihrer Oberhofmeisterin Gräfin Voß, der Gräfin Tauentzien und dem Kammerherrn von Buch, Piktupönen, wo sie im einstöckigen Pfarrhaus wohnte, gegenüber dem Quartier des Königs. Hardenberg besuchte sie noch am Abend und gab ihr Ratschläge für die Unterhaltung mit Napoleon, die sie »auswendig« lernte. Am Nachmittag des 6. Juli fuhr die Königin, begleitet von ihrem Gefolge und eskortiert von einer Abteilung preußischer Gardedukorps, zur Memel und setzte mit einer Fähre zum Quartier des Königs über, der nach Tilsit vorausgeeilt war. Der Kern der Unterhaltung mit Napoleon bestand in der Bitte Luises, die Friedensbedingungen zu mildern, aber die Bitte der unglücklichen Königin blieb vergeblich. Der am 9. Juli unterzeichnete Friedensvertrag nahm Preußen alle Gebiete westlich der Elbe einschließlich Magdeburgs; hinzu kamen der Verlust der größten Teile der bisherigen polnischen Besitzungen sowie hohe Kontributionen: Preußen war aus dem Kreis der Großmächte ausgeschieden; es verdankte dem Zaren nicht mehr als seine Existenz östlich der Elbe. Am 7. Juli wurde das geheime russisch-französische Bündnis abgeschlossen.

Aus Briefen der Königin weiß man, daß der König damals den Gedanken hin und her wendete zu »abdizieren«. Hardenberg mußte auf Befehl Napoleons den Dienst quittieren. Daß der Kaiser von der Erscheinung und dem Auftreten Luises stark beeindruckt war, ist verläßlich überliefert. Seine auf St. Helena nachträglich niedergeschriebenen ironisierenden Berichte entsprechen nicht der Wirklichkeit jener Julitage. Zu ihrem Bruder Georg, der der Adressat so vieler Gefühlsausbrüche war, sagte der Kaiser in Paris: »Die Königin hat viel Verstand, sie hat aber nicht Einfluß genug.«

Die Nachricht von der Begegnung erreichte Memel rasch durch Briefe, Kuriere und Gerüchte. »Die Königin wie mit höherer Kraft ausgerüstet, habe sich mit Würde und Offenheit genommen [benommen]. Napoleon sei entzückt, man hoffe das Beste«, so schreibt Delbrück am 8. Juli in sein Tagebuch. Und im Briefe vom nächsten Tage lautet die Eintragung: »N. ist wie umgewandelt gewesen. Der Friede ist entschieden unter schändlichen Bedingungen. Beide Majestäten haben schreckliche Augenblicke erlebt ... Mit wenigen Worten raunte er dem Kr.Prz. den Inhalt zu. Es wirkte tief«.

So wie der Kronprinz die Flucht erlebte und in seiner Erinnerung bewahrte, so hat Friedrich Wilhelm den Verlust der Großmachtstellung seines Staates unmittelbar erlebt. Beim Unterricht teilte der Erzieher dem Prinzen »c. grano salis alles mit«, was ihm der entlassene Hardenberg berichtet hatte. »Auf den Ältesten machte es einen starken Eindruck ... er [Krp.] brach in Tränen aus vor Wehmut über das Schicksal unseres Landes.« In diese Zeit fiel die Beschäftigung des Kronprinzen mit der Geschichte der Juden, mit den Maccabäern, auch mit Hebräischer Poesie, die großen und bleibenden Eindruck auf ihn machten. Der Kronprinz begann, sich mit dem Wesen einer »Großmacht« zu beschäftigen. Am 10. abends trafen die Majestäten wieder in Memel ein. Die Königin faßte zusammen: »Ich habe Erfahrungen gemacht, die Alles übertreffen.«

Zur Erfahrungswelt des Kronprinzen im ostpreußischen »Exil« gehörten Militärisches, Ziviles, worunter auch Land und Leute verstanden werden sowie die ersten Berührungen mit Männern und Problemen der Reform. Unter den Gästen waren Persönlichkeiten, denen in der nächsten Zukunft in der preußischen Monarchie eine bedeutende Rolle zufallen sollte. Die Reste des gedemütigten preußischen Militärstaates kamen in den zahlreichen Paraden zur Geltung, in den Wachparaden oder in den Kirchenparaden und in Spezial-Revuen. Im Mittelpunkt des gesellschaftlichen Umgangs standen die Offiziere und vornehmlich das Gardedukorps. Mit Vollendung ihres zehnten Lebensjahres wurden die Prinzen zu Offizieren ernannt; im August wurde der Kronprinz zum Seconde-Lieutenant proklamiert. Er stand nunmehr vor der »Linie« und machte seinem Vater die »Meldung«. Mit der Ernennung zum Seconde-Lieutenant im 1. Garderegiment zu Fuß war das Recht verbunden, fortan Stern und Band des Schwarzen-Adler-Ordens anzulegen.

Es scheint, als ob auf die militärischen Formen um so größerer Wert gelegt wurde, je tiefer der Fall der Militärmonarchie erlebt wurde. Die Schilderung nur einer der »Spezialrevuen« mag die in Memel durchgeführten Paraden veranschaulichen: »Die Garde aufmarschiert, ... das Gesicht gegen die Stadt zu. Die Prinzen kamen in dem Augenblick, als die Vorführung begann. Sie nahmen ihren Platz vor der Linie ein, und die Recruten standen in Linie vor ihnen. Kaum war man in Bereitschaft, so langte der König an, in seinem Gefolge die Königin mit Prinzeß Luise [Gemahlin des Prinzen Ferdinand]. In einem anderen Wagen Charlotte und Friederike, in einem zweiten Gräfin Voß ... Alles stand unbeweglich. Ich freute mich des edlen Anstandes der drei Prinzen und des Ernstes, der vorzüglich guten Haltung, wodurch der Kronprinz sich auszeichnete. Mein Auge war geteilt zwischen ihnen und dem Wagen der Königin. So lange die Recruten gemustert wurden, konnte sie die Söhne nicht sehen, aber nun verließen sie ihre Stellen ... Die Musterung war geendigt. Es folgte eine Ehrenbezeugung für die Königin, als sie die Linie hinab fuhr; dann der feierliche Vorbeimarsch mit Huldigung vor der Königin. Bei allem diesen erwarben die Prinzen durch ihren Anstand und ruhige Beobachtung der Ordnung allgemeinen Beifall und traten erst in der Stadt an der Brücke von ihrem Platz. Der Zug hatte etwas Großes und Rührendes. In der Mitte die Garde in langsamem Marsch, auf der einen Seite die Zuschauer zu Fuß und die Pferde, an der Spitze der König, der mit Wohlgefallen auf seine drei jüngsten Offiziere sah und dies im Vorbeireiten sehr freundlich äußerte. Auf der anderen Seite die Wagen, denen auch der Wagen des Prz. Carl sich angeschlossen hatte, an der Spitze der Wagen der Königin.«

Solche Paradebilder konnten nicht mehr als einen Abglanz der preußischen Militärmonarchie vermitteln, aber in ihnen kam die Permanenz der militärischen Staatsidee zum Ausdruck. Inzwischen gab es Männer, die das preußische Staatswesen in seinem eigentlichen Bereich, dem militärischen, verwandeln wollten. Die militärischen Reformer, Scharnhorst, Gneisenau, Clausewitz und Boyen, gehörten zu den Gästen, die der Kronprinz so gut wie täglich sah und über deren Tun er sich sehr oft mit seinem Erzieher unterhielt, der geradezu das Gespräch suchte und die Aufmerksamkeit seiner Zöglinge auf militärische Themen lenkte. Es ist oft beobachtet worden, daß die Reform die Prinzen nicht in dem Maße beschäftigt oder gar geprägt hat, wie viele Zeitgenossen es gewünscht hätten.

Gneisenau hat den stärksten Eindruck auf den Kronprinzen gemacht. Aus den Aufzeichnungen und überlieferten Beobachtungen

Die königliche Familie vor der Flucht nach Ostpreußen. Das Bild zeigt den zehnjährigen Kronprinzen als Seconde-Lieutenant im ersten Garde-Regiment zu Fuß, womit das Recht verbunden war, Stern und Band des Schwarzen-Adler-Ordens anzulegen. Stich von Krethlow.

geht hervor, daß der universell gebildete Gneisenau, der den Wunsch hegte, ein »Gegenbonaparte« zu werden, auf den empfänglichen Geist des Knaben eine starke Wirkung ausgeübt hat. Die Errichtung einer Kriegsakademie zeichnete sich in den Plänen ab; die Beförderung zum Offizier sollte im Frieden Bildung zur Voraussetzung haben, Tapferkeit und Verdienst waren Maßstäbe im Kriege. Delbrück und der Kronprinz gehörten zu den ersten Lesern des im »Volksfreund« veröffentlichten Aufsatzes »Über die Freiheit des Rückens«, in dem die grausamen Strafen der alten Kriegsartikel verworfen wurden. Im »Volksfreund« publizierte auch Boyen, der seine revolutionären Ideen entwickelte. Gneisenau vertrat die Meinung, »daß der Mensch einer Idee müsse leben und sterben können«; das traf die Mitte des ganzen Reformwesens. Wenn einer unter den Reformern geeignet war, den Kronprinzen von Nutzen und Sinn »der neuen Militär- und Civilverfassung« zu überzeugen, dann war es Gneisenau. Scharnhorst regte den Kronprinzen zu historischen Arbeiten an. Friedrich Wilhelm sollte »eine historische Darlegung der Schritte des Königs seit dem Ausbruch des Krieges« anfertigen. Befremdet war der Erzieher von einer Bemerkung Scharnhorsts über »die Erziehung der Prinzen«; nach einer Kirchenparade am ersten Weihnachtstage ließ er nämlich ein Wort fallen über den Nachteil, »wenn die Prinzen in die militärischen Details zu früh eingingen«. Diese Meinung schien Delbrück so gar nicht zum Geist der Militärreform zu passen. Er betonte wiederholt die Wichtigkeit der Ausbildung zur freien Persönlichkeit und wandte sich deshalb gegen die vollkommene Durchdringung des Staates mit militärischem Geiste: Der überall faßbare Geist Pestalozzis fand seinen Niederschlag auch in den Gesprächen »am Hofe«, wo man viel über »Lienhard und Gertrud« sprach, den überall beredeten Roman des Pädagogen. Es gab in Königsberg eine »lebhafte Debatte über Pestalozzis Methode«.

Clausewitz und Boyen waren Weggenossen in dieser schweren Zeit; im Oktober 1810 übernahm Clausewitz, inzwischen Lehrer an der Kriegsschule in Berlin, den Unterricht des Kronprinzen. Er schrieb später an Friedrich Wilhelm: »Hätte ich das Glück länger genossen, Sie zu unterrichten, ich würde es nicht darauf abgesehen haben, Ihnen meine Kriegskunst aufzubürden – sondern durch die Entwicklung meiner Ansicht die Ihrige zu wecken.«[20] Clausewitz' Wirkung auf den Kronprinzen ist indes kaum nachzuweisen; daß er Kant näher als Fichte stand, ist für die Frage nach der Bedeutung wichtig, die die großen militärischen Gestalten in der Jugend Friedrich Wilhelms gehabt haben.

Der zehnjährige Kronprinz wurde von seinem Erzieher Friedrich Delbrück im Geiste des idealistischen Bürgertums und einer bekenntnisgebundenen Religiosität erzogen. Delbrücks pädagogische Grundsätze waren den Reformern um den Freiherrn vom Stein zu »weich« und haben den Prinzen möglicherweise für dauernd den Prinzipien entfremdet, die den preußischen Staat reformieren sollten. Der spätere Holzschnitt ist nach einem Gemälde aus dem Jahre 1806 geschnitten worden.

Selbst in der Zeit der Not ist der Kronprinz vom Fichteschen Nationalismus freigeblieben, der im politisch-geistigen Klima dieser Ära ohne Zweifel gewachsen ist. Was wir in dem Befreiungskrieg beobachten werden, begegnet uns beim Kronprinzen schon jetzt; der Haß richtet sich gegen Napoleon, nicht gegen die Franzosen. Als die Studenten im Königsberger Schauspielhaus Ende Dezember 1806 »Pereat Napoleon« riefen, fühlten sich Delbrück und ebenso sein Zögling angewidert und nannten das »unanständig«.

Problematisch bleibt die Beziehung zum Reichsfreiherrn vom und zum Stein. Der Eindruck der ersten Begegnung in Memel war tief. Nach der Ankunft in den ersten Oktobertagen 1807 heißt es: »Bei Tafel tröstete und erhob die Gegenwart des Ministers v. Stein. Er ist gestern Abend angekommen und heute schon in Tätigkeit. Er kennt den Umfang unserer Gefahr, aber er verzagt nicht, wie es einem Manne gebührt.« Der Wechsel des Urteils hängt mit der Krise in der Erziehung des Kronprinzen zusammen. Stein ist Delbrück in gar keiner Weise gerecht geworden, aber der wiederum war sicherlich auch seinerseits nicht in der Lage, das Format des Reformers zu erfassen. Es gibt indes ein Urteil, das zum Nachdenken anregen kann; das schon erwähnte Stichwort in der Tagebucheintragung lautet: »Steins geniale Ungenialität.« Er hat mit dieser knappen Bezeichnung einen Wesenszug Steins angedeutet, der in den großen Biographien des Reformers kaum berücksichtigt worden ist. Gemeint war besonders die Ungeduld, ja die Rücksichtslosigkeit, mit der Stein seine Ziele durchsetzen wollte. Delbrück hätte gewünscht, ihn verehren zu dürfen, aber sein »kurz angebundenes Wesen« ließ solche Verehrung überhaupt nicht zu. Stein lehnte die angeblich zu weiche Erziehung durch Delbrück ab, und darin hat er sich ohne Zweifel geirrt; für den heranwachsenden Kronprinzen ist Delbrück der rechte Mann gewesen. Indem Stein versuchte, Delbrück aus dem Amt des Erziehers zu entfernen, hat er die Entfremdung des Kronprinzen von den Reformern beschleunigt. Delbrück fühlte ganz richtig, Stein »muß etwas wider mich haben«.

Kein Geringerer als Schleiermacher hat die pädagogischen Erfolge Delbrücks anerkannt. Die Bedeutung Schleiermachers liegt nicht in erster Linie im Bereiche der Wissenschaft, in der Theologie oder in seinem Rektorat an der Berliner Universität, deren Gründungsgeschichte in den Jahren nach der Niederlage Preußens zu suchen ist, sondern in seinem Beitrag zur Wendung des idealistischen Bürgertums zur bekenntnisgebundenen Religiosität. Es läßt sich nicht sagen, ob der

Theologe und Kanzlerredner den Kronprinzen angezogen hat. Wir wissen, daß er Anfang September 1808 in der Schloßkirche zu Königsberg predigte – »eine treffliche Predigt ganz im Geiste des Christentums. Der König (der ganze Hof war zugegen) sagte nur ipsis verbis: ›Eine herrliche Predigt, sehr gut gesetzt und voll kräftiger Gedanken.‹«

In diese Septembertage fiel Steins scharfe Kritik an Delbrücks Erziehung. Der Kronprinz werde auf eine »weibische und weichliche Art behandelt und erzogen«. Delbrück unternahm verschiedene Rechtfertigungsversuche vor allem bei der Königin, die sich indes der Meinung Steins anschloß. Für Delbrück wurde es eine Genugtuung, daß Schleiermacher an einer Prüfung teilnahm und die Prüfung zum Teil sogar selbst durchführte, die über Erwarten gut ausfiel. Das Zeichenbuch des Kronprinzen wurde aufgeschlagen, und beide Männer waren gerührt: »Wir kamen an ein Blatt, das er zuhielt, und wobei W. [Wilhelm] bemerkte, er habe es nie zeigen wollen. Es wurde aufgeschlagen: ein großer Stern, in der Mitte Friedrichsehre, unten: der 17. August. Wie tief mich dies rührte! Auch Schleiermacher war sehr bewegt hierüber sowie von Herzen erbauet über die eigentümliche Wahrheit in seinem gesamten Tun. So schieden wir gegen 12 Uhr, gegenseitig zufrieden, auseinander, nach genommener Abrede, den Abend zusammen zuzubringen.« Der günstige Prüfungseindruck änderte nichts an dem Entschluß, Delbrück abzulösen und ihm nur die Erziehung der jüngeren Geschwister zu überlassen. Anfang Dezember 1809 erhielt Delbrück unter Ernennung zum Geheimen Regierungsrat und mit einer Pension von 1800 Talern seine Entlassung; er hatte das Angebot, die Erziehung der Prinzen Wilhelm und Karl zu übernehmen, abgelehnt. Als ein Brief Steins an Wittgenstein abgefangen und im Journal am 24. November abgedruckt wurde, mußte der kompromittierte Stein seinen Abschied nehmen und aus Preußen fliehen. So fiel die von Stein ausgelöste »Erziehungskrisis« mit seinem Sturz zusammen.

Wichtig für die Entwicklung Friedrich Wilhelms waren die Begegnungen mit den Bürgern der Provinz, vor allem mit der Kaufmannschaft. Hier ergab sich ein geselliger Verkehr; denn die königliche Familie fand gerade bei den Kaufleuten gastliche Aufnahme. Der Kaufmann Argelander war ihr erster Wirt in Königsberg gewesen, und sein Name begleitet seither die »Reise«, wie man zu sagen pflegte. Das Handelshaus der Argelander lag in Memel, und der Sohn Fritz gehörte zu den Spielgefährten der Prinzen. Sie wurden bekannt gemacht mit dem ostindischen Handel, den Argelander betrieb, und bei der Besichtigung der ostindischen Waren eröffnete sich ihnen eine bis dahin unbekannte Welt.

Die Bekanntschaft mit der Seefahrt hat denn auch das vertraute militärische Milieu ergänzt. Ankommende und abfahrende Schiffe der Dänen und Engländer fesselten das Interesse der Flüchtlinge. Napoleons am 21. November 1806 von Berlin aus dekretierte Kontinentalsperre, die durch weitere Dekrete ergänzt wurde und den Hintergrund der weltpolitischen Rivalität zwischen Frankreich und England bildete, konnte niemals lückenlos durchgeführt werden. Viele Schlupflöcher blieben vorhanden, und so war es besonders spannend, wenn englische Schiffe die Hafenstadt Memel erreichten. Der Verkehr mit der Familie Argelander war noch intensiver als mit den Personen, die zum Hofe gehörten. Fritz, später Professor der Astronomie in Helsingfors und Bonn, nahm sogar am Unterricht der älteren Prinzen teil. Argelander stellte Akten über die Handelsverhältnisse von Memel zur Verfügung. Gestrandete Schiffe zogen das besondere Interesse auf sich; sie wurden gelegentlich von Argelander gekauft. Oft wurde eine Fahrt an das Haff unternommen, um die Ankunft von Schiffen aus Kopenhagen zu beobachten. Aus Kopenhagen kommende englische Gäste wurden nicht besonders gern gesehen, da nach dem Tilsiter Frieden vom Juli 1807 die Küsten der Nord- und Ostsee von Frankreich kontrolliert wurden. Als eines der Argelanderschen Schiffe – Dänemark war ja inzwischen mit den Franzosen verbündet – aufgebracht worden war, wurde der Gedanke erwogen, ob sich nicht der Kronprinz selbst brieflich an den dänischen König wenden solle, um die Freilassung des Schiffes zu erbitten. Die Freundschaft mit dem Handelshaus Argelander war eine Bereicherung der Erfahrungen des Kronprinzen und wirkte über den Memeler Aufenthalt fort. Auch andere Kaufleute waren willkommene Gastgeber und gesuchte Gesprächspartner, vor allem der Großkaufmann Consentius, bei dem die Majestäten nach ihrer Flucht in Königsberg gelegentlich Aufnahme fanden. »Unser Wirt gab Seltenheiten: Weißer Honig, Englischen und Parmesan-Käse.« Im Hause des Consentius am Stentor wurde nicht nur debattiert, sondern auch frohe Stunden in »leidvoller Zeit« verbracht. Was die geselligen Zusammenkünfte in den Häusern der Kaufleute so abwechslungsreich und interessant machte, war die Mischung der Gäste. Das Königspaar, »alle Prinzlichkeiten«, die Offiziere der Garde und zu Fuß, sonstige Stabsoffiziere, russische Gäste, gelegentlich Kosakenoffiziere, Oberfinanzräte und eben Kaufleute waren versammelt, und diese Mischung der Gesellschaft in

Memel und in Königsberg war einzigartig und kehrte so später nicht wieder. Zusammen mit den Familien Argelander und Consentius wurde das Weihnachtsfest 1807 gefeiert. Bevor die königliche Familie im Januar nach Königsberg zurückkehrte, gab sie ein Abschiedsmahl für »Repräsentanten der Bürgerschaft: Argelander, Consentius, Ruppe, Simson Sen., Superintendent Sprengel, Tarrach ... desgleichen die Stabsoffiziere der Garnison.« So machte sich das neue Gefühl der Zusammengehörigkeit gerade auf engem Raume geltend.

Die Fahnenweihe eines Bataillons gehörte zu den Höhepunkten des Lebens in Königsberg. Als Vorfeier fand ein Mittagsmahl im Schloß statt, dessen Teilnehmer gleichsam den engsten Kreis des Militärstaates bildeten. »Man speiste an zwei Tafeln: an des Königs alle Offiziere und Junker nebst Unterstab der Fußgarde; an der Marschallstafel die vier Feldwebel und per Compagnie 10 Gemeine, 1 Unteroffizier, kurz in Summa 50 Mann. Musik verbreitete eine feierliche Stimmung. Der König trank auf das Wohl des Bataillons. Die Gemeinen erwiderten dies durch dreimaliges Vivat, während God save the King gespielt wurde. Dies rührte alle, die Königin bis zu Tränen.« Die Feierlichkeit vollzog sich in drei Akten: Zunächst fand eine Kirchenparade statt, dann der Gottesdienst in der Schloßkirche; die Garde beherrschte den dritten Teil. »Der Propst hielt eine kurze Rede, das Gebet, während präsentiert wurde, worauf der Auditeur, Herr Schöps, nach einigen kräftigen Worten den Eid verlas, welchen jeder einzelne laut und vernehmlich nachsprach. Dann formierte sich wieder eine Linie. Die Prinzen (mit den Ordensbändern) traten ein, der König musterte dies Ganze, man salutierte feierlich die Königin, welches beim Vorbeimarsch wiederholt wurde, dann trat die Wache voran, und die Fahnen wurden mit dem gewöhnlichen Marsch in die Fahnenkammer gebracht.« Damals, und nicht erst während der Befreiungskriege, wurde es üblich, den von den Russen übernommenen Zapfenstreich nach russischer Melodie zu spielen. Die alten bürgerlichen Bekannten aus Memel und Königsberg wollten in diesem Augenblick in der Nähe der Königin sein, die von einem Balkon des Schlosses aus dem feierlichen Militärakt zugeschaut hatte. Auch Gneisenau, der bald in russische Dienste übertrat, war noch anwesend.

Der feierliche Wiedereinzug in die Hauptstadt der preußischen Staaten fand am 23. Dezember 1809 statt. Abgeordnete des Magistrats und der Stadtverordnetenversammlung begrüßten die Mitglieder der königlichen Familie, die seit mehr als drei Jahren Flüchtlinge gewesen waren, in Weißensee. Der König hatte eine Stunde vor Berlin sein Pferd bestiegen. Er trug die Uniform des ersten Garderegiments, die Königin fuhr in einem Wagen, den ihr die Stadt geschenkt und entgegengeschickt hatte. Die beiden Bataillone Garde zu Fuß begleiteten den Einzug der königlichen Familie, der Kronprinz, Prinz Wilhelm und Prinz Friedrich Wilhelm Karl als sogenannte schließende Offiziere vor dem ersten Zuge des ersten Bataillons. Am folgenden Sonntag wurde in allen Kirchen ein feierlicher Dankgottesdienst gefeiert. Der Kronprinz war inzwischen fast erwachsen und nahm an der allgemeinen Freude der Rückkehr Anteil, die für ihn allerdings von der bevorstehenden Trennung von seinem Lehrer Delbrück überschattet war. Ihn schmerzte sie so sehr, daß er tagelang krank war – eine typische Reaktion des sensiblen Knaben. Das Ende des allgemeinen Elends war indes noch nicht absehbar, und sicherlich wird der Kronprinz ähnlich wie die Königin empfunden haben, die damals schrieb, das Leben in Berlin sei immerhin erträglicher als in Königsberg: »Es ist wenigstens ein glänzendes Elend mit schönen Umgebungen, die einen zerstreuen, während es in Königsberg wirklich ein elendes Elend war.«[21]

Von den Vorbereitungen für die innere Umgestaltung des Staates, in deren Verlauf im Dezember 1809 Hardenberg zum Staatskanzler aufstieg, hat man den Kronprinzen offensichtlich nur dürftig informiert, während er in Königsberg und Memel alle Nachrichten gleichsam aus erster Hand erhielt. Für das Kolorit preußischer Geschichte ist es charakteristisch, daß eine Reihe von Gesprächen mit hoher Brisanz auf der Pfaueninsel geführt wurden.

Wichtiger als alle politischen Vorgänge ist ein Ereignis, das tief in das Leben des Kronprinzen eingriff: Zwischen der Rückkehr aus Ostpreußen und den Befreiungskriegen liegt der Tod der Königin Luise am 19. Juli 1810. Die Bindung Friedrich Wilhelms an die Mutter war tief und drückte sich manchmal geradezu leidenschaftlich-sinnlich aus. Er habe sie »lange geküßt«, berichtet er einmal dem Erzieher, und »keine sei so schön« wie die Mutter. Solche Bekundungen gehören sicher zur Sprache seiner romantischen Generation, aber Friedrich Wilhelm hielt seine Gefühlsausbrüche niemals zurück, und die Herkunft aus der romantischen Geistesbewegung erklärt nicht alles. Die Mutterbindung hat sein ideales Bild von der Frau schlechthin nachhaltig bestimmt. Luises Spuren blieben sein Leben lang sichtbar. Es war wohl einer der letzten Briefe, den sie an ihren Sohn »Fritz« am 26. April 1810 schrieb:

Königin Luise blieb sein Leben lang die beherrschende weibliche Figur für Friedrich Wilhelm IV.. Mit dem übermächtigen Bild der Mutter konnte nicht einmal seine spätere Frau, die bayerische Prinzessin Elisabeth, konkurrieren, mit der ihn in einer kinderlosen Ehe tiefe Zuneigung verband. Schon ein Jahr nach der Rückkehr aus dem ostpreußischen Exil in die Residenzstadt Berlin starb Königin Luise am 19. Juli 1810 erst vierunddreißigjährig an einer rätselhaften Krankheit, die beim damaligen Stand der Medizin als allgemeine Schwäche bezeichnet wurde. Ihr Tod stellte tatsächlich für die ganze Monarchie einen überall empfundenen Verlust und für die Familie einen tiefen Einschnitt dar. Der König ließ überall »Luisen-Tempel«, Reliefs der geliebten Königin und Luisen-Mahnmale aufstellen. Kupferstich von D. Berger nach H. Dähling von 1811.

»Höre meine mütterliche Stimme, mein lieber Fritz; bedenke das wohl, was ich Dir zärtlich so oft wiederhole; zähme das jugendliche Feuer, mit dem Du alles, was Du möchtest, haben willst und für alles, was Du Dir denkst, gleich die Mittel zur Verwirklichung verlangst. Wer Dir vorredet, daß dies Charakter, daß dies wahre Freiheit sei, ist ein Narr oder ein falscher Freund. Wirkliche Freiheit besteht nicht darin, daß man alles tut, was man kann, sondern daß man das Gute tut und was man als solches erkennt. Nur durch Überlegung wirst Du zur Erkenntnis kommen, was gut oder böse sei; nur durch Bändigung Deines Willens wirst Du zur Ausführung des Guten kommen, selbst wenn es mit Deinen Neigungen, Deinem Geschmack, Deiner Bequemlichkeit im Widerspruch steht; und Charakter haben heißt: nach reiflicher Prüfung des Guten oder Bösen das ins Werk setzen, was man als das Gute erkennt, und alle Willenskraft daran setzen, um sich nicht durch die Leidenschaften abwenden zu lassen, die der höchsten Wahrheit des Guten widerstreben könnten.«[22] Ein solcher Brief ist nicht nur durchdrungen vom Geist der Philanthropie, sondern mehr noch von der sittlichen Idee der verantwortlich handelnden Persönlichkeit. Die Bekanntschaft mit Männern, die Pestalozzi nahestanden, hatte die Königin eben in Königsberg nachhaltig beeindruckt. Ein lang gehegter Wunsch der Königin ging noch in Erfüllung: Am 25. Juni besuchte sie ihre mecklenburgische Heimat. Von Neustrelitz aus fuhr die Familie, der sich nach wenigen Tagen der König von Preußen angeschlossen hatte, dann nach Hohenzieritz.

Als der König nach Potsdam zurückgekehrt war, erhielt er am 18. Juli die Nachricht von der lebensgefährlichen Erkrankung seiner Frau. Er eilte in Begleitung seiner beiden ältesten Söhne nach Hohenzieritz zurück, um der sterbenden Königin nahe zu sein. So erlebte Friedrich Wilhelm den Tod der geliebten Mutter. Auf die wiederholte Frage des Königs nach einem Wunsche der Sterbenden antwortete sie: »Dein Glück und die Erziehung der Kinder.« Diese Worte sind einer Aufzeichnung entnommen, die der König noch am Abend des 19. Juli, »des unglücklichsten Tages meines Lebens«[23] niederschrieb. Unter den letzten Worten befand sich auch der Name Hardenbergs. So verdichteten sich gleichsam in diesen letzten Stunden die Wünsche, Hoffnungen und Erwartungen: Erziehung des künftigen Herrschers und Erneuerung des Staates.

Die Jahre der Erziehung und Bildung waren erst mit den Befreiungskriegen abgeschlossen. Ancillon löste Delbrück ab und trat nach seiner

Der in Berlin geborene, ursprünglich hugenottische Abkömmling Jean Pierre François Ancillon löste 1810 den umstrittenen Erzieher Friedrich Delbrück ab, wobei sich die Wünsche der Reformergruppe um den Freiherrn vom Stein mit der persönlichen Vorliebe des Königspaares für den Professor der Geschichte trafen. Mit Ancillon kam ein Augenzeuge der Französischen Revolution in die unmittelbare Nähe des Thronfolgers, dessen enger Berater und Vertrauter er bis zu seinem Tod bleiben sollte. Er scheint aus der Erfahrung des Umsturzes aller Dinge den Schluß gezogen zu haben, daß die Erhaltung des europäischen Staatensystems die Voraussetzung der Existenz Preußens sei, auch darin dem bewunderten österreichischen Staatskanzler Metternich nacheifernd. Lithographie von Friedrich Jentzen nach einer Zeichnung von Franz Krüger.

Ernennung zum Staatsrat am 23. Juni 1810 sein Amt bei Hofe an; dieser Wechsel entsprach dem Wunsche der Königin. Beide Männer haben sich – jeder zu seiner Zeit – gleichsam ergänzt. Ancillon hat den europäischen Horizont des politischen Weltbildes eröffnet und erweitert. Über die Befreiungskriege hinaus hat er die Idee Europas in den Mittelpunkt des Denkens gerückt. Beide Lehrer wurden gleichzeitig Mahner und Freunde Friedrich Wilhelms. Auch Ancillon gehörte zu jenen Männern, über die die Urteile der Zeitgenossen und der Historiker sehr weit auseinandergehen; die negativen sind zahlreicher als die positiven Urteile. Die Rede war von »Wortgepränge«, das ihm eigentümlich gewesen sei, von »Hofpfaffe und Hofschranze«, von »charakterlosem Schönredner«, aber auch von Güte, von »besonderem, so nicht weiter vorkommendem Geist«.

Ancillon war 1767 in Berlin geboren worden, hatte in Genf Theologie studiert und wurde 1790 Prediger der französischen Gemeinde zu Berlin, 1792 dann Professor der Geschichte an der Kriegsakademie, 1803 Mitglied der Akademie der Wissenschaften und königlicher Hofhistoriograph, 1809 Staatsrat im Departement des Kultus; im Jahre 1814 stieg er zum Wirklichen Geheimen Legationsrat im Ministerium der auswärtigen Angelegenheiten, 1817 zum Mitglied des Staatsrats auf. Die Gunst des Königs und die Unterstützung Wittgensteins kamen seiner Karriere zugute. Nachdem er 1831 zum Chef des Departements ernannt worden war, rückte er 1832 als Staatsminister an die Spitze des auswärtigen Ministeriums. Das Grunderlebnis Jean Pierre François Ancillons war die Französische Revolution, die er im Juni 1789 miterlebt hatte, als sich die Vereinigung der drei Stände zur Nationalversammlung vollzog und so die Nationalsouveränität verwirklicht wurde. Er wurde ein Verteidiger des europäischen Staatensystems, das nach seiner ja durchaus zutreffenden Ansicht die Voraussetzung der Existenz des preußischen Staates war; nicht die Hegemonie eines einzelnen Staates, sondern das Gleichgewicht zwischen allen sollte die internationale Politik bestimmen. Ancillon ließ sich die Pflege der preußischen Tradition, nicht einer »Teutschheit« oder eines einigen Deutschlands, angelegen sein. Die Aufklärungsphilosophie des 18. Jahrhunderts bildete dennoch die Basis von Ancillons Denken und Schreiben. Im Kontrast zur idealistischen Auffassung von der sittlichen Selbstbestimmung der freien Persönlichkeit entwarf er ein »Vollkommenheitsideal«, das er sonderbarerweise mühelos in Verbindung mit der friderizianischen Tradition brachte.

In einer Akademierede am 24. Januar 1812, zur Geburtstagsfeier Friedrichs II., sagte er geradezu bekenntnishaft: »Die wahre Größe des Menschen, von einer jeden einmaligen Überlegenheit verschieden, steht in der Harmonie des ganzen Menschen, und so wie in einem Werke der Kunst, das auf Zweckmäßigkeit und Schönheit gerechte Ansprüche macht, wir nie ein einzelnes Glied oder einen einzelnen Teil bewundern, sondern das Verhältnis der Teile zum Ganzen und das Ganze zu den Teilen, so auch in dem großen Manne, in diesem höchsten Kunstwerke der Natur und der Freiheit ... Es kann die wahre Größe nur in der Zusammenstimmung aller Seelenkräfte, in der seltenen Harmonie des Geistes, des Willens, des Gemüts angetroffen werden.«[24] Ancillon übersandte ein Exemplar dieser Rede, die zusammen mit anderen Essays unter dem Titel »Einige akademische Gelegenheitsschriften« um Weihnachten 1814 erschien, dem Kronprinzen mit den Worten: »Den Aufsatz über wahre Größe haben Sie mir eingegeben. Ich wünschte, daß dieses Ideal, welchem nachzustreben Sie von der Natur und vom Himmel bestimmt sind, immer Ihnen vor Augen schwebte; überzeugt, daß in Ihrem Innern alles Schöne und Große heimatlich ist, würde ich mich nicht wundern, wenn Sie fänden, daß meine Ideen über wahre Größe die Ihrigen sind, und daß ich nur ausgesprochen, was Sie täglich denken und empfinden.« Hier sprachen der Hofmann und der Aufklärer. Ihm schwebte ein Ideal vor, das in der Verbindung von gesetzmäßiger Freiheit und allgemeiner Vernunft lag. In der Nachfolge Friedrichs II. sollte der Kronprinz »ein Repräsentant der allgemeinen Vernunft auf dem Königsthron werden«. Eine »Heldentat« war weniger wichtig als die Erfüllung eines Tugendkatalogs.

Zu den Vorwürfen, die Ancillon gemacht wurden, gehört auch der Mangel an patriotischer Gesinnung; er fühlte in der Tat stärker preußisch als deutsch, eingedenk seiner Herkunft von den Refugiés, die in Preußen ein Vaterland gefunden hatten. Der Kronprinz empfand mit der Familie noch immer Mißtrauen gegen jene Männer, die Preußen nach der Katastrophe verlassen hatten und in russische Dienste getreten waren. Schon im ostpreußischen Exil aber hatte er sich zwar von den militärischen Reformern und ihren Ideen durchaus beeindrucken lassen, aber er vermochte ihre Emigration nur nachträglich zu begreifen und bis zu einem gewissen Grade zu billigen. Er wird seinen jüngeren Bruder Wilhelm durchaus verstanden haben, der ihm im März 1813 aus Breslau berichtete, er habe Clausewitz auf dem Wege in Blüchers Hauptquartier beobachtet: »Monseur Lausewitz, [so wurde er von den Prinzen despektierlich genannt], ich habe ihn von meinem Fenster aus gesehen, aber nicht gegrüßt. Ich finde es ein wenig stark, gerade diesen Menschen in das Hauptquartier zu schicken, wo Ihr alle seid.« Es bedurfte also Ancillons nicht, damit Friedrich Wilhelm der Zugang zu den Reformern erschwert wurde. Am 12. April 1812 schrieb der Lehrer: »Es freut mich, daß Sie bei der Prinzessin Luise eingeladen sind, so werden Sie doch einen angenehmen Abend haben. Sollte die Deutschheit unter den zu gewinnenden Losen sein, so hüten Sie sich und halten Sie ja überall reinen preußischen Sinn fest.«

Ancillon hat sehr früh das Wesen des Kronprinzen erkannt. Andere Zeitgenossen haben später ähnlich geurteilt, aber kaum einer hat so wie er seinen Hang zum Zeichnen, vor allem die Bedeutung der Metapher für sein Leben erfaßt. In einem Brief fand Ancillon Mahnungen, die an den Wesenskern Friedrich Wilhelms rühren: durch die Neigung zum »ewigen Zeichnen ... fürchte ich, daß Ihre Hoheit die schönen Abende rein verlieren werden, denn ich sehe Sie schon die ganze Zeit mit der Bleifeder in der Hand zubringen. Für einen künftigen Schinkel wäre dieses eine sehr nützliche Anwendung, allein da der Staat nicht in einem gotischen Tempel bestehet und noch nie ein Volk vermittelst romantischer Bilder regiert worden ist, so wird dieses ewige Zeichnen für Sie eine wahre Verschwendung der edlen Zeit.« Ancillon zieht Vergleiche heran, die auf die Persönlichkeit des Kronprinzen exakt zutreffen. Das Erlebte spiegelt sich bei ihm nicht nur in Bildern wider, sondern darüber hinaus findet das Leben in Bildern statt. Es handelt sich nicht nur um Erinnerungsbilder, sondern die Wirklichkeit gewinnt durch Bilder erst Realität. Der Staat – ein gotischer Dom. Dieser Assoziation entsprach wenige Jahre später die langjährige Beschäftigung mit dem Domplan für Berlin.

Der Rationalismus Ancillons schloß indes den Sinn für die Romantik nicht aus, und so ergab sich ein gemeinsamer geistiger Boden, auf dem eine Begegnung der beiden so verschiedenen Persönlichkeiten immer wieder möglich war, ganz abgesehen von der dem Kronprinzen innewohnenden Zuneigung zu jenen Menschen, die um seine geistige Entwicklung bemüht waren. Gemeinsam ist die Liebe zum romantischen Märchenzauber; er vermittelte dem Zögling aus der englischen Literatur nicht nur Shakespeare, sondern auch Milton und Ossians Lieder. Er liebte die Schilderungen des bleichen Mondscheins, der über den schottischen Bergen lag. Was den literarischen Geschmack betrifft, bedeuten die Befreiungskriege keine Zäsur; die Vorliebe für de la Motte-Fouqué hat Empfindungen gezeitigt, die die reale Welt hinter sich lassen. Als der

»Zauberring« und »Undine« erschienen, wurden sie von den Königskindern verschlungen; hier erlebten sie die deutsche Romantik. Das wurde ausgeglichen durch den Rationalismus der Staatslehre, die nach dem Zusammenhang von Moral und Politik, von Selbstbehauptung der Staaten und ihrem Ausdehnungsdrang fragt. Wie sich das europäische Staatensystem mit den fünf Großmächten gebildet hat, stand im Mittelpunkt der Lektüre der historisch-philosophischen Schriften. Ranke hat Ancillon noch persönlich kennengelernt; wenn seine konservative Geschichtsschreibung von dem Bedürfnis nach Harmonie geprägt sein mag, so wird sein Urteil dem Erzieher des Kronprinzen und preußischem Minister doch gerechter als das jener Historiker, die in der Faszination durch die Reformer oftmals geradezu geblendet waren.»In Ancillon repräsentierte sich noch einmal Sinn und Art der französischen Kolonie in Berlin: in allgemeiner Bildung, einer immer gegenwärtigen Kunde der Ereignisse der Geschichte sowie der Dogmengeschichte der Philosophie suchte er seinesgleichen. In seinen Gesprächen war er bei weitem konservativer als in seinen Schriften; doch hielt er auch an denen fest. Nicht selten sah er den König, beinahe täglich seinen Zögling, den Kronprinzen, der dann fortfuhr, an allen Produktionen der Literatur und Kunst unter Ancillons Mitwirkung, der alle Abende vorlas, den lebendigsten Anteil zu nehmen.«[25]

General Yorck unterzeichnete am 30. Dezember 1812 in Tauroggen ohne Ermächtigung des Königs eine Konvention; sie neutralisierte einen Teil der preußischen Armee und leitete den Abfall von Napoleon ein; die Ereignisse der nächsten Wochen rissen den zögernden König gegen seinen eigenen Willen mit sich fort. In diese erregte Zeit fiel am 20. Januar 1813 die Konfirmation des Kronprinzen in Potsdam. Friedrich Wilhelm hatte sich auf die öffentliche Prüfung durch den Bischof Sack sorgfältig vorbereitet, der schon Friedrich Wilhelm III. unterrichtet, eingesegnet und getraut hatte. Unter den Fragen und Antworten fällt die Betonung der Vorsehung besonders auf: »Alles steht unter der Vorsehung des Allmächtigen« – diese wiederkehrende Formulierung enthielt den Kern der Lehre von der Prädestination, der in der brandenburgischen Kirchen- und Frömmigkeitsgeschichte eine so folgenreiche Rolle zugefallen war. Friedrich Wilhelm hatte das öffentlich vorgetragene Glaubensbekenntnis selbst verfaßt. An der Feier nahmen neben der königlichen Familie die Minister, eine Reihe von Generälen und von Geistlichen teil. Am nächsten Tage hatte der König einen öffentlichen Gottesdienst in der Hof- und Garnisonkirche zur ersten

Abendmahlsfeier des Kronprinzen angeordnet. Hofprediger Eylert hielt die Predigt. Friedrich Wilhelm empfing aus den Händen Sacks und Eylerts das Abendmahl. Zwei Tage später reiste der König mit seinen Söhnen nach Breslau, von wo die Aufrufe an das preußische Volk erfolgten. Der siebzehnjährige Kronprinz wurde zum Stabskapitän im ersten Garderegiment zu Fuß befördert.

Die Befreiungskriege bildeten nach Flucht und ostpreußischem Exil einen weiteren Höhepunkt im Erleben der Hohenzollernprinzen. Nach der Erfahrung der Zehnjährigen, die den Niedergang der Monarchie erfahren hatten, wurde ihnen nunmehr das Erlebnis des Wiederaufstieges des Staates zuteil. Im März 1813 war der Kronprinz siebzehn Jahre alt, also fast volljährig; Prinz Wilhelm war gerade sechzehn geworden. Ihnen standen jetzt sehr konkrete Erfahrungen bevor. Gewiß nahm Friedrich Wilhelm Anteil am allgemeinen Geist der Erhebung, aber es läßt sich doch beobachten, wie sich seine Persönlichkeit im Jahr der »Erhebung« nicht etwa entfaltete oder gar vollendete, wie aber unverwechselbare Züge besonders sichtbar wurden. Konventionell und zugleich sehr ernst zu nehmen sind seine Aufzeichnungen im Juli 1813, in denen er bekennt: »Mein sehnlichster Wunsch war immer gewesen, einen solchen Kreuzzug mitzumachen.« Die Ereignisse zwischen 1813 und 1815 sind legendenumwoben. Das macht eine konkrete und detaillierte Schilderung erst recht notwendig, da nur so die Mentalität des Kronprinzen erfaßt werden kann.

Die Initiative des Handelns ging von den Reformern, nicht vom König aus. Seine Übersiedlung von Berlin nach Breslau geschah auf Hardenbergs Rat hin. Der Anteil der »Massen« an den Kriegen wird in der Forschung sehr kontrovers beantwortet. Seit Februar 1813 stiegen die Meldungen zu den Freikorps sprunghaft an, die nicht etwa vorwiegend aus dem gehobenen Bürgertum, sondern zu fast neunzig Prozent aus Bauern, Tagelöhnern und kleinen Beamten bestanden. Der Kronprinz »wußte mehr« als der Durchschnitt der Zeitgenossen. Die Gesetze und Aufrufe im Februar und März steigerten sich bis zu den Aufrufen vom 17. März »An Mein Volk« und »An Mein Kriegsheer« und schufen überhaupt erst Gewißheit über das Bestehen des Bündnisses von Kalisch zwischen Rußland und Preußen vom 28. Februar 1813 und den Entschluß Preußens zum Kampf gegen Napoleon. Es wurde an das Vorbild der Russen, Spanier, Portugiesen, Schweizer und Niederländer erinnert. Vor allem der spanische und portugiesische Widerstand hatte zu den Meldungen gehört, die die Flüchtlinge in Ostpreußen erreicht und aus denen sie Hoffnung für eine bessere Zukunft geschöpft hatten.

Der Befreiungskrieg ließ erstmals in der Kriegsgeschichte die Umrisse von Massenheeren erkennen. Das Bündnis sah das Zusammenwirken von 150000 Russen und 80000 Preußen vor. In einem Geheimartikel des Abkommens versprach der Zar »die Waffen nicht eher niederzulegen, bis Preußen seinen ganzen früheren, statistischen, geographischen, finanziellen Zustand wieder erlangt haben werde und wieder geworden sei, was es vor dem Kriege gewesen – nur mit Ausnahme der alten hannoverschen Besitzungen«: es wurde ihm West- und Ostpreußen sowie die spätere Provinz Posen ausdrücklich zugesichert. Am 15. März erklärte Preußen Frankreich den Krieg. Die militärischen Kräfte Preußens und Rußlands wurden verstärkt, als sich der schwedische Kronprinz Carl Johann, der ehemalige französische Marschall Bernadotte, mit jenen 35000 Mann, die nach Pommern übersetzten, dem russisch-deutschen Bündnis anschloß. Entscheidender war der Beitritt Österreichs im August 1813, so daß sich die Stärke der Kampftruppen der Alliierten jetzt auf 570000 Mann erhöhte; Napoleon verfügte dagegen zu Beginn des Herbstfeldzuges nur über Armeen von 442000 Mann. Die Hauptmasse dieser Armee, etwa 314000 Soldaten, stand nördlich des Böhmerwaldes in einem weiten Bogen, der sich von Dresden bis Liegnitz ausdehnte; 70000 Mann bedrohten Berlin; ein Belagerungskorps stand bei Leipzig; Davout befehligte in Hamburg ein aus Franzosen und Dänen bestehendes Korps. Die zahlenmäßige Überlegenheit der Verbündeten wurde ausgeglichen durch den französischen Vorteil, auf der inneren Linie zu kämpfen sowie durch den einheitlichen Oberbefehl bei Napoleon.

Nach Abschluß der Bündnisverhandlungen stellte sich den Verbündeten die Frage nach dem Oberbefehl in einem Koalitionskriege. Die Wahl fiel nach Österreichs Beitritt auf Metternichs Vorschlag schließlich auf den Fürsten Karl Philipp von Schwarzenberg. Ihm, der nicht etwa an den intellektuellen Maßstäben von Clausewitz oder denen des Schweizers Jomini gemessen werden darf, wurde die Begabung zum Ausgleich in der Koalition zugeschrieben. Die Einheitlichkeit des Oberbefehls ist jedoch immer wieder in Frage gestellt worden, und zwar von den Sonderbestrebungen der Souveräne sowie von den Eigenmächtigkeiten der Armeen und des Korps. So gab es in der schlesischen Armee Gegensätze zwischen Blücher und seinem Stabschef Gneisenau auf der einen und General Müffling auf der anderen Seite. Letzterer, später ein herausragender Chef des Generalstabes, sparte nicht mit Kritik an Gneisenau, der höchste Ansprüche an die Tapferkeit der Truppen stellte.

Im Zusammenhang der Freiheitskriege kommt der Schlacht bei Großgörschen oder Lützen sicherlich keine herausragende Bedeutung zu. Gleichwohl ist sie unter mehreren Gesichtspunkten interessant. Die Schlacht entwickelte sich aus einem Angriff der Verbündeten am Morgen des 2. Mai auf die Truppen des Marschalls Ney, die die in einem Viereck um Großgörschen liegenden Dörfer besetzt hatten. Über Stärke und Absicht der zu diesem Zeitpunkt nicht erwarteten Verbündeten herrschte Unklarheit. Nach einer Kanonade und im Sturmangriff gelang es ihnen, das heißumstrittene Dörferviereck zu nehmen. Napoleon, der sich mit seiner Hauptarmee auf dem Marsche nach Leipzig befand, erkannte rasch die Gefahr, änderte seinen Plan und kam seinen bedrängten Truppen zu Hilfe. Der Kampf wogte hin und her; vor der drohenden Umfassung zogen sich die Verbündeten zurück. Im Gefecht wurden Blücher und Scharnhorst verwundet. Die Monarchen der Verbündeten beobachteten das Geschehen von einem später so genannten »Monarchenhügel« aus. Es handelte sich um eine Schlacht auf engem Raum; der Nahkampf tobte um den Besitz von wenigen Dörfern und dauerte etwa anderthalb Stunden. Die Verbündeten traten im Schutz der beginnenden Dunkelheit den Rückzug an. Die Verluste waren auf beiden Seiten groß: Bei den Franzosen werden sie auf 22000 Mann berechnet; die Verbündeten verloren 11500 Mann, davon die Preußen allein 8500 mit einem hohen Anteil an Offizieren. Die Verwundung Scharnhorsts schien zunächst nur leicht zu sein. Einige Tage nach der Schlacht reiste er nach Österreich, um persönlich für den Kriegsbeitritt des Kaiserstaates zu werben. In Prag verschlimmerte sich seine Wunde, und am 28. Juni starb er.

Napoleon hatte zwar gesiegt, aber dieser Sieg war nicht mit jenen Triumphen vergleichbar, an die sich die Zeitgenossen gewöhnt hatten. Noch war sein militärischer Genius nicht verblaßt; das Selbstgefühl der Gegner war gleichwohl wieder gestiegen. Die verbündeten Truppen hatten gegen eine Übermacht gekämpft, waren anfänglich sogar Sieger gewesen, hatten keine Trophäe in den Händen des Siegers gelassen. Erstmals in dem Kampfe gegen Napoleon kämpften Russen und Preußen Seite an Seite. Die vielbeschworene Waffenbrüderschaft entstand auf dem Schlachtfelde von Großgörschen. »Die preußischen Truppen« – schrieb Graf Nesselrode nach Wien – »haben sich mit Ruhm bedeckt;

sie sind wieder die Preußen Friedrichs geworden«, und Napoleons Urteil lautete: »Ces animaux ont appris quelque chose.« Trotz der Niederlage trat das verbündete Heer mit gestärktem Selbstbewußtsein den Rückzug von Lützen nach Bautzen an. Die Schlacht bei Großgörschen ging in die Kriegsgeschichte als »eine der blutigsten und erbittertsten« im Kampfe mit Napoleon ein.

Der Kronprinz traf bei dieser Schlacht seinen Vater und eine Reihe von preußischen und russischen Militärs, die ihm im ostpreußischen Exil begegnet waren. Seit Ende März befand sich Friedrich Wilhelm im Hauptquartier des Königs; wie er sich bei Großgörschen verhielt, hat unter anderem Graf Henckel von Donnersmarck, einer der Flügeladjutanten des Königs geschildert: »Die preußischen Garden unter General von Röder, wobei auch Ihre Königliche Hoheit und der Prinz Friedrich von Preußen zugegen waren, fochten hartnäckig um den Besitz der Dörfer Groß- und Kleingörschen und Kaja. Als ich am linken Flügel nach dem Monarchenhügel wieder zurückkam, befahl der König ebenfalls vorzureiten; wir ritten nach Kaja, welches der Major von Block mit den Gardefüsilieren verteidigte. Der König ritt einen weißen Araber. Major von Block meldete dem König, daß, da für den Augenblick keine Reserve da und das ganze Bataillon als Tiralleurs im Dorfe zerstreut sei, er gleich wieder herausgeworfen würde. Wir ritten nun nach dem jenseitigen Ende des Dorfes und sahen die französischen Kolonnen im Sturmschritt auf das Dorf zukommen. Der König drehte erst um, als wir höchstens 80 Schritt von ihnen entfernt waren und ritt im Schritt zurück zu den brandenburgischen Husaren. Das Dorf wurde vom Feinde genommen und wieder gewonnen. Der König, die weitere Stellung bereitend, kehrte nach dem vorigen Hügel zurück ... und befahl dem Flügeladjutanten Grafen Stolberg und mir, sowohl den Kronprinzen als auch den Prinzen Friedrich aus dem Gefecht zu holen, indem sein väterliches Herz doch für seinen Erstgeborenen fürchten mochte. Er sprach jedoch ganz gelassen: ›Holen Sie sie einmal zu mir, sie sind genug im Feuer gewesen.‹«

So hatte der Kronprinz an dieser verlustreichen Schlacht teilgenommen, und zwar nicht nur aus der Sicht des Hauptquartiers, sondern im Nahkampf. Er hatte im Wortsinn gekämpft, und zwar in einer kritischen Situation des Gefechtes. Was der Flügeladjutant berichtet, geht auch aus der Familienkorrespondenz hervor. An Prinz Wilhelm, den »Breslauer Familienältesten«, schrieb der König von der »gewaltigen Schlacht ... bei Großgörschen ... Die Armee hat über alle Begriffe, über alle Vorstellung und mit einer Ausdauer und Ergebung gekämpft, die die höchste Achtung und Bewunderung verdient... Die Garden haben wie die Löwen gekämpft.« Am selben Tag überschrieb der Kronprinz den Brief an seine Schwester Charlotte, die damals schon für eine Verheiratung mit dem Großfürsten Nikolaus ausersehen war, mit einem dreimaligen »Sieg« und jedesmal mit drei Ausrufungszeichen. Er legte wie versprochen das »rosa Blatt« bei, das Zeichen romantischen Lebensgefühls.

Diese Art der Mitteilung ist nicht allein für ihn charakteristisch, sondern sie kennzeichnet seine Generation. Er übertrieb aber nicht nur die Bedeutung der Schlacht, ja, er mißdeutete den Ausgang; denn es handelte sich ja gerade nicht um einen »Sieg«; die Worte spiegeln jedoch das Bewußtsein, von Napoleon nicht geschlagen zu sein wider. Der Siegeslauf des Kaisers der Franzosen war gleichsam aufgehalten worden, und das erfüllte die gedemütigte Generation schon mit Stolz.

Nicht übertrieben waren die Angaben über die Verluste. Vor dem Hintergrund des erfahrenen Schreckens, den ein Schlachtfeld mit Sterbenden und Verwundeten bietet, konnte Friedrich Wilhelm nach Jahrzehnten dem soeben zur Regierung gelangten jungen Kaiser Franz Josef schreiben, er habe »die größten Schlachten des Jahrhunderts mitgemacht« und »wisse, was der Krieg ist«. So war er wohl von dem Gefühl erfüllt, an einem »heiligen Kreuzzug«, nicht aber an einem »heroischen Kriege« – der damals so oft besungen wurde – teilgenommen zu haben; er blieb frei von jedem missionarischen Eifer, vor allem von einem Nationalismus, wie er sich zu jener Zeit entfaltete und ein Bestandteil des deutschen Nationalgefühls wurde. Er war sogar nicht ohne Sympathie für die Franzosen, die es von Napoleon zu befreien galte. Das Kriegsziel lag nicht zuletzt in der Restituierung der Bourbonen, damit das europäische Gleichgewicht wiederhergestellt werden konnte.

Der geordnete Rückzug der preußisch-russischen Armeen erfolgte über die Elbe. Bei der Heeresleitung der Verbündeten herrschten im Verlaufe der nächsten Operationen fast noch größere Verwirrung und Unschlüssigkeit als bei Großgörschen. Von strategischer Führung konnte kaum die Rede sein. Bei Besetzung des Kommandos spielten Prestigefragen eine nicht geringe Rolle. Die Preußen zeichneten sich durch Ungestüm und oftmals durch falsche Einschätzung der Absichten des Gegners aus. Der Zar wiederum konnte nicht der Neigung widerstehen, in kritischen Situationen selbst einzugreifen, aber den

Oberbefehl wieder abzugeben, sobald die taktische Situation aussichtslos war. Als Österreich der Koalition beitrat, wurde der Oberbefehl einem österreichischen General übergeben. Metternich schrieb am 10. August: »Das Wichtigste ist, in den militärischen Dispositionen die bestimmte Sprache zu führen und gegen jedermann den Grundsatz aufrechtzuerhalten, den wir unsererseits dem Kaiser Alexander gegenüber betonen und der darin besteht, daß jene Macht, die 300000 Mann ins Feld stellt, die erste ist, während die übrigen nur Hilfsmächte sind.« Die Hauptaufgabe der Verbündeten war es, alle Truppen in einer gemeinsamen Aktion zu einer Entscheidungsschlacht zusammenzuführen. Die Truppen hatten gewaltige Marschleistungen zu vollbringen, bis es zu der dreitägigen Völkerschlacht bei Leipzig kam. Den allerdings geordneten Rückzug seiner Truppen brachte Napoleon erst kurz vor dem Rhein zum Stehen. Deutschland war befreit.

Auf dem Vormarsch an den Rhein und nach Frankreich erlebte Friedrich Wilhelm so wie der einfache Soldat deutsche Landschaften. Der Erlebniswert für die Generation der Befreiungskriege liegt gerade auch darin, daß Menschen aus den östlichen preußischen Provinzen sowie aus den Weiten Rußlands erstmals mit dem westlichen Europa in Berührung kamen. Der Kronprinz genoß die Zeugnisse der Vergangenheit. Zu den Höhepunkten gehörte der Aufenthalt in Frankfurt, »dem göttlichen Frankfurt«, »die uralte weltberühmte Krönungsstadt des heiligen römischen Reiches«. Tief beeindruckte ihn der Dom, die »alte Krönungskirche« mit der Wahlkapelle. Im »Wahl-Zimmer« tagte gerade der Staatsrat des Großherzogtums Frankfurt. »Ich rannte hinein. Außer dem Minister-Staatsrätepack sah ich dort einige Gemälde von römischen Kaisern und Königen, ... zu meiner großen Freude sahen wir auch das Originalexemplar der goldenen Bulle.«

Die Monarchen und die Staatsmänner der Verbündeten berieten in dieser Pause des Krieges die Möglichkeiten der nächsten Kriegsführung oder eines Friedensschlusses mit Frankreich. Unter allen Anwesenden war Metternich der einzige, der die Gefahr einer russischen Hegemonie scharfsinnig erkannte. Der Gegensatz zwischen Metternich, dem das europäische Gleichgewicht am Herzen lag, und dem Zaren, der – wenn auch oftmals schwankend – den Krieg in Frankreich fortführen wollte, beherrschte daher die Auseinandersetzung; diese Kontroversen haben den Feldzug in Frankreich begleitet. Friedrich Wilhelm war jetzt nur Zuschauer des dramatischen Geschehens. Er begleitete die Hauptarmee, die sich nach Beendigung des Waffenstillstandes nach Süden wandte, über Basel – unter Verletzung der schweizerischen Neutralität – in die Schweiz einmarschierte, um das in seinem strategischen Wert überschätzte Plateau von Langres zu erreichen. Unter Schwarzenbergs Oberbefehl, der von der Schweiz aus einen Linksabmarsch durchführte, wurde das Plateau innerhalb eines Monats gewonnen, während Blücher inzwischen in der Neujahrsnacht bei Kaub den Übergang über den Rhein erzwang und damit das linksrheinische Deutschland befreite. Über Saar, Mosel und Maas erreichte er die Marne und Aube und schob sich vor den rechten Flügel der Hauptarmee. Aus den Quellen geht nicht hervor, wie sich der Kronprinz in dieser Zeit verhielt.

Der Vormarsch war voller Hindernisse, aber die Kommentare des Kronprinzen wurden spröder. Im Hauptquartier der Verbündeten in Langres war es zwischen Metternich und dem Zaren zu heftigen Auseinandersetzungen gekommen; während der Zar entschlossen war, den Krieg mit dem Ziel, Napoleon zu stürzen, fortzuführen, befürwortete Metternich die vorläufige Einstellung der Operationen, um eine Verständigung auf der Grundlage nicht der »natürlichen«, sondern der vorrevolutionären Grenzen herbeizuführen. Man plante, einen Kongreß in Châtillon einzuberufen; Blücher indes hatte inzwischen bei La Rothière einen Sieg errungen. Napoleon gelang es aber, die getrennt marschierenden Korps in einer Reihe von Gefechten zurückzuschlagen. Eine neue Initiative Blüchers bereitete die Wende vor; bei Châlons sammelte er die Reste seiner Armee und zog über die Marne nach Norden, um sich mit den nach der Besetzung Hollands über Belgien anmarschierenden Teilen der Nordarmee zu vereinigen und Paris anzugreifen. Napoleon versuchte, ihn zu verfolgen, doch der Oberbefehlshaber Schwarzenberg gab dem Drängen des preußischen Königs nach und griff den ihm gegenüberstehenden Marschall Oudinot bei Bar-sur-Aube erfolgreich an und warf ihn zurück.

Auf den Sieg bei Bar-sur-Aube folgte der Vertrag von Chaumont vom 9. März 1814, in dem sich Österreich, Rußland, Preußen und England zur Fortführung des Krieges mit dem Ziel der Niederwerfung des napoleonischen Frankreichs und dessen Beschränkung auf die Grenzen von 1792 sowie auf die volle Unabhängigkeit der benachbarten Länder einigten. Tatsächlich folgte der endgültige Triumph schnell; am 31. März 1814 zogen Zar Alexander und Friedrich Wilhelm in Paris ein.

Vor dem Einzug in Paris jährte sich am 10. März der Geburtstag der Königin Luise; wichtiger als alle Versuche, die politische Gedankenwelt Friedrich Wilhelms in dieser Phase des Befreiungskrieges und der bevorstehenden Neuordnung Europas zu durchleuchten, ist die bleibende Gegenwart der Mutter. So schreibt der Kronprinz, wie »Politik und alle Wünsche dieser Erde zu klein seien; mich zum wenigsten beengt so etwas bei Gedanken und Gefühlen, die mich auf Unendliches und Ewiges leiten«. Er wünschte sich in Erinnerung an die Verstorbene und in einer Stunde, in der der Sieg nahe war, in rasch vorübergehender trostloser Stimmung: »Diejenigen, die mit der Sonne nur zum Morden und Politisieren aufstehen würden, blieben liegen, und nur durch schönen Schmerz verwundete Seelen würden, diese zwölf Stunden lang, sich begegnen.« Dieser Brief an die Schwester Charlotte ist charakteristisch; Friedrich Wilhelm befand sich in einer Stimmung der Niedergeschlagenheit. Die Lektüre der Romantiker war geeignet, diese Stimmung zu nähren. Unter den Büchern, die sich der Kronprinz vor der Reise ins Hauptquartier in Berlin und auf der Fahrt zur Schlesischen Armee besorgte, gehören die Verse de la Motte-Fouqués: »man geht aus Grau in Wonne, man geht aus Nacht in Sonne, aus Tod in Leben ein.« Friedrich Wilhelm trug sie während des Feldzuges bei sich; er war ja nicht nur Thronfolger, er war auch Angehöriger jener Generation, die an der romantischen Poesie ihren Anteil hatte. Man trug nicht etwa vornehmlich einen Klassiker im Gepäck, sondern eben den »Zauberring« oder die »Undine«. Ancillon erinnerte sich noch im Juni 1818 auf dem Kongreß in Aachen dieser Verse von Fouqué auf einer Tasse, die Prinzessin Charlotte ihrem Bruder 1813 geschenkt hatte.

Der politisch-geistige-seelische Haushalt des Kronprinzen enthielt gleichsam drei Substanzen, die sich nicht widersprachen, wohl gelegentlich miteinander konkurrierten und zum Eindruck der Widersprüchlichkeit beitrugen: christliches Grundgefühl, Hohenzollern-Stolz, der gleichbedeutend mit preußischem Staatsgefühl war und Sehnsucht nach Verwirklichung von »Teutschheit«; alles verschmolz miteinander. Friedrich Wilhelm hatte selbstverständlich Anteil an der Begeisterung über den Einzug der Verbündeten in Paris, wenn auch mit der Befreiung Deutschlands das eigentliche Kriegsziel für ihn erreicht war. Er nahm – so wie ein großer fürstlicher Freundeskreis – teil an den Zerstreuungen der Weltstadt Paris. Es waren Lustspiele und Balletts, die sie besuchten; eine Gesellschaft folgte der anderen. Es sind aber vor allem auch künstlerische Erfahrungen, die ihm Paris vermittelte. Dazu gehörten nicht nur die Besichtigungen der Schönheiten, die ihm Paris bot. Er besuchte das Atelier des Baumeisters Fontaine, des Architekten des Kaiserreichs, womit eine folgenreiche und fortwirkende Bekanntschaft begann. Vielleicht sollte man nicht, wie manche Beobachter, zu sehr unterscheiden zwischen der Begeisterung für das »Gotische« auf der ersten Feldzugsreise und der für das »Vorgotische« auf der zweiten Reise; die Begeisterung für das Alte, das »Urdeutsche«, blieb ja dieselbe.

Der Kreuzzugsgedanke gegen Napoleon war dennoch stärker als der Sieg über Frankreich. »Gott, heiliger Gott!! welche Nachricht. Ich zittere am ganzen Leibe. Meine Seele hat schon in der feierlichsten Stimmung das Tedeum angestimmt. Auch sehr feierlich bin ich gestimmt... Was geschieht nun? Das frage ich Sie: Gott hat gerichtet: was werden die Menschen tun? Vieles Gute nicht tun, vieles Böse tun; wird denn Gott nimmer müde, der Menschen Scheußlichkeiten zum Besten zu wenden??? Es muß doch besser um unser schönes deutsches Land stehen, als es viele glauben und als es um viele steht.« Wohl fällt in diesem Zusammenhang die Bemerkung über das »gottlose fränkische« Volk, aber vom »Nationalismus« oder gar »Aggression« findet sich nicht die Spur. Der Wunsch für die Zukunft liegt in der skeptischen Erwartung, »aus Deutschland [werde] trotz der trüben Aussicht etwas recht Schönes werden; ich baue mir nicht goldene Schlösser, auch nicht träume ich goldene Zeiten für uns, aber Zeiten träume ich, wo in Deutschland viele herrliche Saat für den Himmel aufkeimen soll, und Sie wissen, ich halte etwas auf Träume«.[26] Friedrich Wilhelms Kreuzzugsstimmung wurde jedoch ausgeglichen durch seine Einsicht in das Gleichgewicht des europäischen Staatensystems. Was für den verwandt fühlenden Kronprinzen Ludwig das »Kleinod« der bayerischen Souveränität im Rahmen eines deutschen Bundes, nicht Reiches, bedeutete, das war für Friedrich Wilhelm die Selbstbeschränkung des Staates Preußen als Großmacht im europäischen Staatensystem. Ancillon hatte das Seine mit Erfolg getan, den Kronprinzen vor zuviel »Teutschheit« zu bewahren. Der von ihm gehegte und vermittelte preußische Patriotismus kam in der dem preußischen Könige am 4. Februar 1813 überreichten Denkschrift zum Ausdruck, in der er ein ausschließlich festes Bündnis mit Rußland vorschlug und alle anderen Konjunkturen ablehnte. Er erkannte in der Befestigung der preußischen Unabhängigkeit ausschließlich das Ziel eines Krieges gegen Napoleon – »erinnern wir uns, daß wir Preußen sind, zuerst und vor allen Dingen!« Daß sich die Allianzen anders als in dieser patriotischen Denkschrift vorausgesehen entwickelten, war vor allem das Werk Hardenbergs, der zu den Architekten der großen Allianz gehörte.

Die Korrespondenz zwischen dem Kronprinzen und Ancillon aus dieser Zeit ist nicht zuletzt deshalb so wichtig, weil wir sowohl mit Grundtendenzen, als auch mit den Details des täglichen Lebens in einem Hauptquartier und mit allgemeinen Reiseeindrücken bekannt gemacht werden. So erfahren wir von den militärischen Belehrungen, die Friedrich Wilhelm während des Feldzuges weiterhin zuteil wurden. So hatte er nicht nur im Wortsinne gekämpft, sondern sich auch taktisch und operativ fortbilden lassen: »Einen Tag um den anderen zwischen 11 und 12 kommen einmal H. v. Oppen vom Generalstab, um mir von den Geschäften des Generalstabs selbst eine Übersicht zu geben, und den anderen Tag der General Scharnhorst, der über die Kriegsoperationen im ganzen sehr interessant spricht.« Wie sehr der Prinz und Ancillon übereinstimmten, wird besonders deutlich in der gemeinsamen Distanz zum Fragenkomplex der »Erhebung«: »Das herzerhebendste Schauspiel bot Preußen dar. Dies Volk stellte eines der seltensten und erhabensten, ein in einem monarchischen Staate einziges Beispiel auf. Ich behaupte, es habe sich als das erste der Völker gezeigt, von einem unglückseligen Kriege verwüstet, durch dessen Folgen verarmt, durch des Franzosen-Kaisers Niederträchtigkeit des Handelns und der meisten Wohlstands Quellen beraubt, von Jahr zu Jahr elender gemacht und fast aufs äußerste gebracht, ward es noch von einem Heer von teils tollen, teils verbrecherischen Schwindelköpfen zum Aufruhr versucht. Krieg gegen den Unterdrücker der Menschheit und Deutschlands Befreiung gab den Vorwand und Beschönigung der Rebellion; das Volk blieb treu dem König, und wer wünschte wohl eifriger und inniger beides als der König? Doch der König wollte nicht sich und sein ganzes Volk köpflings ins Verderben stürzen, und das hätten diese ohne Zweifel getan, der größte Teil gewiß aus edler Absicht und weil ihr Kopf durch eignen Enthusiasmus, der durch andere genährt und schief gerichtet, entzündet und verblendet war... Doch wie die Vorsehung so vieles Böse zum Guten leitet, so entstanden... in der jetzigen Lage viel reelle Vorteile für den Staat... Jetzt nun galt es, das Volk zu erproben, jetzt rief es der König an, sich und Deutschland zu befreien.«

Der Brief ist ein vielsagendes Dokument für die Stellung Friedrich Wilhelms, denn mit den »Schwindelköpfen« ist nicht etwa allein das Schillsche Korps gemeint, sondern auch, wenn auch in distanzierender Weise, alle, die die preußische Armee verlassen hatten, um in St. Petersburg den Kampf fortzusetzen. Diese Beurteilung der »Emigranten« schloß bei Friedrich Wilhelm eine Würdigung von Männern wie

Yorck, Gneisenau und Clausewitz nicht aus; der Brief zeigt aber auch, wie schwer es ist, dem späteren König Friedrich Wilhelm Gerechtigkeit widerfahren zu lassen. So nüchtern und kritisch dieser Brief auch war, so sehr förderte er auch die Legendenbildung, nach der der König »rief und alle kamen«.

Mit der Vertreibung Napoleons vom deutschen Boden war das eigentliche Kriegsziel erreicht. Die Fragen nach der Grenze Frankreichs blieben noch offen. Die Übereinstimmung zwischen Ancillon und dem Thronfolger ging wiederum sehr weit. Aus seiner Sommerwohnung im Tiergarten schrieb der Erzieher, der längst die Rolle des Beraters übernommen hatte, im Juli 1815: »Daß Ludwig XVIII. wieder den Thron besteigen muß, dies leidet keinen Zweifel. Und dann können die Verbündeten, um die Throne, welche schon nicht sehr fest stehen, [nicht] völlig zu untergraben, keinen anderen Grundsatz gelten lassen als den der Rechtmäßigkeit der Erbfolge; denn verläßt man einmal diesen Stützpunkt, so vergißt man keinen andern und fällt in den Abgrund der Souveränität des Volkes.« Die »Rechtmäßigkeit der Erbfolge« bedeutete Legitimität, und sie war das Stichwort der Restauration.

Die Gedanken kreisten um das Problem, wie man einen künftigen Krieg mit Frankreich verhindern könne. Die Rücksicht auf den Thron der Bourbonen bestimmte auch die Grenzen der Kriegsziele. Bis Ende 1814 waren die Verbündeten, die in Frankreich kämpften, noch bereit, Napoleon Frieden auf der Grundlage der Grenzen von 1792 anzubieten. Damals tauchte in patriotischen Kreisen der Gedanke auf, das Elsaß wiederzugewinnen. So hat sich der bayerische Kronprinz Ludwig, der ja von jeder militärischen Verantwortung freigehalten wurde und ohne Verbindung mit den preußischen patriotischen Kreisen war, an Kaiser Franz mit der Bitte gewandt, »daß Frankreich über keine Deutschen mehr herrsche, daß das alte deutsche Elsaß, welches durch höchstdero Verfahren verloren gegangen, unter Eurer kaiserlichen und königlichen Majestät wieder erworben werde, daß Teutschland seine natürlichen Grenzen wieder erwerben werde: das wasgauische Gebirge und der alte Rhein nicht mehr entehrt werden, indem französisches Gebiet ihn berühre. Jetzt oder nie geschieht dieses.«[27] In den Briefen des preußischen Thronfolgers blieb der Grundgedanke künftiger Friedenssicherung im Mittelpunkt, und im Zusammenhang mit diesem höchsten Ziele warnte er ausdrücklich vor Wiedereroberungen unter dem Vorzeichen einer Teutschheit. »Ich weiß wohl, daß die lieben Teutschen darauf dringen und dringen werden, daß Elsaß, Lothringen, das französische

Der achtzehnjährige Kronprinz erlebte die Völkerschlacht von Leipzig im Oktober 1813 an der Seite seines Vaters als Augenzeuge mit; das Erlebnis des Krieges mit Verwundeten und Sterbenden scheint Friedrich Wilhelms IV. Scheu vor der Verwicklung in einen Krieg sein Leben lang bestimmt zu haben. An der Seite Zar Alexanders I., seines Vaters und des österreichischen Feldmarschalls Schwarzenberg zog der Kronprinz am 31. März 1814 in Paris ein, das er als wirkliche europäische Metropole erlebte (Gemälde oben von Heinrich Zippel). Die triumphale Rückkehr nach Berlin durch das Brandenburger Tor, das hier wieder die als Kriegsbeute nach Paris entführte aber nun gerade eben an ihren alten Platz zurückgekehrte Quadriga trägt, machte den Sieg über den Eroberer zur Grunderfahrung des jungen Prinzen (Aquatinta von F. W. Bollinger nach einer Zeichnung von U.L. Wolf).

Flandern von Frankreich zurückgefordert und bei dieser Gelegenheit zurückgegeben werden.« Ancillon drückte in für seine Zeit bemerkenswerter Offenheit gegenüber dem Kronprinzen die sehr begründete Sorge aus, »ob es zu wünschen wäre, ob nicht dadurch der Same zu neuen fortwährenden Kriegen ausgestreut würde«. Seine nüchterne Beurteilung der elsässischen Frage fällt ins Auge: »an ganz Elsaß und Lothringen hab' ich niemals zu denken gewagt, weil ich weiß, wie es zugeht bei dergleichen Verhandlungen, und vielleicht wäre es auch nicht gut gewesen.« Die Überlegung Ancillons, »ob die Lothringer, die nicht mehr deutsch reden, die Flandrer, die nie deutsch gesprochen, die Elsässer, die der Sprache noch eingedenk sind, aber durch ihre jetzige Aufführung genugsam beweisen, wessen Geister sie sind«, wurde von Friedrich Wilhelm überhaupt nicht angestellt. Der Gedanke an eine künftige stabile Friedensordnung blieb Mittelpunkt seines Denkens. Die Friedensliebe kam erst recht in dem schon erwähnten Bekenntnis zum Ausdruck, »wie kann man noch einen Krieg mit heiligem Eifer führen, wenn Napoleon nicht mehr sein wird! Ich danke Gott, daß er mich diese Zeiten hat erleben lassen und keinen anderen Krieg, wie beneide ich die Oranier, die nun schon wieder eine Schlacht gewinnen helfen!!!«[28]

Der Kronprinz hatte in diesen Feldzügen einen Höhepunkt seines Lebens erreicht. Seit Flucht und Exil hatte er Schlachten, Rückschläge und Siege erlebt. So war er »in den Stürmen der Welt kein Neuling«, meinte der König zu Prinzessin Charlotte.

Zu den Erinnerungsbildern, vor allem des preußischen Kronprinzen, gehörten gemeinsame Gottesdienste mit dem Te Deum. Jetzt darf in der Tat von dem Bewußtsein einer russisch-preußischen Waffenbrüderschaft gesprochen werden. Sie fand ihren Ausdruck in den russischen Revuen, die »das schönste militärische Schauspiel« boten. »Hundertundfünfzigtausend Mann auf einem Platz ist gewiß ein seltener Anblick.« »Als die Souveräns ankamen, wurde präsentiert. Hurra! und jede Kanone gab einen Schuß, welches mit der schönste Moment des Ganzen war, wie auf der kaum absehbaren Linie der Rauch der Kanonen aufging, und das Hurra dumpf schallte.« Als die Aufstellung der reitenden Artillerie beendigt war, »ritt man die Front hinunter; erst die Artillerie, dann von außen um das Quareé und zuletzt die Kavallerie. Dieser Ritt dauerte in gestrecktem Galopp eine Stunde weniger 10 Minuten. Hierauf folgte der Paradenmarsch; die Infanterie in Regiments-Colonne, die Kavallerie in Esquadrons-Colonne hintereinander. Dieser

Marsch dauerte 2 Stunden; dann ritten wir wieder auf den Berg... Es wurde deployiert, präsentiert, Hurra gerufen, und dann gab[en] Infanterie und Artillerie eine General-Salve, welche beinahe eine kleine halbe Stunde dauerte. Dies war auch ein superber Anblick. – Was aber besonders für jeden Militär schön war, ist die Armee an sich; diese enorme Egalität in der Equipierung. Ein jeder muß gestehen, daß es eine Armee war, wie man sie sich nur denken kann.«

Die Beschreibung stammt aus der Feder des Prinzen Wilhelm; sie entspricht indes vollkommen den Eindrücken des Thronfolgers. Nicht zu Unrecht ist Prinz Wilhelm »ein geborener Soldat« genannt worden; mit Friedrich Wilhelms Ästhetik des Militärs hängt es auch zusammen, daß eine solche Armee nicht ohne Not aufs Spiel gesetzt werden sollte – es handelt sich also um ganz andere Gründe als jene, aus denen man im 18. Jahrhundert mit Soldaten schonend umging. Beides traf zusammen und ergänzte sich im Erinnerungsbild: Die Erinnerung an die Grauen des Schlachtfeldes mit Toten und Verwundeten sowie die an Paraden, an denen sich die Sinne berauschen konnten. Erst wenn man alle Motive bündelt, ergibt sich die Stellung der Armee im vormodernden Staate.

Nach dieser glänzenden Parade dinierte man bei Kaiser Alexander, und der Tag wurde gesellig bei den Großfürsten beschlossen. Es ergab sich, daß in diesen Tagen das »Alexander-Fest« gefeiert wurde, mit Paraden und Gottesdienst. In diesem Zusammenhang fehlt indes nicht die Bemerkung, »daß der Anblick der Aufstellung bei unserer Fahnen-Weihe auf dem Champs de Mars beinahe schöner war.« Eine besondere Symbolik wurde in der Gleichzeitigkeit des russisch-orthodoxen und des christlichen Osterfestes 1814 gesehen, »was alle Jahrhunderte nur geschieht.«

Die Freude an der siegreichen Armee wurde begleitet von einer Reihe mannigfacher Zerstreuungen. Der König ließ sich gern, auch später in Berlin, durch harmlose Theateraufführungen zerstreuen. Der Kronprinz spürte den Unterschied zwischen den Opern in Paris und Berlin. Hier in Frankreich war alles großartiger, auch das Theater, mögen ihn die Tragödien auch »entsetzlich gelangweilt« haben. Am besten gefiel ihm unter den Theatern allerdings das Theatre des Variétés, hier sah er »Lustspiele, dramatische Singspiele«, die ihn ergötzten. Der Gedanke, daß nunmehr »die Franzosen unsere Freunde sind«, stellt sich immer wieder ein. Es gehörte geradezu zu den konventionellen Meinungen, die Franzosen seien leichtsinnig, aber diese Ansicht wurde sogleich ergänzt, »so verdienen sie darum nicht unseren Haß. Muß man nicht allen National-Haß vergessen, jetzt, da er [Napoleon] nur ein Feind der Menschheit ist?«

Im August 1814 kehrte der König mit seinen Söhnen aus Paris nach Berlin zurück. Man hatte die Gesellschaft erlebt und genossen, denn eigentlich gab es sie nur in Paris, in London und in Wien; kaum – nur in bestimmten Zirkeln – in Berlin und schon gar nicht in Breslau, von wo man ja aufgebrochen war. Am stärksten wirkte indes die erlebte preußisch-russische Waffenbrüderschaft nach, die zum bleibenden Jugendeindruck des preußischen Thronfolgers wurde.

Liebe und Vermählung

Während der König dem Thronfolger einen noch immer sehr begrenzten Anteil an der Verantwortung für den Staat einräumte, konzentrierte sich Friedrich Wilhelm im privaten Bereich auf seine Werbung um die bayerische Prinzessin Elisabeth. Nur zwei Frauen waren in seinem Leben von großer Bedeutung, die verklärte Mutter, Königin Luise, die 1810 gestorben war, sowie die Lieblingsschwester Charlotte, die vor ihrer Verehelichung mit dem Großfürsten Nikolaus zum russisch-orthodoxen Glauben übergetreten war. Dieser Glaubenswechsel hat den im evangelischen Glauben verwurzelten Kronprinzen stark beunruhigt; es ergab sich, daß die Frage einer Konversion nun auch in die Mitte der Beziehung zwischen Friedrich Wilhelm und Elisabeth von Bayern rückte und den Erfolg seiner leidenschaftlichen Werbung in Frage zu stellen schien.

Für die Charakter- und Herzensbildung des Thronerben sind diese Jahre des Wartens gar nicht zu überschätzen. Alle Beteiligten, nicht nur Friedrich Wilhelm selber, haben es sich nicht leicht gemacht. Daß der inzwischen Vierundzwanzigjährige nach Gneisenaus Aussage von »seltener Reinheit« war, ist nach fast allen Zeugnissen derer, die ihn aus der Nähe kannten, unumstritten. Diese Feststellung ist letztlich wichtiger als die oftmals aufgeworfene Frage nach seinem geistigen und seelischen Gesundheitszustand oder die unbestätigten Gerüchte über die unerwünschten Folgen einer angeblichen Liaison, die sich an einem der internationalen Konferenzorte in den Jahren der Restauration ergeben habe. Er ist bestimmt nicht der Verführer jenes Hoffräuleins bei der Großfürstin Charlotte in Petersburg gewesen, von der in gelegentlich überlieferten Gerüchten die Rede ist, und selbst wenn die Vaterschaft des Kronprinzen zuträfe, würde das Bild seiner Persönlichkeit davon nicht betroffen werden. Für das Urteil über ihn wäre es belangvoller, wenn eine Ansicht des Arztes Hufeland zuträfe, nach der der Kronprinz impotent gewesen sein soll.[1]

Mit Sicherheit kann nur gesagt werden, daß das sexuelle Verhalten Friedrich Wilhelms von dem seines Vaters und seiner Brüder weit abwich. Daß seine Ehe kinderlos blieb, darf allerdings nicht als ein Indiz der von Hufeland angedeuteten angeblichen Veranlagung gewertet werden; nur einmal war die Rede von einer Schwangerschaft seiner Frau, bei der es sich aber offensichtlich um eine Scheinschwangerschaft gehandelt hat.[2]

In der Liebe zu der Tochter des Königs von Bayern hätte der Keim zu einem Vater-Sohn-Konflikt liegen können, wenn schließlich nicht alle Beteiligten ein hohes Maß an Takt in allen delikaten Fragen bewiesen hätten. Den Wunsch nach einer Familienverbindung der Häuser Hohenzollern und Wittelsbach hegte der bayerische Kronprinz Ludwig längst. Eine solche dynastische Verbindung entsprach jener romantischen Stimmung, die auf »altdeutschen Träumen« beruhte und in der Verbindung beider Geschlechter ein Symbol deutscher Eintracht sah. Eine Verbindung katholischer und evangelischer Fürsten wäre so recht geeignet gewesen, das über allem Trennende gemeinsame Christliche zu erkennen – die wahre Katholizität, von der so oft und gerade bei Friedrich Wilhelm die Rede war. Der Konfessionsunterschied blieb indes lange Zeit das eigentliche Hindernis, an dem die von beiden ersehnte Verbindung hätte scheitern können. Auf beiden Seiten haben natürlich auch Fragen des Prestiges, auf bayerischer Seite auch machtpolitische Gesichtspunkte, eine Rolle gespielt.

Auf einer Reise in den Süden im Jahre 1819, die nur kargen Ersatz für die ersehnte, aber noch nicht gewährte Reise nach Italien darstellte, lernte Friedrich Wilhelm die beiden Zwillingsschwestern aus dem Hause Wittelsbach kennen. Die Reise führte über eine Reihe deutscher Residenzen. Es war für die Eingeweihten, auch für den Kronprinzen, klar, daß es sich um eine »Brautschau« handelte. Friedrich Wilhelm stand im heiratsfähigen Alter, und der Vater hatte bereits einige Verbindungen erwogen und wieder verworfen. Friedrich Wilhelm stellte zwei Bedingungen: Die künftige Braut sollte eine deutsche Prinzessin und sie sollte evangelisch sein. »Katholisch will ich keine«, sagte der Kronprinz, bevor er Elisabeth kennen- und lieben lernte. Vor Antritt der Reise hatte er ironisch-skeptisch an Tante Marianne, die Tante »Minnetrost«, Gemahlin des Prinzen Wilhelm von Preußen, des Bruders des Königs und Tochter des Landgrafen von Hessen-Homburg, geschrieben: »Dieser zweite Zweck der Reise [Ausschau nach der künftigen Gemahlin], nämlich en passant die Töchter des Landes zu besehen, ist die schwarze Seite der Reise, recht schwarz und fatal; denn ich hab' dazu kein Talent, au contraire... Dabei bildet man sich in Bayern ein, ich komme expreß um der Prinzessinnen willen hin, und die Sache sei rein fertig.«[3]

Was zu einer Lebenskrisis zu werden drohte, begann ganz unbefangen, ja heiter. Am Anfang der Reise stand eine Truppenbesichtigung in Schlesien, wo auch die Industrie gebührende Beachtung fand. Anschließend begann die »Jagdpartie durchs Heilige Römische Reich«. Die Reise führte über Prag und Nürnberg nach Würzburg; zu den Stationen gehörten auch Frankfurt am Main und Koblenz. Nachdem man auf der Reise schon zahlreiche Verwandte und Fürsten gesehen und ihnen Visiten abgestattet hatte, stand in Baden-Baden der Besuch bei den Wittelsbachern, die dort zur Kur weilten, auf dem Programm. Im Brief an Charlotte hieß es: »Morgen bestehe ich eine schreckliche Probe von Contenance. Ich gehe nach Baden mit Fritz und Wilm, um den bayerischen Majestäten nebst sechs Töchtern die Cour zu machen ... Ich höre täglich so viel Göttliches von dem ersten Zwillingspaar, daß mir die Haare ob der Angst zu Berge stehen! Zähle Dir selbst die Konsequenzen von den Fingern ab!!!« König Max Josef besaß aber den Takt und auch die List, den Kronprinzen nicht nur mit den Zwillingsschwestern bekannt zu machen, sondern mit einem ganzen »Cousinen-Bataillon«.

Aus Baden-Baden heißt es im Briefe an die Schwester: »Ich hoffte, es würde vorübergehen wie der Besuch zu Chambois; meine Vernunft sagte mir: es ist ein unmöglich Ding, also halte fest!« – »Am 15. Juli ging's von Karlsruhe nach Baden. Wir kletterten erst auf allen Bergen umher und gingen dejeunieren beim König von Bayern, der, nachdem er uns der Königin vorgestellt hatte, uns seine sechs Töchter in langer Reihe als ein Cousinen-Bataillon vorführte. Nach dem Frühstück machte ich besagten sechs meine Cour im Garten, nachdem Wilhelm und Fritz O. [Prinz Friedrich der Niederlande] schon in voller Konversation waren und zwar ganz echauffiert. – Darauf ließen wir uns alle drei schon eine halbe Stunde nachher totschlagen, daß es keine liebenswürdigeren Prinzessinen geben könnte als diese.«

Der Brief spiegelt die Unbefangenheit und Heiterkeit wider, die die drei noch unverheirateten Prinzen auf ihrer Reise erfüllte. Die Brautfahrt war gleichsam der Ausklang einer Jugend, die in romantischer Stimmung befangen war, obwohl sie schwere Erfahrungen enthielt, die Flucht, den Tod der Mutter, den Krieg und auch schon die Teilnahme an politischen Geschäften. Die Reise ging nun nach Straßburg, wo sich die Begeisterung über das Münster mit der Fröhlichkeit der Reisenden mischte und weiter »über den Schwarzwald zur Schwäbischen Alb, auf die Ruine der Burg Hohenzollern ... an den Bodensee, von Konstanz den Rhein herab nach Schaffhausen und von dort über Solothurn nach

Neuchâtel«. In diesem Kanton wird er als Kronerbe empfangen; er ist sogar so eigenmächtig, den sechs Miliz-Bataillonen des Fürstentums auf ihre Bitte neue Fahnen zu überreichen.

Der erste Brief von dieser Station ist an den König gerichtet, und mit Recht hat man in ihm eine kluge »Diplomatie« erkannt: »Das Bataillon von sechs Cousinen ... ist das schönste und liebenswürdigste, was ich je gesehen. Noch bin ich so mit einem blauen Auge davongekommen. Aber mich lange in München zu lassen, dürfte gefährlich sein.« Der Brief an Ancillon ist deutlicher und drängender, aber enthüllt noch nicht das Geheimnis. »Noch ist keine Not, aber ich stehe für nichts, wenn ich lange in München bleibe: ein liebliches eirundes anmutiges Antlitz, Augen so klar wie der Neapolitanische Himmel [den er noch gar nicht kennengelernt hatte], schwarze Braunen, dunkles Haar, dabei ein Anstand, wie ich ihn träumen kann – also Hilfe, Hilfe!«[4]

Bei der Vorgeschichte, exakter bei der Vorbereitung der Vermählung, handelt es sich – wie stets bei Fürstenheiraten – zunächst um eine dynastische Angelegenheit, in der konfessionelle und ganz menschliche Erwägungen zusammenkamen. An der Vorbereitung waren Persönlichkeiten beteiligt, die sehr verschiedenen konfessionellen und dynastischen Lagern angehörten. Die Verbindung hätte ganz leicht zustande kommen können, wenn nicht dem Glauben bei Friedrich Wilhelm wie bei Elisabeth eine so maßgebliche Bedeutung zugefallen wäre. Die Konversion gehörte zu den Selbstverständlichkeiten in der Dynastengeschichte, aber bei Friedrich Wilhelm und Elisabeth kommt wirklich ein Gewissenskonflikt ins Spiel. Es handelte sich bei beiden um echte Gewissensnot.

Der Begegnung in Baden-Baden folgte Ende Juli 1819 der Besuch in München. Auf der preußischen Gesandtschaft fand Friedrich Wilhelm einen Brief des Königs vor, der eine Väterlichkeit widerspiegelt, die zu dem Bild Friedrich Wilhelms III. wenig zu passen scheint: »Gotte gebe, daß alles zu Deinem wahren Besten und Wohl sich entscheiden möge.«[5] Der Empfänger dieses Briefes war um so beglückter, als der Vater sich auch wohlwollend über die militärischen Fähigkeiten des Sohnes äußerte, der ihm zuvor aus Schlesien militärische »Rapporte« geschrieben hatte, wofür ihm der König bescheinigte, daß sie »Aufmerksamkeit, Gründlichkeit und Liebe zur Sache« verrieten. Solches Lob war wichtig und konnte dazu beitragen, das seelische Gleichgewicht Friedrich Wilhelms einigermaßen zu bewahren, worauf der Kronprinz in dieser und der nächsten Zeit bis zur Überwindung aller Schwierigkeiten besonders angewiesen war.

Fünf Jahre nach dem Ende der napoleonischen Epoche lernte der fünfundzwanzigjährige Kronprinz 1819 auf einer Reise in den Süden Deutschlands, die ihm Ersatz für den stets ersehnten Aufenthalt in Italien sein mußte, die siebzehn Jahre alte bayerische Prinzessin Elisabeth Ludovika kennen, und er scheint sich auf den ersten Blick in sie verliebt zu haben. Bleistiftzeichnung der Prinzessin von Johann Peter Melchior von 1812, unbezeichnete Lithographie des Kronprinzen um 1820.

Noch genoß Friedrich Wilhelm den Besuch in München, auch das deutliche Wohlwollen der Wittelsbacher, vielleicht auch – trotz der Sorge vor den künftigen Entscheidungen – die beglückende Erfahrung der ersten großen Liebe. »Alle Mittags fuhren wir nach Nymphenburg, wo ich mir trotz meiner großen anscheinenden Gleichgültigkeit immer mehr die Flügel verbrannte! Denn blind war ich nicht – und so sah ich denn nicht bloß das holde Antlitz, sondern auch wie man nach Tische den Cercle machte, mit Jedermann sprach, Jedermann entzückte, und das mit einer Würde, einer Lieblichkeit und Anspruchslosigkeit!!!«

Die frohgemuten Reisebegleiter, der Münchener Gesandte, die Adjutanten, General von Zastrow, Knesebeck und der Oberst von Schack konnten wohl ahnen, daß sich der Kronprinz für Elisabeth entschieden hatte, aber es war nicht abzusehen, welche Schwierigkeiten noch zu überwinden waren. Der Kronprinz schwieg, und es ist bemerkenswert, daß er nur dem Vater am 5. September 1819 die Herzensangelegenheit mitteilte: »Schon zu Baden war ich sehr frappiert von den schönen Augen der Prinzessin Elise! Jetzt leider weiß ich, wie ›man‹ heißt.« Die Betonung liegt auf dem Wort »leider« – den Kronprinzen bedrückt von vornherein das Problem der Konfessionszugehörigkeit.

Die Schwierigkeiten lagen weniger in München als in Berlin. Am Wittelsbacher Königshofe herrschte eine milde religiöse Stimmung, und das Königspaar glaubte, daß auch der König von Preußen in dieser Beziehung unschwer beruhigt werden könne. König Max Joseph war aus politischen Gründen zur römisch-katholischen Kirche konvertiert, seine zweite Frau Karoline von Baden, eine badische Prinzessin, hat die protestantische niemals aufgegeben. Der König von Bayern legte weder auf höfische Etikette noch auf Religionszugehörigkeit Wert. Königin Karoline indes hielt es vor der Abfahrt Friedrich Wilhelms für nötig, die beiden Zwillingsschwestern über mögliche Situationen, vor die sie gestellt werden könnten, zu informieren und zu befragen. Da es ja möglich sei, »daß der preußische Kronprinz um eine von ihnen beiden anhalten werde; ob diejenige, auf die seine Wahl fallen würde, gewillt sei, den evangelischen Glauben anzunehmen?«

Über die Vorgänge, die sich ja bislang nur im Familienkreise abspielten, sind wir durch vertrauliche Briefe des kronprinzlichen Adjutanten von Schack an den königlichen Oberhofmeister von Schilden detailliert unterrichtet. Elise antwortete nach einer Beratung mit ihrer Schwester Amalie: sie beide müßten es, so sehr sie die evangelische Religion als die Religion ihrer Mutter achteten, doch als ein schweres Unrecht ansehen, wenn sie um irdischen Glückes willen den Glauben, den sie bei der Firmung beschworen, aufgeben würden. Friedrich Wilhelm und seinen Begleitern ist diese Treue zur katholischen Kirche bestimmt nicht unbekannt geblieben, und er wandte sich in dieser so ganz persönlichen Angelegenheit wiederum an den Vater, der aber überhaupt nicht helfen konnte, wohl auch am wenigsten die Tiefe des Glaubenskonfliktes zu erkennen vermochte: »Ich glaube, daß es eine Art von Szene gesetzt hat, denn man sah's dem König an dem Tage an, daß er verstimmt war. Er schrieb ein lamentablissimes Billet an Wrede, der verzweifelnd zu Knesebeck rannte, worauf dieser mir's mit brechender Stimme vortrug. Ich glaube und hoffe, daß kein Mensch mir's Geringste angesehen hat. Aber Ihnen, teuerster, lieber Papa, muß ich's gestehen, daß dies mir den letzten Stoß gab – nämlich zu sehen, daß ihr Glaube ihr nicht indifferent sei, und daß sie Charakter zeigt, wo es darauf ankommt. Bis jetzt war ich nur charmiert, jetzt muß ich sie achten und lieben, und gerade um deswillen, was mich wahrscheinlich ewig von ihr trennt!!«[6] Die Folge des Münchener Besuchs war allgemeine Verwirrung, denn die Haltung der Zwillingsschwestern, für die König Max Joseph kein Verständnis aufbrachte, war niemandem verborgen geblieben.

Eine ganze Reihe von Persönlichkeiten suchten in dieser Lage das Hindernis der Glaubensverschiedenheit zu überwinden. Der König war als erster über die Ernsthaftigkeit der Gefühle seines Sohnes aufgeklärt worden, und er ließ es sich angelegen sein, über den Oberhofmeister Frhr. von Schilden sowie über den preußischen Gesandten in München, General Zastrow, das bayerische Königspaar über das beabsichtigte Werben seines Sohnes rechtzeitig zu informieren, »wofern sich die Religionsverschiedenheit, die ein gravierendes Hindernis sei, beseitigen lasse«.

So war das Geheimnis rasch gelüftet. Die Hauptbeteiligte, die umworbene Elise, gestand ihrer Mutter, der das persönliche Glück ihrer Tochter mehr als alles Politische ein Herzensanliegen und der die Persönlichkeit des preußischen Kronprinzen besonders sympathisch war, die Neigung zu Friedrich Wilhelm, aber auch den Willen, an der katholischen Kirche festzuhalten. Während sie sich zu ihrer katholischen Religion bekannte, hat sie gleichzeitig einen Kompromiß nicht ausgeschlossen; sie war bereit zu versprechen, in Berlin am evangelischen Gottesdienst teilzunehmen, nicht mit Katholiken zu verkehren, keinen Beichtvater zu verlangen und in gar keiner Weise »ihren katholischen Glauben hervorzukehren«. Das Geständnis und das Versprechen waren

Zeugnisse ihrer tiefen Zuneigung, aber sie reichten nicht aus, die Erlaubnis des Königs von Preußen zu erlangen.

Friedrich Wilhelm III. fühlte sich nicht in der Lage, eine Katholikin als Schwiegertochter zu akzeptieren. Der konfessionellen Gleichgültigkeit des bayerischen Königspaares, vornehmlich Max Josephs, stand die Verwurzelung des Königs von Preußen im evangelischen Glauben gegenüber. Außerdem konnte er sich auf einen Passus im Testament Friedrich Wilhelms I. berufen, das die Gültigkeit eines Hausgesetzes hatte, nach dem katholische Schwiegertöchter in Preußen ausgeschlossen blieben. Friedrich Wilhelm III. erkannte allerdings durchaus die Schwierigkeiten an, die der bayerischen Prinzessin im Falle der von ihm gewünschten Konversion in Preußen bevorstünden. Zu Preußen gehörten nämlich vier Millionen Untertanen katholischen Glaubens, unter denen vor allem die Rheinländer die Vorgänge in Berlin kritisch, ja mißtrauisch beobachteten. »Wird nicht« – so fragt Lewalter – »gegenüber diesen Untertanen eine Kronprinzessin und spätere Königin einen schweren Stand haben, wenn sie als Abgefallene vor ihnen steht?« Der König stellte zunächst kirchenpolitische Erwägungen an, die sich mit zartfühlender Rücksichtnahme verbanden. Er war der Schöpfer der Union, und deren Wohl und Gedeihen gegenüber dem »Lutherischen« und vor allem »Katholischen« bildeten sein Herzensanliegen. Er fühlte sich nur zu dem Zugeständnis bereit, »daß die Prinzessin nicht öffentlich aufzutreten brauche«.

Zu den Menschen, die dem Kronprinzen nahestanden und ihm helfen wollten, gehörte der einstige Erzieher und jetzige Freund Ancillon, der die Hoffnung hatte, die Tolerierung des religiösen Glaubens, wie sie damals gerade in München vorherrschend war, werde vielleicht hilfreich sein. So rechnete Ancillon damit, die Gemeinsamkeit des christlichen Glaubens erfolgreich in den Vordergrund der Überlegungen rücken und das noch Trennende der Konfessionen verharmlosen zu können. Da er selbst in einer mild gestimmten Frömmigkeit lebte, kam er auf den Gedanken, Bischof Eylert, der maßgebende Berater des Königs in kirchlichen und religiösen Fragen, solle sich an den evangelischen Hausgeistlichen der Königin Karoline wenden, damit beide Geistlichen die Prinzessin über das gemeinsam Verbindende der christlichen Konfessionen aufklären möchten.

Es wurde ein Brief entworfen, dem der König zustimmte; der Kronprinz wurde über den Inhalt unterrichtet. Seine Reaktion läßt den Abstand von denen erkennen, die ihm helfen wollten. Anders als sie würdigte er den Ernst der religiösen Überzeugung des Gewissens, da die Wurzeln seines Wesens in die Tiefe christlichen Offenbarungs-Glaubens reichten. Konversionen waren, ganz abgesehen von der dynastischen Heiratspolitik, in der Epoche des ausklingenden romantischen Lebensgefühles durchaus geläufig; hat man das im Auge, so wird erst die Einzigartigkeit des preußischen Kronprinzen in seiner Zeit deutlich. So hielt Friedrich Wilhelm auch den Vermittlungsversuch, den Ancillon angeregt und Bischof Eylert fortgesetzt hatte, für aussichtslos; ja, er wollte auch gar nicht, daß einem solchen Kompromiß Erfolg beschieden wäre. Elise werde »den vorgeschlagenen Weg nie einschlagen«. »Sie fühlt sehr richtig, wo die Schwierigkeit liegt – nämlich darin, daß sie gefirmelt ist und kommuniziert hat.« Nur wenn sie »von der größeren Reinheit unseres Glaubens getrieben, sich stark fühlt, dies auch öffentlich zu erkennen und den Tadel, den Haß so vieler ohne Reue zu ertragen«[7], könne eine Verbindung zustande kommen. Aus den Briefen, die Lewalter und auch Johann Georg, Herzog zu Sachsen, sich aus den Hausarchiven in Charlottenburg und in München zugänglich gemacht haben, geht immerhin hervor, daß es nicht ausgeschlossen war, doch noch einen Ausweg zu finden. Das empfindliche Gewissen hinderte den preußischen Kronprinzen allerdings, noch auf eine Lösung des Dilemmas zu hoffen. Der Grund der Aussichtslosigkeit lag ja in dem »bedrängten Gewissen«.

Unter den Argumenten kam einem Gedanken eine besondere Rolle zu: Elisabeth könne sich ja immer noch als Frau des preußischen Kronprinzen von der Wahrheit des evangelischen Glaubens überzeugen. Dabei waren es nicht mehr als Andeutungen gewesen, die in diese Richtung gewiesen hatten. Die Antwort des Hausgeistlichen der Königin Karoline, des Ministerialrats und Hofpredigers Dr. Schmidt, bestätigte indes die Zweifel des Kronprinzen. Er hatte geglaubt, auf den Geistlichen Sambuga, den Lehrer Elisabeths, hinweisen zu dürfen; die Unkenntnis der katholischen Kirche, die sich im Protestantismus immer wieder geltend machte, kam in dieser Einschätzung erneut zum Ausdruck. Nach Ansicht des bayerischen Hofpredigers sei Sambuga »mild und tolerant durch sein schönes Gemüt und dadurch im ewigen Kampf mit den Grundsätzen seiner Kirche« gewesen.

Man kennt die Bedeutung dieses Geistlichen für die Erziehung des Kronprinzen Ludwig; er hat auch bei der der Prinzessin Elise eine wichtige Rolle gespielt. Wenn Sambuga auch »kein brillanter Kopf«[8] war, so blieb es doch sein Bemühen, seine Schüler von der Notwendigkeit »des unbedingten Festhaltens an der Priorität der römisch-katholischen Kirche vor allen anderen christlichen Glaubensgemeinschaften« zu überzeugen. Der evangelische Hausgeistliche hatte guten Grund, die Prinzessin »von allem fanatischen Vorurteile« freizusprechen: »Bigottismus und Intoleranz haben die schöne Seele nicht verunstaltet.« Schmidt, der später bei den Trauer- und Begräbnisfeiern der Königin Karoline die Interessen der evangelischen Kirche in Bayern offensichtlich nicht energisch genug vertrat, hat in seinem Schreiben auch auf die innere Haltung sowie die Gewissensnot der Prinzessin deutlich hingewiesen.

Das Hindernis, das nun einmal eine Vermählung ausschließe, liege allein in der Konfession; Elisabeth habe erklärt, sie könne die ihr so erwünschte Verbindung mit dem preußischen Kronprinzen »nicht mit diesem Opfer erkaufen, ohne gegen sich selbst und des Kronprinzen königliche Hoheit zu sündigen, welcher Wahrheit und keine Heuchelei von ihr zu erwarten berechtigt sei«. Die Werbung wurde immer konfliktreicher. Hinzu kam, daß sich die gegenseitig einander ausschließenden Motive von »Überzeugung« und »Gewissen« mit dynastischen Angeboten, die an Bayern gerichtet wurden, verschlangen; letztere hatten allerdings von vornherein keine Aussicht auf Erfolg. Die Witwe des letzten bayerischen Kurfürsten Karl Theodor wollte in den bekannt gewordenen Schwierigkeiten nämlich eine Chance erkennen, ihre eigenen Interessen zu fördern. Ihr Bruder, Erzherzog Ferdinand von Österreich-Este, hatte um Elisabeth geworben – eine Werbung, die nicht einfach unberücksichtigt bleiben konnte, und die Prinzessin hoffte noch immer auf eine glückliche Wendung. Königin Karoline, die ebenfalls nicht aufhörte zu hoffen, wandte sich an ihre Cousine, an die Tante »Minnetrost«, mit der Bitte, »aus dem Munde des Kronprinzen selbst seine aufrichtige Denkungsart in Erfahrung zu bringen«.

Friedrich Wilhelm erhielt Kenntnis von diesem Briefe, der ihn erst recht in Verwirrung stürzte. Vor dem Vater wollte er jedoch kein Geheimnis haben; er wollte ihn vor allem nicht hintergehen. So entstand zwischen dem Kronprinzen und dem König eine Korrespondenz, in der um Korrekturen möglicher Texte über eine Vereinbarung geradezu gerungen wurde. Der König dämpfte den Überschwang des Gefühls, auch die seiner Ansicht nach zu große Akzentuierung des »Gewissens«; aus den Korrekturen der Briefentwürfe ging schließlich ein Kompromiß hervor. Das Antwortschreiben, das für die Königin von Bayern bestimmt war, wurde zunächst an Tante Marianne geschickt, die den Brief mit einem Begleitschreiben nach München weiterleitete.

Königin Karoline gab den Brief ihrer Tochter. Das Kernstück lautet: »daß ich mit gebrochenem Herzen, inniger Bewunderung und erhöhter Liebe anerkenne, die geliebte Prinzessin sowohl als der König, mein Vater, hätten ihre Pflicht getan, indem sie ihrer Überzeugung und nicht ihren Wünschen gefolgt sind!« Die Prinzessin erkannte in diesem Brief die Bestätigung seiner Liebe, und damit war es für sie selbstverständlich, die Werbung des österreichischen Erzherzogs abzulehnen. Die Vorgänge spielten sich noch immer im engsten Familienkreise ab. Elise schrieb ihrer Tante, der Prinzessin Amalie von Baden, einer Schwester der Königin Karoline, die die Werbung des Erzherzogs befürwortet hatte. Sie bekennt, einen ungeliebten Mann nicht ehelichen zu können, »nachdem sie nun sicher sei, daß der Kronprinz von Preußen ihre Haltung billige«, das heißt, dem Gewissen folgend die Konfession nicht wechseln zu dürfen. Als Friedrich Wilhelm der Brief nach einigem Zögern ausgehändigt wurde, ließ er die badische Prinzessin wissen: »Welch ein Kleinod! Was soll ich davon sagen? Ich habe wahrlich meine Empfindungen noch nicht in Worte gebracht. Ich habe das Blatt fast aufgegessen. Sie hätten gelächelt, mich zu sehen.« Der unglücklich-glückliche Brautwerber genießt geradezu – so darf man sagen – diesen Ausgang, die Nicht-Vollendung, weil das empfindliche Gewissen unverletzt geblieben ist.

Die folgenden Jahre, also die Zeit zwischen 1819 und 1823, waren mit Geschäften politischer und militärischer Art erfüllt; der Kronprinz leitete unter anderem die Ständische Kommission und war befriedigt über jedes Lob des Königs. Nicht nur die innere, sondern auch die auswärtige Politik beschäftigte ihn, aber sie füllte ihn nicht aus. Auf der Konferenz in Troppau im Herbst 1820, wo er auf einem internationalen Forum den Vater vertreten durfte, begegnete er den führenden Monarchen und Staatsmännern Europas. Die Heilige Allianz, nach seinem Verständnis die Repräsentanz des sogenannten christlichen Europas, schien noch auf dem Höhepunkt zu stehen, obwohl sie schon die ersten Risse erkennen ließ. Die Vertretung des Vaters, der erst einige Wochen später in dem »diplomatischen Neste« eintraf, hat dem Kronprinzen Gelegenheit gegeben, Gespräche mit den führenden Männern Europas zu führen. Er nannte den Zaren Alexander I. »unendlich gütig und consant«; Metternich, vor dem er niemals die hohe Achtung verlieren sollte, wird als »reichlich doktrinär und pedantisch« charakterisiert: »Er sprach wie ein Professor.« Metternich habe »über beide Kaiser mit unglaublicher Dreistigkeit gesprochen«.[9] Mit dem Staatskanzler Hardenberg, zu dem er ja im Kampf um die innere Staatsgestaltung im großen Gegensatz stand, vermied er das Gespräch.

Auf der Tagesordnung des Kongresses in Troppau, der Ende des Jahres nach Laibach verlegt wurde, standen die revolutionären Unruhen in Spanien, Portugal und Neapel. Die spanische Revolution vom Januar 1820 hatte auf Neapel-Sizilien übergegriffen. Wenn sich auch die Bevölkerung ruhig verhielt, so waren doch die Carbonari imstande, im Juli eine Revolution auszulösen. Der König versprach eine Verbesserung nach spanischem Muster; aus Anhängern Murats wurde ein Ministerium gebildet. Die italienischen Aufstände gehören in den Zusammenhang des Risorgimento. Noch aber setzte sich die Restauration durch, und in Laibach ermächtigten die Großmächte Österreich im Februar 1821 zum Eingreifen. Im März haben österreichische Truppen die vorrevolutionäre Ordnung denn auch wiederhergestellt.

Mit diesen Weltgegensätzen sah sich der preußische Kronprinz erstmals unmittelbar als Thronerbe konfrontiert. Als in Laibach dem »neapelischen König« empfohlen werden sollte, nach Wiederherstellung der legitimen Ordnung »den Wünschen des Volkes gemäß« zu verfahren, nahm Friedrich Wilhelm an diesem Wort Anstoß, »weil es etwas zur Norm erhebt, was keine Norm hat, nämlich die Wünsche des Volkes, die heute so, morgen anders sind und die in unseren Zeiten eher den Träumen eines Berauschten gleichen als den Launen eines Kindes«.[10] Die Zufriedenheit des Vaters machte ihn glücklich, aber gleichzeitig schrieb er: »Von mir kann nie die Rede sein, denn ich bin dumm. Meines wahren Herzens-Wehs gar nicht zu gedenken.« Zu den Erfolgserlebnissen gehörte, daß der König »gegen Hardernbergs Vorschlag« die Erhaltung des Brandenburger Domstifts beschlossen hatte. Der König übermittelte Friedrich Wilhelm diese gute Nachricht nach Troppau.

In dieser Zeit wurden immer wieder Vermittlungsversuche in seiner Herzensangelegenheit unternommen, an denen neben verwandten Fürstlichkeiten auch im geistlichen und politischen Leben herausragende Persönlichkeiten ihren Anteil hatten. Unter denen, die in München an dem Heiratsprojekt lebhaften Anteil nahmen, dem Hofe nahestanden und sich ein unbefangenes Urteil bewahrten, befand sich der Neuhumanist und Pädagoge Friedrich Thiersch. In einer Korrespondenz vom 26. Mai bis 4. Juni 1820[11] schreibt er: »Die unglückliche Vermählungsgeschichte zwischen der Prinzeß Elisabeth, die ich nun seit fast 10 Jahren unterrichtet habe, und dem Kronprinzen von Preußen wird von Zeit zu Zeit und zwar vom Berliner Hofe immer von Neuem aufgeregt. Auf der einen Seite stehen die beiden jungen Leute mit entschiedener Neigung zueinander, und die Liebe des Kronprinzen noch durch die Achtung erhöht, welche der Entschluß eines liebenden weiblichen Herzens, ein großes Glück nicht mit Beruhigung und Störung ihrer sittlichen und religiösen Ansichten und Gefühle zu erkaufen, notwendig in ihm erwecken mußte, auf der anderen der in Einseitigkeit befangene Berliner Hof, an dem dieselbe alte erstarrte und verstockte Partei ... dem König fortdauernd es zur Gewissenssache zu machen sucht, die Hand seines Sohnes nicht einer Katholikin zu geben.«[12]

Thiersch hatte auch Kenntnis von jenem Brief, den Elise ihrer Tante, der Prinzessin Amalie, geschrieben hatte. Er nannte ihn »ein Muster von dem feinsten Takt und einfacher Enthüllung eines tiefen Gefühls«; er sei »in den Händen des Kronprinzen und wird von ihm als eine Heiligkeit bewahrt, wie umgekehrt die Prinzessin von ihm einen besitzt, den er an dieselbe Vermittlerin geschrieben hatte«. Der kluge und wohlmeinende Thiersch war indes nicht in der Lage, die Stärke des christlichen Glaubens zu erfassen.

Friedrich Wilhelm befand sich im Juni 1823 auf einer Inspektionsreise in Pommern, als ihn unerwartet Prinz Georg von Sachsen-Hildburghausen, ein Bruder der bayerischen Kronprinzessin, besuchte; er kam mit einer Mitteilung und einem Auftrag seines Vaters. Während sich die bayerische Königsfamilie im Frühjahr in Dresden aufhielt, wo Elisens Zwillingsschwester Amalie als Gattin des Prinzen Johann von Sachsen lebte, hatte Herzog Bernhard von Meiningen Elise kennengelernt und bei dem bayerischen König um ihre Hand angehalten. Elise reagierte auf die Frage des Vaters, wie nicht anders zu erwarten war, »sie könne sich nicht erklären, solange sie nicht gewiß sei, daß zu ihrer Verbindung mit Friedrich Wilhelm keine Aussicht mehr bestehe«. Im Auftrage des Königs Max Joseph reiste Prinz Georg inkognito nach Pommern, um den Kronprinzen um seine Stellung zu befragen. Friedrich Wilhelms Antwort kam schnell und eindeutig: »Seine Liebe sei unerschütterlich; aber die Entscheidung liege bei seinem Vater.«[13] Als der König von der Not des Sohnes erfuhr, begann er einzulenken. Bischof Eylert – so Ancillon – sollte in einem persönlichen Gespräch mit der Prinzessin feststellen, ob damit gerechnet werden könne, daß man »auch auf ihre unbestimmte Zusage« hin, dereinst den evangelischen Glauben anzunehmen, vertrauen könne.

Inzwischen hatte sich Elise zu einem persönlichen Brief an den

König von Preußen entschlossen, der endlich eine Entscheidung fällen möge, damit sie eine Eheschließung mit dem ungeliebten Herzog Bernhard von Meiningen vermeiden könne. Der Brief trug indes nur zur Verwirrung des Königs bei. Es hieß: »Obgleich mich das Opfer... [eines Übertrittes zur evangelischen Kirche] unendlich mehr kostet, als ich auszudrücken vermag, so bin ich doch fest entschlossen, den Willen Eurer Majestät einst zu erfüllen.« Der König war schockiert, denn ein »Opfer« wollte er nicht annehmen. Der Kronprinz erfuhr selbstverständlich von dem Schreiben Elisens, das ihn in der für ihn so charakteristischen Weise beglückte, ergriff und bestürzte.

»Zuerst war ich wie erstarrt, unfähig zu denken und zu beurteilen; dann wurde ich von einem Freudenrausch, von einem Entzücken, von einem Moment des Glücks überrannt... Aber es war nur ein Augenblick. Er machte nur zu bald einer Mischung von Glück und von der unnennbarsten Gewissensangst Platz, dem Gefühl einer schweren Verantwortlichkeit für diese und in jener Welt... In den vier schweren Jahren habe ich den Glauben an Lebensglück verloren, und nur allein, wenn ich es fasse und halte und mit reinem Gewissen sagen kann, daß ich mich rein und fleckenlos ihm übergeben darf, werde ich den verlorenen Glauben wieder gewinnen. Bei der schrecklichen Agitation meines ganzen Wesens hält mich nichts aufrecht als das Gefühl, recht gehandelt und dem einzig richtigen Wege in dieser Sache gefolgt zu sein... Es ist der Weg des Gewissens und des christlichen Glaubens und der reinsten, heiligsten Liebe.«[14]

Schließlich löste Eylerts Unterredung mit Elisabeth in Tegernsee den Knoten; man muß schon die Korrespondenzen geradezu philologisch untersuchen, um zu erkennen, wie es zu der befriedigenden Lösung gekommen ist. Die Prinzessin spricht von jetzt an nicht mehr von einem Opfer, sondern sie findet die Worte, die Friedrich Wilhelm III. akzeptieren kann: »bis dahin, wo ich mit Überzeugung und gutem Gewissen zur evangelischen Kirche übergehen kann«. Friedrich Wilhelm schrieb nunmehr: »Sie können wohl denken, lieber Papa, wie gespannt mein jetziger Zustand ist, auch mache ich des Nachts kaum ein Auge zu, bei meinen Berufsgeschäften bin ich ziemlich zerstreut. Alles kommt mir gut und vortrefflich vor, und das Tadeln wird mir unendlich schwer. Sie werden recht viel Nachsicht mit mir haben müssen, lieber Papa!«

Im Schreiben ist von »Berufspflichten« die Rede; gemeint sind seine Aufgaben als Kommandierender General des schlesischen Korps sowie als Vorsitzender der Ständekommission. Auf der Pfaueninsel, wo sich so oft preußische Geschichte geradezu verdichtet hat, trafen sich Vater und Sohn: »Es solle jetzt bloß von mir abhängen, ob mit der feierlichen Anwerbung vorgeschritten werden solle.«[15] Im Werbebrief heißt es: »So biete ich denn Ew. Königl. Hoheit Herz und Hand!«

Der Kronprinz hatte seine zukünftige Frau während der Dauer von vier Jahren nur wenige Male gesehen und jeweils nur kurz gesprochen. In der komplizierten Geschichte der Werbung hatte sich eine Reihe von Motiven und Rücksichten verknüpft, aber im Mittelpunkt des reichen Beziehungsgeflechtes stand die Frage nach dem rechten Gewissen. Die Werbung gehörte sicherlich auch einer romantischen Lebensauffassung an, aber in ihr schlug sich vornehmlich die christliche Erweckungsbewegung nieder.

Die Vermählungsfeierlichkeiten fanden in München und in Berlin statt. Den Vermählungszeremonien ging ein Besuch des Kronprinzen bei der Braut und den Schwiegereltern voraus. Nach dem Herbstmanöver reiste Friedrich Wilhelm mit Gefolge nach Hof, wo er »auf Baierischem Boden feierlichst bewillkommnet wurde«. Am 29. September 1823 kam der preußische Kronprinz in Begleitung des Königs von Bayern zu Nymphenburg bei München an. In Zusmarshausen trafen sie am 1. Oktober die Königin von Bayern und »Ihre Königl. Hoheit die Prinzessin Elisabeth, welche von Bruchsal zurückkehrten ... Hier war es, wo die hohen Verlobten die Freude des Wiedersehens genossen [nach vier Jahren].« Über Augsburg fuhren die königlichen Herrschaften nach Nymphenburg; in München und in den dortigen Umgebungen fanden öffentliche Lustbarkeiten statt. »In München verkündigten am 16. November, Abends nach 7 Uhr, das Geläute aller Glocken und der festliche Donner der Kanonen den erfreuten Bewohnern der Hauptstadt die Stunde der feierlichen Vermählung I.K.H. der Durchlauchtigsten Fürstin und Frau, Elisabeths Ludovica, Prinzessin von Bayern, mit S.K.H. dem Durchlauchtigsten Fürsten und Herrn, Friedrich Wilhelm, Kronprinz von Preußen, zu dessen Stellvertretung S.K.H., der Durchl. Fürst und Herr, Karl Theodor, Herzog in Bayern die Procuration erhalten hatte.«[16] Aufgrund der verschiedenen Konfessionszugehörigkeit war eine solche Stellvertretung in München notwendig.

Die zeitgenössischen Berichte enthalten alle höfischen Elemente, die Ranglisten, aber auch die Repräsentanz der Bevölkerungsschichten, die durch ihre Teilnahme Fürstenhochzeiten auszeichneten. Aus den »offiziellen Mitteilungen« gehen die wichtigsten Bestandteile des Ceremonials hervor. Auf dem Wege zur Hofkapelle schritt an der Spitze des

Zuges der Oberst-Ceremonienmeister, gefolgt von König und Königin, die ihre Tochter, Prinzessin Elisabeth, begleiteten. Es folgten der Capitain des gardes, die Prinzen und Prinzessinnen K.K.H.D., die Hofdamen sowie die Kronbeamten, der Feldmarschall, die Minister und die Stabschefs, je zwei und zwei. Die protokollarischen Anordnungen in der Hofkapelle sind ebenfalls genau festgehalten worden. Der Oberst-Ceremonienmeister übergab einem dem Bischof assistierenden Pfarrer die Prokuration, der »dieselbe laut verlas«. Nachdem der Bischof von S.K.H. dem Prinzen, also »Karl Theodor, Herzog von Bayern, das erste Ja« verlangte, wandte sich dieser dem Könige zu, »erbat sich durch eine Verbeugung die Allergnädigste Zusage, welche Seine Maj. durch ein bejahendes Zeichen zu erkennen gaben«, worauf der Prinz ein lautes Ja aussprach. Dieselbe Zeremonie wiederholte sich bei der Braut. »Die ›im Angesicht der Heiligen Kirche‹ geschlossene Ehe bestätigte der Bischof in vorgeschriebener Form.« Der Herkulessaal war der Schauplatz, auf dem ein feierlicher Cercle stattfand. Den Schluß bildeten eine festliche Aufführung im Königlichen Hoftheater am Isartore, eine Fahrt »durch die auf das Prächtigste erleuchteten Straßen der Stadt sowie ein Maskenball«. »Der Jubel des gedrängt angefüllten Hauses« habe den Schall der Trompeten und Pauken übertönt.

Der zweite Akt der Eheschließung fand in Berlin statt. Die Reise der Kronprinzessin von Preußen, begleitet von den Gliedern des Königlichen Hauses bis Freising, führte über Regensburg und Bayreuth nach Hof. Dort wurde sie von dem Prinzen Johann von Sachsen und seiner Gemahlin, der Zwillingsschwester Elisabeths, willkommen geheißen. Auf der Landesgrenze wurde sie verabschiedet und bei Zeitz von dem Generallieutnant und Kommandierenden der Provinz Sachsen, von Jagow, dem Stellvertreter der obersten Provinzialbehörde, Regierungs-Chef-Präsidenten von Motz und dem Landrate des Zeitzer-Kreises »unter Trompeten- und Paukenschall feierlichst an einer Ehrenpforte empfangen«.

In Zeitz begegnete sie am 24. November dem ihr nun angetrauten Kronprinzen; in seiner Begleitung befand sich der Großherzog von Weimar. Ein preußischer Hofstaat löste nunmehr den bayerischen ab. Unter den Stationen auf dem Wege nach Potsdam und Berlin waren Merseburg, Halle, wo der Kanzler der Universität die Kronprinzessin begrüßte, Wittenberg, wo sich der Herzog von Dessau mit Gemahlin zur Begrüßung einfand und Luthers Denkmal besichtigt wurde, und schließlich Treuenbrietzen an der Grenze der Kurmark Brandenburg, wo sich die Vertreter der Stände versammelt hatten.

Erst nach jahrelangem, durch die Konfessionsunterschiede erzwungenem Warten heiratete das Paar 1823. Der erste Akt der Vermählung »im Angesicht der heiligen Kirche« fand in München statt, wobei sich der protestantische Friedrich Wilhelm durch den katholischen Herzog von Bayern Karl Theodor vertreten lassen mußte. Erst nach einer Reise, die das Paar über Sachsen in die Kurmark Brandenburg führte, fand am 29. November die eigentliche Zeremonie im königlichen Schloß Unter den Linden statt. Die um 1830 entstandene Lithographie gibt ein offizielles Bild im Stil der herkömmlichen Porträts und ist mehr Produkt der Phantasie als der Beobachtung, woraus sich historische Unrichtigkeiten wie der Hermelin-Umhang, der gekrönten Häuptern vorbehalten war, erklären.

Vor der Ankunft in Potsdam empfing Friedrich Wilhelm III. seine Schwiegertochter in Michendorf. Auf der Reise, auf der der Kronprinz seiner Frau von Station zu Station vorausgeeilt war, erlebte die Prinzessin einen Teil Mitteldeutschlands. Die Behörden von Potsdam empfingen sie am 27. November feierlich auf dem Marktplatze. Innungen, Zünfte und Schützengilden füllten den Markt und die umgebenden Straßen. Es gehörte zur patriarchalischen Auffassung der sozialen Frage, die schon längst über dem Horizonte aufgetaucht war, wenn Armenspeisungen veranstaltet wurden. Am nächsten Tag zog Elisabeth durch den Spandauer Forst über das Jagdschloß Grunewald ins Königliche Schloß Charlottenburg ein. Der Krönungswagen brachte sie nach kurzem Aufenthalt durch das Brandenburger Tor über die Linden und die Charlottenburger Chaussee bis an die Schloßbrücke.

Den Höhepunkt der Zeremonien in Berlin bildeten die Vermählungsfeierlichkeiten selbst. Am Abend des 29. November versammelten sich alle hoffähigen Personen in Gala auf dem Königlichen Schlosse im Rittersaale und in den anschließenden Zimmern bis zur Kapelle. Bischof Eylert, assistiert von zwei Hofpredigern, begleitete das Paar zum Altar. Er hielt die Traurede und schloß mit den Worten: »In seinem Namen [Gottes] und nach Vorschrift der evangelischen Kirche empfange jetzt Ihr ehelicher Bund seine feierliche Vollziehung, seine gesetzliche Bestätigung.« Wie der katholischen Kronprinzessin bei diesen Worten zu Mute gewesen sein mag, läßt sich nur vermuten. Der Chronist fährt in seiner Berichterstattung fort: »Seine Majestät der König und die Höchsten Herrschaften begaben sich hierauf in den Weißen Saal. Des Königs Majestät setzen sich mit dem Hohen Brautpaare an den unter den Thronhimmel gestellten Spieltisch. Alle übrigen Prinzen und Prinzessinen nahmen die zu beiden Seiten gestellten Spieltische ein. Die großen Hof-Chargen standen hinter dem Stuhle Seiner Majestät, die Cavaliere hinter den Stühlen ihrer Herrschaften, die Damen hinter denen der Prinzessinen.«

Es ist interessant, auch einen katholischen Zeitzeugen zu Worte kommen zu lassen. Der Kaplan Fischer von der Hedwigskirche hat in seinem Bericht auf folgende Episode hingewiesen, die eine Ahnung von der Spannung vermittelt, die dem Ereignis innewohnte: »Der damals ernannte Fürstbischof von Breslau, Herr Emanuel von Schimonsky, war zu derselben Zeit in Berlin, zunächst in der Absicht, um Sr.M. dem König sich als Fürstbischof vorzustellen... Er war dem Hofe bei dieser Gelegenheit ein Gast zur ungelegenen Zeit; man bemühte sich vor dem

29. November mit ihm [fertig zu werden] und legte ihm nahe, daß er nach Breslau zurückkehren möge. Der Fürstbischof blieb, empfing und nahm an der Einladung zur Nachtrauung in der Schloßkapelle, in der Reihe der Minister, wohnte derselben im fürstbischöflichen Talare als Mitzeuge bei und nachgehends auch der Gratulations-Cour und den Hoffesten.« Der Chronist hebt auch die Teilnahme »der hiesigen Judenschaft« hervor, die in der Synagoge »eine gottesdienstliche, dem glücklichen Ereignisse der Hohen Vermählung angemessene Feier« mit Psalmen und Hymnen passenden Inhalts abgehalten habe.

Für die Kronprinzessin Elisabeth bedeuteten die häufigen Zusammenkünfte mit ihrer Familie Geborgenheit. Auf diesem Boden fühlte sie sich sicher und heimisch. Von den Hohenzollern, vor allem von Friedrich Wilhelm III., wurde sie herzlich aufgenommen, seit sie in Preußen eingetroffen und schon bevor sie zum evangelischen Glauben konvertiert war. Die Liebe zwischen ihr und Friedrich Wilhelm war keinen Schwankungen oder gar Gefährdungen ausgesetzt. Ihren Briefen an den Stiefbruder König Ludwig ist zu entnehmen, daß sie ziemlich rasch anfing, die märkische Landschaft schön zu finden, so sehr sie sich auch nach ihrer bayerischen Heimat und besonders nach den Bergen im Tegernseer Tal sehnte.

Elisabeth hat ihrem Mann jenen häuslichen Frieden gegeben, den der extrovertierte Friedrich Wilhelm nur so schwer finden konnte. Während er sich oft auf Reisen, vor allem zu Inspektionen und Manövern – die er sehr ernst nahm – befand, widmete sie sich in zunehmendem Maße karitativen Tätigkeiten. Ein Rest von Einsamkeit in Berlin, Charlottenburg und Potsdam, den Hauptstätten des »Hoflagers«, ist aber geblieben, und so waren die Besuche bei den Familien der Geschwister besonders wichtig. So oft es Pflichten und Gesundheit zuließen, fuhr sie nach Dresden zu ihrer Zwillingsschwester Amalie.

Das schlesische Erdmannsdorf, das Friedrich Wilhelm im Jahre 1840 als Krongut erworben hatte, war bald ein beliebter Treffpunkt einer großen Verwandtschaft. Hier trafen sich vor Ausbruch der Revolution Friedrich Wilhelm und Elisabeth, das Königspaar der Niederlande, der Kronprinz von Schweden, Prinz Wilhelm mit Prinzessin Augusta, Prinz Carl von Bayern, Prinzessin Amalie und Prinz Johann von Sachsen. Wenn Königin Elisabeth die preußische Politik beeinflußt hatte, dann tat sie es auf eine sehr charakteristische, dynastisch-familiäre Weise. Während eines Besuches in Pillnitz bei den sächsischen Verwandten bereiteten die bayerischen Prinzessinnen eine Begegnung zwischen dem König von Preußen und dem jungen Kaiser von Österreich, Franz Joseph, in Teplitz vor. Die Silberhochzeit der Erzherzogin Sophie, der sehr einflußreichen Mutter Franz Josephs, fand Ende Oktober 1849 in Wien statt und bot ebenfalls in einer gespannten Situation Gelegenheit zur dynastischen Aussprache.

Diese Familienbeziehungen haben in der Ära Friedrich Wilhelms eine wesentliche Rolle gespielt und den Ausgleich politischer Gegensätze erleichtert. Die Königin hat ohne Zweifel einen Anteil an der Aussöhnung der Monarchen gehabt, die sich im Verlaufe der preußischen Unionspolitik entfremdet hatten. Im Mai 1852 konnte wieder ein Familientreffen zwischen den Hohenzollern und den Romanows in Potsdam stattfinden. Gemeinsam fuhr man anschließend nach Erdmannsdorf, wo auch die mit König Friedrich August II. von Sachsen vermählte Schwester Marie weilte. Die Reihenfolge der Besuche der einst verbündeten Monarchen der Ostmächte war von eminent politischer Bedeutung. Auf den Besuch des Zarenpaares folgte der Besuch des Kaisers Franz Joseph bei seinem Onkel Friedrich Wilhelm am 18. Dezember 1852 in Potsdam. Der preußische König erwiderte den Besuch des Neffen im Frühjahr 1853, als sich der Horizont der europäischen Politik zu verdüstern begann.

Ihre anfällige Konstitution erschwerte der Königin oft die Erfüllung der höfischen Pflichten. In der Wintersaison fanden regelmäßig drei Bälle und ein großes Diner statt; König und Königin eröffneten die Bälle an der Spitze einer Polonaise. Zu den höfischen kamen die militärischen Verpflichtungen, die Elisabeth im Rahmen ihrer Möglichkeiten erfüllte. Sie nahm auch an den großen Manövern teil, soweit es ihre immer wiederkehrenden Katarrhe zuließen. Unter den Paraden fiel der Herbstparade des Gardekorps herausragende Bedeutung zu. Nach der Huldigung in Königsberg hatte sie ihr Gemahl zum Chef des Kürassier-Regiments ernannt, dessen Garnison Pasewalk in Pommern lag; seit dem Tode der Königin Luise war das Regiment ohne Chef gewesen. Bei Besichtigungen kleidete sich die Königin in den Farben des Regiments, karmesinrot und weiß; als 1855 gleichzeitig der 60. Geburtstag und das 50jährige Militärjubiläum des Königs gefeiert wurden, trug sie ebenfalls ein Kleid in diesen Farben. Sie hat die Chefwürde des »Kürassierregiments-Königin« auch nach dem Tode Friedrich Wilhelms IV. auf Befehl des Nachfolgers, König Wilhelm, nach dessen Thronbesteigung behalten. Im Mai fanden die Frühjahrsmanöver mit der anschließenden

Frühjahrsparade des Gardekorps statt. Es wird berichtet, die Königin habe den militärischen Vorführungen »nicht nur als Zuschauerin im Wagen, sondern auch als interessierte Kritikerin beigewohnt«[17] und habe sich von dem Flügeladjutanten anhand der Karte die Lage der beiden Parteien erklären lassen.

Der Wechsel der Hoflager mußte die Königin anstrengen, so daß die Fürstin Liegnitz die »Überlastung« der neuen Königin beklagte. Zwischen Sanssouci, das eigentlich nur im Sommer bewohnbar war, dem Stadtschloß in Potsdam, dem Berliner und Charlottenburger Schloß zog die ganze Hofgesellschaft hin und her. Zu den Lieblingsplätzen gehörte neben Charlottenhof, das Friedrich Wilhelm III. seinem ältesten Sohne 1825 geschenkt hatte und das dieser durch Persius und Schinkel ausbauen ließ, vor allem Stolzenfels, einem Geschenk der Stadt Koblenz an den Kronprinzen. Die Kronprinzessin liebte diese Burg und die rheinische Landschaft; die für den Ausbau notwendigen Geldsummen wurden von der Preußischen Seehandlung – trotz der Bedenken des Präsidenten der Bank – zur Verfügung gestellt und nach der Thronbesteigung sogleich zurückgezahlt.

Die vielen Reisen, die die königliche Familie vor allem in den Sommermonaten unternahm, waren durch die Eisenbahn leichter geworden. Die bayerischen Schwestern hatten ihre erste Fahrt schon 1838 auf der Strecke Leipzig – Dresden unternommen, und an der Einweihung der Bahn Berlin – Potsdam nahm das Kronprinzenpaar selbstredend teil. Zu den Bädern, die regelmäßig besucht wurden, gehörten vornehmlich Ems, Salzbrunn, Schlangenbad in Schlesien und Putbus, wo der Fürst zu Putbus der großzügige Gastgeber war; am wohlsten hat sich die Königin von Preußen indes stets in Tegernsee gefühlt.

Elisabeth hat tatsächlich dazu beigetragen, eine familiäre Gastlichkeit zu pflegen; um das kronprinzliche Paar versammelten sich Repräsentanten eines vielfältigen kulturellen Lebens. Schon in der Kronprinzenzeit gehörten Alexander von Humboldt, Schinkel und Stüler, Niebuhr, Tieck und Ranke zu denen, die in Charlottenburg immer wieder zur Tafel geladen waren; sonntags nahm die königliche Familie das Mittagessen gemeinsam ein, so wie es schon bei Friedrich Wilhelm III. üblich gewesen war. Wenn auch Elisabeth – anders als ihre Schwägerin Augusta – nicht den Ehrgeiz gehabt hat, eine politische Rolle zu spielen, so war ihre Unterstützung derjenigen, die der Kamarilla, dem Kreis der Hochkonservativen um den König, angehörten, offenkundig. Mochten sich auch die politischen Antipathien zwischen der königlichen Familie und der des Prinzen von Preußen sowie seiner Angehörigen gelegentlich zuspitzen, so ist es Königin Elisabeth doch immer wieder gelungen, die Gegensätze auszugleichen. An den Vorleseabenden in Sanssouci oder in Charlottenburg nahmen nach der Revolution sogar Prinz Wilhelm und Prinzessin Augusta nicht selten teil. Die Königin ließ es sich angelegen sein, jeden Donnerstagnachmittag ihre Neffen und Nichten zum Tee einzuladen, und sie hat so dazu beigetragen, das Bewußtsein der Familienzusammengehörigkeit zu bewahren.

Oft ist bemerkt worden, sie sei bei der Bevölkerung niemals populär gewesen, und diese Beobachtung ist sicherlich zutreffend, zumal das Bedürfnis nach Popularität ihr vollkommen fremd gewesen ist. Ihre Schönheit dagegen, die von Zeitgenossen gerühmt worden ist, wurde von einem Gehfehler infolge eines verkürzten Beines nicht beeinträchtigt. Die Anmut ihrer Erscheinung spiegeln zeitgenössische Bildnisse wider. Zu den Vorwürfen gegen die neue Königin gehörte der oftmals geäußerte Verdacht, sie sei schließlich doch eine »Katholikin« geblieben und habe heimlich die katholische Kirche gefördert. Selbst ein so kritischer und sogar zynischer Chronist wie Varnhagen von Ense hat solche Gerüchte aber als unhaltbar zurückgewiesen. Die Vermutung, Elisabeth habe das Gefühl der Verbundenheit mit der katholischen Kirche innerlich niemals ganz verloren, ist nicht unbegründet; sie ist im Gegenteil sehr begreiflich.

Will man versuchen, die Persönlichkeit der Königin zu würdigen, so findet man den Schwerpunkt ihres Wirkens in den Dynastien und am Hofe, nicht etwa im Staate. Da beide Institutionen in der Ära Friedrich Wilhelms IV. indes nicht streng zu scheiden sind, darf ihr politischer Einfluß nicht zu gering veranschlagt werden. Sie hat ihr Gewicht geltend gemacht, wenn es um die Förderung der konservativen Belange ging, und dazu hatte sie reichlich Gelegenheit, etwa bei den »Kaffeevorträgen« der Kamarilla, an denen sie wie auch an anderen Besprechungen teilnahm.

Ihr Einfluß auf den König ist stets beruhigend und ausgleichend gewesen. Der seelische Reichtum dieser Frau entfaltete sich ganz in den Jahren der Krankheit ihres Mannes. Ihr Leben reicht bis in das Kaiserreich hinein; sie starb am 14. Dezember 1873, als der Kampf gegen die katholische Kirche einen Höhepunkt erreicht hatte. Daß ihr diese Politik Bismarcks ebenso wie ihrer Schwägerin, Augusta, der deutschen Kaiserin, zuwider gewesen ist, kann nicht bezweifelt werden. Da ihre Korrespondenz mit den Geschwistern, die sehr zahlreich gewesen ist,

Wie Friedrich Wilhelm II. seinem Sohn den Kauf von Schloß Paretz ermöglicht hatte, das als Schloß »Still im Land« in die Geschichte einging, so schenkte Friedrich Wilhelm III. 1825 dem Kronprinzen ein altes Bauernhaus im Park von Sanssouci, das er sich von Karl Friedrich Schinkel zum Schloß Charlottenhof ausbauen ließ, das erste Juwel des preußischen Klassizismus (Lithographie unten von Loeillot). Der Thronfolger hatte von seinem Vorfahren Friedrich dem Großen die Leidenschaft für das Bauen im allgemeinen und für die Architektur im besonderen geerbt. Für fast alle Bauwerke seiner Ära, Schlösser, Kirchen und Villen existieren eigenhändige Entwürfe, die ein beträchtliches zeichnerisches Talent verraten (oben der Entwurf des Kronprinzen für Schloß Charlottenhof, »Siam house«). Seine Architekten Schinkel, Stüler und Persius nahmen Friedrich Wilhelm als Gesprächspartner durchaus ernst, wenn auch seine Eigenwilligkeit mitunter zu Konflikten führte.

jedoch nach ihrem Willen vernichtet wurde, können wir ihre letzten Lebensjahre nicht mehr aus den Quellen verfolgen.

Im Herbst 1873 hatte sie mit ihrer Schwester Amalie und deren Mann, dem König Johann von Sachsen, noch mehrere Wochen auf Stolzenfels verbracht. Nach der Rückkehr des sächsischen Königspaares in ihre Residenz starb König Johann. Elisabeth eilte sogleich nach Dresden, um ihrer Schwester beizustehen. Es war ihre letzte Reise, denn dort starb sie nach einer Lungenentzündung. Noch hatte die konvertierte Elisabeth mit ihrer Schwester den Namenstag feiern können. Es kann nicht daran gezweifelt werden, daß ihr einer der Hofprediger aus Potsdam in der Sterbestunde den Segen erteilt hat. Einige Briefe eines evangelischen Geistlichen am Dresdener Hof an den Oberhofmeister am preußischen Hofe könnten das Gerücht, die Königin sei in ihrem Innern katholisch geblieben, bestätigen. Der sächsische Geistliche hielt es in einem seiner Briefe nämlich für dringend geboten, daß die sterbende Königin auch das Abendmahl nehme; er selbst sei dazu bereit, wolle sich aber nicht aufdrängen. Elisabeth hatte ihm sagen lassen, »sie fühlte sich jetzt zu schwach zu dieser Feier«. Und in demselben Brief vom 11. Dezember heißt es: »Daß Majestät das Abendmahl nicht mehr gewünscht haben, bedaure ich aus den Ihnen angegebenen Gründen.«[18] Zu diesen Gründen gehörte der sogenannte Kulturkampf. Am Tage nach ihrem Tode hat dieser Dresdener Geistliche dann allerdings »mit Freude gelesen, daß die Vollendete noch den eigenen Beichtvater hat kommen lassen und derselbe sie eingesegnet« habe. Er fügte bedauernd hinzu, »der Kollege aus Potsdam« hätte ihm eigentlich eine Notiz seiner Anwesenheit zukommen lassen können. Aus dem verspäteten Eintreffen eines evangelischen Geistlichen am Sterbebett der preußischen Königswitwe sollte man keine voreiligen Schlüsse ziehen, aber es darf immerhin gesagt werden, daß die geborene Wittelsbacherin die Nähe zur katholischen Kirche niemals verloren hat.

Kaiser Wilhelm hat der verstorbenen Schwägerin alle höfischen und militärischen Ehren erweisen lassen. »Sie wurde in Sanssouci im Schlafzimmer Friedrichs des Großen an der gleichen Stelle aufgebahrt, wo der Sarg Friedrich Wilhelms IV. gestanden hatte.«[19] Ihre Beisetzung fand in der Friedenskirche statt.

Eine andere Liaison fand keinen glücklichen Ausgang – die unerfüllt gebliebene Liebe des Prinzen Wilhelm zu Elisa Radziwill. Die Radziwills waren eines der ältesten und angesehensten litauischen Fürstengeschlechter mit großen Besitzungen in Polen, Litauen und Posen. Der Vater der ausersehenen Braut, Fürst Anton Heinrich Radziwill, hatte sich 1796 mit der Prinzessin Luise Friederike, einer Tochter des Prinzen Ferdinand von Preußen, vermählt. Er wurde 1815 preußischer Statthalter im Großherzogtum Posen und gehörte seit langem zum preußischen Hofe. Sein Haus in Berlin wurde der Mittelpunkt einer Geselligkeit, die sich über das damals übliche kulturelle Niveau erhob. Die Hohenzollern-Prinzen haben im Radziwillschen Palais wie in einer nah verwandten Familie verkehrt. Es ist seltsam, wie zu Beginn der zwanziger Jahre die königliche Familie in ein Beziehungsgeflecht katholischer Fürstlichkeiten geriet.

Die Briefe aus dem Jahre 1820 spiegeln die Fröhlichkeit wider, die die – nunmehr erwachsenen – Kinder des Königs bei ihren Ausflügen, so nach Freienwalde, der »kleinen Berliner Schweiz«, zum Königlichen Lustschlosse, erfüllte. Ein Höhepunkt der Feste am Hofe lag im Besuche der Großfürstin Charlotte, die mit ihrem Gemahl, Großfürst Nikolaus, im Winter 1820/21 in Posen und in Berlin weilte. Charakteristisch für den Stil der Zeit, vor allem für das Berliner Hofleben, war der traditionelle Maskenball, der am 27. Januar in den Sälen des Königlichen Schlosses stattfand und an dem über dreitausend Gäste teilnahmen. Unter der Regie Schinkels und Hensels wurden auf einer kleinen Bühne im Weißen Saale »Lebende Bilder« dargestellt. Nicht nur Caroline Rochow, sondern auch Fontane in den »Wanderungen« und sogar die Berliner Zeitungen haben uns die Eindrücke solcher Aufführungen vermittelt. Der Feste in Berlin war kein Ende, und sie fanden selbstverständlich auch im Radziwillschen Hause statt. Die Silberne Hochzeit des Fürstenpaares wurde zum Beispiel mit einem Maskenball gefeiert, der ein Berliner Ereignis war. Die Saison des Winters 1820/21 dauerte bis zur Abreise des Großfürstlichen Paares Ende Mai 1821 nach Bad Ems, kurz nach der Einweihung des von Schinkel – nach dem Brande von 1817 – neu erbauten Schauspielhauses.

Anders als bei der spontanen Zuneigung und schnell entflammten Liebe des Kronprinzen wuchs die des jüngeren Bruders Wilhelm stetig und verhalten, auch wenn er Anteil am romantischen Überschwang seiner Zeit hatte. Im März 1822 nahm sich der König, der ja ebenfalls auf Brautschau war, seines Sohnes an. Prinz Wilhelm gestand in einem sehr persönlichen Gespräch, »daß meine Neigung nur zugenommen habe und daß ich trotz Vorsatz und Kampf nicht die Kraft in mir fühle, freiwillig zu entsagen, wo ich so tief fühlte und verstanden wurde«. Der König habe daraufhin tiefes Verständnis gezeigt und versprochen, »alles anzuwenden, was sich tun ließe, um zu sehen, ob es möglich sei, eine Verbindung zu schließen, die er wünschte, da er Prinzessin Elise sehr gut sei«.[20] Dem Hausminister Fürst Wittgenstein fiel in dieser sehr persönlichen – und doch nicht nur persönlichen – Angelegenheit wiederum eine besondere Rolle zu, da er die Frage der Ebenbürtigkeit zu prüfen hatte. Sie wurde zunächst verneint, bis um die Wende des Jahres 1823 die Angelegenheit dem Staatsministerium oder einer Kommission im Staatsrat vorgelegt werden sollte. Außerdem arbeiteten Savigny und Graf Anton Stolberg Denkschriften aus, »worin sie die Möglichkeit einer solchen Heirat durch geschichtliche Beispiele aus vergangenen Jahrhunderten zu beweisen suchten«. Zar Alexander wollte ebenfalls helfen, aber der König fühlte sich nicht in der Lage, die Rechtsfrage außer acht zu lassen. Daß sich der Kronprinz Friedrich Wilhelm ebenfalls für die Verbindung einsetzte, verstand sich geradezu von selbst, auch wenn er nicht zufrieden war mit »den Mittlern, die man gewählt, um zum Ziele zu gelangen«.[21]

Während am 29. November 1823 die Vermählung Friedrich Wilhelms mit der Prinzessin Elisabeth endlich gefeiert werden konnte, fühlte Prinz Wilhelm immer stärker die Aussichtslosigkeit seiner Liebe. Die Verhandlungen über die Ebenbürtigkeit mußten die Familie Radziwill schwer kränken, da bekannt war, daß sie am Zarenhof wohl gelitten war. Von Zar Alexander erwartete der Fürst eine Anerkennung der litauisch-polnischen Dynastenwürde des Hauses als eines ebenbürtigen europäischen Fürstenhauses, während man in den Verhandlungen in Berlin »das Hauptgewicht auf die erst im 16. Jahrhundert verliehene und nie bestätigte deutsche Reichsstandschaft gelegt zu haben scheint«.[22] Die Frage einer Adoption durch einen Fürsten anerkannter Legitimität wurde ebenfalls erörtert und verworfen. Wittgenstein war im Grunde seines Herzens wohl gegen die Verbindung, obwohl er versuchte, sich neutral zu verhalten; der Freimut, mit dem er mit dem König über eine solche delikate Angelegenheit korrespondierte, ist bemerkenswert. Die sehr persönlichen Angelegenheiten im Hause der Hohenzollern und der verwandten Dynastien sind nicht zu denken ohne die Verbindung mit den allgemeinen politischen und geistigen Bestrebungen, und erst diese Verbindung weckt das Interesse an dieser nur scheinbar privaten Geschichte der zwanziger Jahre, der Hochblüte der Restauration. Persönliche Neigungen wurden stets von politischer Raison durchkreuzt.

In die Jahre 1825 und 1826 fielen Ereignisse, die im Persönlichen und im Allgemeinen folgenreich geworden sind. Auf den europäischen Kongressen trafen sich die Repräsentanten der Politik und der höfischen Gesellschaft. Ende des Jahres 1825 fanden Wechsel auf höchster dynastischer, politischer und militärischer Ebene statt. Am 1. Dezember starb Kaiser Alexander; im Auftrag des Königs von Preußen ging Prinz Wilhelm über Posen nach Warschau und St. Petersburg, um den Brüdern Konstantin und Nikolaus zu kondolieren und der Krönung des Schwagers Nikolaus und der Schwester Charlotte beizuwohnen.

Die Reise des Prinzen Wilhelm über Posen führte zu einer Wiederbegegnung mit Elisa Radziwill im Palais des Statthalters. Der Besuch dauerte nur wenige Stunden und bedeutete einen endgültigen Abschied, worüber sich beide im klaren waren. Wenige Tage später begann der Dekabristenaufstand, der rasch und blutig niedergeschlagen wurde.

An seinen Geschwistern und deren Vermählungen wird das dynastische Milieu ganz deutlich, in dem Friedrich Wilhelm lebte. Nachdem die Liebe seines jüngeren Bruders zu Elisa Radziwill unglücklich verlaufen war, ergab sich eine Verbindung des Prinzen Wilhelm zum Hause von Sachsen-Weimar, und im Juni 1829 fand die Vermählung mit Prinzessin Augusta, der Tochter des Großherzogs Karl Friedrich und der Großherzogin Maria Pawlowna, statt. In der Vorgeschichte haben ohne Zweifel diplomatische Intrigen des Weimarer Hofes in Verbindung mit dem Petersburger Hof eine ausschlaggebende Rolle gespielt. Mit Sachsen-Weimar bestand bereits eine Verbindung, seit Prinz Carl, der dritte Sohn des preußischen Königs, die ältere Schwester Augustas, Marie Luise Wilhelmine von Weimar, im Mai 1827 geheiratet hatte. Prinz Wilhelm ist es nicht leicht gefallen, sich für die jüngste Prinzessin von Weimar zu entscheiden. Caroline von Rochow, vertraut mit allen Vorgängen am Hofe, meinte in ihren Erinnerungen über die achtzehnjährige Prinzessin: »Genug, es kam eine mäßig schöne, aber frische, junge Prinzeß hier an, erwartungsvoll dessen, was das Leben ihr bringen würde, an das sie ohne Frage bereits Ansprüche stellte.«[23] Caroline Rochow hat sehr gut und zutreffend bestimmte, herrische Züge der späteren Königin und Kaiserin Augusta beobachtet, vor allem ihren Wunsch nach Geltung »in der europäischen Welt« und ihre Neigung, sich in innerpolitische Dinge einzumischen. In Koblenz fand sie nur einen mäßigen politischen Spielraum.

Diese Hochzeit wurde zu einem höfischen und gesellschaftlichen Höhepunkt in der Geschichte der Hohenzollern im 19. Jahrhundert. An der Spitze der Gäste standen der Zar und die Zarin mit dem Thronfolger. Die Bevölkerung von Berlin bereitete den russischen Gästen einen jubelnden Empfang, denn der Zar stand auf einem Höhepunkt seiner Erfolge und seines Ansehens. In der Bevölkerung sang man »Heil Dir im Siegerkranz«, und der König von Preußen umarmte den Schwiegersohn auf dem Balkon des Schlosses. Das war mehr als eine Geste: Die Umarmung galt dem Familienmitglied und dem Bruder, dem Frère im monarchischen Sinne.

Die Feiern erreichten einen Höhepunkt in jenem »Fest der weißen Rose«, das anschaulich von Elise von Bernstorff geschildert worden ist.[24] Im Mittelpunkt der Vermählungsfeierlichkeiten, um die es sich ja handelte, stand nicht etwa Prinz Wilhelm, dessen unerfüllte Liebe zu Elisa Radziwill bekannt war, sondern die Person des Zaren und seiner Gemahlin, deren herrisches, sehr »russisches Auftreten« wohl bemerkt wurde. Es war ein schwül-warmer Juliabend, als die Teilnehmer des Festes von Potsdam her durch die Allee auf das Neue Palais zufuhren. Die Gräfin Bernstorff erinnert sich: »In den Höfen und Vorhöfen des Palais... stelle man sich ein buntes Gewimmel vor. Alles war ausgeschmückt mit Fahnen und Trophäen aus der Ritterzeit; doch was die Phantasie sich auch Herrliches ausmalen kann, es wird ihr nie gelingen, das Bild der Wirklichkeit zu erreichen. Bald ordnet sich die schaulustige Menge auf den zu beiden Seiten des Hofes errichteten Tribünen; die nach und nach zusammenströmende Gesellschaft im Gefolge des Hofes bewegt sich langsam aus den Schloßtoren heraus und verteilt sich auf der zu beiden Seiten des Hofzeltes fortlaufenden Tribüne. Der Anblick war köstlich, und da man in einem Nebenhofe ausgestiegen und in den Gemächern, die sich auf die Gärten öffnen, seine Cour gemacht hatte, auch vollkommen überraschend. Das Auge schweifte mit Entzücken von Einem zum Andern und weilte mit nicht geringem Wohlgefallen auf dem zeltartig verzierten Balkon, den der König mit seinen Töchtern, Schwiegertöchtern und Nichten einnahm. Alle so schön und doch so anmutig, alle so heiter, so glücklich! Da waren außer der Kaiserin die Erbgroßherzogin von Mecklenburg-Schwerin, die Prinzeß der Niederlande, die Prinzessinnen Wilhelm und Karl, die Tante Wilhelm (»Tante Minnetrost«, geb. Prinzessin von Hessen-Homburg, auch die »Homburgerin« genannt), deren Töchter Elisabeth und Marie, die Herzogin von Dessau, deren Mutter, die Herzogin von Cumberland, die Stiefschwester Auguste von Schwarzenburg-Rudolstadt, geb. Prinzeß Solms, der Schwager und die Schwägerin des Königs, die Strelitzer Herrschaften, und, wie mochte ich sie nicht zuerst nennen, unsere

Im Sommer 1829 besuchte das Zarenpaar Nikolaus I. und Alexandra Feodorowna, die als Prinzessin Charlotte die Lieblingsschwester Friedrich Wilhelms war, die preußische Residenzstadt aus Anlaß der Hochzeit des jüngeren Bruders Friedrich Wilhelms, des späteren deutschen Kaisers Wilhelm I.. Diese Hochzeit wurde zu einem höfischen und gesellschaftlichen Ereignis im 19. Jahrhundert. Einen Höhepunkt erreichten die Feierlichkeiten, deren Zentrum das russische Zarenpaar bildete, im »Fest der weißen Rose«, das im Neuen Palais zu Potsdam stattfand und in dessen Zeichen die beiden Residenzstädte Berlin und Potsdam für Tage standen. Allgemein bemerkt wurde das herrische, sehr »russische Auftreten« der Zarin. Unten eine Ansicht des Neuen Palais, oben der Zug der Prinzen und Ritter, eine colorierte Lithographie von Theodor Hosemann nach einer Zeichnung von Johann Heinrich Stirner.

Hochselige Kronprinzessin. Alle trugen zu Ehren der Kaiserin als Schmuck das Emblem des Festes, die weiße Rose. Ihre weiße Rose, ihr maiden blush, ihre blanche fleur hatte man die Gefeierte früher in der königlichen Familie genannt.«[25]

Das Fest selber war von Baron de la Motte-Fouqué, dem Dichter der Undine und des Zauberrings, arrangiert worden. Die Beziehungen zwischen Fouqué und dem preußischen Hofe, besonders dem Kronprinzen, waren eng. Die Feste, zu denen Schinkel die Dekorationen und Spontini die Musik lieferte, bildeten Höhepunkte in der Reihe der höfischen Selbstdarstellungen. Zu den begeisterten Initiatoren gehörten neben dem Kronprinzen, der schon während des Feldzuges von 1813 seine vertrautesten Waffengefährten mit den Namen aus Fouqués Zauberring bedachte, der Herzog Karl von Mecklenburg und Graf Brühl, der Intendant der königlichen Bühnen. »Alles, was Beine hatte in der Stadt Potsdam, strömte hinaus, so daß die Dächer, Mauern und Bäume von Menschen angefüllt waren... Vor dem Schlosse auf den breiten Treppen fanden unter Zelten die Eingeladenen einen bequemen Platz, und in der Mitte saß mit dem Hofe die Kaiserin.«[26]

Das Fest der weißen Rose war aus der Sicht der Hohenzollern und Romanows ein Höhepunkt in der Selbstdarstellung ihrer dynastischen Welt. Zugleich war es ein Abschied. Die konvulsivischen Ereignisse, die nach wenigen Jahren Europa erschütterten, traten nämlich für die Zeitgenossen gänzlich unerwartet ein. Es handelte sich um den Sturz der bourbonischen Dynastie, um den Aufstand der Polen und die belgische Revolution, zwischen denen unverkennbar ein Zusammenhang bestand. Paris hatte das Signal gegeben. Der Durchbruch der liberalen und nationalen Kräfte im westlichen Europa hat vor allem die Hoffnungen der Polen und Belgier inspiriert.

Für die Stimmung in der Familie der Hohenzollern steht uns in den Korrespondenzen der Prinzen eine vorzügliche Quelle zur Verfügung. Prinz Wilhelm hielt sich in Den Haag auf, wo ihn die Nachricht aus Paris erreichte. Am 14. August 1830 schrieb er dem Kronprinzen: »Welch' unglaubliche, unglückliche Ereignisse haben wir seit 14 Tagen erlebt!!«[27] Er warf Karl X. militärisches Versagen vor und zog einen Vergleich mit dem Verhalten des Schwagers Nikolaus: »Was wäre wohl in Petersburg geschehen, wenn Nicolaus sich am 24./25. Dezember [Dekabristenaufstand] nicht an die Spitze seiner Truppen gesetzt hätte, sondern unterhandelt hätte und nach Peterhof geflohen wäre?«[28] Für die Prinzen handelte es sich in Paris um einen Stoß gegen die Legitimität. »Aber jetzt ist es klar, daß es auf den Sturz der Bourbons abgesehen war, auf die Dynastie, die sich par la grace de Dieu nannte, um eine zu haben, die sich par la volonté du sublime peuple nennen sollte.« Vergeblich war ihre Hoffnung, der Herzog Ludwig Philipp von Orleans würde die ihm angebotene Krone ablehnen und sich als Regent für den Enkel des Königs, den Herzog von Bordeaux, später Grafen von Chambord, erklären. Die Hohenzollernprinzen und ihre Freunde fürchteten die Folgen des Geschehens, die Nachahmer des Herzogs Philipp von Orleans, des »Philipp-Manequin I.«, wie sie ihn getauft hatten. »Was wird aus den Thronen werden, wenn das Beispiel gutgeheißen wird?« Charakteristisch für die Ahnungslosigkeit sind die Neigung, ausschließlich persönliches Versagen für das Geschehene verantwortlich zu machen sowie der Verzicht, die Gründe für den Umsturz in den politischen und gesellschaftlichen Zuständen unter der Regierung des Bourbonen zu suchen. Das Gefühl der Bedrohung wurde noch stärker, als am 25. August die Revolution in Brüssel ausbrach. Die Hohenzollern fühlten sich besonders betroffen, da der nahe Cousin und Freund »Fritz O.«, Prinz Friedrich der Niederlande, die Truppen führte und Brüssel bald zurückeroberte.

Der Gegensatz der Prinzen zur behutsamen Politik König Friedrich Wilhelms III. und seiner außenpolitischen Berater, vor allem Bernstorffs und Ancillons, ist offenkundig, aber ein offener Konflikt war zu jenem Zeitpunkt ganz ausgeschlossen. Der König von Preußen war sogar der erste unter den europäischen Monarchen, der Ludwig Philipp anerkannte. Das Julikönigtum hat ja schließlich ebenso wie das belgische Königtum zur Konsolidierung des europäischen Staatensystems beigetragen, und das war dem preußischen König willkommen.

Interessant ist es, zu beobachten, wie der Kronprinz einen Zusammenhang zwischen den Vorgängen in Paris, Brüssel und Warschau mit der Ausbreitung der Cholera herstellte. Ebenso aufschlußreich ist seine Reaktion auf das zeitgeschichtliche Geschehen: »Es ist wahr, die Dinge stehen so in der Welt, daß auch dem Unerschrockensten ein Beben anwandeln möchte. Die Torheiten werden immer schamloser und verbrecherischer und ein Abfall vom gültigen Gesetz zeigt sich... wie nie zuvor... An unseren westlichen Grenzen das gekrönte Verbrechen in Louis Philippes Gestalt, Prinz Leopold, der sich behaglich auf Onkel Niederlands gestohlenen Thron setzt...; die Mächte, die allein sich der Revolution entgegenstemmen könnten, von der Cholera und den Polen

wie gelähmt und geknebelt und jeder Tag, der etwas Unerhörtes bringt!«
Und im Briefe an die Zarin und in anderen Mitteilungen sind wiederum
Hinweise auf die revolutionären Vorgänge, die »politische Seuche«,
sowie auf die Cholera enthalten. »Die Cholera in Petersburg... ja wahrlich, Gott spricht laut mit uns allen.«[29]

Nachdem die Cholera sich zu Beginn der zwanziger Jahre auf den Vorderen Orient sowie auf Kaukasien und Astrachan beschränkt hatte, brach eine neue Epidemie 1826 in Indien aus. Sie erreichte 1829 Persien und Sibirien; ein Jahr später war sie in Rußland und in Polen angekommen. Revolution und Krieg haben zu ihrer Verbreitung beigetragen, und alle Maßnahmen, die Ausdehnung der Seuche durch Einrichtung militärischer Sperrkordone einzudämmen, blieben ergebnislos. 1831 trat die Krankheit auch in Deutschland und in Großbritannien auf. Die Verluste unter den Soldaten waren besonders hoch; russische Regimenter, die in Polen kämpften, verloren täglich etwa achtzig Mann. Am 10. Juni 1831 fiel der russische Oberbefehlshaber Diebitsch der Krankheit zum Opfer; kurze Zeit darauf auch der Vizekönig Großfürst Konstantin, der Bruder des Zaren.

Durch die Seuche verlor auch die preußische Armee zwei ihrer großen Gestalten: Gneisenau und Clausewitz. Gneisenau lehnte alle Vorsicht ab und schrieb »in heiterer Gelassenheit«: »Wenn mir die Wahl gelassen wäre, welche Todesart ich sterben wolle, so würde ich mir nächst einer Kanonenkugel oder einen sanften Schlagfuß die Cholera wählen. Wenn man 71 Jahre alt geworden ist, die geistige und die Körperkraft sich gemindert haben und Erfreuliches nicht mehr zu erwarten ist – oder wenigstens nicht mehr viel, ja dann kann man wohl mit Ruhe in Hinsicht auf sich selbst inmitten dieser Seuche diese mit Gleichgültigkeit betrachten und seine Besorgnisse nur den anderen Bedrohten widmen«[30]; er habe über die Cholera als Krankheit der Feldmarschälle ja oft gescherzt. Auf Gneisenau folgte Clausewitz, dem der Kronprinz die Stellung eines Chefs des Generalstabs in einem Kriege gegen Frankreich gewünscht hätte. Er erlag der Krankheit, während er im November 1831 in Demobilmachungsangelegenheiten in Breslau weilte. Alte Vorurteile aus der Zeit der Emigration nach Rußland waren längst überwunden.

An Marie von Clausewitz schrieb Friedrich Wilhelm einen Kondolenzbrief, der mehr ist als »eine große romantische Totenklage«, wie Lewalter irrend meint: »Ich muß mich unter die Trauernden drängen, die Ihnen in diesen Tagen ihr Herz ausschütten, die mit Ihnen weinen, die Ihnen sagen, wie jedes edle Herz im Heere, wie eine Schar trauernder Freunde des teuren Seligen mit Ihnen weint – ich folge getrost dem unwiderstehlichen Zuge und laß mich nicht von dem Gedanken abschrecken, Ihren großen Schmerz durch den Ausdruck des meinigen zu nähren. Denn Gott hat Ihnen ein starkes Herz gegeben, das dem Schmerze nicht erliegt, sich nicht feige von ihm wendet, nein, das ihn anzusehen vermag. Erwarten Sie daher nicht, teuerste gnädige Frau, ich darf wohl mit altem Recht sagen, verehrte Freundin, fürchten Sie nicht, daß ich Sie hier mit einem Kondolenz- und Trostbrief betrüben will – ich will, ich muß Ihnen nun sagen, daß ich mit Ihnen dieses Leid trage, daß durch Ihren Verlust auch mein Herz zerrissen ist, weil ich einen treuen, lieben Freund betrauern muß – daß ich Sie aber dennoch glücklich und gesegnet preise, weil ich die gewisse Hoffnung habe, Sie sehen durch Ihren Schmerz und Ihre Trauer etwas anderes als Trauer und Schmerzen, nämlich die liebevolle Hand, welche diese Trübsal ausgebreitet, Sie erkennen in Dem, der meinen lieben Freund, Ihren unvergeßlichen Gatten, abgerufen hat, den großen Fürsten des Lebens und des Friedens.« Der Kronprinz hat sich in diesem Briefe – fast möchte man sagen genießerisch – der Trauer hingegeben, aber der Dank und die Treue gegenüber denen, die ihm im Leben viel bedeutet hatten, gehörten zu seiner geistig-politischen Habe. Als während der belgisch-holländischen Verwicklungen ein Krieg mit Frankreich nicht ausgeschlossen schien, »hätte er sich an der Spitze der Armee immer Onkel Wilhelm und Prinz August mit Grolman und Clausewitz versehen, beide in der Stellung zu ihnen wie Gneisenau und Blücher« gedacht. »Dann kann man es getrost wagen.«[31]

Die Cholera war ein beherrschendes Thema in den Korrespondenzen von sehr verschiedenen Schichten der europäischen Gesellschaft. Der preußische Kronprinz war unter den Fürstlichkeiten Europas von einem Zusammenhang zwischen Erschütterung der alten Ordnung und der Cholera als einer »Strafe des Himmels«, eines »göttlichen Gerichts«, am tiefsten überzeugt; die Lektüre der Apokalypse war für ihn geradezu von hoher Aktualität. Die Cholera war auch das beherrschende Thema unter den medizinischen Autoritäten der Zeit. Der Zusammenhang von Politik, Krankheit und Medizin wurde überall zur Diskussion gestellt; die allgemeinen Tendenzen der Epoche, die in der Vergänglichkeit ihr Gesetz erkannt zu haben meinte, kamen in jeder Form zur Erscheinung. Am Anfang der dreißiger Jahre erschreckte die Cholera die Menschen, am Vorabend der Revolution von 1848 war es der Typhus, der Ärzte und Politiker nachdenklich stimmte. Da die traditionellen Quarantänemaßnahmen versagt hatten, wurden so gut wie alle führenden Ärzte Anhänger »der damals modischen Lehre vom Antikontagionismus«[32].

Die rasche Ausbreitung der Cholera nötigte die Naturforscher, ihre für August 1831 in Wien vorgesehene Versammlung um ein Jahr zu verschieben. Die Epidemie war am 19. September 1831 in Wien ausgebrochen und flaute im Winter 1831/32 wieder ab; eine zweite Welle überrollte die Kaiserstadt zwischen Juni und August 1832. Es wird berichtet, daß die Bevölkerung »und selbst die ärmeren Klassen« der Wiederkehr der Seuche »mit einer beinahe philosophischen Apathie zusahen und ungestört ihren Geschäften und Vergnügungen nachgingen«.[33] Der Wissenschaftsbetrieb reagierte »auf die tödliche Herausforderung mit einer Flut von Publikationen und Vorträgen, Anfragen und therapeutischen Ratschlägen«. Im Zusammenhang mit dem in Schüben auftretenden Phänomen dieser Seuche läßt sich eine seltsame Beobachtung machen: Auf die Panik, die das erste Erscheinen der Seuche hervorrief, folgten Phasen der Resignation und Gelassenheit. Erst die Kochsche Auffassung vom bakteriellen Ursprung der Cholera wurde die Voraussetzung von intensiverer Hygiene.

Überdenkt man die Geschichte der Epidemie, so gewinnt man den Eindruck, daß die Furcht vor Katastrophen im politischen und gesellschaftlichen Bereich größer als die Angst vor Seuchen war. Die Annahme eines Gesamtzusammenhangs zwischen Politik, Krieg und Epidemie wurde stärker noch im Zusammenhang mit der Julirevolution als am Vorabend der Revolution von 1848 offenkundig.

Die Erfahrungen der dreißiger Jahre festigten in Friedrich Wilhelm die Überzeugung von der Notwendigkeit, die Legitimitäten in Europa zu unterstützen. Obwohl sie im deutschen Lebensbereich kaum in Frage gestellt wurden – sieht man von tumultuarischen Vorgängen in Residenzen wie etwa Braunschweig, Kassel oder Dresden ab –, haben die Nachwirkungen der Julirevolution bei ihm eine Katastrophenfurcht hervorgerufen. Für den Kronprinzen blieb die Rücksicht auf die Dynastie im Mittelpunkt der Sorge; er trauerte lange dem gestürzten Bourbonen nach.

Als Karl X. mit dem Dauphin 1832 inkognito durch Berlin reiste, war Friedrich Wilhelm über diese Heimlichkeit, die die Staatsraison gebot, persönlich unglücklich; am 6. Oktober schrieb er dem Vater: »Ich habe heute bei meinem Frühstück im Eckturm [des Schlosses Bellevue] den Kleinen [Dauphin] vorüberfahren sehen, ohne daß ein Mensch stillgestanden wäre ... Ich wäre gern auf die Brücke zu ihm gestürzt und hätte: vive le roi, vive Henry V. geschrien.«[34] Es entsprach seinem dynastischen Gefühl der Legitimität, wenn ihm der Gedanke an eine Verehelichung mit Söhnen des Bürgerkönigs schwer erträglich war. Im Mai 1836 besuchten diese Berlin, der Besuch war vom französischen Gesandten sehr geschickt eingefädelt, so daß eine Absage ausgeschlossen war und auch nicht im Sinne des Königs gewesen wäre. Den Kronprinzen machte das »ganz ängstlich und miserabel. Die beiden ältesten Prinzen von Orléans kommen hierher zu den Frühjahrsmanövern. Das ist so schwer für mich, daß ich weinen möchte.«[35] Leopold von Ranke kommentierte, daß Friedrich Wilhelm damals in den Orléans die Repräsentanten der revolutionären und illegitimen Gewalt gesehen habe. Aber die Prinzen hatten ihre Rolle gut einstudiert und hinterließen einen positiven Eindruck. Die Beziehungen zu den Orléans wurden zum Kummer des Kronprinzen noch enger, als nämlich Friedrich Wilhelm III. im nächsten Jahr die Werbung des französischen Thronfolgers am mecklenburgischen Hofe erfolgreich unterstützte. Die Hochzeit zwischen der Prinzessin Helene von Mecklenburg-Schwerin und dem Herzog von Orléans fand im Juni 1837 statt.

Mit der Vorbereitung dieser Eheschließung hatte es eine eigene Bewandtnis, und sie stellte in der Geschichte der Heiraten dieser Jahre einen besonderen Fall dar. Dynastische und konfessionelle Gründe trafen zusammen, damit diese Verbindung zustande kommen konnte. »Der König stiftete gern Heiraten« – so kommentierte Marie de la Motte-Fouqué die Vorgänge. Es war sicherlich zutreffend, wenn sie schrieb, er habe »von einer protestantischen Prinzessin an einem katholischen Hofe eine Stütze der Konfession [gesehen], als deren Vertreter und Beschützer er sich betrachtet«.[36] Außerdem fand er es nützlich, wenn der Prinz nicht mit einem süddeutschen, sondern mit einem norddeutschen Hofe in Verbindung trete. Die mecklenburgische Verwandtschaft leistete vergeblich Widerstand. Der Großherzog Georg Friedrich von Strelitz und Herzog Karl, Brüder der Königin Luise, sprachen sich ebenso entschieden wie der Schwiegersohn, Großherzog von Mecklenburg-Schwerin, gegen eine Verbindung aus. Die Familienfeier in Potsdam aus Anlaß der Durchreise der Prinzessin fand nur in kleinem Kreise statt. Vor der Hochzeit in Paris waren die meisten Ambassadeurs wieder abgereist; der preußische Gesandte von Werther wurde allerdings als Gesandter eines nunmehr verwandten Hofes an die Familientafel gezogen.

Wie sehr der Kronprinz den Wandel der Zeiten seit der Julirevolution empfand, lassen die Briefe an die Zarin erkennen. Er erinnerte an das Fest der weißen Rose, das ihm in der Erinnerung wie ein Höhepunkt des Lebens nach der Befreiung von Napoleon erschien. Das höfische Leben hatte seinen alten Glanz wiedergewonnen. »Wie traurig anders sieht es jetzt aus als damals [vor sieben Jahren]. Es war das letzte Jahr, wo der Himmel noch voller Geigen hing, wo man noch zehrte und sich freute an dem, was 1812–1815 so viel Blut erkauft hatte, nämlich frei atmen zu können. Und jetzt [acht Ausrufungszeichen].«[37]

Daß kritische Beobachter, wie etwa Frau de la Motte-Fouqué im Gespräch mit Frau von Clausewitz, die Dinge am Hofe anders sahen, ist vom Kronprinzen nicht verschwiegen worden. Zu Beginn und im Ausgang der dreißiger Jahre erlitt Friedrich Wilhelm noch dazu persönliche Verluste; er hat damals das Sterben erfahren, das in sein persönliches Leben eingriff: Am 2. Januar 1831 starb Barthold Georg Niebuhr in Bonn. Er hatte im Jahre 1814 dem Kronprinzen Unterricht in Finanzkunde und Staatswissenschaft erteilt und versucht, in ihm die Gegenkräfte gegen die den Hof beherrschenden konservativen Tendenzen zu stärken. Er fand an dem achtzehnjährigen Prinzen »unsägliche Freude«, und er glaubte, man könne »von ihm für Preußen und Deutschland große Tage verheißen, die Vollendung von allem, was wider Gottes Willen jetzt noch mangelhaft bleibt«.[38] Niebuhr wurde in diesen Hoffnungen bald enttäuscht, aber der Kronprinz hörte nicht auf, ihn zu verehren und ihn »lieb wie einen Bruder« zu nennen. 1830 hatte er den Versuch gemacht, Niebuhr für Berlin als Berater zurückzugewinnen, aber das Leben des Staatsmannes und Gelehrten endete in Düsternis und Hoffnungslosigkeit. Persönliches und Allgemeines trafen zusammen und vollendeten geradezu den Pessimismus seiner Weltauffassung. Nachdem sein Bonner Haus abgebrannt war, erwartete er – nach anfänglicher Zustimmung zur Pariser Revolution – nur noch »ungeheure Katastrophen ohne Widerstand, ohne einen Anschein großer Männer, ohne Freude und Begeisterung, ohne irgendeine Hoffnung auf die Zukunft«. Niebuhr nahm die Visionen Tocquevilles und Donoso Cortez' vorweg, indem er einen militärischen Despotismus und die Ausbreitung russischer Vorherrschaft auf dem europäischen Kontinent vorhersagte.

Von einer Schülerschaft Friedrich Wilhelms zu Niebuhr kann kaum die Rede sein; aber es charakterisiert ihn die Pietät, mit der er das Andenken an diesen Mann pflegte und bewahrte. Er stiftete ihm auf dem alten Bonner Friedhof ein Denkmal, das Schinkel und Rauch gemeinsam gestalteten. Die Fähigkeit zur Erinnerung und Dankbarkeit gehörte zu den großen Begabungen des Kronprinzen.

Noch eine andere Ehe wurde in der ersten Hälfte der zwanziger Jahre in der Familie der Hohenzollern geschlossen. Die Geschichte dieser Ehe entbehrt jener Spannung, die Werbung und Vermählung des Kronprinzen gekennzeichnet hatten. Anlässe zu Konflikten gab es im Zusammenhang mit dieser Eheschließung, so weit uns die Zeugnisse einen Einblick in das spröde Gefühlsleben des soldatisch geprägten Königs Friedrich Wilhelm III. gewähren, nicht.

Nach langer Einsamkeit heiratete der König wieder. Er ließ es sich mit Erfolg angelegen sein, die Verehelichung mit der Gräfin Auguste von Harrach als ganz private Angelegenheit zu behandeln; er wollte, daß sie auch so beurteilt wurde. Die Nachricht über eine bevorstehende Wiedervermählung des Königs wirkte in der Familie und in der Öffentlichkeit als Sensation. Varnhagen notierte am 11. November 1824: »Heute Nachmittag und Abend durchlief wie ein Lauffeuer die ganze Stadt das Gerücht und die zuverlässige Nachricht ›Unser König habe sich vorgestern verheiratet‹... Wie ein Donnerschlag traf die Nachricht unter die Leute, und die meisten verweigerten ihr allen Glauben.«

Gräfin Harrach stammte aus einem österreichischen Geschlecht. Sie lebte in Dresden, und sie war katholisch. Der König hatte die dreißig Jahre jüngere Gräfin 1822 in dem böhmischen Bad Teplitz kennengelernt, sie im nächsten Jahr wiedergesehen und mit ihr eine Polonaise getanzt. Der König hatte das Geheimnis seiner spontanen Zuneigung gut gehütet; eingeweiht waren nur sein Schwager, der Großherzog Georg von Mecklenburg-Strelitz, Fürst Wittgenstein, Staatsminister und Oberkammerherr, der auch den Königlichen Heiratsantrag dem Vater der künftigen Gemahlin übermittelt hatte, sowie einige vertraute Hofbeamte. Die Ehe wurde im November 1824 durch Bischof Eylert geschlossen. Ob »alles so einfach ablief«[39], bleibt dahingestellt. Der sogenannte »Werbebrief« – wenn er überhaupt abgeschickt wurde – kann mit gutem Grunde zu den Schlüsseldokumenten im Leben des Monarchen gezählt werden.

Wichtig war die Haltung der Kinder, die von dem Entschluß des Vaters überrascht, aber vor der Eheschließung konsultiert wurden. Ihre

Mutter, Königin Luise, deren Bild lebendig, ja verklärt und gegenwärtig blieb, war seit vierzehn Jahren tot. Ihr gelegentlich sehr energisches Eingreifen in den Gang der Politik war nur den Eingeweihten bekannt geworden; ihr mutiges Auftreten gegenüber Napoleon verlieh ihr im Gedenken der Nachkommen geradezu heldenhafte Züge. Das Mausoleum für die Tote wurde für die Familienangehörigen zu einem Wallfahrtsort; es konnte einer Nachfolgerin kaum gelingen, je aus ihrem Schatten zu treten.

Interessant ist der Bericht Elise von Bernstorffs, der Gattin des Ministers der auswärtigen Angelegenheiten: »Der König hatte seine Kinder in Charlottenburg alle um sich versammelt (um den 8. November 1824) und ihnen da zu ihrer größten Überraschung seinen Plan angekündigt, den er indes nicht ohne ihre Sanktion ausführen wollte. Man hat späterhin erfahren, daß diese Mitteilung zu sehr rührenden Auftritten Veranlassung gegeben, daß namentlich der Kronprinz sich als durchaus gehorsam, als ebenso ehrfurchtsvoller, zärtlicher Sohn gezeigt habe, daß es der Großfürstin allein nicht gelungen sei, ihren Verdruß zu bemeistern, den sie noch jahrelang die Fürstin entgelten ließ.«[40]

Der Großfürst Nikolaus, seit 1825 Zar von Rußland, hat offensichtlich viel dazu beigetragen, der Fürstin am Hofe die so sehr beschränkte Stellung zu erleichtern. Sie rangierte hinter allen geborenen Prinzen und Prinzessinen, und sie erhielt keinen Hofstaat. Daß der König selbst, so sehr er den Mangel an Ebenbürtigkeit in gelegentlich verletzender Weise demonstrativ hervorhob, gleichwohl bemüht war, sich in den Grenzen seines dynastischen Selbstverständnisses zartfühlend und rücksichtsvoll zu verhalten, war offenkundig. Die Öffentlichkeit erfuhr offiziell von der Vermählung durch einen vom König genehmigten Artikel in der Hamburger Zeitung. Das Benachrichtigungsschreiben an die Obersten Militär- und Zivilbehörden vom 11. November 1824 trug die Unterschrift des Fürsten Wittgenstein. Die »königliche Anordnung« dieser Eheschließung erfolgte als »Urkunde Unserer morganatischen Ehe mit der Gräfin Auguste von Harrach«. Als Gründe der Eheschließung wurde die bevorstehende »Trennung des Königs von seinen sämtlichen Prinzessinnen Töchter bei Höchst-Desselben herannahendem Alter als ein notwendiges Bedürfnis«[41] bezeichnet.

Der König wollte sich in der Tat gegen die Einsamkeit des Alters schützen. In der Urkunde wurde bestimmt, »im Falle die Ehe mit Kindern gesegnet würde«, »solche den Namen der Fürstin führen«. Sie bleiben »von aller Succession an Land und Leuten und von jedem Erb-

Der dritte Sohn von Königin Luise und Friedrich Wilhelm III., Prinz Carl, erwarb 1824 vom Sohn des verstorbenen Fürsten und ehemaligen Staatskanzlers Hardenberg das alte barocke Schloß Glienicke am Ufer der Havel (unten ein Aquarell von Schloß Glienicke um 1824). Prinz Carl ließ Karl Friedrich Schinkel das Schloß im modernen, also klassizistischen Stil umbauen, wovon noch die eigenhändigen Entwürfe des Architekten existieren (oben ein Entwurf Schinkels für Schloß Glienicke von 1825). Schloß Glienicke zählt mit seinen zahllosen Nebenbauten und dem weitläufigen Park Lennés zu einem Höhepunkt der preußischen Architektur der nachnapoleonischen Ära und war auf den Blick nach dem alten Jagdschloß Glienicke und auf die Potsdamer Kirchtürme bezogen.

schafts- oder anderem Anspruche« ausgeschlossen. Die Urkunde schließt: »Wir erklären hierdurch die Fürstin von Liegnitz, Gräfin von Hohenzollern, für Unsere eheliche Gemahlin.« Die Urkunde wurde vom König und den acht Mitgliedern des Staatsministeriums unterzeichnet. Daß die Obersten Militärbehörden das Benachrichtigungsschreiben erhielten, hatte sicherlich einen besonderen Grund. Dem Offizierskorps fiel es nicht leicht, sich mit dieser Ehe, noch dazu mit einer »Katholischen« abzufinden. Varnhagen spottete: »die Truppen werden statt Hurra künftig Harrach rufen«. Um so bemerkenswerter ist die Sympathie, die sich die Fürstin rasch in den höfischen und auch militärischen Kreisen erwarb.

Bischof Eylert sollte den König in Charlottenburg »im Stillen« trauen und sich in seiner Predigt kurz fassen. Die Gräfin Harrach, nunmehr Fürstin von Liegnitz und Gräfin von Hohenzollern, hat eine ausführliche Korrespondenz mit ihrer Cousine Clara von Broizem geführt und mit der Genauigkeit einer Chronistin über ihre Erlebnisse berichtet. Über ihre Hochzeit schrieb sie am 10. November 1824: »Nun wurde unsere Trauung zum Dienstag festgesetzt. Wir fuhren früh nach Charlottenburg, wo wir den Kronprinzen, den Großherzog von Strelitz, den General von Witzleben und den Oberhofmeister der vorigen Königin, Herrn von Schilden, vorfanden, die als Zeugen der Trauung beiwohnten.« Die Ehe ist kinderlos geblieben – ein Zustand, der dem Wunsch und Willen Friedrich Wilhelms entsprach. Die wenigen Quellen, die uns zur Verfügung stehen, gewähren immerhin einen Einblick in das Verhalten des Königs, der dreißig Jahre älter als seine Frau war. Im Gespräch mit Bischof Eylert über die Details der Trauung hatte der König auf der Weglassung eines Passus' aus der Kirchenvorschrift bestanden: »Wenn aber am Schluß des Formulars von Nachkommen gesprochen wird, können Sie das weglassen; denn davon kann nicht mehr die Rede sein.« Und angeblich hat der Leibarzt Hufeland den König gefragt, »ob nicht vielleicht gewisse Umstände zu berücksichtigen sein müßten? Der König habe die Sache weit abgelehnt und angedeutet, eine Schwangerschaft würde niemals statthaben«

Den Berichten der Fürstin entnehmen wir auch, daß Langeweile am preußischen Hofe, anders als in Dresden oder in Wien, vorherrschend war. Es gab ja noch keine Berliner Gesellschaft. Gewiß wirkten längst die großen Baumeister; Schinkel hatte die Neue Wache und das Schauspielhaus vollendet; das Alte Museum wurde gebaut, ebenfalls die königlichen Wohnungen in Charlottenhof und Glienicke.

Der König hat für sich und die Fürstin das sogenannte »Sommerhaus« im Charlottenburger Park erbauen lassen. Es fiel fremden Besuchern immer wieder auf, wie anspruchslos, aber auch niveaulos das gesellschaftliche Leben am Hofe verlief. Der König liebte das Theater, aber fast nur leichte Lustspiele; erst der Kronprinzessin ist es bis zu einem gewissen Grade gelungen, das Niveau der Theateraufführungen zu heben. So gut wie jeden Abend fand um 18 Uhr der Theaterbesuch statt; anschließend wurde soupiert und viel getanzt. Auf größeren Reisen befand sich die Fürstin kaum in der Nähe ihres Gemahls. Da der Kronprinz auf solchen Reisen den Vater begleitete, ergab es sich, daß die Kronprinzessin und die Fürstin allein auf einem der Schlösser weilten. Es war eine eigentümliche Situation. Beide waren katholisch, und sie besuchten als einzige Katholikinnen am Hof die Messe.

Die Kronprinzessin hat nicht wenig dazu beigetragen, der Fürstin das höfische Leben zu erleichtern. So sehr sie sich auch Sympathien erwarb, so bleibt es doch geradezu bestürzend, wie sie klaglos eine Behandlung ertrug, die fast an Erniedrigungen grenzte. Als Luise, die jüngste Tochter des Königs, im Mai 1825 den Prinzen Friedrich der Niederlande, den »Vetter Oranien«, heiratete, wurde die Zurücksetzung der Fürstin allen Beteiligten deutlich gemacht. Ihr wurde nur gestattet, sich bei den Vermählungsfeierlichkeiten, von ihrer Gesellschaftsdame begleitet, incognito unter die Zuschauer zu mischen. Und als der Generalmusikdirektor Spontini seine Oper »Alcidor« dirigierte, durfte sie in der königlichen Loge nur in der zweiten Reihe hinter den Prinzessinnen sitzen. Erst als der Schwager des Königs, Großherzog Georg von Mecklenburg-Strelitz, zugunsten der Fürstin beim König intervenierte, durfte sie bei der zweiten Aufführung in der ersten Reihe zwischen den Prinzessinnen Platz nehmen.

Der König wachte während seiner Abwesenheit von seinen Schlössern – die auf oftmals lästige Weise abwechselnd bewohnt wurden – aber über das Wohlergehen seiner Gemahlin. So ordnete er an, daß die Kronprinzessin Elisabeth in Charlottenburg immer mit der Fürstin zu Mittag essen sollte und bestimmte, »welchen Geldanteil sie [Elisabeth] für sich und ihre Hofleute, solange das Zusammensein dauerte, in die Wirtschaft der Fürstin zahlen muß«. Der Warmherzigkeit Elisabeths ist es zu verdanken, wenn die Fürstin Liegnitz den kalten Hauch des Hofes, der sie gerade in den ersten Ehejahren anrührte, offensichtlich kaum gespürt hat.

Zwischen den Übertritten beider Frauen zur evangelischen Kirche bestand ein großer Unterschied. Der Weg, den die Kronprinzessin einzuschlagen genötigt wurde, war schwierig; Fürstin Liegnitz ist es dagegen leicht gefallen. Im Falle der Eheschließung des Königs mit der Gräfin Harrach war es offensichtlich leicht, das Hindernis der Religionsverschiedenheit zu überwinden. Es scheint, als ob der König von der Zugehörigkeit der jungen Gräfin zur katholischen Kirche zunächst gar nichts gewußt habe. Daß sich Gerüchte über die »katholischen Prinzessinnen« und angeblichen katholisierenden Neigungen am königlichen Hofe rasch verbreiteten, verstand sich in Berlin geradezu von selbst. Gleichzeitig entstand das Gerücht, Fürstin Liegnitz führe mit evangelischen Geistlichen Gespräche über die Religion, ja, der König selbst gebe ihr evangelischen Religionsunterricht. Wittgenstein berichtete schließlich lakonisch: »Der Übertritt zur evangelischen Kirche fand am 25. Mai [1826] in der Schloßkapelle zu Charlottenburg statt, und diese kirchliche Feierlichkeit bestand darin, daß Seine Majestät und die Frau Fürstin von Liegnitz aus den Händen des Bischofs Eylert das Heilige Abendmahl empfingen.« An der Feier haben nur einige Damen und Herren des Hofstaates, nicht aber Mitglieder der königlichen Familie teilgenommen. Der Übertritt wurde zunächst gar nicht bekannt gegeben, »aus Zartgefühl für die Kronprinzessin sollte diese Angelegenheit geheimgehalten werden, bis sie ihr nach ihrer Rückkehr aus Ems mitgeteilt wurde. Der König hoffte noch immer, daß auch bei ihr die Wahrheit endlich siegen würde.« Varnhagens Kommentar lautete: »Der König soll darüber sehr vergnügt sein«[42].

Wenn sich der König zärtliche Fürsorge für sein Alter gewünscht hatte, so ging dieser Wunsch in Erfüllung. Es wäre sicherlich übertrieben, wollte man die freundlichere Behandlung der Fürstin durch die Familie auf einen bestimmten Vorgang beziehen oder sogar datieren. Sie gewann die Zuneigung stetig, und ihre aufrichtige Sorge um den Gemahl öffnete ihr die Herzen der Angehörigen. Der König erfuhr die Hilfe seiner Frau besonders, als er sich 1827 im Palais das Bein brach. Die Bestürzung der Umgebung und der Berliner war groß und ließ erkennen, daß sich der König doch längst Popularität unter den Berlinern erworben hatte. Wir wissen aus den Briefen, die der Nachfahr der Fürstin veröffentlicht hat, wie der König seine Gemahlin in diesen Wochen der erzwungenen Ruhe seine Dankbarkeit fühlen ließ. Nach seiner Genesung nahm er mit ihr am Gründonnerstag in der Schloßkapelle das Abendmahl. Nach einem Bericht des Bischofs Eylert habe er zur Fürstin gesagt: »Dir verdanke ich nächst Gott meine baldige Wiederherstellung. Hätte ich Dich und Deine Liebe nicht gehabt, dann wäre ich heute so weit nicht.«[43] Als er sich am Fenster seines Palais den Berlinern zeigte, sollen die Berliner Schusterjungen gesungen haben: »Heil Dir im Siegerkranz, Beene sind wieder janz!« Die Etikette, die dem Auftreten der Fürstin enge Grenzen zog, wurde indes kaum gelokkert.

Die natürliche Würde, die der Fürstin Liegnitz eigen war, zeichnete sie auch in den langen Jahren ihres Wittums aus. Sie ist erst am 5. Juni 1873 nach der Gründung des Kaiserreichs gestorben. Wie sie mit dem Ableben des Gemahls im Jahre 1840 wieder gänzlich in den Hintergrund trat, fand einen schlichten Ausdruck in den Worten der achtzehnjährigen Enkelin, der Zarentochter und späteren Königin Olga von Württemberg: »Einige Stunden später wurden wir alle gerufen. Während wir vor dem Sterbenden knieten, sprach der Geistliche die Sterbegebete, die Fürstin Liegnitz stand zu Häupten des Bettes und benetzte die Schläfen des Schweratmenden mit Kölnischem Wasser. Ein großer Seufzer – Schweigen – es war zu Ende. Die Fürstin küßte seine Stirn, schloß ihm die Augen und verschwand, um den Kindern Platz zu machen ... Der Kronprinz, der jetzt König war, suchte mit seinen Blicken die Fürstin Liegnitz, die ganz in den Hintergrund des Zimmers zurückgetreten war ... Er dankte ihr mit Wärme für alle Liebe, die sie für seinen Vater gehabt hatte und versicherte sie des Respektes und der Dankbarkeit der ganzen Familie.«[44]

Der Bericht spiegelt sehr genau die Stellung wider, die die Fürstin Liegnitz, Gräfin von Hohenzollern, im Leben des Königs Friedrich Wilhelm III. und in der Familie der Hohenzollern eingenommen hatte. Sie hatte soviel Menschlichkeit, wie nur irgend möglich, in die Rolle, die sie freiwillig am Hofe übernommen hatte, gelegt. Mehr war ihr nicht gegeben, nach dem Charakter des Königs und nach der Stellung einer morganatisch Angetrauten am preußischen Königshof.

Tod des Vaters und Thronfolge

Friedrich Wilhelm III. war am 7. Juni 1840 nach längerer Krankheit im Berliner Schloß gestorben. Der Zahl 40 schrieb man eine eigentümliche Bedeutung zu: Die Jahre 1640 (Regierungsantritt des Großen Kurfürsten) 1740 (Friedrich II.) und 1840 (Friedrich Wilhelm IV.) wurden von einem Teil der Zeitgenossen als Wendepunkte in der Geschichte Preußens angesehen. Unabhängig von jeder Zahlenmystik handelt es sich tatsächlich um Daten, die in der Geschichte Preußens auf eigentümliche Weise einen Wechsel der Epochen markierten. Abergläubisches kam hinzu und schien als Erbteil der jüngeren Romantik zu entstammen.

Der gealterte König war selbst davon überzeugt, daß für ihn das Jahr 1840 ein besonderes Schicksalsjahr werde. Er war nicht unberührt geblieben von einer Prophezeiung, die ihm in Paris gemacht worden war: Er werde im Jahre 1840 sterben. Der Aberglaube an die »Weiße Frau« hatte am Hofe schon Tradition. Die Gräfin Hacke, Hofdame der Kronprinzessin, berichtete von einer Schildwache, die aus einer Ohnmacht erwachend »etwas Schreckliches gesehen« haben wollte[1], nämlich »eine weiße Frau in weißen Schleiern und furchtbar«. Caroline von Rochow fuhr fort: »Es wurde nicht allgemein bekannt; man sprach zwar leise, aber viel davon. Auch Fräulein von Block, Hofdame der Prinzessin Karl, behauptete, etwas Unheimliches gesehen zu haben, und jedes Gerücht der Art, jede Änderung in den Gewohnheiten des Monarchen erhöhten die allgemeine Spannung.« Bei einem Ball im Hause des Prinzen von Preußen, zu dem eine glänzende Versammlung von preußischen und ausländischen Notabilitäten geladen war, soll sich aus einer Decke des Saales ein Stein gelöst haben, »der dem Monarchen vor die Füße gefallen sei, ohne ihn zu verletzen«.[2]

Daß sich die Erwartung angesichts des fast siebzigjährigen Königs allmählich auf einen Thronwechsel richtete, war nur zu verständlich und beschränkte sich nicht etwa auf die dem Hofe nahestehenden Personen. Äußerlich schien das höfische und vor allem das militärische Leben unverändert weiterzugehen. Unter den großen Festen der Wintersaison nahm das Fest des Ordens vom Schwarzen Adler zur Erinnerung der Krönung des ersten Königs in Preußen am 18. Januar 1701 einen herausragenden Platz ein. Oberhaupt, Souverän und Meister des Ordens war

S. Maj. der König von Preußen. Der 10. März war der Geburtstag der Königin Luise, und an diesem Gedenktage, der im Gefühlsleben aller Mitglieder der Familie Hohenzollern eine besondere Rolle spielte, schrieb der schon sehr hinfällige König seiner ältesten Tochter Alexandrine nach Petersburg: »30 Jahre sind nun also darüber abgelaufen; welche Zeit! Dennoch, Gott sei Dank, lebt das Andenken an die damals Hochgefeierte in unseren Herzen fort und wird, so Gott will, so lange darin fortleben, bis auch wir dereinst sein werden, wo sie ist.«

Seit Friedrich II. fand die große Revue immer vom 21. bis 23. Mai statt. In diesem Monat wurde die Parade am 23. Mai durchgeführt; damit begannen die Frühlingsmanöver. Der Platz vor dem Palais war »gedrängt voller Zuschauer«. Vom Fenster aus sah der kranke König auf die vorbeiziehenden Truppen, die erstmals sein Nachfolger befehligte. Die Adjutanten des Kronprinzen überbrachten die Befehle den Generalen, »während die des Königs müßige Zuschauer blieben«. Als die Artillerie vorbeidefilierte, sank der König zurück, gestützt von seinem Adjutanten von Brauchitsch.

Von nun an war es auch in der Öffentlichkeit bekannt, daß der König im Sterben lag. Das Gefühl, eine Generation trete ab, verbreitete sich. Eine Reihe seiner Mitarbeiter und Weggenossen waren vor ihm schon verstorben; ihnen gehörten Blücher, Kleist und Gneisenau, Hardenberg, Stein und Wilhelm von Humboldt an. Wenige Wochen vor dem alten König starb Altenstein, der wie Wittgenstein ein Altersgenosse Friedrich Wilhelms II. war. Zuvor schon war der Ratgeber Nicolovius gestorben, Graf Lottums Tod wurde erwartet. Prinzessin Luise Radziwill, eine Tochter des Prinzen Ferdinand von Preußen, war im Tode ihrem Manne, dem Fürsten Anton, 1815 Statthalter des Großherzogtums Posen, vorausgegangen; jetzt starb die Schwester Wilhelmine, die Königin der Niederlande. Unter denen, die des Königs Vertrauen hatten, stand mit an der Spitze der Vortragende Kabinettsrat Albrecht, der schon von Stein angestellt worden und Nachfolger des zum Großkanzler und Grafen beförderten, 1819 aber entlassenen Beyme gewesen war; er starb ebenfalls noch vor Friedrich Wilhelm III., wie auch General von Witzleben, der als Generaladjutant den täglichen Militärvortrag hielt. Bald war der König allein; Professor Hufeland, sein langjähriger Leibarzt, war ein Jahr zuvor verschieden, was Friedrich Wilhelm sehr schmerzlich empfand, da er zum »Hofstaat« des Königs gehört hatte. Auch an die persönlichen Dienste des Kämmerers Timm, der seit den Jahren der Flucht und Not in der nächsten Umgebung des Königs gewesen war, hatte er sich so gewöhnt, daß er den Verlust dieses treuen und diskreten Dieners laut beklagte.

Der König kränkelte selber und spürte die Vereinsamung. Er durfte unter den Monarchen Europas jetzt als Patriarch gelten; sieben regierende Fürsten und Fürstinnen waren aus seinem Hause hervorgegangen. Das Pflichtgefühl des Königs kam in diesen Tagen und Stunden eindrucksvoll zur Geltung. Im Geschäftsgang mußte eine Reihe von Änderungen durchgeführt werden. Dem Kronprinzen wurde befohlen, er solle »alle Morgen in dem Palais selbst die eingegangenen Sachen öffnen, um 9 Uhr den gewöhnlichen Militär- und Zivilvortrag annehmen« und müsse »die nötigen Kabinettsordres im Namen des Königs zeichnen«. Der sterbende König wollte sich vorbehalten, sich zweimal in der Woche über die wichtigsten Sachen Vortrag halten zu lassen. Zur nächsten Umgebung des Königs gehörte auch und vornehmlich Fürst Wittgenstein, dem nun eine Aufgabe von großer Tragweite zufiel.

Ein Vorgang im Ausklang der Epoche Friedrich Wilhelms III. und im Übergang zur Ära Friedrich Wilhelms IV. war nicht ohne symbolische Bedeutung. Es ging um die jahrzehntelangen Auseinandersetzungen um das Denkmal Friedrichs II.. Marie de la Motte-Fouqué hat durchaus recht, wenn sie den Eindruck hatte, der König habe ohne besonderes Engagement die Vorbereitung zu jenem Denkmal eingeleitet. Der große Ahne war ihm wesensfremd, aber es handelte sich schließlich um das Säkularjahr: 1740 hatte Friedrich II. die Regierung übernommen. Der Kronprinz erhielt von seinem Vater den Auftrag, den Jahrestag mit einem Fest feierlich zu begehen. Am 1. Juni sollte der Grundstein zu dem Reiterdenkmal Rauchs am Ende der Linden gelegt werden. Mit der Ausgestaltung der Feierlichkeiten wurde Minister von Rochow, ein Bruder der Marie de la Motte-Fouqué, beauftragt. So wurde die Erinnerungsfeier in der Tat der Abschied Friedrich Wilhelms III. von seiner Regierung. Am 1. Juni fand das Fest statt. Die Truppen der Garnison und militärische Deputationen aus Potsdam bildeten ein großes Viereck, in dessen Mitte sich die Gewerke und Innungen aufstellten. Zum Fest hatten sich so viele ausländische Fürstlichkeiten angemeldet, daß sie zum Teil gar nicht berücksichtigt werden konnten. Der König konnte das Bett nur für kurze Zeit verlassen und sich in das Eckzimmer an jenes Fenster bringen lassen, das nach dem Platz hinausführte. Es blieb für seine Umgebung aber fraglich, ob er noch das Geläute aller Glocken Berlins und die Salve der Kanonen wahrgenommen hat.

Am Tage der Parade, dem 23. Mai, sollte General von Rauch nach

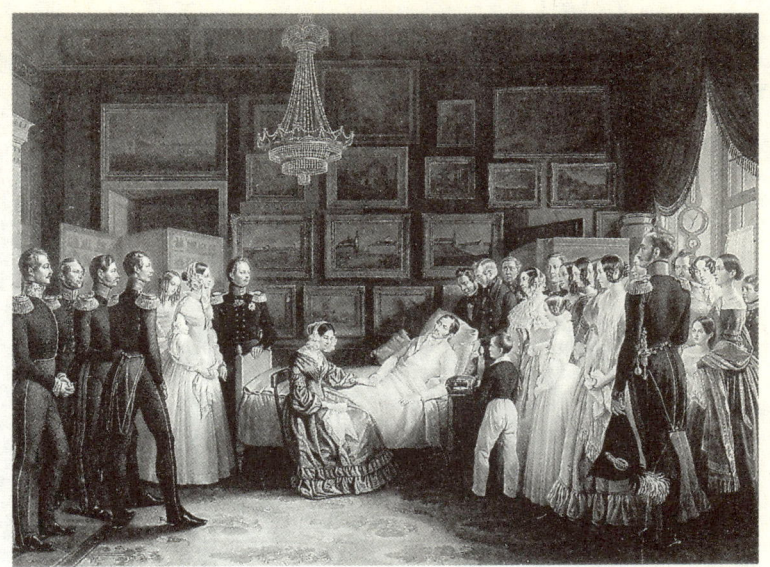

Friedrich Wilhelm III. umspannt in seiner Lebenszeit mehrere Epochen. 1770 geboren, erlebte er als Jüngling erst das Ancien Régime, dann die Französische Revolution und schließlich die napoleonischen Kriege. Nach dem Sieg in den Befreiungskriegen setzte er unter der Führung Wiens die Restauration in Preußen durch. Als er als Siebzigjähriger 1840 starb, endete wieder eine Ära, die eigentliche Epoche des Biedermeier. Sein Sohn, der jetzt als Friedrich Wilhelm IV. den Thron bestieg, führte nun eine Zwischenzeit herauf, die erst mit Bismarck enden sollte. Das Schabkunstblatt von Alexander Vincent Sixdeniers, nach einem Gemälde von Julius Schoppe um 1842 entstanden, zeigt die königliche Familie am Sterbelager Friedrich Wilhelms III.

Warschau der Kaiserin entgegenreisen, um sie über den Zustand des Vaters zu unterrichten. Seit Anfang Juni versammelte sich dann die Familie um den offensichtlich sterbenden König. Zuerst erschien die jüngste Tochter Luise, die Gemahlin des Prinzen Friedrich der Niederlande. Die Zarin traf am 3. Juni ein, aber das Wiedersehen mit der Kaiserin verlief ohne die Erschütterung, die man erwartet hatte. Seit dem 4. Juni waren alle Kinder um ihn versammelt. Der sterbende König erkannte noch den Zaren und flüsterte ihm zu: »Cela va mal.«[3] Friedrich Wilhelm III. starb am 7. Juni 1840. Der Prediger Strauß hatte den Pfingstgottesdienst soeben noch gehalten und war an das Sterbelager geeilt.

Bei den Trauerfeierlichkeiten und dem Begräbnis wurden die geistlichen, militärischen und höfischen Zeremonien befolgt, die der Verstorbene noch selber festgelegt hatte. Das Sterben des Königs, die Aufbahrung und sein Begräbnis enthalten die für das Herrscherhaus der Hohenzollern wie für den Militärstaat charakteristischen Züge. Wittgenstein und Rochow übergaben dem Kronprinzen das Testament mit den letzten Bestimmungen über die sterblichen Überreste seines Vaters und einen Brief an ihn als den Thronfolger. Der Kronprinz »öffnete das Papier, was die Bestimmungen über das Leichenbegräbnis enthielt, und erteilte mit Würde und Fassung die nötigen Befehle über alles, was auf die Leiche des Vaters Bezug hatte«. Nur auf bestimmte Formalitäten, die nach dem Tode Friedrich Wilhelms II. beachtet worden waren, wurde verzichtet. So wurden zum Beispiel die Stadttore nicht geschlossen, wie das beim Tode Friedrich Wilhelms II. noch geschehen war. Traditionsgemäß zählte aber zu den ersten Maßnahmen die Eidesleistung der Truppen.

Am Abend des 8. Juni wurde die Leiche in der Uniform des 1. Garde-Regiments vom Palais nach dem Schloß überführt und dort öffentlich ausgestellt. Am 11. fand die Trauerfeier im Dom statt. Friedrich Wilhelm III. wurde in Charlottenburg im Mausoleum an der Seite der Königin Luise beigesetzt.

Marie de la Motte-Fouqué hat einen Bericht über das Begräbnis überliefert: »Wieder war vom Domplatz an, die Linden hinunter den Weg durch Charlottenburg bezeichnend, das Volk versammelt. Kopf an Kopf standen sie in feierlicher Erwartung, alle Fenster der Häuser waren besetzt; es war eine schöne Sommernacht, in der ein bedeckter Himmel den Schein des Mondes milderte. Da bewegte sich ein dunkler Zug vom Dom her in der Mitte der Linden dem Tore zu. Ein einfacher Wagen trug den Sarg des geliebten Königs, seine Gardedukorps ritten neben dem Zuge, und in einigen Wagen folgten die nächsten Umgebungen des Verstorbenen. Der rote Schein der Fackeln warf ein düsteres Licht auf die dunklen Gestalten. Lautlos und langsam bewegte sich der Zug wie im Traum an uns allen vorüber; immer weiter entfernte sich dann das Licht der Fackeln wieder, bis es sich endlich in den dicht belaubten Bäumen des Tiergartens gänzlich verlor.«[4]

Zu den politischen Angelegenheiten von Bedeutung in den Sterbetagen gehörte jenes politische Testament, das der König angefertigt und bei dem Justizminister von Mühler am Morgen der Großen Parade deponiert hatte. Das vielerörterte Dokument gehört der Geschichte der Staatsverfassung Preußens an, aber die Art seiner »Verwertbarkeit« und Überlieferung ist gleichzeitig aufschlußreich für die Lebensgeschichte Friedrich Wilhelms IV. Sieht man von der aktuellen Bedeutung ab, die dem Testament des sterbenden Königs im Hinblick auf seine letzten Verfügungen zufiel, so zog sich ein Bogen von den 1797 niedergeschriebenen »Gedanken über die Regierungskunst« bis zu jenem Testament, das den Thronfolger verpflichten sollte, eine Beschränkung der königlichen Macht nur mit Zustimmung aller Mitglieder des königlichen Hauses vorzunehmen.

Dieser »letzte Wille« war schon 1838 konzipiert worden, aber es fehlten ein Schlußwort und die Unterschrift Friedrich Wilhelms III. So stellte sich die Frage, ob er staatsrechtlich bindend sein könnte. Friedrich Wilhelm III. hatte im Mai 1840 dem Hausminister Fürst Wittgenstein ein Päckchen mit seinen Testamenten übergeben. Das Kernstück des Testaments war das geplante Hausgesetz, das der Hausminister in die »richtige Form« bringen sollte. In den letzten Lebenstagen des Königs war Wittgenstein daran gehindert worden, das Testament dem König auf seinem Sterbebett zu geben. Er notierte dazu: »Des Höchstseligen Königs Maj. haben diesen Schluß zu dem sogenannten politischen Testament höchst eigenhändig ... geschrieben (wovon sich das Original im Geheimen Kabinettsarchiv befindet), damit ich denselben in diese letztwillige Verordnung mit aufnehme und das Ganze S. Maj. zur Vollziehung vorlegen sollte. Diese Vorlegung ist aber aus Besorgnis, daß hieraus ein Nachteil für die Gesundheit des Höchstseligen Königs entstehen könnte, unterblieben.«[5] Der Fürstin Liegnitz wurde die Schuld für das Versäumte zugeschrieben, da sie Wittgenstein den Zutritt in das Krankenzimmer verwehrt hatte. Wittgenstein hat wiederholt den Vorwurf geäußert, die Fürstin habe ihn daran gehindert, »den

König zu sprechen, welches für mehrere Personen und sehr wichtige Sachen höchst nachteilig gewesen ist«. So war der morganatisch verehelichten Fürstin doch einmal eine politische Rolle zugefallen.

Der »Entwurf des sogen. politischen Testaments« stellte die Aufrechterhaltung der »politischen Grund-Formen des Landes« in den Mittelpunkt; der alte König berief sich auf seine Lebenserfahrung, »daß repräsentative Verfassungen für das Wohl des Landes nicht notwendig, oft sogar nachteilig sein ... Mit der Einführung einer Landesrepräsentation, ähnlich der in anderen Staaten eingeführten, würde die Grundfeste der preußischen Monarchie erschüttert, ihre Kraft untergraben und ihr, zumal bei ihrer geographischen und politischen schwierigen Lage für die Tage äußerer Gefahr die nötige Macht entzogen werden.«[6]

Aus anderen Schriftstücken, die neben jenem »Entwurf« überliefert sind, spricht die Sorge Friedrich Wilhelms III. um die Erhaltung der Kirche der Union, der Agende und der Konsistorialverwaltung. Aufgezählt werden die ständischen Institutionen sowie – wenn auch ohne Enthusiasmus – die Erfolge der Reform, aber es fehlte jeder Hinweis auf das Verfassungsversprechen von 1815; verwiesen wurde dagegen auf die Staatsschuldenverordnung von 1820, nach der Anleihen nur mit Zustimmung der Reichsstände aufgenommen werden durften. Sie sollten aber nur zu diesem Zwecke einberufen und nur aus den gemischten Ausschüssen der Provinziallandtage gebildet werden; ihre Beratung hätte sich auf diesen einzigen Punkt zu beschränken. Der König hielt die Frage der inneren monarchischen Staatsverfassung für so wichtig, daß er künftige Regenten auf seine Staatsauffassung festlegen wollte. So ordnete er an, »daß kein künftiger Regent befugt sein soll, ohne Zustimmung sämtlicher Agnaten in dem Königl. Hause, eine Änderung oder Einleitung zu treffen, wodurch eine Veränderung in der jetzigen Verfassung des Staates, namentlich in Beziehung auf die ständischen Verhältnisse und die Beschränkung der Königl. Macht bewirkt oder begründet werden könnte«.[7]

Wer den Charakter des Kronprinzen und seine pietätvolle Verehrung des Vaters kennt, vermag die inneren Kämpfe zu würdigen, in die Friedrich Wilhelm IV. in der Auseinandersetzung zwischen väterlichem Vermächtnis und den konstitutionellen Forderungen seiner Zeit beziehungsweise den eigenen ständischen Plänen geraten mußte. Otto Hintze hat gemeint, daß es gerade diese Weisung war, »die unter Friedrich Wilhelm IV. für die spätere Entwicklung Preußens so verhängnisvoll werden« sollte.[8] So gehörte die Übergabe des Testaments an den

Justizminister Mühler zu den letzten Regierungsakten einer ausklingenden Ära. In den Beratungen, in deren Verlauf die Stimme des Prinzen von Preußen kräftig zur Geltung kam, ging es um die rechte Interpretation des politischen Testaments Friedrich Wilhelms III.

Der neue König versuchte, die Bestimmungen des Testaments in seinem Sinne auszulegen.[9] Im Memorandum vom 21. Juli 1840 offenbarte er seine Gedanken und Absichten, die sich auf das politische Vermächtnis bezogen. An den Anfang stellte er die Frage, »ob die Huldigungs-Stände zu benutzen seien, eine durch das sogenannte politische Testament des seligen Königs entstehende wichtige Frage zu lösen!« Er entwickelte seine Vorstellung über die Zusammensetzung von »Reichsständen«, die nach Maßgabe des Gesetzes von 1820 zu berufen seien, und stellte die Frage, »ob die Huldigungsstände eine nie wiederkehrende Gelegenheit bieten«. Wittgenstein sprach im Schreiben an Rochow von »trostlosem Phantasieren«, und es stellte sich rasch heraus, wie in anschließenden Konferenzen und Korrespondenzen der Widerstand gegen die Pläne des Königs beim Prinzen von Preußen einen Rückhalt fand.

Wittgenstein, der Innenminister von Rochow, Voß und der Freund und spätere Hausminister Graf zu Stolberg-Wernigerode bildeten den Kern der Opposition; bis auf den neu ernannten Kriegsminister Boyen lehnten alle Minister den Plan des Königs ab. Es handelte sich um Cliquen im Spannungsfeld zwischen König und dem Thronfolger Prinz Wilhelm. Rochow bekundete seine Meinung, daß die Konstituierung von Reichsständen sich mit den Eigentümlichkeiten der preußischen Monarchie nicht vereinbaren lasse. »Das Charakteristische derselben liegt in der Eigentümlichkeit der königlichen Gewalt, wie sie sich herausgebildet hat.« Das eigentliche Lebensprinzip Preußens sei »strenges und väterliches Regiment des Königs«. Die Testamentsfrage griff so auf die große Politik über; Friedrich Wilhelm III. wäre ja nach Auffassung der Opposition vollkommen mißverstanden worden, denn er hatte überhaupt nicht an eine allgemeine Volksvertretung gedacht.

Wittgenstein wandte sich an Prinz Wilhelm, dem der König den Titel Prinz von Preußen verliehen und den Vorsitz im Staatsministerium und in der Immediatkommission für die ständischen Angelegenheiten übertragen hatte. Von intrigantem Verhalten kann in diesem Falle nicht gesprochen werden; denn die Briefe drücken die Sorge eines Mannes aus, der seit 1819 als Chef des Hausministeriums die Hoheitssachen und die Privatangelegenheiten des Königs und seiner Familie mit ihren

Hofstaaten und Hofbeamten bearbeitet und der in jahrzehntelanger Zusammenarbeit eine freundschaftliche Beziehung zum König gewonnen hatte. Wittgenstein ist sich in der Ausführung königlicher Befehle treu geblieben. Aus Sorge um das monarchische Prinzip ist der Brief vom 7. April 1841 geschrieben worden: »Ich bin so besorgt, daß die weisen Bestimmungen des Höchstseel. Königs unberücksichtigt bleiben oder umgangen werden, daß ich auf höchstdero Nachsicht ruhen darf, wenn ich in dieser höchstwichtigen Sache Ew. Königl. Hoheit vielleicht etwas zudringlich erscheinen dürfte. Es handelt sich aber um die Ruhe und Zufriedenheit von Ew. Königl. Hoheit und Höchstdero Nachkommenschaft, von der Erhaltung der moralischen Kraft des preußischen Staates, um den Fortbestand des innigen Vertrauens mit den beiden Kaiserhöfen und daß der Wille und Rat des verklärten Monarchen unter uns fortlebe.« Er wandte sich auch an den Prinzen Karl, dessen Zustimmung er sicher sein konnte, und so antwortete dieser, der der Familie Hohenzollern wegen allzu leichtfertigen Verhaltens in finanziellen Dingen mannigfachen Verdruß bereitete, spontan: »Für das mir geschenkte Vertrauen, mein verehrter Fürst und Freund ... sage ich Ihnen meinen lebhaften Dank ... Ich erklärte damals in Königsberg meinem allerhöchsten Bruder, ... daß, wenn es jemals zu einer konstitutionellen Repräsentativ-Verfassung bei uns kommen sollte, ich mich durch keinen Gott länger in Preußen halten lassen würde! Fragen Sie selbst unseren König, ob diese Worte ihm je aus dem Gedächtnis schwinden werden. Alle hielten hinterm Berge, nur ich nicht.«[10]

Beide Brüder entwarfen ein gemeinsames Schreiben an den König, in dem es um die Opportunität einer Publikation der letztwilligen politischen Bestimmungen »des lieben seligen Papas« ging. Zu den wichtigsten Anliegen gehörten nach ihrer Überzeugung: erstens die Bestimmungen »wegen Aufrechterhaltung der Union, zweitens die Bestimmungen über das Kron-Fidei-Commiß und den Kron-Tresor und drittens die Anordnungen wegen der Verfassungs-Angelegenheit«.[11] Es ist bemerkenswert, wie leicht es ihnen fiel, sich von »den Verheißungen des Jahres 1815«, also dem Verfassungsversprechen, zu befreien. Wenn Friedrich Wilhelm auch nicht an jene Versprechungen anzuknüpfen gedachte, so hat ihn das Vermächtnis doch schwer bedrückt. An den Korrespondenzen unter den Brüdern wird klar, wie sehr die »Verfassungsfrage« Anlaß zu einem Konflikt im Hause Hohenzollern hätte bieten können. Der Konflikt, genährt vor allem auch durch kirchlich- religiöse Auseinandersetzungen, schwelte, bis er aus ganz anderen Gründen, in den Jahren des Krimkrieges, offen ausbrach.

Die Meinungsverschiedenheiten griffen auch auf die auswärtigen Beziehungen über. Die herausragenden Persönlichkeiten der Ostmächte fühlten sich tatsächlich unmittelbar betroffen. Daher trug Wittgenstein seine Sorge auch Metternich sowie dem russischen Gesandten Baron von Meyendorff vor. Noch äußerte er sich in Anspielungen, so etwa in der Beantwortung eines Kondolenzschreibens des österreichischen Staatskanzlers, in dem er Bedenken anmeldete, »ob der jetzige König, so ganz wie dieses zu wünschen wäre, in den Wegen seines hochseligen Vaters wandeln werde«. Erst 1844 hat er bei einer Begegnung in Ischl Metternich »unter dem Siegel des Vertrauens« über den Text des Testaments unterrichtet. Zar Nikolaus glaubte, besonders mißtrauisch sein zu müssen, obwohl der Gesandte Meyendorff im Juli 1840 dem Vizekanzler Nesselrode schreiben konnte, das Vertrauen zum Zaren sei »extrême«. Die Diplomaten berichteten auch völlig korrekt, daß der König von Preußen in Metternich den »Lehrmeister« verehre.

Es schien, als ob sich in der Umgebung Friedrich Wilhelms IV. kaum etwas ändern werde. Die Kontinuität der höfischen und staatlichen Ämter konnte nicht in Frage gestellt werden. Zu den zentralen Einrichtungen gehörten das Königliche Haus und der Königliche Hofstaat; der Staatsrat, bestehend aus den Prinzen des Königlichen Hauses, die das 18. Lebensjahr vollendet hatten sowie aus Persönlichkeiten, die durch ihr Amt berufen wurden, und das Staatsministerium. Im Mittelpunkt des »maison militaire« standen die General- und Flügeladjutanten, die oftmals mit politischen Aufgaben, besonders mit diplomatischen Missionen, betraut wurden. Die Personalunion von militärischer mit politischer Funktion war charakteristisch. Nächst der Generaladjutantur fiel dem Generalstab eine wachsende Rolle in der Führungsstruktur zu; um so mehr, als er seit der Reform durch Müffling zu Beginn der zwanziger Jahre neben dem Militärkabinett eine sogenannte Immediatstellung erreicht hatte. Es wäre ein Mißverständnis, wollte man die Aufgaben des Generalstabs in der Bewahrung des »inneren Friedens« sehen. Weder diese besondere Abteilung noch die Armee insgesamt waren auf einen Bürgerkrieg in Planung und Ausbildung vorbereitet.

Bei den Institutionen, die dem König von Preußen unterstanden, ist auch an jene Ämter mit großem Einfluß zu denken, die ihm als Chef des Königlichen Hauses unterstellt waren. Das Ministerium des Königlichen Hauses war als höchstes Hofamt für alle Angelegenheiten seiner Familie zuständig; zum Ressort gehörten »alle Geschäfte, welche Hofsachen, höhere Hof-Ämter und die Verwaltung des Kron-Fidei-Commiß'-Fonds u. Kron-Tresors betreffen; ingleichen die obere Leitung der Verwaltung der Königl. Haus-Fideicommiß'-Güter«. Der Aufgabenbereich des Obermarschallamtes, das das Hofprotokoll überwachte und regelte, umfaßte das Hoftheater, die Hofmusik und die Bibliothek. Das Heroldsamt bearbeitete Standesverleihungen, Standeserhöhungen, Wappen- und Diplomverleihungen und Titulaturen.[12] Eine der besonders wichtigen Funktionen oblag der Generalordenskommission; denn die Verleihung von in- und ausländischen Orden hatte eine eminent politische Bedeutung. An der Reihe der Orden vom Schwarzen-Adler-Orden als höchster Auszeichnung, dem Orden Pour le mérite bis zum Roten-Adler-Orden lassen sich Rang und Position der Ausgezeichneten ablesen.

Wichtiger als alle Erwägungen über die Zusammensetzung der Staats- und Hofämter war der Freundeskreis, der nun in die Nähe des Thrones rückte. Er setzte sich nicht nur, aber vornehmlich aus pietistisch geprägten Aristokraten der altpreußischen Provinzen zusammen. Zu ihnen gehörten die Brüder Gerlach, die das Wirken des Monarchen beratend und kritisierend tiefgläubig begleiteten; der Konsistorialpräsident Graf Voß-Buch, Hausminister von Massow, Hofmarschall Graf Keller, Gerichtspräsident von Kleist, Oberpräsident Hans von Kleist-Retzow, Graf Albrecht von Alvensleben-Erxleben und Graf Anton zu Stolberg-Wernigerode, der sogleich von Magdeburg nach Berlin wechselte, wo er schon am 30. Dezember 1840 Sitz und Stimme im Staatsministerium erhielt. General von Thile, der von liberal-demokratischen Gegnern spöttisch der »Bibel-Thile« genannt worden ist, wurde Kabinettsminister. General von der Gröben stand von den Militärs dem Monarchen politisch und religiös am nächsten. Dem vertrauten Kreise gehörte ferner der Kabinettsrat Marcus Niebuhr an, der vom Ruhme seines Vaters zehrte, aber begabt und als Staatsdiener besser als sein Ruf war. Männer, die den König schon als Kronprinzen stark beeindruckt haben, waren Radowitz und Bunsen; sie waren von sehr verschiedener Art und unterschieden sich von jenen Persönlichkeiten, die, wenn auch in verschiedener Stärke, aus dem Geist der Erweckungsbewegung hervorgegangen waren.

Alle diese Männer orientierten sich am König, spielten gleichzeitig und nebeneinander eine selbstgewählte oder zugeteilte Rolle, aber ihre Charakterisierung als »Günstlinge« wird in keiner Weise der Einzigartigkeit der Beziehungen Friedrich Wilhelms zu seinen vertrauten Freunden gerecht, auch wenn diese Beziehungen problematische Wirkungen auf die Regierungspolitik gezeitigt haben. Den Vertrauten, die den König umgaben, war übrigens eine Verbindung von Staats- und Hofämtern eigentümlich.

Selten waren die Erwartungen, die an einen Thronwechsel gerichtet waren, so groß wie im Juni 1840. Friedrich Wilhelm IV. war – schon aus Gründen der Pietät gegenüber dem verstorbenen Vater – darauf bedacht, den Regierungswechsel so behutsam wie nur möglich durchzuführen. Es handelte sich oftmals nur um Geringfügigkeiten, aber sie lassen das Bemühen erkennen, die überkommenen Formen und Gewohnheiten zu wahren. Mit Zartgefühl behandelten der neue König und die Königin die Fürstin Liegnitz, der nunmehr der Titel »Königliche Hoheit« verliehen wurde; die strenge Etikette erlaubte ihr aber dennoch nicht die Teilnahme an der Beisetzung des verstorbenen Gemahls. Friedrich Wilhelm würdigte in seiner »Anrede« an das Staatsministerium ausdrücklich die Selbständigkeit der alten Minister, die sich nicht gescheut hätten, ihre abweichenden Meinungen stets auszusprechen.

Die Eidesleistung der neuen Minister fand am 13. Juni statt. Der Staatsrat, in dem die preußische Nation ihren bürokratischen Mittelpunkt gefunden hatte, trat noch vor der feierlichen Bestattung am 10. Juni zusammen. Die Armee war schon am Abend des 7. Juni, des Sterbetages, auf die Person des neuen Monarchen vereidigt worden. Noch bis 1842 übte Rochow als Minister des Inneren und der Polizei seinen die Geschäfte hemmenden Einfluß aus. Mit der natürlichen Generationenfolge hing es zusammen, wenn wichtige Ämter neu besetzt werden mußten; ein Kurswechsel wurde damit nicht signalisiert. Der König hat jedoch durch eine Reihe von Maßnahmen jene Hoffnungen geweckt, die die öffentliche Meinung hegte und die die Erwartungen steigerten; eine königliche Amnestie befreite sogenannte Demagogen aus der Festungshaft; so wurde Ernst Moritz Arndt wieder in seine Bonner Professur eingesetzt. Jahn wurde rehabilitiert, und die Berufung der Gebrüder Grimm in die Akademie wurde eingeleitet, wobei sich Bettina von Arnim besonders engagierte. Auch die Berufung Boyens zum Kriegsminister schien eine Anknüpfung an den Geist der Befreiungskriege zu bedeuten, aber über diese Ernennung sollte es zu einer Kontroverse zwischen Friedrich Wilhelm und Prinz Wilhelm kommen. Treitschke hat das Kapitel über die Anfänge Friedrich Wilhelms IV. mit den Worten »Die frohen Tage der Erwartung« eingeleitet.

Die Huldigungsfeiern sind aufschlußreich für das Selbstgefühl des

Königs wie für das Mißverständnis, zu dem die königlichen Kundgebungen bei großen Teilen der Bevölkerung führten. Die Huldigungen der Bevölkerung gehören zu den glücklichsten Tagen seines Lebens, die Erinnerungen daran begleiteten ihn sein Leben lang. Friedrich Wilhelm glaubte an die Realität des ständisch gegliederten Volkes; in der Geschichte der Hohenzollern war es das erstemal, daß ein Regent »Volksreden« hielt. Es mußte scheinen, als ob der Monarch ganz moderne Züge angenommen habe, und gleichzeitig wurde offenkundig, daß er die politisch-soziale Wirklichkeit in einer Weise verstand, die längst überholt war. Die Huldigungsfeste glichen überdies »lebenden Bildern«, die eine glänzende Regie arrangierte. Solche lebenden Bilder, die beim Hof, in den Schlössern von Berlin und Potsdam, aber auch an Stätten bürgerlicher Geselligkeit dargestellt wurden, waren ein Erzeugnis romantischer Lebensauffassung und -gestaltung. Nun wurden sie ein Element von Staatsfeiern; seit Friedrich Wilhelm den Thron bestiegen hatte, liebte er es, Staatsakte und öffentliche Kundgebungen in der Form solcher »Bilder« durchzuführen. So kam den Huldigungen eine eigentümliche Bedeutung zu, und zwar sowohl für Friedrich Wilhelms Biographie als auch für die Geschichte der Feste des Hofs und des Staats. Die Monarchie wurde für eine Reihe von Tagen zu einem lebenden Bilde. Die improvisierten Reden des Königs stellen eine wichtige Quelle für seine Staats- und Geschichtsauffassung dar, so wie die Huldigungsfeste das Milieu der preußischen Monarchie spiegeln. Ein Teil der Zeitgenossen interpretierte in die königlichen Bekundungen allerdings Zusagen hinein, von deren Erfüllung der Monarch weit entfernt war. Der König dagegen war im Glauben, durch den Jubel der Bevölkerung in seinen ständischen Vorstellungen und Auffassungen bestätigt worden zu sein. Friedrich Wilhelm glaubte ein noch in Ständen gegliedertes Volk vor sich zu haben. Er bewahrte das Bild in seinem Herzen und wehrte sich später gegen die Einsicht und die Erfahrung, daß dieses Bild in den Barrikadenkämpfen der Märztage zersprungen war.

Bei der Rekonstruktion des Verlaufes der Huldigungen stellt sich die Erinnerung an die Bemerkung Königin Luises ein, derzufolge Friedrich Wilhelm dazu neige, ein »Raub des Augenblicks« zu werden. Er hielt den schönen Schein in echt romantischer Stimmung für das Wirkliche und Wahre, das er besser zu durchschauen glaubte als die königlichen Ratgeber: als König »wußte« er ja mehr als zuvor. Er zweifelte nicht daran, daß das in Ritter, Grafen und Fürsten, in die christlichen Kirchen

Die Huldigungszeremonien für den neuen König markierten nicht nur das endgültige Ende der alten Ära; schon der Stil der offiziellen Huldigungen, die in Königsberg und Berlin stattfanden, zeigte, daß eine neue Epoche begonnen hatte. Friedrich Wilhelm IV. nahm das Wort von der Huldigung des Volkes an seinen Monarchen ganz wörtlich, und es sollte die Tragik seiner Regierungszeit ausmachen, daß er die bald beginnenden Verfassungskonflikte als inneren Widerspruch zu dieser Vermählung zwischen König und Volk ansah. Sein Harmoniebedürfnis prägte noch seine zwiespältige Stellung zu den revolutionären Erschütterungen von 1848. Auf der Tribüne bei der Huldigung vor dem Berliner Schloß am 15. Oktober 1840 sind in dem Ausschnitt eines Gemäldes von Franz Krüger Alexander von Humboldt, Ludwig Tieck, Friedrich Schelling sowie Jacob und Wilhelm Grimm zu sehen. Der Holzschnitt von C. L. Becker zeigt die Huldigung der Stände und ist nach dem Gemälde von Franz Krüger entstanden.

sowie in Zünfte und Gilden »organisch« gegliederte Volk die Realität sei und immer bleiben werde. Er selbst ließ sich von seiner Beredsamkeit hinreißen, riß auch seine Zuhörer hin und sprach Worte aus, deren subjektive Ehrlichkeit offenkundig war.

Die Huldigungsfeierlichkeiten fanden in Königsberg und in Berlin statt. Schon am 29. August war das Königspaar unter dem Jubel der Bevölkerung in der Krönungsstadt eingezogen. Der Huldigung mit der Eidesleistung der Stände in Berlin war ein Gottesdienst im Dom sowie ein Hochamt in der Hedwigskirche vorausgegangen. Bei der Huldigung innerhalb des Schlosses erfolgte zunächst der Einzug der katholischen Geistlichkeit, an deren Spitze der Bischof von Paderborn, der die Huldigungs-Anrede hielt, in deren Verlauf er bedeutungsvoll auf die Wunden hinwies, die der Staat der katholischen Kirche in den dreißiger Jahren geschlagen habe, und seiner Dankbarkeit Ausdruck gab, daß Preußen einen Herrscher habe, dessen Grundsätze und Gesinnungen Bürge seien, daß er ein Vater seiner Untertanen bleibe. Die Antwort des so angesprochenen Monarchen enthielt in der Tat ein ernstgemeintes Versprechen, dessen Erfüllung die Integration der preußischen Katholiken in den Staat Preußen wesentlich gefördert hat. »Sie können Mir trauen« – so antwortete er –, »daß Ich Ihrer Kirche Meine aufmerksamste Fürsorge widmen werde. Sollten, was Ich nicht hoffe, Unbilden gegen dieselbe geschehen, so erkläre Ich es für Meine teure Pflicht, sie augenblicklich abzustellen.«

Friedrich Wilhelms IV. Beziehung zur römisch-katholischen Kirche enthält einen der Schlüssel zu seinem Verständnis. Sein Verhalten trug nicht nur dem historischen Sachverhalt Rechnung, daß Millionen Katholiken zum Staate Preußen gehörten, sondern war darüber hinaus Ausdruck seines Selbstverständnisses, aus dem heraus Friedrich Wilhelm IV. ein christlicher König sein wollte – und zwar ein christlicher König nicht nur im Sinne der politischen Ideologie der Restauration, sondern auch in dem Bewußtsein, bestimmt zu sein, die wahre Katholizität in der Vielfalt der christlichen Bekenntnisse zu finden.[13] Die überschwengliche Sprache, die die Zeitgenossen oftmals erschreckte und die als Indiz für eine in ihm angeblich von vornherein angelegte nervliche Erkrankung herangezogen wurde, hat dazu beigetragen, seine Stellung zu den Kirchen zu verkennen. Der Auseinandersetzung mit der römisch-katholischen Kirche lag ernsthafte gedankliche Arbeit zugrunde; der König suchte und pflegte darüber hinaus Umgang mit gläubigen Katholiken. Vertraute wie Joseph von Radowitz und Alfred von Reumont gehörten zu jenen Persönlichkeiten, die katholischen Glauben und preußischen Royalismus in sich vereinigten.

Seine Äußerungen in den Tagen der Huldigung wurden von dem Gedanken begleitet, nur im Bunde mit der Kirche das seit 1789 umgehende Gespenst der Revolution in Europa bannen zu können. Die Formel von »Thron und Altar« ist aber problematisch, denn wo stand der Thron, und welcher Altar ist eigentlich gemeint? Der König versprach der katholischen Geistlichkeit, »er werde der katholischen Kirche nur Gutes erweisen, da nicht nur die Staatsklugheit und die Landesgesetze Duldung und Schonung der Gewissen geböten, sondern auch sein Christenglaube ihn jede Kirche lieben lehre, welche Jesum Christum bekenne«.

Der Huldigung des Klerus folgte die der unter preußischer Landeshoheit stehenden ehemals reichsständischen Fürsten und Grafen. Für die Reichsauffassung des Königs, die im und für den Verlauf der Revolution so schicksalhaft werden sollte, war in diesem Augenblick eine besondere Geste charakteristisch. Der König erklärte nämlich, daß ihm hier, wo er ehemaligen Reichsständen gegenüberstehe, der einfache Handschlag statt des Eides genüge, und in dieser Weise nahm er auch die Huldigung an. Der Eidesleistung der Ritterschaft, die im Weißen Saale des Schlosses stattfand, ging wieder eine bemerkenswerte Rede des Königs voraus.

Es war wiederum ein Historienbild, das der König selbst arrangierte und in dem er wieder das preußische Volk zu erblicken glaubte. Die historische Szenerie gab ihm Gelegenheit zu Worten, die kennzeichnend für ihn selbst und ferner für einen Abschnitt der von ihm repräsentierten Geschichte Preußens wurden. »Ich weiß zwar, und Ich bekenne es, daß Ich Meine Krone von Gott allein habe und daß es Mir wohl ansteht zu sprechen: Wehe dem, der sie anrührt! – Aber Ich weiß auch und bekenne es vor Ihnen Allen, daß Ich Meine Krone zum Lehn trage von dem Allerhöchsten Herrn, und daß Ich Ihm Rechenschaft schuldig bin von jedem Tage und von jeder Stunde Meiner Regierung. Wer Gewährleistung für die Zukunft verlangt, dem gebe Ich diese Worte. Eine bessere Gewährleistung kann weder Ich noch irgendein Mensch auf Erden geben. – Sie wiegt schwerer und bindet fester als alle Krönungs-Eide, als alle Versicherungen auf Erz und Pergament verzeichnet, denn sie strömt aus dem Leben und wurzelt im Glauben.« Und dann die entscheidenden Sätze: »Wem von Ihnen nun der Sinn nicht nach einer sogenannten glorreichen Regierung steht, die mit

Geschützes-Donner und Posaunenton die Nachwelt ruhmvoll erfüllt, sondern wer sich begnügen lassen will mit einer einfachen, väterlichen, ächt teutschen und christlichen Regierung, der fasse Vertrauen zu Mir, und vertraue Gott mit Mir, daß Er die Gelübde, die Ich täglich vor Ihm ablege, segnen und für unser teures Vaterland ersprießlich und segensreich machen werde!«

Als Friedrich Wilhelm diese – wahrscheinlich improvisierte – Rede hielt, war er keineswegs nur ein »Raub des mächtigen Augenblicks«. Er sprach einen zentralen Gedanken aus, der im Laufe der nächsten Jahre in zahlreichen Variationen wiederkehren wird, bis zu jenen beschwörenden Bekundungen und Briefen – unter anderem an Kaiser Franz Josef –, in denen er einen Krieg um »der Ehre« willen ablehnte; die Erinnerung an die schrecklichen Bilder in den Gefechten der Befreiungskriege begleitete ihn tatsächlich sein ganzes Leben. Die Rede ließ deutlich die christliche Grundhaltung erkennen, die allerdings auch dazu beitrug, die fortschreitende Entwicklung des öffentlichen Lebens im Sinne einer zunehmenden Mitbestimmung des preußischen Volkes zu hemmen. So hat ausgerechnet das Gefühl der persönlichen Verantwortung vor Gott – noch hatte das sogenannte Gottesgnadentum diese innerliche Bedeutung – die innere Entwicklung des Staatswesens gelähmt. Alle seine persönlichen Bekundungen enthalten Rausch und Berechnung auf Wirkung zugleich: der redende König möchte sich auf mystische Weise mit seinem Volke vereinigen. In seiner Romantik steckte indes auch ein realistischer Kern. Worauf es ihm im Zusammenhang mit der »Huldigungsassekuranz« ankam, war das Bekenntnis zur Wahrung des Friedens. Nachdem die Huldigungszeremonie der Abgeordneten der Universitäten vorbei war, ging der Tag mit der Huldigung der Städte und Landgemeinden seinem Höhepunkt zu. An dem Akt, der unter freiem Himmel zwischen Museum und Schloß stattfand, sollen 50 000 bis 60 000 Menschen teilgenommen haben, ein ganz neuartiger und ungewöhnlicher Vorgang im Maßstab damaliger Bevölkerungszahlen. Die Wiederholung der Versicherung ist denkwürdig: »Ich will, soweit Meine Macht und Mein Wille reichen, Friede halten zu Meiner Zeit.« Mit diesem Willen verband sich das Bekenntnis zum Mächtesystem, wie es sich seit 1815 erneut stabilisiert und wie es Ancillon als Lehrer und als Außenminister wissenschaftlich und praktisch vertreten hatte: »wahrlich und mit allen Kräften das edle Streben der hohen Mächte unterstützen, die seit einem Viertel-Jahrhundert die treuen Wächter über den Frieden Europas sind«. Romantisches Staatsdenken und Gleichgewichtslehre gingen nahtlos ineinander über in dieser Persönlichkeit von seltener Originalität.

Dieser Auftritt eines Königs von Preußen, dem geradezu ein plebiszitärer Bestandteil innezuwohnen schien, wirkte verblüffend. Am Schluß richtete Friedrich Wilhelm IV., der immer wieder von brausendem Beifall unterbrochen wurde, diese Frage an die Zehntausende: »Können Sie, wie Ich hoffe, so antworten Sie Mir, im eigenen Namen, im Namen derer, die Sie entsendet haben! Ritter! Bürger! Landleute! und von den unzählig Gescharten Alle! die Meine Stimme vernehmen können – Ich frage Sie: wollen Sie mit Herz und Geist, mit Wort und Tat und ganz im Streben in der heiligen Treue der Teutschen, in der heiligeren Liebe der Christen Mir helfen und beistehen, Preußen zu erhalten, wie es ist, wie Ich es soeben, der Wahrheit entsprechend, bezeichnete, wie es bleiben muß, wenn es nicht untergehen soll? Wollen Sie Mir helfen und beistehen, die Eigenschaften immer herrlicher zu entfalten, durch welche Preußen mit seinen nur 14 Millionen den Großmächten der Erde zugesellt ist?« Und dann schließlich die Aufforderung: »Dann antworten Sie Mir mit einem klaren, schönsten Laute der Muttersprache, antworten Sie Mir ein ehrenfestes Ja!«

Der Berichterstatter über den Verlauf der Huldigung vermerkte an dieser Stelle: »Dieses Ja ertönte mächtig und wiederholt von allen Seiten des Kopf an Kopf gefüllten Platzes.« Als wieder Stille eingetreten war, fuhr der König fort: »Die Feier des Tages ist wichtig für den Staat und die Welt. – Ihr Ja aber war für Mich – das ist Mein eigen – das lass' Ich nicht – das verbindet uns unauflöslich in gegenseitiger Liebe und Treue – das giebt Mut, Kraft, Getrostheit, das werde Ich in Meiner Sterbestunde nicht vergessen! Ich will Meine Gelübde, wie Ich sie hier und zu Königsberg ausgesprochen habe, halten, so Gott Mir hilft! Zum Zeugniß hebe Ich Meine Rechte zum Himmel empor! Vollenden Sie nun die Hohe Feier! Und der befruchtende Segen Gottes ruhe auf dieser Stunde.« Der Eid wurde nach gelesener Vorhaltung von dem Geheimen Oberregierungsrat Mathis abgenommen und von etwa 20 000 Menschen nachgesprochen. Unter Kanonendonner und Glockengeläute sangen die Anwesenden »Nun danket alle Gott«.

Die Feier fand bei strömendem Regen statt, und der Chronist weist auf die Versicherung der Ärzte hin, daß von den Krankheitserscheinungen, die sonst die Folge von Erkältungen zu sein pflegten, nicht mehr als zu jeder anderen Zeit wahrgenommen worden seien. »Ein erfreulicher Beweis, wie freudige Erhebung des Gemütes auch auf das physische Befinden des Menschen zurückwirke.«

Friedrich Wilhelms zögerndes Verhalten in der Verfassungsfrage, die gerade während der Huldigungen, mehr noch hinter den Kulissen, besonders aktuell wurde und in der Preußen einen so späten und schließlich erzwungenen Anschluß an die allgemeine Verfassungsbewegung gewann, geht nicht zuletzt auf das Erlebnis dieser Feier zurück. Als er nämlich immer mehr gedrängt wurde, in der Frage der Volksvertretung nachzugeben, soll er sich an das »Ja« seines angeblich noch nach Ständen gegliederten Volkes erinnert haben. Seine Verbundenheit mit der Romantik wurde an der Wortwahl deutlich. Die Auffassung von einer »organischen« Entwicklung wurzelt in Eichendorff, Adam Müller, Friedrich Schlegel oder Novalis. Der oft zitierte Vergleich einer geschriebenen Verfassung mit einem »papiernen Wisch« aus der Thronrede von 1847 geht ebenfalls auf Eichendorff zurück und hängt mit dessen Sprachschatz zusammen: »Das Papier tut es nicht. Nicht auf dem toten Buchstaben beruht ja überall die Heiligkeit des Vertrages, sondern einzig und allein auf der Treue.«[14] Novalis sprach vom Monarchen als einem »höhergeborenen Menschen«.

Was Bettina von Arnim in ihrem 1843 erschienenen und Friedrich Wilhelm gewidmeten Buch »Dies Buch gehört dem Könige« sowie in Briefen und Denkschriften zum Ausdruck bringen wollte, nämlich »mystische Vereinigung« zwischen Herrscher und Volk, schien in den Tagen der Huldigung Wirklichkeit geworden zu sein. Es stellt sich die Frage, ob der König wirklich die Schriften der romantischen Dichter gelesen oder nur darin »geblättert« hat; die Ansichten der Zeitgenossen waren widersprüchlich. Entscheidend bleibt indes die Aufgeschlossenheit des Monarchen für Ideen, die in der Berliner Romantik wirksam waren. Deren Bedeutung war eminent, aber über dieser Aussage darf nicht vergessen werden, daß der König sehr verschiedenen Einflüssen ausgesetzt war. Wenn er Metternich verehrte, dann nicht etwa den angeblich romantischen Staatsmann, sondern den großen Realisten, und wenn er den Frieden beschwor, dann tat er es aus christlicher Überzeugung. Es handelt sich stets um konkurrierende geistige Bewegungen, die ihn in Bann schlugen; so konkurrierten die Wirkungen der Romantiker mit denen der restaurativen Staatslehrer.

Als in den Märztagen des Jahres 1848 – übrigens nicht anders als bei seiner Umgebung – seine Nerven versagten, und als er im Durcheinander der Befehle im Schlosse in der Nacht vom 18. auf den 19. März an den Ernst des Kampfes nicht glauben wollte und bei jedem Schuß ausrief: »Nein, es kann nicht sein, Mein Volk liebt Mich«, da trug er noch immer das Bild eines ständisch geordneten Volkes in seinem Herzen, dessen Anblick ihn bei der Huldigung so tief bewegt hatte.

Gleichwohl – der König blieb auch weiterhin befangen in den Erinnerungsbildern der Huldigungsfeiern im ersten Jahr seiner Regierung. Er fühlte sich auch nicht irritiert durch die Mahnungen und Forderungen, die bereits in Königsberg an ihn gerichtet wurden, von dem durchaus noch wohlwollenden Spott soll gar nicht gesprochen werden. Schwerer wogen die Unstimmigkeiten zwischen den Ständen und dem Monarchen auf dem preußischen Huldigungslandtag. Sie verzichteten darauf, sich die noch bestehenden Privilegien bestätigen zu lassen und eine gesonderte ritterschaftliche Vertretung bei der Huldigung zu wählen. In einer Denkschrift wurde vielmehr unter Berufung auf die Verordnung vom 22. Mai 1815 die Bildung einer Landesrepräsentation für den preußischen Gesamtstaat erbeten. Hier zeichnete sich der Konflikt ab, der vorläufig noch begrenzt werden konnte. Hinter den Diskussionen des Huldigungslandtages, aus denen die Denkschrift hervorging, standen ja nicht Vertreter eines entschiedenen Liberalismus oder gar demokratisch gesinnte Intellektuelle, sondern bewährte Angehörige des Adels. Man vermutete nicht zu Unrecht, daß der Oberpräsident Schön das Verhalten des Landtages billigte.

Die Dissonanzen, die unter den Beteiligten und in der Öffentlichkeit sehr wohl bemerkt wurden, waren im Jubel der Huldigungen am nächsten Tage nicht mehr vernehmbar. Der König wollte nicht an das Verfassungsversprechen erinnert werden, aber er konnte die Erinnerung nicht verdrängen. Was der stets zum Spott und zum Klatsch aufgelegte Varnhagen notierte, traf in der Tat den Kern der Sache: »Neu und eigentümlich und in großem Sinn. Aber die Ablehnung der Reichs-Stände-Verfassung macht bei aller Glimpflichkeit keinen guten Eindruck. Ich glaube, der König wird diese Sache nun seine ganze Regierungszeit nicht los, die wird immer wiederkehren.«[15]

Theologie und Kirchenpolitik

Politische und kirchliche Bewegungen gehen gerade in der ersten Hälfte des 19. Jahrhunderts ineinander über; was für die Politik gilt, hat auch im kirchlichen Bereich Geltung und Konsequenzen. An Reflektionen über theologische und kirchenverfassungsgeschichtliche Probleme sind die Jahre überreich; über folgenschwere Veränderungen ist seit der Gründung der Union indes kaum zu berichten. Wenn es etwa leicht fällt, im Gange der Politik die Idee des Friedens bei Friedrich Wilhelm zu verfolgen, so bedarf es einer größeren Anstrengung, im Bereich des Kirchlichen und Theologischen eine faßbare Leitlinie nachzuweisen, wenn auch charakteristische Vorstellungen des Königs über den wünschenswerten Weg von Kirche und Theologie aus der Fülle seiner Bekundungen greifbar sind.

Die Begegnung mit Schleiermacher, der gleichsam am Anfang der Theologie im 19. Jahrhundert steht, fand in der schwierigen Entwicklungsphase des Kronprinzen in Memel und Tilsit statt. Im Januar 1813 wurde er dann in Potsdam durch Bischof Friedrich Samuel Gottfried Sack, der ihm auch den Konfirmandenunterricht erteilt hatte, eingesegnet. Er stand nun im 18. Lebensjahr und kurz vor dem prägenden Kriegserlebnis der antinapoleonischen Erhebung. Nach der Tradition des preußischen Hofes legte er ein öffentliches Glaubensbekenntnis ab, das ebenso spätrationalistische Gedanken wie Elemente der Erweckungsbewegung enthielt. Der Konfirmand beteuerte »demutsvoll« seine »Abhängigkeit von Gott«, dem »Schöpfer, Herrn und höchsten Gebieter«, und versprach, sich »vor dem törichten Hochmute hüten« zu wollen, »als wäre ich etwas und vermittelte ich etwas ohne Gott«.[1]

Von einem Lehrer der Theologie im strengen Sinne kann in seiner Entwicklungsgeschichte nicht die Rede sein. Namen großer Theologen tauchen so gut wie gar nicht in jenen Bekenntnissen auf, die so zahlreich überliefert sind. Neben Schleiermacher wird des öfteren Neander genannt, dessen Kirchengeschichte vom Prinzen offensichtlich gründlich gelesen wurde. Neander ist neben Tholuck eine der großartigen und Generationen von Pfarrern prägenden Gestalten des norddeutschen Pietismus gewesen. Der in Hamburg aufgewachsene Jude David Mendel nahm nach der Konversion zur evangelischen Kirche den Namen Neander – neuer Mensch – an. Er gehörte zu den ersten Professoren der neuen Berliner Universität; keine der theologischen Parteien dieser Jahrzehnte konnte ihn für sich reklamieren. Zwei Juden – Neander und Stahl – haben so die evangelische Frömmigkeit und auch die Kirchenverfassung nachhaltig beeinflußt; in der Gesamtschau auf das Jahrhundert hat Paul Lagarde den Kirchenhistoriker Neander sogar als »vollendete Judengestalt« bezeichnet. Friedrich Wilhelm hat sich aber seine theologische Bildung gleichsam durch Exzerpte zusammengelesen. Er hat sich seine Meinungen vor allem in Gesprächen und Korrespondenzen mit theologisch versierten Vertrauten gebildet, die es jedem einzelnen Christen zutrauten, daß er sich durch das Studium der Heiligen Schrift, durch Sündenerkenntnis, Gebet und christlichen Lebenswandel auf den Empfang der Heils- und Gnadengabe vorbereiten könne und vorbereiten müsse.

»Laienbewegung« ist für diese Strömung eine treffliche Bezeichnung und darf, wenn auch nur bis zu einem gewissen Grade, mit »Erweckungsbewegung« gleichgesetzt werden. Die Frömmigkeit des Kronprinzen und Königs entstammt diesem erneuerten Pietismus. Friedrich Wilhelm kannte sich in der Tat in der Bibel, und ganz besonders im Alten Testament, gründlich aus. Die alttestamentarischen Bilder haben ihn in so gut wie allen Bereichen seines Denkens und Wirkens begleitet. In den programmatischen Huldigungsreden beschwor er aus christlichen Gewissensgründen die Idee des Friedens; er wiederholte das Bekenntnis zum Frieden in der Thronrede vom 11. April 1847 vor dem Vereinigten Landtag, indem er sich auf den Propheten Josua (24.15) berief: »Ich und mein Haus, wir wollen dem Herrn dienen.« Der gleichsam theologische Sieg über die Revolution kam nicht nur in der Berufung des Ministeriums Brandenburg, sondern ebenso in der Grundsteinlegung zur Friedenskirche in Potsdam zum Ausdruck. Die überlieferten Aufzeichnungen der Gebete lassen die regelmäßige Lektüre der Herrnhuter Losungen erkennen. Die Idee des Friedens begleitete seine Gedanken in Politik und Kirche. Seit er 1813 über »Kriegserfahrung« verfügte, enthielt die Friedensidee den Maßstab seines Handelns.

Was er sich unter einer idealen Kirchenverfassung vorstellte, hat er vor seinem Regierungsantritt dem befreundeten Bunsen auseinandergesetzt. Er hat seinen Entwurf als einen »Sommernachtstraum« bezeichnet – eine Bezeichnung, die sich bei Friedrich Wilhelm so leicht einstellte. Ein Sommernachtstraum, aus dem er jäh erwachte, stellt in der Tat einen integralen Bestandteil der Biographie des »Laientheologen« auf dem Throne der Hohenzollern dar. Im Stile der Erweckungsbewegung bekannte er am 24. März 1840: »Mein Ideal von Kirchenverfassung ist wie ein Strom aus vielen Brunnen zusammengeflossen.«²

Der Eklektizismus konnte kaum deutlicher bekundet werden. Er beschreibt, wie er sich »die Vereinigung der zwei Konfessionen [Uniierte und Lutheraner] in einer Verfassung« vorstellte, und zwar als eine, »die als eine dritte die Eigentümlichkeiten der zwei alten vereinige«. »Ich las Milner und Neanders Kirchengeschichte, die Apostel-Geschichte, die heiligen Briefe und vieles andere schlug ich nach, oder erforschte ich mündlich, namentlich über Englands und Schwedens und der Bürgergemeine Kirchenverfassung.« Er war ein Sproß der Erweckungsbewegung, wenn er fortfuhr: »Dann, wie die Sonne ging's in mir auf«. Daß die Apostel »Kirchen stifteten«, ist die Voraussetzung seines eigenen Idealbildes von selbständigen Kirchen. »Und noch lebten einige Apostel, als schon von Persien und Arabien bis Spanien und Britannien die Welt mit einem Netz solcher Kirchen überzogen ist, jede ein selbständiges Ganzes, eine Einheit, keine einer anderen untergeordnet, aber keine, die gezweifelt hätte, daß sie alle eins seien in ihrem Haupte Christi.«

Für diese Kirche waren zwei Ämter charakteristisch und blieben auch in künftigen Entwürfen, mochten sie im einzelnen das große Thema auf mannigfache Weise variieren, vorgesehen: »Die beiden Gemeindeämter sind nun das des Seelenhirten, der Ältesten, einer ihres Gleichen an der Spitze, der nur dadurch sich von seinen Gesellen, Mitältesten unterschied, daß er das Amt durch Handauflegung der Apostel oder ihrer Jünger erhalten hatte und es allen wieder verlieh, wie er es erhalten hatte und dadurch die Gemeinde repräsentierte. Zweitens das der Helfer, Diener, Diakone, dazu bestimmt, die Früchte der Wirksamkeit des Ältesten oder Bischofsamtes für's Gemeindeleben, nämlich die guten Werke zu verwalten.«

Der aufschlußreiche Brief enthielt über das apostolische Kirchenverständnis hinaus das klassische Bekenntnis zur Toleranz, das vor dem Hintergrund der Verfolgung der Altlutheraner und dem der Kampfmaßnahmen gegen die katholische Kirche in seiner Einzigartigkeit erst ganz erkennbar wird. Je tiefer man in den Text eindringt, desto deutlicher werden die Konturen der Landeskirche, die sich Friedrich Wilhelm wünschte. Die Apostel haben Kirchen *gestiftet*. Die Aufgabe der Gegenwart wird umschrieben: »Das einzig Mögliche und das wahrhaft Notwendige sei seit 1800 Jahren da, als Vermächtnis der Apostel. Es sei nur gerade so, wie damals *gebaut* worden, wieder zu *bauen,* zu *bauen,* aber nie einzuführen.« Kommt hier etwa ein Quietismus zum Ausdruck, der sich so oft in zum Handeln drängenden Situationen bei Friedrich Wilhelm beobachten läßt?

Daß Friedrich Wilhelms Wunsch, vom Summepiskopat befreit zu werden, alt, aufrichtig und theologisch begründet war, kann ebenfalls dem Memorandum – darum handelt es sich im Grunde bei diesem Briefe an Bunsen – entnommen werden. Die Aufgabe der landesherrlichen Kirchengewalt bedeutete in gar keiner Weise Trennung von Kirche und Staat und vor allem nicht eine Minderung der Stellung des Königs in der Kirche. »Was nun den Staat betrifft und das Band, das Kirche und Staat vereint, so folgt aus dem Gesagten, daß ich demselben und auch dem Fürsten keine Übung der Kirchengewalt zugestehen kann. Dagegen hat der Fürst die Gewalt *über* die Kirche. Er gehört der Kirche, ist ihr Sohn, aber alle Glieder derselben sind seine Untertanen. Diese Wahrheit ignorieren zu wollen, führt zu schmählichen Komödien. Er also, der evangelische Landesfürst, das gekrönte Mitglied der Kirche muß eben, weil er beides ist, selbst das Band sein, welches Staat und Kirche eint.« »Er muß, weil er nicht anders darf, der Schutzherr, Schirmvoigt, Friedensrichter der Landeskirche sein. Er muß sich im Gehorsam, wie im Befehlen, als ihr Erstgeborener zeigen. – Die Aufgabe ist also, die Behörden zu bestimmen, durch welche er die Zügel der äußeren Ordnung handhabt. Für das Kirchenregiment stellte er sich »Konsistorialbehörden« vor, »deren Mitglieder zum Teil aus ordentlichen Seelsorgern, zum Teil aus gottesfürchtigen Laien bestehen«.

Wenn man sich die Hauptelemente des Bildes einer in apostolischer Tradition stehenden Kirchenordnung vergegenwärtigt, so stehen im Mittelpunkt die drei kirchlichen Elemente – Bischöfe, Diakone und Presbyter. Es war das Wunschbild einer bischöflichen Kirche, das Friedrich Wilhelm vor Augen stand; ohne Zweifel haben anglikanische Vorbilder bei der Konzeption eine Rolle gespielt. Diese bischöfliche Kirche sollte nach seiner Vorstellung ausgestattet werden mit Metropoliten und unter ihnen einem Fürsterzbischof von Magdeburg als Primas Germaniae sowie mit Domkapiteln. Die apostolische Sukzession sollte gewährleistet werden, indem die ersten Bischöfe ihre Weihe von englischen oder schwedischen Bischöfen empfingen. Es mochte scheinen, als ob große Zugeständnisse an die synodale Auffassung gemacht werden sollten, aber das Übergewicht fiel doch der hierarchischen Ordnung mit dem Fürsterzbischof an der Spitze zu. Das episkopale Prinzip blieb ebenso gewährleistet wie die Stellung des Königs in und über der Kirche.

Man mag darüber rätseln, ob es der freien Entwicklung der evangelischen Kirche wohlgetan hätte, wenn die Kirchenpläne eine Chance gehabt hätten, realisiert zu werden. Die geschichtliche Entwicklung des evangelischen Kirchenwesens blieb jedoch unter der Dominanz von »Hoftheologen« und einer »Pastorenkirche«. Der Kirchenplan wurde weder von den Universitätstheologen noch von den Kirchenmännern und der »kirchlichen Öffentlichkeit« gebilligt. Das sollte sich aber erst im Verlaufe der Generalsynode im Jahre 1846 herausstellen, die, vom Könige berufen, vom 2. Juni bis zum 29. August 1846 in der Kapelle des Berliner Schlosses unter Vorsitz des Kultusministers Friedrich von Eichhorn tagte. Diese Synode stellte sich die Aufgabe, die Union im Kirchenregiment und im Kultus durch die der Lehre zu ergänzen. Das Ziel war, eine »Konsensusunion« zu erreichen; es wurde sogar vorgeschlagen, das Apostolicum durch eine Kombination von biblischen Texten zu ersetzen. Der lutherische Konfessionalismus war indes inzwischen so erstarkt, daß ein solcher Vorschlag scheitern mußte.

Unter den Ratgebern des Königs befand sich ein Gelehrter, dem es gelang, die Gedanken und Wünsche des Königs eine Zeitlang in eine feste Richtung zu führen. Friedrich Julius Stahl beherrschte souverän die kirchenrechtlichen Diskussionen in der Ära Friedrich Wilhelms IV. Die Problematik der evangelischen Kirchen wird mit Hilfe von Kategorien deutlich, die dieser bedeutende Rechtsgelehrte geschaffen und angewendet hat. Stahls geistiges Format überragt den Kreis, zu dem neben Ernst Ludwig von Gerlach vor allem der Herausgeber der Evangelischen Kirchenzeitung Hengstenberg gehörte, der als Theologieprofessor und als Publizist eine erdrückende Macht ausübte. Stahls Wirkung war indes am tiefsten und dauerhaftesten. Er wollte der Lehre vom monarchischen Prinzip und vom christlichen Staat auf dem akademischen Katheder, im Parlament und in der wissenschaftlichen Literatur unter den Konservativen gleichsam den Rang der herrschenden Lehrmeinung verschaffen.

Stahl war am 16. Januar 1802 in Würzburg geboren worden. Dem Sohn wohlhabender jüdischer Eltern fiel es nach der Übersiedlung nach München relativ leicht, sich vom strengen, orthodoxen Judentum seines Elternhauses zu trennen und Anschluß an den evangelischen Glauben zu finden, zumal die Konversion im Jahre 1819 ihm den Weg zur Hochschule eröffnete. Sicherlich ist der Glaubenswechsel nicht vornehmlich aus beruflichen Erwägungen erfolgt, aber gleichwohl wird das eine Rolle gespielt haben. Maßgeblich waren indes die geistlichen und theologischen Auseinandersetzungen, an deren Ende eben nicht der Anschluß an die katholische, sondern an die evangelisch-lutherische Kirche stand. Nach seiner Taufe war Stahl zunächst zum Studium der Rechte nach Würzburg, anschließend nach Heidelberg und im Winter 1822 nach Erlangen gegangen, der Hochburg lutherischer Theologie in Bayern. Für seine Entwicklung ist die Zugehörigkeit zur Burschenschaft nicht unwichtig gewesen; er hatte damit doch immerhin einmal Anteil gehabt an den Idealen von deutscher Einheit und Freiheit. Nach Auflösung der Burschenschaft im Frühjahr 1823 und einer zweijährigen Relegation von der Universität wurde Stahl 1826 in Würzburg promoviert und nach einem weiteren Jahr in München habilitiert.

Angeregt von Schelling entstand die »Philosophie des Rechtes nach geschichtlicher Ansicht«, die seit 1830 erschien. Er hielt sich für berufen, »das Bild des Staates und der Kirche im evangelisch-christlichen Geiste zu finden«. Eine protestantische Universität wie die in Erlangen, wo er 1832 ein Extraordinariat erhielt, schien für die Bewältigung dieser Lebensaufgabe besonders geeignet; bei den geplanten Vorlesungen über Kirchenrecht kam ihm der Gedankenaustausch mit evangelischen Theologen zugute. Noch im gleichen Jahr wurde er zum Ordinarius in Würzburg ernannt. Als Redakteur von »Der Thron- und Volksfreund«, einer regierungsfreundlichen Zeitschrift, schien er der Regierung politisch »zuverlässig« und somit sehr erwünscht als ein Gegengewicht gegen »starke liberale Kräfte in Würzburg«. Seit der Rückkehr nach Erlangen im Herbst 1834 war er glücklich, wieder in einer protestantischen Umgebung zu leben und Staatsrecht lesen zu dürfen. Das große Werk der Rechtsphilosophie erfuhr im Herbst 1837 mit der zweiten Auflage des zweiten Bandes einen Abschluß. Stahls neues Werk über »Die Kirchenverfassung nach Lehre und Recht der Protestanten« erschien 1840 und bereitete geistig die Übersiedlung nach Berlin vor, denn es war wohl eine der Voraussetzungen seiner Berufung nach Berlin.

Der Weg in die Residenz fiel in den rechten Augenblick; Savigny, mit dessen historischer Schule sich Stahl verbunden fühlte, und der Gesandte Bunsen hatten ihn dem König und dem Kultusministerium empfohlen. Hier hatte mit der Ernennung Eichhorns, der zur »Partei Hengstenberg« gehörte, ein grundsätzlicher Wechsel stattgefunden. Wenn Stahl auch von Savignys historischer Schule viel gelernt hatte und die Auffassung teilte, daß sich die Rechte mit den Lebensverhältnissen entwickeln und Änderungen unterworfen sind, so wollte er solchen Änderungen doch Grenzen gezogen wissen. Für ihn ist jedes Recht ein Organismus, »bestimmt dem Reiche Gottes zu dienen«. Das »Reich Gottes«, dessen Sinn für Stahls Gesamtauffassung noch der Erklärung bedarf, stellt für jede Rechtssituation die Basis dar, die nicht verlassen werden darf. Stahl erkannte im Sinne der Historischen Schule an, daß sich die Rechte im Verlaufe der Entwicklung verändern, aber jedem Recht sei ein notwendiger innerer Gehalt eigentümlich. So rückte Stahl im Gegensatz zur Historischen Schule in die Nähe eines Naturrechts, dem die Gebote Gottes zugrunde liegen. Stahl übernahm die Rolle eines Vermittlers, und zwar sowohl im Zivilrecht wie im Staatsrecht. Er war in der Lage, Kompromisse zu finden zwischen Historischer Schule und Naturrecht, und diese Fähigkeit gehörte ebenfalls zu den Voraussetzungen einer politischen Führungsrolle unter den Konservativen sehr verschiedener Provenienz in der Ära Friedrich Wilhelms IV.

Die Wirkung des Werks über die Kirchenverfassung läßt sich im Echo der Briefe Bunsens fassen. Der kirchenpolitisch engagierte Diplomat bekannte 1840, daß der Autor »dem gesamten deutschen Vaterlande und der ganzen evangelischen Kirche, ja der ganzen Gemeinde Christi einen Dienst von hoher Bedeutung getan – gewiß und offenbar nicht ohne [sic!] numine«. Die Bunsenschen Briefe sind geeignet, die zeitgeschichtlichen kirchlichen und theologischen Auseinandersetzungen, in denen Friedrich Wilhelm so engagiert war, deutlich zu machen. Bunsen bekennt, er habe sich nie entschließen können, »den Bau der Kirche auf der gottlosen Fiktion des summus episcopus aufzugründen: aber auch nicht auf der sentimental-revolutionären Independenten-Theorie von der Selbstherrlichkeit der Gemeinden«. Sein Kirchenbegriff war – was nicht ungewöhnlich ist – durchaus Schwankungen unterworfen. Es ist geistesgeschichtlich aufschlußreich, wie sich in der Ära Friedrich Wilhelms aus kirchenpolitischen Verbundenheiten allmählich Entfremdungen und Gegnerschaften ergaben. Das trifft besonders auf die Beziehungen zwischen Bunsen und Stahl zu, der seine Zeit und Kraft daran wendete, seinen Kirchenbegriff zu erläutern und dem Könige geradezu aufzudrängen, denn Friedrich Wilhelms Gedanken kreisten immer wieder um den rechten Begriff von der Kirche. In der gemeinsamen Zeitgenossenschaft des Königs und seiner Vertrauten kommt der »rechten Kirche« sogar noch größere Bedeutung als dem Staate zu. Die Gemeinde sei ja, so Bunsen, erst durch die Kirche entstanden, »so wie mit der Kirche die freie Sphäre der Gemeinde in ihr gegeben war«.

Der erst 1819 zum Christentum konvertierte Friedrich Julius Stahl wurde zu einem führenden Vertreter der lutherischen Theologie. Er war der Begründer der christlichen Staatslehre mit dem »monarchischen Prinzip«. Ursprünglich an verschiedenen bayerischen Universitäten forschend und lehrend, wurde er mit der Thronbesteigung Friedrich Wilhelms IV. nach Preußen berufen, wo er einen Kompromiß zwischen der historischen Schule und dem Naturrecht zu formulieren suchte. Und es war eben diese Mittlerstellung, die ihm eine politische Führungsrolle unter den Konservativen in der Ära Friedrich Wilhelms IV. sicherte. Der Holzstich zeigt den Politiker und Kirchenmann um 1850.

Bunsen hat schließlich in seinem Schreiben an Stahl eine Reihe von Problemen der reformierten Kirchen in anderen Ländern berücksichtigt, über die es in den nächsten Jahren zu heftigen Meinungsverschiedenheiten kommen sollte.

Stahls Weg aus dem jüdischen Milieu in den Protestantismus habe ihn nach der Meinung vieler Beobachter »auf dessen rechten Flügel zum striktesten preußisch-lutherischen Staatskirchentum« geführt. Es gehört zu dem Wankelmut Friedrich Wilhelms, daß er in jenem Bereich, der ihm vornehmlich am Herzen lag und für den er sich als christlicher König besonders zuständig fühlte, theologisch und kirchlich ständig zwischen Stahl und Bunsen hin und her schwankte. Hinzu kam seine durchaus nicht unproblematische Beziehung zur katholischen Kirche, obwohl gelegentliche Gerüchte, er habe unter dem Einfluß seiner Frau heimlich Neigungen zur römisch-katholischen Kirche gehegt, dahingestellt bleiben sollen. Seine Sympathie für den Katholizismus machte sich allerdings immer wieder geltend. Ihm ging es um die Verwirklichung einer wahren evangelischen Katholizität – ein immer wieder auftauchender und rational schwer zu fassender Begriff. Bunsen und Stahl suchten – geradezu konkurrierend – ihre Auffassungen von »Kirche« dem Könige zu vermitteln, wobei sie so taten, als ob sie die legitimen Interpreten der königlichen Vorstellungen seien.

Stahls akademische Anfänge in Berlin standen im Zeichen des Gegensatzes zu den Hegelianern. Die ersten Vorlesungen konnte der Neuberufene nicht ungestört abhalten. Aus einem recht anschaulichen Briefe seiner Frau geht die gespannte Atmosphäre jener ersten Semesterwochen hervor. Die Hegelianer hatten nämlich versucht, seine Vorlesung durch Lärmen und Zischen zu unterbrechen. Er las vor rund 200 Hörern – bei der Zahl der Studenten in Berlin im Jahre 1840 eine ungewöhnlich hohe Zahl. Als er »Hegels logischen Formalismus« erwähnte, sei gescharrt worden. »In der 3. Vorlesung fingen die Hegelianer wieder, und zwar noch heftiger an zu lärmen, und man bemerkte, daß sie alle beisammen saßen. Als es zu arg war, wurde er abermals ergrimmt und redete sie an: ›Sollten diese Störungen von einer philosophischen Schule herrühren, so muß ich mich billig wundern, ist das die Art, wie man die Wissenschaft traktiert!‹ Lautes Bravo Geschrei.«

Stahl glaubte, »eine starke Stimmung bei einer großen Klasse gegen [mich] zu haben, weil man meine Berufung zusammen mit Hassenpflug [dieser wurde 1841 Mitglied des Obertribunals in Berlin] als einen Beweis der königlichen Hinneigung zum Pietismus betrachtet«. Stahl war der nicht ganz zutreffenden Meinung, »daß die Berufung ganz allein vom König ausging«. Unter den Männern, die den Neuberufenen herzlich begrüßten, war neben Savigny, Neander und Steffens vor allem Hengstenberg; zu den ersten Bekanntschaften gehörte ferner Otto von Gerlach, Hof- und Domprediger, der jüngere Bruder Ernst Ludwigs.

In den Briefen aus jener Anfangszeit in Berlin kam Stahl des öfteren auf die viel erörterten Gründe seiner Berufung zurück. Er führte die Abneigung breiter Kreise in der Kirche wie in der Universität auf seine »Protestantische Kirchenverfassung« zurück. Wenn sich auch die Aufregung bald legte, so blieb an Stahl doch der Ruch des Reaktionärs hängen, »der den Staat geradezu unter die Kirche bringen wolle etwa wie der Erzbischof von Köln«. Einem Freund schrieb er im April 1841: »Es wurde einmal das Gerücht verbreitet, ich hätte im Kollegium gesagt, die absolute Monarchie wäre die beste, Preußen stehe diesem Ideale nahe, es fehle nur das, daß der König nicht über Leben und Güter der Untertanen frei verfügen könne.«

Stahl, der gerade in den vierziger Jahren großen Anteil an der Vergeistigung konservativen Denkens hatte, ist vollkommen mißverstanden worden, als man in ihm den Repräsentanten absolutistischer oder reaktionärer Gesinnung sehen wollte. Daß er »kein Absolutist und mittelalterlicher Hallerianer« sei, ist er nicht müde geworden, zu beteuern. Seine Briefe vermitteln einen Eindruck von seiner Mühe um die Verbesserung, genauer gesagt, Verfeinerung der Rechtsphilosophie, und wie er versuchte, auch solchen Autoren Gerechtigkeit widerfahren zu lassen, die politisch nicht zu seinen Freunden gerechnet werden konnten. Die Grenzen, die er niemals überschritt, lagen allerdings – in der Sprache seiner Zeit – in der Bindung an ein »positives Christentum«.

In einem Brief vom 19. März 1841 an einen katholischen Freund in Würzburg hieß es: »Mit unserem König werdet Ihr Katholiken doch hoffentlich völlig zufrieden sein? Ich habe mich sehr gefreut über die glänzende Aufnahme, die er in England fand. Es ist gewiß auch kein deutscher Monarch so begabt, um dort zu repräsentieren.« Der Besuch in England und die Verbindung mit der anglikanischen Kirche rufen den Gedanken an jenes englisch-preußische Bistum in Jerusalem herauf, das just zu jener Zeit aktuell war und das die maßgebenden Kreise auf der Insel und in Preußen beschäftigte.

Die Position Stahls kommt sehr deutlich in einem Brief aus dem Jahre 1842 zum Ausdruck, in dem er sich für einen verschwägerten Pfarrer einsetzte; der »sei zwar in der reformierten Gemeinde geboren und konfirmiert, aber er sei von der lutherischen Kirche ordiniert und bekenne sich seit längerer Zeit in den Unterscheidungslehren weit mehr ... zu dem lutherischen Dogma«. Man könne seine Bewerbung für eine Nürnberger Stelle nicht gut ablehnen, »da ihn die Gemeinde selbst primo loco will und das in zwei Wahlakten konstant ausdrückte«. Er sprach diese Empfehlung aus, obwohl er nicht etwa einer »Amalgamierung der Konfessionen« zugetan sei. Die Erinnerung an die Verfolgung der Lutheraner, vor allem in Schlesien, war noch nicht verlöscht.

Unter den Arbeiten, die Stahl in den vierziger Jahren vollendete, kommt der Broschüre über das monarchische Prinzip besondere Bedeutung zu. Sie fand nicht nur bei konservativen, sondern auch bei gemäßigt liberalen Rezensenten eine günstige Aufnahme. Die Schrift ist eine Frucht aus praktischen Erfahrungen und theoretischen Überlegungen. Vor der Annahme des Rufes nach Berlin war sich Stahl über die Verteilung der Rechte zwischen Krone und Volk durchaus noch nicht im klaren. In dem vorrevolutionären Jahrzehnt entwickelte er die christliche Staatslehre mit dem monarchischen Prinzip im Mittelpunkt, aber noch tastete er bei den Versuchen, gemäßigt konservative Vorstellungen in der Wirklichkeit durchzusetzen. »Die Sache selbst sei ihm auch nicht zweifelhaft, sondern die Anwendung auf diesem Terrain sei die schwierige Frage« – so schrieb er einem Freunde noch im Juni 1845. Es ging um die Unterscheidung zwischen beratenden und entscheidenden Ständen.

Aus den Briefen Stahls wird das Ringen um die rechte politische Einsicht noch deutlicher als aus seinen Schriften. Auch bringen sie uns den Forscher und Lehrer menschlich näher. Wer sich in Stahls Korrespondenz vertieft, erkennt keine grimmigen Züge eines Erzreaktionärs. Erst mit Hilfe dieser persönlichen Mitteilungen erschließt sich uns die durchaus gewinnende Mentalität des Mannes sowie die Werkstatt des Gelehrten, Publizisten und Redners. Neben den Bänden der Rechtsphilosophie hatte jene im April 1845 erschienene Abhandlung über »Das monarchische Prinzip« für die Haltung der Hochkonservativen entscheidende Bedeutung gewonnen. Die Schrift hat das alte monarchische Prinzip, wie es von Metternich und Gentz verstanden und praktiziert worden war, gewandelt und fortentwickelt. Es erschien zu einem aktuellen Zeitpunkt, als die sogenannte »ständische Frage«, also die Verfassungsfrage in den vierziger Jahren in Preußen virulent wurde. Das monarchische Prinzip war das Herzstück der konservativen Staatslehre.

Stahl erkannte an, daß »die Teilnahme der Nation an der Gestaltung und Verbürgung des öffentlichen Rechtszustandes durch eine wohlgeordnete, ihrer ständischen Gliederung und ihren sachlichen Zuständen adäquate Vertretung ein Ziel sei, auf welches die neuere Staatenbildung mit einer inneren Notwendigkeit hinausstrebt«. Er ergänzte diese Auffassung sogleich durch die Feststellung, es sei »das dringende Gebot, daß uns das politische System des Westens fernbleibe: die Volkssouveränität, die Teilung der Staatsgewalt, die Republik unter der Form der Monarchie, die Kammerherrschaft ... der Aggregatismus entständeter, bloß numerischer Volksrepräsentation«.[3]

Der Fortschritt der konservativen Staatslehre bei Stahl wird greifbar, wenn er – ganz ähnlich wie Ranke – zugibt, der innerste Lebenstrieb des Zeitalters richte sich auf die Überwindung des altständischen Wesens, auf den Fortschritt vom ständischen Partikularismus zur nationalen Einheit, vom patrimonialen zum konstitutionellen Staat. Damit wurde das Prinzip der modernen Staatlichkeit anerkannt. Die Schwierigkeit lag in der Frage, wie Stände im modernen repräsentativen Sinne möglich seien, ohne daß die Verfassung in »den Konstitutionalismus des Westens« umschlage. Stahl zog eine scharfe Trennungslinie zwischen dem parlamentarischen und dem monarchischen Prinzip. Im parlamentarischen System sei der König, wenn auch Souverän, ohne Macht; der Monarch sei »in absolute Neutralität« versetzt. Gegen die französische Lehre vom König als dem »pouvoir neûtre« interpretierte Stahl das monarchische System als die Verfassungsform, in der »die fürstliche Gewalt dem Rechte nach undurchdrungen über der Volksvertretung stehe ..., der Fürst tatsächlich der Schwerpunkt der Verfassung, die positiv gestaltende Macht im Staate sei und der Führer der Entwicklung bleibe«. Nach solcher Auffassung konnte eine Verfassung nur oktroyiert, nicht aber vereinbart werden.

Diesem monarchischen Prinzip entsprach die Idee des christlichen Staates, der Stahl den wirkungsvollsten Ausdruck gegeben hat. Seine Lehre konnte so wirken, weil er sie in den ersten Regierungsjahren Friedrich Wilhelms IV., den Jahren der Hoffnung und Erwartung, veröffentlichte. Seit dieser König den Thron der Hohenzollern bestiegen hatte, schienen die Voraussetzungen für ein Bündnis zwischen »Thron und Altar« innerlich neu gegeben. Das weitgehende Entgegenkommen des Königs gegenüber der katholischen Kirche gehört in denselben gedanklichen Zusammenhang; es entsprach seiner Überzeugung und war eine Frucht allgemeinen konservativen Denkens; es bedeutete in gar keiner Weise eine Wendung im Denken des Monarchen, es war ihm nicht »aufgezwungen«, sondern gehörte zu jener Konzeption der Beziehungen zwischen Staat und Kirche, die der König seit je gehabt hatte. An der gedanklichen Vertiefung und Erneuerung dieser Konzeption hatte Friedrich Julius Stahl entscheidenden theoretischen und praktischen Anteil.

Die Voraussetzungen der Zeit kamen den Absichten des Königs zugute. Hegelianismus, ein ziemlich ungenauer Ausdruck, und Rationalismus, wie er in den letzten Regierungsjahren Friedrich Wilhelms III. vorherrschend gewesen war, wichen einer erneuerten christlichen Gläubigkeit, die innerlich wieder an die Stimmung der Freiheitskriege anknüpfte. Hinter den scheinbar unaufhaltsamen liberalen Kräften standen die konservativen Grundstimmungen der Epoche. Das katholische wie die protestantischen Bekenntnisse sollten diesem Rechtsstaat erst die Grundlage geben. Die Idee des christlichen Staates schloß die Unterordnung der Kirchen beider Konfessionen – anders als im überlieferten Staatskirchentum – unter die Staatshoheit aus. Diese Kirchen wurden vielmehr konzipiert als autonome Stiftungen, die freiwillig mit dem Staat verbunden waren. Das Bündnis von Thron und Altar »war als eine Föderation gleichgeordneter oberster Mächte gedacht«. Es handelte sich nicht – wie manche Kreise der hohen Bürokratie, des Protestantismus und auch des Liberalismus meinten – um eine Unterwerfung des Staates unter die Kirche; Friedrich Wilhelm IV. war »von der für seine Zeit wohlbegründeten Einsicht durchdrungen, daß die Staatsintegrität im Verhältnis zu beiden Konfessionen nicht durch äußere Aufsichtsbefugnisse, sondern durch ein im wechselseitigen Vertrauen gegründetes Bündnis zwischen Staat und Kirche am besten gewahrt sei«.

Friedrich Wilhelm erneuerte das klassische Bekenntnis des christlichen Königs: »Ich erkenne in einer jeden Kirche, welche die drei alten Symbole bekennt, eine katholische Kirche; in jeder, welche die apostolische Verfassung bewahrt hat, sie annimmt, oder in der die Hauptzüge derselben, wenn auch unter großer Entstellung, noch nachzuweisen sind, eine apostolische; in jeder, welche über den Symbolen die Autorität der Heiligen Schrift, und kraft derselben, als Hauptsymbolum gleichsam, die Rechtfertigung allein durch den Glauben voraussetzt, eine evangelische Kirche; und endlich nur in der Kirche, deren Lebenselement gläubige Liebe ist, eine christliche Kirche ... Die Gesamtheit der bezeichneten Kirchen auf Erden bilden diese heilige katholische und apostolisch streitenden Kirchen des Herrn, die wir im Symbol bekennen – der Beruf der evangelischen Abteilung derselben ist, die rechtgläubige Liebe zu pflegen und zu offenbaren.«[4]

Diesem Bekenntnis aus dem Jahre 1840 entsprach die Teilnahme am Kölner Dombaufest 1842, und zwar die Teilnahme sowohl an der katholischen Messe als auch am protestantischen Gottesdienst. Dieser christlich-irenischen Gesinnung entsprach ferner 1841 bei einem Besuch in England die Teilnahme am anglikanischen Gottesdienst in St. Paul und am lutherischen Gottesdienst. Der Plan eines gemeinsamen Bistums in Jerusalem, das alternierend von einem anglikanischen Bischof und einem Bischof der preußischen Union besetzt werden sollte, gehört ebenfalls in diesen Zusammenhang.

Diese aufrichtige Gesinnung Friedrich Wilhelms kann die inneren Gegensätze im Protestantismus sowie die Hilflosigkeit des Monarchen gegenüber den verschiedenen Gruppierungen allerdings nur verschleiern. Der König war gezwungen, Partei zu ergreifen, und dies führte zu Schwierigkeiten im Verhältnis gegenüber der eigenen Kirche der Union. Vor dem Hintergrund solcher Auseinandersetzungen kam dem, was Stahl sagte und schrieb, besondere Bedeutung zu. In Erlangen hatte er den konfessionellen Boden des strengen Luthertums entdeckt und starke Wurzeln in das lutherische Bekenntnis geschlagen. So wandte er sich schließlich nicht nur gegen Hegel, sondern auch gegen Schleiermacher, mit dem die Geschichte der evangelischen Theologie im 19. Jahrhundert beginnt. Eine ihrer Tendenzen wird in der Schrift über »Kirchenverfassung« sichtbar: das Kirchenregiment solle möglichst dem Staate entzogen und dem Lehrstande überlassen werden. Voraussetzung dafür wäre eine episkopale Ausbildung der Theologen gewesen. Stahl verstand die Kirche »als von Gott über uns gesetzte organische Anstalt, welcher der Christ sich ebenso eingefügt wissen muß wie dem Staate«. Indem Stahl bis in die Details hinein den protestantischen Kirchenbegriff durchleuchtete, unterschied er zunächst zwischen der unsichtbaren und der sichtbaren Kirche; so wie im Staate galte auch in der Kirche das Legitimitätsprinzip.

Es ist nicht ohne Faszination zu beobachten, daß apostolische Legitimität und monarchische Legitimität Bezeichnungen für die sich ergänzenden Bereiche Kirche und Staat darstellen. Die evangelische Kirche hatte es in ihrem Selbstverständnis allerdings schwerer als die katholische Kirche, mit der Definition von Legitimität fertig zu werden. Lehre und Bekenntnis, worauf sich die evangelische Kirche gründet, werden durch die Schrift bestimmt, aber Ordnung und Verfassung sind Wandlungen unterworfen. Stahl suchte individueller Willkür in der Auslegung von Kirchenordnungen und Verfassung vorzubeugen. Der geschichtlich gewordene Zustand der Kirche sei das Werk Gottes und müsse somit von Mitgliedern als »über sie gesetzte Macht« anerkannt werden. Wie an den politischen und sozialen Zuständen dürfe auch im kirchlichen Bereich nur zurückhaltend und auch nur selten etwas geändert werden. So wandte sich Stahl entschieden gegen die Auffassung, daß alle Glieder der Kirche grundsätzlich gleiche Rechte hätten. Zu Stahls Schlüsselwerten gehörte seine Feststellung: »Das allgemeine Priestertum aller Gläubigen ist kein Verfassungsprinzip.« Wenn auch im Zugang zu Christus zwischen Laien und Geistlichen kein Unterschied bestehe, so dürfe gleichwohl in der »Anstaltskirche« die Unterscheidung von Lehrstand und Gemeinde nicht verwischt werden. Letztere untersteht dem Amt. »Die Glieder des Lehrstandes sind die Nachfolger der Apostel in dem von Christus zugleich mit der Kirche gestifteten Lehramt und sind nicht für ihre Person, aber im Zusammenhang mit der Gemeinde, an deren Spitze sie stehen, die Träger der besonderen Vollmachten, die Christus der Kirche erteilt hat.«[5] Stahl bemühte sich so, den Gegensatz in der Bestimmung des Lehramts zwischen evangelischer und katholischer Kirche nicht zu verwischen. Für den äußersten Notfall galt das Recht des gläubigen Kirchenvolkes, das an die Schrift gebundene Gewissen höher zu stellen als einen Lehrstand, der von der Schrift und den Bekenntnisschriften abgefallen war.

Stahl begnügte sich nicht mit der mühevollen Definition des protestantischen Kirchenbegriffs – letztlich war sie aussichtslos –, denn eine solche Definition sei »unvollständig, nicht erschöpfend, da sie nur die Züge des Gegensatzes gegen die römische Auffassung gebe«. So wandte er sich in besonderem Maße der Kirchengewalt zu, dem »anstaltlichen Bau«, dem das Kirchenglied unterworfen sei. »Nach dieser Explikation des Artikels von der Kirche gehört zum vollständigen Begriff der Kirche nicht bloß Lehre und Sakrament, sondern nicht minder auch die Schlüssel und die Kirchenzucht, und nicht minder auch der Organismus von Amt und Leitung ... auch, ob Wandel und Zucht bestehen, wie Gottes Gebot sie fordert.« Die Kirchengewalt bedeute eine Gewalt kirchlicher Leitung und Ordnung.

Zum Hirtenamt »gehört nicht allein Predigt und Sakramentsverwaltung und Seelsorge«, sondern auch die Leitung der Gemeinde in allen Fragen der Lebensordnung bis zur Kirchenzucht und zum Kirchenbann. Wenn eine vollkommene Kirchenverfassung erreicht werden solle, müsse das Ziel in einer bischöflichen Verfassung liegen. Die Funktion der Gemeinde kann bei Stahl nur ungenau beschrieben werden. »Gemeinde bezeichnet die im Glauben verbundenen Menschen, Kirche bezeichnet die Gottesstiftung über den Menschen ... Die Wirksamkeit der Gemeinde ist eine Wirksamkeit der Menschen auf Gott gerichtet oder zur Befolgung göttlichen Gebots geübt ... Die Wirksamkeit der Kirche ist eine Wirksamkeit der Gottesstiftung auf die Menschen gerichtet ... Die Predigt, die Absolution, die Reichung des Abendmahls usw. geschieht im Namen der Kirche, nicht im Namen der Gemeinde.«[6]

Dies ist der Punkt, an dem Stahls Kirchenbegriff am deutlichsten die Zugehörigkeit zur politischen Philosophie der Restauration erkennen läßt. Und zugleich stellt sich die Frage nach der Wirkung der Stahlschen Kirchenlehre auf die Zukunft des Protestantismus. Deutlicher kann die protestantische Kirchenauffassung kaum ausgesprochen werden: »Demgemäß hat die Kirche eine Macht und ein besonderes Ansehen über die Gemeinde, die Gemeinde hat immer die Kirche über sich und ist der Kirche gebunden.« Diese Auffassung von Kirche und Gemeinde hat Stahl auf den Kirchenkonferenzen der vierziger und fünfziger Jahre vertreten. In der Kirchengeschichte der vierziger Jahre ist kaum über »Ereignisse« zu berichten. Denkschriften, Korrespondenzen und theologische Auseinandersetzungen waren um so intensiver.

Zu den Höhepunkten zählte die Generalsynode, die in einer besonderen Abteilung unter der Berichterstattung Stahls die Grundzüge einer Kirchenverfassung beriet. Als die Synode versuchte, presbyteriale und synodale Elemente mit konsistorialen Elementen zu verbinden, stieß sie auf die Ablehnung des Königs. So hieß es im ersten Paragraphen: »Es mögen in den östlichen Provinzen der Monarchie für die evangelische Landeskirche unter Beibehaltung der Konsistorial-Verfassung presbyteriale und synodale Einrichtungen ausgebildet werden.«[7] Diese Vermischung ging dem König bereits zu weit. Das Zugeständnis an die synodalen Prinzipien konnte nicht ausgeglichen werden durch die Bestimmungen, nach denen der Superintendent und der General-Superintendent auf Lebensdauer und vom König ernannt werden sollten. Es hieß ferner: »Der Landesfürst bleibt ... die anordnende Macht in der Kirche, er kann sie aber für gewisse Gegenstände nur im Einverständnis mit der Synode ausüben.« Und noch deutlicher formulierte

Stahl seine Auffassung vom landesherrlichen Kirchenregiment: »Indem wir hiernach es als Aufgabe erkennen, die Kirchenverfassung ihres territorialistischen Charakters zu entkleiden, so erkennen wir es doch keineswegs zugleich als Aufgabe, sie von der landesherrlichen Kirchengewalt zu lösen. An dieser halten wir vielmehr mit voller Entschiedenheit fest, und zwar nicht nur aus Not, sondern aus Grundsatz.«[8]

Die Verhandlungen lassen das Bemühen Stahls erkennen, das überlieferte landesherrliche Kirchenregiment zu rechtfertigen. Er nahm den Widerspruch zum Wunsch des Königs, vom landesherrlichen Kirchenregiment befreit zu werden, in Kauf. Es hatte seinen Ausdruck in der kirchenrechtlichen Tätigkeit durch die Konsistorien, die 1815 wieder eingerichtet worden waren, gefunden. Dem Legitimitätsprinzip entsprach es, wenn dem Landesherrn nicht nur die Fürsorge, sondern darüber hinaus die Aufsicht und die Entscheidung über »die Erhaltung der reinen, der Kirche anvertrauten Lehre und der auf sie gerichteten Glaubensgemeinschaft« übertragen wurde. Dem Kirchenregiment oblag schließlich sogar »die Entscheidung theologischer Streitigkeiten«.

Stahl war offenkundig bemüht, sich sowohl gegen die römisch-katholische Kirche als auch gegen »äußerlich orthodoxe« Bestrebungen abzugrenzen. Als Gegenstände der »Kirchengewalt« werden zusammenfassend Lehre, Kultus und Disziplin hervorgehoben. Zur Kirchengewalt gehört ferner die Aufsicht über die öffentliche Predigt und den öffentlichen Religionsunterricht.

Das Wesen des landesherrlichen Kirchenregiments wird erst recht deutlich, sobald man Stahls Vorstellungen von der Rolle der Gemeinde bedenkt. Die Nähe zur politischen Umgebung, auf die er wirkte, macht sich an diesen Stellen geltend, und hier stellt sich die Erinnerung an das Wort ein, »nicht Majorität, sondern Autorität habe Gültigkeit«; das sollte ebenso für den politischen wie für den kirchlichen Bereich gelten. Mit Stahls Definition der Rolle der Gemeinde stößt man in das Zentrum seiner Auffassungen vor, und diese Gedanken sind bis in die jüngste Vergangenheit umstritten geblieben. Es heißt in der Kirchenverfassung: »Zur Kirche gehören auch die Laien. Danach wird Teilnahme von Laien an den Synoden, an dem Gericht über den Bann und selbst auch an den verwaltenden Behörden gefordert. In allem liegt aber nicht im entferntesten, daß die Gemeinde das Subjekt der Kirchengewalt oder die oberstentscheidende Macht in der Kirche sei.«[9] Die Laien werden definiert »nur als hinzutretend, mitbeschließend«. Unter diesem

Gesichtspunkt des Laienelements beschreibt er den »wesentlichen Unterschied zwischen lutherischer und reformierter Kirche für das Kirchenregiment«.

Die Rezeption von Stahls Kirchenauffassung hat einen ihrer Höhepunkte in der Auseinandersetzung mit »dem Wesen der landesfürstlichen Kirchengewalt in Deutschland« erreicht. Stahl weist auf den entscheidenden Punkt hin: »Die Kontroverse, welches Recht den Fürsten nach protestantischer Lehre gebühre, hat sich bis jetzt zwischen den zwei Begriffen bewegt, einerseits dem Majestätsrecht, wie es die Schule allen Landesherren über alle denkbaren Kirchen zuschreibt, andererseits der Kirchengewalt. Die Wahrheit enthält aber einen dritten Begriff, ›das protestantische Majestätsrecht, wie es hier [i. d. Kirchenverfassung] gemäß den Prinzipien und Zeugnissen der protestantischen Kirche festgestellt wurde.« Dies war das protestantische Majestätsrecht, das Friedrich Wilhelm IV. bei mannigfachen Gelegenheiten für sich beanspruchte, und zwar als »Primas des Protestantismus«. Mit dieser Eigenschaft hängt zusammen, wenn dem Landesherrn – bei allen noch so luziden komplizierten Unterscheidungen zwischen den Organen der Kirche – die Verantwortung zufällt, »daß seine Aufsicht nur solche Maßnahmen in der Kirche zuläßt, die dem Wesen und Bedürfnis der Kirche gemäß Gottes Wort und Willen entsprechen«. So hat der Landesherr als Christ die Aufgabe der Aufsicht, er besitzt also sowohl das Urteilsrecht als auch die Fürsorge, »welche eine Mitregierung mit dem Lehrstand (den Geistlichen) zusammen bedeuten«. Es war ein Ergebnis der geschichtlichen Entwicklung, das den Monarchen selbst nicht befriedigen konnte, wenn sich »das erweiterte Majestätsrecht auf evangelischem Boden in die Kirchengewalt des Landesherrn verwandelt«. Dieser erhöhten Bedeutung der Kirchengewalt des Landesherrn entsprach es, wenn gerade in der Ära Friedrich Wilhelms IV. die Urteile über Predigten und gottesdienstliche Handlungen als legitime Handlungen des Fürsten verstanden wurden.

Stahl hat in der Kirchenverfassung die Union so gut wie gar nicht berührt, obwohl sie in Preußen ein so brennendes Problem darstellte. In seiner Schrift »Die lutherische Kirche und die Union« von 1859, dem entscheidenden Jahre in der Geschichte des preußischen Staates, wurde ein erträglicher Kompromiß gefunden, wenn auch die Unvereinbarkeit von Lutheranern und Reformierten nicht geleugnet werden konnte. Die tatsächliche Bedeutung, welche die Darlegung Stahls für die Lehre von der Kirche hatte, bestand darin, »unter der Wahrung lutherischer Sonderart die Vorstellung einer sakramentlich-priesterlichen Gnadenspendung wieder ins evangelische Christentum einzuführen«.

Es versteht sich von selbst, daß Stahls Verwurzelung im Luthertum besonders deutlich in jenen Bereichen zum Ausdruck kam, in denen sich Kirche, Theologie und Politik berührten. Nach zeitgenössischem Urteil war Stahl ein wirkungsvoller Redner und rückte eindeutiger noch als Ludwig von Gerlach in die Führung der Hochkonservativen ein. Stahls vornehmstes Ziel war es – und darin stimmte er mit dem König überein –, die im Gange befindliche Entchristlichung des Staates zu verhindern oder doch aufzuhalten. Stahls Lehre über die Beziehungen von Staat und Kirche darf nicht einfach als reaktionär klassifiziert werden, und die gängige Auffassung, daß Stahls Übergang vom Judentum zum Luthertum bleibende Spuren hinterlassen habe, hat nichts mit Antisemitismus zu tun. Stahls Kirchenbegriff zeigt ähnlich autoritäre Züge wie sein Staatsbegriff; seine Herkunft aus der Erlanger Schule war unverkennbar. Sein Streben blieb auf Stärkung der Kirchengewalt gegenüber der Gemeinde gerichtet.

Die Kirche, die unsichtbare wie die sichtbare, galt als eine göttliche Stiftung. Die Zugehörigkeit zu dieser Kirche verlangte »gehorsame Einfügung in den überkommenen Rahmen von Gottesdienst, Sakrament und Kirchenzucht ... Der Theologe als Träger des geistlichen Amtes galt in erster Linie nicht als Bruder, sondern als christlicher Vater der ihm Anvertrauten. Die Kirchengewalt durfte in dieser Sicht selbstverständlich nicht bei der Gemeinde, sondern sie mußte beim Lehrstand liegen.«[10] Solcher Kirchenbegriff mußte dem Staatslehrer Stahl für seine konservative Staatslehre als Parallele auf ideale Weise entsprechen. Der Begriff der Persönlichkeit, der in Stahls Denken eine so große Rolle spielte, zog einer Staatsomnipotenz wie einer Reaktion in Staat und Kirche Grenzen. Der Mensch als Ebenbild Gottes habe daher Anspruch auf Freiheit und Selbstbestimmung. Wenn im Zentrum seiner Gedanken »das sittliche Reich« steht, so muß es darum gehen, in ihm Autorität und Freiheit zu verbinden. Der »Zug der Schöpfung nach Persönlichkeit« bilde die Brücke zwischen der Personalität des einzelnen und dem »sittlichen Reich«. Für Stahl war es ein zentraler Gedanke: »Achtung vor der Personalität der Beherrschten, die selbständig sind und frei gehorchen, weil sie im Willen des Herrschers ihr eigenes Wollen erkennen.«[11]

Stahl hat seine geistreichen und dialektisch durchdachten Auffassungen auf kirchlichen und politischen Versammlungen glanzvoll vertreten. Darüber hinaus fand er ein Forum in der von Hengstenberg herausgegebenen Evangelischen Kirchenzeitung sowie seit 1848 in der Kreuzzeitung. Seit der oktroyierten Verfassung war er lebenslängliches Mitglied der Ersten Kammer, und seit 1850 Mitglied des Erfurter Unionsparlaments. Im Herrenhaus fiel ihm durch sein geistiges Format und rhetorisches Talent die Leitung der inzwischen starken konservativen Partei zu. Eine leidenschaftliche Rede hielt er gegen die Annahme der von der Frankfurter Nationalversammlung angebotenen deutschen Kaiserkrone, die er als ein Geschenk der Revolution ansah. Es waren solche Reden, die Bismarck in den Briefen an Braut und Gattin veranlaßten, »von unserem geliebten Stahl« zu sprechen. An der konservativen Revision der preußischen Verfassung hatte Stahl entscheidenden Anteil; eine Reihe von Gesetzen trägt erkennbar seine Handschrift, so der Entwurf eines Ehescheidungsgesetzes aus dem Jahre 1855. Maßgebenden Anteil hatte er an der königlichen Verordnung vom 12. Oktober 1854, die das Herrenhaus schuf.

Nach 1848 führte er den Widerstand gegen eine Wiederaufhebung der Verfassung an; dennoch verlieh er seiner stets beibehaltenen Meinung Ausdruck, eine Verfassung habe bei allen ihren Gebrechen dennoch ihren Wert, »und das ist der, daß sie überhaupt eine Verfassung ist, d. h. daß sie Rechtsgarantien und eine Landesvertretung enthält«. So hat er dazu beigetragen, die Konservativen vom Wert und Nutzen einer Verfassung zu überzeugen, wobei er das »monarchische Prinzip« im Verfassungsstaat verteidigte. Wenn Friedrich Wilhelm IV. gelegentlich meinte, sich durch Stahl beglaubigt und bestätigt zu fühlen, so werden die Gegensätze zwischen dem christlichen König und dem Theoretiker des christlichen Staates doch immer wieder deutlich; sie sind gerade im kirchlichen Bereich nachweisbar, wo einer der Schwerpunkte des Wirkens beider Persönlichkeiten lag. Im Jahre 1852 wurde Stahl Mitglied des neugegründeten Oberkirchenrats, der als eine Zentralbehörde für kirchliche Angelegenheiten gedacht war; er sollte »ein Instrument kirchlicher Selbständigkeit sein, weder dem Ministerium noch dem Parlament verantwortlich, sondern nur dem König«. Die kirchliche Stellung des Königs wurde interpretiert als »membrum praecipuum ecclesiae«; die Personalunion von Staats- und Kirchenhaupt war indes nur geeignet, den königlichen Summepiskopat zu verstärken. Der Weg zur »Hofkirche« wurde beschleunigt eingeschlagen – eine Entwicklung, die weniger Friedrich Wilhelm als Stahl anzulasten ist.

So hat Stahl eine führende Rolle im Protestantismus, genauer in der neulutherischen Hochorthodoxie, im Zusammenhang mit der konservativen Staatslehre gespielt. Der ins Grundsätzliche gehende Verdacht, seine Staatsidee überschreite die Schwelle zum Theokratischen, wird ihm nicht gerecht. Sein Grundgedanke lag nicht in der Wiederherstellung eines Staates im romantischen Sinne Adam Müllers, sondern in der Entwicklung des Staates zu einem »sittlichen Reiche«, wobei er allerdings sein Leben lang – so wie sein König – an den Fiktionen eines »christlichen Volkes« und eines »christlichen Staates« festhielt. Sein Doktrinismus ist in der Auffassung zu erblicken, daß der Staat sich wohl hüten müsse, die Untertanen zur Kirche zu zwingen, sich aber gleichzeitig hüten müsse, die Kirche und ihre Lehrgrundsätze je preiszugeben. So unterschied er zwischen den bürgerlichen Rechten, die allen Staatsangehörigen ohne Unterschied des Glaubens zukommen, und den politischen Rechten, die von der Zugehörigkeit zu einer der anerkannten christlichen Kirchen abhängen. Von der Abhandlung im Jahre 1847 »Der christliche Staat und sein Verhältnis zum Deismus und Heidentum« bis zu dem gegen Bunsen gehaltenen Vortrage über die Toleranz kehren diese Gedanken in Variationen wieder.

Unter den Zuhörern des Stahlschen Vortrags »Über die christliche Toleranz« war auch der König. Der Vortrag wurde zu einem Zeitpunkt gehalten, als der politische Liberalismus besiegt war und sich im Verlaufe des Krimkrieges eine neue Stabilität durchzusetzen schien. Es konnte sich also bei diesem Vortrag nicht nur um Kirche und Kirchenpolitik, sondern auch um allgemeine Politik handeln, aber alle Bereiche waren ja in der Ära Friedrich Wilhelms IV. ineinander verzahnt. Es ging in der Mitte der fünfziger Jahre »um die rechtliche Einordnung der neu entstandenen Freikirchen in einem Staat, der von seinem Selbstverständnis her auf dem Grundsatz der Staatskirche beruhte«.[12]

Bunsen sah diese ganze Entwicklung mit Sorge. In einem persönlichen Brief formuliert er 1854 seine Warnung an den König: »Ein König kann nie ungestraft Theologe sein; denn er wird entweder Echo oder Führer seiner Diener, der Hoftheologen seiner Wahl, und steht in Gefahr, das Opfer politischer Parteiungen zu werden, die sich so leicht in theologisches Gewand hüllen! Auch hiergegen schützt uns eine wahre, verfassungsmäßige Freiheit der Kirche und der Lehre, und ein organisches Aussprechen derer, welche das Vertrauen der christlichen Gemeinden haben. Denn der Gemeinde ist der Geist gegeben, und nicht Fürsten oder Päpsten.« Die Leidenschaft der theologisch-politischen Auseinandersetzungen in der geistigen Situation der fünfziger Jahre, also in einer Epoche fortschreitender Säkularisierung, war der Ära Friedrich Wilhelms eigentümlich. Gab es noch eine Brücke zwischen den beiden »Sachverständigen« in Kirchenfragen, wenn Bunsen an einen Freund schrieb: »Jetzt sollte man über nichts reden als [über] Stahls Rede ›Über die christliche Toleranz‹, worin das Christentum als ›die Religion der Exklusivität‹ dargestellt wird, Verfolgung (noch ohne Scheiterhaufen) als christliche Regierungspflicht.« So sprach ein Mann, der in seinen Verhandlungen mit der römischen Kirche während seiner Gesandtenzeit eine wenig glückliche Hand gehabt hatte und der in seiner Sympathie für die englische Freiheit im Urteil oftmals irrte. So wie Bunsen versäumte aber auch Stahl nicht, sich an den König zu wenden.[13]

Unter den zeitgenössischen Reaktionen auf den kirchenpolitischen Konflikt in der zerrissenen evangelischen Kirche ist die Stimme eines Konservativen aufschlußreich. Ein Mitglied der konservativen Partei, Graf von Itzenplitz, schrieb im Anschluß an die Diskussion über Stahls Vortrag sowie auch der Lektüre von Bunsens »Zeichen der Zeit« an Ludwig von Gerlach: »Wenn Bunsen Stahl vorwirft, er bilde statt einer Konfession deren drei – dann gilt auch: Bunsen setzt die Gemeinde der Gefahr aus, in nicht drei, sondern hundert Seiten innerlich zu zerfallen, wenn jeder aus der Bibel und seinem sogenannten Gewissen (oft Einbildung, Grille oder Schwärmerei) soll deduzieren können, was er will, und [soll] doch noch der Kirche angehören ... Außerdem ist es doch gewiß unwahr und großes Unrecht gegen diesen milden und gutwilligen König, wenn Bunsen von Cäsaropapie in Preußen spricht, und gar behauptet, der Oberkirchenrat sei Ausgeburt der Cäsaropapie, während es doch gerade der Wille und das Bestreben des Königs war, unsere Kirche gegen den Staat und Minister unabhängig zu machen.« Es ist eine andere Sache, wenn die Institution des Oberkirchenrats eine ganz andere Entwicklung einleitete. Das Mißtrauen gegen das irrende Gewissen war nur zu berechtigt. Der König hatte ja selber von einem Sommernachtstraum gesprochen, den er über die evangelischen Pläne geträumt habe.

Die Form, in der sich Stahls Entfremdung von Friedrich Wilhelm IV. vollzog, zeugt auf beiden Seiten von der beiden Persönlichkeiten eigentümlichen vornehmen Gesinnung. Die Bitte um Entlassung aus dem Oberkirchenrat am 15. Juli 1857 fiel in eine Zeit, als die ersten Anzeichen einer Erkrankung des Königs unübersehbar waren. In sehr persönlicher

Weise schrieb der kranke und erschöpfte Monarch: »Mein teurer und sehr lieber Stahl«, und ließ ihn bitten, bis zur Beendigung der Tagung der evangelischen Allianz im Amte zu bleiben. Der Brief schloß: »Ich schreibe heut, nach manchem nervösen Leiden, den ersten Brief, und werden Sie ihn wohl recht schwach finden. Möge er nicht umsonst geschrieben sein.« Der wahre Grund für Stahls Wunsch nach Resignation lag indes nicht in der Evangelischen Allianz, sondern in der Sorge um die Entwicklungstendenzen der inneren Kirchenregierung. Er fürchtete, daß die Union die lutherische Konfession immer mehr zurückdränge. Seine »eigene lutherische Überzeugung« hinderte ihn, an dieser Entwicklung mitzuwirken. Erst der Prinzregent hat ihn dann »in Gnaden« aus dem Kirchenregiment entlassen.

Ob sich der König des tiefen kirchenpolitischen Gegensatzes zu Stahl stets bewußt gewesen ist, sei dahingestellt. Stahl war es um so stärker, aber um so schwerer wiegt die Gedächtnisrede auf den verstorbenen König am 18. März 1861 im Evangelischen Verein zu Berlin. Außer Ranke hat wohl kaum jemand aus dem konservativen Kreis, der Friedrich Wilhelm umgab, so einfühlende Gedanken formuliert: »Er war als oberster Regierer der Kirche selbst immer eingedenk, daß die Kirche Gott mehr zu gehorchen hat als den Menschen. Der geistliche Charakter, das Gepräge von Freiheit, Innerlichkeit, Salbung, welchen das Kirchenregiment von ihm empfing, steht als ein Musterbild im neueren Protestantismus... Das ist die Regierung Friedrich Wilhelms des Vierten. Sie war nicht von Glück getragen. Sie war der Lauf des christlichen Dulders. Sein Los war Anfeindung, Verkennung, Verleumdung, war Undank von allen Seiten ... Aber in weitem Umfang setzte er seine Gedanken... durch. Er hat trotz aller Erschütterung und Umwandlung in Preußen das Königtum stark und selbständig und die bürgerlichen und kirchlichen Einrichtungen ohne Bruch mit der Vergangenheit hinterlassen, und neue politische Einrichtungen gesunder und lebenskräftiger aus seinem Geiste gegründet... Der kirchliche Zustand hat seit ihm ein ganz anderes Antlitz, und von der Aussaat, die er hier gelegt, wird sicher auch in Zukunft eine reiche Pflanzung ausgehen.«[14]

Stahl hielt eine sogenannte »fromme« Rede und traf mit seinen Worten gleichzeitig in die Mitte der Persönlichkeit des Königs. Es ist nicht ohne Symbolik, daß Friedrich Julius Stahl im selben Jahr, am 10. August 1861, starb. Mit dem Tod Friedrich Wilhelms und des Lehrers des christlichen Staates sowie des monarchischen Prinzips ging eine Epoche zu Ende.

Orientalische Krise
und das Bistum Jerusalem

Die künstlerischen, wissenschaftlichen und kirchlichen Auseinandersetzungen dieser ersten Regierungsjahre Friedrich Wilhelms IV. bündelten sich vor dem Hintergrund der orientalischen Krisis sowie der vaterländischen Begeisterung, die die französische auswärtige Politik ausgelöst hatte. Nach der Zäsur der Julirevolution entstand in den dreißiger Jahren über der orientalischen Frage eine neue Mächtekombination. Es sind im Grunde zwei Krisen, zu Beginn des dritten Jahrzehnts und um 1840.

Wie leidenschaftlich der Kampf um die griechische Unabhängigkeit Friedrich Wilhelm erregte, konnte nicht überraschen. Die Briefe an die Schwester, die sich mit der griechischen Unabhängigkeit beschäftigten, werden die Zarin kaum in der von Friedrich Wilhelm erhofften Weise berührt haben. Sie hatte sich inzwischen längst von den Ideenkreisen des preußischen Bruders entfernt, soweit es nicht um die Bewahrung des Mächtesystems von 1815 ging. Daß Zar Nikolaus die Ideale des Schwagers nicht teilte, darüber war sich der Kronprinz im klaren. So lange er Kronprinz war, sprach er sich dem Schwager gegenüber trotzdem nicht weniger offen aus als zur Schwester.

Die Ironie, die dem »Romantiker« eigen war, sowie ein bewußt forscher Ton können den Ernst, mit dem er die Weltbegebenheiten verfolgte, nicht verdecken. Als Zar Nikolaus 1828 russische Landstreitkräfte gegen die Türkei einsetzte, nachdem der Krieg am 26. April 1828 erklärt worden war, schrieb Friedrich Wilhelm ihm wenige Tage später jenen Brief, der in der Substanz sein politisches Programm auch der beiden nächsten Jahrzehnte enthält: »Du *schlägst* Dich in der Türkei, liebster Freund, und ich reise morgen zum *Exerzieren!* nach Pommern. Denke ein wenig über diese betrübliche, ja vernichtende Parallele nach und gestehe, daß das grausam ist für meine turkophage und philhellene Individualität. Und Du, der du niemals weder das eine noch das andere gewesen bist (was Gott Dir verzeihen möge), Du bewegst Dich jetzt gegen Wind und Sümpfe, gegen Neigung und Wunsch auf die Donau zu ... Der Tag, wo ich erfahren werde, daß Du in Konstantinopel bist, wird der unglücklichste Tag meines Lebens sein. Wie ist es möglich, diese Sache nicht zu einer europäischen zu machen! Aber ich sehe Dich schon vor Lachen bersten – Du kennst mich nur allzu gut in solchen Seufzern wieder. Du wirst sagen, daß ich die Dinge eben anders auffasse als Du, daß Du nur Rußland und nicht die Christenheit verteidigst – na also!!! (Es wird höchste Zeit, daß ich schweige ...).«[1]

Erinnerungen an den Unterricht über das alte Griechenland mögen dazu beigetragen haben – so wie übrigens bei vielen Zöglingen des Humanismus –, daß Friedrich Wilhelm in diesem einen Falle sogar eine hellenische Republik unter dem ihm vertrauten Kapodistrias in Kauf genommen hätte. Nachdem sich die Annahme der Krone durch den damals unschlüssigen Prinzen Leopold von Sachsen-Koburg verzögert hatte, kamen drei preußische Prinzen für den Königsthron ins Gespräch, nämlich »Onkel Wilhelm«, ein Bruder Friedrich Wilhelms III., der jüngere Bruder Karl und der Cousin »Fritz O.«, Prinz Friedrich der Niederlande. Von ihnen soll auf Befehl des Königs Prinz Karl »schon Nee gesagt haben«.

Im Briefe an die Gattin Elise gab er seinem Gefühl freien Lauf. Noch immer hoffte er, daß sich der Oheim schließlich doch für die Annahme der griechischen Königskrone unter bestimmten Bedingungen entscheiden werde: »Ich möchte, daß Onkel Wilhelm nicht unbedingt ablehnte, sondern erklärte: wenn die Sachen einst geordnet wären nach dem und nur zu billigen Verlangen der Griechen, wenn dann Prinz Leopold durchaus nicht wollte oder könnte oder sollte, und wenn die Mächte dann das Natürliche, nämlich Kapodistrias, nicht vorzögen, so wolle er. Das hätte Hand und Fuß, Kopf und Schwanz, das klänge doch so schön: Haus Hohenzollern, drei Linien: 1. in Schwaben, 2. in Preußen, 3. in Hellas! – O, lieber Onkel, ich bitte!!!« Der Brief ist am 5. Juli geschrieben, im selben Monat, in dem die Julirevolution ausbrach.

Nachdem der zweite Sohn König Ludwigs von Bayern, Prinz Otto, durch die europäischen Schutzmächte England, Frankreich und Rußland am 7. Mai 1832 zum König von Griechenland bestimmt und von der griechischen Nationalversammlung bestätigt worden war, wurde die Wahl der Hauptstadt lebhaft diskutiert. König Ludwig dachte sogleich an Athen, während der Kronprinz Maximilian Korinth für den geeignetsten Platz hielt. Friedrich Wilhelm stimmte dem Schwager Ludwig begeistert zu. Als er im Dezember 1833 zu Besuch nach München kam, schlug er vor, den Palast des Königs auf der Akropolis zu errichten. Und »es versteht sich, daß er auch sogleich an Schinkel als den Schöpfer des Baus dachte«.[2] Der Baumeister lieferte auch einen Entwurf ab, dessen Ausführung aber weder König Otto, noch Klenze, noch Roß, der Generalephorus aller Altertümer des griechischen Festlandes, »aus praktischen Gründen für möglich hielten«. So blieb der Plan eines Palastes auf der Akropolis nicht mehr als ein »anmutiges Feenmärchen«. Das Vorhaben ist Teil der allgemeinen Bewegung des Philhellenismus, zu der auch das Wirken der Archäologen der Epoche gehört, die 1837 in Athen die Archäologische Gesellschaft gründeten.

Das dritte Jahrzehnt mündete schließlich in eine zweite orientalische Krisis. Der Ausgangspunkt der Auseinandersetzung lag in der expansiven Politik Mehemet Alis, der seine Macht als Statthalter in Ägypten auf Syrien und Palästina ausdehnen wollte und damit den Bestand des türkischen Reiches ernsthaft in Frage stellte. Im Jahre 1839 kam der Sultan einem zu erwartenden neuen Angriff Mehemet Alis zuvor, aber die Türken wurden wiederum von den Ägyptern geschlagen. Auf türkischer Seite nahm der weiland Hauptmann Helmuth von Moltke als Beobachter und Instruktur an dem Feldzug teil, und seine »Briefe über Zustände und Begebenheiten aus den Jahren 1835 bis 1839« sind militärwissenschaftlich wie literarisch gleichermaßen berühmt geworden.[3]

Die Labilität der Mächtekonstellation, die seit den zwanziger Jahren mit Einschränkung als Ost-West-Gegensatz gekennzeichnet werden kann, wurde jetzt erst recht deutlich. Friedrich Wilhelm mochte es scheinen, als ob sich in diesem Moment das so oft beschworene Ideal der Allianz von 1813/15 wiederholen werde. England und die Ostmächte intervenierten gemeinsam, wenn auch aus ganz verschiedenen Gründen, zugunsten der Türkei, während sich Frankreich aufgrund seiner Mittelmeer-Interessen, vor allem der Besetzung Algeriens seit 1830, und nicht ohne Erinnerung an die »heroische« Politik Napoleons hinter Mehemet Ali stellte. Die englisch-französische Allianz, deren Haltbarkeit allerdings nie überschätzt werden sollte, löste sich auf, zumal England durch ein starkes Ägypten seinen Handelsweg nach Indien bedroht sah. So schlossen sich ohne Rücksicht auf Frankreich Rußland, England, Österreich und Preußen zusammen und forderten ultimativ die Wiederherstellung der Herrschaft des Sultans im Nahen Osten.

In dieser ersten außenpolitischen Krise seiner Regierung hat es Friedrich Wilhelm sehr wohl verstanden, die Interessen Preußens wahrzunehmen. Die diplomatischen Details sind in diesem Zusammenhang von untergeordneter Bedeutung; wichtig bleibt, wie sehr die Vorgänge im Vorderen Orient die europäischen Beziehungen veränderten und auf welche Weise Preußen auf die orientalische Frage reagierte. Die Annäherung Englands an die Ostmächte, die in der Londoner Konvention vom 15. Juli 1840 drastisch zum Ausdruck kam, entsprach ganz dem Wunschbild, das der preussische König von Europa hegte. In den Verhandlungen, die zum »Viererbündnis« – eine nicht präzise Bezeichnung – führten, liess er es sich angelegen sein, die Selbständigkeit der preussischen Politik zu wahren, zumal sein Staat im Falle eines Konfliktes in Europa am unmittelbarsten betroffen gewesen wäre.

Es ist, als ob die Konstellation des Krimkrieges vorweggenommen worden sei. Friedrich Wilhelm behielt sich die Freiheit des Handelns und »das Recht der strengsten Neutralität« vor, wobei er vieles für die Verbesserung der Kriegsverfassung des Deutschen Bundes tat. Soeben erst hatte er den Thron bestiegen, und schon stand er vor der Aufgabe, seinen Standpunkt gegenüber erfahrenen Männern zu behaupten. Es schien der rechte Augenblick für hochfliegende Pläne zu sein.

Das Erlebnis der Huldigungen hatte sein Selbstwertgefühl gehoben, und die Verwirklichung des Ideals eines einigen konservativen Europas lag offensichtlich greifbar nahe. In seinen Erwartungen ging er so weit, dass er glaubte, die Vier-Mächte-Konvention von 1840 lasse sich zu einem allgemeinen Defensivbündnis der vier Mächte weiterentwickeln. Sodann sollte dieses Bündnis durch einen sogenannten »Kollektivschritt« dem französischen König und seiner Regierung angezeigt werden. Er beauftragte seinen Gesandten in Petersburg, von Rauch, den Zaren mit diesem Gedanken vertraut zu machen. Das Leitmotiv einer Allianz nach dem Vorbild des grossen Bündnisses von 1814/15 beherrscht die Korrespondenz, unter deren Adressaten Männer wie Grolman, Rauch und Radowitz auffallen. Dass allerdings die Londoner Konvention nicht mehr als einen Kompromiss bedeutete, war den Unterzeichnern wohl bekannt.

Friedrich Wilhelm handelte zu jenem Zeitpunkt selbstredend in engem Einvernehmen mit Wien. Die Motive beider Mächte sind unschwer zu erkennen; es ging ihnen in erster Linie um die Bewahrung des gefährdeten Friedens. Im Verlaufe dieser Krise zeigte sich, wie sich das Urteil der Fürsten und Kabinette über das Julikönigtum inzwischen gewandelt hatte; in Berlin wie in Wien war man sorgfältig darum bemüht, die Beziehungen zu den Tuilerien so wie bisher zu erhalten. Selbst der Zar wich von seinen Prinzipien in der Praxis ab, ohne sie dadurch völlig aufzugeben. Er konnte sich nicht länger der Einsicht entziehen, dass aus revolutionärem Unrecht einmal Recht werden kann. So hegte er gegen den Sohn Louis Philippes, den Herzog von Orleans, nicht dieselbe Abneigung wie gegen dessen Vater. Er wolle den Sohn

– so sagte er – nicht verantwortlich für die Usurpation im Jahre 1830 machen.[4]

Sobald die Konvention bekannt wurde, entstand ein Sturm nationalistischer Entrüstung in Paris. Leidenschaftlich forderte die »öffentliche Meinung« Genugtuung und erhob Anspruch auf die Rheingrenze. Auf beiden Seiten des Rheins brachen nationale Emotionen auf. Die Deutschen fühlten sich zunächst in der Defensive, aber diese Haltung schloß eine kriegerische Stimmung nicht aus. Die Verse des in Bonn gebürtigen Juristen Nikolaus Becker verbreiteten sich rasch, auch in Österreich, und wurden ein Bestandteil des deutschen Nationalgefühls:

»Sie sollen ihn nicht haben,
den freien deutschen Rhein
ob sie gleich gier'gen Raben
sich heiser danach schrei'n.«

Das Lied wurde erstmals auf der Bühne des Kölner Stadttheaters angestimmt und gehörte schon bald zum patriotischen Liedgut. Nikolaus Becker wurde überall gefeiert: Friedrich Wilhelm zeichnete ihn aus, und Ludwig von Bayern übersandte ihm einen goldenen Becher. Es bleibt seltsam, wann und wie Lieder ihr Publikum erreichen. Zu jener Zeit entstand auch die »Wacht am Rhein«, das Lied Max Schneckenburgers, das jedoch so gut wie unbeachtet blieb; erst nach einem Menschenalter, als die zum Text passende Musik komponiert war, fand es Eingang in die Herzen der Deutschen. Die Hohenzollern-Hymne »Heil Dir im Siegerkranz« war jetzt ebenfalls populär und wurde gern gespielt, wenn militärisch-höfische Feste gefeiert wurden, besonders in Anwesenheit der Zarenfamilie.

Wenn der Krieg mit Paris schließlich doch nicht ausbrach, so hing das mit der französischen Interessenlage zusammen. Louis Philippe war lebenserfahren genug, um nicht um die Thronfolge besorgt zu sein. Damals versuchte Louis Napoleon, ein Neffe Napoleons I., der spätere Napoleon III., gegen Boulogne zu putschen; das Unternehmen scheiterte zwar, aber es war und blieb ein Menetekel, und Metternich nutzte den Augenblick geschickt aus, indem er den französischen König durch seinen Gesandten auf die revolutionäre Vergangenheit hinwies: »Will Thièrs den Krieg? Wenn er ihn will, so kann das nur sein im Geiste des Konvents, d. h. in demjenigen der bewaffneten Revolution oder des Kaiserreichs, was gleichbleibend ist mit demjenigen der Eroberungen.«

Louis Philippe wollte jedoch nicht den Krieg, zumal er wußte, daß das französische Volk in seiner überwiegenden Mehrheit die Bewahrung des Friedens wünschte. Die Pariser Geschäftswelt, die kleinen Grundbesitzer und die Staatsgläubiger lehnten den Gedanken an Krieg ab. König Louis Philippe mußte sich aber durch den Ausschluß von der Konvention beleidigt fühlen und das auch zeigen; sein Zorn hatte indes mehr »eine dynastische als politische Färbung«. Palmerston, dem in allen Verhandlungen eine Schlüsselrolle zufiel, war sich der friedlichen Gesinnung in Frankreich so sicher, daß er dem französischen Geschäftsträger in London auf dem Höhepunkt der Krise sagen konnte: »Je connais le Roi mieux que vous; il ne fera jamais la guerre.« Louis Philippe wollte die Krise allerdings ausnutzen, um die Befestigung von Paris und die Verstärkung des Heeres durchzusetzen.

Es ist interessant, die Bedeutung zu beobachten, die in dieser Krise dem dynastischen Element zufiel. Für die Rolle des Vermittlers zwischen London und Paris, deren »bonne entente« dieser orientalischen Krisis nicht standhielt, war der belgische König Leopold besonders geeignet, der als friedens- und ehestiftender Vermittler auftrat. Er war der Schwiegersohn Louis Philippes sowie Oheim und politischer Ratgeber der Königin Viktoria. Als der Abschluß der Juli-Konvention in Paris bekannt wurde, weilte er gerade bei seinem Schwiegervater in St. Cloud und wurde Zeuge des starken Eindrucks, den die Nachricht auf den König machte. Die Schauplätze von Leopolds Vermittlertätigkeit lagen vornehmlich in Paris, London und im Schloß Eu in der Normandie, wo damals das französische Königspaar wochenlang weilte. Wenn greifbare Ergebnisse der Sondierungen, der Korrespondenzen und der Gespräche Leopolds auch nicht nachweisbar sind, so darf man doch davon ausgehen, daß König Leopold zur Entspannung und zur Verständigung der Unterzeichner der Konvention mit Frankreich wesentlich beigetragen hat.

Noch einmal spielte Metternich eine herausragende Rolle. Ein Grundgedanke, von dem sich der österreichische Staatskanzler seit 1815 hatte leiten lassen, war die Überzeugung von der Bedeutung der Pforte für die Pentarchie gewesen. Da das osmanische Reich »kein gleichgültiges Element innerhalb des europäischen Staatensystems sei, so sei die Hineinziehung Europas in diesen auf den ersten Blick rein islamischen und innertürkischen Streithandel eine unabweisbare Notwendigkeit«. Das Ergebnis dieser orientalischen Krisis, die im Meerengenvertrag vom 15. März 1841 einen vorläufigen Abschluß fand, besteht nicht zuletzt in der Stellung der Türkei zu Europa. Sie wurde – verbindlicher noch als 1815 – in die völkerrechtliche Gemeinschaft Europas aufgenommen und blieb »gegen eine Vergewaltigung durch eine einzelne ... Macht gesichert«. Diese Garantie erkaufte die Pforte durch den Verzicht auf ihre alleinige Kontrolle von Bosporus und Dardanellen.

Friedrich Wilhelm hat an den diplomatischen Geschäften in engem Einvernehmen mit Wien lebhaften Anteil genommen. Während jener kritischen Wochen, als ein militärischer Zusammenstoß mit Frankreich nicht ausgeschlossen schien, ging die Führung der Abwehrmaßnahmen im Rahmen der Bundeskriegsverfassung an Preußen über. In euphorischer Stimmung schrieb Friedrich Wilhelm dem vertrauten General von der Groeben: »Teutschland war seit den Ottonen und Hohenstaufen nie so einig wie jetzt. An meinem teutschen Herzen und Willen zweifelt wenigstens wohl keiner.«[5] Sollte es zu einem Krieg kommen, wollte er gleich zu Beginn »Metz und Straßburg belagern, dann getrost vorwärts gehen und schreien wie Gideons Scharen: Hier [ist das] Schwert des Herrn«.

Der König befand sich in diesem Augenblick in seltener Eintracht mit seinem Bruder Wilhelm. Es mag sein, daß die enge menschliche Verbundenheit der ungleichen Brüder jetzt ihren Höhepunkt fand und eine Zeitlang zu den Voraussetzungen der übereinstimmenden Urteilsbildung in den Grundfragen der großen Politik gehörte. Das schloß allerdings nicht aus, daß auf vielen Feldern der Gesamtpolitik gleich nach der Thronbesteigung Friedrich Wilhelms krasse Gegensätze aufbrachen, die dann immer stärker wurden.

Der Londoner Konvention vom 15. Juli 1840 hat Prinz Wilhelm noch uneingeschränkt zugestimmt. Seine Lagebeurteilung fiel maßvoll aus und unterschied sich deutlich von der des Generalstabshauptmanns Helmuth von Moltke, der das Geschehen im Vorderen Orient unmittelbar beobachtete. Daß Frankreich »gewaltig lärme«, hat ihn nicht sehr beunruhigt. Er riet sogar, keine »Gegenrüstungen« zu unternehmen.[6] Gleichwohl machte er sich Gedanken über die Führung eines möglichen Krieges und über Absprachen mit den Bundesfürsten, denen er dringend davon abriet, mit den Ständen über Wehrfragen zu deliberieren, zumal die Souveräne als »Herren über Krieg und Frieden« selbständig zu entscheiden hätten. Sein Gedanke war, die Hauptarmee zwischen Frankfurt und Würzburg zu versammeln »und dann eine rasche Operation mit der Stoßrichtung auf Paris durchzuführen und die elsässischen Verteidigungsanlagen an den Vogesen« zu umgehen.

Zwischen Berlin und Wien hat in der orientalischen Frage nie wieder ein solches Einvernehmen geherrscht wie im ersten Regierungsjahr Friedrich Wilhelms. Die Harmonie wurde auch nicht durch das Bemühen des preußischen Königs getrübt, durch ein Zusatzprotokoll zur Konvention im Falle eines Konfliktes zwischen den beteiligten Mächten »die strikteste Neutralität« wahren zu dürfen; eine sogenannte clausula salvatoria, wie sie der Gesandte Bülow ins Gespräch brachte, hätte ihm nicht genügt. In einer persönlichen Begegnung mit Metternich in Pillnitz am 13. August fiel es dem Staatskanzler jedoch nicht schwer, die Bedenken Friedrich Wilhelms zu zerstreuen und ihn zu einem Verzicht auf ein besonderes Zusatzprotokoll zu bewegen.

In jener Zeit erkannte der König Erfahrung und Weisheit des habsburgischen Staatsmannes an. Er ließ sich von der Berechtigung der habsburgischen Politik überzeugen, und an Metternichs Bereitschaft, im Falle eines französischen Angriffs, an der Verteidigungsfront in Deutschland mitzuwirken, zweifelte Friedrich Wilhelm nicht. Daß Österreichs innere Zustände, vor allem die seiner Finanzen, die Bewegungsfreiheit des Kaiserreichs erheblich einschränkten, war eine andere Sache. Die Aufmerksamkeit Habsburgs richtete sich stärker auf das bedrohte Oberitalien als auf das linke Rheinufer. Und doch verschloß sich Metternich damals nicht der patriotischen Begeisterung, die Deutschland erfaßte; schließlich war er gebürtiger Rheinländer. Er blieb allerdings im Gegensatz zum preußischen König frei von jedem Gedanken an eine »Abrechnung« mit Frankreich oder gar an eine Eroberung von Elsaß und Lothringen. Wie sehr Ludwig von Bayern daran dachte, kann seit seinem Verhalten auf dem Wiener Kongreß nicht überraschen. Friedrich Wilhelm waren diese Überlegungen stets fremd gewesen; jetzt, während der »Rheinkrisis«, machte er sich mit solchen nationalen Gedanken vertraut, wenn er auch in den staatsmännischen Vorstellungen Metternichs befangen blieb.

Zur Überwindung der orientalischen Krise trugen die Einsicht Louis Philippes und die Resignation Frankreichs entscheidend bei. Am 20. Oktober trat an die Stelle von Thièrs François Guizot, »der ruhmvolle Historiker, der Vertreter einer Politik, die Frankreich ohne übergroße Schädigung seines Ansehens aus der Isolierung herausführen und dem europäischen Konzert durch Lösung des Chaos Thièrsscher Außenpolitik wieder eingliedern wollte«.[7] Nach dem Regierungswechsel in Paris kehrte Ruhe in den internationalen Beziehungen ein. Als Preußen und Österreich am 6. Dezember im Namen Deutschlands eine

Anfrage an Paris wegen seiner Rüstungen richteten, versicherte Guizot die Botschafter der friedlichen Gesinnung Frankreichs. Louis Philippes Reaktion auf die vorausgegangenen diplomatischen Wirren, die die Labilität des Staatensystems widerspiegelten, kam in der besonders an die Adresse Metternichs gerichteten glaubwürdigen Versicherung zum Ausdruck: »Ein zweiter Wiener Kongreß kann nie mehr vorkommen. Was kommen würde, wäre die Auflösung der politischen und sozialen Ordnung Europas, der Triumph der Revolution.«[8] Es war eine Prophezeiung, die nach mehr als einem halben Jahrhundert in Erfüllung gehen sollte.

Der eigentliche Gewinner der orientalischen Krise war England, dessen Mittelmeerwege sowohl gegen Rußlands Angriff aus dem Schwarzen Meer als auch »gegen eine französisch-ägyptische Sperrpolitik« gesichert waren. Rußland hatte das ausschließliche Protektorat über die Türkei – das ihm durch vorausgegangene Verträge zugestanden worden war – verloren, aber die Schließung der Dardanellen schützte es gegen einen Angriff von der Seeseite. Wenn die Mitglieder der Pentarchie beschlossen, in Übereinstimmung mit der Hohen Pforte »die alte Regel« des mare clausum aufrechtzuerhalten, so bedeutete diese Bestimmung keine förmliche Garantie der fünf Mächte für die Integrität und Unabhängigkeit der Türkei; der Meerengenvertrag hatte in der Praxis jedoch genau diese Bedeutung.

Im europäischen Staatensystem war eine Zäsur eingetreten. Die Entente zwischen den Westmächten war empfindlich gestört, so daß es jetzt nicht mehr möglich war, zwischen den liberalen West- und den konservativen Ostmächten zu unterscheiden. Von einer Wiederherstellung der Pentarchie im alten Sinne, gar in dem »sozialkonservativen« Sinne Metternichs, konnte trotzdem nicht die Rede sein. Es war zwar ein Friedensakt zustande gekommen, aber im Orient blieben die Machtgegensätze virulent. Wenn der maßlose Ehrgeiz Mehemet Alis, dem Genialität allerdings nicht abzusprechen ist, gescheitert war, so bedeutete das nicht in erster Linie einen Triumph der Pforte über den ägyptischen Vizekönig; entscheidend war vielmehr, daß die europäische Koalition die Vormundschaft über das osmanische Reich übernahm.

Der König von Preußen engagierte sich im Zusammenhang mit der Liquidation der ägyptischen Machtstellung auf eine besondere Weise, die mit den großen Entscheidungen der Staaten nur am Rande zu tun hatte. Während der Jahre 1839 und 1840 hatte der Gedanke des Schutzes religiöser Minderheiten, besonders derjenige einer »Emanzipation der Christen«, zunächst lediglich eine zweitrangige Rolle gespielt. Er hatte kaum mehr als die Bedeutung eines Details, wenn der Zusammenhang zwischen Politik und Religion auch immer wieder durchschien. So fiel während der militärischen und diplomatischen Auseinandersetzungen den religiösen Fragen eine nicht geringe Rolle zu. Sie drängten sich geradezu auf in Regionen wie Syrien, im Libanon oder in Palästina, wo die Heiligen Stätten der Christenheit lagen.

Hinzu kam das Schicksal der Juden im Heiligen Land, die die Aufmerksamkeit der europäischen Mächte auf sich lenkten. Die Frage der Rückkehr der Juden nach »Israel«, wie es in einem französischen Bericht hieß[9], wurde plötzlich ein lebhaft erörtertes Thema der großen Politik. Der Gedanke beschäftigte Metternich ebenso wie Guizot, der sogar daran dachte, Jerusalem zu einer Freien Stadt zu erklären. Das Problem »Jerusalem« wurde eine Sache der konkurrierenden christlichen Bekenntnisse. Um die Stadt rangen die römisch-katholischen, die griechisch-katholischen und die armenischen Christen. Metternich durchschaute die verschiedenen Motive derer, die sich mit Jerusalem beschäftigten. Der Kanzler erkannte nüchtern den Widerspruch zwischen der Aufgabe, die Türkei zu schützen auf der einen und den eifernden religiösen Bestrebungen auf der anderen Seite.

Der Gedanke an eine Freie Stadt taucht frühzeitig auch bei Bunsen auf. In einem Brief zieht er Ende Oktober 1839 einen Vergleich mit Krakau und sogar mit Frankfurt.[10] Zu denen, die aus der Nähe das Geschehen im Vorderen Orient miterlebt und sich ein Urteil gebildet hatten, gehörte wiederum Helmuth von Moltke. Nach seiner Rückkehr aus der Türkei veröffentlichte er in den Beilagen zur Augsburger Allgemeinen Zeitung eine Reihe von Aufsätzen, die bemerkenswerte Auffassungen enthalten. Noch war Moltke ein unbekannter Generalstabsoffizier, aber er war einer der Männer, die Land und Leute kannten, über die damals so viel geschrieben wurde. Er hatte sich von der Lebensunfähigkeit der Türkei überzeugt; seine Vorschläge bewegten sich im Rahmen der Vorstellungen der Männer, die die Gründung eines palästinensischen Staates befürworteten. Moltkes realistische Lagebeurteilung kommt auch in seinem Urteil über Jerusalem zum Ausdruck: »Wollte man nach dem Beispiel Krakaus Jerusalem mit den heiligen Orten seiner Umgebung allein zu einem Staat konstituieren, so würde dieser Staat, in einer öden, unfruchtbaren Gegend, abgeschnitten vom Meer ... gewiß eine sehr unglückliche Schöpfung werden.«[11]

Daß Friedrich Wilhelm IV. an den christlichen Einrichtungen in Palästina besonders interessiert war, konnte nicht überraschen. Wenn Preußens diplomatischer Anteil an der orientalischen Krise auch unbedeutend war und vornehmlich aus dem Bedürfnis nach Wiederherstellung der konservativen Solidarität unter den europäischen Staaten zu verstehen ist, so rückte das Interesse an Israel und an Jerusalem gleichsam zwangsläufig in die Lebensmitte des Königs. Friedrich Wilhelms erste außenpolitische Schritte bewegten sich in den traditionellen Bahnen des verstorbenen Vaters; das gilt auch für jenen Bereich, in dem es um das Schicksal der Christen im Orient und auch der Juden ging.

Friedrich Wilhelm III. hatte 1839 gefordert, daß die »question palestinne« nicht von den allgemeinen Problemen einer »Emanzipation der Christen« im Orient getrennt werden sollte. Die Formel blieb ein Stichwort preußischer Orientpolitik. Schon vor dem Regierungsantritt Friedrich Wilhelms IV. hatte die Rücksicht auf die Christen in Palästina also eine wesentliche Rolle gespielt. Die Kontinuität ist deutlich, auch wenn der Thronfolger in der Frage der »Emanzipation« neue Akzente setzte. Der alte König hatte es 1839 noch abgelehnt, den »Schutz für Palästina« zu übernehmen, »aber erklärt, die Sache sei von großer christlicher Bedeutung und verdiene Aufmerksamkeit«.[12] Es war eine Folge der Initiativen, die noch zu Lebzeiten Friedrich Wilhelms III. ergriffen wurden, wenn dem Diplomaten Josef Maria von Radowitz die Aufgabe gestellt wurde, am 14. Februar 1841 ein Memorandum mit dem Vorschlag auszuarbeiten, das die folgenden Hauptpunkte enthielt: »1. Immunität der Christen an den heiligen Stätten. 2. Sie stehen unter der ausschließlichen Gerichtsbarkeit christlicher Residenten. 3. Der Besitz der heiligen Stätten geht auf die fünf Mächte über, gegen Entschädigung der jetzigen Besitzer. Zion würde befestigt und erhielte eine Garnison. 60 Mann von jeder Großmacht. Morijah [der Hügel, auf dem Salomon den Tempel erbaute] verbliebe den Türken. Man würde versuchen, Zion [sic] der evangelischen Kirche allein zu überlassen.« Die Realisierung dieser Gedanken hätte in der Tat eine Internationalisierung der Heiligen Stätten in Palästina bedeutet – wie es ähnlich von Guizot erwogen worden war. Unter den »Antworten der Höfe«, die negativ ausfielen, war am nüchternsten diejenige Palmerstons: »Man könne nur Schwierigkeiten sehen; außerdem gebe es in Jerusalem bei 15 000 Einwohnern nur 1000 Christen.«

Wichtiger als solche Bekundungen der amtlichen preußischen auswärtigen Politik, die sich durch ein hohes Maß an Realitätsferne auszeichnete, sind die Gedanken und Anregungen, die von dem Gesandten Bunsen ausgingen, allerdings ebenfalls von einer ungewöhnlichen Fähigkeit zur illusionistischen Lagebeurteilung begleitet wurden.

In dem Schreiben Bunsens an Lord Ashley vom 3. August 1840 stehen Sätze, die die Situation beleuchten und deren Sinn auch den König von Preußen gefangen nahm: »Ist nicht das Zusammentreffen der orientalischen Krise mit den augenscheinlichen Zeichen der Wiederbelebung Zions ein höchst providentieller Umstand? Sollte es nicht providentiell sein, daß die Geschicke des Heiligen Landes in die Hände Englands gelegt werden, in demselben Augenblicke, wo der Herr, dessen gesegnete Füße jenen heiligen Boden betraten, die Anbetung der Gläubigen empfängt in den Tönen der englischen Sprache?« Gemeint war ein anglikanischer Gottesdienst in Jerusalem. Aus Gründen evangelisch- religiöser wie politischer Art entstand der Wunsch, ein Bistum in Jerusalem zu errichten, mit dessen Gründung der Name Christian Carl Josias Freiherr von Bunsen eng verbunden ist. Bunsens Verbundenheit mit dem König wurzelte in der Teilhabe an den evangelischen Bestrebungen seiner Epoche.

Nach Bunsens römischen Jahren führte seine diplomatische Karriere ihn über Bern nach London. Bevor er aber seinen Posten in Bern verließ, um über Berlin nach London zu reisen, schrieb er Aufzeichnungen nieder, die einen Einblick in ihn bedrängende Probleme gewähren. Er formulierte die folgenden Hauptgrundsätze: »I. Den vier Mächten gegenüber: Prinzip des Schutzes der Christen und der Consularagenten und Gemeindehäupter. II. England gegenüber: Darstellung einer evangelisch-apostolischen Kirche. 1) also ein Bischof der englischen Kirche: die deutschen Geistlichen von ihm geweiht. Später abwechselnde Wahl oder zwei Bischöfe, einer von jedem: 2) Eine gemeinschaftliche Kirche in Jerusalem (Berg Zion) mit gemeinschaftlicher Ausstattung. Gottesdienst morgens, abwechselnd englisch, deutsch, hebräisch. 3) Unterhandlung wegen Abtretung von Domänen für Ansiedlungen. Also Union der Schwesterkirchen untereinander und mit Juda über dem Grabe des Erlösers. III. Allein: Erwerbung von Domänen für die evangelische Kolonisation (Verbindung mit Spittler-Hoffmann; christliche Kolonie).« Religiöses und Politisches sind eng verbunden. Daß der Gesichtspunkt des Christlichen mit einer eigentümlichen Auffassung von Weltpolitik verschmolzen ist, kehrt leitmotivisch wieder. Erfahrungen der jüngsten Geschichte, Zukunftserwartungen, auch missionarischer Eifer und eine rege politische Phantasie gehen ineinander über. Für Josias

Neben Friedrich Julius Stahl wurde Karl Josias Freiherr von Bunsen der einflußreichste Mitstreiter Friedrich Wilhelms IV. an dessen evangelischen Bestrebungen. Die für Friedrich Wilhelm IV. charakteristische Verschlungenheit kirchlicher und politischer Elemente, die keine Trennung zwischen beiden erlaubte, stand auch hinter der Gründung des Bistums Jerusalem im Heiligen Land, das die preußische Diplomatie in sonderbarer Weise beschäftigte.

von Bunsen war seit der Lösung der orientalischen Krisis eine politische Konstellation entstanden, in der »die englisch-preußische Frage« zu einer »weltgeschichtlichen« wurde. Das alles sollte sich in dem Vorhaben konkretisieren, in Jerusalem gemeinsam von London und Berlin aus ein evangelisches Bistum zu errichten. Bunsen wurde denn auch ausgewählt, die Verhandlungen in England zu führen, denen eine Instruktion des Königs vom 8. Juni 1841 zugrunde lag, die dem Diplomaten allerdings einen breiten Handlungsspielraum ließ. Die Grundlagen dieser Instruktion waren von König, Bunsen und Auswärtigem Amt gemeinsam erarbeitet worden, wobei der jeweilige Anteil an den Formulierungen offen bleibt. In diesem Dokument kommt die für die Ära Friedrich Wilhelms IV. charakteristische Verschlungenheit kirchlicher und politischer Momente deutlich zum Ausdruck.

Eine Trennung zwischen Politik und Kirche gab es nach Auffassung des Königs und seines Londoner Gesandten nicht. Die Klage über die Zersplitterung der evangelischen Christenheit den alten Kirchen gegenüber wurde ebenso kirchlich wie politisch begründet. Der König war sich von vornherein über die Schwierigkeiten der Verhandlungen im klaren, die ja nicht zwischen gleichberechtigten kirchlichen Partnern geführt werden konnten. Bei der staatskirchlichen Verfassung der anglikanischen Kirche mußte im Falle der Gründung des Bistums eine Gesetzesänderung durch das englische Parlament beschlossen und gebilligt werden. So fanden zunächst auf politischer Ebene Verhandlungen zwischen England und Preußen statt. Der kirchenerfahrene und in kirchlich-theologischen Fragen kenntnisreiche Friedrich Wilhelm IV. trug den Eigentümlichkeiten preußisch-englischer Verhandlungen auf kirchlichem Boden Rechnung; er bewies den erforderlichen diplomatischen Takt, zumal er sich der Bedeutung der Oxford-Bewegung und »der verstärkten Katholisierung des Anglikanismus« wie des Widerstandes von einflußreichen Leuten wie John Henry Newman durchaus bewußt gewesen ist.

Bei den Verhandlungen wurde von vornherein die Überlegenheit der anglikanischen Kirchenordnung akzeptiert. Es war das kirchliche Anliegen des preußischen Königs, »der bischöflichen Kirche Englands, welche mit evangelischen Grundsätzen eine auf Allgemeinheit hinzielende, geschichtliche Verfassung und kirchliche Selbständigkeit verbindet, vertrauensvoll die Hand zu bieten«. Der König sprach als Landesbischof seiner Kirche. Die Instruktion vom 8. Juni 1841 faßte die religiösen und politischen Gesichtspunkte, unter denen im Heiligen Lande ein Bistum gegründet wurde, zusammen; kaum ein anderes Dokument führt so unmittelbar in die kirchlich-religiöse Gedankenwelt des Königs ein.

Der Ausgangspunkt lag in der Lösung der orientalischen Frage. »Die gegenwärtige, offenbar nicht ohne göttliche Leitung, herbeigeführte Gestaltung der türkischen Angelegenheiten, und namentlich die politische Stellung Englands und Preußens zu derselben, hat der evangelischen Christenheit zum ersten Male die Möglichkeit gegeben, in der Wiege der Christenheit und im gelobten Lande sich neben den uralten Kirchen des Morgenlandes, und gegenüber der Römischen, als ebenbürtiges Glied der allgemeinen Kirche Christi eine Stellung zu fordern, um dem Evangelium freie Verkündigung, den Bekennern der evangelischen Wahrheit freies Bekenntnis und gleichen Schutz zu sichern. Dieser Augenblick ist ein weltgeschichtlich wichtiger.«[13] Seine Absicht einer Anlehnung an England begründete der König durch den Hinweis: »Die englische Kirche ist dort im Besitz einer kirchlichen Stiftung auf dem Berge Zion, und Se. Majestät halten es für die Pflicht aller evangelischen Fürsten und Gemeinschaften, sich an diese Stiftung ... anzuschließen. Auf diese Weise werde im ganzen Umfange des türkischen Reiches, und in den Ursitzen des Christentums, ein sichtbarer Mittelpunkt und lebendiger Hebel gegeben, dessen Kraft, einmal in Bewegung gesetzt, sich bald bis nach Abessinien und bis nach Armenien fühlbar machen würde.« Es schien dem Könige selbstverständlich, »daß die englische Kirche ein eigenes Bistum in Jerusalem errichte.« »Seine Majestät sind gern geneigt, wenn ein solches Bistum gegründet sein wird, einem oder mehreren Geistlichen und Missionaren von Ihren Untertanen zu erlauben, sich behufs der deutsch redenden bekehrten Juden und zum Besten der evangelischen Christen deutscher Zunge, an diese bischöfliche Einrichtung anzuschließen.« Die Bereitschaft Friedrich Wilhelms, England hier wie auch sonst die Priorität zuzugestehen, wirkt fast aufdringlich. Er war sich jedoch nicht nur im kirchlichen, sondern auch im politischen Bereich bewußt, daß dem älteren Großbritannien die Rolle des Vorbildes und der Führung zufalle. Solches Verhalten konnte die Voraussetzung eines Realismus, mit dem er seine Zeitgenossen übertraf, aber gleichzeitig auch eines Illusionismus bedeuten. Im Verlaufe seiner Regierung kam beides zum Ausdruck und bedingte sich wechselseitig.

Bunsen hatte sich auf seine Sondermission nach London gründlich vorbereitet; die Essenz seiner Überlegungen lag in der Bekundung:

»Die beiden englischen Schwesterkirchen müssen sich über dem Grabe des Erlösers die Hände reichen zum ewigen Bunde.«[14] Die Vorstellung einer preußisch-englischen Allianz auch in politischer Hinsicht entstammte letztlich religiösen Wurzeln; in ihr steckte ein Sinn für Realität, aber sie konnte bei Bunsen und seinen Freunden den Blick für die politischen Realitäten auch verstellen. England werde sich nach seiner Überzeugung Preußen auf Dauer nur anschließen, wenn diese Verbindung im evangelischen Glauben wurzele. Die Wahlmöglichkeiten, die für England in der politischen Welt des 19. Jahrhunderts bestanden, wurden von ihm allerdings nicht erkannt. So glaubten Bunsen und seine Gesinnungsfreunde an die »Notwendigkeit« wie an die »Natürlichkeit« eines solchen Bündnisses. Man kann nicht generell einfach von einer Identität der Anschauungen Bunsens und des Königs ausgehen, aber im Falle des Jerusalemer Bistums ist sicherlich der höchste Grad der Annäherung zwischen beiden Persönlichkeiten erreicht worden. Der »ökumenische« Gedanke – so problematisch seine Verwendung für die Zeit Friedrich Wilhelms auch ist – trat in den Vordergrund und fand Eingang in politische Überlegungen.

Den Aufzeichnungen Bunsens ist zu entnehmen, daß er auf seiner Reise nach Potsdam am 19. April 1841 in Basel Station machte und von dem aus Württemberg stammenden Christian Friedrich Spittler hörte sowie von dessen Bemühungen »für die Entsendung einer Kolonie evangelischer Christen nach Palästina«. »Von dem Augenblick an gewann der Gedanke, daß ein Bistum in Jerusalem errichtet werden müsse«, erst recht Bedeutung und Aktualität.

Die Gleichzeitigkeit theologischer und politischer Vorgänge ist immer wieder fesselnd. In die Jahre 1840/41 fallen zahlreiche kirchen- und kulturpolitische Entscheidungen, zwischen denen ein geistiger Zusammenhang besteht. Es handelt sich nächst der Berufung Schellings vor allem um diejenige Friedrich Julius Stahls nach Berlin. Bunsens Pläne waren sicherlich ausschweifend – wie so oft in seinem Leben, und zwar erst recht im Zusammenhang mit der orientalischen Frage. Ein eigentümlicher Sachverhalt liegt vor: Bunsen lenkte die Aufmerksamkeit »auf die Zukunft der Juden als eines Volkes«. Unter diesem Gesichtspunkt gehörte für ihn die »jüdische« zu den »nationalen« Fragen seiner Zeit. Wenn er sogar Sympathie für das »Judentum« erkennen ließ, so wurde solche Sympathie indes eingeschränkt durch die Forderung nach einer Bekehrung zum christlichen Glauben. Daß der Antisemitismus ein stummer Begleiter der Zeitgenossenschaft des Jahrhunderts war, ist offenkundig; der Schwärmerei für Israel, für den Berg Zion, für die Stätten in Bethlehem und Nazareth lag gleichsam eine besonders extreme Form dieses Antisemitismus zugrunde. Die Vorstellung des »auserwählten Volkes« hat diesen Sachverhalt gleichsam nur verschleiert. Es bestand ein seltsamer Kontrast zwischen der politischen Zurückhaltung der amtlichen preußischen Politik in der orientalischen Frage sowie den kirchenpolitischen Zielen Bunsens und des Königs. In Bunsens breiter Korrespondenz aus dieser Zeit stand der Bistumsplan stets im Mittelpunkt.

Am 19. Juni 1841 traf Bunsen in London ein. Die Verhandlungen in England zählen wohl zu jenen Geschäften, die ihn am glücklichsten gemacht haben – wenn ihm auch die Fähigkeit, glücklich zu sein, stets eigentümlich gewesen ist. Die politische Krise in London im Zusammenhang mit einem Kabinettswechsel kam der Verhandlungsführung Bunsens offensichtlich zugute. Es schien, als ob das neue Ministerium Robert Peels geneigt sei, den Wünschen Preußens rasch und bereitwillig entgegenzukommen.

Der neue Premier galt als ein Exponent der sogenannten »Sammlung« der dem Status quo zuneigenden und »aller der Hochkirche treuen Gruppen«. Die vorausgegangene Regierung unter Melbourne war wegen ihrer Irlandpolitik und der Eingriffe in die altehrwürdigen Rechte der Anglikanischen Kirche zugunsten der Katholiken und der Dissenters sehr unpopulär geworden. Die nächsten Gesprächspartner waren der Erzbischof Charles James Howley von Canterbury und der Bischof von London und Übersee Dr. C. J. Blomfield. Daß zu den Voraussetzungen der Bistumsgründung eine Gesetzesänderung durch das englische Parlament gehörte, hatten der König und Bunsen stets klar gesehen. Die am 30. August 1841 vom Erzbischof von Canterbury im Oberhaus eingebrachte Bill, die nach Annahme durch beide Häuser am 5. Oktober durch königliche Genehmigung gesetzliche Kraft erhielt, ermöglichte es, daß der Jerusalemer Bischof »dem Erzbischof von Canterbury als seinem Metropoliten untergeordnet« wird. »Seine geistliche Gerichtsbarkeit wird sich erstrecken über die englischen Geistlichen und Gemeinden und über diejenigen, welche sich seiner Kirche anschließen und sich freiwillig unter sein bischöfliches Ansehen stellen wollen, in Palästina und, für jetzt, in dem übrigen Syrien, in Chaldäa, Ägypten und Abessinien ... Seine hauptsächliche Missions-Tätigkeit wird sich auf die Bekehrung der Juden wenden so wie auf den Schutz und die nützliche Beschäftigung der Bekehrten.«[15]

Nach Abschluß der Verhandlungen erläuterte Bunsen seinem Vertrauten F. A. Perthes in Gotha noch einmal die komplizierte Materie und legte Wert darauf, daß die evangelischen Glaubensgrundsätze der preußischen Kirche in dem anglikanischen Bistum Jerusalem gewährleistet seien: »Deutschland aber muß vor allen Dingen in einer solchen Verbindung einen ehrenvollen und selbständigen Platz einnehmen beim Anschluß an die englische Stiftung. Wir müssen diese Stiftung, also die bischöfliche Gewalt, anerkennen: die Engländer müssen aber unser Augsburgisches Bekenntnis, die Mutter aller anderen, und unsere deutsche Gottesdienstordnung anerkennen. Wir müssen das Evangelium dort deutsch als Deutsche verkündigen.«[16] Bunsen war von missionarischem Eifer und zugleich von dem begründeten Gefühl erfüllt, sich in Übereinstimmung mit dem König zu befinden.

Friedrich Wilhelm gewährte am 6. September 1841 für das Bistum ein Dotationsvermögen in Höhe von 15000 Pfund Sterling, »welches Wir bei Unserer Dispositionskasse dergestalt zur Verfügung gestellt haben, daß zunächst die Zinsen von diesem Kapitale mit 600 Lv. St., in Worten sechs Hundert Pfund Sterling, in jährlichen Zahlungen pränumerando als Hälfteteil des jährlichen Einkommens des Bischofs von Jerusalem, zu Händen der Erzbischöfe von Canterbury, von York und des Bischofs von London, als Trustees jenes Bischofssitzes geleistet werden sollen.« So leistete der König von Preußen die Hälfte der erforderlichen Dotation, während die andere Hälfte durch Sammlungen in England aufgebracht wurde.[17]

Die vorausgegangenen Verhandlungen hatten sich in lebhaften Berichten niedergeschlagen, die tiefe Einblicke in Motive und vor allem in Wunschvorstellungen Berlins geben. Nach einer Reihe von Gesprächen konnte Bunsen schon am 19. Juli 1841 seiner Frau mitteilen: »Im Oktober wird der Nachfolger des heiligen Jacobus sich einschiffen: ein Jude von Geschlecht, ein Preuße (Breslau) von Geburt – ein Anglikaner vom Bekenntnis – gereift in Irland – 20 Jahre Professor des Hebräischen und Arabischen in England (jetzt King's College): so ist denn, mit Gottes Hülfe, wenn das empfangene Werk gedeiht, der Anfang gemacht zur Herstellung Israels!«[18]

Während seiner Sondergesandtschaft hatte Bunsen Zugang zu den höchsten politischen Kreisen. Er wurde Ehrendoktor in Oxford und gewann das Vertrauen führender Politiker. Er stand im Briefwechsel sowie in persönlichem Verkehr mit Männern wie Gladstone, Palmerston oder Lord Ashley, dem Führer des evangelischen Flügels innerhalb der Church of England. In englisch geschriebenen Briefen an seine Frau werden seine Erfolge und Empfindungen sichtbar: »Lord Sandon und Lord Ashley sind wie Brüder gegen mich ... Es ist mir ein unbeschreiblicher Genuß, heute im Stande zu sein, dem vortrefflichen Lord Ashley die Instruktion und meine ferneren Aufzeichnungen vorzulesen; denn er war der Mann, welcher unsere Sache aufnahm und welcher den Jerusalemer Plan in Gang brachte – wir machten unseren Plan unter vier Augen in der Nacht des 10. Dezember 1838, am Jahrestag der Allocution von 1837.«

Dieser Hinweis ist decouvrierend, da er den antirömischen Affekt offenkundig macht. Am 10. Dezember 1837 hatte Gregor XVI. in einer Allokution an das Kardinalskollegium gegen die Verhaftung des Kölner Erzbischofs Droste protestiert und die Abberufung Bunsens verlangt. Daß dieser den Palazzo Cafferelli, den Sitz der römischen Gesandtschaft, tatsächlich verlassen mußte und auf den weiteren Gang der Auseinandersetzungen zwischen Staat und Kirche ohne Einfluß blieb, hat er nie verwunden. Wenn er vor dieser Niederlage Verständnis und Sympathie für die römisch-katholische Kirche gehabt und gehegt hatte, so verwandelte sich diese Gesinnung nunmehr in Häme.

Bunsen glaubte, in England den Schauplatz zu finden, auf dem er Rom bekämpfen konnte. Nur so ist der Brief zu verstehen, den er im Dezember 1838 an den Kronprinzen geschrieben hat: »Heute kann ich die ersten Trophäen einbringen aus meinem Kriegszuge gegen den Papst und seine Lügner – mit Britannia als meinem Alliierten.« Bunsen, nicht Friedrich Wilhelm, hatte ja den Bistums-Plan konzipiert und zu seiner Verwirklichung mit Freunden beigetragen, ehe der Kronprinz in Kenntnis gesetzt wurde. An dem Briefe, mit dem Hinweis auf das nächtliche Gespräch wird deutlich, wie eng der Bistums-Plan mit Bunsens römischer Niederlage zusammenhängt. Bunsen hatte schon den Kronprinzen und zwei Jahre später dann den König in seiner Begeisterung mit sich gerissen. Der »Plan« wurzelte indes gleichwohl mehr in genuin kirchlichen als in politischen Interessen. Der »antirömische« Affekt ist vorhanden, aber eine andere Frage ist, ob gerade der den Frieden mit der katholischen Kirche suchende Monarch diese Gefühlsmomente bei dem Gesandten je wahrgenommen hat. Friedrich Wilhelm hatte damals bestimmt keinen Anteil an Bestrebungen, die gegen Rom gerichtet waren. Sobald Bunsen das kirchliche Interesse auf den Bereich der Politik übertrug, wurde sein Illusionismus offenkundig. Von einer preußisch-englischen Allianz mit Hilfe einer kirchlichen Übereinkunft, wie sie Bunsen und schließlich auch der König erreichen wollte, konnte kaum die Rede sein.

Offen war die Frage nach Bunsens weiterer Verwendung im diplomatischen Dienst. So sehr er auch beteuerte, am liebsten den Abschied zu nehmen und »otium cum dignitate« künftig zu genießen, ebensosehr ist das Keimen des Gedankens zu beobachten, den Londoner Posten selbst zu bekommen; das war nämlich für ihn »das große Los der preußischen Diplomatie«. Er hielt sich selbst letztlich dafür am geeignetsten, zumal er sehen wollte, wie die von ihm gelegte Saat aufgehe. Er zweifelte, ob der König die Schicksalsstunde richtig erkenne und nutze; er fürchtete, der König verpasse die Weltstunde. Solche Äußerungen werden wir auf der nächsten Stufe der orientalischen Frage, während der Krimkrise, wieder vernehmen. »Nie in der Weltgeschichte wird ein großes Geschick demselben Fürsten zweimal geboten. Und man täuscht sich, wenn man glaubt, in diesem Jahrhundert Völker täuschen oder in Schlaf wiegen zu können.«

Bunsens Karriere erreichte im Spätsommer 1841 einen Höhepunkt. Der preußische König selbst hatte einen solchen stürmischen Gang der Verhandlungen in England kaum erwartet. Ihn überraschten die weitgehenden Ziele Bunsens, zu denen sogar ein preußisches Bistum in Bethlehem gehörte. Seine Briefe an den Gesandten enthalten mehr Zustimmung und Übereinstimmung als Zweifel, aber diese kommen immerhin zum Ausdruck. Bunsen hatte lange und euphorische Denkschriften übersandt. Ein aufschlußreicher Brief Friedrich Wilhelms vom 12. August 1841 beginnt: »Indem ich Ihnen auf das Allerinnigste für Ihren unsäglich merkwürdigen und erfreulichen Brief danke, mein lieber Bunsen, umarme ich Sie wie Einen, dessen Worte und Aufträge Gott segnet!«[19] Dann folgte die vorsichtige Mahnung: »Aber lassen Sie uns jetzt behutsam gehen und vermeiden wir sorgfältig Alles, was einen Staub von Mißgunst und des Mißverständnisses aufrühren könnte.«

Dem König war offensichtlich mehr als seinem Gesandten der große Unterschied zwischen dem anglikanischen und dem deutschen Kirchensystem bewußt. »Überhaupt, bester Bunsen, effacieren wir uns so viel als es geht in dieser Sache. Ich will ganz und gar bescheiden auftreten und auch vor der Welt nur so weit dabei genannt werden, als es unumgänglich notwendig ist. Unser Magen erträgt noch nicht starke Speise. Um Gottes Willen, um des Heiles der heiligen Schrift Willen: gently.«

Wenn die Wünsche des Königs also hinter den Plänen Bunsens

zurückblieben, und wenn er auch gelegentlich zur Zurückhaltung mahnte, so attestierte er seinem Gesandten gleichwohl »Meisterschaft« in der Konzeption und im Verlaufe der Verhandlungen. Er war sich im unklaren über die Bezeichnung des Jerusalemer Bistums; er machte jedoch konkrete Vorschläge. Nach seiner Meinung sollte die neue Kirche – eine mißverständliche Formulierung – »als von der Krone und Kirche von England gegründet genannt werden«.[20] Zu den Voraussetzungen gehörte vor allem »eine völlige Gleichstellung« der evangelischen mit der lateinischen Kirche in Palästina.

Im November 1841 wurde der erste evangelische Bischof in Jerusalem durch den Erzbischof von Canterbury geweiht. Dr. Salomon Alexander wurden alle in Syrien, Chaldäa, Ägypten und Abessinien »etwa jetzt oder künftig befindlich englischen Gemeinden und Geistlichen« unterstellt. Zugleich wurde er bevollmächtigt, andere Protestanten auf ihren eigenen Wunsch unter seinen Schutz und seine oberhirtliche Fürsorge zu nehmen.[21] Am 21. Januar 1842 zog der Bischof »in die Stadt seiner Väter ein«. Es hat schließlich noch mehr als ein Jahrzehnt gedauert, bis es zur Gründung einer deutschen evangelischen Gemeinde in Jerusalem kam. Das Bistum bestand fast ein halbes Jahrhundert, bis es 1887 aufgehoben wurde.

Evangelischer Staat
und Katholische Kirche

Zu den Spannungen im Inneren des preußischen Staates nach 1815 trug der eigentlich unerwünschte Erwerb der vornehmlich katholischen Rheinlande in hohem Maße bei. Der Konflikt zwischen Staat und römisch-katholischer Kirche war allerdings keine Eigentümlichkeit Preußens, aber auf dem größeren Schauplatz hatte dieser Konflikt andere Dimensionen und bedeutendere Folgen als in den mittleren und kleineren Territorien. Seit den Gebietsverschiebungen der Jahre 1803 bis 1815 und seit den Säkularisationen waren alle deutschen Staaten konfessionell gemischt; hinzu kam, daß das überlieferte Staatskirchentum des 18. Jahrhunderts mit einem erneuerten kirchlichen Selbstbewußtsein konfrontiert wurde, das sich noch dazu – wie in den Rheinlanden – mit einem landsmannschaftlichen Sonderbewußtsein verband.

Der Streit entzündete sich an der Mischehenfrage, die in Preußen besonders aktuell wurde, da eine große Zahl der nach den Rheinlanden versetzten Beamten und Offiziere in katholische Familien einheirateten. Aus einem Lavieren zwischen kanonischem Recht und staatlichem Anspruch entstand ein Konflikt von großer Schärfe. Die Mischehenpraxis funktionierte, solange auf katholischer Seite eine nachgiebige und milde Gesinnung vorherrschte und solange der Staat sich abwartend verhielt. Eine Deklaration von 1803 bestimmte, daß »eheliche Kinder jedesmal in der Religion des Vaters erzogen werden sollen und daß zu Abweichungen von dieser gesetzlichen Vorschrift kein Ehegatte den anderen durch Verträge verpflichten dürfe«.[1]

Indes wuchs der Widerstand der Geistlichkeit. So sah sich die Regierung genötigt, in direkte Verhandlungen mit der Kurie einzutreten. Preußischer Gesandter in Rom war Josias Bunsen, der 1824 die Nachfolge Niebuhrs übernommen hatte. Bunsen spielte im gesellschaftlichen und kulturellen Leben Roms eine bedeutende Rolle. Er übernahm mit der römischen Gesandtschaft für das Zusammenleben der Konfessionen wie für die Regelung der Beziehungen zwischen Staat und Kirche eine bedeutende diplomatische Aufgabe, und es sollte sich nun zeigen, ob seine facettenreiche Persönlichkeit einer solchen Aufgabe gewachsen sei. Bunsen war ein großer Anreger auf mannigfachen künstlerischen und wissenschaftlichen Gebieten, vor allem aber war er der Vertraute des Thronfolgers. Obwohl aus seinen Verhandlungen zunächst immerhin ein »halber Erfolg« (Lill) hervor ging, ist es bemerkenswert, wie rasch sich die Kurie gegenüber seiner Betriebsamkeit und Geschäftigkeit mißtrauisch verhielt. Am 25. März 1830 erließ Pius VIII. das Breve »Litteris altero abhinc«, das noch immer vom Willen zur Verständigung erfüllt war. Es hielt zwar grundsätzlich an der Mißbilligung der Mischehen fest, enthielt jedoch eine Reihe von Kompromissen und ermöglichte eine für beide Seiten erträgliche Praxis. Die preußische Regierung war trotzdem unzufrieden und leitete das Breve nicht an die Bischöfe weiter.

Daß die Auseinandersetzung immer schärfere Formen annahm und schließlich auf dem Höhepunkt zur Verhaftung des Kölner Erzbischofs führte, hing mit einer Reihe von Faktoren zusammen. Im Zusammenhang mit der geistigen und geistlichen Erneuerungsbewegung des Katholizismus wuchs im stillen der Widerstand gegen die Reste eines Staatskirchentums. Im Sommer 1832 erklärte der neu gewählte Papst Gregor XVI. dem preußischen Gesandten endgültig, »daß er über die Kompromisse seines Vorgängers nicht hinausgehen könne«. Daraufhin schlug die preußische Regierung Wege ein, die sich am Ende als verhängnisvoll erweisen sollten. Sie suchte und fand das unmittelbare, vertrauliche Gespräch. Es wurde zunächst von Bunsen und dem katholischen, »aber ganz staatskirchlich gesinnten« Ministerialrat Schmedding geführt; hinzu kamen Gespräche und Verhandlungen zwischen Graf Spiegel und Bunsen – und zwar unter Ausschluß Altensteins –, die in Berlin zu der am 19. Juni unterzeichneten Konvention führten. Es wurde vereinbart, daß die vier Bischöfe (von Köln, Trier, Münster und Paderborn) das Breve zusammen mit einem »erklärenden« Pastoralschreiben in lateinischer Sprache ihren Pfarrern zustellen sollten. So wurde die Behandlung der Mischehen den Pfarrern überlassen. Die Fiktion wurde aufrechterhalten, »als ob« das Einverständnis des Papstes gegeben sei, als ob er »eine Art von Dispensation« erteilt habe. Daß diese Berliner Konvention dem Sinne des Breves widersprach, ist sehr bald von hohen preußischen Beamten zugegeben worden.

Auf Seiten der Kirche wie der Regierung gab es in der Folge falsche Einschätzungen sowie Versuche, den anderen zu überlisten. Es handelte sich um eine säkulare Auseinandersetzung, die damals zu einem Höhepunkt führte. Bunsens Geschäftsführung, und zwar sowohl als Bevollmächtigter in Berlin wie als Gesandter in Rom, hat die Beziehungen zusätzlich schwer belastet; er glaubte, besonders klug zu sein und richtete nur Schaden an. Im August 1834 war Bunsen nach Rom zurückgekehrt. Wohl informierte er die Kurie darüber, daß die Bischöfe nunmehr im Besitze des Breves Pius' VIII. seien; gleichzeitig übergab er jedoch eine Abschrift des begleitenden Hirtenschreibens, »ohne dabei die Berliner Vereinbarungen in irgendeiner Weise zu erwähnen«. Durch diese lückenhaften Informationen führte er den Verhandlungspartner in die Irre.

Erst im Januar 1837 übergab der Gesandte die vorliegenden Berichte der Bischöfe über die Ausführung des Breves der Kurie und erklärte gleichzeitig, daß seine Regierung nun, da das Breve bekannt und ausgeführt sei, »unter keinen Umständen in weitere Verhandlungen bezüglich der gemischten Ehen eintreten werde«. Inzwischen war die Kurie über den Inhalt des Berliner Abkommens unterrichtet und verhielt sich zunächst abwartend. Man verlangte allerdings von der preußischen Regierung 1838 die Abberufung Bunsens; selbst auf dem Gipfelpunkt des Kirchenkampfes wurden jedoch die diplomatischen Beziehungen nicht abgebrochen. Ein Legationssekretär blieb als Geschäftsträger in Rom. Bunsen hatte einen großen Teil der Verantwortung am Scheitern der preußischen Kirchenpolitik. Er ist sich indessen dieses Sachverhaltes niemals bewußt geworden, sondern glaubte im Gegenteil an seine Kompetenz in allen Fragen der Beziehungen von Staat und Kirche.

In der Lebensgeschichte Friedrich Wilhelms hat Bunsen in der Tat eine unglückliche, ja unheilvolle Rolle gespielt. Sein Übereifer sowie seine Selbstüberschätzung kamen in Rom ebenso wie später in London im Zusammenhang mit der orientalischen Frage zum Ausdruck. An seiner Gesandtentätigkeit bei der Kurie in den Jahren 1824 bis 1838 lassen sich schon jene Eigenschaften ablesen, die sich 1854 in London so verhängnisvoll auswirken sollten. Seine Anregungen im Bereiche der Künste und Wissenschaften konnten diese diplomatischen Fehler und Illusionen nicht aufwiegen.

Man hat von Spiegels Nachfolger im Amte des Erzbischofs von Köln, Clemens August zu Droste-Vischering, für den die Kapitulare überhaupt keine Sympathien hegten und der auf Wunsch Berlins und besonders auf Empfehlung des Kronprinzen gewählt worden war, behauptet, er habe sich »abrupt in einen Konflikt mit dem Staat gerettet«, »indem er sich von Spiegels Berliner Konvention lossagte«. Auf Bitten des Düsseldorfer Regierungspräsidenten Graf Stolberg um ein klares Bekenntnis zur Konvention antwortete Droste knapp und zugleich vieldeutig, sie nur »gemäß dem Breve« befolgen zu wollen. Bunsen nahm an den Verhandlungen – so man überhaupt noch davon sprechen kann – teil. Seine Sprache war schärfer als die des konservativen Grafen Stolberg. Er verlangte vom Erzbischof, die Instruktion Spiegels uneingeschränkt anzuerkennen und sich zu verpflichten, »ihr in allen Zweifelsfällen den Vorzug vor dem Breve zu geben«. Droste erklärte schroff, daß er überall, wo die Instruktion vom Breve abweiche, ausschließlich letzteres befolgen werde. Alle weiteren Besprechungen lehne er ab, wenn die Regierung seinen Standpunkt nicht anerkenne. So waren die Verhandlungen gescheitert. Der Ministerrat unter dem Vorsitz des Königs folgte der Empfehlung Bunsens und entschied am 17. November 1837, Droste aus seinem Amt zu suspendieren. Der offene Konflikt war ausgebrochen.

Verschärfend wirkte der Streit um den sogenannten »Hermesianismus« – der Versuch des Theologen Hermes, die Theologie in eine fruchtbare Auseinandersetzung mit der Philosophie des deutschen Idealismus zu lenken. Bei dieser Problematik verhielt sich die Kurie weniger eifernd als Droste, der im Grunde den »Hermesianismus« vernichten wollte. Droste verweigerte den Professoren der Theologischen Fakultät in Bonn die Approbation ihrer Vorlesungen; sein Ziel war die Aufhebung der Fakultät, die der geistlichen Aufsicht unterstand, und die Verlegung der Ausbildung der Theologen in ein Kölner Seminar, das nur ihm unterstand. Der Kultusminister versuchte vergeblich zu vermitteln. Die preußische Regierung war von vornherein willens, sich nicht in Fragen des Glaubens und der Lehre (res in sacra) einzumischen, aber sie fühlte sich auch verpflichtet, die Lehrfreiheit der von ihr berufenen Professoren zu schützen.

Der Konflikt spitzte sich dramatisch zu. Nach seiner Verhaftung am 20. November wurde Droste unter militärischer Begleitung zu einem Zwangsaufenthalt nach der Festung Minden gebracht. In der Anklage wurde der Erzbischof beschuldigt, »das königliche Ansehen verkannt und verwirrende Störung in geordnete Verhältnisse gebracht«[2] zu haben. Es war die Frage, wie sich das Domkapitel verhalten werde. Die Domkapitulare, die keinerlei Sympathie für Droste hegten, verhielten sich gelassen und glaubten den Behauptungen der Regierung sowie den mündlichen Versicherungen des Oberpräsidenten von Bodelschwingh. Ganz anders entwickelte sich die Stimmung im katholischen Deutschland, die durch zwei Vorgänge erregt wurde. Am 10. Dezember 1837 hatte Papst Gregor XVI. schon zum Gegenschlag ausgeholt. In einer

Allokution an das Kardinalskollegium protestierte er schärfstens gegen die Gewaltmaßnahmen der preußischen Regierung; er rechtfertigte nicht nur Drostes Verhalten, sondern forderte dessen Wiedereinsetzung. Er verurteilte darüber hinaus die Mischehenpraxis und die sogenannte »Berliner Erklärung«. Schrörs charakterisiert diese Allokution als eine »Kriegskundgebung gegen den preußischen Staat«. Ob in der Mischehenfrage die Schuld allein der Regierung zugeschrieben werden muß, sei dahingestellt; die Bezeichnung »Kriegserklärung« ist jedenfalls fragwürdig, denn die diplomatischen Beziehungen blieben ja aufrechterhalten.

Die Mischehenfrage stand seither im Mittelpunkt der leidenschaftlichen Auseinandersetzungen, an denen die Öffentlichkeit einen Anteil nahm, der etwa mit der weitverbreiteten Sympathie für die Göttinger Sieben vergleichbar ist. Zündend wirkte Görres' Kampfschrift »Athanasius«; der Autor rechtfertigte das Verhalten Drostes und klagte den preußischen Staat an. Der bislang so wenig geschätzte Erzbischof erschien als Kämpfer für die Freiheit der Kirche. Man hat gesagt, Görres' »Athanasius«, »eine gewaltige publizistische Tat«, habe das Kölner Ereignis zu einem Wendepunkt in der Geschichte der katholischen Kirche Deutschlands gemacht.[3] Es sei »das erste große Dokument des politischen Katholizismus«, »jedoch keine politische Tendenzschrift gegen das protestantische Preußen, erst recht nicht eine Kampfansage an den Protestantismus als Konfession« gewesen.

Es ist unbestritten, daß Görres für den preußischen Staat »stets eine gewisse Hochachtung empfunden hat«, aber es fällt schwer, zwischen dem Staat Preußen, der als Mitglied des europäischen Systems anerkannt wurde, und seiner hochgebildeten Bürokratie zu unterscheiden. Richtig ist, daß sich der Münchener Publizist gegen jede Staatsomnipotenz und damit gegen den – oftmals mißverstandenen – Geist der Hegelschen Philosophie, des »Architophel der falschen Staatskunst« aufgelehnt hat. Görres und Jarcke gründeten 1838 die »Historisch-Politischen Blätter für das katholische Deutschland« – ein Organ, das für die katholische Volksbewegung im Vormärz ähnlich bedeutsam wie die Gründung der Görresgesellschaft im Zusammenhang mit dem Kulturkampf der siebziger Jahre geworden ist.

Die allgemeine Erregung blieb nicht auf Deutschland beschränkt; sie fand ihr Echo auch im benachbarten Ausland, vor allem in Belgien und Frankreich.

Es ergab sich für einen Augenblick diese seltsame Verschiebung der

Fronten im Bereich von kirchlich-politischen Parteiungen. Aus einem grundsätzlichen Mißtrauen gegen die Kirche nahmen die oppositionellen Linken für die Regierung Partei, obwohl auch sie im »Staatskirchentum zugleich die monarchische Staatsomnipotenz« bekämpften. Eine Wandlung vollzog sich ebenfalls im Bereich des Konservatismus in der Epoche der Restauration. Die preußische Orthodoxie konnte den massiven Staatseingriff nicht gutheißen, aber unter dem Eindruck der Wucht des Angriffes gegen das »protestantische Preußen« suchte sie die Nähe der Regierung.

Die Intensität der Auseinandersetzung zwischen Staat und Kirche wird erst ganz offenkundig, sobald die dauernd virulente polnische Frage in die Betrachtung einbezogen wird. Das Großherzogtum Posen mit etwa 800 000 Einwohnern, der Kern Großpolens, war nicht geschlossen polnisch, da die »westlichen und südlichen Kreise mehr einheitlich deutsch besiedelt waren«. In der Provinz Westpreußen (bis 1824 selbständig) mit den Städten Danzig, Thorn und dem Kulmer Land »kam in der ersten Hälfte des Jahrhunderts dem ›Polentum‹ nur eine geringe politische Bedeutung zu. Von einem polnischen Bürgertum konnte überhaupt nicht die Rede sein.« Im Großherzogtum aber lagen der erste Bischofssitz und der erste Erzbischofssitz.

Rechtlich hatte das Großherzogtum durch die Zusagen des Wiener Kongresses und durch den »Zuruf« König Friedrich Wilhelms III. vom 15. Mai 1815 eine gewisse Sonderstellung erhalten. Im »Zuruf« lag die Zusicherung, daß die polnische Sprache neben der deutschen Amtssprache bestehen sollte und daß den Polen der Zugang zu allen Staatsämtern offenstehen sollte. Neben dem Oberpräsidenten hatte der König einen im Lande ansässigen katholischen Statthalter eingesetzt, und zwar seit 1824 den Fürsten Anton Radziwill, der dem preußischen Königshaus durch seine Gemahlin Prinzessin Luise, der älteren Schwester des Prinzen Louis Ferdinand, verbunden war. Radziwill war das Symbol für das friedliche Zusammenleben von Polen und Preußen. Das Großherzogtum erhielt 1824 eine eigene Landesvertretung, einen in drei Stände gegliederten Landtag, in dem der Adel zunächst die Hälfte der Sitze besaß, später sogar die Mehrheit. Der Landtag verhandelte zweisprachig. Eine päpstliche Bulle regelte die Beziehungen zwischen katholischer Kirche und Staat. Das Erzbistum Gnesen wurde in ein Erzbistum Gnesen-Posen mit dem Sitz des Erzbischofs in Posen und dem einzigen Suffraganbistum Kulm umgewandelt. Die deutsche Bevölkerung des Großherzogtums war zu etwa neunzig Prozent evangelisch, die polnische so gut wie ausschließlich katholisch.

Noch war das Nationalgefühl unter den Polen wenig entwickelt, aber im Mischehenstreit sollten sich die nationalen Gegensätze verschärfen. In den ereignisarmen anderthalb Jahrzehnten von 1815 bis 1830 war es dem preußischen Staat nicht gelungen,»größere Teile der polnischen Bevölkerung für sich zu gewinnen, während andererseits weder von einer Germanisierungspolitik des Staates noch von konspirativen Bewegungen größeren Umfanges gegen diesen gesprochen werden konnte«.[4]

Eine Politisierung auf preußischer und polnischer Seite setzte seit dem Novemberaufstand im Königreich Polen ein, der zwar nicht auf das Großherzogtum übergriff, beim Adel aber Sympathien hervorrief. Hinzu kam ein Wechsel in der Regierung; der bisherige Statthalter Fürst Anton Radziwill war kompromittiert, seit sein Bruder Fürst Michael den Aufstand aktiv unterstützt hatte. Der Posten blieb seither unbesetzt. Gleichzeitig mit der Aufhebung des Instituts des Statthalters polnischer Herkunft wurde Eduard von Flottwell zum Oberpräsidenten ernannt. Flottwell, dessen Amtszeit bis 1841 dauerte, hatte nicht etwa ein »Germanisierungsprogramm«, wohl aber sollte das deutsche Element durch eine Reihe von Maßnahmen gestärkt werden. Seine Politik richtete sich gegen den wachsenden Einfluß des polnischen Adels und der Geistlichkeit auf die polnische Bevölkerung. Die zunächst zugesagte Sprachentoleranz verlor ihre Glaubwürdigkeit, seit für den inneren Schriftwechsel der Behörden mit dem Publikum die deutsche Sprache obligatorisch wurde. Diese Bestimmung konnte kaum durch die Verordnung gemildert werden, nach der die Beamten »für den äußeren Dienstverkehr mit dem Publikum die polnische Sprache beherrschen« sollten. In diese Ära fiel der »Mischehenstreit« zwischen Regierung und dem Erzbischof von Gnesen/Posen, Martin von Dunin-Sulgutowski.

So ergab sich im politisch-geistigen Koordinatensystem des preußischen Staates eine Parallelität der Probleme in den westlichen und östlichen Provinzen. Im polnischen Teil spitzten sie sich noch schärfer zu, da die nationale Komponente den Gegensatz zwischen Kirche und Staat vertiefte. Der Erzbischof brach mit dem bisherigen Brauch, nach dem bei konfessionell gemischten Ehen die Söhne dem Bekenntnis des Vaters, die Töchter dem der Mutter folgten. Ein Hirtenbrief vom 27. Februar 1837, der dazu aufforderte, Trauungen nur dann zu vollziehen, wenn die Brautleute versprachen, alle Kinder im katholischen Glauben zu erziehen, verschärfte die antipreußische Stimmung. Bei der Kongruenz von »katholisch« und »polnisch« hätte die Befolgung dieses

Hirtenbriefes auf die Dauer eine Polonisierung bewirkt. Nach einem langwierigen Prozeß vor dem Kammergericht wurde der Erzbischof wegen Überschreitung seiner Amtsgewalt zu einer Festungsstrafe und zur Entsetzung von seinem Amt verurteilt. Es wurde ihm verboten, aus Berlin nach Posen zurückzukehren, was er indes dennoch tat. Am 6. Oktober 1839 wurde er wiederum verhaftet und nun zehn Monate auf der Festung Kolberg festgehalten.

Vor dem Hintergrund dieser Kirchenkämpfe der dreißiger Jahre ist die Kirchenpolitik Friedrich Wilhelms IV. erst richtig zu würdigen. Mit seiner Thronbesteigung begann die Versöhnung, die auf verschiedenen Ebenen stattfand. Wenn auch eine Reihe von Institutionen zusammengewirkt hat, so bleibt nunmehr doch Friedrich Wilhelm IV. im Mittelpunkt. Friedrich Wilhelm war ja im Blick auf die Probleme von Minderheiten der Mann der Zeit. Es ist zutreffend, daß der König für die Slawen im Geiste Herders Sympathie gehabt hat; ob er je eines der großen Werke dieses Schriftstellers und Sprachforschers wirklich gelesen hat, bleibt fraglich. Daß ihm in Memel sein Lehrer Delbrück daraus vorgelesen hat, wissen wir aus dessen Tagebuchblättern. Bei Friedrich Wilhelm IV. gehörte wie selten bei einem Monarchen die Geschichte seiner Bildung zur Voraussetzung des Regierens. Es entsprach seiner Menschlichkeit und Toleranz, wenn er sich großzügig gegenüber Dunin und den polnischen Katholiken verhielt. Die Erinnerung an die Flucht in der Kindheit wird im Verlaufe der Königsberger Huldigung erst recht lebendig gewesen sein.

Die Begegnungen mit den Polen haben aber auch falsche Erwartungen und Hoffnungen hervorgerufen. Der König blieb sich stets des Zusammenhangs zwischen Heimat, Muttersprache, Religion und Kirche bewußt. Der Vertreter der Stände des Großherzogtums Posen hatte am 10. September 1840 in Königsberg gesagt: »Eurer Majestät polnische Untertanen zumal blicken vertrauensvoll auf, zu Ihrem Throne. – Wie die ganze Bevölkerung der Provinz sind sie innig gerührt von der Pietät, mit welcher Eure Majestät die Zusicherung Ihres in Gott ruhenden Herrn Vaters Majestät erfüllen. – Auch für sie bewahrt die Geschichte erhabene, väterlich königliche Worte: Volkstümlichkeit und Sprache verhieß der große König, in dem Patente vom 15. März 1815 zu wahren. – Sie erbitten von Eurer Majestät Allerhöchste Gnade, sie erwarten von milder Gerechtigkeit die Aufrechterhaltung dieser heiligen Verheißung.« Neben dem Patente hat es nämlich in einem Reskript des Unterrichtsministers Altenstein vom 23. Dezember 1822 über die Verwendung der polnischen Sprache im Unterricht geheißen: »Religion und Muttersprache sind die höchsten Heiligtümer einer Nation, in denen ihre ganze Gesinnungsart und Begriffsweise gegründet sind. Eine Obrigkeit, die diese anerkennt, achtet und schätzt, darf sicher sein, die Herzen der Untertanen zu gewinnen; welche sich aber gleichgültig dagegen zeigt oder gar Angriffe darauf erlaubt, die erbittert und entwürdigt die Nation und erschafft sich ungetreue und schlechte Untertanen.«[5]

Der Mischehenstreit in Posen hat in Deutschland trotz der liberalen Polensympathie geringeres Echo gefunden als der im Rheinland. In den nächsten Jahren empfing Friedrich Wilhelm gelegentlich Dunin als Gast und schätzte seinen Rat. An der Universität Breslau wurde ein Lehrstuhl für slawische Sprache und Literatur eingerichtet, um damit »der studierenden Jugend polnischer Abkunft Gelegenheit zu geben zur Vervollkommnung in ihrer Muttersprache«. Das Entgegenkommen des Königs wirkte sich in den verschiedenen Bereichen der Polenpolitik günstig aus; so konnte das Großherzogtum, besonders die Stadt Posen, für einige Jahre »zum Zentrum politischen und geistigen Lebens der Polen« (Rhode) werden.

Wesentlich trug die Amnestie vom 10. August 1840 wegen der Teilnahme am Novemberaufstand zur Befriedung bei. Die verhängten Strafen wurden erlassen. In den nächsten Jahren, von 1842 bis 1844, wurden Deserteure und Personen, die illegal aus »Kongreßpolen« kamen, nicht mehr ausgeliefert.

Die Polenpolitik Preußens unterlag mannigfachen Wandlungen; auch dieser König sah sich nach weniger als einem Jahrzehnt genötigt, Gewalt anzuwenden. Nicht nur dem Kampf der Nationalitäten, sondern auch der harten Staatsräson in der Anlehnung an Rußland, konnte sich auch Friedrich Wilhelm IV. nicht entziehen. Mit seinem Regierungsantritt sollte indes eine »Versöhnungsära« beginnen, nachdem in der »Ära Flottwell« nicht etwa eine Politik der »Germanisierung«, aber doch eine harte Politik gegen Adel und Geistlichkeit geführt worden war.

Die »Kölner Wirren« wurden in komplizierten Verhandlungen beigelegt, in deren Mittelpunkt Friedrich Wilhelm IV. stand. An dieser Stelle der allgemein geschichtlichen und persönlich biographischen Entwicklung errang er einen Erfolg, der über alle künftigen Irritationen – die nicht ausblieben – hinweg von Dauer gewesen ist. Seine Übernahme der Regierung hat die Versöhnung mit der katholischen Kirche überhaupt erst möglich gemacht.

Die vierziger Jahre waren die glücklichste Zeit Friedrich Wilhelms IV., bis sie jäh durch die Revolution im März 1848 unterbrochen wurden. Er war spät auf den Thron gelangt, fühlte sich aber im Vollbesitz seiner Kräfte, und Aristokratie, Intellektuelle und Volk setzten gleichermaßen ihre Hoffnungen auf ihn, denn das letzte Jahrzehnt seines Vaters war eine Epoche der Erstarrung gewesen. Die Illustration zeigt den König von Preußen im Jahre 1843.

Zu den Voraussetzungen der Aussöhnung gehörten sowohl das besondere Verständnis des Königs für die Notwendigkeit einer Partnerschaft zwischen Staat und Kirche als auch die Verständigungsbereitschaft der römischen Kurie. Friedrich Wilhelms fester Wille war es, dem Weg des Friedens nicht mehr abzuweichen. Was auf den Huldigungstagen versprochen worden war, sollte verwirklicht werden. Es handelte sich nicht etwa nur oder in erster Linie um ein Harmoniebedürfnis, sondern um ein Ziel, das seinen christlichen und politischen Überzeugungen entsprach und in engem Zusammenhang mit außen- und innenpolitischen Ereignissen stand.

Die Zentren der Versöhnungspolitik, die gleich nach der Thronbesteigung eingeleitet wurde, lagen in Berlin, Rom, München und Wien. Die Frage nach der Initiative ist wichtig, aber belangvoller ist der Nachweis der Friedensbereitschaft des Königs, die sich geradezu folgerichtig aus seinen grundsätzlichen Überzeugungen ergab. Der König von Bayern, Ludwig I., war nur zu gern bereit, einen Hinweis des Kardinalstaatssekretärs aufzunehmen und sich brieflich an den Schwager zu wenden. Er hielt ihm vor, wie die Kirchenpolitik seines Vaters die Katholiken benachteiligt habe und bat ihn um eine den gerechten Wünschen der Kirche entgegenkommende Beilegung der Wirren.

Wenn Metternich, dem in den nun folgenden Verhandlungen eine wichtige Rolle zufiel, auch den Anschein einer Einmischung in innenpolitische Vorgänge zu vermeiden suchte, so konnte er sich doch nicht den Bitten der Kurie und der Nuntiatur um Unterstützung der Vermittlungsversuche entziehen, denn die kirchlichen Konflikte in Preußen bedrohten die gemeinsamen konservativen Interessen. Die chauvinistische Politik Thiers' im Zusammenhang mit der orientalischen Frage hatte Emotionen hervorgerufen, die geeignet waren, die vormärzliche Ruhe in Frage zu stellen. Metternich, zu jener Zeit die höchste politische Autorität in Europa, war zunächst über den Regierungsantritt eines Monarchen wie Friedrich Wilhelm IV. besorgt gewesen.

Diese Sorge war unbegründet, denn es stellte sich rasch heraus, daß der preußische König die Politik des Zusammengehens mit Österreich fortsetzen wollte. Für die Einleitung der »Friedensverhandlungen« war die Besetzung des seit Altensteins Tod vakanten Kultusministeriums von Belang. Unter den möglichen Kandidaten wurden Graf Stolberg, Savigny, Bodelschwingh und Alexander von Humboldt genannt; schließlich wurde Eichhorn, einst Mitarbeiter des Freiherrn vom Stein und seit 1817 Mitglied des Staatsrates, ernannt. So wenig dieser den

Katholiken konvenierte, noch größer war ihre Furcht vor einer Ernennung Bunsens gewesen.

Erst die Ablösung von staatskirchlichen Vorstellungen, die sich in einem langen Prozeß durchsetzte, hat die Voraussetzungen für einen friedlichen Ausgleich geschaffen. Hinzu kam der Wechsel in den Methoden der Verhandlungen. Friedrich Wilhelm sah zu Recht in direkten Verhandlungen mit der Kurie den geeignetsten Weg, ein befriedigendes Ergebnis zu erreichen. Wenige Tage nach seiner Thronbesteigung beauftragte er den ihm seit der Jugend befreundeten Grafen Friedrich Wilhelm von Brühl, in besonderer Mission nach Rom zu reisen. In der Instruktion vom 19. Juni versprach er die Einrichtung von regelmäßigen Bischofskonferenzen. Die Bischöfe sollten sich mit den staatlichen Behörden beraten, »was der Kirche und ihren Zwecken fromme, worin ihnen selbst dem Staate gegenüber unbeschadet der Rechte desselben mehr Befugnisse einzuräumen, wie mit Rücksicht auf das wieder herzustellende Vertrauen der unmittelbare Verkehr mit Seiner Heiligkeit zu erleichtern und welche Anträge in Folge dieser Beratungen an des Königs Majestät zu richten seien«[6].

Zu den wichtigsten Versprechungen in dieser Instruktion gehörte die Errichtung einer nur aus katholischen Beamten bestehenden Abteilung im Kultusministerium, in der die katholischen Kirchen- und Schulsachen bearbeitet werden sollten. Durch Kabinettsordre vom 11. Januar 1841 wurde die Abteilung eingerichtet, die in den nächsten Jahrzehnten zur Erhaltung des kirchlichen Friedens in Preußen wesentlich beitrug. Die Freigabe des Verkehrs der Bischöfe mit Rom stand in zeitlichem und sachlichem Zusammenhang mit dieser Institution, die von der Kurie sehr gewürdigt wurde. Preußen hatte sich – so weit die katholische Kirche betroffen war – vom Staatskirchentum gelöst. Allerdings folgte nur Ludwig I. der Einsicht und Großzügigkeit des preußischen Schwagers. In den anderen süddeutschen Staaten blieb das Staatskirchentum erhalten.

Im kirchenpolitischen Gesamtprogramm des protestantischen Königs blieb die Aussöhnung mit der katholischen Kirche das Kernstück. Bunsen war ein schlechter Ratgeber gewesen; der katholische Freund Radowitz jedoch, der die ersten Novemberwochen 1840 auf Einladung des Königs in Sanssouci weilte, hatte im Bereich der Kirchenpolitik eine glücklichere Hand gehabt: Er hat an den Formulierungen in der Instruktion des Grafen Brühl mitgewirkt. Als Graf Brühl seine zweite Mission nach Rom durchführte, fanden seine Verhandlungen in einem völlig veränderten Klima statt. Die Kurie hatte mit so großem Entgegenkommen in der kurzen Zeit seit der Thronbesteigung des Königs kaum rechnen können. Sie wurde in ihrer Friedensbereitschaft noch dazu durch den habsburgischen Staatskanzler Metternich bestärkt. Er war über den Inhalt der preußischen Zugeständnisse durch Radowitz sehr genau unterrichtet und bezeichnete sie gegenüber dem Wiener Nuntius »als so heroisch und den Interessen der Kirche entsprechend, daß sie der Papst ohne Zögern annehmen« müsse. Metternich legte sonst Wert auf seine Neutralität in diesen delikaten Fragen, aber in diesem Falle trat er aus der Reserve heraus. Seine Vermittlerrolle war letztlich bedeutender und wirkungsvoller als die Ludwigs I.

Die noch immer ungelöste Frage hing mit der Person des suspendierten Erzbischofs Droste zusammen. Es ging darum, ob Droste – wenn auch nur vorübergehend – nach Köln zurückkehren dürfe und wer sein Nachfolger werde. Der Erzbischof hat um seine Restituierung zäh gekämpft. Selbst die Liebenswürdigkeit des Königs gegenüber seiner Person vermochte nicht, ihn milder zu stimmen. Friedrich Wilhelm hatte ihn nämlich in einem eigenhändig geschriebenen Brief um seinen Verzicht gebeten. Droste kommentierte diesen Brief mit der Bemerkung, der König habe wie ein Freund geschrieben. Dem Erzbischof wurde ferner die Genugtuung einer öffentlichen Ehrenerklärung zuteil, worin die Versicherung enthalten war, der einst gegen Droste erhobene Vorwurf »politisch-revolutionärer Umtriebe« habe sich als völlig grundlos erwiesen.

Die unnachgiebige Haltung, die Droste immer noch nicht aufgab, so unberechtigt sie in dieser Phase der »Friedensverhandlungen« mit Rom auch sein mochte, hat schließlich zum kirchenpolitischen Sieg der Kurie entscheidend beigetragen. Die Wahl eines Koadjutors fiel schließlich nicht auf Diepenbrock, wie es Friedrich Wilhelm gewünscht hätte, sondern auf den Bischof von Speyer, Johannes von Geissel, den Ludwig I. ins Gespräch gebracht hatte.

Friedrich Wilhelm IV. ist in seiner Konzessionsbereitschaft sehr weit gegangen; er hatte sogar der Kurie die Konsekration des Koadjutors durch den Erzbischof angeboten. So übermittelte er durch den Grafen Brühl noch ein anderes Angebot: Sobald Geissel die Verwaltung des Erzbistums übernommen habe, sollte Droste erlaubt sein, nach Köln zurückzukehren, dort zu bleiben und »alle liturgischen Funktionen« auszuüben. Der erfolgreiche Vermittler in der Schlußphase der Verhandlungen blieb – so wie zu Beginn – der König von Bayern. Als

Geissel gegen die Annahme des Kölner Amtes Bedenken äußerte, schrieb ihm Ludwig, daß er es »weder als Katholik noch als Deutscher verantworten könne, den Ruf nach Köln nicht anzunehmen«. Am 10. Januar 1842 leistete Geissel in Gegenwart der Minister und des Hofstaates dem König von Preußen den Eid der Treue.

Hierbei handelte es sich um etwas Neues; Friedrich Wilhelm III. hatte nie persönlich den Eid abgenommen. Auch an dieser veränderten Form wird das sehr persönliche Engagement seines Sohnes spürbar. Geissel gelang es, in einer vorausgegangenen Besprechung mit dem Kultusminister, den Wortlaut des Eides abzuändern. Der bisherige Wortlaut hatte die Treueverpflichtung des Bischofs gegenüber dem Staat zu stark hervorgehoben. In einer Absprache betonte der Koadjutor, stets »für die Ehre und die Rechte der Kirche« eintreten zu wollen. Dem König versprach er – nicht nur im eigenen Namen – Treue und Gehorsam; er versicherte ihn auch der »Anhänglichkeit an das Vaterland und der innigsten Liebe zu dem gerechten und milden König, von der alle rheinischen Katholiken durchdrungen seien«.[7] Am folgenden Tage wurde die Öffentlichkeit durch die Staatszeitung über die Ernennung Geissels zum Koadjutor Drostes und Administrator des Erzbistums unterrichtet.

Nach einigen Mißverständnissen, für die der preußische Kultusminister Eichhorn verantwortlich war, traf Geissel am 3. März in Köln ein. Er legte dem Domkapitel sein Ernennungsbreve vor und übernahm die Verwaltung des Erzbistums. In einem langen Hirtenbrief bemühte er sich um einen Ausgleich nach allen Seiten.[8] Lob und Dank galten dem König, der die Initiative zur Wiederherstellung des Friedens ergriffen und den Katholiken im Rheinland und der Kirche seinen Schutz und sein Wohlwollen versprochen habe. Geissel rühmte den Papst, der sogleich auf die Intentionen des Königs eingegangen sei; vor allem rühmte er den »um die katholische Religion hochverdienten Herrn Erzbischof Clemens August«, dem wegen seines Gesundheitszustandes die Verwaltung der Erzdiözese kaum noch möglich sei. Er bekannte sich zu seinem Amt als einer »Sendung des Friedens und der Liebe«.

Geissels Bestreben war es, das Mißtrauen der Anhänger Drostes gegen seine Person zu überwinden und sie von der vollkommenen Übereinstimmung mit Droste zu überzeugen. Er wollte – so heißt es – als »treukatholischer Bischof« das Erzbistum in engem Anschluß an das Oberhaupt der Kirche führen; er sei nur aus Pflichtgefühl nach Köln gekommen, weil er im »Ruf zweier hochherziger Könige Gottes Ratschluß verehre« und in der ihm »vom Statthalter Christi übertragenen Sendung des Heilandes Stimme« gehört habe. Der Koadjutor bekräftigte, daß er vor seinem Amtsantritt den Erzbischof besucht habe, von ihm »in reichem Maße durch seine väterlichen Mitteilungen belehrt« worden sei und mit seinem Segen nach Köln komme.

Es handelte sich in der Tat um einen meisterhaft formulierten und sehr klugen Hirtenbrief. Er enthielt alle jene Punkte, denen in der Beilegung des Streites entscheidende Bedeutung zugefallen war. Er wurde ferner jenen Persönlichkeiten und Tendenzen gerecht, die auf dieser Stufe der Entwicklung der Beziehung zwischen Staat und Kirche maßgeblich waren. Daß von Friedrich Wilhelm IV. die Initiativen ausgegangen waren, wurde ausdrücklich festgestellt. Es war in der Tat so, daß beide Könige – zwischen denen erst seit 1835 das brüderliche Du beschlossen war – zusammengearbeitet haben. Ludwig, damals gleichsam protector ecclesiae, hat durch Vermittlung des Nuntius alle Schwierigkeiten und Bedenken beseitigt, die in Rom bis zuletzt immer wieder auftauchten. Er hat »die Sache des deutschen Katholizismus als Ganzes über die ›seiner‹ Landeskirche gestellt«[9]. So hat er gleichzeitig zur Festigung des deutschen Katholizismus in Preußen und auf diese Weise zur Integration der rheinischen Katholiken in den preußischen Staat beigetragen.

Geissel wurde 1846 Erzbischof und empfing 1850 die Kardinalswürde. Er wuchs in die Rolle der großen Kirchenfürsten des 19. Jahrhunderts hinein. In der Geschichte der Beziehungen zwischen dem Staat Preußen und der römisch-katholischen Kirche bleibt die Versöhnungspolitik Friedrich Wilhelms IV. denkwürdig. In einem seiner zahlreichen und ausführlichen Briefe an König Ludwig heißt es: »Aus Rom ist mir seit anderthalb Jahren nur Gutes und Liebes gekommen, wohlverstanden vom Papst und seinem Staats-Sekretär.«

Die Verschränkung der großen Sachfragen der Zeit wird in den ersten Regierungsjahren Friedrich Wilhelms IV. deutlich. Er schloß den Frieden mit der katholischen Kirche, und das Projekt eines Jerusalemer Bistums nahm damals Gestalt an. Das Projekt hätte geeignet sein können, die Beziehungen zur Kirche erneut einer Belastung auszusetzen, zumal Josias von Bunsen als »gescheiterter Diplomat« der Kurie nicht ohne antikatholischen Affekt mit den Verhandlungen über die Bistumsgründung beauftragt war. Und schließlich weilte Friedrich Wilhelm im Jahre 1842 als Pate des Prinzen von Wales bei der königlichen Familie in London. So boten die ersten Regierungsjahre mannigfachen Anlaß zur

Zufriedenheit Friedrich Wilhelms mit dem, was sich so glücklich zu entwickeln schien. Eine ganz andere Sache war die Enttäuschung jener Zeitgenossen, die auf Reform im inneren Staatsaufbau und vor allem auf Einlösung des Verfassungsversprechens drängten.

Das Kölner Dombaufest vom 4. September 1842 wurde zum weithin sichtbaren Zeichen dieser »Versöhnungsära«. Der Gedanke an einen Wiederaufbau des Doms geht auf die Befreiungskriege zurück; Görres hatte 1813 dazu aufgerufen, ein nationales Denkmal in Erinnerung an die Völkerschlacht zu bauen, und auf den Kölner Dom verwiesen. Als der preußische Kronprinz 1814 nach dem Frankreichfeldzug Köln erstmals besuchte und sich von Sulpice Boisserée, einem Sammler und Bewahrer mittelalterlicher Kunst, durch den unvollendeten Dom führen ließ, war er so hingerissen, daß er sogleich bereit war, den Dom auszubauen.

Wir sind über die Anfänge der Teilnahme des Kronprinzen genau informiert, und zwar durch einen Brief Boisserées vom Juli 1814 an den Oberst Rühle von Lilienstern, in dem es darum ging, daß Köln Sitz der Regierung werde und eine Universität erhalte.[10] Der Wunsch nach Vollendung des Doms war ein Herzstück preußischer Kulturpolitik am Rhein, die mit zu berücksichtigen ist, wenn ein Urteil über die Beziehungen Preußens zum Rheinland gefällt werden soll. Der Brief ist wert, zitiert zu werden: »Der Kronprinz von Preußen war gestern hier, und ich begleitete ihn im und auf dem Dom und durch die ganze Stadt. Du kannst Dir nicht denken, welche Freude er hatte und wie vernünftig und gründlich Ancillon und Knesebeck das Nächste und Nötigste auffaßten, was für unsere Altertümer zu tun sei. Der Kronprinz wollte nun gleich den Dom aufbauen. Als wir oben um den Chor gingen, konnte er sich gar nicht mehr halten, und die übrigen Herren mußten gestehen, daß nach so vielen großen Werken, die sie nun in Frankreich, in den Niederlanden und in England gesehen, dieses den Triumph davontrage ... Den ganzen Morgen brachten wir im Dom zu. Das Frühstück war kaum beendet, als der Kronprinz sich wegen des Ausbleibens von Knesebeck vor Ungeduld kaum halten konnte; wir gingen endlich hinten am Garten heraus, und als er die erste Ecke des Turmes über die Häuser hervorragen sah, schrie er laut auf: Herr Jesus, da der Dom schon!«[11]

Im nächsten Jahre, nach der Rückkehr aus Paris 1815, erlebte der Kronprinz wiederum den Dom, und seine Fähigkeit, sich von den Schönheiten des Hochaltars beeindrucken zu lassen sowie der Vergleich des Doms mit dem genuin romantischen Motiv des Waldes machen das Bedürfnis nach »Katholizität« offenkundig. Seine Umgebung hat sich in den nächsten Jahren von der »Rheineuphorie« distanziert, aber Friedrich Wilhelm hat an seinem Dombauplan festgehalten, wobei in mannigfachen Variationen eine Ambivalenz zwischen Christlichem und Vaterländischem konstant blieb. Der Gedanke blieb auch 1840 lebendig; und es bedurfte nicht der aufgeregten Stimmung während der Rheinkrise, damit er wieder aufflammte.

Im Zusammenhang mit der Vorgeschichte des Kölner Dombaufestes trafen mannigfache Tendenzen und Motive zusammen. Kirche und Konfession, Nation und Vaterland wurden auf verschiedene Weise interpretiert. Bei aller Einzigartigkeit des Kölner Wiederaufbauprojekts muß es im Zusammenhang mit vielen anderen Dom- und Kirchenbauten gesehen werden. Auf die Überlegungen für einen Nationaldom ist schon hingewiesen worden. Es ist festgestellt worden, daß sich von den rund 4500 Zeichnungen Friedrich Wilhelms IV. etwa 550 auf große Sakralbauten beziehen, und daß wiederum 150 Skizzen auf die Kenntnis des Kölner Domes zurückführen und ungefähr 20 Blätter regelrechte Vorwegnahmen des vollendeten Zustandes sind.[12]

Es ist der Kronprinz gewesen, der Schinkel für den Ausbau des Domes gewann und der erreichte, daß der preußische Staat schon in den zwanziger und dreißiger Jahren erhebliche Mittel dafür bereitstellte. Es war die Zeit, in der Friedrich Wilhelm großen Anteil an der allgemeinen Mittelalterbegeisterung seiner Zeitgenossen hatte. Der Kölner Dom darf nicht ausschließlich nach Maßgabe künstlerischer Kriterien gewürdigt werden. Schinkels Mitarbeit stand sicherlich in innerem Zusammenhang mit seinen Domplänen, aber seine »gotische« Begeisterung wurde inzwischen ergänzt durch ein Nebeneinander der Stile. Auf die Mannigfaltigkeit der ikonologischen Zusammenhänge zwischen dem Kölner Dom und anderen Kathedralen soll nicht näher eingegangen werden, aber ohne Zweifel sah Schinkel in der Vollendung des groß angefangenen Werkes die Aufgabe seiner Zeit. Ein Auszug aus einer Aufzeichnung läßt die Stimmung und auch die Gesinnung erkennen, die ihn erfüllten. »Was man übrigens über den Beruf unserer Zeit, zum Fortbau des Doms in Köln und über die Zweckmäßigkeit eines solchen Unternehmens, abgesehen von der Notwendigkeit desselben in Beziehung auf die Erhaltung des Vorhandenen, in Betracht ziehen mag, so bleibt es doch gewiß, daß es der neuen Zeit an großen Kunstaufgaben dieser Art, wodurch doch allein die große Kunst bestehen kann, gänzlich mangelt.«

Über solche Reflektionen einer skeptischen Kunstbetrachtung gingen die Wogen vaterländischer und christlicher Begeisterung hinweg. Patriotismus und christlicher Glaube lagen dem Weiterbau zugrunde. Konservative und liberale Gesinnungen konkurrierten in der Diskussion über den Sinn des Festes. Das Unvollendete erschien als Herausforderung und Verheißung sowohl einer deutschen Einheit als auch christlicher Gemeinschaft, eine Katholizität, wie sie damals oftmals beschworen wurde.

Nach der Thronbesteigung Friedrich Wilhelms IV. wurde das schon so lange diskutierte Wiederaufbauprojekt schneller vorangetrieben. Der König hatte das Protektorat über den von Kölner Bürgern gegründeten Zentralbauverein übernommen, der sich rasch über die Rheinlande hinaus verbreitete. Er sagte einen jährlichen Beitrag von 50000 Talern zu und berief Ernst Zwirner, der als Leiter der Dombauhütte mit den Formen der Gotik innig vertraut war. Die schon 1833 von diesem Architekten geleitete Dombauhütte wurde die Pflanzstätte von Bauleuten, die den technischen Aufgaben des Weiterbaus gewachsen waren. Schinkel hat es sich im Verlaufe seiner Bautätigkeit immer besonders angelegen sein lassen, die handwerklichen und technischen Begabungen zu fördern. Auf den gottesdienstlichen Charakter des Dombaufestes im Jahre 1842 legte Friedrich Wilhelm großen Wert, aber gerade in dieser Absicht lag der Keim zu einem Mißtrauen, das Katholiken wie Protestanten aus verschiedenen und dennoch verwandten Gründen hegten.

Am Morgen des Festtages besuchte der Monarch mit seiner Gemahlin zuerst den protestantischen Gottesdienst; dann ging er zum Hochamt in den Dom, an dessen Portal er vom Koadjutor Geissel begrüßt wurde. Die Teilnehmer haben selbstverständlich die Königin besonders beobachtet, die ja einst katholisch gewesen war; bei der Wandlung habe sie das Kreuz geschlagen, wie sie es vor der Konversion gewohnt gewesen war. Eine Zahl deutscher Fürsten war nach Köln gekommen und versammelte sich um den König von Preußen, auch Fürst Metternich war anwesend.

Die Feier gab Friedrich Wilhelm Anlaß zu einer Rede, in der er – so wie auf den Huldigungstagen – sein national-konservatives Programm, das zugleich nationale Pädagogik sein sollte, verkündete: »Der Dom, dessen Grundstein gelegt wird, ist das Werk des Brudersinns aller Deutschen, aller Bekenntnisse... Hier... sollen sich die schönsten Tore der ganzen Welt erheben, Deutschland baut sie, so mögen sie für Deutsch-

Die Wiederentdeckung der Gotik fällt bereits in das 18. Jahrhundert und liegt eigentlich schon vor dem Aufkommen des Klassizismus. Die Befreiungskriege hatten jedoch eine neue, nun politisch gefärbte Schwärmerei für den vermeintlich altdeutschen Stil mit sich gebracht, wie das Berliner Kreuzberg-Denkmal zeigt. So kam auch der unvollendete Kölner Dom in den zwanziger Jahren zu neuen Ehren, und sein Weiterbau wurde nicht nur von den Boisserées, sondern auch von Karl Friedrich Schinkel verlangt (Der Stahlstich von Carl Mayer nach einer Zeichnung des Kölner Dombaurates Zwirner zeigt den Dom mit seiner Umgebung im Jahre 1824). In den vierziger Jahren wurde die Vollendung des Kölner Doms beschlossen, und Friedrich Wil-

helm IV. machte den Dombau zu einer eigenen Sache, da er den katholischen Westprovinzen jenes sakrale Moment geben wollte, das das protestantische Preußen in der Berliner Domkirche besaß. Der Kölner Dombau fiel in die revolutionären Wirren, die Deutschland von Wien über Dresden bis nach Berlin erschütterten, und der König scheint im Kölner Dom nicht nur ein Symbol der Versöhnung beider Konfessionen, sondern auch ein Sinnbild der Einigkeit von Thron, Altar und Volk gesehen zu haben. Das Kölner Dombau-Fest vom 14. August 1848 war ein religiöses und politisches Ereignis gleichermaßen. Der König erblickte in der Vollendung der gotischen Sakralarchitektur des 13. Jahrhunderts so etwas wie seine Mission.

land, durch Gottes Gnade, Tore einer neuen großen guten Zeit werden ... Nie finde dieser Weg das ehrlose Untergraben der Einigkeit deutscher Fürsten und Völker, das Rütteln an dem Frieden der Konfessionen und der Stände ... nie ziehe jemals wieder der Geist hier ein, der einst den Bau des Gotteshauses, ja den Bau des Vaterlandes hemmte. Der Geist, der diese Tore baut, ist derselbe, der vor 29 Jahren unsere Ketten brach, die Schmach des Vaterlandes, die Entfremdung dieser Ufer wandte. Derselbe Geist, der vor zwei Jahren der Welt zeigte, daß er in ungeschwächter Jugendkraft da sei. Es ist der Geist deutscher Kraft und Einigkeit.« Das große Werk »verkünde den späteren Geschlechtern von einem durch die Einigkeit seiner Fürsten und Völker großen, mächtigen, ja den Frieden der Welt unblutig erzwingenden Deutschland – von einem durch die Herrlichkeit des großen Vaterlandes und durch eigenes Gedeihen glücklichen Preußen, von dem Brudersinn der verschiedenen Bekenntnisse, die inne geworden, daß sie eines sind in dem einigen göttlichen Haupte.«[13]

So wie der Brief vom Mai 1840 an Bunsen über die Einigkeit der drei Kirchen, der drei Symbole, als ein klassisches Dokument, ja als ein Schlüsseldokument bezeichnet worden ist, so darf auch diese Rede als ein klassisches Dokument interpretiert werden. Das konservative Nationalgefühl kommt unverfälscht und rein zum Ausdruck. Die Reihenfolge »Fürsten und Völker« ist bezeichnend. Das dem König innewohnende Harmoniebedürfnis wird deutlich. Die vormärzliche Stimmung durchdringt die Rede, und wenn sie angeblich »unpolitisch« ist, so teilt der Redner mit anderen Zeitgenossen das nur vorgeblich »Un-Politische« im Zusammenhang mit der Nationsauffassung. Seltsam wirkt der Appell an den »Brudersinn aller Deutschen«, eine Vokabel, die in den liberalen und großdeutschen Entwürfen der Zukunft gegen Ende des Jahrzehnts auf gefährliche Weise geläufig wird.

Diese um Versöhnung und Harmonie bemühte Rede ist mit dem sinngemäßen Hinweis auf die Gleichwertigkeit der Kirchen eine »Zumutung« für die Katholiken gewesen. Gleichwohl: Im Selbstverständnis des Königs sollte es sich sowohl um ein nationales Staatsfest als auch um ein Kirchenfest handeln. Es ist schließlich noch der Erwähnung wert, daß das Fest ohne großes militärisches Zeremoniell verlief.

Unter den deutschen Bundesfürsten, an die zur Teilnahme an der Vollendung des Doms appelliert wurde, stand ihm in diesem Augenblick der Bundesgeschichte sicher Ludwig I. am nächsten. »Den König hat die deutsch-christliche, deutsch-katholische Konzeption der Kölner

Neogotiker mächtig ergriffen« – urteilt der Biograph des Königs von Bayern, Gollwitzer. Die Brüder Boisereé haben sowohl den preußischen als auch den bayerischen Kronprinzen frühzeitig mit dem Kölner Projekt vertraut gemacht. Ludwig war ebenfalls 1814 in Köln und hegte bereits zu jener Zeit Gedanken an eine künftige Walhalla.

Ludwig hat damals einen selbständigen bayerischen Kölner-Dombauverein gegründet. Die Präambel der Satzung erinnerte an die jahrhundertelange Verbundenheit des Kölner Erzbistums mit dem Hause Wittelsbach und an die Berufung des als »Friedensbote« bezeichneten Bischofs Geissel zum Koadjutor in Köln 1841.[14] Er versuchte, sämtliche Mitglieder des Deutschen Bundes in einem Dombau-Verein zusammenzufassen, und seine eigenen finanziellen Beiträge waren großzügig. Für fünf Glasfenster im südlichen Seitenschiff des Domes, die »Bayernfenster«, wandte er einen Gesamtbetrag von rund 70000 fl. auf. Der Versuch scheiterte aber, und selbst die Mitglieder des Hauses Wittelsbach sind nur widerstrebend dem Aufruf des Königs gefolgt. Metternich dagegen konnte sich den allgemeinen Stimmungen nicht entziehen, und so leistete auch Wien einen Beitrag. Der österreichische Staatskanzler blieb indes mißtrauisch und erkannte den Keim zu einer politisch-kulturellen Hegemonie des Staates Preußen, zumal in das Jahr 1842 Gründungen wie die Friedensklasse des Ordens Pour le mérite fielen, die die kulturelle Aktivität des preußischen Staates sichtbar machten. Hinzu kamen die wirtschaftlichen Erfolge des Zollvereins. Wenige Jahre später, 1845, sprach der Staatskanzler während eines Münchener Aufenthaltes den Satz aus, der treffsicher einen Moment der deutschen Geschichte im 19. Jahrhundert kennzeichnete: »Die Gefahr liegt darin, daß das Preußentum in das Deutschtum übergehe.«[15]

Das Dombaufest war der sichtbare Ausdruck der Versöhnung zwischen der Kirche und dem Staat Preußen. In Köln lag der Schwerpunkt des Konflikts, und in dieser rheinischen Metropole wurde der Friede gefeiert. Motivreihen überlagern sich auf allen Seiten. Geissels kirchliches Verdienst lag in dem erfolgreichen Bemühen, den katholischen Charakter des Festes entgegen allen sogenannten nationalen Interpretationen zu wahren. Die Feier wurde unter genauer Beobachtung des Pontificale Romanum durchgeführt. Daß der König von Preußen mit der Einhaltung der kirchlichen Regeln ganz einverstanden war, ging schon aus seiner Teilnahme am Hochamt hervor. Friedrich Wilhelm liebte den Formenreichtum der katholischen Liturgien. Geissel befand sich damals in engem Einvernehmen mit dem Münchener Nuntius Viale-Prelà, dem er seine Sorgen mitteilte, die sich vornehmlich auf die Wahrung der Besitzrechte der Kirche am Dom bezogen. Er hegte nämlich den unbegründeten Verdacht, die Protestanten könnten aufgrund ihrer großen finanziellen Leistungen eine Mitbenutzung des Doms fordern oder sogar eine »Simultankirche« anstreben.[16]

Die Probleme, die der simultane Gebrauch einer Kirche enthielt, war gerade dem König von Preußen nicht unbekannt. Unter den Kirchen, die sein besonderes Interesse erweckten, fiel dem Dom zu Altenberg wegen seiner umstrittenen kirchenrechtlichen Natur besondere Bedeutung zu. Dem Kronprinzen war es vornehmlich zu verdanken, daß sich Friedrich Wilhelm III. 1833 bereitfand, die Mittel für eine Teilrestauration des vom Verfall bedrohten Doms zur Verfügung zu stellen. Nachdem Friedrich Wilhelm IV. den Thron bestiegen hatte, wurde es möglich, den Wiederaufbau dieses Doms bis 1847 zu vollenden, und so erfolgte Altenbergs Restaurierung zeitgleich mit dem Kölner Wiederaufbau. Die Verhandlungen über einen Simultangebrauch auch für die Evangelischen zogen sich aber rund neun Jahre hin. »Streitig war, ob den Evangelischen ein paritätischer Mitgebrauch zustand, ob die Benutzung des Doms zwischen den beiden Konfessionen räumlich oder zeitlich aufzuteilen sei und welche räumliche und zeitliche Aufteilung sich anböte. Das Hin und Her wurde durch eine Allerhöchste Kabinettsordre vom 15. September 1856 beendet.«[17] Die Verständigung über ein Simultaneum hat den König mit Befriedigung erfüllt, zumal der Dom ein Kunstdenkmal mit einer Grabstätte der Grafen und Herzöge von Berg war. Es galt, einen Gegenstand von nationaler und dynastischer Verehrung zu schützen. Nach dem Tode des Königs stellte der heraufziehende Kulturkampf den Frieden des Simultaneums wieder in Frage.

Von solchen Gedanken war der König im Falle des Kölner Doms weit entfernt, wie bereits seine klassischen Bekenntnisse im Zusammenhang mit eigenen Dombauplänen bewiesen haben. In seinem Selbstverständnis hat er sich stets als Protektor des Protestantismus gefühlt. Metternich war der Argwohn des Klerus nicht fremd, und die finanziellen Leistungen, zu denen sich Österreich entschloß, geschahen nicht zuletzt aus der Befürchtung, die Protestanten könnten solche angedeuteten Ansprüche anmelden. Die protestantische Geistlichkeit hat am Dombaufest offiziell nicht teilgenommen.

Die Befürchtungen auf katholischer Seite vor protestantischen

Ansprüchen an dem Kölner Dom waren nach einem leidenschaftlichen Kirchenkampf verständlich, aber unbegründet. Die schwungvolle und zugleich sehr kluge Rede des Königs hatte das Mißtrauen jedoch nicht beseitigen können, sie hatte es im Gegenteil erneut wachgerufen. Worte wie »Brudersinn der verschiedenen Bekenntnisse« konnten vor dem Hintergrund der Erfahrungen und bei einem erneuerten Selbstverständnis der römisch-katholischen Kirche kaum ein positives Echo finden. Geissel erwies sich als zäher Verhandlungspartner; ihm gelang zunächst eine Abänderung der Inschrift auf dem Grundstein, in der die Verdienste des Königs zu ausschließlich betont wurden.

Das Nationale des Dombaus ließ sich allerdings nicht unterdrücken. So heißt es auf dem Grundstein, man wolle »den erhabensten Tempel der Christenheit als Denkmal deutscher Eintracht« vollenden, und in der beigefügten Urkunde wird der Fortgang des Baues ein »ewiges Denkmal der Frömmigkeit, der Eintracht und Treue der verbündeten Stämme deutscher Nation« genannt.[18] Das konnte durchaus nicht anstößig oder die Gefühle der Katholiken verletzend wirken. Erzherzog Johann stimmte an der Tafel, an der sich deutsche Fürsten versammelt hatten, begeistert zu: »Solange Preußen und Österreich, solange die deutsche Zunge klingt, einig sind, werden wir unerschüttert dastehen wie die Felsen unserer Berge.«[19]

August Reichensperger fand wohl den richtigen Ton, als er die Verdienste des preußischen Königs hervorhob, aber vor allem auch Geissel rühmte, weil der Bischof den katholischen Charakter des Doms, der wie kaum ein anderes Ereignis die öffentliche Meinung in Deutschland aufwühlte, ausdrücklich festgestellt hatte. Er pries die Uneigennützigkeit der preußischen Regierung, weil sie, selbst protestantisch, die Vollendung eines Bauwerkes unterstützte, das »durch und durch den Geist des Katholizismus atme« und so »den lebendigsten Gegensatz zum Protestantismus« bilde.[20]

Der König hätte dieser Interpretation in gar keiner Weise widersprochen. Er hatte oft genug gesagt, daß der Dom den Katholizismus repräsentiere und daß er sich für den Protestantismus ein ähnlich repräsentatives und symbolisches Bauwerk wünsche. Er ist aber damals – wie später noch des öfteren – sehr mißverstanden worden. Metternich konnte es ebenfalls nicht konvenieren, wenn Friedrich Wilhelm vom »Brudersinn aller Deutschen« sprach[21]; diese Vokabel war seinem politisch-geistigen Haushalt und seinem Sprachschatz fremd. Man darf allerdings keine ökumenischen Gedanken in die Worte des Königs hineininterpretieren; auch von »vorweggenommener Einheit« kann nicht gesprochen werden. Friedrich Wilhelm wollte ja gerade die Selbständigkeit der Bekenntnisse anerkennen und sicherstellen. Ein Teil der protestantischen Publizistik hat allerdings ein gerütteltes Maß an Verantwortung für die Mißverständnisse auf katholischer Seite.

Der Münchener Nuntius hat über die Rede des Königs an die Kurie ausführlich berichtet. Er wies in seinem Bericht nach Rom darauf hin, diese Rede lasse die wahren Gedanken des Königs erkennen. Er irrte sich nur zum Teil. Es hieß weiter: »Der verstorbene König hat die Kirche verfolgt, dagegen sei unter dem jetzigen die Neigung zum Zusammenschluß der verschiedenen Konfessionen zu befürchten.«[22] Der sehr kluge Koadjutor Geissel beugte allen denkbaren und eingebildeten Gefahren vor, indem er sogleich den ihm angetragenen Vorsitz im Zentraldombauverein annahm, zu dessen Vorstandsmitgliedern acht Protestanten gehörten.

Die Gegensätze zwischen denen, die das Dombaufest feierten, blieben den Teilnehmern weitgehend verborgen. Hinter der glänzenden Fassade schwelten alte Gegensätze in Deutschland weiter. Doch Geissel konnte mit Befriedigung schreiben: »Es ist doch etwas, daß alle diese hohen Herren sich in der Lage fanden, einer Kirche öffentlich ihre Achtung zu bezeigen, die man noch vor vier Jahren tot glaubte.«[23] Das Fest der Grundsteinlegung läßt ein breites Spektrum der religiösen und nationalen Stimmungen der Zeit erkennen, die in den nächsten Jahren immer wieder gegeneinander wirkten. Friedrich Wilhelms Bedeutung während der weltanschaulichen Kämpfe um die richtige Interpretation des Dombaus kommt gerade darin zum Ausdruck, daß er bei aller Berufung auf das überkonfessionell Vaterländische doch niemals von seiner Position abwich, das ausschließliche Recht der Katholiken auf den Kölner Dom anzuerkennen.

Mehr in zeitlicher als in geistiger Nähe zum Dombaufest stand der Bau der Walhalla, wobei sich bei beiden Bauten trotz des Unterschieds zwischen Kathedrale und Nationaldenkmal Motive gelegentlich durchkreuzten. Friedrich Wilhelm nannte die Walhalla ein »perikleisches Werk«. So verschieden nach ihrer Bestimmung beide Bauten auch gewesen sind, so gehören sie doch der gleichen historischen Zeitströmung an. Die Walhalla bei Regensburg, ein monumentaler Marmorbau nach dem Muster des Parthenon, wurde in den Jahren zwischen 1830 und 1842 errichtet; sie beruhte auf einem Entwurf Leo von Klenzes, gegen den Peter von Cornelius schwere Bedenken erhoben hatte: »Warum soll das größte und nur deutsche Ehrenmal so absolut griechisch sein?«[24]

Der Bau spiegelt das Bemühen wider, ein für die Deutschen verbindliches Nationaldenkmal zu schaffen. Wie sehr das Wollen des Königs von Bayern, eine Verbindlichkeit nationalen Gedenkens zu erreichen, an Grenzen stieß, wird am Schicksal der Luther-Büste sichtbar; das von Rietschel geschaffene Werk gelangte erst 1848 mehr oder minder heimlich zur Aufstellung. Von Johannes von Müller war der Vorschlag ausgegangen, die gesamte deutsche Geschichte in ihren großen Gestalten zu repräsentieren; Ludwig ließ sich von Gelehrten über die Auswahl der zu Verewigenden beraten. Die Korrespondenz darüber näherte sich geradezu »einem wissenschaftlichen Unternehmen«. Neben Gelehrten waren es vor allem Künstler, die befragt wurden. Zu ihnen gehörten Rauch, Schinkel und auch Cornelius.

Ludwig trug sich schon nach Abschluß der Befreiungskriege mit dem Gedanken an die Walhalla, wie aus der Korrespondenz mit Rauch hervorgeht. Die Ähnlichkeit mit der Vorgeschichte des Weiterbaus des Kölner Doms ist unverkennbar. Schon am 8. November 1815 richtete er an den preußischen Bildhauer die Frage, »wer wohl aufzunehmen sei«. So kam sein Interesse an den Details in der an Rauch gerichteten Frage zum Ausdruck, ob Blüchers Schnurrbart auch nicht vergessen sei. Rauch schrieb ihm, was Idee und Gestalt des Baus anlangt, habe Schinkel »sehr schöne Zeichnungen zur Walhalla vollendet«.[25]

Die Walhalla-Idee durchzieht die Korrespondenz mit Rauch seit den Befreiungskriegen. Daß die Mitglieder der Akademie der Künste über den Fortgang des Baus berieten, versteht sich geradezu von selbst. An beiden Frontseiten des hohen und breiten Marmorbaus wurden die Giebelfenster mit Statuen durch Schwanthaler geschmückt. Im nördlichen Giebelfenster fand die Hermannsschlacht ihren Platz, nach Treitschkes Urteil »Schwanthalers schönstes Werk«. In der Mitte der Konzeption dieses Bauwerks, das Ludwig aus eigenen Mitteln finanzierte, standen die »Befreiungskämpfe, die Befreiung von der Fremdherrschaft der Römer sowie der Kampf gegen Napoleon«. Die Gründung des Deutschen Bundes sollte nach der Konzeption des Bauherrn den glücklichen Abschluß der deutschen Geschichte versinnbildlichen (südliches Giebelfenster), da Ludwig I. in dieser föderalen Organisation eine wünschenswerte Form des Zusammenlebens der Deutschen erkannte. Rauch dankte er ganz persönlich für »die von Ihrer hohen

Meisterhand angefertigten Victorien, die der herrlichen Walhalla schönste Zierde sind«.

Ludwig hat in einer Schrift »Walhallas Genossen« den Bau kommentiert, die kurze Lebensbeschreibungen enthielt, und zwar in einer schwer erträglichen Sprache, die gleichwohl die schmeichelnde Bewunderung einer Reihe von Künstlern hervorrief. Es war nicht nur Rückert, der dem König wegen seiner Poesie in jener Schrift huldigte, sondern zuvor hatte schon der Maler Cornelius Ludwigs poetische Schriften neben diejenigen Goethes gestellt. Ludwig sprach aber auch von der »herrlichen Aufgabe«, die Rauch erfülle, wenn er »Friedrich des Einzigen Denkmal« vollende und gab seiner Freude Ausdruck, daß der Bildhauer für »einen so feurig kunstliebenden König« arbeite, dem »für alles Schöne und Große sein Herz schlägt«.

Während Friedrich Wilhelm den Schwager »um den Plan ... der jüngst begrundsteinerten Ruhmeshalle« bat, pries er den deutschen König in Bayern: »... Welch herrliche Tage sind das gewesen, die in Walhalla und zu Kelheim. Und Deine Worte! Die möge Dir ganz Deutschland danken. Ich tue es als teutscher Fürst. Gott erhalte uns den Frieden.« So sprach er von einem »dreifachen Segen: politischer Friede, Friede mit Rom und Blüte des Landes«. Es ist übrigens interessant, daß der König den Entschluß zur Erbauung der Befreiungs- beziehungsweise Ruhmeshalle 1836 in Griechenland faßte, als er die Trümmer der Stadt Tyros besichtigte. Auf der Rückreise beauftragte er seinen Begleiter, den Oberbaurat Friedrich von Gärtner, einen geeigneten Bauplatz auszusuchen und Pläne zu entwerfen.

Die Durchdringung von politischen und kulturellen Bestrebungen in den zwanziger und dreißiger Jahren vollendet sich gleichsam in der europäischen Bewegung des Philhellenismus. Unter den Kandidaten für einen griechischen Königsthron fiel die Wahl 1832 auf Ludwigs Sohn Otto; in Griechenland wurde eine bayerische Sekundogenitur eingerichtet.

Als man in Europa noch nach Anwärtern für den griechischen Thron suchte und auch bei dem Prinzen des Hauses Hohenzollern sondierte, schrieb Friedrich Wilhelm der Gemahlin am 5. Juli 1830. Wenn der Kronprinz in diesem Briefe auch nicht beim Wort genommen werden darf, so ist er doch Ausdruck eines Bekenntnisses. Was er schreibt, ist utopisch, aber das utopische Wunschbild dient der Einsicht in seine komplexe Persönlichkeit. Er malt sich eine Situation aus, in der er vor der Annahme der griechischen Krone stehen könne: »... so wolle er.

Das hätte Hand und Fuß, Kopf und Schwanz, das klinge doch so schön: Haus Hohenzollern, drei Linien: 1. in Schwaben, 2. in Preußen, 3. in Hellas –!«[26] An anderer Stelle, in einem der vertraulichen Briefe an die Petersburger Schwester, gibt er sich ähnlichen Gedankenspielereien hin.

Daß der König von Bayern die Wahl Athens, nicht etwa Korinths, zur Hauptstadt durchsetzte, fand die enthusiastische Zustimmung des preußischen Kronprinzen. Bei einem Besuch in München im Dezember 1833 schlug er vor, den Palast des Königs auf der Akropolis zu errichten. Schinkel wurde beauftragt, einen Entwurf auszuarbeiten. Der Plan fand das Interesse, nicht aber den Beifall des jungen bayerischen Königs. Unabhängig von der Frage, ob der Schinkelsche Entwurf je hätte realisiert werden können, gehört er in den damals aktuellen Zusammenhang der Versuche, die griechische Nationalität durch die Bindung an die Antike zu beleben. Es waren literarische Denkmäler und solche der bildenden Kunst, die diesem Ziele dienten.

Die Inschriften wurden ein bevorzugter Gegenstand der Forschung. Starke Impulse gingen von der Berliner Akademie der Wissenschaften aus, wo August Boeckh das »Corpus Inscriptionum Graecarnum« bearbeitete. Auch die Archäologen leisteten ihren Beitrag zur klassizistischen Tradition. Die Archäologische Gesellschaft wurde 1837 in Athen gegründet. Ein besonderes Problem liegt in der Frage, ob ein Palast nach dem Entwurf Schinkels auf die Dauer mit dem nationalen Selbstverständnis Griechenlands zwischen Byzanz und Abendland verträglich gewesen wäre. Im Zusammenhang mit der Lebensgeschichte Friedrich Wilhelms, in der der Philhellenismus einen festen Platz gehabt hat, gewinnt der vom preußischen Kronprinzen inspirierte Entwurf einen eigenen Platz.

Es war für Friedrich Wilhelm belangvoll, daß er in seinem Selbstverständnis nicht nur Erbe des »Hauses Hohenzollern«, sondern auch des »Hauses Schwaben« war. Der Kronprinz hegte ein leidenschaftliches Interesse an dem Nachweis der Herkunft seines Hauses aus Süddeutschland. Ein willkommener Helfer bei den antiquarischen Arbeiten, die dafür notwendig waren, erstand ihm in dem zu einem späteren Zeitpunkt zum Oberzeremonienmeister ernannten Freiherrn Rudolf von Stillfried-Rattonitz. Aus eigener Initiative wandte sich der in Genealogien Kundige der Geschichte des Hauses Hohenzollern zu und gab das siebenbändige Werk Monumenta Zollerana heraus; ihm ist es zu verdanken, daß des Königs Interesse an dem Wiederaufbau der

Stammburg seiner Ahnen nicht nachließ und daß er bedeutende Mittel dafür bewilligte. Der Kronprinz ließ ihn Vorträge halten, zu denen er seine Geschwister einlud. Die Bitte an seinen Schwager Ludwig, Stillfried bei seinen Arbeiten in bayerischen Archiven behilflich zu sein, wurde nur aus einem Versehen verspätet erfüllt. Die Affinität zwischen dem Hohenzoller und dem Wittelsbacher war im Medium der Kunst sehr groß; in den ersten Jahren des vierten Jahrzehnts trafen die nationalen und künstlerischen Gesinnungen der beiden Fürstlichkeiten in Bayern und Preußen offensichtlich zusammen, und sie erweckten Metternichs Argwohn. Gleichwohl: die Interpretation von »Teutschheit« war facettenreich; ihrer Identität waren vom politischen Staatsinteresse Grenzen gezogen.

Daß Friedrich Wilhelm vom Philhellenismus mitgerissen wurde, entsprach ganz seinem Temperament sowie seiner Staats- und Weltauffassung. Er war der Überzeugung, daß Staats- und europäisches Interesse in diesem Falle mit seinem christlichen Glauben und seiner Auffassung von Nationalität zusammenfielen. Er trat um so leidenschaftlicher für die Griechen ein, als seine Lieblingsschwester in diesem Falle mit ihm einig war – wenn auch aus sehr verschiedenen Gründen.

Der Versuch liegt nahe, Nähe und Entfremdung Friedrich Wilhelms und Ludwigs zu veranschaulichen. Die Anfänge der Beziehungen zwischen beiden Fürsten lagen in den Jahren der Werbung des preußischen Kronprinzen um die bayerische Prinzessin. Es gibt Gemeinsamkeiten und vor allem Erlebnisunterschiede, wobei selbstredend der Altersunterschied zwischen Ludwig und Friedrich Wilhelm eine Rolle spielt. Ludwig I. wurde als ältester Sohn des Königs (vormals Kurfürst) Maximilian Joseph aus dessen erster Ehe mit Auguste von Hessen-Darmstadt 1786 in Straßburg geboren, wo sein Vater als Oberst des französischen Regimentes d'Alsace stand. Bei Ausbruch der französischen Revolution flohen seine Eltern mit den Kindern nach Mannheim. Als sein Vater 1799 Kurfürst von Bayern wurde, siedelte die Familie nach München über. 1806 war er genötigt, Napoleon nach Paris zu begleiten und die Rolle eines Kommandanten der »Landesbewaffnung« zu übernehmen; an den Befreiungskriegen konnte er so nicht teilnehmen. Seit 1810 war er mit der Prinzessin Therese von Sachsen-Hildburghausen verheiratet; aus der Ehe stammten vier Söhne und vier Töchter. Die Kindheit der beiden Prinzen ist von ganz unterschiedlichen Erfahrungen geprägt und hinterließ Erinnerungen, die nicht vergleichbar sind. Der preußische Kronprinz flüchtete mit seinen Eltern bis an die Grenzen des russischen Reiches und erlebte so Zeiten der Not und wirklicher Bedrohung. Ludwig hatte ebenfalls eine Flucht erlebt, und zwar nicht nur die von Straßburg nach Mannheim, an die er sich kaum erinnert haben kann, sondern die von München in die Oberpfalz, als sich die französischen Truppen im Jahre 1800 der Hauptstadt näherten. Er erlebte mit vierzehn Jahren die Gastfreundschaft der sogenannten einfachen Menschen, etwa in Cham, wo – so hat er es später selbst aufgeschrieben – »die Leute glaubten, daß Prinzen kein ›schwarzes Brot‹ essen könnten«.

Der Erlebnisunterschied der Prinzen war in ihrer Kindheit also besonders groß. Ludwigs frühe Erfahrungen waren gleichsam räumlich begrenzt, während der künftige preußische Schwager mit den weiten Entfernungen eines zusammenbrechenden Großstaates vertraut wurde. Auf verschiedenen Altersstufen erlebten sie die napoleonische Ära mit ihrer Neuordnung der europäischen Landkarte. Wenn auch der bayerische Kur- und Kronprinz in das Gefolge Napoleons hineingezwungen wurde, so äußerte sich der Haß gegen den Kaiser doch um so leidenschaftlicher, und dieser Haß, der sich auch gegen alles »Welsche« richtete, beruhte auf seiner »teutschen« Gesinnung. Der junge Friedrich Wilhelm mochte im fernen Ostpreußen davon träumen, den Degen Friedrichs des Großen sich aus Paris zurückzuholen – der schon herangewachsene Ludwig war erfüllt von »Teutschheit«, und diesem Grundgefühl entsprach sein Verlangen nach Wiedergewinnung einst deutscher Gebiete. Wiederholt sprach er es aus, so im Brief an Kaiser Franz II. im Juli 1815: Es sei die letzte Gelegenheit, die Erfüllung berechtigter Forderungen zu verlangen. »Ruhmvolleres hat dann auch nie ein Kaiser vollbracht, wenn Ew. Majestät machen, daß ... Elsaß, Lothringen mit Metz, Toul und Verdun von Frankreich gefordert werden ... Darum beschwöre ich Ew. M.K.M., daß wenigstens Elsaß mit Teutsch-Lothringen und das Vogeser Departement ... doch wiederum Teutsch werden ... Es waren, sind und bleiben Teutschlands Feinde die Franzosen, welche Familie sie auch regieren.«[27]

Wie weit entfernt war der preußische Kronprinz von solchen Gedanken und wie sehr unterschied er zwischen Napoleon und den Franzosen, auch wenn er sich des gängigen Klischees von dem »leichtsinnigen Völkchen« bediente. Bei der Verehelichung Friedrich Wilhelms hat Ludwig bekanntermaßen wirkungsvolle Hilfe geleistet. Diese Ehe war ja nicht ohne dynastisches Interesse, nämlich in der Hoffnung auf preußische Unterstützung im Falle des Gewinns der badischen Pfalz, aber

Was dem preußischen Kronprinzen versagt blieb, konnte der bayerische Thronfolger in der Wirklichkeit ausleben; immer wieder reiste Kronprinz Ludwig nach Rom, wo er im Kreis deutscher Künstler jenes südliche Leben genoß, von dem Friedrich Wilhelm nur träumen konnte. Das Gemälde von Franz Catel zeigt Ludwig in der berühmten spanischen Weinschenke mit den romantisierenden Deutsch-Römern Philipp Veit und Julius Schnorr sowie den Klassizisten Thorwaldsen und Klenze.

Immer wieder sehnte sich Friedrich Wilhelm als Kronprinz nach Italien, aber die Reise selber blieb ihm vom Vater versagt, der darin eine unpreußische Schwärmerei für den Süden gesehen zu haben scheint. Nur im Zeichenblock und durch die Lektüre, die ihn bald zu einem der besten Kenner römischer Geographie machte, verwirklichte der Kronprinz seine Träume, wobei ihm sicherlich zeitgenössische Skizzenbücher Modell waren. Die eigenhändige Zeichnung des Kronprinzen »Italienische Phantasielandschaft« stammt aus dem Jahre 1833.

vorherrschend war der Gedanke an eine Vertiefung der Beziehungen zwischen Nord- und Süddeutschland.

Ein Gefühl der Bewunderung für den bayerischen Fürsten hat den preußischen Kronprinzen ohne Zweifel frühzeitig erfüllt. Während Ludwig schon mehrere Male Italien besucht hatte, konnte Friedrich Wilhelm nur davon träumen, »auch einmal Italien zu betreten«.[28] Während Ludwig in Rom oder in Athen weilte, war Friedrich Wilhelm genötigt, Truppen zu inspizieren und Manöver sowohl in Ostpreußen als auch in Schlesien und Pommern durchzuführen. »Ein Brief aus Rom« oder gar aus Athen hatte für den preußischen Kronprinzen den Wert »eines historischen Dokumentes«. Nach der Verehelichung des preußischen Kronprinzen mit Prinzessin Elisabeth trafen sich die Familien mehr in München oder in Tegernsee als in Berlin-Potsdam.

Beiden ist gemeinsam, daß sie allen künstlerischen Talenten breiten Spielraum für ihre Entwicklung gewährten. Ludwig hat den Künstlern eine soziale Stellung zugebilligt, wie sie sich im Vormärz nicht von selbst verstand. Wie er denn überhaupt eher den Künsten als den Wissenschaften zugewandt war. Weshalb auch die Rückertsche Bezeichnung »Künstlerkönig« in der Tat glücklicher ist als die Wortwahl eines allgemeinen »Kulturkönigtums«.[29]

Treitschke hat zu Recht davon gesprochen, daß Ludwig in scharfem Gegensatz zu seinem Schwager Friedrich Wilhelm besaß, »was den Enthusiasten gemeinhin zu fehlen pflegt, eine eiserne Willenskraft, eine Hartnäckigkeit, welche fast an seinen Ahnherrn, den Schweden Karl XII., erinnerte; von den zahllosen künstlerischen Plänen, die ihn beschäftigten, kamen manche nicht zur Reife und mancher mißriet, aber keiner, den er einmal in Angriff genommen, blieb halbvoll liegen. So ward er nach Karl August der größte Maezenat der deutschen Geschichte, und mit Recht stellt ihn heute die Nachwelt höher, als die Zeitgenossen außerhalb Bayerns zugeben wollten... Geblieben ist als das Besitztum der Nation eine Fülle edler Werke, welche ohne die offene Hand und den rastlos planenden Kopf König Ludwigs nie entstanden wären und auf allen Gebieten der Kunst wie des Kunsthandwerks neue Schaffenslust erweckt haben. Er erhob seine Hauptstadt zu einer der großen Bildungsstätten, deren das deutsche Leben nicht mehr entbehren kann, und löste fürstlich seine Zusage ›Dahin müsse es kommen, daß niemand Deutschland kennen könne, der nicht auch München gesehen habe‹.«[30]

Dieses Urteil ist überaus charakteristisch für Treitschkes Geschichtsschreibung, aber es wird dem König von Preußen überhaupt nicht gerecht. An den Beziehungen dieser beiden Monarchen zu den Künstlern und Wissenschaftlern ihrer Zeit sind gerade die charakteristischen Unterschiede aufschlußreich. Friedrich Wilhelm IV. war mehr als nur der bedeutende Anreger, der ideenvolle Förderer oder Kunstliebhaber. Er hat die Künstler auch nicht »benutzt«; er war durchaus auch selber Gestaltender; bekanntermaßen hat er sein Leben lang »gezeichnet«. Der Unterschied zwischen beiden, der unverkennbar ist, wurzelt, unabhängig von den Unterschieden der Milieus in München und in Berlin, im Moralischen. Friedrich Wilhelm IV. blieb in seinem Selbstverständnis stets ein Lernender und noch dazu ein dankbarer Bewunderer derer, die schöpferisch begabt waren. Man kann ihn auch nicht nur einen Mäzen nennen; er hat – ähnlich wie sein bayerischer Schwager – zur sozialen Emanzipation der Künstler in hohem Maße beigetragen. So zutreffend Treitschke auch Ludwigs Verdienste um München gewürdigt hat, so hat doch Preußen seinen Künstlern auf die Dauer größere Chancen geboten. Im Wettbewerb um die Künstler befand sich Friedrich Wilhelm IV. letztlich im Vorteil. Sein Verkehrston mit den Architekten und Malern unterschied sich deutlich von dem Ludwigs. Sein »Gottesgnadentum« hinderte ihn nicht, die Überlegenheit vor allem der Architekten anzuerkennen. Er blieb in gewissem Sinn bescheiden. Einen Brief wie jenen, den Cornelius am 18. März 1829 an Ludwig I. schrieb, hätte er kaum akzeptieren können: »... indem ich die Dichtwerke Ew. Majestät lese, bin ich davon dergestalt erfüllt, daß ich nicht umhin kann, ... dem Autor einige Worte der Bewunderung und innigster Liebe über die Alpen und Appenin zuzurufen ... Ihre Elegien können sich kühn neben Goethes stellen.«[31]

Es gab indes auch Gemeinsamkeiten zwischen beiden Monarchen, zum Beispiel das Interesse an den Nationaldenkmälern. Was Ludwig schon in der Kronprinzenzeit für München mit der Ausstattung der Glyptothek geleistet hatte, wurde von Friedrich Wilhelm bewundernd anerkannt. »Welch eine unbeschreiblich herrliche Sache ist ja Ihre Glyptothek.« Ludwig gewann Thorwaldsen für die Errichtung von Denkmälern, unter denen das Reiterstandbild des Kurfürsten Maximilian auf dem Wittelsbacher Platz durch seine symbolische Bedeutung im Vormärz herausragt. Thorwaldsen hatte den Auftrag schon 1830 erhalten, die feierliche Enthüllung fand 1839 statt.

In mancher Hinsicht war Ludwig freier und unabhängiger. So entstand auf seine Veranlassung ein Monument Winckelmanns in der Villa Albani zu Rom, während am Denkmal Friedrichs des Großen auf ein Relief des »Apostaten« verzichtet werden mußte. In anderer Hinsicht machen sich jedoch Engherzigkeit und Befangenheit geltend; eine Luther-Büste konnte erst 1848 ohne öffentliches Aufsehen in der Walhalla aufgestellt werden. Dennoch war man überzeugt: »Wäre die Errichtung der Walhalla seine einzige Tat geblieben, sie würde genügen, dem König einen Platz in der deutschen Geschichte zu sichern.«[32] Der überschwengliche Satz deutet die einzigartige Stellung des Königs von Bayern im Bewußtsein der Zeitgenossen an.

Friedrich Wilhelm hat demgegenüber den Wissenschaften Impulse gegeben, die Berlin zu einer der großen Metropolen der Wissenschaften gemacht haben. Er vermochte Alexander von Humboldt stundenlang zuzuhören, der der erste Kanzler des Ordens Pour le mérite für Wissenschaft und Künste gewesen ist. Der König wurde denn auch, wenn auch noch so passiv, der Mittelpunkt einer Tafelrunde in Sanssouci. Ludwig konnte diese Rolle kaum spielen.

Die Begegnungen beider Fürsten mit Goethe sind sehr verschieden verlaufen, und die Verschiedenheit ist aufschlußreich. Ludwig hat in Begleitung des Großherzogs Karl August Goethe zu dessen 77. Geburtstag in seiner Weimarer Wohnung einen Besuch abgestattet. Goethe hinterließ beim König einen nachhaltigen Eindruck; »die ›Aufwartung‹ eines Königs vor einem Geistesfürsten, der Weltruf genoß, manifestierte nicht nur Ludwigs Ergriffenheit vor der Kunst Goethes, sie war darüber hinaus bestimmt, vor aller Welt kund zu tun, daß dem Monarchen politisch-gesellschaftliche Standesschranken nichts bedeuteten, wenn er es mit einem Manne wie Goethe zu tun hatte«.[33] Mit Erlaubnis Karl Augusts verlieh er ihm das Großkreuz des Ordens der Bayerischen Krone und gratulierte »dem Könige der Teutschen Dichter«.[34] Beide Fürsten haben Goethe und Weimar auf verschiedenen Altersstufen erlebt. Die Einsicht in die Verschiedenheit ist hilfreich für das Verständnis der Bedeutung der Klassik in ihrem Weltbild.

Die Dichtung Goethes stand auf dem Erziehungsplan auch der Fürsten. Schiller hatte beim Bürgertum größere Bedeutung als Goethe. Friedrich Wilhelms Erzieher Delbrück hatte Goethe sagen lassen, wie sehr etwa »Hermann und Dorothea« den Flüchtlingen zum Trost gereicht habe.

Als der Kronprinz Friedrich Wilhelm nach der Schlacht bei Leipzig mit den siegreichen Truppen nach Westen zog, besuchte er Weimar.

Während der Name Goethes in den Briefen überhaupt nicht fällt, geht aus der Korrespondenz um so mehr die der Architektur gewidmete Aufmerksamkeit hervor. Das »Römische Haus«, das Karl August im Schloßgarten errichtet hatte, fesselte den Kronprinzen. Noch ist es allerdings das Romantische, das ihn anzieht: »Unter demselben ist in einer gewölbten Halle ein kleiner Springbrunnen, in einem antik geformten Becken, und gleich da fängt der Felsen an, auf dem es steht. Auf einer romantisch gewundenen Felsentreppe kommt man in das Ilmtal.«[35] Das Motiv der römischen Villa, dem später so große Bedeutung zufallen sollte, klingt erstmals an.

Wollte man sich schließlich – über den angedeuteten Vergleich zwischen dem »Künstlerkönigtum« in den Häusern Hohenzollern und Wittelsbach hinaus – um eine Typologie des deutschen Königtums im 19. Jahrhundert bemühen, so stand Friedrich Wilhelm Ludwig I. sowie Maximilian II. sicherlich am nächsten. Sie bildeten Ausnahmeerscheinungen, während unter den Albertinern des 19. Jahrhunderts die bürgerlich-nüchterne Berufsauffassung vorherrschend war.

Gottesgnadentum und Vereinigter Landtag

Gerade im Zusammenhang mit der Verfassungsgestaltung des preußischen Staates stellt sich die Frage, ob und wie weit die Bildung der Schulzeit, die Ideen seiner Erzieher und seine angeborenen Neigungen im Wirken des Kronprinzen und späteren Königs fortgewirkt haben. Es war eine eigentümliche Fügung, daß ausgerechnet Friedrich Wilhelm die Aufgabe zufiel, sich mit dem Verlangen des herrschenden »Zeitgeistes« nach einer Verfassung auseinanderzusetzen.

Als König hat Friedrich Wilhelm das fortgesetzt, was er als Vorsitzender der sogenannten »Kronprinzenkommission« begonnen hatte. Das bisherige Bild von seiner Auffassung der Wünschbarkeit einer ständischen Verfassung erfährt keine Revision, aber die Nuancen seines Verhaltens in den verfassungspolitischen Auseinandersetzungen werden deutlicher als bisher. Es bleibt bedenkenswert, daß sich Ranke in seinem aus tiefer Sympathie für den König geschriebenen Essay gerade den Problemen, die mit einer zukünftigen Verfassung zusammenhängen, zugewandt hat.

Ranke hat aus einer universalen Anschauung heraus den Sinn der Verfassungskämpfe interpretiert: »Das große Resultat für alle Zeiten lag darin, daß dem patriarchalischen System eine auf gegensätzlichem Rechtsverhältnis beruhende Verfassung nachfolgen mußte. Das erste war gar nicht mehr haltbar, seitdem in allen Nationen des Kontinents und in den eigenen so ganz abweichende Überzeugungen und Tendenzen zur Herrschaft gekommen waren. Es wird immer als ein unsterbliches Verdienst Friedrich Wilhelms IV. angesehen werden, daß er die Veränderungen angebahnt hat. Nur eine große lebensvolle Seele war dazu fähig. Aber gestehen wir es uns ein: Auf diesem Wege der Autorität allein war das große Ziel nicht zu erreichen. Eine auf eigenen Füßen stehende Opposition gehörte gleichsam dazu, um die Verfassung in Wahrheit zu realisieren.«[1]

Ranke ist ohne Zweifel mit diesem Urteil seiner Neigung zur Harmonie und zum Ausgleich gefolgt. Es bleibt die Aufgabe, den Weg nachzuvollziehen, auf dem Friedrich Wilhelm sich genötigt fühlte, auf die Nichterfüllung des Verfassungsversprechens seines Vaters zu reagieren. Über das Biographische hinaus bleibt das Verfassungsversprechen des

Vaters ein zentrales Problem der preußischen Geschichte in der ersten Jahrhunderthälfte. Am Anfang stand das königliche Verfassungsversprechen mit der Verordnung vom 22. Mai 1815, in der von einer Verwirklichung einer »Repräsentation des Volkes« in naher Zukunft die Rede war. Einer Kommission aus Staatsbeamten und »Eingesessenen der Provinz« fiel unter dem Vorsitz Hardenbergs die Aufgabe zu, sich mit der Organisation der Provinzialstände und der Nationalrepräsentation zu befassen. An diesen Beratungen über die innere Gestaltung des Staatslebens wurde Friedrich Wilhelm von vornherein beteiligt. Es handelt sich um die Jahre, in denen Hardenbergs Einfluß sank und die antireformerischen Kräfte am Hof, unter den Ministern und in der Bürokratie an Boden gewannen, bis sie schließlich in einer interessanten Verbindung zwischen innen- und außenpolitischen Kräften siegten.

Es zeigte sich schnell, für welche Seite der Kronprinz Partei nahm. Man darf aus seiner Teilnahme an einer Fülle von Sitzungen des Staatsrates und der Kommissionen nicht schließen, Friedrich Wilhelm habe in einer bestimmten Richtung mitgestalten oder entscheidend mitwirken können. Initiativen sind von ihm nicht ausgegangen; seinem Engagement wurden Grenzen von dem aufrichtigen Respekt vor den väterlichen Entscheidungen gezogen. Gleichwohl handelt es sich um einen nicht unwichtigen Teil der Vorbereitung auf die Regierungsübernahme. Seine Haltung wurde bestimmt durch die Zugehörigkeit zum christlich-germanischen Kreise, durch die ihm vornehmlich von Ancillon vermittelte Staatslehre Hallers vom patrimonialen Staate, durch seine russische Verwandtschaft und nicht zuletzt durch die Verehrung, die er dem Staatskanzler Metternich entgegenbrachte.

Als Mitglied des Staatsrates, der 1817 eingerichtet wurde, hatte der Kronprinz Einblick in die Staatsgesetzgebung. Dem Staatsrat oblag es, die Gesetze sowie »Verfassungs- und Verwaltungs-Normen« vor der Genehmigung durch den König zu beraten. Seine Tätigkeit umfaßte den Ausbau der Verwaltungsorganisation oberhalb der Provinzialebene. Der König bestimmte, daß die Einrichtung von Provinzialständen Priorität haben müsse; erst danach dürfe »der Gegenstand der eigentlichen Landesrepräsentation vorgenommen werden«. Neben der Beratung der Verfassungsfragen – so wie sie der König verstand – wurde dem Staatsrat als andere große Aufgabe die Prüfung eines vom Finanzminister vorgelegten Gesetzentwurfs für die Steuerverfassung übertragen.

So gehörte zum Komplex einer Repräsentation der preußischen

Nation auch die Regelung des Staatsschuldenwesens. Im Edikt vom 17. Januar 1820 wurde die Absicht ausgesprochen, die Staatsschulden »der Disposition der Reichsstände zu unterstellen«. Der König verlangte die Vollendung der ständischen Gesetzgebung bis Ende des Jahre 1820. In der Notwendigkeit einer Steuerreform konnte der Hebel zur Beschleunigung der Arbeit an der Vorbereitung einer Verfassung liegen. Es wurde bestimmt: über die festgestellte Staatsschuld in Höhe von 180 Millionen Talern hinaus »darf kein Staatsschuldenschein oder irgendein anderes Staatsschulden-Dokument ausgestellt werden. Sollte der Staat künftighin zu seiner Erhaltung oder zur Förderung des allgemeinen Besten in die Notwendigkeit kommen, zur Aufnahme eines neuen Darlehns zu schreiten, so kann solches nur mit Zuziehung und unter Mitgarantie der künftigen reichsständischen Versammlung geschehen.«

Das Verfassungswerk kam nicht zustande, aber das Edikt blieb – ebenso wie das Edikt vom 22. Mai 1815 – bestehen. Furcht der Konservativen wie Hoffnungen der Reformer knüpften sich an diese königlichen Verlautbarungen in einer Zeit, in der sich die öffentliche Meinung wegen der Karlsbader Beschlüsse nur schwach äußern konnte. Das Staatsschuldengesetz vom 17. Januar 1820 bedeutete also wiederum ein Verfassungsversprechen und ist auch so verstanden worden. In der Geschichte sowohl des nicht eingelösten Verfassungsversprechens als auch in der Vorbereitung Preußens auf eine Konstitution fällt diesem Gesetz von 1820 ein besonderer Platz zu.

Wie sehr der Kronprinz gegen die Verfassungspolitik Hardenbergs opponierte, geht eindringlicher noch aus privaten Briefen als aus amtlichen Dokumenten hervor. Das Mißfallen an der sogenannten »Hardenbergerei«, dem er in Briefen an die Schwester Charlotte drastischen Ausdruck gab, bezog sich vornehmlich auf die Verfassungspolitik des Staatskanzlers. Er empfand aber – unter dem Druck seines Gewissens – das Verfassungsversprechen von 1815 als ein schweres Erbe, von dem er sich nicht befreien konnte, und so flüchtete er – wie seine Freunde – in konstruierte und gewagte Uminterpretationen des Wortlauts dieses Versprechens. Hinzu kam, daß aus Petersburg der Militärbevollmächtigte die Warnungen des Zaren übermittelte, der selbst »durch eigene schmerzliche Erfahrungen« mit dem polnischen Adel »belehrt« worden sei.

Die Erinnerungen der Zeitgenossen an die Jahre 1813 bis 1815 wichen im Vormärz stark voneinander ab, was besonders an den auseinandergehenden Interpretationen der königlichen Zusagen des Jahres 1815 deutlich wird. Nikolaus beschwor in den Briefen an den preußischen Schwager immer wieder solche Erinnerungen: Er erwähnte die »freundschaftlich-kameradschaftlichen« Gesinnungen unter den Generälen beider Länder. Hardenberg, der noch wenige Jahre zuvor über Humboldt gesiegt hatte, verlor schließlich den Rückhalt des Königs. Seine Resignation bedeutete das Ende einer Epoche preußischer Geschichte. Woran sich schließlich noch Hoffnungen knüpfen konnten, war das Staatsschuldenedikt.

Das Interesse blieb hinfort ganz den Provinzialständen gewidmet. Die starke Gruppe der Verfassungs- und Reformgegner entwickelte eine einheitliche Interpretation der historischen Entwicklung seit der Verordnung vom 22. Mai 1815 und der Wiener Schlußakte vom 15. Mai 1820, wonach auch in der preußischen Monarchie »eine landständische Verfassung durch Modifikation der älteren Provinzialstände und Anordnung derselben, wo solche nicht vorhanden sind«, errichtet werden sollte. Der Begriff der »Repräsentation des Volkes« wurde also an die Provinzialstände gebunden; im Mittelpunkt stand der feudal-ständische, besonders der brandenburgische Adel. Unter den wiederkehrenden Argumenten gegen eine »Repräsentation« kommt dem Prinzip des Grundeigentums als Voraussetzung einer »Standschaft« eine konstitutive Bedeutung zu. Wenn auch die Gleichheit aller Einwohner des Landes vor dem Gesetz und den Gerichten anerkannt wurde, so sollten doch mit der Verschiedenheit der Stände und des Eigentums verschiedene Rechte organisch verbunden bleiben.

Nach Auffassung Friedrich Wilhelms und seiner Gesinnungsfreunde war es einer monarchischen und ständischen Verfassung eigentümlich, daß der Monarch »der natürliche und ewige Vormund des Volkes sei, allein er befrage über die Interessen des Volkes die Verständigsten, Einsichtsvollsten, Gebildetsten aus seiner Mitte, wie ein Vater seine Kinder befragt, wenn sie, obgleich sie nicht mündig sind, doch eine gewisse Reife zeigen«. Es bleibt dahingestellt, wie weit der Kronprinz an den Formulierungen der Kommissionen unter seinem Vorsitz beteiligt gewesen ist, aber ihre Grundsätze entsprachen sehr genau jenen Vorstellungen von einer landständischen Verfassung, die er sich zu eigen machte und an denen er festhielt.

Es ging im Zusammenhang mit dem Begriff der »Repräsentation« um die Bewahrung unterschiedlicher Rechte. Man fühlt sich an den Geist der Historischen Schule erinnert, wenn man jenes von Wittgenstein konzipierte Schreiben des Königs vom 11. Juni 1821 bedenkt, in dem die Absage an Reichsstände lapidar formuliert und bestimmt wurde, »das Weitere wegen Zusammenberufung der allgemeinen Reichsstände bleibt der Zeit, der Erfahrung, der Entwicklung der Sache und Meiner landesväterlichen Fürsorge anheim gestellt«. Unverändert blieb die Auffassung, die zu Beginn der zwanziger Jahre so bekundet wurde: »Die Verfassung würde nicht mit einem Male als Urkunde gegeben, sondern sie träte mit ruhigen Schritten in das Leben, das Neue ginge aus dem Alten, die Zukunft aus der Gegenwart hervor.« Es handelte sich um eine politische Überzeugung, die auch durch die Revolutionserfahrung nicht ins Wanken geriet.

Dem Kronprinzen kann im Vormärz – wenn man darunter auch die zwanziger und dreißiger Jahre versteht – keine die Entwicklung vorantreibende Rolle zugeschrieben werden; er war vielmehr Sprachrohr der konservativen Gruppe, aber auch ihr Förderer und ihr Alibi vor möglichen Gefährdungen durch Reformfreunde. Das Problem einer Nationalrepräsentation war allerdings durchaus nicht erledigt; die quälende Erinnerung an das Verfassungsversprechen vom Mai 1815 war immer gegenwärtig. Hinzu kam, daß das Staatsschuldengesetz als ein Problem der praktischen Politik jederzeit aktuell werden konnte.

In der Geschichte der preußischen Verfassungs- beziehungsweise Ständepolitik kam im Selbstverständnis der Beteiligten die besondere Nationsauffassung zum Ausdruck. Wer die »Nation« bilde, war ja auch die Frage im Verlaufe der Französischen Revolution gewesen. Ancillons Definition lautete: »Die Nation oder das Volk im edleren Sinne besteht nicht in den Proletariern noch in denen, die ein kleines, bewegliches, höchst wandelbares Eigentum besitzen, sondern in den Grundbesitzern aller Art.« So ergab sich die Dreiteilung der Stände für eine künftige Repräsentation aus »Ritterschaft, Städten und Landgemeinden«. Es war nicht mehr als eine kleine Konzession an den sozialen Wandel, wenn die bürgerlichen Rittergutsbesitzer – mit Ausnahme der Juden – »der Standschaft teilhaftig und als landtagswahlfähig« angesehen werden sollten.

Daß die adeligen Grundbesitzer gegen eine Gleichstellung mit Bürgerlichen opponierten, geht aus einer Reihe von Denkschriften hervor. Freiherr vom Stein, der vom Kronprinzen zu einem Gutachten aufgefordert wurde, beklagte die Aufgabe »des historischen Prinzips«. Der Adel verliere »seine Korporationsrechte, seine erbliche Familien-Provinzialstandschaft«; er werde mit der Masse der größeren Grundbesitzer zusammengeworfen und erhalte nur Wahlfähigkeit. So werde der Grundbegriff des Adels zerstört, der großen fideikommissarischen Grundbesitz, Geschlechtsalter und sittliche Würde in sich schließe, und seine Ehre vernichtet, dies Band der Geschlechterreihen, das die Achtung für die Vergangenheit an die Hoffnungen für die Zukunft knüpft.[2] Das sind Gesichtspunkte, die den Vorstellungen des Kronprinzen vollkommen entgegenkamen. Diese Übereinstimmung in den Fragen des Adels schloß aber nicht aus, daß sich die beiden innerlich fremd blieben.

Will man aus der Arbeit der Kronprinzenkommission eine Summe ziehen, so könnte man sagen, sie sei vornehmlich gegen die Auffassungen der Ministerialbürokratie unter Hardenberg gerichtet gewesen. Von den Provinzialständen erhoffte man »ein Institut, das die in der Reformzeit von feudalen Bindungen befreite staatsbürgerliche Gesellschaft ständisch und konservativ überformte und dem Staat die Möglichkeit gab, nach außen als Garant der europäischen Restauration aufzutreten«.[3]

Die provinzialständische Verfassung wurde 1823 fertig. Die Reform hatte damit ihr Ende gefunden, auch wenn die Entscheidungen bereits zuvor gefallen waren.

Das Bündnis zwischen Monarchie, gutsbesitzendem Adel und einer Ministerialbürokratie, die andere Tendenzen als die sogenannte Reformbürokratie unter Hardenberg verfolgte, fand in den Persönlichkeiten des Königs und des Kronprinzen seine starken Stützen. Die Provinzialständegesetze waren indes nicht in der Lage, die besondere staatsrechtliche Position der alten Stände neu zu beleben. Eine öffentliche Diskussion über den ständischen Charakter – der die inzwischen befestigte Einheit der Monarchie nicht mehr in Frage stellen konnte – war in der Zeit der Karlsbader Beschlüsse kaum möglich. Der sogenannte »historische Charakter der Stände«, ihre »Historizität«, gehörte in den Bereich des Wunschdenkens der Kronprinzenkommission sowie ihres Vorsitzenden.

Die Zusammenarbeit bei der Vorbereitung der Ständegesetze und im Verlaufe der Provinziallandtage funktionierte jedoch nicht immer und nur in restaurativem Geiste. Das läßt die Einrichtung einer »Immediatkommission für die ständischen Angelegenheiten« im November 1824 erkennen. So wurde zwischen Staatsministerium und König eine Institution geschaffen, die über alle Ständesachen die Funktion des sogenannten »Obergutachters« hatte. Sieht man sich die Mitglieder dieser

Kommission an, so findet man Männer, die mit dem Kronprinzen eng verbunden waren. Zu ihnen gehörte neben dem einstigen Lehrer Ancillon auch Gustav von Rochow, seit 1834 Innenminister; er war vor Eintritt ins Innenministerium zum Kammerherrn der Kronprinzessin ernannt worden. Die jeweiligen Innenminister pflegten diesem höchsten Gremium für die Ständesachen immer anzugehören. Rochow hatte bereits der ersten Kronprinzenkommission angehört, und seine Ernennung zum Innenminister ist mit Recht als »ein Anzeichen für die Stabilisierung und den Erfolg der ständischen Restaurationspolitik« gewürdigt worden. Karl Freiherr von Müffling, 1821 zum Chef des Generalstabs der Armee ernannt und im selben Jahre noch Mitglied des Staatsrats geworden, vom Kronprinzen in der für ihn charakteristischen, vertraulichen Weise »Muff« genannt, vertrat als Mitglied der Immediatskommission sowie als Kommandierender General des 7. Armeekorps in Münster (1829–1838) in scharfer Form die Regierungspolitik. Daß Müffling wohl konservativ, aber nicht etwa erzreaktionär war, läßt sein Eintreten für die Landwehr sowie die Förderung von Friedrich von Motz erkennen, der Mitte 1825 – sicherlich wiederum auf Drängen Wittgensteins und Müfflings – zum Finanzminister berufen wurde.

Motz' geschichtliche Bedeutung liegt in seinem Anteil an der Gründung des Zollvereins. Zu den Mitgliedern der Immediatkommission, zu denen der Kronprinz eine enge, seit den Jugendjahren bestehende Beziehung pflegte, zählt außerdem noch Anton Graf zu Stolberg-Wenigerode. Seit Ende der zwanziger Jahre rückte er in hohe Staatsämter ein; 1834 wurde er Regierungspräsident in Düsseldorf, 1837 Oberpräsident der Provinz Sachsen, nach 1840 Mitglied des Hausministeriums und 1842 Staatsminister. Dieselbe Auffassung vom Gottesgnadentum stellte die Grundlage ihrer Freundschaft dar. In Personalfragen gab der König viel auf Stolbergs Rat. Zu den Vertrauten des Kronprinzen gehörte ferner Carl von Voß, Sohn des Staatsministers Otto von Voß-Buch, der seit 1828 »Ziviladjutant« Friedrich Wilhelms war. Er hat das altständische Gedankengut ebenfalls am Hofe vertreten und gehörte zum Kreise der Gerlachs. Als Mitbegründer des konservativen Berliner »Politischen Wochenblatts« wurde er nach der Thronbesteigung Friedrich Wilhelms Mitglied der Immediatkommission. Zu den Männern, die bereits vor dem Thronwechsel die Aufmerksamkeit auf sich lenkten, gehörte Ernst von Bodenschwingh, der altwestfälischem protestantischen Adel entstammte und im Alter von siebenunddreißig

Jahren Regierungspräsident in Trier wurde, 1834 dann Oberpräsident der Rheinprovinz, bis er schließlich in den vierziger Jahren verschiedene Staatsministerien übernahm.

Wenn sich auch die Restaurationspolitik Preußens im inneren Staatsaufbau wie in der Außenpolitik durchgesetzt hatte, so blieb doch ein Bereich übrig, in dem liberale Wirkungen möglich waren und wo der Hebel zu einer Konstitution angesetzt werden konnte. Das ist der Zusammenhang zwischen der Aufnahme von Staatsanleihen und den Bedingungen einer reichsständischen Versammlung. Die Regierung gab sich sonderbaren Vorstellungen hin, die zum Selbstbetrug der restaurativen Schichten der preußischen Monarchie gehörten. An eine Erfüllung konstitutioneller Zusagen – die auf eigentümliche Weise interpretiert wurden – glaubte man nicht eingehen zu müssen, aber die Sorge vor neuen Schwierigkeiten im Zusammenhang mit den Staatsfinanzen blieb stets vorhanden. Man tat so, als ob es eine sogenannte organische Entwicklung gebe, und zwar seit dem Jahre 1815 über das Gesetz betreffend die Provinzialstände von 1823 bis zur geplanten Bildung von »Reichsständen«, ohne aber aufgrund dieser Entwicklung etwa Zugeständnisse an den Konstitutionalismus machen zu müssen. In dem Gesetz über die Provinzialstände war der Hinweis enthalten: »Wann eine Zusammenrufung der allgemeinen Landstände erforderlich sein wird und wie sie dann aus den Provinzial-Ständen hervorgehen sollen, darüber bleiben die weiteren Bestimmungen Unserer Landesväterlichen Fürsorge vorbehalten«.

Der Zusammenhang zwischen dem Staatsschuldengesetz und der Aussicht auf eine Ständeversammlung sorgte für die Fortdauer der Diskussion über eine allgemeine Repräsentation. Es ist interessant, daß es – so wie in anderen Bereichen – auch in diesem Falle Militärs waren, die aus fachlichen Erwägungen realistischer in die Zukunft schauten. Müffling empfahl in einer Denkschrift 1825 dringend, die Stunde der Not nicht etwa abzuwarten, sondern rechtzeitig ein Gesetz über die Einführung von Reichsständen zu erlassen, wobei er sogar auf die Details der Gesetzgebung einging. Es ist Boyen gewesen, der nach der Julirevolution die Einführung von Reichsständen befürwortete. Eine Mobilmachung und gleichzeitig Maßnahmen gegen die Ausbreitung einer Choleraepidemie verlangten damals außerordentliche finanzielle Maßnahmen. Boyen »argumentierte, daß es keine Mobilmachung ohne Anleihe und keine Anleihe ohne Reichsstände gebe«.

Die Diskussion über Staatsschulden, Kreditlosigkeit und Verfassungsversprechen verdichteten sich in den letzten Regierungsjahren Friedrich Wilhelms III., zumal die Sorge bestand, daß der labile Kronprinz in eine Situation kommen könne, in der er gezwungen sei, Wünschen nach repräsentativen Reichsständen zu rasch nachzugeben. Der Kronprinz war indes so sehr in provinzialständischen Vorstellungen befangen, daß erst ungewöhnliche Erschütterungen eintreten mußten, die ihn in die Bahnen einer Verfassungspolitik lenkten.

Das historische Urteil über das nicht eingehaltene Verfassungsversprechen wird zwiespältig bleiben, wenn auch Bedauern und Anklage überwiegen. Heinrich von Treitschke, dem wir trotz seiner preußisch-borussischen und einseitig konservativen Haltung besondere intime Einblicke in die Innenpolitik des Vormärz verdanken, glaubte feststellen zu können, »nach dem Abschluß der großen Einzelreformen sei gewährleistet gewesen, daß eine gewählte Volksvertretung sich nicht mit den von ihren Gegnern befürworteten revolutionären Experimenten, sondern mit nüchterner Sacharbeit beschäftigt haben würde«.[4] Revolutionäre Erschütterungen seien indes unvermeidbar gewesen, »wenn der König entgegen seinem dreimaligen Versprechen dem Volke die Verfassung weiter vorenthielt«. Er fährt fort: Nur »ein preußischer Landtag, zur rechten Zeit berufen, konnte der Krone die Schmach des Jahres 1848 ersparen«.

Es ist verblüffend, daß ein konservativer Wahlpreuße solche Erwartungen an eine Repräsentation knüpfte. Die Gegner hatten für ihre Ablehnung jedoch ebenfalls Gründe. So blieb die Frage nach einer Nationalrepräsentation auf der Tagesordnung der Politik und wurde sogar immer dringender. Der Krater der Revolution war nicht geschlossen, wie die Pariser Ereignisse der Julirevolution dramatisch gezeigt hatten. »Es ist eine gräßliche Zeit« – so schrieb der Thronerbe an seine Schwester Charlotte in Petersburg am 9. November 1832 – und von »dem Tier«, »der Hure« ist im Brief an Johann von Sachsen die Rede. Die Übersteigerung des Ausdrucks: »Deckenhoch könnte ich zuweilen vor wütigem Schmerz springen«, ist nicht ungewöhnlich und darf nicht als Indiz für eine nervliche Erkrankung schon in diesen Jahren des Wartens auf die Thronfolge gewertet werden.

Die Verbindung von Innen- und Außenpolitik drängt sich immer wieder auf. Friedrich Wilhelm hatte in Vertretung seines Vaters an mehreren europäischen Konferenzen teilgenommen; er war durch Ancillon in die Maximen der auswärtigen Beziehungen eingeführt worden, von dem Manne, der seit 1832 die preußische Außenpolitik leitete.

In einem Bericht über eine im November 1833 unternommene Rundreise schrieb er: »... glaub' ich mich nicht zu irren, wenn ich pflichtgemäß versichere, daß das infame juste milieu, die Halbheit und Lauheit der Gesinnungen, die eigentliche Stütze und Beförderung alles Schlechten, aller Untreue unserer Zeit, die furchtbarste Allianz [ist], die die Revolution hat ... sämtliche Souveräne von allem Kaliber, die ich gesprochen, konnten gar nicht aufhören, von der dringenden Gefahr Teutschlands zu reden, von dem precairen ihrer Stellung zwischen den vereinten Intrigen der französischen Propaganda und des sauberen Louis Philippe einerseits und andererseits der Umtriebe der teutschen Demagogen und dem Unwesen ihrer Stände.«[5]

Der Gebrauch des Begriffs »Stände« ist in diesem Zusammenhang nicht uninteressant. »Stände« sollten ja gerade einen Damm gegen die Revolution bilden. Daß der Kronprinz vor dem Hintergrund revolutionärer Erschütterungen in den dreißiger Jahren seine Hoffnungen auf Petersburg und Wien richtete, versteht sich geradezu von selbst. Gleichsam aus der Loge heraus betrachtete er die große Politik. In Vertretung seines Vaters nahm er auf Einladung des Kaisers Franz an einer Konferenz auf dem böhmischen Schloß Münchengrätz teil. Der Zar und der österreichische Kaiser wollten gemeinsam mit Preußen Maßnahmen gegen »die Revolution« beraten und beschließen, aber Ancillon war bemüht, jede Festlegung Preußens zu vermeiden – so blieb es folgenlos, daß Friedrich Wilhelm ohne Vollmacht den Vater vertrat; und lediglich biographisch ist das Erlebnis »großer Politik« von Bedeutung. Der Kronprinz war beglückt über die Zusammenkunft jener Herrscher, die den Legitimismus repräsentierten, obwohl er deren absolutistisches Regierungssystem ablehnte. Aus seinen Briefen geht hervor, daß der Kronprinz nicht aufhörte, an eine Wiederbelebung der Heiligen Allianz zu glauben. Er blieb verwurzelt mit dem Bündnis von 1813/15, und so konnte er den in Münchengrätz bekräftigten Rechtsgrundsatz der Intervention mit der Spitze gegen Frankreich uneingeschränkt billigen. Um so größer war seine Enttäuschung über die zaghafte Politik Preußens: »Am Tage meiner Rückkehr aus Münchengrätz hatte ich eine vierstündige Unterredung mit Bernstorff und Ancillon und ging wirklich trostlos von ihnen.«

Seit Ancillon als Nachfolger Bernstorffs die Leitung der Außenpolitik im Mai 1832 übernommen hatte, ist die Frage nach der Intensität der Beziehung zwischen Friedrich Wilhelm und Ancillon noch wichtiger. An seiner Berufung ist der Kronprinz nicht unbeteiligt gewesen. In der

Substanz ihrer Staatsauffassung stimmten die beiden sehr ungleichen Persönlichkeiten überein. Daß der einstige Prediger und sehr produktive Schriftsteller in den Salons und auf dem politischen Parkett keine glückliche Figur machte, muß nicht gegen ihn sprechen; der König, der Zar und besonders Metternich haben ihn hoch geachtet. Aus biographischer Sicht sind die Anhänglichkeit und Pietät des Thronfolgers interessant; der ein wenig sonderbare Überschwang des Gefühls kann die Aufrichtigkeit der Verehrung für den Lehrer nicht dementieren. Was in den Krisen der nächsten Jahre noch stärker zum Ausdruck kommen sollte, nämlich die Sorge um die Bewahrung des Friedens, stellte einen Gedanken dar, der Friedrich Wilhelm und Ancillon tief verband. Übereinstimmung herrschte zwischen beiden auch in der Auffassung vom Wesen des christlichen Staates. Gedanken über Staat und Kirche als einer »wahren Gesamtheit« sollten Bestandteile im geistigen Haushalt Friedrich Wilhelms bleiben.

Ancillon war allerdings nicht in der Lage, seinem Schüler zu einer besseren Einsicht in die rapiden sozialen Wandlungen zu verhelfen. Er blieb in den Schranken seiner gewachsenen Weltanschauung befangen, wobei ihn allerdings ein bemerkenswerter Instinkt für bevorstehende Erschütterungen auszeichnete. In Ancillons Todesjahr schrieb Ranke voller Verehrung für den Verstorbenen, und 1875 urteilte er über ihn: »In Ancillon repräsentierte sich noch einmal Sinn und Art der französischen Kolonie in Berlin; in der Bildung einer immer gegenwärtigen Kunde der Ereignisse der Geschichte sowie der Dogmengeschichte der Philosophie suchte er seinesgleichen.« Bei einem Urteil über Ancillon kommt es nicht darauf an, die Originalität seiner Gedanken zu prüfen; wichtiger ist die Frage nach dem Maß seiner Einwirkung auf den Kronprinzen, nach dem, was er ihm geistig und politisch vermittelt hat. Unter diesem Gesichtspunkt ist wichtig, in welchem Maße er dazu beigetragen hat, daß der Kronprinz in seinem zähen Widerstand gegen jede moderne Form von Repräsentation bestärkt wurde.

Will man die Teilnahme des Kronprinzen an den Diskussionen über eine Lösung des Verfassungsversprechens gerecht würdigen, so gelangt man zu seiner differenzierten Beurteilung. Der Kronprinz war zwar Vorsitzender von Kommissionen, die sich mit Fragen der inneren Staatsgestaltung befaßten, aber er hatte nur einen begrenzten Handlungsspielraum für die Verwirklichung eigener Vorstellungen. Indem er die provinzialständische Gesetzgebung vom Juni 1823 maßgeblich förderte, erweckte er sowohl Mißtrauen als auch Hoffnungen; seine Äußerungen konnten nur zu leicht mißverstanden werden. Die Provinzialstände sollten durchaus nicht einen endgültigen Verfassungszustand darstellen. Leopold von Gerlach hat in seinen Denkwürdigkeiten berichtet, der Kronprinz habe ihm gegenüber den Gedanken begründet, die acht Provinziallandtage Preußens sollten zu einem vereinigten Landtage einberufen werden. Diese Landtage durften allerdings nicht zu einem Konstitutionalismus führen, und zwar weder im Sinne der süddeutschen Staaten, noch gar im Sinne des Westens; in Übereinstimmung mit dem monarchischen Prinzip sollten sie vielmehr »organisch fortentwickelt« werden.

Unter dem Begriff des Konstitutionalismus verstanden die führenden Repräsentanten der politischen Meinungsbildung ganz Verschiedenes. Im Verlauf des vierten Jahrzehnts wurde oftmals der Meinung Ausdruck gegeben, die Huldigungsfeierlichkeiten seien der rechte Zeitpunkt gewesen für eine öffentliche Kundgebung in der Verfassungsfrage. So hatte Theodor von Schön die Provinzialstände für eine »Mißgeburt« gehalten. Daß Friedrich Wilhelm IV. als König »das Regierungssystem seines Vorgängers nicht fortsetzen konnte und wollte«, war nicht nur die nachträglich geäußerte Meinung des ihm so nahestehenden Joseph Maria von Radowitz. »Er wollte nicht, weil er es für unrecht hielt. Er konnte nicht, weil dessen Zeit abgelaufen war.«[6] Als die Frage nach der Einberufung von Reichsständen am Vorabend der Revolution im Jahre 1847 auf der Tagesordnung stand, gab dieser Vertraute der Auffassung Ausdruck, »das Edikt vom 3. Februar des Jahres [1847] zur Einberufung des Vereinigten Landtags hätte bei der Huldigung erlassen werden« müssen, »noch besser sogar gleich nach der Thronbesteigung. Man denke sich die Wirkung verbunden mit einem offenen Manifeste, im Sinne des später Entworfenen.«

Das war nur eine der vielen Stimmen, die sich nach der Revolution erhoben. Ähnlich dachte auch Carl Ernst Wilhelm Freiherr von Canitz und Dallwitz, der von 1845 bis zum 18. März 1848 preußischer Außenminister war, wenn er 1840, das Jahr des Regierungswechsels, als den geeigneten Zeitpunkt zur Durchführung einer Veränderung des Verfassungszustandes bezeichnete. Die »Huldigungen« in Königsberg und Berlin waren geeignet, ihn davon zu überzeugen, daß er auf dem rechten Wege sei, die sogenannte Verfassungsfrage auf seine Weise, das heißt im Sinne einer historisch bedingten, ständischen Ordnung zu lösen.

Mitte der vierziger Jahre hatte sich die Problematik einer Veränderung des inneren Staatslebens zugespitzt; der Glanz, der auf den Anfängen der Regierung gelegen hatte, war verloschen. Die sozialen Sturmzeichen waren unverkennbar und kündigten eine wirtschaftliche Krise an, die bereits in den schlesischen Weberunruhen zum Ausdruck gekommen war. Während der Entschluß zur Einberufung des Vereinigten Landtags für 1847 reifte, wurde der Konflikt im Hause Hohenzollern, vor allem zwischen dem König und dem Prinzen von Preußen, immer wieder virulent. Der Ausgangspunkt lag in der Interpretation des Testaments; die Gutachten häuften sich, und die Gruppierungen bildeten sich in der Auseinandersetzung über die Verbindlichkeit eines Schriftstücks, das ohne Unterschrift geblieben war. Vorstellungen und Gegenvorstellungen wurden erhoben; die Situation wurde noch komplizierter und schwerer durchschaubar, als sich ausländische Diplomaten mit Ratschlägen und Meinungen zu Wort meldeten. Das Problem der inneren Staatsgestaltung Preußens gewann internationale Dimension. Metternich und Aberdeen wurden Gesprächspartner des Königs in dieser heiklen Frage. Es ist verblüffend, wie sich die Urteile über die Akteure wandelten. Das gilt besonders für Bodelschwingh, der als gemäßigt liberal gegolten hatte. Meyendorff, der regelmäßige Berichterstatter nach Petersburg, hatte ihn im Sommer 1846 den »Atlas de la Prusse« genannt. Vorher und nachher fiel sein Urteil ganz anders aus. Gerlach stellte im November 1846 sorgenvoll fest, der Innenminister sei »auf dem geraden Wege zum Premier-Minister«; Canitz teilte seine Meinung. Beide Minister waren die entscheidenden Berater des Königs in den Verfassungsfragen 1845/46. Sie stimmten in der Ansicht überein, »daß im Jahre 1847 ein entscheidender Schritt endlich geschehen müsse, nachdem sieben Jahre verloren worden waren«.[7]

Der Gegensatz zwischen dem König und Prinz Wilhelm wurde um so schärfer, als Wilhelm in seinen Befürchtungen vor der Nachgiebigkeit in der ständischen Frage vom Zaren und Metternich bestärkt wurde. Noch einmal machte sich die Autorität Metternichs geltend; der König hatte den Wunsch, vor der eventuellen Einberufung eines vereinigten Landtags den habsburgischen Staatskanzler zu konsultieren und sich mit ihm auszusprechen. Sie trafen sich in der Nähe von Marienbad. Metternich hat dem Erzherzog Ludwig darüber berichtet: der König habe beklagt, wie unverstanden er bleibe. »Ich bekenne mich zu Ihrer Religion; Verfassungen gibt nicht der Gesetzgeber; mehr als eine Charte kann er nicht geben und Ich will in der bestehenden Verfassung meines Baues nichts verändern. Meinem Vater hat man ein Verspre-

Die Illustration aus der Leipziger Illustrierten des Jahres 1847 zeigt Friedrich Wilhelm IV. umgeben von seinem sozusagen vorrevolutionären Kabinett, das einige der besten Köpfe seiner Epoche vereinigte: Vom Juristen Savigny über Bodelschwingh bis zu dem General Boyen, der zwischen den Vertretern des Reformflügels, Gneisenau und Scharnhorst, und den antirevolutionären Mitarbeitern Wilhelms I., Roon und Moltke, der wichtigste militärische Kopf dieser Zwischenzeit gewesen ist.

chen *unterschoben,* welches heute eine Veranlassung zu unsäglichen Beschwernissen bietet, aus diesem muß ich mich herauswinden; hiermit hat der Begriff einer Verfassung nichts gemein; diesen ganz falschen Begriff dichten mir die Liberalen nicht wieder an!«[8] Wie hatte Friedrich Wilhelm im Brief an die Schwester die »Hardenbergerei« beklagt! Metternich irrte nicht, wenn er die preußischen Gesprächspartner als Männer bezeichnete, »welche sich selbst in einem Labyrinth nicht mehr auswissen«.

Was der Prinz von Preußen in mündlichen Vorträgen – etwa in der gemeinsamen Sitzung der Ständischen Immediatkommission und des Staatsministeriums am 11. März 1846 – wie auch in Denkschriften im Verlaufe des Jahres 1846 darlegte, bezog sich ebenfalls auf die Gesetzgebung der Jahre 1815 sowie 1820 bis 1823. Aus seinen Äußerungen geht das Bedauern über die angeblich unpräzisen Formulierungen der Verheißungen hervor. Es ist unübersehbar, daß er an den regierenden Bruder dachte, wenn er die »Besonnenheit und Ruhe« pries, die Preußens Könige stets ausgezeichnet habe. Er hält es für ein Glück, daß »die Verheißungen des Jahres 1815« nicht sofort verwirklicht wurden. Im Falle »einer größeren Einräumung an Teilnahme der Untertanen an den Angelegenheiten der Regierung« solle »die Macht aus den Händen des Monarchen, nicht in die der beratenden Versammlung« übergehen.

Während der Prinz von Preußen vor der Einberufung des Vereinigten Landtags so redete und so schrieb, konnte er davon ausgehen, daß die Ehe des Königs kinderlos bleiben werde, »da es nach dem unerforschlichen Willen der Vorhersehung beschlossen zu sein scheint, daß die Krone sich in meiner Linie zunächst vererben soll und ich in meinem Gewissen verpflichtet bin, den Nachfolgern auf dem Throne die Krone mit ungeschmälerten Rechten überkommen zu sehen, wie ich sie in diesem wichtigen und heiligen Augenblick vor mir sehe«.

Es ist auffallend, daß in einer der Denkschriften des Prinzen aus den Tagen zwischen Dezember 1846 und dem Anfang des Jahres 1847, die die Problematik des bevorstehenden Vereinigten Landtages behandelt, die Frage der Dienstzeit beim Heer unversehens auftauchte, eine Frage, die von bleibender Bedeutung für den preußischen Militärstaat sein sollte. Der präsumptive Nachfolger forderte die »Ausschließung vom Petitions-Recht« »die Angelegenheiten der Armee« betreffend. Er nahm die Problematik des Heeres- und Verfassungskonfliktes vorweg, indem er in der Denkschrift auf die Neigung und Absicht der »Bewegungspartei aller Länder« hinweist, »die stehenden Heere zu beseitigen«. Er zeigte sich besorgt über die »Verführbarkeit der Landwehr«, bei der angeblich »die strenge militärische Form und Disziplin nicht nötig sei«. Er wies ferner auf die Gefahr einer Verkürzung der Dienstzeit in der Armee hin; auf diese Weise würden dem Soldaten »die strengen, festen und ernsten Bande der Disziplin und des Gehorsams sich nicht mehr so einprägen«.[9]

Der Prinz vergaß nicht, in diesem Zusammenhang den »Geist der Offiziere« zu beschwören, gegen deren »Standesverhältnisse« sich der Zeitgeist wende. Geradezu wörtlich wurde die Problematik der Armee der Revolutionszeit und erst recht des Heeres- und Verfassungskonflikts vorweggenommen. Der warnende Thronfolger ließ sich die Wahrung der besonderen Standesehre der Offiziere angelegen sein. Wie sich wenige Jahre später zeigen sollte, stimmten die Auffassung des Königs und des Prinzen von Preußen durchaus überein.

An den Auseinandersetzungen um die Einberufung des Vereinigten Landtags waren Repräsentanten der führenden Schichten des monarchischen Europa beteiligt: Zunächst die gesellschaftlichen und politischen Zirkel in Preußen, die Prinzen des Hauses Hohenzollern und die Staatsmänner der verbündeten Reiche der Romanows und der Habsburger. Der russische Gesandte Meyendorff sah voraus, daß Prinz Wilhelm nachgeben werde – dann nämlich, wenn »unsere konstitutionelle Bombe endlich platzen wird«. In der wechselvollen Geschichte der kritischen Beziehungen zwischen den beiden Hohenzollernprinzen war im Laufe des Jahres 1846 ein Höhepunkt erreicht. Der Prinz von Preußen stand vor der Alternative: Bruch mit dem König und eventuell Verlassen des Landes oder Nachgiebigkeit. Er lenkte schließlich ein, nachdem der König in der Zustimmung zum »Herrenstande« eine Konzession gemacht hatte.

Nachdem das Gesetz zur Einberufung des Vereinigten Landtags am 3. Februar erlassen worden war, wandte sich am 19. Februar Prinz Wilhelm noch einmal an Fürst Metternich – so wie es der König in solchen grundsätzlichen Fragen ebenfalls zu tun pflegte. Der Grund, der ihn veranlaßt hatte, dem König gegenüber nachzugeben, habe in dessen Einwilligung gelegen, die Stände »in zwei Teile« zu gliedern, so daß das ihm »unumgänglich nötig scheinende Gegengewicht eines Aristokratisch-Conservativen Elements« gesichert wurde. »Der Kampf war schwer, aber kurz. Ich entschloß mich zu diesem Opfer – und tat meinen Namen unter die Gesetze. Ich weiß vollkommen, was ich unterschrieben habe – es ist die ganze Zukunft Preußens.«[10] Es war eine leidenschaftliche Auseinandersetzung zwischen König und Thronfolger gewesen, bis das Patent vom 3. Februar erlassen werden konnte. Der Prinz von Preußen rief nicht nur die Staatsmänner Österreichs und Rußlands um Hilfe an, sondern formierte auch eine »Prinzenopposition« – ein unerhörter Vorgang.

Friedrich Wilhelm IV. ist dem Drängen des Prinzen Wilhelm mit Konsequenz und persönlicher Würde begegnet. Es ging nicht nur um eine kontroverse Würdigung der »Verfassungsfrage« im engeren Sinne, sondern um eine – über alle Details hinausreichende – Rivalität in der Interpretation der Zukunftsgestaltung des preußischen Staates unter den höchsten Repräsentanten. Wenn dem König nachgesagt worden ist, er habe seinen Gefühlen zu sehr nachgegeben, so trifft das auch auf Prinz Wilhelm zu; von »Tränen« und von »Schluchzen« ist oft die Rede. Die Wurzeln beider Persönlichkeiten reichten eben tief in den Boden der Romantik. Die Verbindung zwischen Prinz Wilhelm und Metternich fand unter eigentümlichen Umständen bereits ein Jahr später eine Fortsetzung. Beide waren vor dem Angriff der Revolution nach England geflohen. Sie trafen sich dort vor der Heimkehr des Prinzen, und Kaiser Wilhelm erinnerte sich noch im Jahre 1884 gegenüber Bismarck: »Qui vivra, verra, sagte mir Metternich in London 1848 und dachte wohl an eine bessere Zukunft auch für sich!«[11]

In den Diskussionen der europäischen Führungskreise fiel nächst Metternich dem russischen Gesandten Baron von Meyendorff eine besondere Rolle zu. Er kannte sich in den höfischen und politischen Kreisen Berlins gut aus. Meyendorffs Briefe sind eine Fundgrube sowohl für die Beurteilung der preußischen Zustände als auch für das russische Selbstverständnis. Der Zar wagte sich weit vor und betrachtete sich als »dépositaire« der Absichten Friedrich Wilhelms IV. Er belehrte, unterstützt von der Zarin, seinen Schwager, den er gelegentlich nicht ernst nahm, über die schädlichen Folgen seiner Verfassungspläne. Nicht nur Meyendorffs Bericht, sondern mehr noch persönliche Begegnungen und die ständige Korrespondenz bestärkten Nikolaus in seinem schroffen Urteil. Der Gesandte von livländischer Herkunft, der ein Repräsentant des vormärzlichen Konservativismus war, fühlte sich abgestoßen vom sogenannten »Pietismus« am preußischen Hofe; er sprach und schrieb geradezu angewidert über eine Atmosphäre, die »von theologischen Miasmen« erfüllt sei. Er warf dem König »Anglomanie« vor, der vergesse, daß Rußland es gewesen sei, das Preußen wieder zur europäischen Macht erhoben habe. Boyen bezeichnete er wegen seiner Volksbewaffnungsidee als »alten Narren«.

Nikolaus ließ erkennen, daß er eine Abdankung des Königs von Preußen für wünschenswert halte. Für ihn war der Prinz von Preußen als Nachfolger »excellent et respectable«. Die Jahre der Freundschaft während der Feldzüge in Frankreich lagen weit zurück. Die herzlichen Beziehungen zur Lieblingsschwester Charlotte mußten unter den politisch weit auseinandergehenden Auffassungen leiden, auch wenn der König von Preußen sich seine alte Anhänglichkeit stets bewahrte. So geriet Preußen ohne sein Zutun in eine Stellung zwischen Rußland und England. Die Beziehungen Preußens zum habsburgischen Staatskanzler wie auch zum Zaren waren ja mehrgleisig. Während der König sich des Verständnisses sowohl Metternichs als auch der kaiserlichen Familie in Petersburg zu versichern bemüht war, blieb es ebenfalls das Anliegen der »Prinzenopposition«, ihre Sorgen beiden Großmächten mitzuteilen und Unterstützung zu finden.

Metternich hat selten soviel Einfluß gewinnen können wie in der zweiten Hälfte der vierziger Jahre; seine Berater suchten die Bedenken über das sogenannte »Verfassungsversprechen von 1815« zu zerstreuen. Zu den nächsten Mitarbeitern des Staatskanzlers in deutschen Angelegenheiten zählten Männer, die er »wie das liebe Brot« brauchte – so im März 1847 zu Wittgenstein, den Boyen den »Premier hinter den Gardinen« genannt hatte. Es handelte sich um den Hofkammerpräsidenten Karl Friedrich von Kübeck und den deutschen Referenten in der Wiener Staatskanzlei, Josef Freiherr von Werner. Kübeck leugnete nicht etwa das Bestehen eines Versprechens des verstorbenen preußischen Königs; er fügte aber hinzu, dieses Versprechen sei »als eine in sich selbst zerfallende Nullität anzusehen«, da ja keine Reichsstände bestünden. Werner bezeichnete die dem Volk gegebene Aussicht auf eine reichsständische Verfassung »als etwas dem Nebel entsprungenes und wieder in Nebel zerrissenes«. Als Kübeck in einem Gutachten bemerkte: »Das Heil der Monarchie oder die Politik ist natürlich dem souveränen Urteile des Königs vorbehalten«, schrieb Metternich apodiktisch an den Rand: »Die leicht zu beweisende Tatsache, daß die Einführung von Reichsständen die totale Umwandlung des großen polit. Körpers, welcher die preußische Monarchie heißt, zur unvermeidlichen Folge haben müsse, bildet unter allen Umständen die *Erste* Grundlage für alle Entscheidung.«[12] Hinzu kam Metternichs Sorge, eine reichsständische Versammlung würde die beiden deutschen Großmächte trennen und innenpolitisch bedenkliche Folgen haben. Von allen Seiten erreichten den preußischen König Warnungen, am drastischsten vom

Zaren, aber auch von deutschen Königen und von Christian VIII. von Dänemark, der gefährliche Rückwirkungen auf die Herzogtümer fürchtete.

Die Unzufriedenheit großer Teile der öffentlichen Meinung wuchs mit der Politisierung, die sich allmählich auf weitere Kreise ausdehnte. Gegen das sich immer weiter ausbreitende liberale Denken gerieten die herrschenden konservativen Kräfte von ganz verschiedener Provenienz immer mehr in die Defensive. Die Garantie einer Anleihe für den preußischen Eisenbahnbau, vor allem der »Ostbahn«, gehörte zu den Themen des bevorstehenden Vereinigten Landtags. Es handelte sich um alte Auseinandersetzungen über den Ausbau des preußischen Eisenbahnnetzes; die Eisenbahn von Berlin nach Königsberg sollte die östlichen Provinzen mit der Mitte der Monarchie verbinden. Die Regierung war bereit, eine Anleihe von 20 bis 25 Millionen Talern zur Verfügung zu stellen; dazu war nach dem Staatsschuldengesetz die Zustimmung einer Landesrepräsentation erforderlich. Die Notwendigkeit einer Eisenbahnverbindung war aus staatspolitischen und verkehrspolitischen Gründen unumstritten, aber die Landtagsmehrheit war zu einer Zustimmung nur bei konstitutionellen Garantien der Regierung bereit. Darüber entbrannte ein Rededuell prominenter Abgeordneter, da der Eisenbahn-, Straßen- und Brückenbau zu den bevorzugten Unternehmen Friedrich Wilhelms zählte.

Nicht nur auf liberaler Seite erkannte man den Zusammenhang zwischen der wirtschaftlichen, besonders der monetären Krisis und dem unbefriedigenden Zustand der inneren Staatsgestaltung. Die industrielle Expansion der vierziger Jahre führte zu Anspannungen auf dem Geldmarkt, obwohl sich die Staatseinnahmen in den dreißiger und vierziger Jahren günstig entwickelten. Bülow-Cummerow nannte unter den Ursachen der Liquidationsschwierigkeiten vor allem den Eisenbahnbau, »der mit seinem Kapitalbedarf allen anderen Wirtschaftszweigen Geld und Kredit entzogen und den Kursverfall von Aktien und Staatspapieren bewirkt habe«.[13] Es war vor allem der Finanzminister Bodelschwingh, der »die Herstellung eines Eisenbahnnetzes durch den preußischen Staat« mit Hilfe einer staatlichen Zinsgarantie verwirklichen wollte. Das Eisenbahnnetz sollte sich vom »Zentralpunkt der Monarchie« an den Rhein, durch Schlesien an die österreichische Grenze, nach Königsberg und »womöglich von da aus an die russische Grenze« ausdehnen.

Der Drang nach einer Nationalrepräsentation hatte sich in einem

»Petitionssturm« artikuliert. Der Ruf nach »Reichsständen« wurde immer lauter. Im Mittelpunkt aller Überlegungen und Diskussionen stand neben der Einsicht in die Unzulänglichkeit der Einrichtungen des ständischen Wesens in Preußen das wachsende Bewußtsein des Königs und seines vielseitigen Beraterkreises, mit den Gesetzen von 1815, 1820 und 1823 – so sehr sie für beklagenswert gehalten wurden – doch auf irgendeine Weise »ins Reine« kommen zu müssen. Im April 1847 versammelte sich der Vereinigte Landtag, bestehend aus »Herrenkurie und Dreiständekurie« gemäß dem Februarpatent vom 3. Februar, das von keinem Minister gegengezeichnet war. So wurde Friedrich Wilhelm IV. der erste Monarch in der preußischen Geschichte, der einem Parlament gegenüberstand. Es bestand aus allen Mitgliedern der Provinziallandtage, das heißt aus 613 Vertretern. Der feudale zusammen mit dem städtischen und dem bäuerlichen Besitz prägte diesen Landtag, der nur Enttäuschung zurückließ.

Der König, umgeben von allen Prinzen, eröffnete am 11. April im Weißen Saale des Schlosses die Versammlung mit seiner Thronrede. Die Rede ist nicht ohne Grund ein »letztes Zeugnis offenherziger Rhetorik des letzten unumschränkten Herrschers« genannt worden[14], auch wenn sie ganz sicher kein Dokument »unumschränkten Herrschertums« gewesen ist. Der Eröffnung gingen Gottesdienste im Dom und in der Hedwigskirche voraus. Die Rede, ganz das geistige Eigentum des Königs, enthielt eine große politische Konfession. »Es drängt mich zu der feierlichen Erklärung, daß es keiner Macht der Erde je gelingen soll, Mich zu bewegen, das natürliche, gerade bei uns durch seine innere Wahrheit so mächtig wachsende Verhältnis zwischen Fürst und Volk in ein konventionelles, konstitutionelles zu wandeln, und daß Ich es nun und nimmermehr zugeben werde, daß sich zwischen unseren Herrgott im Himmel und diesem Land ein beschriebenes Blatt, gleichsam als eine zweite Vorsehung eindränge, um uns mit seinen Paragraphen zu regieren und durch sie die alte, heilige Treue zu ersetzen.«

Die wörtliche Übernahme romantischer Metaphern ist unverkennbar. Der König beschwor das historische deutsche Ständewesen und erinnerte die Abgeordneten daran, daß sie »Vertreter und Wahrer der eigenen Rechte« seien und nicht etwa den Beruf hätten, »Meinungen zu repräsentieren«. Die Elemente seiner Staatsauffassung prägen den Wortlaut seiner Rede. Bei den Worten: »Ich und Mein Haus, wir wollen dem Herrn dienen«, stand der König auf und erhob die rechte Hand. Ranke kommentierte die Rede mit den Worten, daß sie an die »Psalmen

Während die Wirklichkeit sich in den späten vierziger Jahren überall zur Geltung brachte und vorrevolutionäre Erschütterungen in Paris wie in Wien das kommende Beben anzeigten, nahm Friedrich Wilhelm IV. das Gottesgnadentum ganz wörtlich und sah in dem Verlangen nach einer geschriebenen Verfassung wohl wirklich eine Verletzung jener Bande zwischen Fürst und Volk, die das Fundament der preußischen Größe ausgemacht hatten. Die Verfassung war ihm »ein Stück Papier«, und er wollte nicht zulassen, daß sich »Geschriebenes« zwischen ihn und seine treuen Untertanen dränge (die unbezeichnete Karikatur von 1848, auf der rechts Prinz Wilhelm, der spätere deutsche Kaiser, zu sehen ist, bezieht sich auf diesen Wunsch). Die Thronrede auf dem ihm abgezwungenen Vereinigten Landtag (die Lithographie von Loeillot zeigt die Eröffnung des ersten Vereinigten Landtages am 11. April 1847) im weißen Saal des königlichen Schlosses zu Berlin beschwor noch einmal diese »heilige Hoffnung«, die sich bald als Illusion erweisen sollte.

Das Festhalten an der längst unzeitgemäß gewordenen Allianz von »Thron und Altar«, »weil ich und mein Haus dem Herrn dienen wollen«, wurde ganz allgemein längst als welt- und zeitfremd empfunden, und die Karikaturisten verspotteten den frömmelnden Ton einer Thronrede, die Friedrich Wilhelm IV. doch bis in das letzte Wort hinein selber entworfen hatte. Die Abbildung stammt aus der lithographierten Beilage der deutschen Brüsseler Zeitung nach einer Zeichnung von Friedrich Engels aus dem Jahre 1847.

König Davids« erinnert habe.[15] Als der Zar von diesen Worten erfuhr, habe er gesagt: »Wir wollen sehen, ob der moderne David den Goliath des Liberalismus zu bändigen im Stande sein wird.«[16]

Der König hat bei der Ausarbeitung der Rede nicht etwa an einen Rückfall in den Absolutismus gedacht, auch nicht bei jener Passage, in der es hieß: »Wie im Feldlager ohne die allerdringendste Gefahr und größte Torheit nur Ein Wille gebieten darf, so können dieses Landes Geschicke, soll es nicht augenblicklich von seiner Höhe fallen, nur von Einem Willen geleitet werden.«[17] Diese Worte, die wohl überlegt waren, bedeuteten eine Herausforderung des Zeitgeistes und schilderten eine Situation, wie sie nicht einmal unter Friedrich dem Großen bestanden hatte.

Die auswendig gelernte Rede rief unter den Liberalen Enttäuschung und Ablehnung hervor. Nuancenreich war das Echo der Staatsmänner. Alexander von Humboldt, der während der Thronrede im Weißen Saal anwesend war, schrieb an Bunsen in London: »Die Bestürzung war allgemein, selbst bei denen, welche an der äußersten Grenze des Aristokratismus stehen.«[18] Während sich der russische Kanzler Nesselrode hochbefriedigt über die »positiven« und »energischen« Erklärungen des Königs äußerte, stellte der Gesandte Meyendorff die Frage: »La Pruse sera-t-elle un pays monarchique ou un pays constitutionel – that is the question.«[19] Eindeutig war die Reaktion des Prinzgemahls Albert, der die Bedeutung des Vereinigten Landtages anerkannte, aber diesen König nicht verstehen konnte. An den Freiherrn von Stockmar schrieb er: »Welche Verwirrung der Begriffe und welche Kühnheit, aus dem Stegreif, als König, in einem solchen Moment und in solcher Lage alle die entsetzlichsten schwierigsten Punkte zu berühren, nicht nur, sondern ›slap-dash‹ abzutun, Gott zum Zeugen aufzurufen, zu versprechen, drohen, schwören usw.!« Der Prinzgemahl glaubte, den »Schlüssel zu seiner merkwürdigen Thronrede ... in subjektiven Brandenburgisch-Hohenzollernschen Vorstellungen« finden zu können. Der Gegensatz der englischen und preußischen Politikauffassungen konnte nicht drastischer ausgesprochen werden, und doch war es ein Anliegen Alberts, Preußen und England näher in Verbindung zu bringen; die psychologischen Voraussetzungen im Familiären schienen doch so günstig. Bei der Taufe des englischen Thronfolgers war Friedrich Wilhelm noch ein gern gesehener Taufpate gewesen. Zwei Jahre zuvor hatte Queen Victoria eine Deutschlandreise gemacht, und Friedrich Wilhelm hatte sie in Aachen empfangen; in Köln war sie begeistert begrüßt worden.

In dieser überhitzten Atmosphäre wurde dem König ein im Grunde banaler Vorgang wie die Verweigerung von Eisenbahnbauanleihen durch den Vereinigten Landtag zum Anlaß unkontrollierter Gemütsausbrüche, und er kündigte nach der Abstimmungsniederlage »den Preußen die Strafe ihres wahnsinnigen Votierens gewaltiglich« an. Die Zeitungen aber brachten nur Spottbilder über den Herrscher, der im Grunde nicht einmal als Tyrann verstanden wurde. Die anonyme Lithographie aus Dresden von 1847 zeigt Friedrich Wilhelm als Sektflasche.

Die Verhandlungen des Landtags haben wesentlich dazu beigetragen, die Kluft zwischen König, Regierung und öffentlicher Meinung zu vertiefen. Keine der Gruppen konnte den Landtag als einen Erfolg für sich verbuchen. Die Behandlung des Projekts der Ostbahn, deren Finanzierung ja der Anlaß zur Einberufung gewesen war, ließ die Ungeschicklichkeit auf allen Seiten erkennen. Die Mehrheit unter den Liberalen wollte der Anleihe nicht zustimmen, »solange nicht« – so Vincke – »die Übereinstimmung der Gesetzgebung vom 3. Februar« mit dem Staatsschuldengesetz hergestellt sei. Selbst die Repräsentanten Ostpreußens, deren Provinz die Ostbahn in erster Linie zugute gekommen wäre, waren zu einer Bürgschaft der Anleihe nur unter Bedingungen königlicher Zugeständnisse in Fragen der Periodizität wie der Kontrolle des Staatshaushalts bereit.

Ernst von Saucken-Tarputschen antwortete ein Sturm der Begeisterung, als er rief: »Wenn ich auch alle Hütten meines Landes durch die Bewilligung des Anlehens in Schlösser verwandeln könnte, so würde ich in dem Glauben, daß mit leichtem und ruhigem Gewissen es sich leichter und bequemer in einer Hütte als mit einem beschwerten in einem Palast selbst wohnen läßt, dagegen stimmen.«[20] Von Hansemann stammt der sprichwörtlich gewordene und leicht veränderte Satz: »Bei Geldfragen hört die Gemütlichkeit auf.« Die Genehmigung zur Aufnahme einer Anleihe für den Ausbau der Ostbahn wurde somit aus Rechtsbedenken abgelehnt. Die Regierung erlitt eine Niederlage, die sicherlich mit auf »die mangelhafte Organisation und Führung der Regierungspartei« im Landtag zurückzuführen war, so brillant Bodelschwingh auch die Regierung vertreten hatte.

Friedrich Wilhelm reagierte auf die Ablehnung der Eisenbahnanleihe überempfindlich. Er erwog nach der Abstimmungsniederlage, »den Preußen die Strafe ihres wahnsinnigen Votierens gewaltiglich« anzukündigen. »Es ist Mein Wille, daß augenblicklich alle Vorarbeiten an der Weichselbrücke und Eisenbahn eingestellt werden!« In der Tat wurden die Arbeiten im September bei Dirschau eingestellt und die Arbeiter zu Tausenden entlassen. Diese Maßnahme wirkte um so bedenklicher, als während der wirtschaftlichen Krise gerade in diesem Jahre die Regierung vom Landtag gefordert hatte, Gelder für Notstandsarbeiten bereitzustellen.

Die öffentliche Kritik traf indes den Landtag ebenso wie den König selbst. Friedrich Wilhelm IV. tat zu jenem Zeitpunkt sehr seltsame Bekundungen, die taktlos waren und so empfunden wurden; dazu gehörte die Mahnung an die Abgeordneten der Provinz Preußen, die Treue zum König zu wahren; Preußen sei die »älteste Provinz, auf sie sehen die anderen und folgen nach; stützt sie den Thron, so steht er fest, rüttelt sie an ihm, dann wird er locker«.[21] Peinlich wirkte die Anrede an die Posener Abgeordneten, denen nämlich im Falle eines Wohlverhaltens eine Amnestie politischer Gefangener in Aussicht gestellt wurde. Zu den Taktlosigkeiten gehörte ferner die Nichteinladung bestimmter Abgeordneter zu Veranstaltungen des Hofes. Davon waren ausgerechnet Angehörige der Herrenkurie besonders betroffen. Graf Anton Stolberg, der dem König gerade in jenen Jahren besonders nahestand und in politischen Grundsatzfragen verbunden war, versuchte gelegentlich auszugleichen. So schrieb er an Friedrich Wilhelm IV. zugunsten des Grafen Yorck von Wartenburg, dieser habe sich im Landtag so »gut und ehrenhaft ... ausgesprochen, daß ich die alleruntertänigste Bitte wage, ihn noch nachträglich zu morgen nach dem Neuen Palais befehlen lassen zu wollen«.

In der Geschichte der Hohenzollern ist wohl Friedrich Wilhelm IV. am wenigsten Taktlosigkeit oder schroffes oder hochmütiges Verhalten vorzuwerfen. Er wünschte eigentlich, in Harmonie mit seiner Umgebung zu leben. Ihm war schließlich die Einberufung des Landtags, immerhin eines ersten preußischen Parlaments, zu verdanken, und gerade er war auf ein Zusammenwirken mit einem Parlament nach Maßgabe seiner weltanschaulichen Maßstäbe nicht vorbereitet. Er wollte sich sein Gottesgnadentum bewahren, und gerade dieses Selbstgefühl oder Selbstverständnis hinderte ihn im Grunde daran, die Bedürfnisse anderer Menschen zu verstehen. Er lebte in einer friderizianischen Umwelt; aber der Sarkasmus, gar die Menschenverachtung des großen Königs waren ihm vollkommen fremd, und doch hat eine Reihe von Äußerungen, die seiner Selbstüberschätzung als König entstammten, gerade die Vertrautesten verletzt.

Die Stimmung wurde auf allen Seiten gereizter. Es gab Zündstoff aus immer neuen Anlässen. Die wirtschaftliche Krise führte zu der sogenannten »Kartoffelrevolution«, zur Stürmung von Bäckerläden. Den Konservativen wurde nachgesagt, die Krise propagandistisch auszunutzen; es sei die Absicht der Regierung, die Wut auf das Parlament zu lenken und die Parlamentarier für das Elend verantwortlich zu machen. Die Suche nach dem Sündenbock war wie so oft erfolgreich. So kann man etwa bei Biedermann lesen, man habe ausgestreut, »die Regierung würde gern weit mehr zur Erleichterung des Volkes tun, allein sie sei gehemmt durch den zuvor einzuholenden Rat der Stände; die Stände würden sich aber nicht sehr beeilen, dem Notstande ein Ende zu machen, da ein großer Teil derselben aus dessen Fortdauer Nutzen zöge«.[22] Graf Stolberg meinte kurz vor Ende des Landtages, er komme sich vor, »wie der schwarze Rabe, der Ew. Majestät kein Ölblatt, sondern täglich nur trübe Nachricht bringt«.[23]

Weder die Konservativen noch die Liberalen fanden Anlaß zur Freude oder Genugtuung. Unter den Liberalen fand noch keine Trennung in Linke oder Rechte statt, aber sie bereitete sich vor. Die Regierung berief den Vereinigten ständischen Ausschuß am 3. Dezember 1847 zum 7. Januar nach Berlin. Er tagte bis zu seiner Schließung am 6. März. Jetzt, im letzten Augenblick, gewährte der König das vor Jahresfrist geforderte Recht auf Periodizität. Es wurde vom Vereinigten ständischen Ausschuß auf den Landtag übertragen.

Das Jahr des Vereinigten Landtages leitet unter dem Gesichtspunkt der Chronologie über zur Revolution von 1848. Er war der Abschluß einer jahrelangen Diskussion über ständische Reformen. Die Versprechungen der Jahre 1815, 1820 und 1823 hatten die Zeitgenossen immer wieder eingeholt, besonders den König. Ihm war die Aufgabe zugefallen, die preußische Monarchie in den Konstitutionalismus überzuleiten. In den Diskussionen des Landtages wurde gleichsam Bilanz gezogen aus den Erfahrungen in der ersten Jahrhunderthälfte. Erstmals seit den Freiheitskriegen wurde Berlin zu einem politischen Mittelpunkt, auf den die Aufmerksamkeit des übrigen Deutschlands gerichtet war.

Unabhängig von den Fragen, die den Geschäftsgang der Versammlung und der Ausschüsse betrafen, gab es in diesen Monaten eine Reihe grundsätzlicher Probleme, mit denen sich die Abgeordneten befaßten. Das scharfe Rededuell zwischen Vincke und Bismarck ließ den Kontrast der geschichtlichen Erinnerungen erkennen. Es ging um den Sprachgebrauch Freiheits- oder Befreiungskriege. Bei diesen Reden wurde deutlich, wie Geschichtsbilder zu politischen Waffen werden konnten. Der liberale Abgeordnete nahm für sich als Miterlebender die angeblich richtige Interpretation der Ereignisse zwischen 1813 und 1815 in Anspruch, nämlich: Es sei in jenen Jahren nicht nur um die Befreiung von Napoleon gegangen, sondern auch um das Ziel der Freiheit. Bismarck[24] replizierte scharf, indem er »die Legende bekämpfte, daß die Preußen 1813 in den Krieg gegangen wären, um eine Verfassung zu erlangen, und [seiner] naturwüchsigen Entrüstung darüber Ausdruck gab, daß die Fremdherrschaft an sich kein genügender Grund zum

Kampfe gewesen sein solle«.²⁵ Er fügte in den Gedanken und Erinnerungen hinzu: »Mir schien es unwürdig, daß die Nation dafür, daß sie sich selbst befreit habe, dem Könige nun eine in Verfassungsparagraphen zahlbare Rechnung überreichen wolle. Meine Ausführung rief einen Sturm hervor. Ich blieb auf der Tribüne, blätterte in einer dort liegenden Zeitung und brachte, nachdem der Lärm sich ausgetobt hatte, meine Rede zu Ende.«

Bismarck, der sich zu jener Zeit als »ständisch-liberal« verstand, spielte in seinen brillant-polemischen Formulierungen geradezu mit der historischen Wahrheit, denn die Argumente der Liberalen knüpften nicht an das Jahr 1813, sondern an das Jahr 1815 an.

Auch die Debatten über die Judenemanzipation spiegelten konträre Staatsauffassungen wider. Die Auseinandersetzung über die Ausdehnung des Hardenbergschen Emanzipationsgesetzes von 1812 auf die neuen Provinzen diente den Liberalen um Georg von Vincke dazu, die Lehre vom christlichen Staat anzugreifen. Bismarcks Rede über die Juden erregte ebenfalls großes Aufsehen, wie überhaupt die Judendebatte aufschlußreiche Erkenntnisse zu einem zentralen Problem deutscher Geschichte lieferte. Sie zeigte, wie groß die weltanschauliche und kirchlich-religiöse Verstrickung war, in der sich die Abgeordneten bei ihren Debatten befanden. Ludwig von Gerlach zitiert in seinen Aufzeichnungen einen Brief Moritz Blanckenburgs, in dem dieser indirekt auf Bismarcks »Bekehrung« hinweist – anderes kann nicht gemeint sein: »Bei O. Bismarcks Judenrede vom christlichen Staat ist Dir [Gerlach] gewiß Dein Gespräch mit ihm eingefallen, 21. Mai 1845, in Cardemin in der kleinen Stube, über die Frage, ob und welche Religion der Staat haben soll – wo Otto damals redete wie Vincke jetzt. Da habe ich nichts zu sagen als ›danket dem Herrn für seine Güte und für die Wunder, die er an den Menschenkindern tut‹.«²⁶

Für die Konservativen und ebenso für den König, der wenige Jahre zuvor an der Gründung eines Bistums Jerusalem zur Bekehrung der Juden maßgebenden Anteil genommen hatte, war die Frage nach der Behandlung der Juden eine heikle Angelegenheit. Dem Gedanken der Judenmission widersprach der gelegentlich auftauchende Gedanke, den Juden als »geschlossener Korporation«, als »Judenschaft« bestimmte Rechte einzuräumen, aber sie nicht den Christen gleichzustellen. Die Gegner der vollen Gleichberechtigung blieben in dem Begriff des »christlichen Staates« befangen, und der Minister Thile verstieg sich zu dem Bekenntnis: »Das Christentum soll über dem Staat bestehen und ihn regieren.« Ludwig von Gerlach hegte die Absicht, die er auch dem König unterstellte, »den Juden als Juden Rechte einzuräumen, was aber gerade der gleichmachende Liberalismus nicht wollte«.

In dem Gesetz vom 23. Juli 1847 war die Bestimmung über die Einrichtung inkorporierter Judenschaften nicht enthalten. An einen Ausschluß der Juden von der allgemeinen Wehrpflicht wurde nicht mehr gedacht. Die Forderung nach voller rechtlicher Gleichstellung der Juden mit den Christen war ein zentrales Anliegen der Liberalen. Aber es ist fraglich, ob nicht in der Emanzipation und Assimilation der Ansatz zu einer Verleugnung des Judentums steckte. Vom Boden eines entschiedenen Liberalismus aus war kaum ein Verständnis für jüdische Religion und hebräische Sprache zu erwarten. Um Sicherung der Toleranz war es auch in jenem Patent vom 30. März desselben Jahres gegangen, das den »Sektierern aller Richtungen«, die außerhalb der drei großen christlichen Religionsgemeinschaften standen, die Eheschließung durch eine sogenannte »Zivilehe« ermöglichen sollte. Es handelte sich bei den Gesetzen im März und im Juli um ganz verschiedene Sachverhalte, aber der Gedanke der Toleranz stellte ein verbindendes Glied dar.

Die Argumente glichen sich. Ludwig von Gerlach stellte mit Recht fest, das zur Diskussion stehende Toleranzedikt habe sich auf die Juden gar nicht bezogen, zumal für sie ein besonderes Gesetz vorbereitet werde. Was Gerlach und seine Gesinnungsfreunde am Toleranzedikt so bedenklich fanden, war der Gesichtspunkt, »Glaubens- und Gewissensfreiheit« nach dem Allgemeinen Landrecht zu regeln. Ludwig von Gerlach erschien die Berufung auf sogenannte »Gewissens- und Glaubensfreiheit« zu vage und unpräzis. Nicht anders argumentierte Bismarck, wenn er davor warnte, »die Gesetzgebung aus den vagen und wandelbaren Begriffen von Humanität zu regenerieren« statt »aus dem Urquell der ewigen Wahrheit«.[27]

Der König hat sich in all diesen Verhandlungen über eine Thematik, die tief in das persönliche Leben der Preußen eingriff, gelegentlich liberaler als seine ultrakonservative Umgebung verhalten. Der König, der des öfteren einer ordinären Verachtung von Juden derben Ausdruck gab und gleichzeitig die große Rolle der Juden in der Menschheitsgeschichte würdigte, stand mit diesem Widerspruch nicht allein. Im zeitlichen Zusammenhang mit den Diskussionen über die Judengesetzgebung vom Juli 1847 ging es um die Aufnahme eines jüdischen Physikers in die Akademie der Wissenschaften. Der König habe an Alexander von Humboldt die Frage gerichtet: »Ich hoffe doch nicht, daß Ihr Bruder die Dummheit begangen und in die Statuten gesetzt hat, es dürfe kein Jude in der Akademie sein?«[28] Die Beschränkungen, denen die Juden – und zwar trotz aller Gesetze – unterworfen waren, blieben indes bestehen und machten sich nicht zuletzt in der Universitätslaufbahn geltend.

Man kann es fast als übereinstimmende Meinung der Zeitgenossen wie der Nachwelt bezeichnen, es sei »das Schicksal und die Schuld Friedrich Wilhelms IV. gewesen, daß er sich in tiefstem Gegensatz zu den lebendigsten Kräften der Zeit verstrickte«.[29] Das Urteil ist nicht ausreichend. Neben den Kräften der Bewegung gab es auch die der Beharrung. Wenn auch widerstrebend, hat schließlich gerade Friedrich Wilhelm IV. die Bahn für eine verfassungsrechtliche Entwicklung freigemacht. Leopold von Gerlach stellte sich in seinen Denkwürdigkeiten[30] die Frage: »Konnte der Vereinigte Landtag vermieden werden?« Er gab sogleich die Antwort: »Nein! Preußen kann sich von dem Kampfe mit dem Konstitutionalismus nicht ausschließen. In Hessen, Sachsen, Bayern bilden sich Staatsmänner, bei uns nicht. Das Drängen nach allgemeinen Ständen ist schon lange; durch eine Provinzial-Regierung konnte ihm entgegengetreten werden. Dieser stehen entgegen die fremdartigen Länder: Rhein, Posen, Westphalen u.s.w. Man hätte diese beim Wiener Congress vermeiden müssen.« Ahnungsvoll schrieb er weiter, daß es doch »ein eigen Schicksal« sei, »wenn wir uns mit 60 Jahren noch in die Revolution begeben müßten«.

Der König konnte nach seiner Veranlagung und nach seinen überkommenen Auffassungen den sogenannten »Zeittendenzen« nicht weiter entgegenkommen, als er es im Jahre 1847 tat.

Revolution und preußische Verfassung

Die Ereignisse des März 1848 hatten den preußischen Staat erschüttert. Der Thron war jedoch – wenn auch im Ansehen geschädigt – erhalten geblieben. Der Schwung der Revolution war zunächst geschwächt, aber die Krise stand noch vor der Peripetie. Niemals in der Geschichte Preußens bis zum November 1918 stand die preußische Krone, exakter: ihr Träger, so zur Disposition wie im Revolutionsjahr 1848. Daß sein Schicksal von der Armee abhing, war allen Beteiligten klar. Der Sommer und Herbst gaben mannigfachen Anlaß zu der Einsicht, daß ohne Armee und königlichen Oberbefehl eine Bekämpfung der revolutionären Bewegung nicht möglich sein werde.

Der König glaubte sich darüber im klaren zu sein, wann spätestens die Konstituante in Berlin »zum Teufel zu jagen sein würde«. Radowitz, der zunehmend in die Rolle einer Schicksalsfigur in der Ära Friedrich Wilhelms IV. hineinwuchs, war der Empfänger eines Briefes vom 19. Juni 1848, in dem es hieß, dieser Augenblick trete dann ein, »wenn die Versammlung [ihm] das Recht abspreche, sie aufzulösen und sich das Recht [zuspreche], mir eine selbstgemachte Verfassung vorzulegen und ›festzustellen‹«.[1] Erkläre sich, womit zu rechnen sei, die Versammlung »für permanent«, so meine er »erklären zu müssen, daß ich unter diesen Umständen und fest entschlossen, die eingegangenen Verpflichtungen treu zu erfüllen, mich dennoch genötigt sehe, bis anderweitig die konstitutionelle Zukunft gesichert werden könne, die Königl. Machtvollkommenheit wieder aufzunehmen und ein neues Ministerium meiner Diktatur also unverantwortlich wieder einzusetzen«.

Charakteristisch Widersprüchliches liegt in dieser Bekundung, und gleichwohl weist sie in die nächste Zukunft. »Permanenz« war ein Stichwort aus dem Arsenal der Erinnerungen an die französische Revolution, die das Denken der Zeitgenossen begleitete. Sicherung der »konstitutionellen Zukunft« war ebenfalls so vage wie vom königlichen Selbstverständnis her glaubwürdig. Die Verwendung derselben Begriffe mit sehr unterschiedlichem Bedeutungsinhalt hat zur Verwirrung nicht unerheblich beigetragen. Die Ankündigung einer Diktatur seines Ministeriums konnte kaum ernstgenommen werden. Sie entbehrte des Realitätssinns, nicht nur, weil dieser König nicht aus dem Stoff war, aus dem

Diktatoren entstehen, sondern weil »Diktatur« ein Fremdwort in der Geschichte des preußischen Staates war.

Die Brüder Gerlach mochten noch so viel darüber klagen, alles bleibe bei größter Entschiedenheit »mit dem Munde«, auch wenn man versichere, man wolle »Heldentaten tun«; alles sei bereit, »nur der Held fehlt«. Daß der König kein »Held« sein wollte und konnte, entsprach seinem Selbstverständnis sowie seiner Einsicht in die Grenzen seiner Persönlichkeit. Heldentum gehörte überdies nach allgemeinem Verständnis des 19. Jahrhunderts nicht zu den Eigentümlichkeiten eines Monarchen.

Den Gerlachs fehlte es nicht an guten Ratschlägen; sie waren wohl in der Lage, die Situation zu analysieren; ja, sie waren gelegentlich sogar fähig, die Elemente einer Entwicklung richtig zu würdigen, aber sie waren als unverantwortliche und gleichzeitig sehr einflußreiche Ratgeber nicht in der Lage, dem König praktische Ratschläge zu erteilen oder wirklich zu helfen. Ihre Gemeinsamkeit mit dem König war zu groß, ihre Verwurzelung in hochkonservativen Ideen hinderte sie an jener Distanz, die für eine der Situation entsprechende Beurteilung der Lage erforderlich gewesen wäre. Radowitz dagegen, so bedenklich sich sein deutscher Ehrgeiz decouvrieren sollte, erfaßte die sozialen Voraussetzungen für eine Neubefestigung des preußischen Königtums realitätsnäher.

Am 22. Juni diagnostizierte er die öffentliche Meinung Preußens: »Die höheren Stände und ein Teil des Landvolkes mag hierüber [Erwartung der Reaktion] richtiger fühlen, aber die gesammelten Mittelstände, der eigentliche Schwerpunkt der Jetztzeit [sic] werden nicht eher für die Rechte ihres Königs offen in die Schranken eintreten, bis der wirkliche Ausbruch eines zweiten Straßenaufstandes sie dazu unmittelbar nötigt. Ich kann nicht umhin, diese Tatsache für ganz unleugbar zu halten, und muß daraus immer wieder den Schluß ziehen, daß erst der Eintritt offener Gewalttaten, nicht der Prinzipienstreit, das Signal abgeben dürfe, um den letzten und entscheidenden Kampf zu unternehmen.«

Diese Situationsanalyse war überzeugend und berücksichtigte außerdem die Mentalität des Königs, dem man immer Zeit lassen mußte. Noch war der Höhepunkt der Auseinandersetzung nicht erreicht. Um Prinzipien wurde ausgiebig in den Parlamenten gekämpft; der »Märzschock« mußte gleichsam noch vertieft und verarbeitet werden. Auch der konkrete Rat entsprach der Natur und dem Charakter Friedrich Wilhelms: »Waffnen sich Ew. Kgl. Majestät daher mit Gelassenheit, bis der richtige Augenblick kommt, lassen Sie die Minister den Streit allein führen und halten Sie Ihren Namen so lange zurück, bis er im rechten Momente in erste Linie treten kann und muß«.

Das entsprach durchaus der Regierungsweise, die Friedrich Wilhelm bevorzugte, und damit den zaghaften Anfängen eines noch unklaren Konstitutionalismus. Man sprach viel von Verantwortlichkeit, aber man praktizierte sie nicht. Dem König wird überdies bewußt gewesen sein, daß die Zeit für ihn arbeitete. Radowitz hatte exakt den Rat gegeben, den der König wünschte: nämlich zunächst abwartend in der Defensive zu bleiben. Vielleicht entsprach des Königs Neigung abzuwarten, sich zu »effacieren«, sogar jenem Moment der geschichtlichen Entwicklung Preußens und war das rechte Gegengewicht zum Drängen derer, die Ziele erstrebten, die außerhalb des damals Erreichbaren lagen. Es läßt sich immer wieder beobachten, daß der König nicht nur unschlüssig und schwankend, sondern auch fähig war, abzuwarten. Es gab ja nicht nur die Verfassungsfrage, die sich zuspitzte, sondern auch den Krieg mit Dänemark, und mit gutem Grunde konnte Leopold von Gerlach schreiben: »Die eigentliche Wendung des Ganges der Regierung war der Dänische Waffenstillstand [26. Aug.], den der König von Preußen selbständig abschloß, 30. August; hier trat er der Paulskirche, der Sing-Akademie und seinen Ministern gegenüber zum ersten Mal wieder als König auf.«[2]

Das beschrieb zutreffend den Zusammenhang von Außen- und Innenpolitik, der den Gang der Begebenheiten in den Revolutionsjahren so folgenreich bestimmte. Diese Beobachtung ist um so bemerkenswerter, als unter den Hochkonservativen der Primat der Innenpolitik kaum je in Frage gestellt wurde. Das Problem Krieg und Friedenswahrung hat Friedrich Wilhelm immer begleitet und ausgefüllt, und er hat niemals die Versuchung verspürt, inneren Krisen durch äußere Konflikte die Spitze zu nehmen.

Im Verlauf des Monats Juni steigerten sich die Unruhen in Berlin. Nicht nur die Tumulte, sondern auch der Kampf der Geister um eine Sinngebung des Geschehens erreichten einen neuen Gipfel. Es ging darum, nun die Schlußfolgerung aus der Märzrevolution zu ziehen. Für den König und die »Rechten« in einem weiten Sinne dieses Wortes sollte das, was sich damals ereignet hatte, gleichsam »ungeschehen« gemacht werden. Man glaubte überzeugt sein zu dürfen, daß nur »le contre de la révolution« »eigentliche Geschichte« sei – geradezu im Sinne de Maistres. Auf der anderen Seite hörte die Gegenseite nicht auf,

Nach den ersten revolutionären Erschütterungen vom 18. März 1848 überstürzten sich die Ereignisse in den folgenden Monaten. Nachgiebigkeit und Härte folgten einander und führten zu einem Hin und Her des Königs, der sich weder zu einem Niederschlagen der Aufstände entschließen konnte noch zu einem Eingehen auf die gemäßigten Forderungen, so daß die Armee bald im Bruder des Königs, dem späteren Wilhelm I., ihren eigentlichen Wortführer sah. Am 14. Juni 1848 kam es unter der Führung der bekannten Barrikadenkämpfer des März zu einem Sturm auf das Zeughaus, und vorübergehend sah es so aus, als wenn das Reformverlangen zu einer wirklichen Revolution werden würde. Die Abbildung stammt aus dem Neuruppiner Bilderbogen über das »merkwürdige Jahr 1848«.

der Märzrevolution ihren festen Platz in der Gegenwart und im politischen Bewußtsein der Zeitgenossen zu sichern. Charakteristisch ist der Antrag, den ein Mitglied der Linken in der Nationalversammlung, der Stadtverordnete Julius Berends, ein Buchdruckereibesitzer, in der Nationalversammlung am 8. Juni stellte. Er wollte, im Sinne der Revolution, ein eindeutiges Bekenntnis zum Bruch mit der Vergangenheit. Die Versammlung sollte »in Anerkennung der Revolution erklären, daß die Kämpfer des 18. und 19. März sich wohl ums Vaterland verdient gemacht haben«.[3]

Um die Formen der Erinnerung an die gefallenen Barrikadenkämpfer wurde heftig gestritten, besonders um das Verlangen, ihnen eine höhere Ehre als den gefallenen Soldaten zuteil werden zu lassen. Johann Jacoby verdeutlichte den Sinn des Antrags noch stärker: »Der Grundsatz, daß der Gesamtwille des Volkes die ursprüngliche, die einzige Quelle jeder Macht im Staate, also auch der des Königs ist, dieser Grundsatz der Volkssouveränität ist in jenen Märztagen zur vollen Geltung gekommen.« Die meisten Reden wandten sich gegen das »Vereinbarungsprinzip« im Zusammenhang mit einer Verfassungsgebung, erst recht gegen das Gottesgnadentum. Das Ministerium Camphausen verhielt sich lange Zeit defensiv. Nur mit geringer Mehrheit wurde schließlich ein Antrag angenommen, in dem »die hohe Bedeutung der großen März-Ereignisse«, denen man »in Verbindung mit der königlichen Zustimmung den gegenwärtigen staatsrechtlichen Zustand« verdanke, für »unbestritten«, übrigens aber als Aufgabe der Versammlung erklärt wurde, nicht »Urteile abzugeben«, sondern »die Verfassung mit der Krone zu vereinbaren«.[4]

Die Erregung in der Versammlung sprang auf die Straße über und fand in pöbelhaften Ausschreitungen ihren Ausdruck. Sie fanden in der Nähe der Singakademie statt. Die Bürgerwehr, die so oft als Erfolg des Bürgertums gepriesen worden war, blieb untätig und machtlos. Der Abgeordnete Sydow, der gegen Berends' Antrag gesprochen hatte, wurde tätlich angegriffen. Minister wie Camphausen, Hansemann und Heinrich von Arnim konnten sich nur mit Mühe in Sicherheit bringen. Als die Sitzungen am 14. Juni wieder begannen, verzichtete man auf parlamentarische Untersuchungen der Vorfälle. Auf einen Antrag Harkorts, den Sitz der Versammlung nach einer anderen Stadt zu verlegen, meinte der resignierende Camphausen, »eine solche Maßregel [sei] weder an der Zeit, noch politisch, noch für das Wohl des Landes geeignet«. Die Absicht zu calmieren wie der Wunsch, zwischen den in der

Mehrheit ruhigen Berlinern und den Radikalen zu unterscheiden, waren unverkennbar, obwohl in der Nacht zuvor der Radikalismus mit dem Zeughaussturm einen neuen Höhepunkt erreicht hatte.

Unter der Führung der bekannten Barrikadenkämpfer vom März, des Tierarztes Urban, und des Maschinenbauers Siegrist, besetzten die Plünderer einen Teil des Zeughauses. Das vordergründige Ziel war die Volksbewaffnung, aber es ging nicht nur um die Beschaffung von Waffen, sondern auch um den Raub von dort lagernden Kunstschätzen, die noch in derselben Nacht zu Spottpreisen verschleudert wurden. Die Bürgerwehr erwies sich wiederum als unfähig, dem Angriff zu widerstehen; sie verließ nach kurzem Kugelwechsel den Platz, und selbst der unter dem Kommando des Hauptmanns von Natzmer stehende Trupp der Linie ließ sich täuschen und zog sich zurück. Erst als ein Bataillon Liniensoldaten anrückte, gaben die Plünderer auf und verließen fluchtartig das Haus. Die Krise des Ministeriums wurde offenkundig. Schon vor dem Sturm auf das Zeughaus hatten Schwerin, Arnim und Canitz ihren Abschied genommen; Camphausen war längst amtsmüde.

Der Briefwechsel zwischen dem König und dem noch amtierenden Ministerpräsidenten dokumentiert die Reaktion des Königs auf das für ihn unerhörte Geschehen. Es war mehr als nur eine Phrase, wenn Friedrich Wilhelm noch am selben Tage an Camphausen schrieb[5]: »Es handelt sich um Sein oder Nichtsein – Vergessen Sie nie, teuerster Camphausen, daß ich nach diesem Ministerium nicht links, sondern rechts greifen werde.« Der grundsätzliche Gegensatz zwischen Monarchie und Republik war ihm ganz gegenwärtig, als er hinzufügte: »Es scheint fast, als wenn in Frankreich die Republik und in Spanien die Usurpation auf dem letzten Loche pfiffen.«

Die Gedanken und Vorstellungen, die sich die handelnden Persönlichkeiten und die Repräsentanten der öffentlichen Meinung gemacht haben, muß man immer vor dem Hintergrund des politischen Geschehens in Europa sehen. In Paris trat gerade Cavaignac zum letzten Schlage an; in Madrid gelang es dem Militär, dem General Narváez, die republikanischen Putsche niederzuschlagen.

Es stand durchaus in der Kontinuität der gegenrevolutionären Bewegung Europas, wenn der König die Situation in seiner Residenzstadt in diesem Zusammenhang beurteilte, zumal sich eine Reihe der Gewalttätigkeiten gerade gegen das Zentrum der Monarchie fortsetzte. Das Schloß, von dem im März die Kämpfe ausgegangen waren, blieb ein Angriffsziel. An den Schloßportalen wurden eiserne Gitter angebracht, um den Durchgang durch den Schloßhof sperren zu können. Die Erinnerung an die Vorgänge des 18. März mußte sich einstellen, als wenige Tage nach dem Zeughaussturm diese Gitterstäbe ohne Behinderung durch die Bürgerwehr eingerissen und in die Spree geworfen wurden. Der König bewies ein empfindliches Gespür für die Symbolik dieser Vorgänge, als er dem noch amtierenden Ministerpräsidenten schrieb: »Die Verletzung des Schlosses ist weit, weit wichtiger, als man im ersten Moment glaubt! Denn sie ist ein Schlag auf die Krone, und das darf bei Gott nicht gelitten werden ... Ich wiederhole zum Schluß, daß die Eiterbeule von Berlin operiert werden muß. Je eher, je besser. Jeder Tag ist unwiederbringlich verloren, weil es das Ansehen der Regierung und meine Stellung zu Grunde richtet.«[6]

Was im Juni geschah, hatte in der Tat symbolischen Charakter. Es ging letztlich um die historische Einordnung der Märzrevolution. Zeitgeschichtliche Erfahrung und politische Meinungsbildung gingen ineinander über. Dem König war es nicht gelungen, den Zerfall des Ministeriums Camphausen aufzuhalten. Der Ministerpräsident fand keinen Ersatz für die bereits ausgeschiedenen Minister. Er selbst trat am 20. Juni zurück, und der bisherige Finanzminister Hansemann wurde mit der Bildung des neuen Kabinetts beauftragt. Schließlich übernahm Rudolf von Auerswald, bisher Oberpräsident der Provinz Preußen, das Präsidium und Ministerium des Äußeren. Man sprach von einem »Ministerium der Tat«, dessen Kopf Hansemann blieb. Mit ihm rückte ein neuer Ministertyp in das Licht der Öffentlichkeit. Er war fähig, initiativ und auch populär. Es wird überliefert, wie der Portier des Ministeriums über Hansemann erstaunt gewesen sei, als »der neue Herr seinen Einzug hielt: ›zu Fuß, die geliebte Zigarrenkiste unter dem Arm‹«.[7]

Wenn der König auch scheinbar resignierte und bereit war, den Dingen ihren Lauf zu lassen, so unterhielt er doch gleichzeitig einen lebhaften Briefwechsel mit Fürsten, Ministern, Diplomaten, alten Freunden und vor allem mit den nächsten Verwandten. Der Gedanke einer Diktatur spielt immer wieder und besonders Ende Juni eine Rolle. Aus einigen Anmerkungen wird Friedrich Wilhelms latente Bereitschaft zu einem Staatsstreich deutlich. Ein solcher Schritt wurde aber gleichsam als ein Transitorium verstanden. Friedrich Wilhelm bestand darauf, »genau die Umstände bezeichnet zu haben, unter welchen die Diktatur zur unabweisbaren Notwendigkeit wird.«[8] Nach der aufgezwungenen Diktatur aber wollte er zurückgehen auf den Vereinigten Landtag.

Im Verlaufe der Neubildung des Kabinetts Auerswald-Hansemann kam den Mehrheitsverhältnissen in der Nationalversammlung besondere Bedeutung zu, und in gewissem Sinne kam damit ein parlamentarische Prinzip zur Geltung. Entscheidend blieb aber die immer wieder erörterte Stellung der Armee im Staat und vor allem die Kommandogewalt des Königs von Gottes Gnaden. Sie gehörte zu jenen Fragen, an denen sich die Geister schieden, und daher liegt hier auch einer der Schlüssel zur Persönlichkeit des Königs. Der Ausgangspunkt neuer Auseinandersetzungen lag wieder in militärischen Ereignissen von zunächst lokaler Bedeutung. In Schweidnitz war es am 31. Juli zu einem Zusammenstoß zwischen Militär und Bürgerwehr gekommen; vierzehn Mann der Bürgerwehr hatten in einer Salve des Militärs den Tod gefunden. Der tragische Unfall, dessen Ursache unklar blieb, rief tiefe Erregung hervor. Man sah in dem Geschehen geradezu eine Art von Wiederholung des 18. März. Nach Waldecks Auffassung und Äußerung glaubte man, in den Vorgängen ein Symptom »der Fortsetzung des alten Militärgeistes... der Scheidung zwischen Offizier und Bürger« zu erkennen und von Unruh verurteilte »das schlaffe Benehmen der Behörden und die matten Erklärungen der Minister«.[9]

Die alten Stichworte, erstmals im März gefallen, bekamen neue Aktualität. Sie fielen jetzt allerdings in einer Zeit, in der die Armee sich innerlich wieder gefestigt hatte und sich der König seiner Stellung als Inhaber der Kommandogewalt von neuem bewußt geworden war. Am 9. August beschloß die Nationalversammlung auf Antrag des Breslauer Oberlehrers Stein, eine parlamentarische Untersuchungskommission über die Vorgänge in Schweidnitz einzusetzen. Das Ministerium wurde aufgefordert, die an den Vorfällen beteiligten Truppen abzuziehen und sich darüber hinaus in einem Erlaß an die Armee dahin auszusprechen, daß sich die Offiziere verpflichten sollten, »allen reaktionären Bestrebungen« nicht nur fern zu bleiben, nicht nur »Konflikte jeglicher Art mit dem Zivil« zu vermeiden, sondern »durch Annäherung an die Bürger und Vereinigung mit denselben« zu zeigen, »daß sie mit Aufrichtigkeit und Hingebung an der Verwirklichung eines konstitutionellen Rechtszustandes mitarbeiten wollen«.[10]

Dieser Teil des Antrages wurde mit »bedeutender Majorität« angenommen. Ein Zusatzantrag des Justizkommissars Schultz-Wanzleben ergänzte: »... und es denjenigen Offizieren, mit deren politischen Überzeugungen dies nicht vereinbar ist, zur Ehrenpflicht zu machen, aus der Armee auszutreten«. Dieser Zusatzantrag fand nur eine Stimme Mehrheit. Die Feststellung, der Antrag ziele auf eine »Epuration« des

Offizierskorps von reaktionären Elementen, trifft den Kern der Sache. Der Antrag war nicht ohne Vorbild, und die königliche Ansprache an das Gardeoffizierskorps am 25. März in Potsdam war noch in frischer Erinnerung. Die Minister verhielten sich zurückhaltend; ja, sie schwiegen. 137 Abgeordnete der Rechten und des rechten Zentrums gaben ihren Protest zu Protokoll, weil sie darin »den beleidigenden Versuch zu einem Zwang der Gewissen durch die Organe der Regierung, den Anfang einer politischen Inquisition« sahen. Der Minister Hansemann hatte die Brisanz, die in dem Antrag und in dessen parlamentarischer Behandlung lag, zwar erkannt, aber er glaubte gleichwohl, daß von den Antragstellern »eine wörtliche Ausführung der Beschlüsse nicht verlangt werde.«[11] Der ganze Vorgang konnte nicht dazu beitragen, das Vertrauen des Königs zu diesem Ministerium zu befestigen, zumal er den »Antrag Stein« und die breite parlamentarische Zustimmung als Spitze des Gegners gegen seine Rechte als »Kriegsherr« betrachten mußte.

Da die »außerparlamentarische Rechte« in einer Reihe von Plänen Hansemanns zur Agrar- und Steuerreform einen Eingriff in »das Eigentum und die Heiligkeit der Verträge«[12] sah, konstituierte sich in diesen Tagen das sogenannte Junkerparlament. Leopold von Gerlach notierte am 30. August: »Das Ministerium wackelt.« Am 7. September fand die Debatte der Nationalversammlung statt, in deren Verlauf die Standpunkte klar zum Ausdruck kamen. Das Ministerium hatte zuvor in einem Schreiben an den Präsidenten der Versammlung erklärt, auf welche Weise den Wünschen der Abgeordneten schon Genüge getan sei: »Die Befehlshaber der Armee sind durch geeignete Erlasse auf ihre in der jetzigen Zeit doppelt ernste Pflicht aufmerksam gemacht worden, auch ihrerseits mit Entschiedenheit jedem Bestreben entgegenzutreten, durch welches, sei es im reaktionären, sei es im republikanischen Sinne, das Prinzip der konstitutionellen Freiheit beeinträchtigt werden könnte, welches fortan die Grundlage unseres Staates bildet ... Dagegen würde, nach unserer Ansicht, dieser Erfolg durch einen allgemeinen Erlaß, wie er nach dem Wunsche der Versammlung vorgehen soll, nicht erreicht werden.«[13]

Am 1. September 1848 schrieb der König aus Sanssouci der »allerteuersten, geliebten Charlotte«: »Die hiesigen Zustände sind damit zu bezeichnen, daß es wie schwüle Tage sind, von denen jedermann weiß, daß sie nicht dauern können, deren Unerträglichkeit durch aufsteigende Gewitterwolken vermehrt wird, in denen aber kein Gewitter zum

Ausbruch, kein Regen als Erquickung kommt. Einmal ein kleiner Donner hier, ein kleiner Blitz da, aber kein Ausbruch, der allein die vergiftete Atmosphäre heilen und reinigen kann.«[14] Friedrich Wilhelm, zu dessen Aufgaben zu jenem Zeitpunkt nicht zuletzt die Ausführung des Friedens mit Dänemark gehörte, beschrieb sehr genau die in seinem Lande herrschende Stimmungslage. Seine Persönlichkeit kommt aber auch hier zur Geltung. Oft erinnerte er sich in diesen Tagen an biblische Geschichten: »Wenn ich über die bange Lage des Augenblicks nachdenke, ist mir's, als hörte ich Mendelssohns wunderbar ängstliche Töne aus seinem Meisterwerke Elias, mit welchem er die Worte des Knaben begleitet, den der Prophet auf den Karmel gesandt, um zu sehen, ob (nach 3 ganzen Jahren!) der verheißene Regen kommt, nachdem das Volk das Wunder des Opfers gesehen, das durch himmlisches Feuer verzehrt worden. Auf Elias' Frage: ›Siehst Du nichts?‹, antwortete der Knabe: ›Ich sehe nichts. Der Himmel ist ehern über mir. Die Erde ist eisern unter mir.‹ Bald aber sieht er eine kleine Wolke wie eine Hand aus dem Meere steigen, und in wenigen Minuten erfüllt das Brausen der Erfüllung die Luft, der 3 Jahre entbehrte Regen fällt in Strömen herab und ertränkt beinahe das abgöttische Paar, Ahab und Isabel, auf ihrer Heimfahrt! Solche Regen gebe Gott in Gnaden – und bald. Doch sein Wille geschehe.«[15]

Die Neigung des Königs, sich von den bedrückenden Erfahrungen der täglichen Geschäfte durch historische und biblische Bilder ablenken zu lassen, ist immer wieder verblüffend. Nicht nur seine politischen Gesprächspartner, auch seine Familie war mitunter ratlos. Auf die Vorgänge in Berlin und die brieflichen Ergüsse ihres Bruders reagierte die Schwester Charlotte zum Beispiel ebenso teilnehmend wie berechnend. Ihre Briefe an Fritz, an den Butt, beleuchten aus dem fernen Petersburg und mit der Klarheit, die der Ferne eigentümlich sein kann, die Berliner Szenerie. Auch ihr Tonfall ist auf die Person des königlichen Bruders klug berechnet. So erinnert sie in den Septembertagen zunächst an das, was dem preußischen König vor allem am Herzen lag: »Dein Zug zum Rhein, die paar Feiertage in Köln, der herrliche Dom mit seiner Pracht und über alles andere die ehrliche Freude der Einwohner in alten Preußenlanden wie Brandenburg, Magdeburg, Grafschaft Mark, Kleve u.s.w., das muß Deinem gedrückten Herzen wohl getan haben.« Bezeichnend sind die Auswahl und die Hervorhebung der alten Provinzen. »Die Gewitterschwüle beschreibst Du richtig, und wie das wahre Donnerwetter doch bald zum Ausbruch kommen möchte.

Die Schwester Charlotte, die als Alexandra Feodorowna, hier gemalt von Gerhard von Kügelen, den Zaren Nikolaus geheiratet hatte, war die eigentliche Vertraute Friedrich Wilhelms. In einer Flut von Briefen schüttete der König ihr sein Herz aus, darin dem Vorfahren Friedrich dem Großen gleichend, der auch nur in den Briefen an die in Bayreuth verheiratete Schwester Wilhelmine sich geöffnet hat. Aber meinte Friedrich Wilhelm wirklich Charlotte oder nicht vielmehr seinen Schwager Nikolaus, hier ein Stahlstich von D. J. Pound, wenn er sich in nicht endenden Erörterungen über die stürmischen Ereignisse der Epoche erging?

Aber was nachher??? Das ist das Schwerste! Das ist das Wichtigste!! Militärisches Regiment und Klugheit bei bestimmter Ausdauer, das einmal Angefangene auszuführen. Dazu gehört Kraft und Jugendmut. Den haben wir alle nach 50 Jahren nicht mehr.«[16]

In ihren Briefen an den Bruder Wilhelm gab Charlotte indes ihrem Unwillen über den König unverhüllten Ausdruck. So hatte sie eben noch über die »Schreckens-Tage Berlins« geklagt und unter Bezug auf die Politik der deutschen Nationalversammlung in Frankfurt ihr Schreiben fortgesetzt: »Aber Fritz mit seinem Schreien zu deutscher Einigkeit wäre ein Widerspruch mit sich selbst. Dir allein stünde es zu, aber wie ist es möglich, wenn F. nicht abdankt. Du hast nicht gesagt und unterschrieben ›Preußen soll von nun an in Deutschl. aufgehen‹. Du bist also nicht gebunden. – Du wirst nicht meineidig wie Fritz ,nicht im kompletten Widerspruch oder Wortbruch wie er, wenn er das Schild erheben wollte.« Und noch drängender fährt sie fort: »Weißt Du, was bei meinem Leiden um Preußen das schrecklichste Gefühl ist – das ist – daß ich mich schäme. Aber keiner! Ja, wenn ein Element benutzt worden wäre um sich zu helfen! – aber es ist nichts. Ja! wenn ein Yorck und Jellachic aufgetreten und nicht desavouiert worden wäre – da wäre Heil zu hoffen! Aber dieses Pomaden-System macht, daß ich mich wie gesagt schäme. Wilhelm! Wilhelm! Wache auf!«[17]

Charlotte war seit ihrer Vermählung mit dem Zaren »ganz Russin«; auch in der Wahl ihrer Worte und in ihrem Auftreten verhielt sie sich gegenüber ihrer Familie in Preußen nicht besonders zartfühlend. Sie erkannte aber immerhin an, daß die Märzverheißungen den König von Preußen gebunden hatten; noch hatte er keinen Eid geleistet; er hatte aber immerhin gelobt, ein konstitutionelles System einzuführen. Während des Schreibens dachte sie nicht mehr an die Flucht des Prinzen nach England, und auch nicht daran, daß der König auf die Rückkehr des Bruders nach Berlin bestanden hatte, nachdem die erste Welle der Revolution verebbt war. Sie hatte sicherlich auch keine Ahnung davon, daß der Prinz von Preußen sich nur incognito in Köln in einer Privatwohnung aufhalten konnte. Diese Rückkehr aus dem englischen Exil war jedenfalls ein Erfolg gewesen, der maßgeblich durch Klugheit und die Bereitschaft Friedrich Wilhelms, selbst Demütigungen in Kauf zu nehmen, errungen worden war. Vielleicht ließ sich Friedrich Wilhelm damals von einem richtigen Instinkt, daß nur so der Bestand der Monarchie und der Krone erhalten werden könne, leiten.

Zu einem späteren Zeitpunkt will Friedrich Wilhelm, der Sohn des

Prinzen von Preußen, bei einem Besuch in Petersburg gehört haben, der Zar hätte eine Abdankung des Königs von Preußen für wünschenswert gehalten. Daß solche Meinungen gelegentlich geäußert wurden, ist nicht überraschend. Entscheidend aber bleibt, daß gerade Friedrich Wilhelm IV. schließlich doch den Ausweg zwischen Gottesgnadentum und Konstitution gefunden hat. Der König ließ am Oberbefehl und an der Kommandogewalt über die Armee durch das Parlament nicht rütteln. Bei allem Wechsel der Stimmungen blieb er darin grundsätzlich fest. Es ist unwahrscheinlich, daß er je daran gedacht hat, bei einer Neuordnung der Armee die Garden aufzulösen, wie das in der Presse und im Parlament verlangt wurde.

Am 8. September hatte das Ministerium Auerswald-Hansemann seinen Rücktritt erklärt. Auch das Ministerium des Generals Pfuel war nicht mehr als ein Übergangsministerium, aber für die Kamarilla sollte es »eine allmähliche Restauration« einleiten. Am 2. Oktober schrieb Friedrich Wilhelm dem in den Freiheitskriegen bewährten General: »Warten Sie nicht, bis der Bürgerkrieg unter der roten Fahne ausbricht. Kommen Sie dem zuvor. Nötigen Sie die Roten zu unzeitiger Schilderhebung. Gibt's dann Kampf, was sehr zweifelhaft, so wird er ein leichter, fast unblutiger sein.«[18] Friedrich Wilhelm wäre niemals bereit gewesen, auf essentielle Attribute seiner monarchischen Stellung zu verzichten: Als bei den Verfassungsberatungen, die am 12. Oktober begannen, der Zusatz »von Gottes Gnaden« hinter dem Namen des Königs gestrichen werden sollte, blieb er unnachgiebig. Einer der Redner hatte gesagt, die Formel gehöre »dem gestürzten absolutistisch-patriarchalischen Regierungssystem an«. Schulze-Delitzsch sprach wegwerfend von einer alten Firma, die »in der Geschichte vollkommen Bankrott gemacht hatte«. Friedrich Wilhelm wollte diesen Schmähungen mit einer Ansprache an sein Volk begegnen, die an seinem bevorstehenden Geburtstag am 15. Oktober publiziert werden sollte. Wenn der Wortlaut auch aus der Feder Ludwig von Gerlachs stammt und nicht sicher überliefert ist, so enthält das Begleitschreiben doch Gedanken, die ganz das geistige Eigentum des Königs enthielten. Im Schreiben an das Ministerium vom 13. Oktober hieß es: »Ich erkläre dem Staatsministerium, daß Ich mir das Abschneiden Meiner Ehre von Gott nicht gefallen lasse, es entehrt Mich vor mir selbst und allen Meinen Untertanen, es ist Meine Abdikation. Es greift Meine Religion, Meinen Glauben, Mein Bekenntnis an, für welche Ich mit Freuden Mein Leben opfere.«[19] Es mindert nicht die Ernsthaftigkeit dieser Worte, wenn er den Ministern versprach, beim Empfang der Deputationen in Bellevue an seinem Geburtstag jede Provokation zu vermeiden. Er wurde kein »Raub des Augenblicks«, wenn er dem Präsidenten der Versammlung, Grabow, den heftigen Vorwurf machte, das »Heiligste werde angetastet; keine Macht der Erde werde stark genug sein, ihm das von Gottes Gnaden zu nehmen«.

Pfuel war der Meinung, »der König habe sich unermeßlich geschadet durch seine Aufreizung über die Abschaffung des von Gottes Gnaden«.[20] Wenn er diese Meinung aber ganz offen aussprach, bewies er damit, wie ungeeignet er für das Amt des Ministerpräsidenten unter Friedrich Wilhelm IV. gewesen ist. Das Ministerium Pfuel blieb tatsächlich Episode, aber Pfuel selbst, General der Infanterie und Ritter des Schwarzen Adler Ordens, preußischer Ministerpräsident und gleichzeitig Kriegsminister im Herbst des Revolutionsjahres, ist eine der interessantesten Gestalten der preußischen Militärgeschichte im 19. Jahrhundert. Pfuel gehört der Generation an, die zwischen 1770 und 1800 geboren wurde. Die Andeutung der Altersgenossen, zu denen er in engere Verbindung trat, läßt einen breiten und facettenreichen Erfahrungshintergrund erkennen. Seine Jugend war erfüllt von der homoerotischen Freundschaft zu Heinrich von Kleist sowie von der Erfahrung des Befreiungskrieges. Er hatte zu den patriotischen Emigranten gehört und bewahrte sich einen milden Sinn für fremde Nationalität; beliebt war er als Teilnehmer an den Gesprächen in den jüdischen Salons. Enge Beziehungen hatte er zu Alexander von Humboldt und Bettina von Arnim; auf dem literarischen Felde war er hochgebildet. Die Zeitgenossen haben sowohl seine Toleranz als auch seinen Sinn für den Fortschritt gerühmt. Man könnte meinen, ein General mit einer Vergangenheit, wie sie Pfuel besaß, habe Friedrich Wilhelm IV. als Minister liegen müssen, aber es bedurfte nicht erst der Politik der Kamarilla, damit er aus der aktiven Politik ausschied.

Nach der Entlassung des Ministeriums Pfuel am 1. November zogen sich die Bemühungen um eine Berufung Brandenburgs, eines Halbbruders Friedrich Wilhelms III., ziemlich lange hin. Der General selbst traute sich die Aufgabe nur schwer zu.

Graf Brandenburg hatte sich als Kommandierender General in Schlesien ebenso durch Umsicht wie durch Energie bewährt. Gerlach, der ihn als militärischen Führer nur in Grenzen schätzte, hatte sich von seiner Brauchbarkeit für das Amt des leitenden Ministers in dieser aus den Fugen geratenen Zeit überzeugt. Der General war keineswegs ein Höfling oder gar ein politischer Soldat. Für das erstere war er viel zu vornehm, ein Repräsentant preußischen Militäradels; für das zweite war er ein zu erfahrener und praktischer Soldat. Im Stabe des Yorckschen Korps hatte er den Dienst eines Adjutanten getan und war von den gebildeten Militärs der Reformära geschätzt worden. Am wenigsten trifft auf ihn Varnhagens höhnische Bemerkung zu: »Caligula ließ sein Pferd zum römischen Konsul aufnehmen. Warum soll Brandenburg nicht zum Minister ernannt werden.«[21] So war es neben dem Befehl des Königs dem Zureden Leopold von Gerlachs zu verdanken, daß Brandenburg widerstrebend, aber soldatisch gehorchend den Ruf annahm. Die von Prinz Kraft zu Hohenlohe-Ingelfingen überlieferte Anekdote ist zu hübsch, um wahr zu sein, aber sie ist innerlich gleichwohl geschichtshaltig. Als der General den König bat, auf seine Berufung zu verzichten, da er zu alt sei und an Seine Majestät ferner die Bitte um seinen Abschied als General hinzufügte, habe Friedrich Wilhelm geantwortet: »I. Euer Excellenz bewillige ich hiermit den erbetenen Abschied. II. Als Chef Deines Hauses befehle ich Dir, augenblicklich tot oder lebendig zu mir zu kommen und das Präsidium zu übernehmen.«[22]

Ausschlaggebend war ein Brief, den Gerlach an Brandenburg schrieb. Er knüpfte an das Zusammentreffen in Breslau an und schilderte geschickt und zutreffend die Situation des Königs. Die Rücksicht auf den König stellte die einzige Möglichkeit dar, Brandenburg zur Annahme der Leitung der preußischen Politik zu bewegen: »Der König, unser Herr, steckt in einem Sumpfe, er fühlt, daß er sinkt, er ruft um Hilfe, aber niemand will Hand anlegen, um ihn herauszuziehen.« »Die Aufgabe ist einfach und klar; es kommt darauf an zu erklären, daß der König Herr im Lande ist, nicht aber die Versammlung im Komödienhaus [Singakademie], und die Folgen dieser Erklärung, gestützt auf die noch treue Armee, auf die noch treuen Untertanen, auf sich zukommen zu lassen; die Lösung ist wert, daß man sich dafür begeistert. Der Versuch, der Revolution Energie entgegenzustellen, ist noch nicht gemacht worden.« Das waren Worte, die der General verstand, die außerdem die Situation des Königs im Spätsommer und im Herbst richtig wiedergaben und die schließlich auch mit den Vorstellungen Friedrich Wilhelms übereinstimmten.

Friedrich Wilhelm ist jedoch nicht etwa der »spiritus rector« einer gegenrevolutionären Politik bis zum Oktroi und Brandenburg-Manteuffel nur deren Vollstrecker gewesen. Er hat schließlich unter dem Druck sehr verschiedener Ratgeber – und zwar nicht etwa nur aus dem

Kreise der Kamarilla – den Weg für eine solche Politik freigegeben, die ihm nach dem bisherigen Verlaufe der preußischen Nationalversammlung und besonders der wiederkehrenden Unruhen unvermeidlich erschien. Wie die preußische Nationalversammlung auf die Entlassung des Ministeriums Pfuel und auf die Bildung eines Ministeriums unter General Brandenburg reagierte, kam in einer geradezu bühnenreifen Situation zum Ausdruck. Eine Deputation unter Führung des Präsidenten Unruh wollte gleichsam in letzter Stunde den König umstimmen. Der diensttuende Adjutant Edwin von Manteuffel bedeutete ihr, er dürfe sie weisungsgemäß ohne Vermittlung verantwortlicher Minister nicht anmelden. Erst als sich der König bereit erklärte, die Deputation zu empfangen, konnte von Unruh die Adresse vorlesen.

Der sichtlich ungeduldige König nahm ihm das Papier aus der Hand und wandte sich zum Gehen. In diesem Augenblick ergriff Johann Jacoby als Mitglied der Deputation spontan das Wort. Als der König nach knapper Ablehnung einer Diskussion das Zimmer verließ, rief ihm Jacoby nach: »Das ist das Unglück der Könige, daß sie die Wahrheit nicht hören wollen.«[23] Es war die denkwürdige Stimme eines Demokraten, die ein großes Echo hervorrief, aber eine Reihe von »Konstitutionellen« war gar nicht glücklich über diesen Auftritt und rügte Jacoby. Den König beeindruckte die Episode nur wenig.

Am 2. November wurde die Ernennung des Grafen Brandenburg der Nationalversammlung mitgeteilt. In diesem Augenblick hatte die Kamarilla gesiegt: Brandenburg war durchaus kein Militär vom Schlage eines Cavaignacs. Er verließ sich – wenn auch nur bis zu einem gewissen Grade – auf den politischen Rat der Gerlachs und ihrer Gesinnungsfreunde; er war vor allem ein dem Gehorsam verpflichteter Soldat, der eine glänzende militärische Karriere hinter sich hatte. Als ihm der König im Februar 1849 gelegentlich vorwarf, von der Gloriole der Kaiserkrone verwirrt worden zu sein, antwortete er: »Ihro Majestät, der unglücklichste Tag meines Lebens war der, wo ich meinen Truppen die Anlegung der deutschen Kokarde befehlen mußte.«

Damit antwortete er gleichsam für die gesamte Armee.[24] Er glaubte, den Liberalismus entschärfen zu können und ihn »durch sich selbst ausheilen zu lassen«. Er war nicht etwa ein Reaktionär, sondern er wollte auf den vorgefundenen Tatsachen des preußischen Staates das Gottesgnadentum gegen den wiederholten Ansturm der Revolution verteidigen und befestigen. Er war auch keineswegs bereit, sich nur als Werkzeug der Kamarilla benutzen zu lassen; er suchte seinen Rückhalt

Im Spätherbst 1848 hatte sich der König nach langem Zögern entschlossen, das zu Zugeständnissen bereite Kabinett Pfuel zu entlassen und ein ihm ergebenes Ministerium unter Brandenburg zu berufen. Eine Deputation der preußischen Nationalversammlung versuchte Friedrich Wilhelm am 3. November noch einmal umzustimmen. Aber der Monarch wies sie vergleichsweise brüsk zurück. Der zeitgenössische Holzstich zeigt die Szene, in der einer der Wortführer der Delegation, Johann Jacoby, dem sich bereits abwendenden König die prophetischen Worte nachruft: »Das ist das Unglück der Könige, daß sie die Wahrheit nicht hören wollen.«

– was auch die Kamarilla durchaus einsah – ausschließlich am König. Es lag ihm bei seinem nüchternen Sinn vor allem daran, Friedrich Wilhelm vor den vielen fremden Einflüssen ungebetener Ratgeber zu bewahren, ihm nicht die Gelegenheit zu geben, sich zu »effacieren«. So erschien ihm, und zwar gerade im Hinblick auf den König, eine preußische Verfassung als Rechtsbasis durchaus nicht unerwünscht. War nicht eine Konstitution geeignet, den König mit den von ihm selbst herbeigeführten politischen Gegebenheiten wirklich zu versöhnen? Bereits nach kurzer Regierungserfahrung hat Brandenburg eingestanden, daß er nicht begreife, wie sich mit diesem König anders als konstitutionell regieren lasse.

Graf Brandenburgs Selbstverständnis spiegelt sich in einem der Briefe an den Generaladjutanten wider: »Man vergißt, daß man unnötig Reden an das Volk hielt, die Presse freigab, die zweijährigen Landtage gründete, die Beamtenwelt, fast die Armee der Nichtachtung aussetzte, den Vereinigten Landtag berief, dann im März den Kopf verlor, sich vor dem Pöbel beugte und zuletzt während eines halben Jahres die Anarchie großzog.« Und dann mit unverkennbarer Spitze gegen die Kamarilla: »Ich mache alle, die den König umgeben, hierfür verantwortlich.« General Brandenburg stand nach seinem Selbstverständnis nicht nur vor der Aufgabe, die Anarchie auf der Straße zu bekämpfen, sondern auch der Anarchie in den Potsdamer Hofkreisen entgegenzuwirken.

Am 9. November wurde die preußische Nationalversammlung von Berlin nach Brandenburg verlegt und bis zum 27. November vertagt, am 10. November rückte General von Wrangel, seit 15. September Oberbefehlshaber in den Marken, in Berlin ein und besetzte das Sitzungshaus der Versammlung; über Berlin wurde der Belagerungszustand verhängt. Am 5. Dezember erfolgten die Auflösung der Nationalversammlung und die Oktroyierung der Verfassung.

Prinz Kraft zu Hohenlohe-Ingelfingen, aus ursprünglich regierendem Fürstenhaus stammend und von tiefer Religiosität erfüllt, gibt uns ein Bild des Einmarsches der Berlin belagernden Truppen. Alle Überlieferungen stimmen mit dem Prinzen darin überein, daß es keinen Widerstand gegen das Militär gab. Die Truppe glaubte zunächst an einen Kampf. Tatsächlich hatte der größere Teil der Berliner Bürger jedoch nicht aufgehört, seine Garnison als einen Teil ihrer Stadt anzusehen. Wrangels Befehl lautete nach Hohenlohe[25]: »Die Stadt Berlin hat uns eine friedliche Aufnahme versprochen. Die Truppen haben sich also jeder Feindseligkeit zu enthalten, wenn sie nicht angegriffen werden. Ein Angriff ist aber mit aller Entschiedenheit und mit Waffen zurückzuweisen, ebenso ist der tätliche Widerstand gegen die Ausführung der Befehle mit Gewalt der Waffen zu überwinden.« Sobald die Führer der Bürgerwehr an den Toren von Berlin erklärten, sie dürften den Einmarsch der Truppen nicht dulden, setzte sich das Musikkorps mit dem »Schellenbaum der Janitscharen der Königs-Grenadiere an die Tête« und spielte den Pariser Einzugsmarsch. Hohenlohe bedauerte, nicht zu den Truppen gehört zu haben, die auf dem Gendarmenmarkt aufmarschierten. Dort wurde nämlich die Bürgerwehr aufgelöst. Sie war das Instrument der Märzrevolution gewesen, aber nunmehr wurden so gut wie alle im März ausgegebenen Gewehre widerstandslos abgeliefert.

Der Widerwille des Königs gegen eine Verfassung war auch nach der letztlich überstandenen Revolution groß. An Friedrich Wilhelms Äußerungen seit dem Herbst 1848 läßt sich indes ablesen, wie er sich allmählich resignierend damit abfand, in »der Stunde der Not« Gewalt anzuwenden. Ein Verfassungsoktroi war ein Akt der Gewalt. Die oktroyierte Verfassung ist als jene »rettende Tat« bezeichnet worden, dank derer die »schmucke preußische Fregatte« wieder Kurs aufgenommen habe und dabei »auf jener großen Grundströmung« dahingefahren sei, die »sie seit den Tagen des Großen Kurfürsten und Friedrichs des Großen« getragen habe. Der Entschluß, die Verfassung – so wie sie war – zu diesem Zeitpunkt zu oktroyieren, ist wie die Verfassung selbst »das Resultat eines Kompromisses gleicherweise zwischen König und Ministerium wie zwischen Ministerium und Kamarilla, aber auch ein Kompromiß innerhalb des Ministeriums selbst« gewesen.[26] So ist Gerlachs Notiz, sie sei wie ein Blitz eingeschlagen, einigermaßen seltsam.

Die Antwort auf die Frage nach dem Anteil Friedrich Wilhelms an der konkreten Verfassungsgestaltung ist aufschlußreicher als eine Analyse der Verfassung selbst. Der König hegte mit Sicherheit nicht die Absicht, eine Gegenrevolution im Sinne von Reaktion herbeizuführen, sondern wollte in Übereinstimmung mit der konservativen Staatslehre das Gegenteil einer Revolution verwirklichen. Entscheidend war schließlich seine Bereitschaft, den konstitutionellen Weg einzuschlagen, so schwer ihm die Zustimmung auch gefallen ist.

Daß er schon in Sanssouci in einer Denkschrift vom 15. September Maßnahmen gegen die Nationalversammlung angekündigt hatte, die drei Monate später verwirklicht wurden, braucht noch kein sogenanntes Handlungsmuster zu bedeuten, nach dem sich die Ereignisse entwickeln mußten. Es heißt in dieser Denkschrift: »Die Einsicht, die ich von den Dingen habe, lehrt mich unwiderleglich, daß dies die letzte Stunde ist, um den Thron, Preußen, Teutschland, ja, den Begriff der von Gott eingesetzten Obrigkeit in Europa zu retten. Jetzt oder nie.« Friedrich Wilhelm war von einem internationalen Zusammenhang des europäischen Konservatismus zutiefst überzeugt. Diese Überzeugung war das Herzstück seiner Weltanschauung. Verbunden mit diesem Selbstverständnis war seine immer wiederkehrende Auffassung von »ministerieller Verantwortlichkeit«, die sich logisch allerdings weder mit dem ungebrochenen Festhalten am Gottesgnadentum noch mit der Anerkennung eines Konstitutionalismus vereinbaren ließ: »Ich will ›verantwortliche Minister‹. Aber dieselben sollen zuerst und vor allem Gott gegenüber verantwortlich sein, demnächst mir, dann erst den Landtagen, welche unsere künftige Verfassung uns geben wird.«

Die Kamarilla hat erst verhältnismäßig spät von der Absicht eines Verfassungsoktrois erfahren. Der den König so gut wie täglich umgebende Generaladjutant teilte »die Indignation des Königs« über den beabsichtigten Oktroi des Regierungsentwurfs, den man gerade Brandenburg nicht zugetraut hatte, vollkommen. Wohl war das Ministerium der Initiator dieses Plans, aber er lag gleichsam in der Luft. Gerlach argumentierte und reagierte durchaus realistisch, wenn er das Ministerium trotz des Oktrois einer noch dazu von Liberalismus gesättigten Verfassung »für unentbehrlich hielt«. »Was aber war zu tun? Kann man ihm [dem König] den Bruch mit den Ministerien raten, wegen dieser doch nur eventuellen Sache? Soll man überhaupt einen so großen Wert auf solche papierne Verfassung legen? Eine ist so gut und so schlecht als die andere, sie müssen sämtlich bekriegt und überwunden werden, es fragt sich nur, ob jetzt schon Zeit ist, diesen Krieg zu beginnen. Aber der arme König! Er soll sie unterschreiben, beschwören. Er erklärte, er könne es nicht, und als ich ihn fragte, was geschehen sollte, erwiderte er, die Minister müßten seinen Willen tun, den Leuten reelle Freiheit, self government geben. Das geht aber so nicht; denn die Menschen haben für die wahre Freiheit keinen Sinn.«[27]

Wenige Tage später faßte der Generaladjutant die Erfahrungen der letzten Novemberwoche zusammen: »Das Wichtigste ist jetzt die Art, wie man aus dem exzeptionellen in den geregelten Zustand kommt. Aus den früheren Erzählungen geht hervor, daß nur das Ministerium, als das Wichtigste, ja wichtiger als der Verfassungs-Entwurf erscheint. Eine schlechte Konstitution führt zu ferneren Kriegen, die immer besser sind als ein gegenwärtiges Absterben an der Auszehrung.« Daher hielt er es zunächst für bedeutsam, daß Brandenburg, »ein tapferer General der Kavallerie, eine Gasse durch die Anarchie und den Terrorismus gemacht hat«. Entscheidend sei allerdings, daß letztlich »der Weg zum Oktroi auf der Basis eines persönlichen wie sachlichen Kompromisses zwischen Ministerium und Kamarilla endgültig frei« werde.[28]

Die letzte Novemberhälfte war ebenso bedeutungsvoll für die Geschichte der Gegenrevolution wie aufschlußreich für das Verhalten Friedrich Wilhelms. In Wien wurde Robert Blum exekutiert, ein sichtbarer brutaler Ausdruck des sich in Wien abzeichnenden Erfolges der Gegenrevolution. Die »vereinigte« Linke hatte Robert Blum mit anderen Abgeordneten nach Wien gesandt, um dem Reichstag und dem Gemeinderat »für ihr mannhaftes Verhalten in der Wiener Revolution vom 6. Oktober und den folgenden Tagen den Dank und die Glückwünsche auszusprechen«.

Auf Befehl des Fürsten Windischgrätz wurde Blum am 9. November 1848 erschossen. Einer der Flügeladjutanten des Königs berichtete aus Wien an den König: »Der tödliche Schuß habe recht eigentlich von Österreich dem einigen Deutschland gegolten. Jedenfalls ist es schlimm, daß Blum uns noch nach seinem Tode inkommodiert, indem er höchst überflüssigerweise zum Märtyrer wird.«[29] Über die Erschießung Blums, eines gewählten Volksvertreters, herrschte allgemeine Empörung; sein Tod wurde geradezu eine gesamtdeutsche Erfahrung. Die Nationalversammlung protestierte fast einstimmig. Erzherzog Johann schien – nach dem Bericht des Flügeladjutanten – »die Hinrichtung Blums aus tiefster Seele zu beklagen«. Ähnlich hat auch der König von Preußen reagiert. Es ist ihm ja niemals leicht gefallen, Todesurteile zu bestätigen.

Den Gegentyp zum preußischen König stellte König Ernst August von Hannover dar, der am 17. November schrieb: »Exempla und tüchtige exempla müssen gemacht werden, um die Verblendeten wieder in Ordnung und Respekt zu bringen. Glaube mir, das Benehmen von Windischgrätz in Wien ist das einzige Mittel, Österreich zu retten, und nach meiner Ansicht die Erschießung von Robert Blum, und vielen anderen, besonders der Kanaillen von Studenten, werden den größten Effekt haben. Klar ist es mir, daß sowohl in Wien als bei Dir es eine Hauptsache ist, für das erste, die Universitäten zu schließen.«[30] Er erinnerte stolz daran, daß er »in anno 1837 ... in einem Tage und in der nämlichen Stunde 7 Professoren jagte weg, weg von Göttingen«. In einem Postskriptum bedauerte er, daß Wrangel bei seinem Einzug in Berlin nicht schärfer vorgegangen sei.

Die preußische Verfassungspolitik wurde durch die stets latent vorhandene Rivalität zwischen Preußen und Österreich erschwert und kompliziert. Diese Rivalität wurde zunächst auf der Ebene der Beziehungen zwischen Berlin und Frankfurt erkennbar. Die widersprüchlichen Beziehungen zwischen König, Kabinett und Kamarilla wurden noch komplizierter durch die Intervention sowohl der deutschen Nationalversammlung als auch der Zentralgewalt in Frankfurt. Die Gestaltung der preußischen Politik konnte davon nicht unberührt bleiben. Frankfurt und Potsdam, wo der König in der zweiten Jahreshälfte fast ausschließlich zu wohnen pflegte, waren ja, wie Friedrich Meinecke gesagt hat, sowohl »natürliche Verbündete«[31] als auch Rivalen.

Die gemäßigten Mehrheitsparteien der Paulskirche haben das preußische Parlament von vornherein nicht ohne Herablassung, in der sich Furcht und Mißtrauen mischten, betrachtet. Sie fühlten sich als Verbündete der gemäßigten Konstitutionellen in der Abwehr der Demokratie, der fortschreitenden Revolution, der Anarchie bis zu einer bestimmten Grenze. Solange General Brandenburg Anarchie und Demagogie bekämpfte, mochte er tragbar erscheinen; noch hatte der Mohr seine Schuldigkeit zu tun, aber er sollte lediglich ein »Transitorium« darstellen. Unter den Formen vollendeter Höflichkeit, die nicht nur den Dynasten der Epoche eigentümlich war, vollzog sich der Verkehr zwischen Frankfurt und Potsdam. »Auf den König kommt es an«, hatte Gerlach oft genug gemahnt und dabei an die Aufrechterhaltung des monarchischen Prinzips gedacht.

Auf den König aber kam es nicht nur im Grundsätzlichen, sondern gerade in ganz konkreten Situationen an. So hat Friedrich Wilhelm seinen Anteil an den Auseinandersetzungen mit Frankfurt, der Zentralgewalt und schließlich auch mit Wien gehabt. Das Gespräch Brandenburgs mit dem aus Frankfurt herbeigeeilten Gagern konnte nur so verlaufen, weil Brandenburg sich des Rückhalts des Königs sicher war. Leopold von Gerlach hat darüber berichtet[32]: »Dieser [Gagern] sei sehr höflich gewesen und habe ihm [Brandenburg] über seine bisherigen Erfolge Komplimente gemacht; jetzt sei es aber dieses Ministerium seinem Ruhm und dem Lande schuldig, zu gehen, denn sämtliche Fraktionen der Versammlung wären ihm entgegen, und daher wäre es rätlich, einem Ministerium Platz zu machen, das mit der Versammlung gehen könnte.« Brandenburg habe darauf hingewiesen, »die Mittel aber zur

Bekämpfung der Anarchie hätten sich nur in der Armee gefunden, durch sie sei mit Erfolg die Ordnung wieder hergestellt worden; es wäre daher nötig, passend und bei der Armee populär, daß ein General an der Spitze des Ministeriums stände; daß er selbst wenig parlamentarisches Talent besäße, sei richtig. Er könne, da erst der Anfang zur Herstellung der Ordnung gemacht worden, jetzt dem Könige nicht raten, ihn zu verabschieden, er hielte es aber auch für unrecht, jetzt den König zu verlassen. Wäre dem König die Wahl gestellt, das Ministerium als für sein Land nützlich zu erhalten oder es als für Frankfurt schädlich zu entlassen, so müsse er doch das erste wählen.«

Dieses Gespräch fand am 2. Dezember statt und enthüllte die Situation Preußens während des Belagerungszustandes und vor dem Oktroi. Brandenburg sprach in schlichten Worten aus, was so ähnlich auch sein König dachte. Seine Worte wurden der Lage gerecht, die höflichen Worte spiegeln gleichzeitig die Spannung wider, die zwischen Frankfurt und Berlin damals bestand. Der König und sein General, die den Gesichtspunkt der »Ordnung« in den Vordergrund der Überlegungen rückten, spürten durchaus die Gefahr, die Berlin damals von Frankfurt aus drohte. Es sei dahin gestellt, ob es allein mit dem sanguinischen Temperament des Königs zusammenhing, wenn er am 23. November bereits vom »Sieg« sprach: »Wir stehen glänzender da als je«, oder ob Leopold von Gerlachs Skepsis zutreffend war: »Das ist eben nicht richtig; im Siege sind wir noch nicht, wir haben erst eine Armee formiert, die Siege erkämpfen soll.«[33]

Entscheidend blieb doch die Stellung der Armee, die ja bei ihrem Einzug in Berlin praktisch auf keinerlei Widerstand gestoßen war. Das Bedürfnis nach Ruhe und Ordnung war auch im Volk allmählich größer als im Frühjahr und vor allem: »Es ging wieder royalistischer Wind durch das Land« (Meinecke). Noch am Tage des 12. Novembers aber war Berlin unruhig; Gerlach fühlte sich veranlaßt, besondere Vorsichtsmaßnahmen zu ergreifen, bevor er nach dem Besuch des Gottesdienstes in der Garnisonkirche und dem Diner bei dem Garde-du-Corps den König besuchte. Er übergab vorsichtshalber sein »Silbergeld« einem Bedienten, schnallte die »Geldkatze« um, versteckte die Mappe mit den Papieren. Er berichtete: »Die Eisenbahn ist zerstört in und bei Nowawes, der Pöbel lärmt und schreit zwischen Schloß und Rathaus.« Die Stimmung sollte sich rasch ändern. Als nämlich am Abend der Belagerungszustand ausgerufen wurde, lautete der Kommentar: »Berlin war merkwürdigerweise ruhig«.

Wenn es auf den Straßen Berlins in den Novembertagen unruhig zuging, jedenfalls bis zu diesem Zeitpunkt, so herrschte im Schloß zur gleichen Zeit ein geradezu hektischer Betrieb. Der tägliche Besucher Gerlach notierte am 21. November: »Die Dinge stehen noch besser als gestern. Die liebe Königin sagte das auch, als ich sie in dem Marmor-Saal sprach, wo König, Königin, Prinzen, Prinzessinnen unter den singenden und Zigarre rauchenden Grenadieren herumgingen. So etwas gefällt mir doch nicht; die ganze verstärkte Besetzung des Schlosses ist wohl unnütz.« Der Konfusion in der Umgebung des Monarchen entsprachen die Ratlosigkeit und Differenzen unter denen, die berufen waren, ihn zu beraten. Bei Brandenburg und seiner Regierung, die Wert darauf legte, den Anschein eines Bruches mit der Zentralgewalt zu vermeiden, und die vor allem auch nicht in den Ruf der Reaktion geraten wollte, setzte sich gleichwohl die Einsicht durch, daß man am Prinzip der »Vereinbarung« nicht länger festhalten konnte, und daß ein »Oktroi« nicht zu umgehen sei.

Aus der Schilderung der Novembertage wird deutlich, daß Brandenburg bereits vor dem Steuerverweigerungsbeschluß der Nationalversammlung am 14. November die Idee eines Verfassungsoktrois aufgegriffen hat, auch wenn man dessen Entstehungsgeschichte nicht mit Sicherheit rekonstruieren kann. Der Gedanke war in den Hofkreisen, in der Kamarilla, ja vom König erwogen und verworfen worden. Wenn ein Verfassungsoktroi schließlich dennoch beschlossen wurde, so mußte es sich der Ministerpräsident erst recht angelegen sein lassen, dieser Verfassung einen liberalen Inhalt zu geben. Schließlich stand seit dem 26. November fest, daß der Weg des Oktrois beschritten werden müsse.

Am nächsten Tag, dem 27. November, eröffnete der Alterspräsident Oberburggraf Magnus von Brünneck – er vertrat den noch in Obstruktion verharrenden von Unruh – die Nationalversammlung im Dom zu Brandenburg. Es hatte sich allerdings nur die Rechte und ein geringer Teil der Mitte, der Konstitutionellen, eingefunden. Damit war die Versammlung nicht beschlußfähig, was sich erst am 1. Dezember, nach der Drohung der Regierung, »die Mandate der abwesenden Abgeordneten unter der Fiktion des Mandatsverlustverzichtes für erledigt zu erklären und die Stellvertreter einzuberufen«, änderte. Bereits am 5. Dezember verordnete der König allerdings die Auflösung der preußischen Nationalversammlung: »Wir, Friedrich Wilhelm u.s.w. haben aus dem beifolgenden Berichte Unseres Staatsministeriums über die letzten Sitzungen der zur Vereinbarung der Verfassung berufenen Versammlung zu

Unserem tiefen Schmerz die Überzeugung gewonnen, daß das große Werk, zu welchem diese Versammlung berufen ist, mit derselben, ohne Verletzung der Würde Unserer Krone und ohne Beeinträchtigung des davon unzertrennlichen Wohles des Landes, nicht länger fortgeführt werden kann.« Der Hinweis auf das inzwischen obsolet gewordene »Vereinbarungsprinzip« wurde ausdrücklich aufgenommen; das »Gottesgnadentum« blieb selbstverständlich erhalten und stand auch noch an der Spitze jener Verfassung, die am selben Tage oktroyiert wurde.

Die oktroyierte Verfassung hat eine neue Ära in der preußischen Geschichte eingeleitet, auch wenn ihr liberaler Inhalt durch konservative Revisionen der nächsten Zeit eingeschränkt wurde. Es war ein alter Gedanke auf konservativer Seite, im Falle eines Staatsstreichs die Oktroyierung einer Verfassung, nach dem Vorbild der belgischen von 1831, durchzuführen. So griff das Kabinett auf den Kommissionsentwurf und nicht auf den Regierungsentwurf zurück. Die Änderungen, die die Regierung an dieser oktroyierten Verfassung, also an der »Charte Waldeck« vornahm, waren indes erheblich. Unter diesen Änderungen fielen jene Bestimmungen besonders ins Gewicht, die von einer deutlichen Distanz zu den Märzverheißungen und Errungenschaften geprägt sind: die Wiedereinführung der Todesstrafe, die Wiederherstellung des absoluten Vetorechts, die Verschiebung des Verfassungseides des Königs, des Beamtentums und der Armee bis nach der Revision der Verfassung, die Beseitigung der Volkswehr, die Beseitigung der Offizierswahl bei der Landwehr und vor allem das Notverordnungsrecht, nach dem jetzt Gesetze und Verordnungen nur verbindlich waren, »wenn sie zuvor in der vom Gesetze vorgeschriebenen Form bekannt gemacht worden sind. Wenn die Kammern nicht versammelt sind, können in dringenden Fällen, unter Verantwortlichkeit des gesamten Staatsministeriums, Verordnungen mit Gesetzeskraft erlassen werden, dieselben sind aber den Kammern bei ihrem nächsten Zusammentritt zur Genehmigung sofort vorzulegen.«[34]

Dieser Notverordnungsartikel 105, der eine qualitative Veränderung in Artikel 63 der revidierten Verfassungsurkunde fand, ist verfassungsrechtlich in das Zentrum der Diskussion gerückt. Er war die Voraussetzung für die Möglichkeit, das Dreiklassenwahlrecht zu oktroyieren und wurde ergänzt durch den Artikel 108: »Die bestehenden Steuern und Abgaben werden forterhoben und alle Bestimmungen der bestehenden Gesetzbücher, einzelnen Gesetze und Verordnungen, welche der gegenwärtigen Verfassung nicht zuwiderlaufen, bleiben in Kraft, bis sie durch ein Gesetz abgeändert werden.« Beide Artikel zusammen gaben der Regierung die Möglichkeit, im Finanzwesen wie in der Gesetzgebung auf die Mitwirkung der Kammern zu verzichten[35] und trugen dazu bei, die Überlegenheit von Krone und Regierung über das Parlament zu befestigen. Sie bedeuteten jedoch keine grenzenlose Vollmacht der Krone.

Im Abschnitt über die »Rechte der Preußen« wurde der Anschluß an die Grundprinzipien des europäischen Konstitutionalismus des frühen 19. Jahrhunderts manifest. Der Oktroi vom 5. Dezember gehört der Geschichte der Gegenrevolution an und bedeutet ihren Sieg und doch zugleich den Beginn eines trotz der Reaktion der fünfziger Jahre entwicklungsfähigen Verfassungslebens. Im Hinblick auf die übergreifend europäische gegenrevolutionäre Bewegung ist es von Bedeutung, daß in diesen Tagen Kaiser Franz Joseph die Regierung antrat und wenige Tage später Prinz Louis Napoleon zum Präsidenten der französischen Republik gewählt wurde.

Das Ministerium Brandenburg mit Otto von Manteuffel als Innenminister ist ohne Zweifel Repräsentant einer gemäßigt-konservativen Richtung gewesen, dessen Politik einer realistischen Einsicht in die inneren Machtverhältnisse entsprach. Brandenburg und Manteuffel glaubten, daß die Krise nur durch einen entschlossenen Übergang zum Konstitutionalismus gelöst werden könne, unter Wahrung bestimmter unverzichtbarer Rechte allerdings. Anders war die Stimmung der alten Garde der prominenten Konservativen am Hofe. Es gilt zu unterscheiden zwischen der konservativen Prominenz und jenen Konservativen, die sich damals in einer Fülle von Vereinen organisierten und sich durch einen unreflektierten Royalismus auszeichneten. Ernst Ludwig von Gerlach hat am 10. Dezember in einem brillanten Artikel der Kreuzzeitung der Regierung zugleich Anerkennung und scharfe Kritik gezollt. Er warf ihr vor, daß sie nicht »den Faden der rechtlichen Entwicklung« festgehalten habe, sondern ohne Rücksicht auf die historischen Voraussetzungen des Staates dem Lande in Gestalt einer Revolution eine Verfassung verordnet habe. Er erkannte im Oktroi »den Anfang einer langen Revolutionsperiode voll schwerer ungewisser Kämpfe«.[36]

Diese Kritik war auch gegen den König gerichtet, aber sie war gleichzeitig eine Interpretation des königlichen Revolutionspessimismus. Milder fiel die Kritik Friedrich Julius Stahls aus, wenn er nämlich meinte, man hätte in der Verfassung die Stellung von Krone und Regierung noch schärfer hervorheben können. Entscheidender als noch so subtile Kritik war indes die Fülle der Dankadressen, die den König »aus dem Lande« erreichten und die der Freude Ausdruck gaben, daß der König »Kraft des Allerhöchst demselben zustehenden Königrechts« die Nationalverfassung auflösen konnte und in der Lage war, die Verfassung »als ein König von Gottes Gnaden ebenso aus eigener Machtvollkommenheit als aus inniger Liebe zu dem wahren Wohl des Volkes« zu verleihen.

Die vereinigte Linke bestritt dagegen grundsätzlich die Rechtsgültigkeit der Verfassung bis zu ihrer Verabschiedung durch die Volksvertretung. Sie lehnte alle Bestimmungen ab, die aus dem monarchischen Prinzip folgten. Aber selbst wer so dachte, war sich nicht im unklaren darüber, daß »die Menschen Ruhe, steigende Kurse wollen – und nun haben sie noch obendrein eine allesversprechende Konstitution.«[37]

Die Konflikte um den Oktroi reichten bis in die engste Familie. So drängte die Prinzessin von Preußen ihren in Karlsruhe weilenden Gemahl, den König zur Eidesleistung zu bewegen und wies auf »die unheilvollen Folgen« hin, wenn, »nachdem der Sieg erfochten, die verheißene Eidesleistung unterbleibe«. Königin Elisabeth vertrat dagegen die Meinung, wenn der König den Eid leiste, höre er auf, König zu sein. Hier wie bei anderen Anlässen, die die Stellung des Monarchen betreffen, wird der Einfluß der Wittelsbacherin erkennbar. Gerlach war sich der Not bewußt, die dem Könige der Eid auf die Verfassung machte. Er würdigte es, wenn auch nur zögernd, als eine Stärke Brandenburgs, daß dieser von der Notwendigkeit überzeugt blieb, »daß alles, was der König versprochen, aber namentlich der Verfassungseid der Armee, den er so perhorresziert, daß er darüber den Abschied nehmen will, gehalten werden muß und nur mit den Kammern zurückgenommen werden darf«.[38] Brandenburg hat schließlich den König genötigt, die Verheißungen einzuhalten.

Friedrich Wilhelm stand indes nicht nur unter dem Einfluß der Kamarilla, sondern in zunehmendem Maße unter dem von Radowitz. Der »Wundermann« hatte einen nicht geringen Anteil an den Anstrengungen, den König zu einer Beschwörung der Verfassung zu überreden. In dem Jahr zwischen dem Oktroi vom 5. Dezember 1848 und der königlichen Eidesleistung am 6. Februar 1850, zeichnete sich das Scheitern einer »deutschen Politik« Preußens ab, die gegenrevolutionäre Bewegung gewann immer mehr Spielraum im Zusammenhang mit der europäischen Politik. Das wird an der Auseinandersetzung um den Schwur

Zwei Jahre nach den März-Unruhen von 1848 erklärte sich Friedrich Wilhelm IV. nach langem Sträuben doch bereit, vor den beiden preußischen Kammern den Eid auf eine Verfassung abzulegen. In seiner Rede, die ein »voll kräftiges und bedächtiges Ja« versicherte, erklärte Friedrich Wilhelm im selben Atemzuge, daß kommende Geschlechter mit Tränen wünschen werden, diese Verfassung »aus unserer Geschichte hinauszubringen«. Einen seltsameren Verfassungseid hat die Geschichte kaum je gesehen. Die Lithographie von Gennerich nach Paul Bürde zeigt den König, der vor den beiden vereinigten preußischen Kammern am 6. Februar 1850 die Verfassung beschwört.

Der König war im ersten Jahrzehnt seiner Regierungszeit erkennbar gealtert; die Lithographie aus dem Jahre 1849 zeigt nicht mehr den hochfahrenden Monarchen der ersten Jahre, aber es sind auch keine Spuren einer Geisteskrankheit zu erkennen, die man ihm nachsagte.

auf die Verfassung deutlich. Die konservative Revision der Verfassung hätte nicht ausgereicht, den König zur Eidesleistung zu bewegen; die Konstitutionalisierung des historischen Preußens blieb ihm zuwider. Bei dem Urteil über seinen Widerstand spielt wieder nicht nur seine ständische Auffassung vom Staate, sondern auch seine Überzeugung von der religiösen Bedeutung des Eides eine entscheidende Rolle. Erst dieser Aspekt erklärt, daß er immer wieder versucht hat, den Eid hinauszuschieben, bis er schließlich dem Drängen vor allem von Brandenburg, Manteuffel und dem Kultusminister von Ladenberg nachgab.

Über die Rede, die der König am 6. Februar im Schloß vor den Abgeordneten hielt, war es noch zu schweren persönlichen Auseinandersetzungen gekommen; Friedrich Wilhelm wollte sich nicht durch seine Minister beraten oder gar »beschränken« lassen, wie es einem Konstitutionalismus entsprochen hätte. Der Wortlaut der Ansprache entsprach in gar keiner Weise den Intentionen des Staatsministeriums; und sie läßt in der Tat ein seltsames Verständnis in einem Augenblick des Übergangs zu einer neuen Form des Staatswesens erkennen. Der aufgestaute Groll der letzten Monate und Wochen hallte in dieser Rede ebenso nach wie die Berufung auf eine idealisierte Vergangenheit und die Beschwörung eines Wunschbildes von der Zukunft.

Die Erwägungen, die der Ansprache zugrunde lagen oder vorausgingen, sind für diesen Augenblick des Übergangs Preußens unter Friedrich Wilhelm IV. in eine Ära des Konstitutionalismus bezeichnend. Die königlichen Worte wirkten auf die Zeitgenossen besonders befremdlich. Seine bleibende Auffassung der wahren Machtverteilung zwischen Königtum und konstitutionellem Staat, an dessen Einführung und Bewahrung er widerstrebend entscheidenden Anteil hatte, kam in der Rede zum Ausdruck. Gerlach erinnert sich an diesen 6. Februar: »Am Morgen um 8 Uhr fahren wir nach Berlin [von Potsdam]; unterwegs Vortrag über die neuesten Depeschen. In Berlin umziehen, nach dem Dom, wo Strauß ganz gut predigte, so viel ich auffassen konnte, über Sacharja 8; er nannte das Jahr ein Jahr der Verbrechen. Dann nach dem Schloß, wo Wrangel und alle Suiten. Der König in blauer Uniform, Ordensband, Garde-du-Corps-Helm und Pallasch las die Rede ab.«[39] Die Rede des Königs begann[40]: »Meine Herren! Ich bitte um Ihre Aufmerksamkeit. Was ich sagen werde, sind Meine eigensten Worte, denn Ich erscheine heute vor Ihnen, wie nie zuvor und nie hernach. Ich bin hier, nicht um die angeborenen und ererbten heiligen Pflichten des Königlichen Amtes zu üben (die hoch erhaben sind über dem Meinen und Wollen der Parteien); vor allem nicht gedeckt durch die Verantwortlichkeit Meiner höchsten Räte, sondern als Ich selbst allein, als ein Mann von Ehre, der sein Teuerstes, sein Wort geben will, ein Ja, vollkräftig und bedächtig ... Das Werk, dem ich heute Meine Bestätigung aufdrücken will, ist entstanden in einem Jahre, welches die Treue werdender Geschlechter wohl mit Tränen, aber vergebens wünschen wird, aus unserer Geschichte hinauszubringen ... Ich darf dies Werk bestätigen, weil Ich es in Hoffnung kann. ... Und so erklär' Ich, Gott ist deß Zeuge, daß Mein Gelöbnis auf die Verfassung treu, wahrhaftig und ohne Rückhalt ist.«

Dann ist die Rede von der von Gott eingesetzten »Obrigkeit«. Der Thron beruhe »auf den Siegen Unserer Heere«. Friedrich Wilhelm interpretiert die zu beschwörende Urkunde mit dem Vorbehalt, »daß Mir das Regieren mit diesem Gesetze möglich gemacht werde, denn in Preußen muß der König regieren... Ein freies Volk unter einem freien Könige, das war meine Losung seit zehn Jahren, das ist heute und soll es bleiben, solange Ich atme.« Sodann erinnert er an die alten Gelöbnisse von 1840 in Königsberg und in Berlin und an jenes bei der Eröffnung des Vereinigten Landtags am 11. April 1847: »Mit Meinem Hause dem Herrn zu dienen«, wiederholte er auch in dieser Rede vor dem Parlament. Das »Ja! Ja!« aus der Krönungsstadt im Jahre der Thronbesteigung hallte in ihm nach. Entscheidend war die Form des Eides selbst: »Jetzt aber und indem Ich die Verfassungsurkunde kraft königlicher Machtvollkommenheit hiermit bestätige, gelobe Ich feierlich, wahrhaftig und ausdrücklich vor Gott und Menschen, die Verfassung Meines Landes und Reiches fest und unverbrüchlich zu halten und in Übereinstimmung mit ihr und den Gesetzen zu regieren – Ja! Ja! – Das will Ich, so Gott Mir helfe.«

Mochten die Gerlachs und ihr Kreis bei aller Kritik letztlich zufrieden sein, so war die Verwunderung derer, die an der Verfassungsentstehung beteiligt waren, um so größer. Der Kontrast zwischen dem liberalen Inhalt der Verfassung und dem Gottesgnadentum konnte kaum größer sein, aber es sollte sich auch zeigen, daß mit dieser Verfassung in Preußen immerhin zu regieren war.

So war es dem König gelungen, den Verfassungseid oder exakter das »Gelöbnis« mit Hilfe dieser Rede in den Strom der Geschichte einzufügen. Der Schwur konnte kaum den Endpunkt einer parlamentarischen Auseinandersetzung bedeuten; er erschien vielmehr als das Ergebnis einer organischen Entwicklung im Sinne der Historischen Schule.

»Böse Zeiten« lagen hinter dem Könige; die vorausgegangenen Monate und Wochen waren von persönlichen, ministeriellen und höfischen Querelen erfüllt. Verhangen war der politische Horizont, hinter dem die ungelösten Fragen der Ordnung der deutschen Staatenwelt auf eine Antwort warteten. Der König war physisch und psychisch oftmals erschöpft, aber er fühlte sich zugleich auf einer geistigen Höhe, als er diese Rede ausarbeitete und vorlas.

Preußen und die deutsche Einheit

Die Zeitgenossen, die die Märzvorgänge in Berlin und Preußen durchaus nicht unvorbereitet trafen, machten gegenüber Westeuropa die verspätete Erfahrung einer Revolution, und gleichzeitig erlebten sie, daß der Militärstaat Preußen mit Erfolg imstande war, einen Dammbruch zu verhindern. Nicht die Revolution des März, sondern vielmehr die vergleichsweise rasche Überwindung der Revolution wurde so zur fortwirkenden Erfahrung der Generation in der Mitte des Jahrhunderts. Das schließt nicht die zentrale Bedeutung der revolutionären Vorgänge aus, und es widerspricht erst recht nicht den folgenreichen Veränderungen, die Preußen im Übergang zum Konstitutionalismus erfuhr.

Gleichwohl: die Interpretation und die Erinnerung waren stärker und bedeutungsvoller als das Geschehen selbst. Die Märztage erzeugten und hinterließen kontroverse Eindrücke. In den Rechtfertigungen wie in den Anklagen von Zeitgenossen lagen die Keime solcher Legendenbildung. Der oft zitierte »Revolutionspessimismus« setzt Mentalitäten voraus, die jeweils andere Vergangenheitsbilder und Zukunftserwartungen erzeugten. Im Mittelpunkt aller zeitgenössischen Beobachtungen und Erinnerungen steht das Verhalten der Armee und vor allem des Königs als des Obersten Befehlshabers dieser Armee.

Das Urteil über Friedrich Wilhelm ist nahezu stets negativ ausgefallen. Daß er nicht in der Lage war, die politischen und sozialen Bedürfnisse in einer gewandelten Welt zu erkennen, stellt geradezu einen Gemeinplatz dar, der der Erwähnung kaum bedarf. Eine andere Frage ist, wieweit das Urteil über den Oberbefehlshaber nuanciert werden muß. Das Etikett des »Hamlets« hat sich in der Geschichtsschreibung zäh erhalten. Wenn die Rolle des Kriegsherrn gewürdigt wird, können die militärischen Ratgeber nicht ausgeschlossen werden. Wir müssen bei unseren Überlegungen davon ausgehen, daß seit Friedrich dem Großen der königliche Oberbefehlshaber keine einsamen Beschlüsse mehr zu fassen vermochte.

Der Vormärz enthielt nicht etwa nur jene halkyonischen Tage – wie Ranke meinte –, sondern war auch von düsteren Ahnungen künftiger Katastrophen oder frohen Erwartungen unaufhaltsamen Fortschritts erfüllt. Das Urteil über diese Ära bleibt von der Zugehörigkeit der Mitlebenden und auch der Nachwelt zu sozialen und weltanschaulichen

Gruppierungen abhängig. Die Julirevolution hatte gezeigt, daß der Krater der Revolution noch nicht geschlossen war. Politische und soziale Mißstände, zu denen Ernährungskrisen und Epidemien gehörten, gingen wie Wetterleuchten dem Ausbruch der Märzrevolution voraus.

In den vierziger Jahren waren die Ernten überdurchschnittlich schlecht ausgefallen. Es kam zu Hungersnöten, die zu Hungerkrawallen, sogenannten »Kartoffelrevolutionen« führten. Im April 1847 wurden alle Märkte in Berlin davon betroffen. Hinzu kamen Arbeiterunruhen; sie reichten vom Weberaufstand im Juni 1844 über Textilarbeiterunruhen bis zu den Streiks der sich rasch vergrößernden Arbeiterkolonnen. Der »Pauperismus« breitete sich rasch aus und schuf ein revolutionäres Potential. Die soziale Krise des Jahres 1847, die sich in einer Börsen- und Bankkrise zuspitzte, gehörte neben der im engeren Sinne sozialen Frage ebenfalls zur Vorgeschichte der Revolution. Industrieunternehmen standen vor akuten Absatz- und Finanzierungsproblemen, die in kleineren und größeren Unternehmen Massenentlassungen zur Folge hatten. Die Berliner Maschinenfabrik Borsig entließ Anfang März ein Drittel ihrer Beschäftigten.

Ein allgemeiner Verelendungsprozeß bildete sicherlich den Wurzelboden, der einen Revolutionsausbruch begünstigte. Entscheidend blieben indes die politischen Mißstände des Vormärz. Unter ihnen kommt den gespannten Beziehungen zwischen aufstrebenden bürgerlichen Schichten und dem stehenden Heer besondere Bedeutung zu. Die vorherrschende royalistische Gesinnung der breiten Schichten schloß ein bürgerliches Mißtrauen, ein Produkt konkreter Erfahrungen und frühliberalen Denkens, gegen das stehende Heer durchaus nicht aus. Es handelte sich um ein volkstümliches Gefühl, das in Süddeutschland verbreiteter war als in Norddeutschland.

Preußen geriet verhältnismäßig spät in den allgemeinen europäischen Revolutionszusammenhang, der von Frankreich bis an die Grenze des russischen Reiches, von Skandinavien bis nach Süditalien reichte. Preußen war mehr noch als die anderen Staaten ein klassischer Militärstaat, und so war es nur natürlich, wenn sich die Blicke auf das Heer richteten sowie auf den königlichen Oberbefehl. Daß das Militär, also das stehende Heer, mehr noch als andere Institutionen über den Ausgang einer Revolution entscheiden werde, war gleichsam gesichertes Wissen. Ein mehr als dreißigjähriger Friedenszustand hatte diese preußische Armee so gut wie gar nicht verändert. Die Homogenität der Armee war gewährleistet durch ein Offizierskorps von fast ausschließlich adeliger Herkunft. Die Frage nach der Zuverlässigkeit der Truppen wurde zum Schlüssel für alle Diagnosen und Prognosen, die sich auf Preußen bezogen.

Jacob Burckhardt beobachtete das Epochale der Jahrhundertmitte besonders scharf. Er vertrat die Auffassung, »daß eigentlich alles bis auf unsere Tage im Grunde lauter Revolutionsgeist ist, und wir stehen vielleicht erst relativ an den Anfängen oder im zweiten Akt; denn jene scheinbar ruhigen Dezennien von 1815 bis 1848 haben sich zu erkennen gegeben als einen bloßen Zwischenakt in dem großen Drama. Dieses aber scheint eine Bewegung werden zu wollen, die im Gegensatz zu aller bekannten Vergangenheit unseres Globus steht.«[1] Für Ranke dagegen bedeutete die Vergangenheit seit Wiederherstellung des europäischen Gleichgewichtes eine Epoche der Sekurität als Voraussetzung ungestörten wissenschaftlichen Schaffens, wenn diese Auffassung einer verklärten Epoche auch durchaus nicht den Enttäuschungen, die der Vormärz für viele Zeitgenossen enthielt, entsprach.

Wir stoßen in die Mitte des Selbstverständnisses Friedrich Wilhelms vor, sobald wir seine Teilhabe an der Revolutionsfurcht spüren, aber gleichzeitig seine Illusion erkennen, das preußische Königtum von Gottes Gnaden sei stark genug, eine Revolution im preußischen Militärstaat zu verhindern. Seine Verwurzelung im Gottesgnadentum schloß den Gedanken an den Erfolg einer Revolution geradezu aus. In diesen Zusammenhang gehört sein rätselhaftes Wort: »Es gibt Dinge, die man nur als König weiß, und die ich selbst als Kronprinz nicht gewußt habe, und nun erst als König erfahren habe.«[2] Dieses Gottesgnadentum war für ihn göttliche Begnadung. Dies ist nicht etwa bloß eine besonders extravagante Form reaktionärer Gesinnung, sondern dieser Selbsteinschätzung des Königs lag sein Glaube an Verheißung und Offenbarung zugrunde. Nach dieser Auffassung brauchte der König letztlich gar nicht zu handeln, da er sich dem göttlichen Willen unterworfen fühlte und geführt wurde. Die Frage liegt nahe: Spielte etwa ein politischer Quietismus vor oder bei Entscheidungen eine Rolle?

Das Aufbegehren gegen die bestehende Ordnung breitete sich in Preußen wellenförmig von Westen nach Osten aus. Es ist bemerkenswert, wie manche frühzeitig den Zusammenhang zwischen den Vorgängen in Frankreich und im westlichen Deutschland mit dem Sieg der eidgenössischen Truppen über den Sonderbund und dem Einzug in das Fürstentum Neuenburg erkannten. Die Sensibilität des Königs für die Einsicht in diesen Zusammenhang fällt besonders auf. Bereits seit den ersten Anzeichen einer Ausbreitung der Revolution richtete sich der Blick auf die preußische Armee. Die preußische Regierung rechnete damit, die Armee zu Hilfe rufen zu müssen, aber auch eine Reihe von ausländischen Souveränen und von Oberhäuptern deutscher Mittel- und Kleinstaaten wandte sich in diesem Sinne an Friedrich Wilhelm IV. Leopold I., der König der Belgier, etwa schrieb: »Vielleicht ist ein Krieg kein übles Mittel gegen die Gärung, die jetzt existiert, er würde zum Respekt der Autorität führen.«[3]

Auf ganz andere Weise und in ganz anderem Sinne ist damals auch von der Opposition über einen Krieg nachgedacht worden. Es sind die Linken – vor allem die entschiedenen Liberalen –, die nach dem Vorbild der Radikalisierung der Französischen Revolution einen Krieg geradezu ersehnten, um den Prozeß der Demokratisierung zu beschleunigen. Die Erfahrungen des Sonderbundskrieges, aus dem der Bundesstaat hervorging, haben solche Erwägungen belebt. Den Souveränen dagegen blieben solche Gedanken fremd. Der König der Belgier hoffte, seine »Quasilegitimität« durch einen geradezu ideologischen Anschluß an Preußen und an Rußland in monarchischem Sinne aufbessern zu können. Der König von Preußen mit seiner Armee schien für die bedrohten Souveränitäten ein fester Halt zu sein. So glaubte König Friedrich August II. von Sachsen am 7. März im Brief an den »geliebten Schwager« Friedrich Wilhelm: »Auf meine Truppen kann ich mich gewiß verlassen; Dein Anerbieten in Reserve zu haben, kann mir aber nur zur Beruhigung dienen«, während der Kurfürst Friedrich Wilhelm I. von Hessen-Kassel den preußischen König schon am 16. März darum bat, »zur Wiederherstellung der Ruhe in der Provinz Hanau ein angemessenes Truppenkorps in diese Meine Provinz einrücken zu lassen«.

Die Nachrichten aus Paris kamen erst mit einigen Tagen Verspätung in der preußischen Haupt- und Residenzstadt an. Bei Art und Tempo damaliger Nachrichtenübermittlung erreichten offizielle Informationen aus Paris Berlin, als die Eisenbahnlinie zwischen den beiden Hauptstädten noch nicht vollendet war, im allgemeinen erst nach drei Tagen. Es gab indes auch noch andere Mitteilungen, etwa sich sehr rasch verbreitende Gerüchte aus sogenannter »sicherer Quelle«, so daß man am Abend des 26. Februar 1848, eines Sonnabends, erfuhr, wie aus dem sogenannten Krawall des 22. ein echter Aufstand am 23. geworden war, der den König der Franzosen zu einem Regierungswechsel genötigt hatte. Obwohl die Schienen der Nordbahn bei Paris aufgebrochen waren und der Abgang von Zügen verhindert wurde, waren Kölner und Brüsseler Zeitungen gleichwohl in der Lage, neue Nachrichten über die Pariser Ereignisse zu verbreiten. Bis Sonntag, den 27., abends, wußten die Berliner trotz der Zensurbestimmungen, die eine Publikation von Nachrichten erst nach Ablauf von vierundzwanzig Stunden zuließen, daß in Paris eine Revolution ausgebrochen und die Republik proklamiert worden war.

In sogenannten Lesekabinetten, die offiziell erst 1850 in Deutschland bekannt und heimisch wurden, konnten sich die Bürger mit Nachrichten versorgen. Hasenclever, der der Düsseldorfer Malerschule angehörte, hat in dem Bild vom »Lesekabinett« die Popularität solcher Bildungs und Unterhaltungseinrichtungen veranschaulicht. In diesen Kabinetten sowie öffentlichen Lokalen, vor allem Biergärten, steigerte sich die Erregung der Berliner. Mit Verspätung, erst am Montag, dem 28. Februar, bestätigte ein »Extrablatt der Allgemeinen Preußischen Zeitung« die Pariser Vorgänge. Der Chronist hat sicherlich übertrieben, wenn er glaubte, feststellen zu können: »In der Entwicklungsgeschichte Berlins begann mit diesem Tage eine neue Epoche: die gewaltigen Eindrücke des Tages ... machten die Gemüter revolutionär.«[4] Daß die Revolution nicht auf Paris beschränkt bleiben werde, wurde aber sehr rasch deutlich. Ludwig von Gerlach notierte am 6. März »Petitionsstürme durch das ganze westliche Deutschland«.[5] In den ersten Märztagen bereits wurde Militär eingesetzt – so in Köln, wo auf Veranlassung des Regierungspräsidenten von Raumer der Rathausplatz von Militär gesäubert wurde. In Koblenz erließ der Kommandierende General einen Tagesbefehl, der die Einberufung der Reserven ankündigte, angeblich »ausschließlich zur Verteidigung nach außen«; die Rheinprovinz stand längst im Mittelpunkt strategischer Überlegungen. Berlin allerdings war der zentrale Schauplatz, und hier mußte sich das Schicksal der Revolution in Deutschland entscheiden.

Am Berliner Hof und in den Regierungskreisen war man über die Vorgänge der Pariser Februarrevolution durch den preußischen Gesandten, Freiherr Heinrich von Arnim aus dem Hause Arnim-Suckow, besonders gut informiert, der von Paris – wo er Augenzeuge des Geschehens gewesen war – über Brüssel nach Berlin reiste, um dort auf Befehl seines Monarchen Friedrich Wilhelm IV. am 21. März das Außenministerium zu übernehmen. Er hatte ein Programm, über das noch zu sprechen sein wird, zumal »Programme« so besonders charakteristisch in ihrer Realitätsferne für diejenigen waren, die Preußen-

Deutschland, vor allem den preußischen Obrigkeitsstaat, im Jahre 1848 in seinen politischen und sozialen Strukturen von Grund auf umgestalten wollten. Unabhängig von den objektiven Bedingungen, von der sogenannten »Befindlichkeit« Preußens, die den Ausbruch einer Revolution zu begünstigen schienen, ist den Akteuren auf der Szene des März und der folgenden Monate kaum wieder eine ebenso bedeutende wie umstrittene Rolle wie in Berlin zugefallen. Zu den preußischen Führungsschichten gehörten der Hof, die maison militaire, die Armee, die Regierenden sowie die Repräsentanten der öffentlichen Meinung in Gestalt parlamentarischer, exakter: ständischer Vertretungen und kommunaler Deputationen sowie schließlich die führenden Vertreter der Kirchen. Im Mittelpunkt des Geschehens stand Friedrich Wilhelm IV.

Dem 18. März 1848 waren Tage nervöser Unruhe voller Zusammenstöße zwischen Bürgern und Militär vorausgegangen, wobei es auf beiden Seiten bereits Verletzte und Tote gegeben hatte. Ressentiments gegen das Militär hatten sich angestaut, und letzteres reagierte auf »Anpöbelungen« von Zivilisten so, wie Soldaten in allen Armeen zu reagieren pflegen – solange ihr Selbstgefühl ungebrochen ist –, nämlich mit der sogenannten »blanken Waffe«. Die spannende Chronik der Ereignisse der Märztage ist schon oft erzählt worden. Es geht darum, die Verantwortlichkeiten zu klären, den historischen Sinn der Vorgänge im Rahmen der preußischen Geschichte zu deuten und eine Antwort auf die Frage nach den Ursachen des Scheiterns der Revolution seit den Märztagen zu suchen.

Unabhängig von allen Details der Stunden und Tage vor und nach dem 18. März dürfte die Sicherheit, die die Führung der preußischen Staatsgeschäfte gekennzeichnet hat, für den Ausbruch der Kämpfe ausschlaggebend gewesen sein. Wenn in Preußen das Militär je in Frage gestellt wurde, mußte solcher Zweifel folgenreichere Wirkungen haben als im Falle ähnlicher Erscheinungen in mittleren und kleineren Residenzen, wenn auch deren innere Sicherheit ebenfalls auf der Zuverlässigkeit des Militärs beruhte. Symptome der Resignation lassen sich schon vor dem 18. März beobachten. So sagte der Rektor der Berliner Universität, Johannes Müller, in der Geschichte der Naturwissenschaft auf einer Grenzlinie zwischen den Epochen stehend, zu einer Studentenabordnung am 15. März: »Sie werden dem Unheil nicht mehr vorbeugen; es ist unaufhaltsam.«[6]

Metternichs Sturz hat auf die Berliner Vorgänge beschleunigend gewirkt. Seine Worte treffen über den zu beschreibenden Sachverhalt hinaus den Kern des Problems der Selbstaufgabe herrschender Systeme; nämlich, man solle ihm nicht nachsagen, er habe die Monarchie mit sich fortgetragen: »Weder ich noch jemand anderer hat Schultern stark genug, um eine Monarchie fortzutragen. Verschwinden Monarchien, so geschieht es, weil sie sich selbst aufgeben.«[7] Der schwindende Selbstbehauptungswille ist in der Nacht vom 18. zum 19. März sichtbar geworden. Leopold von Rankes Wort charakterisiert die Dinge exakt: »Damals lagen wir alle auf dem Bauch«, sagte Friedrich Wilhelm IV. rückblickend zu Ranke.[8]

Die Vorgänge gleichen der raschen Szenenfolge eines Dramas. Auf die Massenversammlungen im Bereich des Schloßplatzes war man durchaus nicht vorbereitet. Die Proklamation am 18. März, die alle konstitutionellen Forderungen zu erfüllen schien und die eine Wende der deutschen Politik ankündigte, führte über Freudenkundgebungen unerwartet zu Barrikadenkämpfen, die bis in die Nacht zum 19. März dauerten. Das Verhalten der in Berlin stehenden Truppen gab im Verlaufe der nervösen Unruhen zuvor keinen Anlaß zur Besorgnis. Auf die »Vivat«-Rufe einer zum Teil sonntäglich gekleideten Menge folgten aber Straßenkämpfe, die ihren Schwerpunkt in der Gegend des Schlosses und der Zentren der Haupt- und Residenzstadt hatten. Es gab eine Fülle von Gerüchten, vornehmlich aus höfischen und militärischen Kreisen, die geeignet waren, die Vorgänge undurchschaubar zu machen. Im Mittelpunkt des Geschehens blieb der König von Preußen, aber es würde die Urteilsbildung trüben, wollte man die Untersuchung ausschließlich auf seine problematische Persönlichkeit konzentrieren.

Ein Teil der älteren Forschung neigte dazu, den Grund für das frühzeitig resignative Verhalten des Königs in der »deutschen Frage«, die sich rasch in den Vordergrund von Überlegungen und Aktionen schob, zu suchen. Friedrich Wilhelm hatte erste diplomatische Schritte in der deutschen Frage getan, die zunächst Aussicht auf Erfolg zu haben schienen. In den Zusammenhang deutscher Politik gehört das Patent vom 18. März, das »die Umwandlung eines Staatenbundes in einen deutschen Bundesstaat« ankündigte. Bei fast allen Aktionen und Bekundungen der Märztage sind die Umstände, unter denen sie erfolgten, umstritten; das gilt auch für das Patent vom 18. März, das nicht isoliert betrachtet werden darf.

Die Beurteilung des Patents kompliziert sich, sobald es in einen Zusammenhang mit dem Abzug der Truppen gebracht wird, der nämlich auf geradezu konstitutionellem Wege beschlossen wurde. Nachdem der

Ministerrat am Abend des 17. März zusammengekommen war, wurde von Minister von Bodelschwingh eine Proklamation entworfen, die am Mittag des nächsten Tages als »Kgl. Patent« bekannt gemacht wurde. Es enthielt das sensationelle Programm einer mit den deutschen Staaten, dem »Dritten Deutschland«, gemeinsam durchzuführenden Politik, als Voraussetzung eines zukünftigen Bundesstaates unter preußischer Führung mit Bundesparlament und mit konstitutionellen Einrichtungen in allen Einzelstaaten. Diese Proklamation bedeutete einen Übergang zum Repräsentativsystem, und wenige Wochen später begründete Friedrich Wilhelm diesen Wechsel mit dem Argument, »der Konstitutionalismus habe wegen Deutschland anerkannt werden müssen und er habe dabei auf ausdrücklichen Rat seiner Minister, von denen er Bodelschwingh und Canitz besonders nannte, gehandelt«.[9]

Es gehört zu den Vereinfachungen der historischen Interpretation, wenn dem Sinn nach gesagt worden ist, durch den »Zwang der Umstände« sei »der geschworene Feind der liberalen Ideen der erste konstitutionelle Herrscher Preußens« geworden. Davon konnte in jenen Märztagen nicht die Rede sein. Es ging damals um die Behauptung der Monarchie gegenüber der Bedrohung durch die Revolution. Die Proklamation hatte in gar keiner Weise die erhoffte Wirkung. Sicher kamen die Verheißungen zu spät, um die revolutionäre Bewegung noch aufzuhalten. Die Stimmung in der Umgebung des Königs schwankte zwischen Mißtrauen, Furcht und Zuversicht. Der vorausgegangene Tag, der 17., war ruhig verlaufen, aber nach einem zeitgenössischen Bericht sei das Geraune durch Berlin gegangen: »Morgen geht's los, morgen wird es sich entscheiden – wenn nämlich eine Deputation die Forderung nach Preßfreiheit und Volksbewaffnung dem Könige überbringen werde.« Von der schwankenden Stimmung war selbst der Bruder des Königs, der Prinz von Preußen nicht frei, der bereits einige Tage zuvor erklärt hatte, nunmehr müsse sich Preußen an die Spitze der Bewegung stellen.

Nach dem Bekanntwerden der Proklamation verbreiteten sich zunächst Jubel und Genugtuung unter den Berlinern, ja es herrschte so etwas wie eine Volksfeststimmung. »Wohl zehntausend Menschen füllten den Platz [Schloßplatz] und seine nächste Umgebung«, heißt es im Bericht eines Zeitgenossen. Man bedenke: zehntausend Menschen und keine bewaffnete Polizei. Wenn es sich auch um konjekturales Denken handelt, so ist gleichwohl die Frage legitim, ob die Zuspitzung vermeidbar gewesen wäre, wenn Polizei und Bürgerwehr in ausreichendem Maße bereitgestanden hätten.

Es waren Bürger unter der Menge, Handwerker, die sich zunächst sonntäglich kleideten, bevor sie zum Schloß eilten, um dem auf den Balkon des Schlosses heraustretenden König ihren Dank für die Einleitung einer neuen Ära darzubringen. Eine Illumination der Stadt wurde vom Magistrat angesagt; die städtischen Behörden wurden empfangen, und die königliche Proklamation wurde an den Straßenecken angeschlagen. Diese Beschreibung eines Zeitgenossen bezieht sich auf ein Uhr mittags. Eine Stunde später wandelte sich die Szene, und es kam zur Konfrontation zwischen Bevölkerung und Militär. Zwischen ein und zwei Uhr empfahlen die zuständigen Offiziere wegen »Zudringlichkeit« einiger lärmender Gruppen, den Schloßplatz räumen zu lassen. Prinz Wilhelm hatte sich schon zuvor dafür eingesetzt, jede aufständische Bewegung mit militärischer Gewalt zu unterdrücken. Die Menge forderte bei steigender Erregung und trotz zweimaligen Erscheinens des Königs auf dem Balkon wiederholt laut: »Militär zurück«.

Der Ruf paßte zu gut zu dem Szenarium dieses Tages, als daß man an der Echtheit der Überlieferung zweifeln könnte. Man darf mit gutem Grunde in diesem Ruf ein Schlüsselwort sehen; in ihm artikulierte sich jenes bürgerliche Programm, das auf den Frühliberalismus Rottecks zurückging; aber die Forderung richtete sich keineswegs gegen die Dynastie der Hohenzollern. Die Einrichtung von Bürgerwehren neben dem stehenden Heer, dem miles perpetuus, auf dem der fürstliche Absolutismus einst begründet worden war, kennzeichnete am markantesten den für einen Moment erreichten historischen Höhepunkt einer bürgerlichen Bewegung. Bürgerwehr bedeutete in der Konsequenz eine allgemeine Volksbewaffnung mit freier Wahl der Offiziere. Man dachte dabei mehr an das französische Vorbild der Nationalgarde und der schweizerischen Miliz als an die preußische Landwehr von 1814.

Die Räumung wurde mit »sanfter Gewalt«, aber noch ohne Waffengewalt durchgeführt. Daß »die Truppen mit ihrer üblichen Mißachtung der Volksstimmung das Volk zurückdrängten«[10], ist so aus den Quellen nicht ersichtlich.

Im Verlaufe der Räumung wurden zwei Schüsse unabsichtlich abgefeuert. Sie wurden gewissermaßen das Signal zum offenen Aufruhr. Daß die beiden Schüsse ohne Befehl fielen, kann nicht bezweifelt werden; denn sonst hätten – unabhängig von den Zeugenaussagen – nach jeder militärischen Erfahrung mehr Schüsse fallen müssen. Das in den letzten Tagen angestaute Mißtrauen verwandelte sich in Entschlossenheit, die schließlich zu den Barrikadenkämpfen führte. Ein großer Teil der Bevölkerung war auf seiten der Barrikadenkämpfer, die wahrscheinlich nicht mehr als ein paar tausend zählten. Unter diesen Kämpfern waren Handwerker am stärksten vertreten; sie wurden ergänzt durch Kaufleute und Studenten. Den Aufständischen fehlte ebenso ein klares militärisches Konzept wie den Truppen – ein wiederkehrendes Problem der beiden Revolutionsjahre.

Den militärischen Befehlshabern gelang es während der Nacht vom 18. zum 19. März, das Stadtinnere durch Gardetruppen freizukämpfen, wobei sich die Frage stellte, ob und wie man wirklich jeden Häuserblock einnehmen sollte. Im Verlaufe dieses Kampfes zwischen Bürgern und Soldaten kam es im Gegensatz zu anderen europäischen Revolutionen zu keinen Verbrüderungen. Trotz der militärischen Erfolge stellte sich dem militärischen Befehlshaber die Frage, ob und wie lange er die Stadt halten könne. So erfolgte der umstrittene Befehl zum Rückzug. Am Morgen des 19., also eines Sonntags, erließ der König jene Proklamation »An meine lieben Berliner«, die man als das »Abschiedswort des alten Absolutismus«[11] interpretiert hat. Sie war sein geistiges Eigentum.

Die Kundgebung war ganz in patriarchalischem Tone abgefaßt. Der König beschwor die Berliner: »An Euch, Einwohner meiner geliebten Vaterstadt, ist es jetzt, größerem Unheil vorzubeugen. Erkennt, Euer König und treuester Freund beschwört Euch darum, bei Allem was Euch heilig ist, den unseeligen Irrtum! Kehrt zum Frieden zurück, räumt die Barrikaden die noch stehen hinweg, und entsendet an mich Männer, voll des echten alten Berliner Geistes mit Worten, wie sie sich Eurem König gegenüber geziemen, und ich gebe Euch mein Königliches Wort, daß alle Straßen und Plätze sogleich von den Truppen geräumt werden sollen und die militärische Besetzung nur auf die notwendigen Gebäude, des Schlosses, des Zeughauses und weniger anderer, und auch da nur auf kurze Zeit, beschränkt werden wird. Hört die väterliche Stimme Eures Königs, Bewohner meines treuen und schönen Berlins... Eure liebreiche Königin und wahrhaft treue Mutter und Freundin, die sehr leidend darnieder liegt, vereinigt Ihre innigen tränenreichen Bitten mit den Meinigen. Geschrieben in der Nacht vom 18.-19. März 1848.«

Von der Proklamation erfuhr der General von Prittwitz in der Frühe des 19. Der General hatte auf dem Höhepunkt der Krisis, am Nachmittag des 18. März, das Kommando über die in und bei Berlin stehenden Truppen übernommen. So wurde er Nachfolger des zum Generalgouverneur des Rheinlandes und der Provinz Westfalen ernannten Prinzen

Der Barrikadenkampf vom März 1848 erschien den einen als Demonstration schmählicher Schwäche, den anderen als Verheißung revolutionären Aufbegehrens, das künftige Generationen zum Siege führen würde. Die Abbildung aus dem Neuruppiner Bilderbogen zeigt den Angriff der Kavallerie auf das Volk vor dem Schloß in Berlin am 18. März 1848; unten ein Faksimile des Originalplakats mit der ersten Reaktion Friedrich Wilhelms IV. auf die revolutionären Erschütterungen.

An meine lieben Berliner!

Durch mein Einberufungs-Patent vom heutigen Tage habt Ihr das Pfand der treuen Gesinnung Eures Königs zu Euch und zum gesammten teutschen Vaterlande empfangen. Noch war der Jubel mit dem unzählige treue Herzen mich begrüßt hatten nicht verhallt, so mischte ein Haufe Ruhestörer aufrührische und freche Forderungen ein und vergrößerte sich in dem Maaße als die Wohlgesinnten sich entfernten. Da ihr ungestümes Vordringen bis in's Portal des Schlosses mit Recht arge Absichten befürchten ließ und Beleidigungen wider meine tapfern und treuen Soldaten ausgestoßen wurden, mußte der Platz durch Cavallerie **im Schritt und mit eingesteckter Waffe** gesäubert werden und 2 Gewehre der Infanterie entluden sich von selbst, Gottlob! ohne irgend Jemand zu treffen. Eine Rotte von Bösewichtern, meist aus Fremden bestehend, die sich seit einer Woche, obgleich aufgesucht, doch zu sehen gewußt hatten, haben diesen Umstand im Sinne ihrer argen Pläne, durch augenscheinliche Lüge verdreht und die erhitzten Gemüther von Vielen meiner treuen und lieben Berliner mit Rache-Gedanken um vermeintlich vergossenes Blut! erfüllt und sind so die gräulichen Urheber von Blutvergießen geworden. Meine Truppen, Eure Brüder und Landsleute haben erst dann von der Waffe Gebrauch gemacht als sie durch viele Schüsse aus der Königstraße dazu gezwungen wurden. Das siegreiche Vordringen der Truppen war die nothwendige Folge davon.

An Euch, Einwohner meiner geliebten Vaterstadt ist es jetzt, größerem Unheil vorzubeugen. Erkennt, Euer König und treuster Freund beschwört Euch darum, bei Allem was Euch heilig ist, den unseligen Irrthum! kehrt zum Frieden zurück, räumt die Barricaden die noch stehen hinweg, und entsendet an mich Männer, voll des ächten alten Berliner Geistes mit Worten wie sie sich Eurem Könige gegenüber geziemen, und ich gebe Euch mein Königliches Wort, daß alle Straßen und Plätze sogleich von den Truppen geräumt werden sollen und die militairische Besetzung nur auf die nothwendigen Gebäude, des Schlosses, des Zeughauses und weniger anderer, und auch da nur auf kurze Zeit beschränkt werden wird. Hört die väterliche Stimme Eures Königs, Bewohner meines treuen und schönen Berlins und vergesset das Geschehene, wie ich es vergessen will und werde in meinem Herzen, um der großen Zukunft Willen, die unter dem Friedens-Seegen Gottes, für Preußen und durch Preußen für Teutschland anbrechen wird.

Eure liebreiche Königinn und wahrhaft treue Mutter und Freundinn, die sehr leidend darnieder liegt, vereint ihre innigen, thränenreichen Bitten mit den Meinigen. — Geschrieben in der Nacht vom 18—19. März 1848.

Friedrich Wilhelm.

Gedruckt in der Deckerschen Geheimen Ober-Hofbuchdruckerei.

Verkleinertes Facsimile des Originalplakates.

von Preußen, nachdem General von Pfuel interimistisch das Kommando geführt hatte.

Auffällig ist die Anwesenheit des Königs im Berliner Stadtschloß, als noch Zeit gewesen wäre, nach Potsdam auszuweichen. Am Morgen des 18. März hieß es in einem Handbillet an Bodelschwingh: »Man will in der Nachmittagsstunde auf dem Schloßplatz in politischem Sinne agitieren. Daher meine gewissenhafte Frage, ob ich dem nicht durch meine Abreise nach Potsdam am besten jeden Kern entnehme?«[12] Der Gedanke an eine Abreise, die eine Flucht bedeutet hätte, ist in jenen Stunden mit gutem Grunde erwogen worden, aber die Feststellung, er sei vor dem Widerstande Bodelschwinghs zurückgewichen, ist nicht belegbar. Der König ließ sich vielmehr von dem richtigen Instinkt leiten, die Haupt- und Residenzstadt nicht verlassen zu dürfen. Auf gar keinen Fall handelt es sich bei dem Entschluß, das Schloß nicht zu verlassen, um eine Frage persönlichen Muts; ja, der König blieb sich selbst treu, auch als er sich in den nächsten Tagen von den Begebenheiten treiben ließ und Demütigungen ertrug. Hat ein dem romantischen Lebensgefühl entstammender politischer Quietismus das Verhalten des Königs in jenen Tagen und Stunden mitbestimmt? So mühsam es auch ist, in der Verkettung der Begebenheiten eine klare Linie zu erkennen, so bleibt gleichwohl der Wille dieses Monarchen sichtbar, nicht nur die Krone von Gottes Gnaden, sondern auch die Kontinuität des preußischen Staates zu bewahren. Eine operative Lagebeurteilung fällt nicht zuungunsten des Monarchen aus: Die Kämpfe um Barrikaden sowie um besetzte Straßenzüge begannen auf Befehl des Königs gegen drei Uhr. General von Prittwitz gab um neun Uhr abends den Befehl zum Gegenangriff.

Der König war also am 18. bereit, auf die Herausforderungen militärisch zu reagieren. Sein Selbstgefühl kam in der hingeworfenen Äußerung zum Ausdruck: »Nun, da sehen Sie, kann ich nun wohl anders?« Um Mitternacht konnte Prittwitz die Lage vom militärischen Standpunkt positiv beurteilen. Das Militär war Herr der Lage in der gesamten Innenstadt. Der größere Teil der Barrikaden war im Sturm genommen; die innerstädtischen Brücken waren besetzt; die Wege, die vom Süden in die Stadt führten, und im Tiergarten waren gesichert. Vom rein militärischen Standpunkt hatte das Militär seine Aufgabe erfüllt. Die Fülle der Details ist geradezu erdrückend. Aus allen Zeugnissen auf ziviler und militärischer Seite geht jedoch hervor, daß eine einheitliche Befehlsgebung fehlte. Daß General von Prittwitz den Befehl zum

Angriff wie auch zum Stillhalten und schließlich zum Rückzug erst nach Zustimmung des Königs gegeben hat, vermag das Urteil über diesen Sachverhalt nicht zu ändern. Auf beiden Seiten, vor allem aber auf militärischer Ebene, herrschte kein klares Feindbild. Hinzu kam, daß die für alle Militärs zu jeder Zeit notwendige Kenntnis der Mittel und Ziele des Gegners der Persönlichkeit Friedrich Wilhelms fremd war. Er war nicht in der Lage, in einem Bürgerkrieg den Feind zu erkennen. Was er im Bereich der weltanschaulichen Auseinandersetzung im Übermaß hatte, fehlte in der konkreten Situation eines bewaffneten Konflikts vollkommen.

In die Auseinandersetzungen zwischen dem König, der sich in seinem Bedürfnis nach Frieden mit der Bevölkerung noch ein gewisses Maß an politischem Denken bewahrt hatte, und seinen militärischen Ratgebern spielte der ständige Gegensatz zwischen Zivil und Militär hinein, zumal sie nicht ausgeglichen wurden durch die Persönlichkeit Friedrich Wilhelms. Es konnte kaum zu ruhigen Aussprachen zwischen ihm und dem General kommen, da die Vorzimmer im Schloß von Personen förmlich besetzt waren, die mit den Entscheidungsprozessen – um die es sich doch handelte – gar nichts zu tun hatten. Minister, Offiziere sowie das zahlreiche Gefolge des Königspaares und Angehörige von Deputationen riefen eine Aufgeregtheit hervor, die eine ruhige Lagebeurteilung und Beschlußfassung kaum zuließ oder erschwerte.

Unklarheit herrschte über die Stärke des Gegners. Das Militär war überlegen, aber es blieb die Frage, wie lange diese Überlegenheit gewahrt bleiben konnte. Die Befehlszentrale hätte im Schloß liegen müssen; der Oberbefehlshaber der Truppen konnte sich jedoch weder ein Bild von den taktischen Zielen noch von der Stärke der Truppen des Gegners machen. Letztere hatten ohne Zweifel den Vorteil der Überlegenheit in den Ortskenntnissen.

Die Schwächen einer Armee im Häuserkampf waren offenkundig. So wurden Überlegungen, ob es nicht besser sei, das Schloß zu verlassen, immer wieder angestellt, und es hätte noch genug Gelegenheiten und Möglichkeiten dazu gegeben. Abgesehen von dem richtigen Gefühl, schließlich im Schloß ausharren zu sollen, haben zu diesem Entschluß vor allem die Ratschläge von Graf Arnim-Boitzenburg beigetragen, der am 19. vormittags das Ministerium übernommen hatte. Er soll den König, dessen gelegentliches Schwanken in diesen Tagen ganz normal war, mit den Worten zurückgehalten haben: »Ein preußischer König flieht nicht vor seinem Volke.«[13] Ganz anderer Meinung war der abtretende Minister von Bodelschwingh, der sich aber selbst für einen Rat von solcher Tragweite nicht mehr für kompetent hielt.

General von Rauch, unterstützt von General Thile und Graf Stolberg-Wernigerode, schrieb in seinen Notizen: »Ich erlaube mir anzuführen, daß ich zu verschiedenen Malen den König und die Königin bat, Berlin zu verlassen. Einige Personen teilten meine Ansicht und handelten in demselben Sinne, andere indes, besonders Graf Arnim, beschworen, zu bleiben, da ihrer Meinung nach die Erklärung der Republik und die Plünderung des Schlosses die Folge sein würden. Meiner Ansicht nach war dies ganz gleichgültig. Berlin ist nicht die Monarchie, und die Erklärung der Republik hätte den König von allen gegebenen Versprechen frei gemacht.«

Man war schon so weit, daß das Königspaar am Abend des 19. März auf Schleichwegen den im kleinen Hofe – im sogenannten Eishofe – wartenden Wagen besteigen und nach Potsdam ausweichen wollte. Es kann im Gegensatz zu einer Reihe von Urteilen nicht als »schwerer Fehler« bezeichnet werden, daß der König blieb – auch wenn er am nächsten Tag Demütigungen in Kauf nehmen mußte. Friedrich Wilhelm hat in jenen Stunden entscheidend dazu beigetragen, daß Krone und Dynastie erhalten blieben; sein Beitrag kann auch in seiner Passivität gelegen haben.

Die Frage nach einer Flucht stand auch im Mittelpunkt jener Diskussion, die ohne Prittwitz am Sonntag, dem 19. März, zwischen elf und ein Uhr mittags im Schloß geführt wurde: Der Ministerpräsident Graf Arnim wandte sich an den König: »Er halte es aber für seine Pflicht, daran zu erinnern, daß der ganze Plan, der entworfen wurde [Abzug der Truppen] dadurch [Flucht des Königs] gefährdet, wenn nicht ganz unmöglich gemacht werde: er müsse ferner erwähnen, daß es in der ganzen Geschichte kein Beispiel gäbe, wie ein König, der sich von seiner Hauptstadt losgesagt, die Krone behalten habe, und er frage, ob jemand dem widersprechen könne.« Diese Szene wurde überliefert vom Rittmeister von Manteuffel, für den wie für seine Generation unter den Generalstabsoffizieren die Rat- und Mutlosigkeit jener Stunden ein Schlüsselerlebnis wurde, das in der Heeresreorganisation und im Heereskonflikt fortgewirkt hat.

Es läßt sich immer wieder beobachten, daß in der Führung Chaos herrschte, sich aber dennoch der Wille des Königs durchsetzte, so schwankend und unentschlossen er sich auch äußerte und so sehr er auch Demütigungen ausgesetzt wurde. Zu den merkwürdigen Erscheinungen sollte es gehören, daß die viel erörterte Schwäche Friedrich Wilhelms den Verlauf der Begebenheiten letztlich günstig beeinflußt hat. Es gab keine Lagebesprechungen im Wortsinne. Prittwitz beschränkte sich auf die Darstellung der taktischen Lage sowie auf Möglichkeiten und Chancen bei den nächsten Kampfhandlungen. Nach den unfruchtbaren Besprechungen im Schloß kehrte er »zu seinen Truppen ... mit der traurigen Besorgnis [zurück], daß der für den Soldaten allergefährlichste Zustand eingetroffen sei, der gänzliche Mangel eines Entschlusses«.

Schon am 18. März hat Prittwitz vor Mitternacht dem Monarchen unter vier Augen die Lage nüchtern beschrieben. In einem Häuserkampf habe der Verteidiger aufgrund der Ortskenntnisse sowie der Beweglichkeit Vorteile gegenüber dem Angreifer. Der General hielt es im Falle andauernder Kämpfe für unvermeidlich, »die Truppen aus der Stadt zu ziehen, diese eng einzuschließen und an einigen Tagen zu bewerfen«. Der General berief sich ebenfalls auf französische Vorbilder, vor allem auf die Kämpfe während der Julirevolution. Prittwitz hat diese Gedanken, die zur militärisch-strategischen Lagebeurteilung gehörten, ausführlich entwickelt.

Nach Bekanntwerden der königlichen Ansprache am Morgen des 19., die auf ihn einen sehr »unangenehmen« Eindruck machte, wiederholte der General seine Lagebeurteilung und stellte fest, »daß und weshalb er sich nicht stark genug glaubte, die ganze Stadt Haus um Haus zu erobern ... und weshalb er bei längerer Dauer der Feindseligkeiten zu einer Einschließung der Stadt rate«. In dieser Auffassung, die bezeichnenderweise historisch begründet wurde und die ausschließlich den militärischen Zweck bedachte, sollte der Keim zu jenem Rückzugsbefehl liegen, der unter ganz anderen Voraussetzungen und anderen Absichten wenige Stunden später gegeben wurde. Während des Lagevortrags fand keine Diskussion statt, aber die anwesenden Militärs haben offensichtlich die Auffassung Prittwitz' für das »Zweckmäßigste« gehalten. Es verstand sich für sie von selbst, »daß die gesamte königliche Familie sowie der Schatz gleichzeitig mit den Truppen die Stadt hätte verlassen müssen, was ebenso noch am 20. hätte geschehen können, wenn die Vorbereitungen dazu am 19. nicht hätten vollendet werden können«. Das Militär war ja um diese Zeit Herr der Lage.

Der König hatte seit der Proklamation »An meine lieben Berliner« längst einen anderen Weg eingeschlagen. Hat Friedrich Wilhelm auf diese Weise gleichsam »zu sich selbst zurückgefunden«? Gewiß war der

König nervlich erschöpft, aber die Proklamation war seine selbständige Leistung, die indes ohne die erhoffte Wirkung blieb. Sie bedeutete bereits eine Änderung der Strategie. Der Übergang »von der Offensive zur Defensive und von der Defensive zum geordneten Rückzug«[14] erfolgte innerhalb weniger Stunden. Um den Rückzugsbefehl ist eine durch Augenzeugenberichte, Rechtfertigungsversuche und Legenden verschleierte Überlieferung entstanden. Es war ja auch ein unerhörter Vorgang, daß Truppen der Garde kampflos zurückgewichen waren. In den Erinnerungen an die Begebenheiten des März schwingt so etwas wie ein Zittern über das unerhörte Geschehen nach, aber auch der Wille, daß sich solche Vorgänge niemals wiederholen dürfen. Es ist zu unterscheiden zwischen dem Abmarsch von den Barrikaden – über den auseinandergehende Berichte vorliegen –, dem vom König ebenfalls versprochenen und befohlenen Rückzug in die Kasernen (soweit diese für die Aufnahme aller Truppen überhaupt ausreichten), der Konzentration auf Schloß und Zeughaus auf der einen und schließlich dem Verlassen der Haupt- und Residenzstadt auf der anderen Seite.

Wie groß die Ungewißheit und Erregung waren, wird daran deutlich, daß sich viele Offiziere, einschließlich des Befehlshabers Prittwitz, nur in Zivil trauten, Erkundigungsgänge in der Stadt durchzuführen. Dieser Mangel an Selbstbewußtsein ist decouvrierend und kennzeichnet die Situation. Der Wille des Königs zur Nachgiebigkeit hatte sich inzwischen längst durchgesetzt. Der Rückzugsbefehl an bestimmte Schauplätze, wie etwa den Schloßbezirk, wurde aber durch die Ereignisse überholt und entwickelte sich zu einem allgemeinen Rückzug aus der Stadt. Dieser Rückzug, im Augenblick demütigend, hat den Bestand der Armee gerettet; denn sie sollte in Bälde als eine einsatzfähige Armee wiederkehren. Die Truppen, zu denen die Einheiten der Garde gehörten und die nicht geschlagen waren, verließen Berlin, fest in der Hand ihrer Offiziere. Das Bürgertum, in sehr verschiedenen Schichten, hatte über das Militär in diesem Augenblick triumphiert. Im Rückzug aber lag der Keim zum Wiederaufstieg.

Der Haß der Aufständischen, die mit der Berliner Bevölkerung nicht gleichgesetzt werden dürfen, fand im Prinzen von Preußen einen geradezu idealen Gegner. Ihm sind in diesen Tagen viele Äußerungen zugeschrieben worden, die weder nachweisbar noch glaubwürdig sind. Schon vor Ausbruch der Märzkämpfe war es vor seinem Palais auf dem Opernplatz zu Tumulten gekommen. Wegen der Rückzugsbefehle ist es mit Sicherheit zu einem heftigen Auftritt zwischen König und Prinzen gekommen, aber er wird sich weder in den von Varnhagen übermittelten Formen noch in den Worten abgespielt haben: »Der Gendarmerie-Oberst T. war zugegen, als der Prinz von Preußen am 19. März auf dem Schlosse, nachdem er gehört, daß der König befohlen, das Militär solle abziehen, ganz außer sich den König angeschrien hat: ›Bisher hab' ich wohl gewußt, daß Du ein Schwätzer bist, aber nicht, daß Du eine Memme bist! Dir kann man mit Ehren nicht mehr dienen!‹ Und damit warf er ihm den Degen vor die Füße. Der König, auch außer sich, rief: ›Das ist zu arg! Du kannst nicht hier bleiben, Du mußt fort.‹«[15]

Varnhagen hat mit diesem Bericht eines der Märchen verbreitet, an denen die Chronik dieser Märzereignisse so reich ist. Gewiß hat es harte Auseinandersetzungen, vor allem mit dem abtretenden Minister von Bodelschwingh gegeben, und der Prinz von Preußen hat in der Tat »außer sich« den Degen auf den Tisch geworfen. Geschichtshaltiger sind jedoch die von seiner Frau überlieferten Worte: »Mein Platz ist bei dem König, und bei ihm bleibe ich, es mag kommen, was da will.«[16] Erst als ihm der König versicherte, »er werde nimmermehr die Entsagung des Prinzen annehmen« und seinen vernünftigen Wunsch begründete, »daß der Prinz sich dazu entschließen möchte, Berlin vorläufig und bis auf weiteres zu verlassen«, entschloß er sich zu jener Flucht, die ihn über das unsichere Spandau zunächst nach der Pfaueninsel führte. Hier erreichte ihn der mündliche Befehl des Königs, nach England zu ziehen. Prinz Wilhelm bestand mit gutem Grunde allerdings auf einer Bedingung: »Daß aber meine Reise nach England den Stempel einer Mission erhalten und auch natürlich dazu benutzt wird, muß ich von Deiner Gnade mir ebenso bestimmt als brüderlich erbitten. Ich ersuche Dich also, mir den Legationsrat von Schleinitz oder Pourtalès mit einer Instruktion nachzusenden; bis zu deren Ankunft werde ich in Hamburg bleiben. Der gewaltige Umschwung der preußischen und deutschen Verhältnisse motiviert wohl hinreichend eine dergleiche Mission durch mich.«[17]

Von der Glienicker Brücke reiste der Prinz über Perleberg, Grabow und Ludwigslust nach Hamburg, wo er sich auf der »John Bull« einschiffte und am 27. März morgens um sieben Uhr unterhalb des Towers landete. Der Prinz von Preußen hatte durch seine Flucht Anteil daran, daß die Krone der Hohenzollern in der Märzrevolution gerettet wurde. Beide Brüder gewannen Zeit, worauf es vom Standpunkt der Monarchie aus in diesem Monat und in den folgenden ankam.

Die Demütigungen, die der König hinnahm, begannen am 19. vor-

Es ist immer umstritten geblieben, ob der feierliche Umritt des Königs am 21. März 1848 (hier eine zeitgenössische Lithographie von Bülow) nach den vorausgegangenen Barrikadenkämpfen dem Harmoniebedürfnis Friedrich Wilhelms entsprang, oder ob er im Sturm der Ereignisse die Nerven verloren hatte. Er genoß die Zeichen der Zuneigung »seines Volkes« ganz ohne Zweifel, aber er führte auch Gespräche, wie die Erhebung niederzuschlagen sei. Alles spricht dafür, daß der Monarch in diesen Tagen mit sich selber nicht ins reine gekommen war.

Bekannt geworden ist das Gemälde, das Adolph Menzel vom feierlichen Leichenzug für die »März-Gefallenen« angefertigt hat. Die wirkliche Situation an diesem Tage gibt dieser Holzschnitt nach einer Zeichnung von Kirchhoff besser wieder, der den nicht endenden Zug vor der Hauptfront des Berliner Schlosses zeigt und die Trauerfahnen, die nicht nur die Menge mit sich führt, sondern die auch am königlichen Palais selber gehißt sind. Wie denn der König auch befahl, die »trikolorene Flagge« Schwarz-Rot-Gold anstelle des preußischen Schwarz-Weiß auf allen Schlössern in Berlin und Potsdam zu hissen. Sein Bruder Wilhelm, der sich in diesen Tagen auf der Pfaueninsel verbarg, war darüber ganz besonders verbittert.

mittags, als bereits so gut wie alle Forderungen erfüllt waren. Während der Abzug des Militärs schon im Gange war, drangen Volkshaufen über die Schloßbrücke; auf Wagen wurden die Leichen der gefallenen Barrikadenkämpfer vor das Schloß gebracht. Sie waren mit Lorbeer und Blumen geschmückt; ihre Wunden waren entblößt. Der Abzug der letzten Gardetruppen und die Aufbahrung der Leichen vollzogen sich gleichzeitig. Der König und die Königin, begleitet vom Oheim des Königs, dem Prinzen Wilhelm und dem Grafen Schwerin, betraten den Balkon, um sich vor den Toten zu verneigen.

Die gesamte Szenerie hat offensichtlich einen starken Eindruck auf alle Beteiligten gemacht. Der König machte noch weitere Zugeständnisse. Am 20. März erfolgte eine allgemeine Amnestie politisch Verurteilter. Der Begnadigungsakt betraf auch die zum Tode verurteilten Polen. Das Volk war im Begriff, das Tor des Gefängnisses in Moabit zu sprengen, als die Nachricht von der Begnadigung eintraf. Im Triumphzug wurden die Befreiten, mit Mierowslawski an der Spitze, im Wagen mit polnischer und deutscher Flagge zum Schloß und zur Universität gefahren. Friedrich Wilhelm IV. hat später den folgenden Tag als den »schrecklichsten Tag seines Lebens« bezeichnet.

Gegen Mittag ritt der König in Begleitung der Prinzen und des Ministeriums durch das Eosanderpalais des Schlosses, auf dem Haupte den Helm, die schwarzrotgoldene Binde um den Arm. Diese deutschen Farben schmückten alle, die an dem Umritt teilnahmen. Generale folgten dem Zug und trugen ebenfalls Schleifen mit diesen Farben am Arm. Bürgerwehr, die sich inzwischen gebildet hatte, städtische Deputationen und Studenten gehörten dazu. Der Zug führte über die Schloßbrücke zu Schinkels Wache und Zeughaus über die Behrenstraße bis zur Wilhelmstraße und zurück Unter den Linden bis zur Universität. Der König sprach auf dem Schloßplatz und vor der Universität: »Ich will keine Krone, keine Herrschaft, ich will Deutschlands Freiheit.«[18] Als den König aus der Menge der Zuruf erreichte: »Es lebe der Kaiser von Deutschland«, habe er unwillig abgewinkt.

Es gleicht einem Epilog zu den letzten Tagen, wenn an den Kriegsminister der königliche Befehl erging, die Armee habe neben der preußischen sogleich die deutsche Kokarde anzustecken. Generalleutnant von Rauch, der auf Bitten des Königs am Umritt teilnahm, war genötigt, sich eine »Phantasieuniform« anzuziehen, da ja alle Offiziere im Schloß in Zivil gingen; er kommentierte den ganzen Vorgang mit den Worten: »Es kam mir vor, als wenn alles verrückt geworden wäre.«[19]

Das Begräbnis der in den Straßenkämpfen Gefallenen fand nach einem feierlichen Leichenzug am 22. März in Friedrichshain statt. Am Trauerzug fallen alle Eigentümlichkeiten auf, die zur Mentalitätsgeschichte des Monats gehören. Außerdem sind die sozialen Bestandteile des Trauerzuges aufschlußreich. Nach den Meldungen nicht nur der Spenerschen Zeitung, die am ausführlichsten berichtete, nahmen an den Begräbnisfeierlichkeiten 20 000 bis 60 000 Menschen teil, was allerdings nach anderen Berichten unglaubhaft ist. Der Trauerzug setzte sich aus Bürgern, Studenten, Handwerkern, Beamten, Gelehrten, Schülern und nicht zuletzt Fabrikarbeitern zusammen – durchweg mit der deutschen Kokarde am Kopf. An der Spitze des Zuges seiner Arbeiter schritt Herr Borsig selbst; unter den Bürgern seien auch vier Offiziere und Unteroffiziere bemerkt worden.

Alexander von Humboldt, einer der gesuchtesten Gesprächspartner des Königs, und der Rektor der Berliner Universität, Johannes Müller, eröffneten den Zug der Professoren und Studierenden. Am Zug vom Gendarmenmarkt bis zum Landsberger Tore beteiligten sich auch eine Abteilung Italiener, unter ihnen die Mitglieder der italienischen Oper mit der grün-weiß-roten Nationalfahne, ferner die polnische Legion mit der rot-weiß-roten Fahne – die internationale Solidarität von Liberalismus und Demokratie kam auf solche Weise zum Ausdruck. Die Teilnahme der Geistlichen aller Glaubensbekenntnisse, mit Bischof Neander an der Spitze, verstand sich von selbst. Die Trauerreden oder, wie es hieß, »Weihereden« wurden von Adolf Sydow, Hofprediger in Potsdam und Prediger an der Neuen Kirche in Berlin, einem Kaplan von St. Hedwig sowie dem Rabbiner Dr. Sachs gehalten.

Der Gendarmenmarkt bildete den Sammelplatz der meisten Abteilungen, und Tausende drängten sich vor der Neuen Kirche, besetzten die große Treppe des Schauspielhauses und die des Französischen Doms. Als der Zug in die Linden einbog, verhielt er vor dem Opernplatz. Auf der Treppe des Opernhauses sang der Domchor den Choral »Jesus meine Zuversicht«, jenen Choral, der in den vorausgegangenen Tagen gelegentlich erklungen war und nicht unerheblich zur Dämpfung der Erregung beitrug. Als der Zug das Schloß, und zwar das zweite Portal, erreichte, trat der König, umgeben von Ministern und Adjutanten, auf den mit schwarzrotgoldenen Fahnen geschmückten Balkon und verneigte sich, indem er den Helm abnahm, vor den Toten, bis der Zug vorüber war. Die gefallenen Soldaten wurden am 24. März auf dem Invalidenfriedhof beigesetzt. Vorausgegangen war eine peinliche Diskussion, ob ein gemeinsames Begräbnis, der Barrikadenkämpfer und der Soldaten, sinnvoll sei. Für die militärische Auffassung, daß man »nach jeder Schlacht Freund und Feind in eine Grube senke«, bestand bei der Mehrzahl der Mitglieder der Beerdigungskommission kein Verständnis.[20]

Die Reaktion der europäischen Fürsten, der Diplomatie und der öffentlichen Meinung auf die Märzvorgänge reichte von Entsetzen bis zu der Zuversicht, daß letztlich doch auf die Armee Verlaß sei. In Dresden hörte Max von Gagern, der sich gerade in diesen Tagen auf einer Gesandtenreise in Fragen staatlicher Neugestaltung Deutschlands befand, von Beschimpfungen der Dynastie Hohenzollern. Der Schwager Prinz Johann, seit 1854 König von Sachsen, schrieb allerdings am 1. April 1848 einen Brief, aus dem die persönliche Freundschaft der beiden Fürsten hervorgeht: »Ach! was sind das für Zeiten und für Begebenheiten! Erst quälte mich die Sorge um Eure persönliche Sicherheit.« Er wünschte, daß es dem König gelingen möge, »den ausgetretenen Strom wieder ins Bett der Gesetzlichkeit zu lenken«.[21] Er schlug damit ein zentrales Thema an. Der württembergische Gesandte berichtete am 19. März: »Der König, der gestern noch ehrgeizige Pläne hegte als Führer Deutschlands, ist jetzt erniedrigt und gedemütigt wie kein deutscher Fürst« und fügte zutreffend hinzu: »Aber Preußen existiert noch in seiner ganzen Kraft.«[22]

Für den Zusammenhang der preußischen Märzrevolution mit der deutschen Politik ist ein diplomatisches Revirement aufschlußreich, das bislang nur am Rande erwähnt worden ist. In ihm verdichtet sich die Frage nach den Intentionen und Möglichkeiten einer »deutschen Politik« Friedrich Wilhelms. Bei der Kabinettsneubildung rückte Freiherr Heinrich Alexander von Arnim-Suckow in den Mittelpunkt des Geschehens. Mit seiner Abberufung aus Paris und der Übernahme des Außenministeriums war ein neues Programm preußischer Außenpolitik verbunden, das seinen klassischen Ausdruck in der Proklamation vom 21. März »An Mein Volk und an die deutsche Nation« fand. Die entscheidende Passage lautet: »Deutschland ist von innerer Gärung ergriffen und kann durch äußere Gefahr von mehr als einer Seite bedroht werden. Rettung aus dieser doppelten dringenden Gefahr kann nur aus der innigsten Vereinigung der deutschen Fürsten und Völker unter einer Leitung hervorgehen. Ich übernehme heute diese Leitung für die Tage der Gefahr. Mein Volk, das die Gefahr nicht scheut, wird Mich nicht verlassen, Deutschland wird sich Mir mit Vertrauen anschließen. Ich habe heute die alten deutschen Farben angenommen und Mich und Mein Volk unter das ehrwürdige Banner des deutschen Reiches gestellt. Preußen geht fortan in Deutschland auf.«[23]

Es war ein seltsames Dokument, das letztlich nur vage Ankündigungen enthielt, und sein letzter Satz war nicht nur mißverständlich, sondern er wurde auch ein Ärgernis. Als »Mittel und gesetzliches Organ zur Rettung und Beruhigung Deutschlands« sollte der bereits einberufene Vereinigte Landtag dienen. Ihm wurde die Aufgabe zugewiesen, mit den »Fürsten und Ständen Deutschlands durch Beitritt anderer zu seinen ›Organen‹ sich in ›eine zeitweilige deutsche Ständeversammlung‹« umzuwandeln. Das Ziel war »die Wiedergeburt und Gründung eines neuen Deutschlands« mit der Devise »Einheit in der Verschiedenheit, Einheit mit Freiheit«. Die Proklamation trug die Unterschrift des Königs wie des gesamten Kabinetts.

Wenn sich Heinrich von Arnim auch über die Aussichtslosigkeit der Idee dieser Proklamation, so lange sie nicht mehr als eine »Ständeversammlung« sein sollte, nicht täuschte, so trägt der Text doch seine Handschrift und gab die Richtung seiner Politik an. Es ist anzunehmen, daß diese Proklamation die anhaltende Erregung dämpfen und zugleich ein Echo auf südwestdeutsche Stimmungen und Sondierungen, die mit dem Namen Max von Gagerns zusammenhingen, bedeuten sollte; der König hat indes niemals daran gedacht, Preußen als Staat in etwas Höherem aufgehen zu lassen. Bei der Wahl des Wortes »aufgehen« ist – trotz der Verachtung der »Hegelei« – der Spracheinfluß Hegels unverkennbar. Es unterliegt auch keinem Zweifel, daß bei Friedrich Wilhelm trotz der in Kauf genommenen Demütigungen und Enttäuschungen die militärische Staatstradition ungebrochen war, auch wenn sie – bei vordergründiger Betrachtung – in den Märztagen gebrochen schien. Diese Feststellung bleibt letztlich historisch-politisch wichtiger als ein Hinweis, der der Sprache der Psychiatrie entnommen wurde, wonach nämlich dieser Hohenzoller den Typus eines »relativ labilen Psychopathen«[24] verkörpere.

Der Satz »Preußen geht fortan in Deutschland auf« war indes einmal gesprochen und rief das vorher und nachher stets vorhandene Mißtrauen der deutschen Souveräne hervor, unter denen neben Ernst August von Hannover der König Friedrich von Sachsen am empfindlichsten reagierte. In diesen Tagen, besonders an den Formulierungen des Manifestes, wurde bereits spürbar, wie eine deutsche Revolution an der Persönlichkeit des Königs von Preußen scheitern mußte.

Am 25. März, als der König in Potsdam weilte, machte er weitere demonstrative Zugeständnisse an den bürgerlichen Geist. Der Wandel, den der Charakter des preußischen Staates in wenigen Tagen durchgemacht zu haben schien, kam in jenen Sätzen zum Ausdruck, die Bismarck in den »Gedanken und Erinnerungen« auf so plastische Weise kommentiert hat. Vor dem Gardeoffizierskorps hielt der König nämlich eine denkwürdige Ansprache, die allerdings nicht mitstenographiert wurde und in verschiedenen Varianten überliefert ist. Der wesentliche Inhalt kann jedoch nicht in Zweifel gezogen werden. Die Vossische Zeitung hat die Ansprache am ausführlichsten behandelt: »Ich bin nach Potsdam gekommen, um meinen lieben Potsdamern den Frieden zu bringen und ihnen zu zeigen, daß ich in aller Beziehung ein freier König bin, den Berlinern aber auch zu beweisen, daß sie von Potsdam aus keine Reaktion zu befürchten haben, und daß alle die beunruhigenden Gerüchte darüber durchaus unbegründet sind. Ich habe den gesunden und edlen Sinn meiner Bürger kennengelernt, in Berlin ist bei dem Mangel an städtischen Sicherheitsbehörden die tiefste Ruhe. Ich bin niemals freier und sicherer gewesen als unter dem Schutze meiner Bürger... auch ich habe die Überzeugung gewonnen, daß es zu Deutschlands Heil notwendig, mich an die Spitze der Bewegung zu stellen. In Berlin herrscht ein so ausgezeichneter Geist in der Bürgerschaft, wie er in der Geschichte ohne Beispiel ist. Ich wünsche daher, daß auch das Offizierskorps den Geist der Zeit ebenso erfassen möge, wie ich ihn erfaßt habe, und daß Sie alle von nun an ebenso als treue Staatsbürger sich bewähren mögen, wie Sie sich als treue Soldaten bewährt haben.«[25]

Wie sehr sich die Offiziere provoziert fühlten, läßt ihre Reaktionen erkennen. Bismarck notierte: »Bei den Worten: ›Ich bin niemals freier gewesen...‹, erhob sich ein Murren und Aufstoßen von Säbelscheiden, wie es ein König von Preußen inmitten seiner Offiziere nie gehört haben wird und hoffentlich nie wieder hören wird.«[26] Das Erlebnis dieser Begegnung mit dem König, der sich zum »Zeitgeist« bekannte, ist den Beteiligten, die am 25. März nur mühsam ihre Empörung beherrschten, unvergeßlich geblieben. Sie repräsentierten Geist und Gesinnung einer sogenannten »politischen Armee«, die ihren Standpunkt notfalls selbst gegen den König zu vertreten gewillt war.

Der Gedanke an eine »Gegenrevolution« hat nicht nur Bismarck bewegt; er lag geradezu nahe, aber blieb im Ansatz stecken. Es fehlte nämlich »ein Befehl von oben«. Es bleibt rätselhaft, weshalb der König diese Rede so gehalten hat. Vielleicht haben nach den Tagen des Nachgebens und der Demütigung seine Nerven in diesem Augenblick wirklich versagt; vielleicht wollte er sich auf einer Flucht nach vorn gewaltsam rechtfertigen. Hohenlohe-Ingelfingen fand in seinen Erinnerungen eine menschliche Erklärung: »Wir wußten nicht, wie sehr der König selbst litt infolge seiner unzeitigen Nachgiebigkeit vom 19. März. Es war uns verborgen geblieben, daß er unmittelbar nach der Rede, als er uns verlassen hatte, weinend im Nebenzimmer zusammengebrochen ist und geschluchzt hat: ›O, mein Gott, mein Gott, das mußte ich meinen braven Offizieren sagen, die für mich so brav gekämpft haben.‹«[27] Also – er »mußte« so reden, und wir können über die Gründe nur rätseln. Im Abstand zu den Ereignissen wuchs das Verständnis für die Revolutionsstrategie Friedrich Wilhelms. Der Zar selbst zeigte im Gespräch mit dem Sohn des Prinzen von Preußen Verständnis.

Friedrich Wilhelm IV. hatte in der Tat einen bedeutenden Anteil an der Bewahrung der selbständigen Stellung des Heeres im Staat, die auch durch die Verfassung nicht im Kern verändert wurde. Man kann das wiedergefundene Selbstgefühl des Monarchen gegenüber allen revolutionären Bedrohungen in jenem königlichen Handschreiben vom 1. Juli 1849 erkennen, das das Eigenrecht der Krone herausstellt: »Unsere Armee ist durch die Könige, Meine Vorfahren, geschaffen und gepflegt worden. Sie ist ... länger als hundert Jahre an diese treue Pflege gewöhnt. Jeder Offizier sieht in seinem Könige den persönlichen Herrn, der ihn befördert, sich seiner annimmt, ihn vertritt. Diesem innigen Verhältnis der Armee zu ihrem Kriegsherrn verdankt das Land die Zuverlässigkeit und Hingebung der Armee.«[28] Zwischen der königlichen Ansprache vom 25. März 1848 und diesem Handschreiben hatte sich Preußen aus den Wirrnissen der Revolution gelöst, war anderen Staaten zu Hilfe gekommen und hatte deren Throne gerettet. Wenn auch das Königliche Handschreiben vom Juli 1849 einen Abschluß in den Auseinandersetzungen um die Stellung der Armee im Staate und zum König zu markieren scheint, so ist die Entwicklung seit den Märztagen nicht etwa geradlinig verlaufen.

Die politische Vorstellungswelt des Außenministers Freiherr von Arnim enthielt ein hohes Maß an Konjekturalpolitik, die im Jahre 1848 bunte Blumen hervorrief. In ihr machten sich aber auch Einsichten in die Abhängigkeit der preußisch-deutschen Haltung von dem Wohlwollen und der Zustimmung Großbritanniens geltend. Die Einsicht in die Bedeutung Englands war für Berlin ebenso realistisch wie die Annahme einer Interessengleichheit beider Länder illusionistisch war.

Zu den Überlegungen, die Arnim – unter dem Eindruck der Pariser Revolution – auf dem Wege von Paris nach Berlin anstellte, gehörte das Gedankenspiel einer breiten Allianz zwischen Preußen, England und Frankreich, dazu der Wunsch nach Ausscheiden Österreichs aus Deutschland sowie die Wiederherstellung Polens als Grundlage eines westlich orientierten Bündnisses.

Am 19. März ging der neue Außenminister davon aus, daß die Revolution in Preußen bereits beendigt sei, womit er im Kern nicht irrte, wenn man nämlich die Vorgänge isoliert betrachtet. Die Märzbegebenheiten bestanden aus Barrikadenkämpfen, vorübergehendem Sieg der Truppen, Demütigung des Königtums und schließlich Bewahrung des Throns. In solchen Briefen gab er auch der Sorge um die Zukunft der Monarchie Ausdruck – er vertrat die bemerkenswerte Auffassung, die Proklamation vom 18. März sei um wenige Stunden zu spät gekommen. Das ist eine verblüffende Übereinstimmung mit der Ansicht, der Varnhagen in seiner Tagebuchaufzeichnung vom 19. März Ausdruck gab, die Proklamation sei »acht Stunden zu spät« gekommen.[29] Es handelt sich sowohl bei dem geschulten Diplomaten als auch bei dem mit den Demokraten kokettierenden Publizisten und ehemaligen Diplomaten um eine letztlich vordergründige Betrachtungsweise, als ob nämlich die revolutionären Vorgänge jenes Tages durch richtiges Verhalten und Agieren vermeidbar gewesen wären. Diese Art, politische Vorgänge zu beurteilen, die Neigung, sogenannte Handlungsmuster zu entwerfen, waren und sind geeignet, eine Legendenbildung zu fördern, die ebenso konservativen wie liberalen Ursprungs sein kann.

Arnims Vorstellungen von einer Restauration oder doch Restituierung Polens dürfen im Zusammenhang mit der Revolution von 1848 nicht unerwähnt bleiben. Nachdem er am 11. März in Berlin eingetroffen war – der Stadt, auf die nach seinen Worten im Brief an Bunsen »alle deutschen Augen« gerichtet seien –, habe ihn der König gnädig angehört, obwohl er ihm »Unerhörtes« gesagt habe. Dabei handelte es sich um die polnische Frage, deren Virulenz im Verlaufe des Jahres 1848 so folgenreich gewesen ist. Und am 20. März ließ er bereits bei der Besserschen Buchhandlung eine politische Denkschrift vom 17. März[30] über die französische Februar-Revolution und ihre Folgen für Deutschland als Manuskript drucken. In ihr standen die unerhörten Sätze, »der heutige Zustand von Polen sei mit der öffentlichen Meinung und mit dem Frieden in Europa sowie mit dem Europäischen Gleichgewicht und einer gesunden Politik nicht mehr vereinbar ... Preußen solle die

Hand bieten zur Wiederherstellung des alten Polens, unter der Bedingung ewiger Neutralität«.

In die geistige Umgebung dieser Korrespondenz Arnims gehört im Vormärz eine militärische Denkschrift, in der es hieß, daß die polnische Nationalbewegung genauso sittlich sei wie die deutsche von 1813 und deren Bedeutung nicht dadurch gemindert wird, daß sie aus der Feder eines einzelnen stammt und ohne Echo blieb. Solche Äußerungen im März 1848 enthielten ein kräftiges Echo auf die Polenbegeisterung des Vormärz, aber mehrere Erfahrungen mußten erst zusammentreffen, damit diese schwärmerische Bewegung gebannt wurde. Zunächst war es die unbeugsame Haltung Rußlands, dann die Haltung der Polen selbst, die sich mit Konzessionen nicht begnügten, sondern zu den Waffen griffen. Die kriegerischen Auseinandersetzungen im Großherzogtum Posen sensibilisierten das deutsche Selbstgefühl, und es sollte sich rasch zeigen, daß ein starkes, ja ein geradezu übersteigertes deutsches Nationalgefühl zu jenen Elementen gehörte, die dem Erfolg einer revolutionären Bewegung mit dem Ziel von Einheit und Freiheit im Rahmen europäischer Realitäten hinderlich im Wege standen.

So war es der militante Nationalismus des Jahres 1848, der eine Gefahr für den europäischen Frieden bedeutete und jedenfalls von einer Reihe großer Mächte so aufgefaßt wurde. Arnim hatte eine hohe, eine zu hohe Meinung von der Bedeutung des preußischen Staates – worin ebenfalls eine Fehlerquelle seiner Urteilsbildung über eine revolutionäre Umgestaltung des Staates zu erblicken ist. Schon am 10. April, also einen Monat nach seiner decouvrierenden Programmschrift, gab er in einem Brief an den ihm geistesverwandten Bunsen der Meinung Ausdruck, »mit Posen wird man uns einen Monat Zeit und Ruhe lassen«, um dann allerdings sogleich fortzufahren: »Wollen die Polen aber nicht, so muß man ernstlich gegen sie verfahren, wir werden dabei ganz Deutschland für uns haben«.

Der drohende Zusammenstoß mit Rußland wurde auf seltsame Weise von dem Berufsdiplomaten Arnim verharmlost oder vielmehr in Kauf genommen, und noch Anfang Juni fand er sich damit ab, »daß wir den Krieg mit ihm [Rußland] kaum vermeiden können«. Seine Lagebeurteilung ging davon aus, daß beide Westmächte an der Wiederherstellung von Polen interessiert seien, denn – das mußte doch die Auffassung einer sogenannten »vernünftigen Politik« sein – »die Gefahr, die vom Osten der Zivilisation in Europa drohe«, war angeblich »gesichertes Wissen« in Europa.

Die Substanz der Arnimschen Bekundungen kann nicht bestritten werden; daß ein Krieg mit Rußland zu seinen außenpolitischen Leitbildern gehört habe, ist eine gängige Auffassung in der Literatur. Und doch bedarf sie der Differenzierung, seit wir über detailliertere Auskünfte aus Arnims Nachlaß verfügen. Seine außenpolitischen Zielsetzungen waren sicherlich ambivalent. Es stellt sich nämlich heraus, daß Arnims Politik nicht etwa in gleichsam dogmatischer Weise um Polens willen bereit gewesen wäre, einen Krieg mit Rußland zu provozieren. Er hat das Problem der ethnischen Mischungen im Großherzogtum Posen scharfsichtig erkannt und war aufrichtig bemüht, den nationalen Forderungen der Polen mindestens gerecht zu werden. Er mußte rasch einsehen, daß eine Aussöhnung mit Polen durch eine Reorganisation auf der Grundlage der Nationalität des Großherzogtums Posen nicht realistisch war.

Heinrich von Arnim als Außenminister Friedrich Wilhelms IV. war in der Tat nur in der Ungewißheit und Unsicherheit während der ersten Revolutionsphase denkbar. Politische Grundauffassungen trennten beide Persönlichkeiten. Unzutreffend bleibt gleichwohl die Meinung, der Außenminister habe den Krieg mit Rußland vorbereitet, während Friedrich Wilhelm IV. selbst um Heranziehung russischer Truppen an der preußischen Grenze gebeten habe. Zwischen dem französischen Geschäftsträger Baron de Circourt und Arnim bestand damals ein reger Briefwechsel. Was ihm Circourt mitteilte, hat sicherlich die Zustimmung des preußischen Außenministers gefunden: »Eine Vernichtung Rußlands als europäische Macht? Über solche Illusionen können Leute unseres Alters und unserer Erfahrung doch nur lachen ... Die ganze Perspektive eines selbstmörderischen Krieges gegen Rußland, den man ihm aufgenötigt hätte, würde also in dem Verlust der Errungenschaften Friedrichs II. und Friedrich Wilhelms III. liegen.«[31]

Arnims Sympathien gehörten den national-liberalen Ideen, und er war erfahren genug, um sich nicht über die von Rußland drohenden Gefahren zu täuschen. Solche illusionistischen und realistischen Motive zugleich haben auch die Urteilsbildung über den Konflikt mit Dänemark gekennzeichnet, der frühzeitig auf die Tagesordnung der deutschen Revolution drängte. Der König und seine Ratgeber erkannten durchaus die Bedeutung dieser Frage für Preußen, Deutschland und Europa. So wie in der polnischen schieden sich aber auch in der dänischen Frage die Geister. Es kommt wiederum mehr auf die Reflektionen der Beteiligten als auf den Gang der Begebenheiten an.

In Berliner diplomatischen Kreisen glaubte man, die englische Interessenlage besser als der britische Premier selbst beurteilen zu können. Tatsächlich zeichnete sich der labile Monarch in dieser Hinsicht durch eine tiefere Einsicht in die Grenzen preußischer Machtpolitik aus als eine Reihe seiner amtlichen Ratgeber. Friedrich Wilhelm besaß ein feines Gefühl für die Brisanz der dänischen Frage; sein Anteil an der allgemeinen Begeisterung für die Herzogtümer war relativ gering – jedenfalls geringer als seine Sorge über das Verhalten Englands und Rußlands. Mochte er davon überzeugt sein, Palmerston müsse »die Melodie anstimmen«, so wollte er doch alles tun, einen Krieg gegen Dänemark zu vermeiden, zumal für ihn die Souveränität des dänischen Königs, Friedrich VII., außer Frage stand. »Blutvergießen« in Schleswig-Holstein solle verhütet und ein Übergang nach Jütland vermieden werden; gewiß – die Stimmungen schwankten im April, und in diesem Monat fallen sehr verschiedene Äußerungen. Sie sind nicht nur auf die Labilität des Königs zurückzuführen, sondern ebenso auf den Verkehr mit seinem Außenminister.

Arnim hat noch 1852 vor dem Berliner Gericht, vor dem er wegen Beleidigung des preußischen Staatsministeriums angeklagt worden war, sein Verhalten im Konflikt mit Dänemark mit den decouvrierenden Worten verteidigt: »Es ist ein unschätzbares Glück für ein revolutionäres Volk, wenn es durch ungerechten Angriff zu einem Verteidigungskriege gezwungen wird. Das war unser Fall – Deutschland mit Preußen als seines Vorkämpfers. Die in Kopenhagen siegreiche Revolution forderte Deutschland zum Kampfe heraus.«[32] Er bekannte seine Überzeugung, daß es zugleich seine Absicht gewesen sei, die verletzte Ehre durch einen gerechten Kampf wiederherzustellen und vor allem die preußischen Garden zu rehabilitieren. In der Verteidigungsrede hieß es ferner: »Überdies war durch diese Expedition die Erhaltung des europäischen Friedens nicht gefährdet. Ein bekannt gewordener General versprach mir, daß unter seinem Oberbefehl der Feldzug in acht Tagen beendet sein solle, daß Dänemark den Frieden suchen müsse. Wenn dies geschah, waren die Herzogtümer befreit und ihre Rechte festgestellt, ehe irgend eine große Macht sich in diese deutsche Angelegenheit mischen konnte.«

Diese Worte lassen die Kluft zwischen Arnim und dem König erkennen, und es sollte sich rasch zeigen, wie das Verhalten beider Männer auf verschiedene Weise von Wunschbildern bestimmt wurde. König Friedrich VII. hatte am 24. März 1848 die »eiderdänischen« Pläne,

Schleswig Dänemark zu inkooperieren, gebilligt. Eine leidenschaftliche nationaldeutsche Erhebung führte zur Bildung einer provisorischen Regierung in Kiel, die der Bundestag am 12. April anerkannte. Theodor von Schön interpretierte zutreffend den Sinn der Auseinandersetzung, wenn er von dem Kampf der Nationalität gegen den Staat sprach. Der Bund und später die Nationalversammlung ersuchten am 4. April die preußische Regierung, zur Vermeidung von Blutvergießen in seinem Namen das »Vermittlungsgeschäft« mit Dänemark zu führen. Am nächsten Tage zogen die ersten preußischen Soldaten in Rendsburg ein mit dem Befehl, die Eider nicht zu überschreiten.

So wie die polnische ist auch die schleswig-holsteinische Frage geeignet, Eigentümlichkeiten damaliger Urteilsbildung und des Verkehrs zwischen Parteien im Konfliktfall zu veranschaulichen. Aufschlußreich ist einer der ersten Briefe des Königs an Arnim vom 2. April 1848: »Teuerster Arnim. Überlegen Sie einen Gedanken, der nicht als Wunsch, wohl aber als ein mögliches Mittel sich mir darstellt, in Schleswig-Holstein Blutvergießen zu verhüten. Es entsetzt uns die Nachricht, daß König Friedrich VII. in Person bei der Armee in Jütland ist und besteht darin, daß ich morgen oder übermorgen nach Rendsburg eile, den König Fréderic auf Waffenstillstand und auf eine Unterredung, in einem von ihm zu bezeichnenden Orte antrage und dann alles anwende, um den Austrag der Sache in Englands Hand zu legen und zwar dahin, den Status Quo aufrecht zu erhalten. Vale FW.«

In dieser und den nächsten »Weisungen« begegnen uns jene Gesichtspunkte, von denen aus auf die geistig-politische Landschaft in einer Situation mit nationalem, dynastischem und gesamteuropäischem Konfliktstoff helles Licht fällt. Es war vor allem der König – ihm war die Angelegenheit von vornherein fatal, unangenehm und suspekt –, der sich die Begrenzung der militärischen Vorgänge angelegen sein ließ und der sich gleichzeitig seinem Wunschdenken über England hingab. Zwischen der Ernennung des Generals der Kavallerie von Wrangel zum Oberbefehlshaber der im Herzogtum Holstein versammelten deutschen Truppen am 22. April, dem Einmarsch deutscher Truppen in Jütland, der südlichsten Provinz Dänemarks, und der aus strategischen und politischen Gründen befohlenen Räumung dieser Provinz am 25. März bis zu den Waffenstillstandsverhandlungen seit dem 2. Juli in Malmö (Waffenstillstand am 26. August) vollzog sich ein deutlicher Wandel der Urteilsbildungen in den preußischen Führungskreisen um Friedrich Wilhelm IV.

Der König war gewiß voller Genugtuung über erste deutsche Waffenerfolge seit mehr als dreißig Jahren, die in dieser Phase der Auseinandersetzungen aber durchaus nicht überschätzt worden sind. Noch vor der Eröffnung der Feindseligkeiten läßt sich eine Ambivalenz zwischen diplomatischer Zurückhaltung, Zutrauen zur dynastischen Solidarität – die auch den König von Dänemark einschloß – und fröhlicher Zuversicht zu einem raschen militärischen Unternehmen beobachten. Der Gedanke, den noch in England weilenden Bruder Wilhelm durch Übertragung eines militärischen Kommandos in den Herzogtümern für die vorausgegangene Demütigung gewissermaßen zu »entschädigen«, hat bei den Überlegungen eine nicht geringe Rolle gespielt.

Ein Brief an Heinrich von Arnim vom 7. April ist aufschlußreich genug. Der Oberst von Bonin hatte auf Drängen des Herzogs von Augustenburg am 10. April die Eider doch überschritten. Nur drei Tage zuvor hatte der König Arnim wissen lassen, Bonin möge »durch Parlamentär« den dänischen Truppen kundgeben und erklären: »Meine Streitkräfte, unter ihnen zwei Garderegimenter, stünden da nicht als Feinde, sondern allein um dem mir vom Bundestage übertragenen Amte des Vermittlers in der Sache den Nachdruck zu geben, der durch die Verletzung des Status Quo von Seiten Dänemarks notwendig geworden. Er dringe in Meinem Namen auf Waffenstillstand.« Dann folgten Worte, die so wenig zu der Persönlichkeit des Monarchen zu passen scheinen. Bezeichnend ist, daß er unversehens in einen forschen Berliner Jargon verfiel: »Bei dem dänischen Unsinn kann das eine sehr gloriose kleine Campagne geben, recht eigentlich gemacht, um Wilhelm die Herzen zu gewinnen. Mit nahe an 30 000 Mann kann man ohne Gloriole auf ein ›Treiben jehen‹ für eine echte deutsche Sache.«[33]

Die Vorstellung, es könne zu einem »ordentlichen« Krieg kommen, fiel ihm schwer genug. In einem für den König befremdlichen Marginal zu einem Bericht Bunsens aus London hieß es: »Will der König von Dänemark aus der bewaffneten Intervention absolut einen ordentlichen Krieg machen durch eigentlich charakteristische Feindseligkeiten teutscher Häfen, Wegnahme von Schiffen, so geht die Intervention auch von teutscher Seite in wirklichen Krieg, also mit Eroberungs-Recht über.«

Wichtiger als die militärischen Bewegungen der preußisch-deutschen Truppen bleiben für uns die Reaktionen des Königs, die erstaunlich gleichmäßig ausfallen. Das dynastische Element machte sich nämlich von vornherein in dem Bemühen um persönliche Fühlungnahme mit dem König von Dänemark geltend. Die Nachricht, daß der Däne persönlich bei der Armee sei, alarmierte Friedrich Wilhelm. Den Streitkräften fiel in diesem Konflikt nicht nur unter militärischem Gesichtspunkt eine Rolle zu; ihr Auftrag war auch politisch bedingt.

Der befohlene Rückzug aus Jütland wurde von der Armee als eine »Wiederholung des 19. März in großem Stil« empfunden.[34] Der Generalstabshauptmann im Stabe Wrangels, von Fransecky, hat als Zeitzeuge die Vorgänge beschrieben. Er gehörte zu den Offizieren, die nach etwa zwei Jahrzehnten in den Schlachten zwischen 1866 und 1871 hohe Kommandos innehatten. Seine Berichte zeichnen sich durch Nüchternheit und operativen Weitblick aus. Mögen die Operationen noch so begrenzt gewesen sein, so handelte es sich doch um Krieg mit Toten, Verwundeten und Gefangenen auf beiden Seiten.

In diesem Krieg, der unter Verbündeten und unter der schweren Last einer Intervention der großen Mächte geführt wurde, ist ein bestimmter Sachverhalt interessant: Die Fühlungnahme zwischen den Kriegführenden ging selten verloren. Das war nicht zuletzt ein Verdienst Friedrich Wilhelms IV. und kann am Verhalten des Generalstabsoffiziers Fransecky veranschaulicht werden. Die Gunst Wrangels, des Bundesfeldherrn, kam ihm zugute. So wurde er vor Aufgaben gestellt, die seinen politischen Horizont erweitert haben. Er gewann rascher als andere Einsicht in die Bedeutung der Seemacht. Noch während der Waffenstillstandsverhandlungen, als die Operationen zum Stillstand gekommen waren, schrieb er: »Ohne Schiffe ist dieser Krieg nun einmal nicht zu Ende zu führen, und daher sollte man machen, daß man auf anständige Weise je eher, je lieber davon los komme.«

Nach Abschluß des Waffenstillstands ergab sich für Fransecky eine interessante Mission in das Hauptquartier des Königs von Dänemark. Sie ist aufschlußreich für den Stil der Kriegführung in einer zu Ende gehenden Epoche. Er erhielt die Aufgabe, die Änderungen einiger ungünstiger Paragraphen der Waffenstillstandskonvention zu erreichen. Als er in Sonderburg eintraf, wurde er sogleich zur königlichen Tafel eingeladen. Er entschuldigte sich wegen des Reiseanzugs, in dem er sich noch befand, aber der König unterbrach ihn mit den Worten: »Sie kommen aus dem Feldlager, und sind mir so, wie Sie sind, willkommen.«

Aus der königlichen Tafel wurde ein rauschendes Fest der dänischen Offiziere und des preußischen Gegners mit dem Oberbefehlshaber der dänischen Armee. Der König ließ sich von dem preußischen Generalstabsoffizier Details der Schlacht bei Schleswig (Danewerke) am

24. April, die die Dänen zu einem hastigen Rückzug genötigt hatte, erklären, und Fransecky konnte über den »wohl selten vorgekommenen Fall« sprechen, »daß ein feindlicher Offizier dem Monarchen der Gegenpartei einen Vortrag darüber hält, wie diese Partei geschlagen wurde«.

Nach Besichtigung der auf der Reede versammelten dänischen Flotille kam es wiederum zu einer Unterhaltung, in deren Verlauf Friedrich VII. unter Anspielung auf die im Frankfurter Parlament geführte Diskussion über die »Gründung einer deutschen Flotte« die Bemerkung machte: »Ja, das Wort ist leicht gesagt – aber die Ausführung!? – Das kostet viel Geld und viel Zeit – da wird es wohl beim Plan auf dem Papier bleiben!« Die Abschiedsworte lauteten: »Glückliche Reise – richten Sie Ihrem Könige meinen Gruß aus« – und nach einigem Besinnen: »Grüßen Sie auch Ihren General Wrangel und den General Neumann, ich kenne beide von Rügen her.« Die Courtoisie dieser Begegnung stand im Gegensatz zur nationalen Empörung auf beiden Seiten. Sie gehörte gleichsam zum Stil einer Auseinandersetzung, wie ihn Friedrich Wilhelm IV. zu konservieren wünschte.

Friedrich Wilhelm übertraf in der Auseinandersetzung mit Dänemark nicht nur seine Zeitgenossen, so weit sie in großer Mehrheit patriotisch entflammt waren, sondern auch seine Berater an Weitsicht und Fähigkeit zur realistischen Lagebeurteilung. Wenn er auch im Frühling 1848 von der Begeisterung um die Herzogtümer einen Augenblick mitgerissen worden war, so hat er doch rasch aus dem Erfahrenen gelernt. Er hatte die drohende Intervention ernstgenommen; zu den Erlebnissen dieser Monate gehörten sowohl die Blockade der Häfen als auch das Aufbringen preußischer Schiffe. Das Schreiben und Reden von »deutschen Professoren« waren für ihn unerträglich. Er fühlte die praktische Verantwortung »in dieser Sache«, »um seiner angeborenen Pflichten willen: Waffen-Ruhe zu erhalten, Frieden zu schließen und Pommern wie Preußen und das arme Mecklenburg vor einer Verarmung nach dem Fuße von 1805 bis 1807 zu bewahren«.[35]

Es fällt auf, daß er Mecklenburgs, dem Land seiner verstorbenen Mutter, das unter den napoleonischen Kontributionen sowie unter der Kontinentalsperre gelitten hatte, besonders gedenkt. Sein Geschichtsbild war nicht in erster Linie von Siegen, sondern von Niederlagen bestimmt. Es handelte sich bei ihm nicht um schwankende Stimmungen, sondern um eine Angst vor Konflikten, denen Preußen nicht gewachsen sei. An dieser Stelle ist Bismarcks Urteil bezeichnend: Der

König sei seinen Zeitgenossen an Einsicht weit überlegen gewesen. So haben die Siege der »Reichstruppen« unter dem Kommando des preußischen Generals von Prittwitz bei Eckernförde am 5. April nicht dazu geführt, seine Zuversicht zu stärken. Auf solche Siege folgten ja auch rasch Nachrichten über Niederlagen, wie sie etwa die Schleswig-Holsteiner vor Fridericiana am 5. und 6. Juli von den Dänen hinnehmen mußten. Es war ein Krieg, in dem die komplizierten Kommandostrukturen die Operationen erheblich erschwerten.

Zu bedenken ist indes vor allem, daß die dänische Frage eine unter vielen war, die den König, das Kabinett und die Ratgeber beschäftigten. Sieht man die diplomatische und fürstliche Korrespondenz dieser Monate durch, dann steht im Mittelpunkt aller Reflexionen und Diskussionen die Kaiserfrage, das Angebot und die Absage der erblichen Kaiserwürde. Die künftige Gestaltung der Beziehungen der deutschen Staaten untereinander bildete eine der großen Lebensfragen, um deren Lösung gerungen wurde.

Friedrich Wilhelm wollte weder die Kaiserkrone noch den Krieg mit Dänemark – so schrieb er. Die Nachrichten über die Haltung Rußlands haben ihn schwer bedrückt. Die Korrespondenz des Hochsommers und Frühherbstes spiegelt in der Phase der militärischen Auseinandersetzung mit einem »Kleinstaat«, dem die Unterstützung zweier Großmächte zuteil wurde, Gesinnung und Stimmung des Königs von Preußen getreulich wider.

Es ist aufschlußreich, daß Friedrich Wilhelm IV. gerade in dieser Phase nationaler Erregung der dynastischen Verbundenheit mehr als der Diplomatie vertraute. So bediente er sich des dynastischen Mittels militärischer Sondermissionen. Er warb »im Namen der Menschlichkeit und des Christentums« um Waffenstillstand und Friedensverhandlungen, damit »das unnütze ... Vergießen von Menschenblut verhindert« werde. Man spürt die Bedeutung eines Leitmotivs seit Großgörschen. Seiner Auffassung von Europa entsprach es, wenn er bekundete, »die Aufrechterhaltung der dänischen Monarchie sei für Europas Gleichgewicht unentbehrlich«. Für ihn waren »die politischen Feindseligkeiten zwischen beiden Kronen« eine »Ausgeburt des 1848er Greueljahres«.[36]

Ob diese Briefe, deren Entwürfe vorhanden sind, so abgeschickt wurden, muß dahingestellt bleiben. Sie enthalten jedenfalls die genuinen Gedanken des Königs von Preußen. Die Antwort vom 28. September aus Kopenhagen fiel verbindlich aus. Die Anrede lautete: »Mein Herr

Bruder«, und Friedrich VII. sprach ganz im Sinne Friedrich Wilhelms: »Ew. Majestät haben ihn [den Rechtsboden] mit Ihrer braven Armee in größerem Umfange neu befestigt, zunächst in Ihren eigenen Staaten. Helfen Sie mir zu dessen Herstellung in den meinigen.«

Der König von Preußen war tief beunruhigt über die Nachrichten, die aus Petersburg kamen. Sein Generaladjutant, Generallieutenant von Rauch, hatte bei einer Mission nach Warschau Gelegenheit zu einer »kurzen« persönlichen Unterhaltung mit dem Zaren. »Sie bezog sich hauptsächlich auf Auskunft, die ich über die Königliche Familie geben mußte, so wie über den unglückseligen Dänischen Krieg.« Der Zar sei »schmerzlich bewegt über den Gedanken, daß es vielleicht mit Preußen zum Kriege kommen könne«. Der Kaiser sei »wahr und wahrhaftig ein guter Preuße«. Die russische Flotte, die in die dänischen Gewässer ausgelaufen war, »habe bis jetzt keinen anderen Befehl, als die geschlagene dänische Armee aufzunehmen«. Der Bericht ist nach dem Sieg bei Eckernförde und den Erfolgen in Jütland geschrieben worden. Der General beschwor seinen Herren, die »strengsten Befehle« zu geben, »keinen Schuß auf russische Schiffe zu tun; denn ein solcher Schuß wäre der unvermeidliche Krieg«.

Friedrich Wilhelm IV. hat diesen Krieg zu keinem Zeitpunkt in sein Kalkül einbezogen. Obwohl die militärischen Vorgänge wenig übersichtlich waren, entsprachen die operativen Maßnahmen doch so gut wie stets politischen Erkenntnissen und Vorstellungen. Der Krieg konnte sich damals noch nicht verselbständigen. General von Prittwitz war als Kommandierender der Reichstruppen nicht dem König von Preußen unterstellt; er gab am 3. Juni die Weisung, nach welcher das Einlaufen russischer Kriegsschiffe nur in dem Falle verhindert werden durfte, wenn dieselben angriffsweise verfahren sollten. Der König hat sich in der kriegsreifen Situation der Jahre 1848/49 durch einen realistischen Sinn ausgezeichnet, wenn er sich, ohne in die operativen Entscheidungen einzugreifen, sein Mißtrauen gegen eigenmächtiges Vorgehen des Schleswig-Holsteiner bewahrte.

Wie wenig sich Friedrich Wilhelm in der dänischen Frage persönlich engagierte und wie erleichtert er sich nach Beendigung der Feindseligkeiten fühlte, zeigte deutlich der Empfang, der dem Herzog Ernst II. in Sanssouci zuteil wurde. Auf den Herzog machte der Empfang »einen der unvergleichlichsten Eindrücke«: »Als ob er die längste Zeit von mir nicht gehört hätte, fragte er mich, wo ich denn herkäme, wo ich gewesen, und warum ich seit so langer Zeit nicht in Berlin gewesen ... von

Schleswig-Holstein war nicht mit einem Worte die Rede«, obwohl das Thema doch nach Ansicht des Herzogs »in diesem Augenblicke in ganz Deutschland als die brennendste Wunde betrachtet wurde«.[37] Der König erzählte »in der harmlosesten Weise von seiner letzten Zusammenkunft mit dem Könige von Dänemark«. Die Szene ist für die Beteiligten, zu denen auch Wrangel und Alexander von Humboldt gehörten, mindestens befremdend und seltsam gewesen, aber sie vermittelt wiederum einen Zugang zur Persönlichkeit des Monarchen.

In einem ganz anderen Zusammenhang, im Zusammenhang mit dem Angebot der Kaiserkrone, hatte er dem Prinzgemahl von England von »der preußischen Gloriole« gesprochen,[38] »die ein ganz eigentümlich Ding sei, weil sie die treusten Königsfreunde und sonst sehr einsichtsvolle Patrioten wie die Influenza befällt«. Als Prinz Albert unverzüglich antwortete und dem König in Erinnerung an die »Verheißungen« von 1840 zuredete, die Einigung Deutschlands unter preußischer Führung zu gestalten, kam er auf das Wort von der preußischen Glorie zurück. Er hatte als deutscher und liberaler Prinz und als Gemahl der englischen Königin seine eigene Vorstellung von deutscher Geschichte und wünschenswerter deutscher Zukunft. Er stimmte bezeichnenderweise mit Friedrich Wilhelm darin überein, daß auch er preußische Glorie als »undeutsch« mißbilligte. Es mochte einen Augenblick scheinen, als ob er mit der Übertragung des Oberbefehls über die Truppen in Schleswig-Holstein an seinen Bruder und nicht zuletzt durch Teilnahme der Garden die Armee zu rehabilitieren gedachte. Der König wurde indes sehr rasch gewahr, daß sein Staat in eine Kriegszone geriet. Dem dänischen Monarchen fühlte er sich letztlich näher als einer national-revolutionären Bewegung in Deutschland. In dieser Situation war er mit sich selbst einig. Sein Nichtstun entfremdete ihn von der Mehrzahl der Stimmführer der öffentlichen Meinung. Es war allerdings nicht nur Ausdruck von Schwäche, sondern vielleicht eher von »staatsmännischer Weitsicht«. Dem König von Gottes Gnaden lag das Wohl seines Landes am nächsten. Er wollte allerdings auch lieber bauen, als sich den Stürmen der Weltpolitik aussetzen. Man darf die Frage des Temperaments des Königs nie vergessen. Der Krieg war letzten Endes nicht seine Sache, mochte er auch von einer Via triumphalis für Sanssouci träumen.

Im Sommer 1848 befand sich Friedrich Wilhelm IV. noch immer in einer prekären Situation. Er stand zwischen dem weiterhin vorhandenen revolutionären Potential, den radikalen parlamentarischen Anträgen, dem Druck aus Frankfurt und den außenpolitischen Krisen, die die Gefahr einer Konfrontation mit den Großmächten in sich bargen.

Die Briefe an die Schwester in Petersburg aus diesen Monaten sind sicherlich in erster Linie geschrieben, damit der Zar sie las und sich von den Absichten seines Schwagers überzeugen konnte. Sie enthalten politische Glaubensbekenntnisse – so, wenn er seinen Legitimismus bekennt: »Das Geschick der Welt hängt von der offenen und selbstbewußten Vereinigung der Dynastien und der legitimistischen Parteien ab.«[39] Sie sind darüber hinaus aber die Konfessionen eines gequälten Herzens, das sich an die Schwester wandte. So ist der Brief vom 22. Juni vor dem Hintergrund des Krieges mit Dänemark geschrieben worden. Nachdem er die Friedensmöglichkeiten in den Beziehungen zu Dänemark erläutert und nachdem er seinen Willen bekundet hat, gegen jede Rebellion »von Berlin oder vom Landtag mit den Waffen einzuschreiten«, wird der Ton in der Beschreibung jüngster Vergangenheit warm und familiär. »Wie bin ich Dir so unaussprechlich dankbar, geliebteste Charlotte, für Deine lieben, herzlichen Brieflein an Elis[e] und mich. Es ist mir so unendlich wert, daß Du meine ganze Dankbarkeit kennst. Ich bin natürlich tief betrübt. Aber mit der Trübsal ist mein Gottvertrauen wunderbar gestärkt. Die Hoffnung ist frisch, und ich laß den Kopf nicht hängen. Der Herr wird's mit Preußen nicht ausmachen wollen. Er hat es immer wunderbar geführt und seine Fürsten aus ›Graus in Wonne, aus Nacht in Sonne, aus Tod in Leben‹ eingeführt. Erinnerst Du Dich dieses Verses, der durch den alten kreuzbraven Zauberring wie ein roter Faden durchgeht? Wie ich als sehr romantischer Jüngling vor dem Kriege das zuerst las, machte mir's gleich den Eindruck, als gälte mir das persönlich. Dabei beharr' ich.«[40]

Die Präsenz dieses romantischen Gedankens seit der Jugend über die romantischen Ritterspiele der dreißiger und vierziger Jahre bis in die Gegenwart ist verblüffend und läßt die Kontinuität romantischen Lebensgefühls erkennen. Wie schwer muß den sensiblen König jener Brief des Zaren vom 14./26. September 1848 getroffen haben, in dem er nicht nur militärische Hilfe verweigerte, sondern hart mit ihm ins Gericht ging, ein Sündenregister aufstellte und bis an die äußersten Grenzen der zwischen verwandten Souveränen üblichen Höflichkeit ging. Er nahm für sich in Anspruch, »la vieille Prusse« zu kennen – offensichtlich besser als der derzeitige König von Preußen. »Mais cette vieille Prusse a cessé d'être pour se fondre dans l'Allemagne, et notre antique union a disparé dès ce moment.« »Preußen geht fortan in

Deutschland auf« – diese Worte blieben für Nikolaus unvergessen. Rußland war nicht bereit, einer Macht Hilfe zu gewähren, die seine Traditionen verleugnet hatte – der Vorwurf richtete sich gegen jede Form des Konstitutionalismus. Er werde im Notfall in preußischer Generalsuniform an der Spitze der Garden die Revolution in Preußen niederschlagen.

Allzu wörtlich darf man diese Äußerung nicht nehmen, allerdings fühlte sich der Zar mit der preußischen Garde eng verbunden, und dieses Gefühl konnte erst recht nach dem Sieg über die Revolution zum Ausdruck kommen. Am Abend des 16. Mai 1852 besuchte er Potsdam, und nach einem großen Zapfenstreich sagte er – dem Sinne nach – zu den Offizieren: »Ich freue mich, endlich wieder einmal unter Ihnen zu sein. Sie kennen meine Gesinnung und wissen, daß ich immer Ihr treuer Freund gewesen bin. Mein ganzes Herz war bei Ihnen in schwerer Zeit ... Ich trete zu Ihnen, der alte zu den alten, wir wollen immer gute Freunde bleiben und fest, wie Kameraden, zueinander stehen.«

Wie sehr indes der Genesungsprozeß der Armee fortschritt, läßt ihr Verhalten erkennen, als im Juli sowohl der Vorentwurf der Reichsverfassung als auch der Huldigungserlaß des Reichskriegsministeriums bekannt wurden. Die Reaktion auf diesen Erlaß wird wie in einem Brennspiegel sichtbar, sobald man die Lage in den westlichen Provinzen Preußens betrachtet. Hier standen Truppen einer Bevölkerung gegenüber, deren Loyalität gegenüber dem Staat und der Dynastie Hohenzollern immerhin Zweifeln ausgesetzt war. Der Huldigungserlaß des Reichskriegsministers, des preußischen Generals Peucker, enthielt ein »Rundschreiben an die Kriegsminister der deutschen Staaten, die Übernahme der Zentralgewalt durch den Reichsverweser betreffend«. Er notifizierte den Einzelstaaten die Oberleitung der gesamten deutschen Macht durch den Reichsverweser. An die einzelstaatlichen Kriegsminister erging die Aufforderung, mit dem Reichskriegsminister sogleich »in Verkehr zu treten« und die Truppen anzuweisen, »die ausnahmsweise in besonders dringenden Fällen an solche unmittelbar vom Reichskriegsministerium ergangenen Befehle sofort zu befolgen«.[41]

Dann aber kam der in jener Situation besonders folgenschwere Abschnitt des Erlasses: »Da der Erzherzog Reichsverweser mit der provisorischen Zentralgewalt auch die Oberleitung der gesamten deutschen bewaffneten Macht übernommen hat, so findet sich das Reichskriegsministerium verpflichtet, zu veranlassen, daß von diesem Akte die gesamten deutschen Bundestruppen durch feierliche Verkündigung des beigeschlossenen, an das deutsche Volk erlassenen Aufrufs Kenntnis erhalten, und gleichzeitig ihnen Gelegenheit gegeben werde, dem Reichsverweser ihre öffentliche Huldigung darzubringen.« Am Sonntag, dem 6. August 1848, sollten alle deutschen Bundestruppen in ihren Garnisonen in Parade ausrücken, »zum Ausdruck der Huldigung dem Reichsverweser ein dreimaliges Lebehoch auszubringen«. Vom 6. August an seien »überall, wo es bis dahin noch nicht geschehen sein sollte, die deutschen Farben, und zwar in Kokarden an den Kopfbedeckungen und in Bändern an den Panieren anzulegen«.

Man könnte meinen, der Huldigungserlaß hätte von vornherein keine Chance gehabt, die Wirklichkeit der militärischen Machtverhältnisse in Deutschland zu verändern. Eine solche Argumentation übersieht indes die Imponderabilien, die im Selbstgefühl der preußischen Armee lagen; die Generalität und die Offiziere waren mißtrauisch gegen alles, was ihre Selbständigkeit als königliche Armee einschränken konnte. Huldigung, Verheißung und Eid, in dieser Klimax verzahnten sich die Probleme des Heeres. Die Frankfurter Vorgänge mit Reichsverweser, Reichskriegsminister und Reichstruppen betrafen besonders das preußische Heer. Wohl hatte die Armee nach dem März ihr altes Selbstgefühl wiedergewonnen; sie hatte den Handlungsspielraum für die Politik Preußens erweitert. Daß das Problem Preußen-Deutschland nicht zuletzt vom Militär bestimmt wurde, ist jedoch unverkennbar. Der Huldigungserlaß hat die Frage nach dem Verfassungseid des Heeres – der König hatte ihn am 22. März zugesagt – erst recht aktualisiert. Der Armee mußte in den Beziehungen zwischen Berlin und Frankfurt eine Schlüsselrolle zufallen. Die Nationalversammlung hegte bei der Verfassungsberatung unter dem Abschnitt »Die Reichsgewalt« den Plan, aus den Heeren der deutschen Einzelstaaten ein Reichsheer zu bilden; es sollte »Treue dem Reichsoberhaupt und der Reichsverfassung« schwören, »jede andere Verpflichtung des Militärs steht dieser nach«.[42] Die Beratung dieser Bestimmung fiel mit dem Huldigungserlaß des Reichskriegsministers zusammen.

Zwar wäre im Falle eines sogenannten »Reichsheeres« die preußische Armee ja geradezu automatisch in die führende Stellung eingerückt, aber im Vordergrund stand Grundsätzliches. Die Deutsche Wehrzeitung traf den Kern des Problems, als sie die Frage stellte, was denn werde, wenn »der König, der Kriegs- und Landesherr, der Sohn Friedrich Wilhelms des Gerechten, der Nachkomme des Großen Kurfürsten und des Großen Friedrich« die Huldigung befiehlt? Die Frage entsprach dem Sinne, der Überzeugung und dem Fühlen Friedrich Wilhelms, wie auch die Antwort: »Dann« – so die Wehrzeitung – »wird die Armee gehorchen, wie sie am 19. März gehorcht hat! Dann ruft sie: Vivat der Reichsverweser und – Finis Borussiae.«

Eine Huldigung der Truppen fand tatsächlich statt. Es war etwas anderes, ob man sie in Düsseldorf oder in einem der Dörfer zwischen Potsdam und Berlin erlebte. Der Batteriechef Prinz Kraft zu Hohenlohe-Ingelfingen schildert das Leben in einem der kleinen Dörfer in der Nähe von Berlin, wo die Garde auf einen Befehl zum Angriff auf Berlin wartete. »Dort führten wir ein recht langweiliges Leben. Wir durften uns nicht vom Fleck rühren. Kaum konnten wir den Pferden die für sie nötige Bewegung in der Nähe des Dorfes verschaffen. Wir sollten Tag und Nacht bereit sein, unmittelbar nach erhaltenem Befehl zum Kampf gegen Berlin zu rücken. Da saßen wir dann am Tage stundenlang bei schönem Wetter in der Dorfstraße und plauderten und rauchten, und bei schlechtem Wetter spielten wir Karten.«[43]

An den Akt der Huldigung erinnert sich Hohenlohe nur schwach. »Wir schworen aber dem Reichsverweser doch nicht. Es wurde ein Mittelweg gefunden. Es wurde den Truppen beim Appell die Ernennung eines Reichsverwesers bekannt gemacht und dabei ein Hoch auf den König ausgebracht, der allein zu befehlen habe. Auch ein Ausweg!«

Der Hochsommer war voller Turbulenzen. Es wurden Überlegungen angestellt, Berlin eventuell durch Truppen zu zernieren und die Sicherheit des Königs in Potsdam zu gewährleisten. Es fällt auf, wie dem Gedanken an eine Offensive im Bereiche des innerstaatlichen Lebens der Defensivgedanke in den auswärtigen Beziehungen gegenübersteht. Die operativen Überlegungen, die in einer Reihe von Denkschriften ihren Niederschlag gefunden haben, lassen zwar keine Schlüsse auf die politischen Absichten zu. Es bleibt jedoch bemerkenswert, wie sehr das defensive Denken bei den Militärs im Vordergrund stand. Eindrucksvoll wirkt die Abneigung gegen einen Krieg nur »um der Ehre willen«. Ein Abgrund trennt diese Bekundung von der Ansicht, es sei ein Glück für ein Volk in der Revolution, wenn es zu einem Kriege genötigt werde.

Es ging einem denkenden Offizier wie Griesheim und seiner Generation und wie überhaupt der Generalität um die Bewahrung der Selbständigkeit der preußischen Armee unter dem Oberbefehl und der Kommandogewalt des Königs von Preußen. Es sollte übrigens keine

Absage an die Einheit Deutschlands bedeuten, wenn er den preußischen Standpunkt, also die Bewahrung der Tradition der preußischen Armee schonungslos gegen den Zeitgeist vertrat: »Das erste preußische Infanterieregiment, welches jetzt 230 Jahre besteht, gibt lieber die deutsche Einheit auf, als daß es die deutsche Reichsnummer 32. oder 40. annähme.«[44] So appellierte er an die Regierung, die Huldigung auf den Reichsverweser nicht zuzulassen, denn sie bedeute einen Akt, durch den das Heer an sich selbst, an der Regierung, an seinem Könige irre werden würde.

Entscheidend für die Art und Weise, in der die Armee mit der Huldigung fertig wurde, war die Besinnung darauf, daß Preußen mit seiner Armee ein Militärstaat war und bleiben sollte. Die Erinnerung an die Märztage hat solche Besinnung nur vertieft und belebt. Die Kritik an Friedrich Wilhelm IV. war in der Armee nicht ausgeblieben, aber im Grundsätzlichen gab es gar keine Gegensätze zwischen dem feinnervigen, ja auch labilen König und einem royalistischen Offizierskorps, dessen preußische Gesinnung durchaus noch in den Freiheitskriegen wurzelte. Seine Angehörigen haben sich nicht gescheut, den König ihre abweichende Meinung wissen zu lassen. Sie kommt in der Kritik an einer Reihe von Armeebefehlen zum Ausdruck, die geradezu eine Quelle eigener Art für die Jahre der Revolution darstellen.

Nach der Ernennung des Ministeriums Brandenburg und dem Oktroi der Verfassung hegte der König den Wunsch, in einem Aufruf »An Meine Armee« Dank und Anerkennung auszusprechen. Der Flügeladjutant, Freiherr von Manteuffel, für den die Märzrevolution und die Wiederaufrichtung der Monarchie in der Tat Lehrjahre von großer Folgewirkung gewesen waren, übte eine sehr aufschlußreiche Kritik an diesem Armeebefehl. Ihm enthielt er zu viel des Dankes für etwas, das ihm selbstverständlich schien. »Ich halte nämlich den ganzen Armeebefehl gar nicht für so erforderlich, um für Geschehenes zu danken, als vielmehr um durch diesen Dank für die Zukunft zu wirken. Dazu ist erforderlich, daß die Armee vergißt, daß der König sie während des Sommers nicht in Schutz genommen ... habe.« Der König hätte lieber sagen sollen: »Ich hatte Grund, so zu handeln und hatte das Vertrauen zur Armee, daß sie Mein Schweigen ertragen konnte.« Der Kriegsherr und die Armee fühlten sich in demselben historischen Boden verwurzelt. Die Erinnerung an die Märztage sollte ebenso verdrängt werden wie die Erinnerungen an jene Vorgänge, die sich im Hochsommer ereignet hatten.

In der Frankfurter Paulskirche, wo die deutsche Nationalversammlung tagte, kam es am 27. und 28. März 1849 zu der entscheidenden Abstimmung über die Kaiserfrage und die Wahl Friedrich Wilhelms IV. 290 Abgeordnete stimmten für den König von Preußen, 248 enthielten sich. Das Ergebnis trug alle Züge eines Kompromisses, der einen möglichen zukünftigen Handlungsspielraum einschränkte oder gar ausschloß. Monarchische, dynastische und unitarisch-demokratische Elemente gingen im Verlaufe der Beratungen ineinander über. Die Kaiserwahl blieb zwar Episode, die Frage nach dem Verhalten Friedrich Wilhelms ist dafür um so interessanter.

Dem ihn zur Annahme der Krone drängenden Ernst Moritz Arndt, der dem König die Wiedereinsetzung in seine Bonner Professur verdankte und dessen Stimme über alle Parteigrenzen hinweg noch immer Gehör fand, schrieb er: »Ist diese Geburt des greulich kreisenden 1848er Jahres eine Krone? Das Ding, von dem wir reden, trägt nicht das Zeichen des heiligen Kreuzes, drückt nicht den Stempel von ›Gottes Gnaden‹ aufs Haupt, ist keine Krone. Es ist das eiserne Halsband der Knechtschaft, durch welches der Sohn von mehr denn 24 Regenten, Kurfürsten und Königen, das Haupt von 16 Millionen, der Herr des treuesten und tapfersten Heeres der Welt der Revolution zum Leibeigenen gemacht wurde. Und das sei ferne!«[45] Arndts hohes Ansehen hinderte Friedrich Wilhelm nicht daran, auf die Gefährlichkeit von dessen Lied »Was ist des Deutschen Vaterland?« aufmerksam zu machen. Der Kehrreim »[Mein] Vaterland muß größer sein« rückte das Ziel nach Auffassung des Königs geistig in die Nähe der Marseillaise. Das »Gottesgnadentum« wird in der für Friedrich Wilhelm charakteristischen Weise verstanden: auf »Gottes Gnade« nämlich fühlt sich der christliche Herrscher angewiesen. Ferner wird die Herkunft aus dem Geiste der Romantik in der Wortwahl ebenso deutlich wie in den Urteilen über eine Konstitution, die er als einen »papiernen Wisch« bezeichnet, der »das patriarchalische Band der Liebe zwischen Fürst und Volk aufzulösen drohe«.[46]

Die Kaiserdeputation der Nationalversammlung begab sich unter Führung Eduard von Simsons eilends auf den Weg nach Berlin. Dort entsprach die Würde, mit der Friedrich Wilhelm die Deputation empfing und ihr Ansinnen ablehnte, keineswegs den Worten der Verachtung, die der Brief an Arndt enthielt. Die Deputation wurde mit großer Feierlichkeit empfangen. Der junge Gardeoffizier, Freiherr von Kessel-Zentzsch, Neffe des Kriegsministers von Strotha, war damals als Angehöriger des Garde- Jäger-Bataillons zum persönlichen Schutze des Königs im Schloß stationiert. Aus der Erinnerung beschreibt er den Empfang der Frankfurter Abgeordneten im Rittersaal: »Er [Friedrich Wilhelm IV.] gab der Deputation zu Ehren ein größeres Festdiner und ordnete an, daß für dieselbe Königliche Wagen bereitgehalten werden sollten, um in Potsdam eine Rundfahrt durch die Königlichen Gärten zu machen. Auf dem Bahnhof hatte ich selbst später Gelegenheit, die Herren der Deputation genau zu beobachten, und an der Verstimmung, die in ihren Gesichtern lag, konnte man sehen, daß sie äußerst mißvergnügt über das Scheitern ihrer Mission waren.«[47]

So wie ein junger Lieutnant der Garde die Kaiserdeputation aus der Nähe erlebte und in seiner Erinnerung bewahrte, stand das Ereignis für einen Augenblick im Mittelpunkt des Erlebens der Zeitgenossen. Der König beriet die Antwort, die er der Deputation geben wollte, mit seinen engsten Beratern. Trotz der schreib- und redseligen höfischen und politischen Umgebung des Königs ist es nicht einfach, die den König bewegenden Gedanken in jenen Wochen nachzuvollziehen. Es wurde damals erzählt, der König habe Alexander von Humboldt gefragt, wozu er ihm riete. Dieser soll gesagt haben: »Eurer Majestät Großonkel [Friedrich II.] würde sich keinen Augenblick besonnen haben.« Worauf der König angeblich erwiderte: »Wenn ich mein Großonkel wäre, so würde ich mich auch nicht besinnen; ich bin es aber nicht.«[48] Wenn es sich auch um eine nicht verbürgte Antwort handelt, so ist sie doch – abgesehen von ähnlichen Äußerungen aus verschiedenen Anlässen – gleichwohl geschichtshaltig. Der Name Friedrichs II. wurde gerade im Zusammenhang mit der Kaiserfrage oftmals beschworen.

Am 2. April besprach und formulierte der König mit der Kamarilla die Antwort an die Deputation. Er wollte nur eine Wahl anerkennen, die von einem ordentlichen Fürstentage unter der Leitung der mächtigen Fürsten Deutschlands, also auch mit Zuziehung seiner selbst und mit Zuziehung Deutscher Nation vollbracht worden wäre, »nach tausendjährigem Recht«.[49] Die Herren im engen Beraterkreis befreiten die königliche Rede vor allem von ihrem historischen Ballast; sie rieten dringend, den Passus »nach tausendjährigem Recht« fortzulassen und meldeten Bedenken gegen die Berufung auf »Deutsche Nation« an. Der König gab schließlich »nach schweren Kämpfen nach«; »tausendjährig ist Ihnen zu apokalyptisch, obschon nach dem Buchstaben wahr«, lautete seine Reaktion auf die Einwände. An der endgültigen Fassung hatte der Jurist Ludwig Gerlach entscheidenden Anteil. Bevor der König am

3. April seine Rede hielt, hatte er zwei Redefassungen zur Hand. Es ist glaubhaft, daß er bis zuletzt innerlich schwankte, welche er verlesen sollte. Die Chance, wenigstens »Statthalter« in Deutschland zu werden, war verlockend.

Die Ansprache an die Kaiserdeputation, für die er sich dann entschied, lautete in ihrem wesentlichen Passus: »Meine Herren! Die Botschaft, als deren Träger Sie zu Mir gekommen sind, hat Mich tief ergriffen. Sie hat meinen Blick auf den König der Könige gelenkt und auf die heiligen und unantastbaren Pflichten, welche Mir als dem König Meines Volkes und als einem der Mächtigsten deutschen Fürsten obliegen. Solch ein Blick, meine Herren, macht das Auge klar und das Herz gewiß.

In dem Beschluß der deutschen Nationalversammlung, welchen Sie, meine Herren, Mir überbringen, erkenne Ich die Stimme der Vertreter des deutschen Volkes. Dieser Ruf gibt Mir das Anrecht, dessen Wert Ich zu schätzen weiß. Er fordert, wenn Ich ihm folge, unermeßliche Opfer von Mir, er legt Mir die schwersten Pflichten auf.

Die deutsche Nation hat vor allem auf Mich vor Allen gezählt, wo es gilt, Deutschlands Einheit und Kraft zu gründen. Ich ehre ihr Vertrauen, sprechen Sie ihr Meinen Dank dafür aus. Ich bin bereit, durch die Tat zu beweisen, daß die Männer sich nicht geirrt haben, welche ihre Zuversicht auf Meine Hingebung, auf Meine Treue, auf Meine Liebe zum gemeinsamen deutschen Vaterlande stützen.

Aber, meine Herren, Ich würde Ihr Vertrauen nicht rechtfertigen, Ich würde dem Sinn des deutschen Volkes nicht entsprechen, Ich würde Deutschlands Einheit nicht aufrichten, wollte Ich, mit Verletzung heiliger Rechte und Meiner früheren ausdrücklichen und feierlichen Versicherungen, ohne das freie Einverständnis der gekrönten Häupter, der Fürsten und der Freien Städte Deutschlands, eine Entschließung fassen, welche für sie und für die von ihnen regierten deutschen Stämme die entschiedensten Folgen haben.

An der Regierung der deutschen Staaten wird es daher jetzt sein, in gemeinsamer Beratung zu prüfen, ob die Verfassung dem Einzelnen, wie dem Ganzen frommt, ob die Mir zugedachten Rechte Mich in den Stand setzen würden, mit starker Hand, wie es ein solcher Beruf von Mir fordert, die Geschicke des großen deutschen Vaterlandes zu leiten und die Hoffnungen seiner Völker zu erfüllen.

Dessen möge Deutschland aber gewiß sein, und das, Meine Herren, verkündigen Sie in allen seinen Zonen; bedarf es des preußischen

Die in der Frankfurter Paulskirche tagende deutsche Nationalversammlung, in der die einzelnen deutschen Staaten unterschiedlich stark vertreten waren, und die den österreichischen Erzherzog Johann zum Reichsverweser gewählt hatte, verabschiedete zum ersten Mal eine geschriebene Reichsverfassung und trug Friedrich Wilhelm IV. die Krone eines deutschen Kaisers an. Aber der preußische König schlug den »aus Dreck und Letten gebackenen Reif« aus. Seinem Verständnis des Gottesgnadentums und des allein zur Vergabe der Kaiserkrone berechtigten Fürstenbundes widersprach der demokratische Wahlakt. Die als Kaiserdeputation in die Geschichte eingegangene Abordnung der Nationalversammlung unter der Leitung ihres Präsidenten Eduard von Simson beschwor Friedrich Wilhelm IV. vergeblich, seine Bedenken zurückzustellen und die Chance einer Neuordnung des Reiches zu ergreifen.

Schildes und Schwertes gegen äußere oder innere Feinde, so werde Ich auch ohne Ruf nicht fehlen. Ich werde dann getrost den Weg Meines Hauses und Meines Volkes gehen, den Weg der deutschen Ehre und Treue!«[50]

Diese Proklamation trug ganz die Handschrift des Königs, auch wenn sie erst in der Beratung vom 2. April ihre endgültige Form gefunden hatte. Wenn Friedrich Wilhelm auch gelegentlich geschwankt hat, ob er mit der Ablehnung der Krone den richtigen Entschluß gefaßt hatte, so blieb er in dieser Stunde letztlich doch mit sich einig. Er war kein Hamlet. Mehrere Male im Laufe des Jahres 1848 und nunmehr, als er die Kaiserwürde ablehnte, war er sich nicht nur der Unübersichtlichkeit der politischen Konstellation, sondern auch der seiner Persönlichkeit gezogenen Grenzen bewußt.

Es ist verräterisch, wie verschieden – je nach Gesprächspartner – die Sprache jeweils war, derer der König sich bediente, wenn er seine Entscheidung begründete. So fühlte er sich genötigt, gegenüber der Zarin, die bei aller inzwischen eingetretenen politischen und geistigen Entfremdung noch immer die geliebte Schwester Charlotte war, sein Verhalten zu rechtfertigen und ihr sein Herz auszuschütten. Der Brief vom 9. April – gleich nach der Absage an die Kaiserdeputation – ist sprachlich gelegentlich bewußt robust. »Dir will ich aber ein beherzigendes Wort sagen, und Du kannst es verstehen ... Gedenke der bösen 7 Jahre von 6–13! Sieh auf ihren Anfang und sieh auf ihr Ende. Welch unermeßlicher Schatz von heilsamer Demütigung und von heilbringendem Dank gegen Gott, der Alles so wohl gemacht hat. Das, glaube mir, hab' ich von Papa geerbt, das Beugen unter das Kreuz, voll Mut und Hoffnung und den Mut, die Gelegenheit zum Umschwung zu ergreifen, sobald sie der Herr mir zeigt ... Und solch ein Augenblick ist der gegenwärtige. Die Verhältnisse haben sich so gestaltet, daß es *scheint,* als wollte Gott meine Entscheidungen. Kommt die entscheidende Stunde, so laß' *ich* sie nicht ungenutzt. Darauf kannst Du und der Kaiser zählen und bauen. Wenn nur mein Ministerium mir nicht wieder Zentnerschwere Gewichte an die Füße hängt und mich am Gehen hindert. Es wäre, leider!!! nicht das erste Mal. Doch hoffe ich, und darum antworte ich Dir so schnell, damit Ihr, Du und der liebe Nix, es wissen und verstehen, daß ich auf den Hinterfüßen stehe, zum Sprung bereit und daß es *wahrhaftig* nicht meine Schuld sein wird, wenn bei eintretender günstiger Chance, ich den Sprung nicht wage nach vorbereitetem Terrain. Stock [unleserlich] und Waffen ... Ich bitte durch diese Zeilen den Kaiser flehentlich, meinen Plan zu unterstützen, dessen Calcul ein unleugbar richtiger ist 1) wenn Gott uns beisteht, 2) wenn der Kaiser und die interessierten Mächte *Vertrauen in meine Ehrlichkeit setzen.*

Du hast die Abfertigung der Frankfurter Mensch – Esel – Hund – Schweine und Katzen Deputation gelesen. Sie heißt auf grob deutsch: Messieurs! Ihr habt mir ganz und gar nicht das Recht, das Allermindeste zu bieten. Bitten, so viel Ihr wollt, geben – Nein – denn dazu müßtet Ihr im Besitz von irgend etwas zu Gebendem sein und das *ist nicht der Fall.* Darum seid so gut und wacht auf. Wenn Eure Besoffenheit es zuläßt. Die Sache en question, mach' ich mit *meines Gleichen* ab. Doch das noch zur Weg Zehrung. Werdet Ihr unnütz so ramm ich Euch (d. h. *innere Feinde* so gut als äußere) um und dumm! ... Die Leute haben mich, trotz der höflichen Einleitung, perfekt verstanden. Es beginnt daher vom Augenblick des Bescheides, das Ende, der kritische Augenblick des kritischen Tages, um medizinisch zu reden.«[51]

Nur wer diese Voraussetzungen kenne, so der König weiter, sei in der Lage, »die Note zu verstehen, die m. Ministerium am 3. Abends der Öffentlichkeit übergeben hat. Die Erfordernisse der *Höflichkeit,* die unsere Lage uns zum Gesetz macht, finden sich in großem Maße in dieser Note. Daher also das Hindeuten auf die Zustimmung der Fürsten (was übrigens gerade die Deputation *toll und töricht* macht).« Für ihn liege der »Kern der Sache, also der ›Note‹, in dem ›Anerbieten, sofort und aus den Händen des Königs und Fürsten das Amt der Zentralgewalt zu übernehmen‹, welches jetzt S. H. [Erzherzog] Johann im Namen, Auftrag u. Souveränität der Paulskirche führt! (6 mal). Verstehst Du, beste Charlotte? Aus den *Händen* u. im *Auftrag* der Könige und Fürsten will ich das Amt empfangen. Was ist das Amt? Vorerst und vor allem ein Provisorisches. Darin liegt der Wert – denn ich kann *es los werden wenn ich will.* Ich will – rund herausgesagt – die erbliche Oberhauptschaft in der vorliegenden Form *nicht,* egal, ob sie mir von Rebellischer Versammlung oder von Fürsten geboten wird; denn so würd' ich des *Einen* oder des *Anderen* oder *Beider* Knecht sein und dazu bin ich zu gut.«

In dem weitschweifigen Brief beschwört er die Vergangenheit, mißversteht die Gegenwart und hat Illusionen über die Zukunft. Es handelt sich um ein Verhaltensmuster, das in den Krisen seines Lebens immer wieder erkennbar wird.

Die Sprache, in die Friedrich Wilhelms Schilderung des Empfangs der Kaiserdeputation verfiel, war nur möglich in einem »familiären«

Brief an die Zarin; für die diplomatische Geschichte der Kaiserdeputation zwischen Revolution und der Reichsgründung gibt es andere Quellen. Aber der Brief ist eines der aufschlußreichsten Dokumente und enthält einen Schlüssel für die Einsicht in das Selbstverständnis des Königs von Preußen sowie des Souveräns des größten deutschen Staates.

Es ist ausnahmsweise sinnvoll, diesen Brief als erstrangige Quelle auf seine Aussagen hin zu analysieren. Dann offenbart sich auch das alte romantische Ziel: Nicht »Reichsverweser«, sondern »Erzfeldherr« möchte er werden. Ersteres roch ihm nach »Verwesung«; als »Erzfeldherr« brauchte er Potsdam nicht zu verlassen. Der Brief enthielt aber auch Konkretes: Frieden mit Dänemark und die für ihn offene Herzensfrage des Fürstentums Neuchâtel. Das Fürstentum in der Eidgenossenschaft sollte erst nach dem Verlaufe einiger Jahre zu einer politischen und menschlichen Krise führen.

Seit der Ablehnung der Kaiserwürde bündelten sich die Probleme, die auf verschiedenen Schauplätzen zu suchen sind. Sie durchdringen sich, sind voneinander abhängig und gehören bei aller Verschiedenheit einem einheitlichen Zusammenhang an. Die Einheitlichkeit besteht auf der einen Seite in den vergeblichen Versuchen, die revolutionären Errungenschaften zu retten – auch wenn die Revolution im Kern längst gescheitert war –, auf der anderen in der fortschreitenden gegenrevolutionären Bewegung, die in Preußen und Österreich vorankam sowie in der immer deutlicheren Einwirkung der großen Mächte auf die Mitte Europas.

Die Vorgänge spielten sich vor allem im Südwesten, auch in Dresden, in Schleswig-Holstein und schließlich in der deutschen Staatenwelt mit dem Versuch einer engeren bundesstaatlichen Gestaltung in der Form der Union ab. Das Selbstverständnis des Königs bestimmt die Reaktion Friedrich Wilhelms auf alle äußeren Ereignisse; und gleichzeitig ist der Gang der Begebenheiten ohne diesen König nicht denkbar. Auch hier wird die bemerkenswerte Fähigkeit Friedrich Wilhelms deutlich, die Realitäten in den Mächtebeziehungen wahrzunehmen. Sie gleichen immer wieder die durchaus vorhandenen und beständig wiederkehrenden Naivitäten aus, die seine Umgebung oft irritierten. In der Angst vor außenpolitischen Bedrohungen war er seinen Zeitgenossen überlegen; sicherlich reagierte er oftmals hysterisch, aber sein Sinn für das Reale setzte sich doch meist durch. Seine Nervosität erschwerte einen Dialog; gleichzeitig konnte er ein glänzender Gesprächspartner sein. Er war des öfteren taktlos, aber größer noch waren seine Güte und sein Bedürfnis nach dauerhafter Freundschaft. Sucht man nach einer Dominante seines Verhaltens, so liegt sie in der Bewahrung des Friedens. Seine Weggefährten und seine Gegner haben sehr wohl erkannt, daß mit diesem König ein Krieg nicht denkbar war.

Ganz einig mit sich selbst war Friedrich Wilhelm, als ihm die Aufgabe zufiel, in Baden und in der Pfalz die Aufständischen zu besiegen. Für den König bedeutete der Feldzug in Baden und in der Pfalz eine große Genugtuung, da seine militärische Reputation immerhin in Frage gestellt worden war. Es entsprach seinem Familien- und seinem ritterlichen Sinn, wenn er die preußischen Truppen dem Befehl des Prinzen von Preußen unterstellte.

Der Feldzug in Südwestdeutschland bestand im Grunde nur aus einer Reihe von Gefechten und kulminierte in der Belagerung der Bundesfestung Rastatt. Die preußische Armee konnte sich nur in geringem Umfang entfalten, zumal die Kleinräumigkeit einer Ausdehnung militärischer Operation von vornherein Grenzen zog. Die verstreuten militärischen Aktionen fielen gleichwohl auch im Sinne von Clausewitz unter den Begriff des Krieges.

Eine entscheidende Rolle bei der Niederwerfung des badischen Aufstandes spielte General von der Groeben. Im Leben Friedrich Wilhelms kommt ihm Bedeutung stellvertretend für die Generalität zu, vor allem, wenn sie aus der Garde hervorgegangen war. Im Januar 1848 hatte sich Groeben in einem Memorandum[52] Gedanken über einen Krieg gegen Frankreich gemacht, den er selbst allerdings keineswegs wünschte. Dem Memorandum, das nach ausführlichen Geländeerkundungen und theoretischen Studien entstand, lag die Überlegung zugrunde, wie sich aus der Verteidigung ein Angriff entfalten konnte; auch hier stand der Defensivgedanke also im Vordergrund. Im Krieg gegen Dänemark war Groeben als Kommandierendem bezeichnenderweise eine Vermittlerrolle zugedacht. So sind seine Auffassungen über die militärischen Operationen vor und bei Rastatt besonders aufschlußreich.

Groeben hat seine Konzeption in einem ausführlichen Schreiben vom 12. Februar 1850 niedergelegt; über die lokalen Begebenheiten eines engen Operationsgebietes hinaus besitzt das Schreiben den Rang einer Quelle für das Verständnis militärischen Denkens in damaliger Zeit und enthält zugleich einen Rückblick auf die militärischen Aspekte der Revolution. Der gebildete und gar nicht militaristisch gestimmte General stellte fest: »Aber der Krieg will durch Erfahrung erlernt sein.

Die Theorie macht's noch nicht! Auch geht die Ausführung überhaupt nicht so schnell als der Gedanke ... Nur wer durch die stets sicheren Resultate der Friedensmanöver verwöhnt ist, kann sich besonders schwer in solche ungünstigen Erscheinungen finden.

Eine so schwere Schule, als Österreich in den Jahren 1848 und 1849, machte unsere Armee noch nicht durch und darum konnten sich auch weder die Charaktere noch die Talente entwickeln, denen das Unglück Fundament ihrer Größe wird.

Wer beurteilte wohl auch Radetzky noch mit Gunst, als er im Frühjahr 1848 Mailand, die ganze Lombardei und den Mincio räumen mußte und Peschiera in seinem Angesicht fiel?

Sollte dort nicht auch, unabhängig von der numerischen Schwäche, viel Menschliches vorgekommen sein? Und wer glaubte damals noch mit Zuversicht, daß derselbe 84jährige Feldherr ... plötzlich die Offensive ergreifen, mit seinem ganzen Übergewicht in die Waagschale des Krieges sich legen und seinen Gegner hoch in die Luft schleudern?«

Nach diesen allgemeinen Betrachtungen wandte sich die Erinnerung wieder Rastatt zu. Von den militärischen Aktionen, die in der Übergabe der Festung gipfelten, sagte Groeben zusammenfassend: »Auch gab es in diesem kleinen Feldzuge keinen Kampf, dem die vollständige Entwicklung großer Eigenschaften und Tatkraft den Reiz des Außerordentlichen verliehen hätten. – Und dennoch bleibt er ein politisch-kriegerischer Akt, ein Lebensbild, das dem ruhigen Forscher wohl einigen Stoff zum Nachdenken und selbst zum Lernen bietet.« Es ist Groeben zu glauben, daß ihm »die Kapitulation eine schwere Pflicht auferlegte«, wenn es auch schon am nächsten Tage der badischen Regierung oblag, das Verfahren gegen die Kapitulanten durchzuführen. Der General hatte es mit einigen nicht unbekannten und unbegabten Führern der belagerten Festung zu tun und stand einer Aufgabe gegenüber, auf die ihn seine militärische Ausbildung nicht vorbereitet hatte. Seine humane Gesinnung wurde allgemein gewürdigt, wie andererseits preußische Offiziere vornehmlich im Generalstab die Führungsfähigkeiten des Polen Ludwig von Mierolawski anerkannt haben, der trotz seiner Jugend ein erfahrener Soldat war. Zwischen Groeben und dem eingeschlossenen Festungskommandanten ergab sich ein Verkehr in den Formen militärischer Courtoisie.

Groeben ließ auf Wunsch des Festungskommandanten Tiedemann eintausend Blutegel für die Kranken und Verwundeten in die Stadt Rastatt bringen. Man wollte möglichst große Opfer vermeiden und so rasch wie möglich die Übergabe erreichen. Groeben ließ Abgeordnete der eingeschlossenen Festung und Stadt die Grenze passieren; sie sollten sich unter militärischer Begleitung ein Bild von den ungleichen Kräften machen, denn die Aussichten auf eine Ersatzarmee mußten ja für die Belagerten deprimierend sein. Tiedemann hoffte immer noch, bessere Bedingungen als nur die Zusicherung »milder Behandlung« zu erreichen; Groeben, in ständiger Verbindung mit dem König und dem Prinzen von Preußen, verlangte indes eine Kapitulation »auf Gnade und Ungnade«.

Problematischer, als Veit Valentin, der noch immer beste Kenner der Details des Geschehens, annimmt, war die Lage der Besiegten im Augenblick ihrer Kapitulation. »Recht haben die Revolutionäre mindestens darin: sie durften den Kampf für die Reichsverfassung für gesetzlich und loyal halten; sie durften der provisorischen Regierung mindestens provisorisch gehorchen; denn es gab keine andere.«[53] Schwierigkeiten der Zuständigkeiten und Kompetenzen ergaben sich bei der Behandlung einer Reihe von Gefangenen. Das Standgericht bestand aus Angehörigen der preußischen Armee, aber es urteilte im Namen des Großherzogs von Baden. Unter den Gefangenen und unter den Verurteilten befanden sich aber auch preußische Untertanen. Dazu gehörten der ehemalige preußische Leutnant von Bernigau und der Arbeiterführer Jansen, beide aus Köln. Das Todesurteil wurde am 25. August gefällt, aber erst am 20. Oktober vollstreckt. Aus seiner Korrespondenz geht hervor, wie schwer es Friedrich Wilhelm als Oberstem Kriegsherrn und als Christ gefallen ist, die Todesurteile zu bestätigen. Die Vollstreckung der Todesurteile hat nicht dazu beigetragen, Sympathien für Preußen in der öffentlichen Meinung Süddeutschlands zu gewinnen.

Der Versuch, eine bundesstaatliche Gestaltung der deutschen Staaten ohne beziehungsweise neben Österreich durch eine Vereinbarung der Fürsten und Freien Städte zu schaffen, bildete den letzten Akt in dem dramatischen Geschehen seit dem März 1848. Die Politik einer »Union« ist aufs engste mit dem Namen Joseph Maria von Radowitz verbunden, der während und nach der Revolution in die Rolle des Beraters Friedrich Wilhelms rückte. Radowitz repräsentierte jene emigratio militaria, die noch weit in das 19. Jahrhundert hineinreicht. Er hatte in napoleonischen Diensten gestanden und war erst im 13. Lebensjahr zur römisch-katholischen Kirche übergetreten. So wie er aus Überzeugung sein Leben als Katholik geführt hat, so ist er nach Verlassen des napoleonischen und kurhessischen Dienstes ein überzeugter Preuße im

Dienste des Königs und mit deutschem Ehrgeiz geworden. »Preußen wurde der Staat seiner Wahl und seiner Liebe.« Beim Übergang nach Preußen wurde ihm die Fürsprache der hessischen Kurfürstin, einer Schwester Friedrich Wilhelms III., zuteil; es hat nicht lange gedauert, bis er Anschluß an den Hof der Hohenzollern und an die preußischen Führungsschichten gewann.

Durch seine Heirat im Jahre 1828 mit der Gräfin Voß war er nicht nur in den Kreis der alten preußischen Familien gelangt, sondern auch in den Freundeskreis des Kronprinzen Friedrich Wilhelm. Die beiden Persönlichkeiten, der König und der General, ein politischer Ratgeber, waren ganz verschieden und zogen sich dennoch gegenseitig an.

Im Verlaufe des Jahres 1848 war Radowitz bereits in den Mittelpunkt der diplomatischen Bühne gerückt. Als Mitglied der deutschen Nationalversammlung hielt er am 25. Juli 1848 eine Rede, die eine eigentümliche Mischung von national-deutschem und katholischem Denken erkennen läßt. Es handelte sich um den Plan einer nationalen Reorganisation des Großherzogtums Posen.

Es gehört zu den Besonderheiten der Epoche der Revolution, daß die preußische Regierung aus den Widersprüchlichkeiten der Nationalitäten nicht herauskommen konnte. Radowitz sprach als Deutscher und als Katholik; er wollte »nie zugeben, daß ein katholisches Land dadurch, daß es in das Deutsche Reich aufgenommen wird, in seinem Glauben gefährdet sei«.[54] In der polnischen Frage konnte es ihm leichter als in der der Herzogtümer Schleswig-Holsteins fallen, eine Harmonie zwischen den Absichten der preußischen Regierung und den Wünschen der öffentlichen Meinung zu erreichen. Beide außenpolitische Krisenherde hatten während der letzten Jahre nichts von ihrer Virulenz verloren.

Radowitz hat schließlich doch das preußische Staatsinteresse vertreten, indem er den Waffenstillstand von Malmö mit Dänemark verteidigte. Schon damals aber unterschied sich die Auffassung Radowitz' deutlich von der des ihm befreundeten Königs. Radowitz war nämlich – so wie auch der damalige Außenminister Arnim – von der »reinigenden Kraft« eines allgemeinen europäischen Krieges überzeugt. Es handelte sich um eine verbreitete Ansicht, die nicht nur ein Teil der Zeitgenossen, vor allem in den Kreisen der Parlamentarier, sondern auch Historiker der Revolution hegten. Nur durch einen siegreichen Krieg könnten Freiheit und Einheit gerettet werden. Radowitz war jedoch nur für eine sehr begrenzte Zeitspanne in der Lage, mit Erfolg an das

Nationalgefühl des Königs zu appellieren und ihn in der Teilnahme, ja in der Führung des Krieges gegen Dänemark zu bestärken.

Es stellt sich die Frage, ob im Frühjahr 1849 eine »Union«, wie sie Radowitz entworfen und versucht hatte, sie dem Könige »aufzudrängen«, eine Chance gehabt hat. Die Unionspolitik knüpfte an die Nationalversammlung an; was der Volkssouveränität nicht gelungen war, sollte die Verständigung der Fürsten untereinander zustande bringen. Seit Ende April 1849 war Radowitz – noch ohne Amt – der eigentliche Gestalter der preußischen Politik. Auf seinen Rat hin erließ der König jene Proklamation vom 15. Mai 1849, durch die die preußische Unionspolitik eingeleitet wurde, deren wesentliche Punkte lauteten: Ein kleindeutscher Bund unter preußischer Führung sollte in ein völkerrechtliches Verhältnis zum österreichischen Gesamtstaat treten. Die ersten Schritte erschienen erfolgreich; auf den sogenannten Potsdamer Konferenzen schlossen Hannover und Sachsen ein Bündnis, das »Dreikönigsbündnis«, für die Dauer eines Jahres. Die drei Könige verpflichteten sich, gemeinsam für die Verwirklichung einer »den Bedürfnissen der Zeit und den Grundsätzen der Gerechtigkeit« entsprechenden Reichsverfassung zu wirken. Bayern und Württemberg hielten dagegen ihre Entscheidung offen, bis sie schließlich endgültig absagten.

Der König, von den Ideen Radowitz' zunächst enthusiasmiert, war sich über das Mißtrauen Österreichs von vornherein im klaren. Die Entsendung seines Vertrauten, des Generals Freiherr von Canitz, kurz vor Abschluß des Bündnisses rechtfertigte sein Mißtrauen. Am 16. Mai verwarf Schwarzenberg den ihm von Canitz überbrachten Vorschlag. Es schien jedoch zunächst, als ob das Unionsprojekt nicht ohne Chancen wäre. Im Sommer des Jahres traten 27 der 35 Staaten dem Deutschen Bund bei; lediglich Österreich, Bayern, Württemberg, Frankfurt, Liechtenstein, Homburg, Holstein (Dänemark) und Limburg-Luxemburg (Niederlande) blieben fern.

Die enge Verflechtung der Unionspolitik mit der Interessenlage der Mächte sowie mit den internationalen Beziehungen wurde rasch offenkundig. Der preußische König hatte der Verlockung der Annahme einer Kaiserwürde widerstanden. Die preußische Armee war bereit und in der Lage, die Revolution in der Pfalz, in Baden, auch in Sachsen und in Braunschweig zu bekämpfen. Im Kampf um die Herzogtümer konnte nur Preußen wirkungsvolle Hilfe leisten. Ganz anders war Österreichs Situation. Noch war es in Italien gebunden; bis in den Sommer hinein leisteten Städte wie Rom und Venedig heroischen Widerstand. Am

6. August erfolgte der Friedensschluß mit Sardinien; Ende August besetzten österreichische Truppen Venedig. Zwischen dem Rückschlag der Unionspolitik und der Erweiterung des politischen Spielraumes Österreichs bestand ein deutlicher Zusammenhang.

Radowitz war – ähnlich wie Bunsen – bereit, einen allgemeinen europäischen Krieg zu führen, ja er hoffte auf ihn und wünschte ihn geradezu »als das große Reinigungsfeuer, dessen Europa bedurfte«.[55] Leopold von Gerlach erkannte rasch die Gefahr, die dieser Mann in der Nähe des Königs bedeutete. Er sprach sich offen mit Radowitz über ihren Gegensatz aus, der in der Beurteilung, vor allem Österreichs, lag. Radowitz: »Der Gegensatz zu Österreich sei ein gegebener. Ein Land zu ein Viertel Deutsch, zu drei Viertel Slawisch könne nur so lange zum Deutschen Bund gehören, als dieser eine Fiktion gewesen, wenn er eine Wahrheit werden sollte, so wäre dieses Verhältnis unmöglich. Durch die Union entstehe eine Ellipse statt des früheren Kreises.« Gerlach hielt dem Gesprächspartner »seine schlechten Ratschläge vor, wonach der König, ohne in seinem Hause Ordnung zu machen, sich um Deutschland bekümmern sollte«. Radowitz entgegnete, »der König bedürfe eines Enthusiasmus, er fand ihn nicht in seiner inneren Politik, nicht in seinen Kirchensachen, er mußte ihn in den Zeit-Meinungen suchen, worin Wahrheiten lagen, die man herausschälen konnte«.[56]

Radowitz sprach ein gefährliches Wort aus; denn die »Deutsche Union« entsprach einer solchen »Zeit-Meinung«, und im Verlaufe der nächsten Zeit sollte es sich zeigen, daß sie in die Gefahrenzone eines großen Krieges führte. Schwarzenberg reagierte auf die Missionen, die er aus Berlin empfing, von vornherein schroff und ablehnend. Je mehr sich der vollständige Sieg über die Revolution im Habsburger-Reich abzeichnete, desto selbstbewußter wurde die Haltung der Hofburg. Ohne Rücksicht auf alle Details darf man sagen, daß es Radowitz nur eine Zeitlang gelingen konnte, im König antiösterreichische Empfindungen zu wecken. Gelegentlich läßt sich eine Ambivalenz seiner Haltung gegenüber Wien beobachten. Letztlich aber hatte es nicht viel zu sagen, wenn er nach der Niederwerfung des ungarischen Aufstandes zu Gerlach scherzhaft-ironisch sagte: »Österreich sei siegestrunken wie ein Junge, der in das Wasser hineingestoßen worden, sich darin freut und auch tut, als wenn er es gemacht hätte. Der Kaiser sei in Wahrheit auch ein achtzehnjähriger Junge.«[57]

In den Hochsommer des Jahres 1849 fallen die bedeutenden Daten der Gegenrevolution. Die Stimmung des Königs schwankte zwischen

Anfang der fünfziger Jahre schien in ganz Europa die alte Ordnung wieder gefestigt. Von Wien, das eben noch Metternich vertrieben hatte, über Dresden, wo der junge Richard Wagner auf den Barrikaden gekämpft, bis zu Berlin, wo das Königshaus sonderbare Demütigungen hingenommen hatte, waren die europäischen Dynastien aus allen Stürmen siegreich hervorgegangen. In den Düsseldorfer Monatsheften wurde Ende 1849 karikaturistisch gezeigt, wie das preußische Militär den Unrat der Revolution davonfegte. Die Reaktion hatte in ganz Europa gesiegt.

Überschwang und Verzagtheit. Bei noch so großer Verärgerung über Schwarzenbergs hochmütigen Ton schrieb er am 21. August zum 19. Geburtstag Franz Josephs einen warmherzigen Brief, der aufrichtig das Gefühl der Verbundenheit mit der Person des Kaisers und seinem Reich widerspiegelt. »Euer K. M. haben ein in jeder Hinsicht gesegnetes Geburtstagsfest begangen fern von den Werkstätten der Staats- und Kriegsstürme bei Ihren geliebten und verehrten Eltern, in den unvergleichlichen Tälern des Hochgebirgs und vor allem verherrlicht durch die Kunde von erwarteten Siegen und unerwarteten Friedensaussichten sowie durch Friedensschluß. Im Süden Ihres Reichs ist der Waffenstillstand in volle Ruhe der Waffen übergegangen, und der Aufruhr des nachbarlichen Welschlandes ist gebrochen; im Westen kehrt das größte und wichtigste Ihrer Königreiche zum Gehorsam zurück, die Früchte von Eurer Majestät Beharrlichkeit und Schlachtenmut, der unerhörten Anstrengungen und Tapferkeit, der musterhaften Führung Ihrer Heere, sowie der tätigen Bundestreue meines kaiserlichen Schwagers von Rußland lagen zu Ihrem Geburtstag zu Ihren Füßen. Alle diese Siege, zu welchen ich getrost und überzeugt auch diejenigen meines treuen kleinen Heeres rechne, das die süddeutsche Rebellion gestürzt hat, reichen viel weiter als das Schlagen des Feindes im Felde. Sie haben die Revolutionäre getroffen und geben ›uns‹, so hoffe ich zu Gott, Muße zum Schmieden neuer Waffen (intellektueller und materieller) zu immer energischerem Kampfe gegen die Mächte [Menschen] des Verderbens und Schreckens, vor denen wir schwerlich unser Leben lang Ruhe finden werden.«[58]

Es mag sein, daß Leopold von Gerlach den König angeregt hat, diesen Brief so zu schreiben; er bleibt gleichwohl sein geistiges Eigentum. – Es ist bemerkenswert, daß gerade während der Ausbildung der Union das Gefühl der Verbundenheit mit Habsburg eine der Dominanten in der Politik Friedrich Wilhelms, nicht aber in der ministeriellen Politik blieb. Man horcht auf, auch wenn es sich um wiederkehrende Motive und Bekundungen handelt. »Das Schlagen des Feindes im Felde« gehörte nicht zu den Zielen und Mitteln dieser Regierung, die ja nicht »glorreich« sein wollte. Das Niederwerfen des inneren Feindes sollte das gemeinsame Ziel sein.

Das ist ein merkwürdiger Sachverhalt: Die Idee der Union war konzipiert aus der Einsicht in die Unvereinbarkeit preußisch-deutscher und österreichischer Interessen. Das retardierende Moment der sich zuspitzenden Entwicklung bis zu einer kriegsreifen Situation lag im Verhalten des Königs. Die Union konnte nur eine Zeitlang reussieren. Am 20. März 1850 wurde das »Parlament der deutschen Union« nach Erfurt einberufen. Dieser in Erfurt im März und April 1850 tagende »Unionsreichstag« stand vor der Aufgabe, eine Reichsverfassung zu schaffen, die zunächst für das nördlich der Mainlinie liegende Bundesgebiet Geltung haben sollte. Im Verlaufe dieser Unionspolitik ergab sich die pikante Situation, daß unverantwortliche Ratgeber die amtliche Bundespolitik Preußens bekämpften. Graf Brandenburg und Manteuffel saßen ebenfalls als Abgeordnete in Erfurt und vertraten die Unionspolitik des Königs.

Am Verlauf dieser Politik lassen sich neue Verhandlungsmethoden beobachten. Sie wurden durch das neue Verkehrsmittel der Eisenbahn möglich; hinzu kam die Telegraphie als neues Mittel der Kommunikation. Wenn früher auf dem Höhepunkt der europäischen Diplomatie im Zeitalter der Restauration Begegnungen der Fürsten und Staatsmänner auf lange Sicht hin verabredet werden mußten, so konnten nunmehr Begegnungen mit Hilfe telegraphischer Depeschen kurzfristig stattfinden. An diesen neuen Formen des Verkehrs hatten die Repräsentanten der hohen Diplomatie und auch die Vertreter der Parteien ihren Anteil. Man konnte sich die Verhandlungsorte aussuchen, zu denen man den umworbenen und erwünschten Partner einlud. Die böhmischen Bäder in Karlsbad und Teplitz hatten sich schon zuvor als beliebte und berühmte Stätten für internationale Konferenzen einen Namen gemacht.

Zu den offiziellen Kontakten kommen die mannigfachen familiären Beziehungen der Dynastien, die gerade Friedrich Wilhelm so pflegte und die die krisenhafte Entwicklung gebremst haben. Dazu gehörte etwa die Begegnung zwischen dem König von Preußen und dem österreichischen Kaiser in Teplitz im September 1849. Noch hatten die verwandtschaftlichen Beziehungen der Dynastien den Gang einer dramatischen Entwicklung aufzuhalten vermocht. Seit längerem begegnete man sich gelegentlich in Dresden, und dort nahm das preußische Königspaar Anfang September die Einladung Kaiser Franz Josephs nach Teplitz an, wo die vier bayerischen Schwestern zusammentrafen: Erzherzogin Sophie, die Mutter Franz Josephs, die Königin Elisabeth und die Gemahlinnen König Friedrich Augusts II. und des späteren Königs Johann von Sachsen, Maria und Amalie.

Brandenburg und der neu ernannte Außenminister Schleinitz waren mit diesem Familientreffen gar nicht einverstanden. Sie baten den

König dringlich, über Politik nicht zu reden, wozu sich dieser kaum in der Lage fühlte. Er setzte am 8. September seinem kaiserlichen Neffen den Sinn der preußischen Politik auseinander, wobei er nicht versäumte zu versichern, er fühle sich »im Gewissen verpflichtet, es mit Österreich zu halten«.[59]

Während die Verwirklichung der Union immer problematischer wurde, schrumpfte der außenpolitische Spielraum Preußens in zunehmendem Maße zusammen. Als am 26. März 1850 in Erfurt das »Parlament der deutschen Union« eröffnet wurde, war der König von Radowitz' Rede über die deutsche Frage begeistert. Spontan schrieb er ihm am nächsten Tage: »Mein lieber werter Freund; Ich habe eben Ihre Rede über die teutschen Verhältnisse gelesen, oder vielmehr, Elise hat sie mir vorgelesen. Fragen Sie, ob sie mir einen Eindruck gemacht hat und welchen? so sei der Umstand, daß ich die blaue Tinte maßhalten, daß ich nicht zu Bett gehen kann ohne Ihnen gedankt zu haben, die beste Antwort. Gott segne Sie und unsere ehrliche Sache. Gute Nacht!«[60]

Parallel zu den Vorbereitungen der Unionsverfassung verlief die konservative Revision der preußischen Verfassung mit der widerstrebend geleisteten Vereidigung auf die Verfassung. Nun sollte der König wiederum einen Eid, diesmal auf die Unionsverfassung, leisten. Ostern 1850 schrieb er Radowitz: »Noch einen Zusatz zu meinem Auferstehungsgespräch an diesem Auferstehungstage. ›Machen Sie mich von dem Eide los auf die Unions-Verfassung!‹ Ich will die feierlichste Annahme mit 303 Kanonenschüssen und den ehrlichst und treu gemeintesten Äußerungen, Versprechungen, Reden, Tränen und Vivats übernehmen und überstehen. Nur keinen Eid nicht! Lassen Sie uns, wenn Gott uns segnet, das Tedeum laudamus anstimmen. Der Dank ist ein besserer Eid als das Aufheben dreier Finger, – !! –«[61]

Radowitz bemühte sich, dem König klar zu machen, daß es sich ja um ein »Gelöbnis« handelte, »die Rechte der anderen Fürsten zu achten und aufrecht zu halten«. Die Halbherzigkeit des Königs kam auf dem Berliner Fürstenkongreß, auf dem am 8. Mai die 26 Mitgliedstaaten der Union fast ohne Ausnahme durch ihre Landesherren sowie die Regierungen der drei norddeutschen Freien Städte erschienen waren, zum Ausdruck. In der Begrüßungsrede hieß es vielsagend und schon resignativ: »Ich rede keinem der verbündeten Herren zu, dem Bündnis treu zu bleiben und werde es auch keinem der Herren verargen, wenn er aus Rücksichten der Landeswohlfahrt in dem Augenblicke die Chancen des Krieges nicht laufen will und aus dem Bunde ausscheidet.«[62]

Das Wort »Chancen des Krieges«, das im Wortschatz des Königs seltsam und fremd wirkte, war in dieser Rede gefallen. Eine kriegsreife Situation entstand aus einer charakteristisch kleinräumigen deutschen Angelegenheit. Unabhängig indes von dem kurhessischen Konflikt zwischen dem Kurfürsten und dem Landtag in Kassel wuchs der Widerstand gegen das Unionsprojekt in Wien und in Petersburg. In Warschau fand Ende Mai eine Unterredung zwischen dem Prinzen von Preußen in Begleitung des königlichen Adjutanten Edwin von Manteuffel und dem Zaren statt. Der König war nicht in der Lage, selbst die Reise anzutreten, da er am 22. Mai bei einem Attentat leicht verletzt worden war. Ein unzurechnungsfähiger Artillerist namens Sefelog hatte auf ihn geschossen, als er sich aus dem sogenannten Königszimmer des Schlosses nach dem Salonwagen begeben wollte. Varnhagen hat die Reaktion Bettina von Arnims auf den Anschlag übermittelt: Der König sollte den Täter auf der Stelle begnadigen und freilassen, »dann könne er plötzlich die ganze Liebe seines Volkes wiedergewinnen«.[63] Unter den sehr verschiedenen, zum Teil sehr hysterischen Reaktionen auf den Mordanschlag fällt die Ruhe des Königs auf. Er wollte ärztlich richtig versorgt werden – das war sein einziges Anliegen.

Der König durchlebte zu jener Zeit eine politisch-seelische Krise, die in der Korrespondenz mit den nächsten russischen Verwandten greifbar ist. In der Form bleibt sie freundschaftlich und verbindlich, aber die Vorstellung von einem möglichen Krieg fängt an, sich durchzusetzen. Friedrich Wilhelm kann mit seinem verletzten Arm nicht selbst schreiben und diktiert seiner Frau den Brief an den Schwager: »Je prends Dieu pour temoin que je ne ferais jamais la guerre à l'Autriche.«[64] Der Zar berief sich in seiner Antwort wie stets auf die Verträge von 1815, zu deren Garanten er gehörte. Die querelles allemandes interessierten ihn nur so weit, als der status quo nicht verletzt wurde; die ganze Union blieb für ihn eine Frucht der Revolution. Der Zar erklärte nach konzilianten Einleitungsworten, die die Genesung des Königs und Dank für den Empfang des diktierten Briefes betrafen, unmißverständlich, daß eine selbständige Neuordnung der deutschen Verhältnisse zum Kriege führen werde.

Es gehört zu den Seltsamkeiten dieser krisenreichen Jahre, daß die Gefährdung des Friedens vordergründig nicht aus dem Versuch, die Union zu gründen, hervorging, sondern aus der erwähnten querelle allemande, der kurhessischen Auseinandersetzung. Die Union hatte die Spannung unter den Ostmächten gleichsam vorbereitet, aber es schien nunmehr, als ob die Schwelle zum Kriege erreicht worden sei. Für Friedrich Wilhelm IV. bedeutete die Union niemals ein Herzensanliegen oder gar eine Ehrensache, geschweige denn eine Machtfrage. Mit der Union mußte er sich widerwillig beschäftigen, auch wenn er in deren Schöpfer einen großen Staatsmann und einen Freund sah. Es ist bezeichnend, daß er auch im Scheitern an der Freundschaft mit Radowitz festhielt.

Im Leben Friedrich Wilhelms IV. enthalten die Monate der zweiten Jahreshälfte 1850 einen Schlüssel zu seinem Verständnis. Gewiß vermitteln auch andere Krisen, an denen seine Regierungsära nicht arm war, intime Einblicke in die Problematik seiner komplizierten Persönlichkeit, aber das Bemühen um ein Verständnis seines Verhaltens vor dem drohenden Konflikt mit Österreich erschließt erst den Zugang zu seinem Verhalten auf dem Höhepunkt seiner Krise zu Beginn des fünften Jahrzehnts.

»Ich bombardiere Dich mit Briefen«, beginnt er ein Schreiben Ende September 1850. Er tut sich sprachlich keinen Zwang an und spricht von der »Hessischen Sauerei«. Gemeint ist jene Auseinandersetzung zwischen dem Kurfürsten Friedrich Wilhelm und dem Landtag, in deren Verlauf der reaktionäre Minister Hassenpflug das Parlament auflöste und von der neuen Kammer die Fortsetzung der bestehenden Steuern verlangte. Dieses Parlament wurde wiederum aufgelöst, und die Steuern wurden nunmehr durch Erlaß auferlegt. Die Stände, Beamtenschaft und Richter fühlten sich an ihren Eid gebunden und weigerten sich, die verfassungswidrigen Verordnungen durchzuführen. Etwa neun Zehntel des Offizierskorps nahmen den Abschied.

Beim Ausbruch des Konfliktes war Kurhessen formell noch Mitglied der Union. Der Oberbefehlshaber der kurhessischen Armee verweigerte unter Berufung auf den Verfassungseid den Gehorsam und stellte diesen Eid über seinen Fahneneid. Der Kurfürst begab sich nach Frankfurt, verhängte den Belagerungszustand, und Kurhessen trat im September aus der Union aus. Österreich ergriff die Gelegenheit, die Notwendigkeit des monarchischen Prinzips erneut zu rechtfertigen und zugleich nachzuweisen, daß nur der Deutsche Bundestag in der Lage sei, die Souveränität der deutschen Fürsten zu schützen. Für Preußen war das Kurfürstentum von strategischer Bedeutung, zumal es die Verbindung zwischen den beiden Staatshälften darstellte und Preußen außerdem das Recht hatte, zwei hessische Straßen für Truppenbewegungen zu benutzen. So lehnte Preußen das Eingreifen des Bundestages zugunsten des Kurfürsten ab und forderte, daß der kurhessische Konflikt vom Unionsschiedsgericht in Erfurt entschieden werden solle. Auf diese Weise ergab sich ein Kompetenzkonflikt zwischen der Union, die eigentlich gar nicht mehr bestand, und dem Bundestag, den Preußen noch nicht wieder anerkannt hatte.

Das war nur scheinbar eine Frage der Zuständigkeit – es war in Wirklichkeit eine Machtfrage; denn Schwarzenberg wollte mit Hilfe einer Intervention in Kurhessen die Union endgültig zerschlagen, während Radowitz – seit September 1850 Außenminister – ebenfalls durch Eingreifen in dem benachbarten Lande den Sieg über die Frankfurter Bundesversammlung erringen wollte. Für die Durchführung des Bundestagsbeschlusses vom 21. September, den Kurfürsten mit Hilfe einer Bundesexekution in sein Land zurückzuführen, wurden österreichische und bayerische Truppen bestimmt. Die süddeutschen Staaten formierten sich unter österreichischer Führung gegen den norddeutschen Staat. In Bregenz schlossen Franz Joseph, Maximilian II. von Bayern und Wilhelm I. von Württemberg eine »förmliche Offensiv- und Defensiv-Allianz« gegen Preußen ab. Widersetzlichkeiten gegen den Bundesbeschluß in der kurhessischen Frage sollten als Bundesbruch und Kriegsfall gelten. Dem Großherzog von Baden wurde ebenfalls gedroht: Im Falle einer preußischen Niederlage sollte er die Städte Heidelberg und Mannheim an Bayern abtreten.

Vor diesem Hintergrund muß die Korrespondenz zwischen Berlin/Potsdam und Petersburg gesehen werden. Es ist bemerkenswert, wie auf beiden Seiten der Umgang mit dem Wort »Krieg« geradezu selbstverständlich wurde. Mehr noch als 1848 und in der europäischen Krise des Krimkrieges ist Friedrich Wilhelms Reaktion auf die Herausforderung der zweiten Jahreshälfte aufschlußreich und zeigt die alte Mischung von Realitätssinn und Hysterie.

In jenem Brief, in dem von der »Hessischen Sauerei« nur nebenbei die Rede ist, wird als »Hauptsächlichstes« »die feierlichste Unausführbarkeits-Erklärung der Unionsverfassung vom 28. Mai v. J.« bezeichnet. Es liegt ihm daran, daß der Kaiser erfahre, »daß ich und mein Kabinett klar die Gefährdung des *monarchischen Prinzips* erkennen, die in dem Unsinn und der Feigheit des kurfürstlichen Betragens liege, aber ... auch in der *faktischen Rebellion* von Seiten der hessischen Stände, Beamten und Untertanen ... Diese Sache muß [dreimal unterstrichen!] coûte que coûte in den Weg des Rechtes zurückgeführt werden.« Er bekundet seinen festen Willen, daß er »das bewußte Einschreiten durch

Autorisation des falschen und unberechtigten, sog. Bundestages *unter keinerlei Bedingungen* leide«. Österreich möge »endlich dem heiligen und unzweifelhaften Rechte die Ehre geben«.

Auf beiden Seiten fand bereits eine Teilmobilmachung statt. Friedrich Wilhelm glaubte noch immer, durch persönliche Begegnungen mit dem Zaren die Krise meistern zu können. Wenn – so weit ging seine Bereitschaft, die Haltung Nikolaus' zu verstehen – dem Zaren eine persönliche Begegnung nicht opportun erscheine, wäre er sogar bereit, sich von der Zarin für die Dauer von einigen Tagen einladen zu lassen. Das Einvernehmen zwischen Petersburg und Wien wurde indes immer deutlicher, während die Ernennung von Radowitz zum Außenminister am 26. September die Krise verschärft und zu einem Höhepunkt geführt hatte. Es bleibt dahingestellt, ob der König »der einstimmigen Bitte des Gesamtministeriums« gefolgt ist oder gar nachgegeben hat, an Stelle von Schleinitz Radowitz zum Außenminister zu ernennen. Es sei – so Friedrich Wilhelm – »eine wahre Notwendigkeit« gewesen, der er sich »gefügt habe«. »R. ist mein intimer Freund seit 26 Jahren und zugleich einer der edelsten, liebenswürdigsten, reinsten und begabtesten Menschen, die leben. Unter anderen, ruhigeren Umständen würde seine Ernennung mir eine Herzensfreude gewesen sein. Bei des Kaisers Vorurteile gegen ihn ist das *nicht* der Fall.«[65] Der Militärbevollmächtigte in Petersburg irrte nicht, als er am 4. Oktober aus Kiew berichtete, Radowitz' Ernennung habe auf den Kaiser »den allerungünstigsten Eindruck gemacht«. Nunmehr sei »die letzte Hoffnung einer Zusammenkunft mit dem russischen Kaiser in Warschau begraben«. Es gehört zu den Seltsamkeiten dieser Zeit, daß Radowitz just in dem Augenblick die amtliche Leitung der auswärtigen Angelegenheiten übernahm, in dem das Scheitern der Union – deren Architekt er war – nicht mehr verheimlicht werden konnte.

Während im Zusammenhang mit der Frage nach einem Fortbestehen der Union und im Zusammenhang mit der kurhessischen Angelegenheit die Kriegsstimmung wuchs, die diplomatischen Aktivitäten zunahmen und Mobilmachungsmaßnahmen vorbereitet und durchgeführt wurden, blieb die Grundstimmung des Königs gelassen. In dieser Gelassenheit, die auch als Naivität ausgelegt werden kann, lag in jenen spannungsgeladenen Wochen die eigentliche Voraussetzung einer Kriegsverhinderung. Im Briefe vom 30. Oktober 1850 an Herzog Ernst hieß es: »Die Einigung sei kinderleicht, da alle Interessen dieselben seien, wenn man die Union und den Bundestag auf sich beruhen lasse.«[66]

In Warschau kam es zu einer Konferenz zwischen Rußland und Preußen. Es wäre nicht opportun gewesen, wenn der König selbst an den bevorstehenden Verhandlungen teilgenommen hätte. Man traf eine glückliche Wahl, als man den General der Kavallerie und Ministerpräsidenten, den Grafen Brandenburg, in Begleitung des Prinzen Karl auf die Reise schickte. In den Gesprächen mit Zar Nikolaus ging es nicht nur um die deutschen, sondern auch um die holsteinischen Angelegenheiten. Der Zar empfahl eine Anerkennung der alten Bundesverfassung und billigte durchaus die Anrufung der Bundeshilfe durch den Kurfürsten von Hessen. Nikolaus und Brandenburg waren Gesprächspartner und alte Soldaten, die sich leicht verstanden.

Der Zar drängte auf eine rasche Entwaffnung Holsteins. Er dachte nicht daran, auf die Erklärung zu verzichten, ein Widerstand Preußens gegen Bundesmaßregeln zur Pazifikation Holsteins wäre gleichbedeutend mit einer ihm zugefügten Beleidigung. In diesem Falle werde er militärisch eingreifen. Dem anwesenden General von Rochow, der die Auffassung des Zaren teilte, soll er gesagt haben, es sei nötig, »die Holsteiner auseinander zu jagen und Willisen aufzuhängen«.[67]

Die deutsche Frage rückte in den Mittelpunkt der Gespräche, als Kaiser Franz Joseph und sein Ministerpräsident Schwarzenberg ebenfalls in Warschau eintrafen. Das Klima wurde schärfer, zumal Nachrichten aus Berlin über Unterhandlungen Radowitz' mit dem Grafen Buol, dem österreichischen Gesandten in Petersburg, eintrafen. Der preußische Außenminister wollte auf keinen Fall fremde Truppen in Kurhessen dulden; er drohte mit der Mobilmachung des gesamten preußischen Heeres.

Das eigentliche Ergebnis der Brandenburgischen Mission nach Warschau war die Einsicht, daß Radowitz in Anbetracht der europäischen Konstellation geopfert werden müsse. Radowitz erleichterte dem König den schweren Entschluß, indem er ihm am 31. Oktober schrieb: »... ergreifen Ew. Kgl. Majestät keine halben Maßregeln. Wenn sich Ew. Kgl. Majestät dafür entscheiden, daß der Zusammenstoß (zwischen österr. bayer. und preußischen Truppenteilen in Kurhessen) jedenfalls zu vermeiden sei, so ist die Verständigung auf den Warschauer Basen ohne jeden Verzug abzuschließen, und der erste Schritt dazu ist, daß Ew. Kgl. Majestät an meine Stelle eine persona grata, etwa Galen oder Bernstorff, setzen... Ich halte einen Krieg gegen Österreich für ein großes Übel, aber nicht für das größte. Der Entschluß, sei er der eine oder der andere, kann aber nur aus Ew. Kgl. Majestät eigenem Gewissen kommen; selbst ein Rat scheint mir in solchen Augenblicken nicht gestattet. Aber nur Ganzes! nicht Halbes.«[68]

Am 1. November rückten die Bayern in Kurhessen ein. Das Urteil der Zeitgenossen und der Nachwelt über den König in diesen Tagen ist vornehmlich negativ ausgefallen. Im Mittelpunkt der Auseinandersetzungen stand die Frage nach dem Zeitpunkt der Mobilmachung. Leidenschaftliche Auseinandersetzungen über die Opportunität von Mobilmachungen waren nichts Ungewöhnliches. Daß Friedrich Wilhelm in diesen Tagen gelegentlich in Weinkrämpfe fiel, entsprach der Labilität seines Charakters. Es darf darüber nicht vergessen werden, daß auch der Prinz von Preußen »zu Tränen erschüttert war«.[69]

Am 6. November, wenige Tage nach seiner Rückkehr aus Warschau, starb Brandenburg. Am selben Tage, wenige Stunden nach Brandenburgs Tode, wurde die immer wieder aufgeschobene Mobilmachung des gesamten Heeres beschlossen und verkündigt.

Die Aufregung der Ereignisse, die sich geradezu zusammendrängten, fand einen Niederschlag in der Sprache des Königs. Eine pietistische Stimmung erfüllte ihn, und ein sogenannter »Stil canaan« kennzeichnet den Abschiedsbrief an Radowitz, dem er ebenfalls am 6. November schrieb: »Soeben gehen Sie zur Tür hinaus, mein treuer und teuerster Freund, und schon nehme ich die Feder, um Ihnen ein Wort der Trauer, der Treue und der Hoffnung nachzurufen. Ich habe Ihre Entlassung aus dem auswärtigen Dienst gezeichnet, Gott weiß es, mit schwerem Herzen. Aber ich habe ja in Freundestreue noch mehr tun müssen. Ich habe Sie vor meinem versammelten Rate um Ihres Entlassungsbegehren willen gelobt. Das sagt Alles und bezeichnet meine Lage schärfer, als es Bücher vermögen. Ich danke Ihnen aus meinem tiefsten Herzen für Ihre Amtsführung. Sie war die meisterhafte und geistreiche Ausführung meiner Gedanken und meines Willens. Und beide kräftigten und haben sich an Ihrem Willen und Ihrem Gedanken, denn wir hatten denselben.« Decouvrierend für die Politikauffassung Friedrich Wilhelms war, daß er die »geistreiche Ausführung« seiner Gedanken hervorhob. Nur, wenn Politik »gedankenschwer« oder etwa »geistreich« war, wurde sie von ihm estimiert.

Besonders deutlich werden die Gefühle, Gedanken und Stimmungen des Königs in einem Schreiben an Kaiser Franz Joseph vom 26. November 1850: »Ew. Kaiserlichen Majestät werden den Worten, die ich an Allerhöchstdieselben richte, die rechte und eine gerechte Deutung geben. Es fließt in meinen Adern kein 20jähriges Blut; dagegen habe ich drei Feldzüge, die größten Schlachten des Jahres mitgemacht und weiß, was der Krieg ist!«[70] Er beschwor die brüderliche Gemeinschaft zwischen Preußen und Österreich, und in der Wahrung des gefährdeten Friedens erkannte er die wahre Vaterlandsliebe und das gemeinsame Interesse der Staaten und Völker. Und so schließt dieser Brief: »Das, geliebter Kaiser, ist deutscher Sinn, das ist Vaterlands Gefühl, das ist zeitgemäß, das ist schwanger von unermeßlichen Sorgen und Ew. Majestät würdig und meiner, der ich Sie in treuester Liebe an mein Herz drücke als Eurer Kaiserlichen Majestät anhänglichster, freundwilligster Vetter, Bruder, Oheim und Freund Friedrich Wilhelm.« Und in einem anderen unter den Briefen, die um Bewahrung des Friedens mit Österreich warben, wurden historische Erinnerungen beschworen: »Kein Leuthen mehr und kein Kolin; Leipzig soll der Wahlspruch gegen die inneren Feinde des gemeinsamen Vaterlandes wie gegen die äußeren sein«.

Der Empfänger dieses Briefes, der liebe teure Kaiser – wie er immer wieder genannt wurde –, glaubte in einem seiner Briefe, im König »einen genialen Monarchen« erkennen zu dürfen. Ein Zitat aus der Korrespondenz schließlich muß im Wortsinne verstanden werden: »Preußen wird nie, solange ich lebe, mit Österreich Krieg führen«. Friedrich Wilhelm hatte sich in jenem Briefe vom 26. November aber auch eine Blöße gegeben, die das kaiserliche Kabinett sogleich erkannte. Nachdem er seiner Freude über Manteuffels Mission und die Wiederherstellung des alten Einvernehmens Ausdruck gegeben hatte, konnte Franz Joseph nicht darauf verzichten, einige Auslassungen im Briefe des Oheims zu berichtigen. »Meines Wissens ist überhaupt das Wort Krieg niemals – weder von mir noch von meiner Regierung – ausgesprochen worden, und nur, als Minister Eurer Majestät erklärten, sie würden nicht *dulden,* daß Österreich ... von dem klarsten Rechte ... Gebrauch machen würde – nur dann mußte ich mich dazu entschließen, die Mittel in Bereitschaft zu setzen ... und ich rüstete mit blutendem Herzen.«

Der Kaiser zielte mitten in die Widersprüchlichkeit der preußischen Führungsschichten, indem er fortfuhr: »Sie selbst sagen in Ihrem Briefe, daß mit dem Zusammenbrechen des Manteuffelschen Cabinetts nur eine entschiedene Kriegspartei – die es bei mir im Lande wirklich nicht gibt – den Thron als Ratgeber würde umstehen können.« Er hob vorsichtig die Einheitlichkeit seiner Regierung im Gegensatz zu der Preußens hervor: »Ich bitte Euer Majestät und beschwöre Sie, nie und nimmermehr dem Glauben Raum zu geben, als umgebe mich eine kleine, Preußenfeindliche, Krieg wollende Partei, die mich zum Kriege hindränge. Abgesehen davon, daß es nicht in meiner Art liegt, *mich drängen zu lassen,* kann ich Sie versichern, daß alle Männer meines Vertrauens – und andere kommen hier nicht in Anschlag – wie ich denken und daß keiner unter ihnen ist, der nicht einen Krieg als *eine moralische Kalamität sondergleichen* ansähe.«

Die öffentliche Meinung nahm im November leidenschaftlichen Anteil, aber die Lösung des Konflikts vollzog sich in Form geheimer Missionen. Über die Verhandlungen in Olmütz am 28. und 29. November sind wir aus den Akten und aus einer umfangreichen Literatur umfassend unterrichtet. Das Ergebnis des diplomatischen Ringens lag in den Bestimmungen der Punktation vom 29. November. Preußen verpflichtete sich, »der Aktion der von dem Kurfürsten herbeigerufenen Truppen kein Hindernis entgegenzustellen« und die nötigen Befehle zu erlassen, um den Durchmarsch durch die von Preußen besetzten Etappenstraßen zu gestatten. Dafür gewährte Schwarzenberg, das Einverständnis des Kurfürsten vorausgesetzt, Verbleiben eines preußischen Bataillons in Kassel neben einem vom Kurfürsten erbetenen, angeforderten Truppenteil. Preußen sagte zu, sich – wenn nötig – an einer Exekution in Holstein zu beteiligen. Beide Mächte wollten »gemeinsame Kommissare schicken, die im Namen des Bundes von der Statthalterschaft die Einstellung der Feindseligkeiten, die Zurückziehung der Truppen hinter die Eider und die Reduktion der Truppen auf ein Drittel des jetzt bestehenden Truppenteils verlangen, unter Androhung gemeinschaftlicher Exekution im Weigerungsfalle«. Ferner gehörte zu den Bestimmungen der formale Verzicht auf die Union.

»Olmütz« wurde interpretiert entweder als ein Synonym für Schmach und Niederlage oder als Sieg der Vernunft auf preußischer Seite oder als »ein Ausgleich ohne Sieger und Besiegte«. Gewiß gehörte das Ergebnis der Olmützer Verhandlungen zu den in der Geschichtsschreibung oftmals unterschätzten Leistungen Manteuffels, aber dieser konnte nur so handeln, weil er sich des Rückhalts des Königs sicher sein durfte.

Bei dem Versuch, aus der Widersprüchlichkeit der Meinungen über Olmütz einen Ausweg zu finden, kann ein Brief hilfreich sein, den der Diplomat Küpfer an Manteuffel am 3. Dezember schrieb. Die Absicht des Briefes war, das Ergebnis von Olmütz zu rechtfertigen; seine Gedanken rechtfertigten gleichzeitig die Politik des Königs in dieser schwersten Krise seiner Regierungsära: »Ich sagte voraus, als Sie nach Olmütz gingen, daß nun die Sache der Vernunft, der Humanität, der Klugheit und der Besonnenheit den Sieg davon tragen würde, und ich habe mich nicht getäuscht. Das groß- und kleindeutsche Geträtsch werden Sie nun nicht vermeiden, eher ruhig hinnehmen können. Preußen ist ein Volk in der großen europäischen Völkerfamilie; wenn alle übrigen sagen, er soll nicht zu weit gehen, so erfordert die Familienvernunft, daß wir nachgiebig sind und einen mageren Vergleich selbst einem fetten Prozeß vorziehen, welcher letztere dann doch immer noch ungewiß war. Wie kein Mensch ganz unabhängig ist, so auch kein Staat. Der russische Kaiser darf sich die Türkei nicht nehmen, weil die anderen Mächte nicht wollen; ist es da eine Schande für Preußen, daß es der allgemeinen politischen Lage Rechnung trägt?«[71]

Diese Interpretation stimmt genau mit den Auffassungen des Königs überein; wenigstens in der Substanz, wenn auch die Worte »Vernunft« und »Humanität« die Richtung kennzeichnen, die für Friedrich Wilhelm in dieser Situation maßgebend war. Er hielt es aber ebenfalls für vernünftig, wenn Preußen sich als Staat unter Staaten verstand und so benahm. Er hatte nicht und konnte auch nicht das Gefühl haben, eine Schmach erlitten zu haben. Ein Konflikt mit dem Prinzen von Preußen, für den die Voraussetzungen gegeben waren, hat sich damals nicht entzündet. Prinz Wilhelm hatte von einem neuen 19. März gesprochen, allerdings vor Abschluß der Konvention, aber das Gefühl der Niederlage blieb in ihm wie ein Stachel stecken. In der Erlebniswelt Friedrich Wilhelms hatte Olmütz mit Sicherheit nicht den Erinnerungswert, der für den Thronfolger so folgenreich geworden ist. Während die Prinzessin von Preußen von »einem moralischen Jena« sprach, das der Staat in diesen Tagen erlitten habe, wirkte der König sichtlich erleichtert.

Kunst und Wissenschaft

Die konservative Monarchie des alten Preußen ist in überraschender Weise imstande gewesen, sich mit Geist und Kultur zu verbinden. Natürlich wurzeln seine Vorstellungen noch im Lebensbereich und in der Gefühlswelt der deutschen Bewegung des frühen 19. Jahrhunderts, aber der vorkonstitutionelle Staat war auch in der Lage, die Funktion eines Förderers des liberalen Wissenschaftsverständnisses zu übernehmen. So rückwärts gewandt Friedrich Wilhelms Vorstellungen auch sein mochten, so suchte und fand er gleichwohl Anschluß an moderne Ideen. Sein Leben verlief außerhalb der Zeit und gehörte trotzdem ganz der Zeit an. Seine Verwurzelung in älteren Bildungsschichten fällt immer wieder auf, aber auch die Teilhabe an ganz neuen Ideen und vor allem auch die Fähigkeit zu einer Förderung neuer Wissenschaftszweige wird offenkundig.

Die Wissenschaften befanden sich zu seiner Zeit in einer Phase des Übergangs. Die Kunst war zeitgebunden, aber sie erreichte in einigen Bereichen, etwa der Architektur, einen Höhepunkt. Mit der Vielseitigkeit der Neigungen Friedrich Wilhelms hängt es zusammen, daß die preußischen und deutschen Bestrebungen ergänzt wurden durch die Beziehungen zur internationalen Welt von Kunst, Wissenschaft und Kulturpolitik. Auch in diesem Sinne hat Friedrich Wilhelm in den bildenden Künsten an Vergangenes angeknüpft und auch Neues fortgesetzt. Er hat Institutionen in Kunst und Wissenschaft angeregt, die von bleibender Bedeutung waren.

König Friedrich Wilhelms Name wird vornehmlich in Verbindung mit den bildenden Künsten genannt; Architektur, Plastik und Malerei gelten als seine eigentlichen Leidenschaften. Darin hat Friedrich Wilhelm die Hohenzollern-Tradition fortgesetzt. Solche Kontinuität kommt durch die Namen der Künstler zum Ausdruck, die fast alle schon unter Friedrich Wilhelm III. das architektonische Bild Berlins und Potsdams geprägt haben.

Der aus den Freiheitskriegen zurückgekehrte Kronprinz mußte noch fünfundzwanzig Jahre warten, bis er den Thron der Hohenzollern besteigen konnte, aber auch die schöpferische Mitarbeit des Prinzen an der Architektur hat schon bleibende Spuren hinterlassen. Die Urteile über die durchaus nicht immer konfliktlose, aber an Ergebnissen doch

Friedrich Wilhelm IV. war im Grunde der letzte preußische Monarch, der das Kunstverlangen und den Bauwillen seiner Epoche in wesentlichen Stücken prägte. Schon unter seinem Vater Friedrich Wilhelm III. war er als Kronprinz der Gesprächspartner der Architekten, Bildhauer und Maler der Zeit gewesen, und er hat sich selber stets als König der Künstler begriffen. Obwohl Schinkel schon wenige Monate nach der Thronbesteigung Friedrich Wilhelms IV. nur sechzigjährig starb, war der Gedankenaustausch zwischen beiden Männern der künstlerische Höhepunkt im Leben Friedrich Wilhelms. Fast alle Berliner und Potsdamer Staatsaufträge wurden in langen Briefen zwischen Kronprinz und Architekt erörtert, und zu vielen Entwürfen liegen eigenhändige Pläne des Thronfolgers vor. Das spätere Gemälde von E. Schader ist nach einem zeitgenössischen Bildnis des Architekten entstanden.

reiche Zusammenarbeit zwischen ihm und den Baukünstlern sind stets positiv gewesen, auch von Historikern, die ihm sonst kritisch gegenüberstanden. Treitschke, der seiner Politik überhaupt kein Verständnis entgegenbrachte, nannte ihn den »hochsinnigsten Fürsten, der selbst ein Künstler war«, und Ranke schrieb: »Ihm wohnte ein angeborenes Talent für die bildende Kunst bei, er konnte als einer der ersten Kenner gelten. Er zeichnete vortrefflich; er war ein geborener Baumeister. Die Anordnungen, die er in seinen Gärten traf, waren ein Abdruck seiner am Naturgefühl durchdrungenen Seelenstimmung und seiner Phantasie.«

So kann die Frage nach der Identität Friedrich Wilhelms am ehesten in dem Bereiche der Baukunst beantwortet werden. Der Bautätigkeit unter Friedrich Wilhelm IV. ist der allgemeine wirtschaftliche Aufschwung nach dem Tode seines sparsamen Vaters zugute gekommen. Vor allem gehört es zu den glücklichen Fügungen, daß eine Reihe bedeutender Baumeister, Schinkel, Rauch, Persius und Stüler, die Jahrzehnte mitgeprägt haben. Sie haben den Kronprinzen und König beraten, ihm auch widersprochen und sich von ihm anregen lassen.

Architektur und Bildhauerkunst sollen hier nicht nach kunstwissenschaftlichen Kriterien behandelt werden. Diese Darstellung will vielmehr Motive und Tendenzen sichtbar machen, die für die politisch-geistig-religiöse Vorstellungswelt Friedrich Wilhelms aufschlußreich sind. So soll ein Domplan erörtert werden, den Schinkel konzipiert und gegen den der Kronprinz nicht unerhebliche Einwände erhoben hatte. Die Idee zu einem Dom für Berlin entstand als geistige Nachwirkung der Befreiungskriege, obwohl es in der Ära der Restauration schon zu bedeutenden Neuschöpfungen und Umbauten gekommen war. 1836 begründete Schinkel dieses Vorhaben in einer ausführlichen Denkschrift. Einer der vorausgegangenen Pläne geht auf die Zeit unmittelbar nach den Befreiungskriegen zurück, als das »Gotische« als das eigentlich »Nationale« gepriesen wurde. Der Plan eines Domes als Denkmal für die Befreiungskriege von 1819 ist als »Höhepunkt seines [Schinkels] gotischen Denkens« bezeichnet worden; zugleich hat man gezeigt, wie solche Vorherrschaft des Gotischen »klassische Elemente« nicht ausschließt: »Das Nebeneinander verschiedener historischer Formen ist für die Stillage des 19. Jahrhunderts charakteristisch.«[1] Das trifft besonders auf Friedrich Wilhelms Kunstverständnis zu. Einem weiteren Plan von 1819 hat Schinkel eine Erklärung beigegeben: »Mutwillig und sich vornehm dünkend ist seit langer Zeit schon das fremde Ausländische

Nach dem unerwarteten Tod Schinkels wurde dessen Schüler und Mitarbeiter Friedrich Stüler neben Ludwig Persius der wichtigste Architekt Preußens in den vierziger und fünfziger Jahren. Neben Kirchen am Havelufer wie St. Peter und Paul in Nikolskoe, dem Neuen Museum in Berlin und der Rekonstruktion der Burgruine Hohenzollern, war er führend beteiligt an den Plänen für jene »Via Triumphalis« in Potsdam, mit der der König Friedrichs II. Sanssouci-Ensemble vervollständigen und abschließen wollte. Wie Friedrich Wilhelm IV. war Stüler von der oberitalienischen Architektur stark beeinflußt, so daß sich antikische und frühchristliche Elemente in seinen Architekturen mischten. Das Foto zeigt den Baumeister in seinen letzten Lebensjahren.

ergriffen und das schöne Nationale zertreten, so daß, wer jetzt zur Besinnung kommt, sich von seiner Nation weit abgeschnitten findet, von der schönen ursprünglichen Bildung unseres Volkes.«

Schinkel vermochte seine sehr konkreten Vorstellungen gegen die des Kronprinzen nicht durchzusetzen, aber sie sind für die Einsicht in den Zusammenhang von Kunst, Religion und Staat im preußischen Vormärz aufschlußreich. Schinkel hielt sich für die Durchführung einer solchen Aufgabe für besonders geeignet, zumal er »von jeher den deutschen Altertümern einen hohen Reiz abgewann«. Seine wichtigste Sorge galt dem würdigsten Platz des Monuments, und gerade dieser Gesichtspunkt war den Vorstellungen des Kronprinzen entgegengesetzt; noch glaubte Schinkel allerdings, mit dessen Zustimmung schließlich doch rechnen zu können. Er wünschte für den Dom einen Platz, von dem er glaubte, er würde einer der schönsten in der Welt werden. »Unmöglich sei es, eine große neue Anlage in der Mitte einer alten Stadt... auszuführen. Eine Kirche, besonders, wenn sie wie diese durch die große Veranlassung ihrer Gründung«, nämlich die Befreiungskriege, »die Hauptkirche der Stadt und eigentlich die Kathedrale werden soll, in welcher die Hauptfeste des Volkes gefeiert würden und ebenso wohl große Rückerinnerungen einer kräftigen Vergangenheit... ein solcher Dom liegt besser fern vom alltäglichen Gewühl und Treiben der Menschen«. Um seine Auffassung zu bekräftigen, verwies Schinkel auf ausländische Monumentalbauwerke: »So stehen die größten und ältesten Kirchen der Welt St. Peter und St. Lateran zu Rom, das Campo Santo von Pisa am äußersten Rand der Stadt«; in St. Petersburg entstand gerade die Isaak Kathedrale. Schinkel dachte an »einen Platz des Achtecks vom Potsdamer Platz noch außerhalb der Stadt und so erweitert in seiner Mitte den Dom aufnehmend«. Er wollte den Dombau einmal verstanden wissen als ein religiöses Monument, dann als ein historisches Monument und schließlich als ein lebendiges Monument. Christliches und Vaterländisches durchdrangen und ergänzten sich; Schinkel erinnerte an das Straßburger Münster, »wo die französischen Könige und die deutschen Kaiser unter Baldachinen zu Roß umhersitzen« – so würde, im Falle der Verwirklichung des Domprojektes, »unser ganzer erlauchter Fürstenstamm in der Reihe von frühester Zeit angebracht werden; und ebenso wie in jenem herrlichen Gebäude für die Folgezeit auf Jahrhunderte hinaus« sichtbar, ja gegenwärtig bleiben. Monumentale und sakrale Kunst schienen besonders geeignet, gleichsam patriotische und christliche Pädagogik zu vermitteln.

Daß ein Berliner Dom, unabhängig von den Stilformen, in den Mittelpunkt des »christlichen Staates« rücken würde, war ein Gedanke, der ein integraler Bestandteil des geistigen Haushalts sowohl Schinkels als auch des Kronprinzen war. Anders als Schinkel stellte sich indes Friedrich Wilhelm den Dom gerade nicht isoliert, sondern in einem architektonischen Zusammenhang mit Schloß und Museum vor.

Friedrich Wilhelm war ein zeichnender, redender und schreibender Mensch, und das Nichtausgeführte unter den Bauplänen ist ebenso quellenhaltig wie das Vollendete. Eine Fülle der Zeichnungen und Entwürfe, die sakrale Bauten betreffen, sind erhalten. Vielleicht hat er im Zusammenhang mit den Dombauplänen mehr noch als Schinkel historisierend argumentiert, wenn er den Dom im architektonischen Zusammenhang mit den Bauten am Lustgarten plante. Der sogenannte neue Dom oder die Hof- und Dom-Kirche, 1750 errichtet, neu gestaltet von Schinkel 1817 und 1821, hat allerdings niemals jene Form finden können, die dem König und seinem Architekten vorschwebte. Der jetzige Dom, der 1894 im Stil der Hochrenaissance auf dem Platz des alten Domes Friedrichs des Großen errichtet wurde, hat nichts mehr mit früheren Konzeptionen zu tun.

Die Leidensgeschichte des Domgedankens hing aber nicht nur von wechselnden Vorstellungen oder in erster Linie vom Mangel an Übereinstimmung zwischen Bauherrn und Baumeister ab, sondern in ihr kommt die Problematik einer evangelischen Kathedrale zum Ausdruck. Friedrich Wilhelm hat im Zusammenhang mit den Domplänen geschrieben: »Ich baue meinen Dom nicht für die Berliner Domgemeinde, sondern als Primus des Protestantismus für die protestantische Kirche Deutschlands, und da ich den Kölner katholischen Dom zu vollenden hoffe, so wird mir doch wohl das Recht zustehen, auch für meine Kirche einen solchen Riesenbau, wenn nicht auszuführen, doch zu entwerfen.« Dieser Satz ist geradezu verräterisch: »wenn nicht auszuführen, doch zu entwerfen« – darin kam die resignative Stimmung zum Ausdruck.

Der für die Restauration bestimmende Gedanke des »christlichen Staates«, des Bündnisses zwischen »Thron und Altar«, liegt jenen sakralen Bauten zugrunde, die nach den Befreiungskriegen in Preußen, vornehmlich in Berlin und Potsdam, aber auch in den Provinzen geplant und errichtet wurden. An ihnen hatte Friedrich Wilhelm als Kronprinz und als König anregend und korrigierend tätigen Anteil. Zu den Kirchen, die in Berlin in der Kronprinzenzeit entstanden, gehörte die

Werdersche Kirche (1824-1830); Schinkel gab dem Drängen des Kronprinzen nach, indem er einen gotischen Entwurf zugrunde legte. Es handelt sich um die größte Kirche, die im Vormärz in Berlin entstand. An der Gestaltung dieser Kirche hat auch Christian Friedrich Tieck, ein Bruder des Dichters, Anteil gehabt; nach seinen Entwürfen sind die Engelsgestalten neben den Spitzbögen und die Ornamente an den Türen ausgeführt.

Dies war ein betont »gotischer« Bau; durch das Vorherrschen horizontaler Linien, etwa in der Aufteilung der Geschosse, macht sich aber dennoch die Nähe zum klassischen Stile geltend. An der Nikolaikirche in Potsdam, die 1795 abgebrannt war, seit 1829 wieder aufgebaut und 1837 eingeweiht wurde, wurde der Kompromiß in der sakralen Architektur zwischen dem alten König, dem Kronprinzen und Schinkel noch deutlicher. Der Kronprinz war entzückt über die Aussicht, in der zweiten Residenz – wo er sich viel wohler fühlte als in Berlin – einen zweiten Dom zu errichten. Er plante einen Zentralbau, an dem er das von ihm bevorzugte Kuppelmotiv großartig verwirklichen konnte. Friedrich Wilhelm kannte nicht nur die italienische, überhaupt die römische Architektur, etwa die Kuppel Michelangelos in Rom, seine Entwürfe verraten auch die Kenntnis des Pariser Pantheons. Solange der sparsame Friedrich Wilhelm III. regierte, war an eine Realisierung eines solchen Plans jedoch nicht zu denken. »Ihm schwebte ein einfacher Langhausbau vor«, und er hat Schinkel bei der Auftragserteilung auf eine bestimmte klassizistische Kirche in Paris verwiesen, »die er in Erinnerung behalten hatte«.[2] Der Baumeister stand zwischen dem König und dem leidenschaftlich Anteil nehmenden Thronfolger, dessen Wunsch nach einer krönenden Kuppel erst nach seinem Regierungsantritt durch Persius und Stüler in Erfüllung gehen konnte. »Nicht mit Unrecht hat man gesagt, daß die Kuppel der Nikolaikirche für Stadt und Land von Potsdam dieselbe Rolle spielt wie die Kuppel Brunelleschis für Florenz und das Arnotal und die Peterskuppel für Rom und die Campagna.«[3]

Noch zwei weitere sakrale Bauten zählten neben dem Domplan zu den Herzensanliegen des Hohenzollern, das Mausoleum für Königin Luise und die Schloßkapelle. Das Mausoleum – obwohl im strengen Sinn kein sakraler Bau – steht im Mittelpunkt der Gefühlswelt Friedrich Wilhelms. Dieses Grabmal, blieb die Stätte, die die Familie der Hohenzollern gleichsam innerlich miteinander verband. Bevor Friedrich Wilhelm in die Befreiungskriege zog, suchte er Herzstärkung am Grabe der Mutter. In einem Brief an die Schwester Charlotte schildert er, wie er an

Wie Gottfried von Schadow aus der Welt Friedrich Wilhelms II., so stammt Christian Daniel Rauch eigentlich aus der Ära Friedrich Wilhelms III. Die bekanntesten Denkmäler Rauchs, die den Feldherrn der Freiheitskriege gelten, sind noch unter dem alten König entstanden, wie denn auch der Sarkophag für Königin Luise 1811 in Auftrag gegeben wurde. Aber ein persönliches Verhältnis stellte sich nicht zum König, sondern zum Thronfolger her, der ihn als »seinen« eigentlichen Bildhauer ansah, darin von Wilhelm von Humboldt kräftig unterstützt.

einem Sonntagmorgen zusammen mit dem Vater über die große Allee des Charlottenburger Schloßparkes schritt, wie sie schweigend in der Gruft am Sarge knieten: »Außer der Tür auf den Stufen standen wir wohl an zehn Minuten. Papa konnte sich gar nicht entschließen, welch ein Augenblick! Leise und langsam schloß er sie, und als die Öffnung nur noch eine kleine Ritze betrug, schauten wir immer nach dem trübe schimmernden Sarge. – Welch ein Unterschied bei Öffnung der großen Tür! Ein Himmel ohne Wolken, ringsum knospende Bäume, das fröhliche Gezwitscher von 1000 Vögeln, und aus weiter Ferne das feierliche Geläute. Wir bogen links aus dem Gebüsch, und in dem Momente, wo wir aus demselben hervortraten, verstummte das Geläute gänzlich.«[4]

Dem Bildhauer Christian Daniel Rauch wurde der Auftrag zuteil, ein Denkmal der Königin zu entwerfen und auszuführen. Unter allen Künstlern war Rauch derjenige, der am geeignetsten für ein solches Denkmal schien: Er war Kammerdiener des Königs gewesen, hatte sich in Rom fortgebildet und stand der königlichen Familie nahe. Er stellte die Königin auf dem Sarkophag schlummernd dar. Ein zweites ähnliches Denkmal der Königin aus Rauchs Werkstatt wurde im Antikentempel des Parks beim Neuen Palais in Potsdam aufgestellt. Auf einem zweiten Sarkophag fand das Denkmal König Friedrich Wilhelms III. in Uniform mit dem Mantel seinen Platz. Die Gestalten und Sarkophage sind so wie andere Plastiken aus Carrara-Marmor angefertigt.

Zu den sakralen Bauten in der Ära Friedrich Wilhelms IV. gehört die Schloßkapelle, der ein Entwurf Schinkels zugrunde lag und die von Stüler und von Schadow erbaut wurde; sie wurde 1853 eingeweiht. Hier wurde anstelle des rund entworfenen Unterbaus aus technischen Gründen die achteckige Form gewählt. Der Kuppelbau ist im Gegensatz zum ursprünglichen Entwurf erhöht und mit einer Laterne (Schutzkuppel) gekrönt worden. Der König wollte dem ebenfalls erhöhten Innenraum höchste Würde verleihen, aber die Ausstattung war mit Schmuck, farbigen Figuren und Gemälden geradezu überladen. Der König hatte eine Vorliebe für schöne Steine, »er nannte das seine ›Lithophanie‹«. Im Falle der Kapelle war die Buntheit der Innenausstattung der Wirkung ganz offensichtlich abträglich, so daß Begabung und Schwächen des Bauherrn gleichzeitig sichtbar werden. Die Absicht indes, dem Schloß und dem Stadtbild einen neuen Akzent zu verleihen, war gelungen, wie ´s zum Zweiten Weltkrieg das Stadtbild zeigte.[5]

Die Reihe der Kirchenbauten, an deren Planung und Ausführung

Der einzige Hohenzoller, der es jemals wagte, in Sanssouci Wohnung zu nehmen, war Friedrich Wilhelm IV, der auch ungeniert einige Räume des großen Königs im neuen Geschmack herrichten ließ. Der König scheint sich als legitimen Erben und Fortsetzer des großen Vorfahren auch in dieser Hinsicht gesehen zu haben; die Zeitgenossen machten ironische Bemerkungen zu dieser Nachfolge. Die Lithographie aus dem Jahre 1842 ist eine Karikatur auf die ständige Nachäffung Friedrichs II., sie wurde zum Anlaß der Einschränkung der gerade zuvor gewährten Pressefreiheit und zeigt Friedrich Wilhelm IV. in viel zu großen Schuhen, wie er vergeblich versucht, in die Fußstapfen seines Ahnen zu treten.

Peter Joseph Lenné, Generaldirektor der Königlich Preußischen Gärten, war der führende Landschaftsarchitekt Preußens, dessen Einfluß von Königsberg bis zu den Westprovinzen reichte. Sein letztes Jahrzehnt war allerdings überschattet von der Konkurrenz durch den Fürsten Pückler, den Friedrich Wilhelm IV. oft mit den gleichen Aufgaben an Gärten und Parks beauftragte; so arbeiteten Lenné und Pückler gemeinsam und oft gegeneinander, zum Beispiel an den Parkanlagen der Schlösser Glienicke und Babelsberg.

Die Seen- und Stromlandschaft der Havel bei Potsdam wurde zwischen Friedrich dem Großen und Friedrich Wilhelm IV. in eine Kulturlandschaft umgeformt, wobei unter Friedrich II. das antike Vorbild ausschlaggebend war, während zu der Zeit nach den Freiheitskriegen das eigentlich südliche der märkischen Landschaft herausgearbeitet wurde, wie denn Theodor Fontane später die Havel den »Neckar des Nordens« nannte. Der Stahlstich von Sagert, nach einer Zeichnung von Biermann um 1860 entstanden (oben), zeigt den Blick vom Ruinenberg mit dem Wasserbassin Friedrichs II., das die Fontäne speisen sollte, für die der Wasserdruck aber erst nach der Installierung einer Dampfmaschine unter Friedrich Wilhelm IV. ausreichte; das Ölgemälde von Josef Firmenich von 1852 gibt den Blick auf den Ruinenberg mit dem Wartturm über den Bornstädter See.

Friedrich Wilhelm in unterschiedlicher Intensität beteiligt war, hat sich in Potsdam und Umgebung fortgesetzt. Es lag ja nahe, daß Friedrich Wilhelm die Bautätigkeit erst recht auf die Kirchen in Potsdam ausdehnen wollte. Er lebte in seinem Selbstverständnis ganz in der Friderizianischen Tradition, und ihr entsprach der Wunsch, nicht nur das Charlottenburger, sondern auch noch das Potsdamer Schloß und Schloß Sanssouci mit einer Kapelle zu versehen, ja, nach seiner Auffassung zu vollenden. Denkt man an Potsdam, so stellt sich sogleich die Erinnerung an die Garnisonkirche mit der Gruft Friedrich Wilhelms I. und Friedrichs II. ein. Bei der Friedenskirche ließ der König seinen Entwürfen die Basilika von San Clemente in Rom zugrunde legen; der Glockenturm entstand nach dem Vorbild von Santa Maria di Cosmedin, und die Kanzel wurde wie die von San Lorenzo ausgeführt.

Ein von Lenné künstlich angelegter See vervollständigte die malerische Schönheit und architektonische Einheitlichkeit, wie sie der König für sein Siam (Charlottenhof) bereits angestrebt hatte. Ein Säulengang führt aus einer Vorhalle nach Norden am Seeufer entlang zu einer kleinen Pforte, durch die der König schritt, wenn er von Sanssouci kam. In einer Nische des westlichen Umgangs wurde eine Marmorgruppe aufgestellt: Moses, Aaron und Hur, die Rauch modelliert hatte. Über diese Marmorgruppe hat der König mit Rauch ausführlich korrespondiert. Erinnerungen an Friedrich den Großen wie an den Zaren Nikolaus gehören zum Schmuck des Altarraumes. Vier Jaspissäulen tragen den Altarbaldachin; sie waren ein Geschenk des Zaren Nikolaus I.; ein blaues Kreuz an der Vorderwand des Altars war aus einer Schnupftabakdose hergestellt, die Friedrich der Große in der Schlacht bei Kunersdorf getragen hatte. Unter dem Altar befand sich die Gruft, die Friedrich Wilhelm IV. für sich und seine Frau ausgesucht hatte. Im Vorhof stand ein Abguß der Christussäule von Thorwaldsen. Die Einweihung der Kirche am 28. September 1848 durch den Bischof Neander enthielt im Selbstverständnis des Königs seine Antwort auf die Revolution dieses Jahres. In diesem Sinne ist sie ein integraler Bestandteil der Gegenrevolution.

Im inneren Zusammenhang mit der Friedenskirche stand die Heiliggeistkirche von Sakrow als Rundbogenbau im Basilikenstil, deren Wirkung durch den Wasserspiegel der Havel bewußt gesteigert wurde. Der Entwurf gerade für diese Kirche, die dann ein Jahrhundert hindurch ein so bevorzugter Ort für Trauungen war, trägt ganz die Handschrift Friedrich Wilhelms, der in der Tat Inspirator und Architekt dieses Kirchenbaues gewesen ist. Aus einer alten Dorfkirche entstand nach den Plänen Friedrich Wilhelms eine einschiffige Basilika mit gesondertem Glockenturm und Säulenumgang auf erhöhtem Podest in frühchristlichem Stil. Im Innern der Apsis befand sich ein Freskogemälde: »Christus und die Evangelisten« nach einem Karton Karl Begas'.[6]

Landschaft und Architektur zu verschmelzen, war der eigentliche Traum Friedrich Wilhelms. Das faszinierte ihn auch an Lennés Elblandschaft, wie sie besonders deutlich in Wörlitz wurde. »Der Herzog von Dessau hat aus seinem Lande einen großen Garten gemacht; das kann ich ihm nicht nachmachen, dazu ist mein Land zu groß. Aber aus der Umgebung von Berlin und Potsdam könnte ich nach und nach einen Garten machen; ich kann vielleicht noch zwanzig Jahre leben, in einem solchen Zeitraum kann man schon etwas vor sich bringen. Entwerfen Sie mir einen Plan.«[7]

Diese und ähnliche Sätze zu Lenné lassen ebenso Zuversicht wie Resignation erkennen. Je weiter die Zeit fortschritt, desto mehr war der Bauherr nämlich an die Bewilligung der Stände und seit 1848 erst recht des Landtags gebunden. Es war aber nicht nur die Lage der Finanzen, die der Vollendung seiner Bauten, darunter vor allem einer Verwirklichung der Dombauidee, im Wege stand. Die sogenannten Gebildeten hatten an der Vollendung eines protestantischen Domes, der Ausdruck einer christlichen Staatsidee sein sollte, kaum Interesse, auch des Zweifels wegen, ob ein Dombau »in der protestantischen Überlieferung wurzelt«. Der Zeitgeist stand den Plänen und Vorstellungen des positiven Christen auf dem Thron im Wege. So ist am Ende in kaum einem Bereich wie dem des sakralen Kirchenbaus, vor allem im Zusammenhang mit der Idee einer protestantischen Kathedrale, das Nebeneinander von Nichtvollendetem und doch Bedeutendem im Wirken Friedrich Wilhelms zu spüren. Nur ein schwacher Abglanz seines Strebens wird in der Schloßkapelle erkennbar.

Dennoch hat die künstlerische Zusammenarbeit zwischen Friedrich Wilhelm und den Architekten schließlich dazu geführt, daß sich die bisherige Kluft zwischen bürgerlichen und monarchischen Vorstellungen weitestgehend geschlossen hat. Schon bei den Sakralbauten wird gelegentlich die Verschiedenheit der Auffassungen zwischen König und Schinkel deutlich, wobei eine Rolle spielte, daß Schinkel schon auf eine lange Bautätigkeit zurückschauen konnte und auf der Höhe seines Schaffens stand, »als um 1820 die gemeinsame Arbeit mit dem Prinzen begann, und daß er schon kurz nach dessen Regierungsantritt verstarb«.[8]

Die Pläne zur Neuen Wache entstanden 1816 und wurden bis zum Herbst 1818 verwirklicht. Die städtebauliche Einordnung war glücklich: Der Platz zwischen Universität und Zeughaus gegenüber dem Friderizianischen Opernhaus bestimmte die Maße dieses Baues, dem viele Planungen vorausgingen. Es war nicht unwichtig, daß Friedrich Wilhelm III. dem Bau der Neuen Wache gegenüber im ehemaligen Kronprinzenpalais zu wohnen pflegte und der Blick aus dem Fenster stets darauf fallen würde. Indem der Architekt eine dorische Säulenhalle mit plastischem Giebelschmuck und mit einer Freitreppe zwischen den Pylonen an den vier Ecken vorzog und sie gleichzeitig dem Körper, dem sogenannten Kubus, eng verband, schuf er eine eindrucksvolle Front und erreichte die Geschlossenheit der »Neuen Wache«.

Als während der Errichtung der Wache das Nationaltheater von Langhans abbrannte, fiel die Aufgabe des Wiederaufbaues ebenfalls Schinkel zu. Er war ein theatererfahrener Mann, vor allem auch im Hinblick auf Bühnenbilder und Ausstattung der Stücke; seine Auffassungen wichen übrigens nicht unerheblich von denen des Intendanten Grafen Brühl ab. Der Grundstein des Theaters am Gendarmenmarkt wurde ein Jahr nach dem Brand gelegt, der Rohbau 1819, der innere Ausbau 1820 fertiggestellt. Am 26. Mai 1821 ist das Schauspielhaus mit Goethes zu dieser Feier gedichtetem Prolog und der Festvorstellung der »Iphigenie« eingeweiht worden. In Goethes Prolog heißt es:

Denn Euretwegen hat der Architekt
Mit hohem Geist so edlen Raum bezweckt,
Das Ebenmaß bedächtig abgezollt,
Daß Ihr Euch selbst geregelt fühlen sollt.

Man hat gesagt, daß hier »deutlich auf die sittliche Wirkung der klassischen Form angespielt worden ist, die Schinkels Bau bestimmt«; in der Tat gehört die Architektur zur Ideengeschichte der Epoche.

In der Geschichte der Architektur ist das Theater eine der »wichtigsten Bauaufgaben des 19. Jahrhunderts«. Während es noch im Barock vornehmlich höfischen Charakter trug – zu den wenigen Ausnahmen gehört Knobelsdorffs Berliner Opernhaus, das als Musentempel gebaut worden war –, wurde das Theater im Zusammenhang mit dem Wandel der sozialen Anschauungen gleichsam säkularisiert und dem Bürgertum als Bildungsstätte geöffnet.

Unter den Zeitgenossen fand dieser neue Geist des Theaterbaues durchaus keine ungeteilte Zustimmung. Der Architekt des Schauspielhauses stand vor der Aufgabe, den Grundriß des Langhansbaues zu übernehmen und auf den Grundmauern und »mit den Resten des alten Theaters das neue zu errichten«.[9] Er wurde von dem befreundeten Zelter gebeten, Goethe einen ausführlichen Rechtfertigungsbericht über seine Bauauffassung zugänglich zu machen. Der die Architektur und den Bau gedanklich begleitende Kronprinz, dessen Humor bezeichnenderweise stets von neuem seine Schwärmerei ergänzte, bemerkte zur vollendeten Leistung: »Ein vorzüglicher Bau. Und ist auch ein Theäterchen drin.«[10]

Schinkel hatte sich bei diesem Neubau nicht Langhans angeschlossen, der 1795 das Nationaltheater entworfen hatte, und zwar im Stil eines Barockschlosses, sondern war dem nicht zur Ausführung gelangten »antibarocken« Entwurf seines Lehrers Gilly gefolgt. »Gillys wegweisender Entwurf, nicht Langhans' typologisch unselbständige Ausführung ist der Ausgangspunkt Schinkels. Sein Schauspielhaus bedeutet nach Gillys kühnem Vorstoß die klassische Lösung der Bauaufgabe des Theaters. Für die Ausprägung seines persönlichen Stils bedeutet es über die Wache hinaus einen großen Schritt.«[11] Das Schauspielhaus zwischen den beiden älteren Domkirchen wurde ein bedeutender Bestandteil des städtebaulich einzigartigen Gendarmenmarktes.

Friedrich Wilhelms Anteil am Alten Museum war groß, wobei mitunter angenommen worden ist, daß sowohl die Wahl des Platzes als auch die Grundform des Museums »bereits ein Werk Friedrich Wilhelms« gewesen sei. Ob die majestätische Säulenhalle des Museums (später ›das Alte‹ genannt) mit ihrer Freitreppe tatsächlich auf Friedrich Wilhelm zurückgeht, ist umstritten. Den Entwurf hat der Kronprinz dem Vater bei dessen Rückkehr aus Italien vorgelegt – »die Zustimmung des Königs war gleichsam ein Dank und Trost für den Sohn in den schweren Monaten der Entsagung gewesen«.[12] Gemeint ist das Warten auf die Erfüllung seiner Liebe und auf die bislang nicht erlaubte Italienreise. Der Museumsbau führt auf jeden Fall in die Mitte der Gedankenwelt Friedrich Wilhelms.

Unter den beiden Gesichtspunkten des Stilwandels der Architektur wie einer veränderten Kunstauffassung, besonders einer neuen Würdigung der Funktion, sind das Museum wie das Theater nicht nur der Höhepunkt im Werk Schinkels, sondern auch ein Beleg für die damalige Auffassung des Kronprinzen. Das Museum, das bislang fürstlicher Besitz gewesen war, sollte nunmehr einem gebildeten Publikum zugänglich gemacht werden; so wie dem Theater fiel dem Museum eine pädagogische und zugleich ästhetische Aufgabe zu. Weniger wissenschaftliche Erkenntnis als vielmehr Erbauung sollte das Museum bieten. Hölderlin hatte der klassischen wie der romantischen Stimmung Ausdruck gegeben, wenn er vom Museum als einer »ästhetischen Kirche« sprach.

Gewiß hatte sich Schinkel von der französischen Architektur beeinflussen lassen; Gilly gehörte zu den Vermittlern der Kenntnisse französischer Architektur. Während Schinkels erstem Aufenthalt in Paris 1804 war der Besuch des dortigen Museums, nach seinen Worten: »das Studium des Geistes bei der Betrachtung der größten Meisterwerke aus allen Zeitaltern«, zu einem starken fortwirkenden Erlebnis geworden.

Die Wahl des Baugrundes für das Museum bedurfte der Prüfung, als zuerst der Gedanke an einen Museumsplan auftauchte. Zunächst war 1815 erwogen worden, für das Museum das Grundstück der späteren Staatsbibliothek Unter den Linden zu erwerben. Ende des Jahres 1822 stand jedoch der Entschluß fest, das Museum am Lustgarten zu errichten. Auf diese Weise sollte die architektonische Gestaltung des Platzes, der an drei Seiten durch das Schloß Schlüters, die hohe Schloßkapelle Schinkels und das Zeughaus umgeben war, nach der offenen Seite durch den Museumsbau abgeschlossen werden. So entstand ein städtebaulich imponierender Platz, der auch für die Durchführung von Staatsfesten gedacht war. Das Alte Museum bildet ein längliches Viereck und war mit seiner Kuppel sechsundzwanzig Meter hoch; eine Freitreppe führt zu der mit Fresken geschmückten Vorhalle. Säulenhalle und Freitreppe sollten dazu dienen, zum barocken Schloßmassiv Schlüters auf der anderen Seite ein Gegengewicht zu schaffen und so erst den Bau in seine Umgebung ganz einzuordnen. Tatsächlich entstand ein einzigartiger Stadtraum: »Der Lustgarten war bis zum Abbruch des Schlosses in unseren Tagen einer der schönsten Plätze, die wir in Deutschland hatten, freilich gestört durch den wilhelminischen Dom im Norden, der anstelle des von Schinkel umgebauten alten Domes getreten war und trotz der unglücklichen Einebnung von 1945.«[13] Am Bildprogramm, das Schinkel selber entwarf, nahm der Kronprinz besonders regen Anteil. Die achtzehn auf dem Gesims ihre Schwingen ausbreitenden Adler hatten »etwas von Leibnizens Gedanken in sich, der den Hohenzollern-Aar im Fluge zum Sternbild des Adlers als Wappen für die Akademie der Wissenschaften erkoren hatte«. Rauch zählte zu den frühesten Bewunderern des Museumsbaus: »Das Museum nimmt sich herrlich innen und außen aus, aber namentlich die Rotunde.«

Es ist aufschlußreich, die Stätten aufzusuchen, von denen sich Friedrich Wilhelm besonders angezogen fühlte und die er als Wohnstätte bevorzugte. Zu den Seltsamkeiten seines Lebens gehörte ja das Bedürfnis, den Spuren Friedrichs des Großen zu folgen. Er war Zeit seines Lebens bemüht, sich eine eigene friderizianische Tradition zu schaffen. Schon nach seiner Rückkehr aus den Befreiungskriegen bezog der Kronprinz im Schloß die ehemaligen Zimmer Friedrichs des Großen im ersten Stockwerk an der Spree im ältesten Teil des Schlosses »mit malerischem Blick auf Stadt, Spree und Kurfürstenbrücke«. Dazu gehörte auch das vollständig erhaltene runde Schreibzimmer Friedrichs II. aus dem Jahre 1745.[14] Nach der Hochzeit mit Elisabeth von Bayern 1823 wurde diese Wohnung längs der Schloßplatzfront erweitert. Schinkel übernahm den Innenausbau; er schuf das »große Wohnzimmer mit der halbrunden Polsterbank und dem runden Tisch, an dem die Teeabende stattfanden, wo sich die kulturelle Elite in der ersten Jahrhunderthälfte versammelte«.

Zu den Bauten für die königliche Familie, die ihre Anregung oder ihre Form dem Kronprinzen verdankten, zählten: das Kronprinzen-Palais, in dem Friedrich Wilhelm III. gewohnt hatte und gestorben war und das durch einen Bogengang mit dem Prinzessinnen-Palais, der Wohnung der Fürstin Liegnitz, verbunden war; jenes Palais, das Prinz Wilhelm am Opernplatz bewohnte – unter der Leitung von Karl Ferdinand Langhans wurde es zwischen 1834 und 1836 erbaut; der Umbau des alten Johanniter-Ordenspalais am Wilhelmplatz für Prinz Carl, das dieser weniger als das Schloß Glienicke besuchte; für Prinz Albrecht ein Palais an der Wilhelmstraße, dem Ausgang der Kochstraße gegenüber. Wie sehr französische und italienische Vorbilder wirksam waren, wird erst vollständig deutlich, wenn die Paläste und Villen berücksichtigt werden, die Friedrich Wilhelm darüber hinaus angeregt hat. Sie wurden nicht nur für die Prinzen, sondern auch für adelige Familien und wohlhabende Bürger gebaut.

Das wichtigste Ziel des Kronprinzen und Königs blieb die Vollendung des Forums Fridericianum; familiäre Pietät und städtische Gesichtspunkte durchdrangen sich dabei. Die städtebaulichen Gedanken Friedrich Wilhelms waren aber vor allem auf eine Ausdehnung des Opernplatzes bis zur Französischen Straße gerichtet. In diesem Zusammenhang war an einen Abriß der alten »Kommode«, der friderizianischen Bibliothek, gedacht, »um mit Hilfe des an ihrer Stelle aufzuführenden Palastbaus dem alten Friedrichsforum endlich zur stilistischen Einheit zu verhelfen«.[15]

Unter den repräsentativen Stadtpalais, die in der Ära Friedrich Wilhelms entstanden, spielt das Palais Raczynski eine besondere Rolle, schon weil sein Bau und sein Abriß zugunsten des Reichstagsgebäudes so viel für die Stadt bedeutete. Der Plan zu dem Gebäude entstand 1841, als Graf Raczynski erfuhr, in Kürze die preußische Gesandtschaft in Lissabon übernehmen zu sollen. Das Palais Graf Athanasius Raczynskis wurde von dem Schinkelschüler Johann Heinrich Strack gebaut, der auch der Architekt der Nationalgalerie, der Siegessäule und der Belle-Alliance Brücke war.[16] Der Platz erhielt am 15. Dezember 1864 den Namen »Königsplatz«. In dem gesamten Komplex war eine Reihe von kulturellen Einrichtungen untergebracht; denn nur ein Teil, der sogenannte Mittelbau, gehörte dem Grafen, in dessen Stadthaus Unter den Linden residierte die britische Gesandtschaft unter Lord Russel. Daß Friedrich Wilhelm bei der Suche nach einem geeigneten Gebäude für die Unterbringung der reichen Kunst-Sammlungen des Grafen behilflich war, ist erwiesen. In einer Kabinettsorder vom 30. März 1842 erklärte er seine Bereitschaft, ein ihm wenige Tage zuvor angebotenes Areal dem Grafen »abzutreten«. Die Lage des Platzes war durch die Nähe des Tiergartens besonders schön. Der König folgte den Vorstellungen Lennés, »der auf der östlichen Seite des von ihm umgestalteten Platzes neben Raczynskis Galerie eine Reihe von Künstlerwerkstätten placiert sehen wollte, während die westliche Seite dem Gastwirt Kroll zur Errichtung eines Etablissements vorbehalten blieb«.[17]

Unter den sogenannten »großen Häusern« in der Friedrichstadt hat das Haus »Leipziger Straße Drei« eine besonders wechselvolle Geschichte. Mitte der zwanziger Jahre kam es in den Besitz des Bankiers Abraham Mendelssohn-Bartholdy; zuvor schon hatte dort der damalige Besitzer Freiherr von der Reck hohe Besuche empfangen, unter anderem Königin Luise; später fanden dort Bälle für die aus den Befreiungskriegen heimkehrenden Offiziere statt. Nunmehr wurde es »aus einem Hort des preußischen Beamten- und Militäradels zu einer Stätte des preußischen Geistesadels«.[18] Das Haus stand an jenem Platz – seit 1814 Leipziger Platz –, auf dem Schinkel den »Befreiungsdom« bauen wollte. Im Jahre 1822 wurde Lenné mit der endgültigen Ausgestaltung des Platzes beauftragt, der bei vielen Chronisten als »der schönste Platz der Innenstadt« galt. Aus den Adelspalästen der Wilhelmstraße mit den sogenannten Ministergärten wurde das spätere Regierungsviertel. In den Beschreibungen der Zeitgenossen wurden die Gärten, vor allem der von Mendelssohn-Bartholdy, besonders hervorgehoben; Alexander von Humboldt zum Beispiel benutzte im Garten seines Freundes Mendelssohn eine sogenannte »magnetische Hütte«. Zu denen, die im Hause Leipziger Straße Drei eine Zeitlang wohnten, gehörte der Diplomat Graf Pourtalès. Nachdem das Haus wieder in Staatsbesitz übergegangen war, wurde es Sitz der Ersten Kammer, später des Herrenhauses.

Im Zusammenhang mit der architektonischen Gestaltung der Haupt- und Residenzstadt macht das Reiterdenkmal Friedrichs II. Unter den Linden den Wandel der preußischen Geschichtsauffassung offenkundig. Seine Entstehungsgeschichte fällt in die Ära Friedrich Wilhelms III. 1830 wurde Rauch mit Planung und Ausführung des Monuments betraut, das zu einem großen Teil aus freiwilligen Spenden der »getreuen Stände« finanziert werden sollte. Der Streit ging – und zwar unter leidenschaftlicher Anteilnahme Friedrich Wilhelms IV. – um die Frage, wer unter den Großen der Zeit im geistigen und militärischen Bereich in der Reliefgruppe am Sockel berücksichtigt werden sollte. Josias Bunsen, eine der Zentralfiguren in der Ära Friedrich Wilhelms, gehörte zu denen, die um Rat gefragt wurden; er hielt Winckelmann für würdig und geeignet und berief sich auf die angebliche Zustimmung des Königs. Rauch indes, der dem Rate Bunsens nur zu gern gefolgt wäre, war vorsichtig und wies auf eine Kabinettsordre hin, nach der »eine hohe Zensur den Apostaten eliminiert« habe.[19] Schließlich wurde vom König entschieden, auf die Figur Winckelmanns in der Reliefgruppe zu verzichten und an seiner Stelle die des Grafen Schlabrendorff aufzunehmen. Wahrscheinlich stand die Freigeistigkeit Winckelmanns einer Aufnahme im Wege; das widersprach der christlichen Weltsicht des Hohenzollern. Es gehört zu den Paradoxien, daß die Eroberungspolitik Friedrichs bei der Debatte über sein Mahnmal so gut wie gar nicht erörtert wurde. Im Grunde ist es seltsam, wie es sich für Friedrich Wilhelm geradezu von selbst verstand, sich Friedrich und seinen Ruhm anzueignen, weshalb er auch später stets mehrere Sommermonate in Potsdam zubrachte.

Auch als Bauherr hat Friedrich Wilhelm die Tradition der Hohenzollern bewußt fortgesetzt, in Berlin ebenso wie in Potsdam. Vielleicht wird in der zweiten Residenz seine Bautätigkeit besonders deutlich, weil sie sich auf einen begrenzten und überschaubaren Raum entfaltete und weil Potsdam geradezu ein Synonym für Preußen und Hohenzollern war. Es gehörte zu den glücklichen Entsprechungen der Epoche, daß zwischen seiner Lebenszeit und der der großen Baumeister der

Epoche eine schöpferische Beziehung bestand. Schinkel war der bedeutende Baumeister in der ersten Jahrhunderthälfte; nach seinem Tode im Jahre 1841 folgte Ludwig Persius, der mit dem König etwa gleichaltrig und in der Lage war, dessen Absichten sowohl zu realisieren als auch zu korrigieren. Aber auch Persius starb schon 1844. Sein Nachfolger in der Leitung des Oberbaudirektoriums wurde August Stüler, ebenfalls ein Schüler Schinkels.

Weihnachten 1825 hatte Friedrich Wilhelm III. dem Kronprinzen, vielleicht als Trost für die noch nicht erlaubte Italienreise, ein kleines Gehöft südöstlich des Neuen Palais geschenkt. Es behielt den Namen einer seiner früheren Besitzerinnen und hieß Charlottenhof, obwohl Friedrich Wilhelm es gern Elisenhof genannt hätte. Ihm fiel nunmehr die Aufgabe zu, nicht nur das Haus umzubauen, sondern auch das teils moorige, teils sandige Gelände urbar zu machen »und die ganze Anlage dem Charakter eines Sommersitzes im Park von Sanssouci entsprechend« zu gestalten.[20] Das einstöckige Wohnhaus mit nur zehn kleinen Zimmern »geht völlig auf in der ihn umgebenden Parkanlage, die in der Art eines südlichen Hains mit exotischen Gewächsen, Laubengängen, Seen, Springbrunnen, Hermen und Statuen versehen wurde«. Auf Repräsentation legte der Bauherr bei diesem so privaten Hause keinen Wert; es war ein Tuskulum und für längere Aufenthalte nicht geeignet.

Zum Schloß, das eine »romantische Puppenstube« genannt worden ist, gehören eine Reihe von Nebengebäuden: das Gärtnerhaus mit Römischem Bad, die Meierei und die Fasanerie, die in den vierziger Jahren entstanden. Diese benachbarten Bauten sind in italienischem Stil ausgeführt – die Italienreisen lagen inzwischen ja hinter ihm. An der Seite der Architekten stand Peter Joseph Lenné, der zuvor mehrere Jahre in Paris und Wien Gartenkunst studiert hatte. Lennés Gartenanlagen in englischen Stilen ergänzten die architektonischen Planungen. Wissenschaftliche Erfahrungen und Reiseeindrücke trafen zusammen und ergänzten sich. Ausgrabungen klassischer Stätten – etwa von Pompeji – hatten »Kenntnis und Hochschätzung der klassischen Baudenkmäler vertieft.«[21] Direkte Anschauung hatten die Reisen nach Italien gegeben, wo man bekannt wurde mit den Landhäusern römischer Architekten und den Villen der Renaissance. So wurden diese Bauten vorbildlich für jene Palais, in denen man sein seit der französischen Revolution erschüttertes Selbstbewußtsein wiederfinden und repräsentativ darstellen konnte.

Die Phantasie Friedrich Wilhelms schweifte über das Erreichte weit hinaus; ihm schwebte der Bau eines Lustschlosses vor, von ihm »Belriguardo« genannt, auf dem Tornow in der Havel. »Der Plan von Belriguardo will von der Örtlichkeit aus gewürdigt werden. Alsbald bewährt sich jene heilsame Bindung der Phantasie. Landschaft und Bau schließen sich zu einer zentaurischen Einheit zusammen. Sanssouci ist der Ausgangspunkt. Von seiner obersten Terrasse erblickte man damals über die noch niedrigen Parkwipfel hinweg, genau in der Mittelachse, am jenseitigen Havelufer eine waldige Kuppe, die die tiefgelegene flache Halbinsel des Tornow zu ihren Füßen beherrscht. Diese Kuppe war für Trutz-Sanssouci erwählt, und oft mag auf ihr der Prinz seinen Träumen nachgegangen haben, wenn ihn das Bad am Tornow – Hufeland verordnete es dem preußischen Hamlet gegen die Fettleibigkeit – zur Havel hinabgeführt hatte. Er zeichnete Karten des Geländes und versah sie mit tönenden italienischen Namen, und an die sechzig Blatt mit Zeichnungen des Schlosses und seiner Umgebung aus allen Richtungen und Entfernungen beweisen die nachtwandlerische Sicherheit, mit der er sich im Land seiner Träume bewegte. Das neue und das alte Schloß, genau axial aufeinander ausgerichtet, sollten durch einen prachtvollen Streifen architektonischer Gärten verbunden und über den Fluß hinweg in deutlichste Beziehung zueinander gesetzt werden.«[22]

Zu diesen Plänen gehörte die Vorstellung einer »Prachtstraße«. Friedrich Wilhelm hegte den Gedanken, die nördlich des Parks von Sanssouci gelegenen Höhen in ost-westlicher Richtung vom Mühlenberge bis zu jener Höhe, auf der das Belvedere Friedrichs des Großen steht, durch eine solche Straße in Höhe der Terrasse des Schlosses Sanssouci miteinander zu verbinden. Auf dem Mühlenberg, der an der Straße nach Bornstedt liegt, sollte »ein gewaltiger Doppeltempel in der Form eines Peripteros mit vorgelegten Propyläen, mit einer imposanten Treppenanlage und einer Kolossalstatue der Athene als einer Art preußischer Akropolis zum Gedächtnis Friedrichs des Großen errichtet werden«.[23] Gebäude, Viadukte und Türme waren vorgesehen, damit diese Straße eine würdige Einfassung erhielt. Sie hätte »herrliche Ausblicke« weit in die Landschaft bis zur Havel und darüber hinaus gewährt. Das Ensemble der Bauten und Gärten in Potsdam und Sanssouci war »eine Mischung von Terrassenanlagen der Renaissancegärten, Viadukten römischer Wasserleitungen, altchristlichen Kirchen mit gesonderten Glockentürmen, antiken Tempeln und Kultstätten und schließlich barocken Zierbauten, Architekturen also, die geeignet sind, gewaltige,

Ein Denkmal für Friedrich den Großen wurde schon zu Lebzeiten des Königs geplant, der es aber strikt untersagte, daß ihm »Mahnmale« errichtet wurden. Dann beschäftigten Entwürfe für Denkmäler, Tempel und Mausoleen die Künstler zweier Generationen, von Schadow über den jüngeren Gilly bis zu Schinkel. Erst in den dreißiger Jahren des 19. Jahrhunderts wurde Rauch mit der Planung und Ausführung eines Reiterstandbildes für Friedrich beauftragt. Die Abbildung aus dem Neuruppiner Bilderbogen zeigt die Enthüllungsfeier, die am 31. März 1850 Unter den Linden in Berlin stattfand.

Die Garten- und Schloßanlagen von Sanssouci wurden von dem kleinen Schloß Knobelsdorffs geprägt, der 1745–1747 das Lustschloß auf dem alten Weinberg errichtet hatte. Zwar wurden im Lauf des nächsten Jahrhunderts immer neue Schlösser in der weitläufigen Anlage errichtet, vom Neuen Palais Friedrichs II. über Schloß Charlottenhof Friedrich Wilhelms IV. bis zu dem erst 1917 fertiggestellten Cecilienhof des letzten Kronprinzen, aber die Prägung durch Friedrich den Großen blieb doch bis zuletzt vorherrschend. Oben ist der Sizilianische Garten, unten der linke Schloßflügel mit dem Laubengang von Sanssouci zu sehen.

Die Orangerie oberhalb des alten Parks von Sanssouci ist der einzige Bau der geplanten »Via Triumphalis«, der unter Friedrich Wilhelm IV. in dessen letztem Lebensjahrzehnt nach einem Entwurf von Ludwig Persius 1851–1860 unter Stülers Aufsicht errichtet wurde und der die Wirren des Zweiten Weltkriegs überdauert hat. Wieder zeigte sich der König von seiner Liebe zur Architektur der Renaissance geprägt; die Bauten Roms lassen sich fast genau nachweisen, unter deren Einfluß die Orangerie entstand. Der Stahlstich von J. Riegel entstand um 1860.

Das Belvedere im Park von Sanssouci wurde unter Friedrich dem Großen errichtet, und es galt als kostbarste Zutat zur friederizianischen Gesamtanlage. In den letzten Kriegswochen des Zweiten Weltkriegs wurde es zerstört, und der ostdeutsche Staat ließ es ein halbes Jahrhundert hindurch verfallen, bis man sich jetzt anschickt, es in einer gemeinsamen Anstrengung von Ost und West wieder zu errichten. Friedrich Wilhelm IV. scheint diesen Bau besonders geliebt zu haben.

ans Unwirkliche grenzende Perspektiven vorzutäuschen und in diesem bergigen, von Seen umgebenden Gelände phantastische Wirkungen hervorzurufen«.[24] Nur ein Teil des Erdachten konnte verwirklicht werden: so der Bau der Orangerie »in Renaissanceformen mit großem Mittelbau und Seiten-Pavillons«. Unter den Villen ist die Villa Lindstedt mit ihrem tempelartigen Turm und ihren Säulengängen der späteste Traum Friedrich Wilhelms, der aber ihre Vollendung im Jahre 1860 nur noch schwach wahrgenommen hat. Er hatte schon früh alle Pläne, die sich auf die Umgebung von Sanssouci bezogen, »als einen seiner längsten Sommernachtsträume« bezeichnet.

Im Grunde waren es »geträumte Architekturen und Landschaften«, und man versteht Schinkels Urteil über den Kronprinzen: »Er war mit den höchsten Naturgaben und der edelsten Gesinnung ausgestattet, stellte mir die geistreichsten Aufgaben fast in allen Abteilungen der Kunst, und was von mir hierin gefördert wurde, das beurteilte er mit der geistreichsten Kritik, modifizierte es noch und stellte es endgültig fest.« Stüler ergänzte das Urteil: »Der König begnügte sich nicht damit, dem Künstler nur Aufgaben zu stellen und die Bearbeitungen seinem Talent zu überlassen, es drängte ihn zu lebendigster Teilnahme an der Bearbeitung, wenn nicht zur Leitung derselben. So liebte er, die Grundidee der auszuführenden Bauwerke mehr oder minder ausgearbeitet in kleinem Maßstabe selbst zu skizzieren und die weitere Ausarbeitung dem Architekten zu überlassen ... Diese Angaben wurden mit der liebenswürdigsten Anspruchslosigkeit, zuweilen mit der scherzhaften Äußerung: ›Hier haben Sie mein Geschmier, jetzt bringen Sie Vernunft hinein‹ zur weiteren Ausarbeitung übergeben, so daß sie nur mit Dank und Freude entgegengenommen werden konnten.«

Die Geschichte der Architekturen und Skulpturen enthält nicht nur Künstlerisches, sondern auch Technisches und Handwerkliches. Architektur und Denkmalsbau sind mit dem technischen Fortschritt aufs engste verbunden. In einer Denkschrift Schadows vom 29. September 1839, ein Jahr vor der Thronbesteigung Friedrich Wilhelms, steht dieser Sachverhalt im Mittelpunkt.[25] Schadow hatte die Bildhauer und Professoren Rauch und Tieck zu sich gerufen, um die Ausschmückung und Herstellung der Bauwerke und Skulpturen zu besprechen. Es ging vornehmlich um die Ersetzung der vier Statuen auf dem Gelände der Königsbrücke, die seinem Urteil zufolge »zu den schlechtesten Arbeiten zu Berlin« gehörten. Er erklärte die schlechte Ausführung damit, daß diese Skulpturen »die ersten Versuche angehender Bildhauer aus einer Zeit seien, wo dem Studium dieser Kunst wenige Mittel zu Gebot standen«. Dieser bisherige Zustand sei um so bedauerlicher, als diese Brücke letztlich »in ihrer Erscheinung eines der reichsten und zierlichsten Baudenkmale Berlins« bleibe. Bei der Aufstellung neuer Statuen auf der zu erweiternden Königsbrücke wurde zunächst an Sandsteine gedacht, wobei der Kostengesichtspunkt eine große Rolle spielte; auch war der Gedanke Schadows bezeichnend, »die Bildhauerei habe schließlich ihren Namen von dem Meißel, und der feine feste Sandstein verspreche einen ziemlichen Grad der Dauer«. Schließlich kam man am Schluß der Beratung doch zu dem Ergebnis, »der Würde halber« die Skulpturen der Kurfürsten aus der Geschichte des Herrscherhauses in Marmor oder in Bronze auszuführen. So wurden handwerkliche und fiskalische Gesichtspunkte niemals vernachlässigt.

Die Neigung des Königs zu den Künsten kennzeichnet auch die kulturelle Atmosphäre seines privaten Umgangs. Die Italienreise des Kronprinzen ist in dieser Hinsicht aufschlußreich. Ohne Zweifel hat diese Reise, die zur Bildungsgeschichte Friedrich Wilhelms gehört, ihn tief geprägt. Er hatte lange warten müssen, bis der Vater die Reise erlaubte; als er sie antrat, machte er auf seine Umgebung den Eindruck »als ob er alles schon kenne«. Seine Vorbereitung war so intensiv gewesen, daß ihn kaum mehr Überraschungen erwarteten. Fast könnte man sagen, die persönlichen Begegnungen auf dieser Italienreise 1828 seien für ihn wichtiger als etwa die Anschauung der Kunst gewesen. Niebuhr, der ihm einst Vorlesungen über Finanzwissenschaften gehalten hatte, konnte schon drei Jahre vor Antritt der Reise sagen: »Die Lokalkenntnisse des Kronprinzen von Rom haben wirklich etwas Märchenhaftes von Intention, er disputierte gegen Aloys Hirt, und hatte Recht.« Niebuhr war nicht nur Verfasser einer berühmten »Römischen Geschichte«, sondern auch preußischer Gesandter in Rom. Aufschlußreich ist vielleicht jener Satz, den der Kronprinz ein Jahr später seiner Schwester Charlotte schrieb, und zwar in der Vergangenheitsform: »Es ist ein köstliches Gefühl in Rom gewesen zu sein und Neapel gesehen zu haben.«

Folgenreich wurde während des Aufenthalts in Rom die Bekanntschaft mit Josias Bunsen, der Geschäftsträger beim Heiligen Stuhl war. Er kannte sich im klassischen Altertum aus und machte sich als Orientalist wie als Archäologe einen Namen. Vor allem aber verfügte er über Kenntnisse der frühchristlichen Liturgie. So war es in erster Linie der Bereich des Kirchlichen, der zu den Voraussetzungen erst der

Bekanntschaft, dann der Freundschaft mit dem Kronprinzen und Könige gehörte. Bunsen hat selbst den Augenblick geschildert, in dem er den Kronprinzen kennengelernt hatte. Als er am 15. Oktober, am Geburtstage Friedrich Wilhelms, von Berlin aus »über Potsdam, auf der herrlichen Chaussee, dann zwei Meilen Sand«, nach Paretz fuhr, befahl ihm der König, nicht etwa Diplomatenuniform, sondern Frack zu tragen.[26] Nicht der Diplomat, sondern der Mann Bunsen sollte an der Geburtstagsfeier des Kronprinzen teilnehmen. »Als ich zurückkam, fand ich einen fremden Herrn, der auf mich zukam und mir sagte, ich müsse Bunsen sein. Es war der Kronprinz, dem ich noch nicht vorgestellt war, und auf diese Weise auch nicht vorgestellt bin.« Seither fiel Bunsen eine bedeutende Rolle im Leben Friedrich Wilhelms zu.

In Italien war Bunsen der kenntnisreiche Führer. Er hatte schon vor der Italienreise das unbegrenzte Vertrauen Friedrich Wilhelms, den er durch seine Kenntnisse der Urkirche faszinierte. Solange sie über liturgische und gottesdienstliche Ordnungen diskutierten, war auch in heiklem Zusammenhang Harmonie zwischen beiden von vornherein gegeben. Im Verlaufe der Reise war zum Gedanken- und Meinungsaustausch viel Zeit. Eine Reihe von Bauten machte auf den Kronprinzen starken Eindruck, so der Mailänder Dom, die Certosa in Pavia, vor allem San Michele in Pavia, »wo die lombardischen Könige gesalbt wurden«. Die südliche Landschaft hat ihn offensichtlich noch stärker beeindruckt als die Architektur, denn es ist aufschlußreich, daß die Erinnerung an »Sanssouci mit allem Zubehör« gerade in diesen Wochen immer wieder in den Briefen durchbrach. Während Ancillon, neben dem Adjutanten von der Groeben sein Reisebegleiter, über »Überfütterung mit Marmor« klagte, genoß der Kronprinz die Landschaft zwischen Florenz und Rom. Selbst in Rom, das er auf der alten Via triumphalis erreichte, wurde Friedrich Wilhelm nicht zum »Raub des Augenblicks«. Am ersten Tage besuchte er die Engelsburg und das Pantheon sowie das Kapitol, das Forum, den Titusbogen sowie das Kolosseum, das im Fakkelschein »riesenhaft wie ein Gebirge« dastand. Die geheimen Pläne wurden nicht vergessen, vor allem der Dombauplan in Berlin. Selbst über Santa Maria Maggiore schrieb er: »meinen Domplänen sehr ähnlich«.

Zu den wichtigen Erfahrungen dieser Reise gehört, daß Friedrich Wilhelm noch das vorrevolutionäre Italien kennengelernt hat. Unter denen, die ihn in Rom begrüßten und begleiteten, war auch der preußische Gesandte in Neapel, Graf Voß. Und es sollte sich so fügen, daß er auch als schon kranker König noch einmal von dieser versinkenden Welt einen Hauch verspürte. Seltsam ist das Urteil über Papst Leo XII., den »liebenswürdigen alten Mann«, der ihn und Ancillon zu einer Audienz empfing. Friedrich Wilhelm hat in späteren Jahren ein positiveres und begründeteres Urteil über die katholische Kirche gefällt. Damals war er von einem fast »lutherischen Pathos« erfüllt, wenn er über den »gotteslästerlichen Pfaffenbetrug« berichtete und darüber, daß er beim Allerheiligenfest in der Sixtinischen Kapelle »keine Art von Andacht« bemerkt habe.

Die Reise führte weiter nach Neapel, und es ist, als ob ihn die Landschaften südlich Roms besonders stark beeindruckt haben, jedenfalls mehr als die nördlich der Heiligen Stadt. Bei der Einfahrt nach Neapel heißt es: »Von Aversa an sieht man das Land nicht mehr vor hochstämmigen Pappeln und Weinranken. Plötzlich tritt man aus diesem von der Kultur erzeugten Wald hinaus, und bei einer Biegung des Weges rechts liegt Neapel zu den Füßen, geradeaus der rauchende Vesuv, am Horizont die schönen Gebirge und im Meer die einzige Form von Capri.«[27] Von seinem Quartier auf der Insel Ischia schweift der Blick zum Festland. Friedrich Wilhelm beschreibt den Sonnenaufgang: »Wir zählten sechs der schönsten Landschaftslinien, meist vom Meer durchschnitten, die sich nach und nach den Sonnenstrahlen darboten. Zuerst die echte Schönheitslinie der Küste von Ischia. Dann die von Procida; dann die wie von einem Claude Lorrain erlogene Linie der Küste von Miseno. Hinter dieser die Bai von Pozzuoli. Dann der Vesuv mit Portici an seinem Fuß. Zuletzt die schönen Formen des Gebirges, welches bei Kap Minerva endet und dessen höchste Spitze der Monte Sant Angelo ist.« Über Pompeji schreibt er: »Diese deliziöse Architektur, dies heitere Wesen in allen Formen der Wohnlichkeiten, diese Meisterstücke von ordinären Wandkleiern auf die Wände gemalt, diese schöne und liebliche Anlage des Forums, der Basilika, die Tempel mit großen und kleinen säulchenbeschatteten Höfen, die Theater, das Soldatenquartier – das kann man, aber nicht ich, beschreiben – dazu gehört Talent und Zeit.« »Talent« zumindest lassen diese Berichte in hohem Maße erkennen.

Wichtig für die Lebensgeschichte Friedrich Wilhelms IV. sind die Bekanntschaften, die er auf jener Reise machte oder vertiefte. Er hatte ja stets enge Verbindungen mit der Welt der Kunst und Wissenschaft. In Neapel ist er einem Menschen begegnet, dem nach Jahren eine wechselnde Bedeutung zufallen sollte: dem preußischen Gesandtschaftssekretär Freiherr von Arnim-Suckow, der in der Schlacht von Ligny schwer verwundet worden war und seit 1820 dem diplomatischen Dienst angehörte. Arnim gehörte ursprünglich dem christlich-romantischen Kreise an, bis er sich liberalen Ideen zuwandte und in der Märzrevolution bereit war, ein liberales und konstitutionelles Deutschland zu schaffen. Während der kronprinzlichen Italienreise war er von einem Philhellenismus erfüllt, den auch der Kronprinz glühend teilte, so sehr, daß er gewünscht hätte, ein Hohenzoller möge einst den Thron der Hellenen besteigen. Friedrich Wilhelm wollte ihn damals schon an seinen Hof ziehen, da er ihn für höhere Aufgaben geeignet hielt als für die belanglose einer Vertretung an dem Hofe des »Königs von den Königreichen allerzweibeider Sizilien«, wie der Kronprinz spottete.

Auch Bunsen, der Reisebegleiter des Herbstes 1828, hat für Friedrich Wilhelm in dreifacher Hinsicht Bedeutung gewonnen. Er war ein wichtiger und interessanter Vermittler einer universalen Bildung, vor allem im Bereiche von Antike und Archäologie; er war ein kenntnisreicher Anreger und Berater auf dem Felde alles Kirchlichen, besonders Liturgischen, und er war ein profilierter Diplomat.

Mit Bunsens Namen bleibt die Gründung des Archäologischen Instituts verbunden. Das Zusammenwirken zwischen Karl Josias Bunsen, Eduard Gerhard und Alexander von Humboldt hat kostbare Früchte gezeitigt. Die Dreiheit dieser Namen repräsentiert wissenschaftliche Leistungen, an deren Förderung der Kronprinz und spätere König maßgeblich beteiligt war.

Bunsens Neigung, Begabung und Entschlossenheit zur Erforschung des Altertums in der Kirchengeschichte wurden schon im März 1814, während des Weltkampfes gegen Napoleon deutlich. Bereits damals hatte er aus Göttingen einem Freunde geschrieben: »Und so muß es Dich nicht befremden, wenn ich ... fest entschlossen bin, meinem früher mehr gefühlten als erkannten Ziele auf Leben und Tod nachzustreben, des ernsten und fernsten Ostens Sprache und Geist hinüberzuziehen in meine Wissenschaft und mein Vaterland, sondern auch, wenn es möglich ist, mich gar nicht abgeneigt fühle, Europa um dieses Zweckes willen zu verlassen, um aus der Quelle und an ihr zu schöpfen, was ich vermisse ... Meine beiden Zwecke hierbei sind: erstlich das Studium des Altertums, d. h. in das Erfassen des Ganges der menschlichen, und insbesondere und zuerst der europäischen und zwar germanischen Menschheit den Orient so hineinzuziehen, daß ihn der Teufel nicht wieder herausbringen soll! und zweitens: Deutschland zum Mittelpunkt dieses Studiums zu machen, so weit in meinen Kräften steht.«[28]

Bereits zwei Jahre zuvor war Bunsen zum Lehrer des Hebräischen in der obersten Klasse des Gymnasiums in Göttingen ernannt worden[29] und in demselben Jahre mit einer Preisarbeit über das attische Erbrecht promoviert worden. Er widmete sich den indogermanischen Sprachen, studierte unter anderem in Kopenhagen Altisländisch, und in Paris wurde er von dem führenden Orientalisten der Zeit, Silvestre de Sacy, in Persisch und Arabisch unterrichtet, der sich zu jener Zeit mit der Entzifferung des Steins von Rosette beschäftigte; noch waren die Hieroglyphen nicht entziffert.

In Rom begann 1825 seine erfolgreiche Beschäftigung mit dem neuen Forschungsgebiet der Ägyptologie, das er nach Kräften förderte. Es war die Zeit der großen Künstler und Wissenschaftler, die sich in Rom jahrelang aufhielten, aber es war Bunsen, der in Italien der Mittelpunkt einer glänzenden Gesellschaft von Gelehrten und Künstlern wurde. Bunsen hatte den Palazzo Caffarelli auf dem Kapitol, den preußischen Gesandtschaftssitz, erworben, den er zu einem Mittelpunkt gelehrter, künstlerischer und politischer Begegnungen machte. Zeitgenössische Urteile von so ganz verschiedenen Persönlichkeiten wie Graf Yorck (Sohn des Feldmarschalls), von Olfers, dem späteren Generaldirektor der Museen, Schnorr von Carolsfeld, Heinrich Abeken oder dem Freund Georg Heinrich Pertz lassen die Bedeutung des Hauses Bunsen erkennen. Zu den Besuchern gehörte vor allem der Kronprinz Friedrich Wilhelm; es mußte sich zwischen beiden zwingend eine Freundschaft ergeben.

Unter allen Leistungen, die Bunsen nachzurühmen sind, steht das Archäologische Institut an erster Stelle. Bunsen war sich der Bedeutung dieses Instituts bewußt, und der wissenschaftsgeschichtliche Rang dieser Leistung soll nicht etwa gemindert werden, wenn auf den geradezu missionarischen Eifer, mit dem der römische Vertreter Preußens sein Werk pries, hingewiesen wird. Das Bewußtsein, »missionarisch« zu wirken, bleibt indes für Bunsens gesamtes Wirken charakteristisch und sollte schließlich zu seinem Scheitern beitragen. Aber das Werk hat Friedrich Wilhelm und nicht nur ihn fasziniert. Bunsens Buch »Ägyptens Stelle in der Weltgeschichte« wurde schon 1814 konzipiert; es entstand in Jahrzehnten, mehrfach durch andere Tätigkeiten und durch dienstliche Aufgaben des Diplomaten unterbrochen. Es kam schließlich durch die Mitarbeit weiterer Gelehrter, vor allem mit Hilfe von Richard Lepsius zustande, der zum wissenschaftlichen Umkreis Friedrich Wilhelms zählte. Zu den Mitarbeitern gehören außer Lepsius, den er auf Dauer zu gewinnen wünschte, »nichtägyptologische, meist jüngere Gelehrte«, etwa die beiden Indologen Max Müller und Albrecht Weber, die der Elite der Philologie angehörten.

Die Initiativen Bunsens sowie seine eigenen gelehrten Arbeiten sind beachtlich; charakteristisch für ihn und aufschlußreich bleibt sein Bemühen, das »Ganze« der Weltgeschichte zu erfassen. Es ging ihm darum, die »ägyptische Stelle in der Weltgeschichte« zu finden und zu deuten. In seinem verräterischen Stil erkennt man den Mann wieder, der in allem, was er schrieb und tat, von dem Bewußtsein des »Weltgeschichtlichen« erfüllt war. Diese Eigentümlichkeit wird sich auch im Handeln des Diplomaten an verantwortlicher Stelle wiederfinden. Belangvoll bleibt der Anteil, den Friedrich Wilhelm an Bunsens Wirken in der Wissenschaft nahm. Es stellte sich rasch heraus, daß die Richtung, die Art und Weise der Bunsenschen Arbeit über Ägypten den Neigungen Friedrich Wilhelms ganz besonders entsprach.

Der Kronprinz hat den »gelehrten Diplomaten« mitten in dessen Arbeiten zur Geschichte Ägyptens kennengelernt. Beträchtlich sind Bunsens Verdienste um die Förderung einer jüngeren Generation, in der Richard Lepsius eine herausragende Stellung einnimmt. Bunsen war es, der den jungen Lepsius auf den Weg zur Ägyptologie geführt hat; er lud ihn nach Rom ein und vermittelte ihm »gleichzeitig ein Reisestipendium der Berliner Akademie für einen römischen Aufenthalt«.[30] Wenn von den Förderern der jungen Wissenschaft der Ägyptologie geredet wird, so müssen neben Bunsen noch zwei Namen genannt werden. Es handelt sich um Eduard Gerhard, den berühmten Archäologen, der in Rom mit Bunsen 1829 das Archäologische Institut begründet hatte[31] sowie vor allem um Alexander von Humboldt. Bunsen stand seit 1816 in Beziehung zu dem Naturforscher, auch zu Wilhelm von Humboldt, der schon 1835 starb. Zu dem Freundeskreis, der sich in Rom bildete, gehörte ferner Heinrich Abeken, der 1831 nach Rom gekommen, Hauslehrer in der Bunsenschen Familie geworden war und schließlich die Stelle eines Gesandtschaftspredigers übernahm. Abeken begleitete Lepsius auf seiner ägyptischen Expedition, die einen Höhepunkt in der Erforschung Ägyptens und Äthiopiens darstellt. Die Berichte über alle Schwierigkeiten einer solchen Reise sowie über die Funde stellen eine spannende Lektüre dar, und es ist verständlich, daß der empfängliche Geist Friedrich Wilhelms daran den größten Gefallen fand.

Die wissenschaftliche Laufbahn von Lepsius und Abeken, letzterer wurde später ein enger Mitarbeiter Bismarcks, ist für die Stellung der Wissenschaft im vorkonstitutionellen Staat aufschlußreich. Es war Bunsen und Humboldt zu verdanken, daß Lepsius am 23. August 1846 zum ordentlichen Professor an der Berliner Universität ernannt wurde. Im Mai 1850 erfolgte die Wahl zum Mitglied der Akademie der Wissenschaften; 1855 wurde er zum Mitdirektor des ägyptischen Museums ernannt. Das Zusammenwirken von Bunsen und Humboldt im Einverständnis mit Friedrich Wilhelm IV. zugunsten von Richard Lepsius läßt einen für die erste Hälfte des 19. Jahrhunderts charakteristischen Sachverhalt erkennen: »Die enge persönliche Verflechtung zwischen Wissenschaftlern und Staatsbeamten, ja die in einzelnen Personen vereinigten Rollen des Wissenschaftlers und des Staatsbeamten sind für die erste Hälfte des 19. Jahrhunderts typisch. Im Falle von Richard Lepsius war Gerhard der Wissenschaftler, Bunsen der beim König einflußreiche Diplomat und zugleich selbst wissenschaftlich arbeitende Staatsbeamte, Humboldt der Universalgelehrte, der zugleich wissenschaftlicher Berater des Königs war. Was heute institutionell ausdifferenzierte und in sich bürokratisierte Organisationen sind, war damals in hohem Maße eine Struktur persönlicher Einflußbeziehungen.«[32]

Das Interesse des Königs an den Expeditionen in den Nahen Osten war um so größer, als damals das »Bistum Jerusalem« gegründet wurde. Abeken berichtete ausführlich über seine Reisen; was er über die Juden sagt, ist besonders aufschlußreich: »Jerusalem! – Was Alles in diesem Namen liegt... Ich hatte nicht geglaubt, daß Jerusalem eine so stille feierliche Stadt wäre.«[33] Die Erwartungen der an der Bistumsgründung Beteiligten werden deutlich, wenn man Abekens Betrachtungen über das Problem der Nationalitäten in Palästina liest. So schreibt er aus Jerusalem an Bunsen in London: »Sie können sich nicht vorstellen, welche Schwierigkeit es ist, aus Deutschen, Engländern und Juden eine Gemeinde zu bilden und zusammen zu halten; wenn nicht alle Drei im Bischof vereinigt gewesen wären, so wäre es hier nimmermehr gegangen.« Er spricht ganz selbstverständlich von den Juden als von einer Nation, während die Judenmission auf sehr eigentümliche Weise begründet und interpretiert wurde. Man könnte meinen, es handele sich um den Versuch, den latent vorhandenen Antisemitismus mit Hilfe von »christlicher Bekehrung« und »Nationsauffassung« zu entschärfen: »Es ist mir erst recht hier klar geworden, welche große Schuld die Christenheit in ihren jahrhundertelangen Bedrückungen und Verfolgungen gegen dieses merkwürdige, einst von Gott erwählte Volk auf sich geladen, und welche heilige Pflicht sie nun gegen dasselbe zu erfüllen hat. Diese wird nicht dadurch, daß man sie zu Deutschen, zu Staatsbürgern macht und sie veranlaßt, nicht länger Juden zu sein (daß man sie emanzipiert, um den albernen Modeausdruck zu gebrauchen), sondern man Alles aufbietet, sie zu Christen zu machen und ihnen zu dem Ende zeigt, daß sie, um geistlich Christen zu werden, gar nicht aufzuhören brauchen, ja gar nicht aufhören sollen, national Juden zu sein. Ich denke, die jüdische Nationalität hat in der christlichen Kirche ein so gutes Recht, wie die deutsche oder englische. Ein Jude, der sich seines Stammes schämt, ist mir ebenso verächtlich wie ein Deutscher, der ein Franzose sein möchte.«

In der Geschichte der Auseinandersetzung mit den Juden kommt dieser Bekundung eine einzigartige Bedeutung zu. Weit ist das entfernt von der Aufforderung Treitschkes, die Juden sollten nicht länger Juden sein, sondern Deutsche, Engländer oder Franzosen werden. Die Trümmer der Klagemauer haben auf Abeken einen tiefen Eindruck gemacht, und er fährt in seinen Reiseberichten fort: »Dagegen ist es dann ein großer Trost, wenn ich in unserer evangelischen Kirche dem Gottesdienst für die bekehrten Juden in hebräischer Sprache beiwohnen, die Psalmen Davids in der heiligen Sprache mitsprechen kann.«

Alexander von Humboldt war in vielerlei Hinsicht der Mittelpunkt dieser kulturellen Elite. In ihm verdichten sich die wissenschaftlichen und künstlerischen Bestrebungen der Ära, auch wenn sein Wirken über sie hinaus reicht. Friedrich Wilhelm IV. hat den Gelehrten von seinem Vater gleichsam übernommen; der große Naturforscher stand dem Gottesgnadentum fern und gleichzeitig dem Hofe nahe. Seine Beziehungen zu Friedrich Wilhelm IV. waren persönlicher als die zum Vater, wenn der ihn auch hoch schätzte, als Gelehrten ebenso wie als weltkundigen Vermittler in heiklen diplomatischen Missionen. Der König hat Humboldt gefördert, wann immer sich eine Gelegenheit bot. Während Humboldt vom amerikanischen Kontinent Reiseberichte schickte, wurde er durch königliche Kabinettsordre zum außerordentlichen Mitglied der Akademie der Wissenschaften ernannt, mit der er sein Leben lang verbunden geblieben ist. Nach seiner Rückkehr von der amerikanischen Expedition verlieh ihm der König die Würde eines Kammerherrn, um ihn noch näher an den Hof zu binden – und zwar mit einem freien Jahreszuschuß von 2500 Talern – »on m'a donné une pension de 2500 écous d'ici 10 000 frcs, sans me donner aucune besoigne« – so schrieb er an Pictet.[34]

Paris war der Platz, der dem Kosmopoliten mehr als Berlin bieten konnte; Jahrzehnte lang zog Humboldt das Leben an der Seine dem an der Spree vor. Das Wohlwollen des Königs gestattete Humboldt, seit seiner Rückkehr nach Berlin 1826/27, jährlich vier Monate in Paris zu leben; der König gewährte ihm ein Jahresgehalt in Höhe von 5000 Talern. Die liberalen Anschauungen des Naturforschers, der an den Ideen von 1789 über allen Wechsel der Systeme und Epochen hinweg festhielt, hinderte den König nicht, ihm durch immer neue finanzielle Zuwendungen seine Reisen und Forschungen zu ermöglichen.

Humboldt hat während des Winters 1827/28 als Mitglied der Akademie an der Berliner Universität Vorlesungen über physische Erdkunde gehalten; seine öffentlichen Vorträge für ein gebildetes Publikum über das gleiche Thema wurden in der Singakademie zur Sensation. Einen Höhepunkt des öffentlichen wissenschaftlichen Wirkens bildeten Gründung und Eröffnung der Gesellschaft der Naturforscher und Ärzte 1828. Der König wohnte der Eröffnungsveranstaltung in Begleitung des Kronprinzen bei.

Vor dem Antritt der Reise nach Rußland im Frühjahr 1829 ernannte der König Humboldt zum Wirklichen Geheimen Rat mit dem Titel Exzellenz, eine für die bevorstehende Begegnung mit dem kaiserlichem Hofe in Petersburg wichtige und nützliche Ernennung. König und Kronprinz gaben ihm ganz persönliche Empfehlungsschreiben an die Kaiserliche Familie in Petersburg mit. Alexander von Humboldts Wirken beruhte auf dem Kompromiß des liberalen Wissenschaftlers mit dem konservativen Staat.

Als das Haus Orléans im Verlaufe der Julirevolution in Frankreich die Bourbonen ablöste, konnte Humboldt, der in der Familie Orléans verkehrte, Nachrichten nach Berlin übermitteln, die im Rahmen des geschäftlichen diplomatischen Dienstes nicht erreichbar gewesen wären. Berlin war vom Ausbruch der Pariser Julirevolution völlig überrascht worden, während Humboldt sie vorausgesehen hatte. Ende Juli schrieb er an Bunsen: »Das Übel des Zeitalters und das Charakteristische seiner trägen Schwäche ist, daß man bei so großen Elementen der Welt-Erneuerung sich in schlammartiger Ruhe wähnt.«[35] So hat er nicht unerheblich dazu beigetragen, daß sich Preußen mit der »Quasilegitimität« des Julikönigtums abfand. Humboldt hielt sich bis Januar 1848 achtmal in offizieller Mission in Paris auf; seine Berichte waren reich an Informationen und brillant geschrieben. So wie schon Karl X. ihn oft zu vertraulichen Gesprächen eingeladen hatte, so wurde er erst recht von der Regierung Louis Philippes mit Einladungen geradezu überhäuft. Er nutzte seine guten Verbindungen mit den Höfen in Paris und Berlin aus, um die preußisch-französischen Beziehungen zu verbessern. Er veranlaßte etwa den Besuch der beiden Söhne Louis Philippes, der Herzöge von Orléans und Nemours, die allerdings in Potsdam ziemlich kühl aufgenommen wurden.

Alexander von Humboldt verkehrte viel in jüdischen Kreisen; das entsprach vor allem seinem Liberalismus und seinen kosmopolitischen Ideen, die in der Französischen Revolution von 1789 wurzelten. In seiner Jugend genoß er den freundlichen Verkehr mit den Brüdern Joseph und Nathan Mendelssohn, mit Simon Veit, dem ersten Ehemann von Dorothea Mendelssohn sowie mit dem jungen Mediziner Beer, der sich philosophischen Studien zuwandte und mit dem Humboldt ausführlich korrespondierte.[36] Seine spätere Fürsprache für den Komponisten Giacomo Meyerbeer stand sicherlich im Zusammenhang mit dieser Jugendfreundschaft. Der Hintergrund seines ständigen Eintretens für die Rechte der Juden bildeten sowohl das Erleben der Französischen Revolution als auch der Verkehr in den jüdischen Salons, die eigentlich erst die Voraussetzung für eine kultivierte Berliner Gesellschaft schufen. Es handelt sich in erster Linie um den Salon von Henriette Herz, der Gemahlin des Arztes Markus Herz, in dem sich Nicolai, Gentz, die Brüder Schlegel, die Brüder Humboldt sowie hohe Diplomaten und Offiziere versammelten. Einen anderen Salon unterhielt Rahel Levin, die nach einem Religionswechsel Varnhagen von Ense heiratete. Sie hatte zuvor eine intensive Beziehung zu Alexander von der Marwitz unterhalten, der 1814 gefallen war.

Wie sehr Alexander von Humboldt für gläubige Juden, aber auch für die Emanzipation eintrat, läßt sein Verhalten in den vierziger Jahren unter Friedrich Wilhelm IV. erkennen. Gerade unter diesem Könige, der im Bereich der Wissenschaften und Künste so eng mit Humboldt zusammenwirkte, traten Bestrebungen offen zu Tage, die die Emanzipation rückgängig machen wollten. Der König aber duldete Humboldts Kampf gegen den Plan eines Judengesetzes 1842 ebenso wie gegen die Sklaverei. Er hat zu dem Gesetz wesentlich beigetragen, nach welchem Sklaven auf preußischem Gebiet frei wurden, weil es in Preußen keine Sklaven gäbe. Alexander von Humboldt widersprach scharf dem Entwurf für ein Judengesetz vom 23. Juli 1847, das die Freiheiten des Ediktes vom 11. März 1812 in bezug auf die akademischen Lehrfreiheiten für Juden zurücknahm.[37] Juden sollten nach den neuen Bestimmungen nur für Medizin und sprachwissenschaftliche Fächer zugelassen werden;[38] jüdische Lehrer sollten nur an jüdischen Schulen unterrichten.

Leopold von Gerlach schrieb 1847 befriedigt in sein Tagebuch: »Zu verkennen ist es nicht (und das sage ich hier im Potsdamer Schlosse nach meiner Überzeugung und ohne Schmeichelei), daß bei Friedrich Wilhelm IV. zuerst in seinen Reden und in den Edikten vom 3. Februar 1847 sich eine christliche Politik aussprach.«[39] Von der herrschenden Unduldsamkeit gegenüber jüdischen Gelehrten bekommt man erst dann eine Vorstellung, wenn man sich die Haltung der Fakultäten vergegenwärtigt. Berlins Universität war in einer Epoche gegründet worden, »welche auf konfessionelle Unterschiede überhaupt keinen Wert gelegt hatte«;[40] in ihren Statuten war keine Zeile enthalten, »die auf den Ausschluß der Juden gedeutet werden konnte«. Jedoch – das Edikt vom 18. August 1822 hatte die »duldsamen Bestimmungen« des Edikts von 1812 wieder aufgehoben und wurde auch seit dem Regierungsantritt Friedrich Wilhelms IV. nicht weniger scharf gehandhabt als unter der Regierung seines Vaters. Alexander von Humboldt setzte sich aber in liberalem Geiste nachdrücklich für die Habilitation von Juden ein. Der Geschichtsschreiber der Berliner Universität notierte: »Am 1. April 1847 war von der Regierung die Vorlage [des Gesetzes] an den Vereinigten Landtag gebracht worden, nach der in Zukunft die Privatdozentur und das Extraordinariat in der medizinischen Fakultät sowie in den naturwissenschaftlichen Fächern der philosophischen Fakultät jüdischen Gelehrten offenstehen sollten, als Stellungen, mit denen eine obrigkeitliche Funktion nicht verbunden wäre, und bei denen ihre nationale und religiöse Eigenart nicht hindernd im Wege stünde.«

In den Beratungen der Stände wurde das Gesetz noch liberaler gestaltet, indem nämlich auch die Geographie und die sprachwissenschaftlichen Fächer den jüdischen Bewerbern bis zum Ordinariat offen stehen sollten. Die Reaktion der Fakultäten auf das Gesetz war indes zwiespältig. Die Mehrzahl der Professoren fühlte sicherlich liberal, aber dieser Liberalismus wurde eingeschränkt durch die Furcht vor dem Andrang jüdischer Dozenten auf die Universität der Hauptstadt. Um den Geist der Zeit richtig zu würdigen, muß man im Auge behalten, daß die älteren Universitäten Greifswald, Königsberg und Halle sogar die Katholiken von Lehrstühlen ausschlossen. Die Gründungsurkunde Bonn enthält zwar nichts, »was gegen die Juden gewandt werden konnte, aber in den Statuten von 1834 erschien der christliche Charakter der rheinischen Universität dennoch gewahrt, da darin sämtlichen Lehrern in dem Verhältnis der getrennten christlichen Bekenntnisse zueinander die christliche Liebe empfohlen war«. Es ist verblüffend, die ständige Wiederkehr der Argumente zu beobachten, die gegen eine unbeschränkte Zulassung von Juden angeführt wurden – und nicht etwa nur bei den Theologen, sondern auch bei Juristen, Medizinern und Naturwissenschaftlern. Alexander von Humboldt hat, wann immer er konnte, solchen Auffassungen Widerstand geleistet. Die von der Regierung 1842 und 1847 geplante Judengesetzgebung hat ihn bedrückt, und es ist kein Zufall, daß sein ständiger Verkehr mit Varnhagen von Ense gerade in diese Jahre fällt.[41]

Mit den Namen Friedrich Wilhelm IV. und Alexander von Humboldt bleibt die Stiftung der »Friedensklasse für die Verdienste um die Wissenschaften und Künste« zu dem Militärorden Pour le Mérite verbunden. Der König berief sich auf seinen Vorgänger Friedrich den Großen, der in der Tat in einigen Fällen, so an Maupertuis, Voltaire, d'Alembert, »den Pour le Mérite auch für andere als militärische Verdienste verliehen hatte«.[42] Es ist anzunehmen, daß Alexander von Humboldt »nicht der Initiator der Ordensgründung« gewesen ist, aber er war an der Gründung und an der Ordensgeschichte maßgebend beteiligt. In seinem Nachlaß befindet sich eine Fülle von Briefen, die das Engagement Humboldts zeigen. Auf ihn geht auch die Bestimmung zurück, daß »zu erhöhter Ehre des Ordens« außer der Zahl der Ritter deutscher Nation auch in anderen Ländern Männer von großem wissenschaftlichen oder künstlerischen Ansehen zugewählt werden sollten; »nur dürfen diese die Zahl der ›stimmfähigen‹, also deutschen Ritter nicht übersteigen«. 1846 schlug Humboldt dem Könige vor, das Vorschlagsrecht für die Zuwahlen ausländischer Mitglieder den »gelehrten Vereinen«, also den beiden Berliner Akademien der Wissenschaften und der Künste zu übertragen, »deren einzelne Mitglieder, jeder in seinem Fache, den Beruf haben, den Fortschritten nachzuspüren, welche das Ausland in den verschiedenen Gebieten der Wissenschaft und Literatur oder in den verschiedenen Richtungen der Berufstätigkeit gemacht«.

Die Aufzählung der in- und ausländischen Mitglieder spiegelt die Geschichte der Wissenschaften und der Künste in der Ära Friedrich Wilhelms IV. wider. Zugeständnisse an die »Reaktion«, exakter an die Vorstellungen vom »christlichen Staat« sind kaum nachweisbar; um so deutlicher werden die Weltläufigkeit der Auswahl und der Ernennungen. Die Stiftungs-Urkunde datiert vom 31. Mai 1842, und für das Jahresfest des Ordens bestimmte sie entweder den 31. Mai (Regierungsantritt) oder den 24. Januar (Geburtstag) oder den Todestag (17. August) »des Königs Friedrichs II. Majestät«.

Bei denen, die im Gründungsjahr in den Orden aufgenommen wurden, ist die Fürsprache durch Alexander von Humboldt, den ersten Ordenskanzler, häufig unverkennbar; es handelt sich um Sprachforscher, Naturwissenschaftler und Künstler. Daß die Wahlen mitunter im Widerspruch zur Auffassung des Königs standen, bestätigt die monarchische Anerkennung einer »Autonomie der Gelehrten- und Künstlerrepublik«. Meist allerdings war der König mit der Vorschlagsliste einverstanden. Bemerkenswert sind jene Fälle, in denen sich Humboldt gegen die Bedenken oder gelegentliche Wünsche des Königs durchsetzte. So widersetzte sich Humboldt der Wahl Leopold von Rankes. Das überrascht zunächst, denn zwischen Humboldt und Ranke bestand seit den zwanziger Jahren eine gute Beziehung, und beide verkehrten im Salon der Rahel von Varnhagen. Seit Ranke indes seine »Historisch-politische Zeitschrift« herausgab, hatte sich Humboldt von ihm getrennt; Ranke wurde tatsächlich erst am 24. Januar 1855 gewählt. Bei der Zuwahl Meyerbeers und Felix Mendelssohn-Bartholdys verstand es der Ordenskanzler, die Bedenken des Königs gegen Juden zu überwinden. Tatsächlich hat Humboldt einen nicht unerheblichen Teil seiner Lebenszeit den Geschäften des Kanzlers gewidmet; er hielt dem König regelmäßig Vortrag. Damit die Wahlen oder doch »das Resultat der Wahl« vor der Zustimmung des Königs ordentlich vorbereitet wurden, fanden Sitzungen einer Kommission statt, an deren Spitze Humboldt stand. Ein zeitgenössischer Beobachter schrieb, als er die Nachricht von der Gründung erhielt: »Soll einmal Berlin die Kapitale der Intelligenz werden, so ist eine Art von höchstem Tribunal, ein Instanzenzug für das Urteil über wissenschaftlichen Ruhm etabliert, der jedenfalls Deutschland einen neuen Vorsprung gibt.«

Treitschke, der leidenschaftliche Anwalt des kleindeutschen Reiches, wurde erst ein Jahr vor seinem Tode selbst Mitglied der Akademie sowie des Ordens. Er war der Meinung, daß unter den dreißig Rittern von 1842 »nur ein gänzlich unwürdiger« gewesen sei: nämlich Metternich. Dieser habe keinen Beitrag zur Kunst und Wissenschaft geleistet, sondern das geistige Leben in Deutschland durch die Karlsbader Beschlüsse sowie durch die Demagogenverfolgungen nur geschädigt. Der Wahl Metternichs und der Bestätigung durch den König lagen sicherlich mehrere Motive zugrunde: Friedrich Wilhelm verehrte in Metternich aufrichtig den Bewahrer der europäischen Ordnung, und er ließ es sich angelegen sein, den Staatsmann Habsburgs über den Ehrgeiz Preußens zu beschwichtigen.

Friedrich Wilhelm IV. hat im Grunde die Tradition der Wissenschaftsförderung seines Vaters fortgesetzt und sie sogar noch intensiviert. Jetzt erst konnten sich Männer wie Humboldt und Bunsen voll entfalten. Ersterer blieb in seinem universalen Ansehen unangefochten; bei Bunsen sind frühzeitig Symptome einer Entfremdung einer Reihe von Gelehrten von dem »gelehrten Diplomaten« erkennbar. Das läßt sich schon in den vierziger Jahren beobachten, als Bunsens Ansehen beim Könige und bei Hofe auf einem Höhepunkt stand. Mancher hat sich wissenschaftlich von Bunsen distanziert, ohne seine freundschaftliche Gesinnung und Dankbarkeit zu verleugnen; das zeigen etwa die Beziehungen Richard Lepsius' zu Bunsen. Es ist, als hätten diese Gelehrten, die in demselben klassisch-protestantischen Boden wurzelten, den Hauch des Dilettantismus gespürt, der Bunsen umgab.

Jakob Grimm gehörte bereits seit 1841 der Akademie an, als der König die Brüder nach Berlin einlud, um das Werk des »Deutschen Wörterbuchs« fortzusetzen. Die Initiative, die Grimms für Berlin zu gewinnen, ging vom König selbst aus, auch wenn sich Humboldt für die aus Göttingen Vertriebenen schon gegen Ende des Jahres 1840 eingesetzt hatte. Die Brüder erhielten das Recht, an der Universität Vorlesungen zu halten, wovon sie aber nur eine Zeitlang Gebrauch machten; ihre Wirkungsstätte blieb vor allem die Akademie.

Im Bereiche der Architektur, Bildhauerei und Malerei stehen solche Persönlichkeiten im Vordergrund, denen das besondere Interesse des Königs galt. Der König konnte neben Schadow und Rauch leicht Künstler akzeptieren, die nicht im offenen Gegensatz zu den Prinzipien seiner Politik standen. Schnorr von Carolsfeld mit seinen biblischen Bildern, seinen Nibelungenfresken und homerischen Federzeichnungen spielte eine große Rolle; er gehörte zu den sogenannten »Lukasbrüdern« um Cornelius und Overbeck, mit denen er an den Fresken in der Villa Massimo arbeitete. Er gehörte auch zu den Nazarenern, die der Kronprinz schon in Rom kennengelernt hatte. Zur Übersiedlung von Cornelius nach Berlin hatte Bunsen selbst nach der Thronbesteigung Friedrich Wilhelms die Initiative ergriffen. Nachdem Cornelius die Fresken in der Münchener Ludwigskirche und die Loggia der Pinakothek vollendet hatte, hielt Bunsen den Zeitpunkt für gekommen, in Berlin den

Berlin wurde in diesen Jahrzehnten tatsächlich jener geistige Mittelpunkt Deutschlands, wenn sie auch die eigentliche Wissenschaftsstadt erst in der zweiten Jahrhunderthälfte werden sollte. Die Aufnahme von Wilhelm und Jacob Grimm (oben) stammt von 1855, Wilhelm von Humboldt (unten rechts) ist auf einem anonymen Gemälde, das um 1830 entstand, zu sehen, den Philosophen Friedrich Wilhelm Schelling (unten links) zeigt das Gemälde von Carl Begas.

geeigneten Platz für sein weiteres Wirken zu finden. Bunsen beurteilte den Maler in einem Schreiben an den König: »Ich halte Cornelius mit Niebuhr [...] für den reichsten ideenvollsten Künstler der Zeit; aber nur darüber darf ich mir ein Wort erlauben, daß ich ihn für den einzigen dirigierenden Geist einer großen historischen Malerschule halte, und Niemanden je gekannt habe, der sein Talent besitzt, die Begeisterung der Jugend zu wecken, und die Geistesgröße, diejenigen herbeizuziehen, welche ihn in einigen Punkten überstrahlen (wie Overbeck), und diejenigen Jungen zu begünstigen, welche die Hoffnung geben, ihn zu übertreffen.«[43] Bunsen machte konkrete Vorschläge, damit Cornelius an Berlin gebunden werden konnte. In einem Brief vom September 1840 heißt es: »Ew. Maj. Auge schaut die vier Meister in Einem Blicke: Schinkel, Rauch, Cornelius, Mendelssohn! Welch' ein Viergespann!« Die Aufnahme des »Viergespanns« in den Orden 1842 verstand sich also geradezu von selbst.

Humboldt und Bunsen setzten alles daran, die Internationalität des kulturellen Milieus in Preußen zu fördern. So hat Bunsen es schließlich auch verstanden, die Bedenken des Königs gegen eine Berufung Felix Mendelssohn-Bartholdys nach Berlin zu zerstreuen. Er beschrieb drei große Aufgaben, für deren Erfüllung Mendelssohn so besonders geeignet sei: »1) eine großartige Bildungsanstalt für alle Musik, besonders die höhere, 2) Aufführung wahrer gottesdienstlicher Musik nach Ew. Majestät Anordnung; 3) Aufführung großer, alter und neuer Oratorien – als eines künftigen Zweiges der Theatervorstellungen und schon jetzt als königliche Festlichkeit und Feier.«

Friedrich Wilhelm wünschte sich Humboldt, wenn irgend möglich, in seiner Nähe, und so saß Humboldt in Sanssouci oft bis spät in der Nacht über seinen Korrespondenzen. Er schrieb am 12. Juni 1843 an August Wilhelm Schlegel: »An gutem Willen fehlt es mir ... nicht, da jährlich über 3000 Briefe ganz von meiner eigenen Hand – ich kann keinen Sekretär haben – in beide Welttheile gehen, da ich nie vor 2 Uhr nachts zu Bette gehe und meist schon um sechs Uhr früh am Arbeitstisch sitze ... Ich beeile Antworten nur da, wo für mich ein wirkliches Geschäft ist, wo ich Hoffnung haben kann, einzugreifen ... Rechnen Sie zu diesen Schwierigkeiten meiner Lage (gewisser französischer Korrespondenz meines Königs nicht zu gedenken) noch den festen Entschluß, meine literarische Aufgabe nicht aufzugeben, damit man nicht recht habe zu sagen, ich sei ein Höfling geworden ... und Sie werden mir wegen meiner Langsamkeit im Antworten nicht zürnen ... Ich habe

Alexander von Humboldt, hier in seinem Arbeitszimmer in seiner Berliner Stadtwohnung in der Oranienstraße (Aquarell von Eduard Hildebrandt von 1848, unten), wurde der erste Kanzler der von Friedrich Wilhelm IV. 1842 neu gestifteten Friedensklasse des Ordens »Pour le mérite«, die zu den wenigen Orden gehört, die die Stürme zweier Weltkriege und aller revolutionärer Erschütterungen des folgenden Jahrhunderts überdauert haben. Der König zog den Naturforscher und Geographen in seinen engen persönlichen Kreis, wenn auch die Vorleseabende Humboldts im Schloß (späterer Holzstich nach einer Zeichnung von Oppenheim, oben) ihres ermüdenden Charakters wegen bei den meisten anderen Teilnehmern gefürchtet waren.

drei Bände Studien über Innerasien – über hundert Druckbogen – erscheinen lassen, deren Korrektur ich ganz allein selbst besorge. Jeder Bogen reist zweimal von Paris nach Berlin, Königsberg, Schlesien; und unter diesem einzigartigen Gewirre ... schreibe ich jetzt – deutsch – an dem größten Werke, das ich hervorbringen kann, dem Kosmos.«[44] Damals war Humboldt dreiundachtzig Jahre alt.

Er blieb auch am Hofe unabhängig in seinen politischen Wertvorstellungen, wobei sicherlich auch Koketterie im Spiel war, wenn er auch am Hofe – den er für seine Bemühungen um Förderung der Forschung benutzte und den er gleichzeitig nicht missen mochte – aus dem liberalen »Journal des Débats« ausführlich Artikel vorlas. Er machte, wie Beobachter überliefert haben, zynische Bemerkungen über die Männer der Kreuzzeitung oder die Pietisten. Die Königin wird besonders verletzt gewesen sein, als er einmal München eine »spelunca maxima des Ultramontanismus« nannte; es versteht sich, daß er sich Feinde am Hofe machte. Um so bemerkenswerter ist der vertraute Umgang gerade mit diesem Könige, der den Gelehrten nicht missen wollte, sich aber auch über die Klatschereien, die ihm Humboldt mitteilte, amüsierte. Er besuchte ihn des öfteren in seiner Wohnung; »in Charlottenburg, in Potsdam standen Humboldt, je nachdem im Stadtschloß, in Charlottenhof ... oder bei Sanssouci auf dem ›historischen Hügel‹ in den Neuen Kammern jederzeit eigene Räume zur Verfügung; ging der König nach Paretz, Stolzenfels, Putbus, Erdmannsdorf zu längerem Sommeraufenthalt, so sah er es gern, wenn ihm sein gelehrter Kammerherr nach dorthin folgte«.[45]

Über das Zusammensein Friedrich Wilhelms und Humboldts sind anschauliche Beobachtungen überliefert. Es kam vor, daß die beiden sich nach Auflösung der Tafel noch bis tief in die Nacht unterhielten. Humboldt begleitete den König im Schein einer Lampe, die ein Diener hielt, auf dem Rückweg bis zu dem wartenden Wagen. Es kam nicht selten vor, daß Humboldt in kleinem Kreise lange aus dem Manuskript zum Kosmos vorlas; der Königin, die nur wenig Sympathie für diesen Gelehrten von liberaler Gesinnung, die er noch dazu freimütig äußerte, hatte, gefielen solche Vorleseabende überhaupt nicht. Auf die Antipathie der Königin gegen Humboldt ist es mit zurückzuführen, wenn an dessen Stelle Louis Schneider, ein Schauspieler, als Vorleser zu den abendlichen Veranstaltungen ständig herangezogen wurde. Bei den Vorlesungen Humboldts pflegte General von Gerlach einzuschlafen, und der junge Kabinettsrat Niebuhr hatte Vergnügen daran, Humboldt zu unterbrechen und grundsätzlich zu widersprechen. Die zur Tafel geladenen, oder richtiger befohlenen Offiziere schlichen, sobald es ging, in den Park zurück, bis die Königin ihnen nicht ohne Ironie zurief: »Aber meine Herren, interessiert Sie denn ein großer Mann, wie Alexander von Humboldt, so wenig?« und lächelnd hinzufügte: »Der alte Herr fängt an, etwas langweilig zu werden!« Wenn Humboldt den König mit sogenannten »Klatschereien« zu unterhalten vermochte, so stammten diese nicht zuletzt aus seinem sehr vertrauten Verkehr mit Varnhagen von Ense, der 1819 aus dem diplomatischen Dienst ausgeschieden war. Aber nicht jede von Varnhagen festgehaltene Äußerung Humboldts, vor allem über den König, darf wörtlich genommen werden; sein französischer Freund, der Physiker François Arago, hat über ihn gesagt: »Mein Freund Humboldt ist das beste Herz der Welt, aber auch das größte Schandmaul, das ich kenne.«[46]

Die Anregungen, die die jüdischen Salons boten, können gar nicht überschätzt werden. In diesen Salons verkehrte die Elite Berlins; sie trugen dazu bei, eine Brücke zwischen adeligen Schichten, die ihre Anziehungskraft noch längst nicht verloren hatten, und dem aufstrebenden Bürgertum in Literatur und Wissenschaft zu schlagen. Alexander von Humboldt stand in der Spannung zwischen den Salons, dem Hofe und der unermüdlichen wissenschaftlichen Arbeit. Er vermittelte der bürgerlichen Elite, die sich aus Gelehrten und Künstlern zusammensetzte, ein hohes Selbstbewußtsein. In sein Tagebuch trug Varnhagen am 14. März 1852 ein, was die Professur für das bürgerliche Selbstbewußtsein bedeute[47]. Die Ordensverleihung war ein sehr geeignetes Mittel, den Ehrgeiz dieser Schichten zu befriedigen. »Der Wirrwarr der akademischen Wahlen zu seinem Orden«[48] hat Humboldt indes je länger desto mehr bedrückt und in Anspruch genommen, aber er sah in der Arbeit für den Orden und für die Akademie eine seiner vornehmsten Aufgaben. Wie mühselig die Vorbereitung der Wahlen mitunter war, wird am »Fall Ludwig Uhland« deutlich. Der Wahl – nach 1848/49 – war ein ausführlicher Briefwechsel vorausgegangen, aber schließlich lehnte Uhland ab, da er nicht bereit war, den Orden von einem Könige anzunehmen, der die ihm dargebotene Kaiserkrone als aus »Dreck und Letten gebacken« bezeichnet hatte.

Humboldt selbst hat den Glanz in- und ausländischer Orden dagegen sehr genossen. Er verachtete Napoleon III., aber er genoß die Verleihung des Großkreuzes der Ehrenlegion. Unter allen Orden hat er aber den Schwarzen-Adler-Orden, mit dem ihn Friedrich Wilhelm IV. auszeichnete, am höchsten geschätzt.

Die Beziehung zwischen König und »gelehrtem Kammerherrn« wurde im Verlaufe der Revolution von 1848 getrübt; in den Märztagen zeigte sich das Ansehen des Gelehrten auch beim Volk. Am 21. März rief die Menge unter dem Schloß nach ihm. Er zeigte sich auf dem Balkon, und das »Volk« jubelte ihm zu. Als sich der feierliche Trauerzug zum Geleite der bei den Barrikadenkämpfen gefallenen Aufständischen versammelte, schritt Alexander von Humboldt an der Spitze des Trauerzuges.

Der Gelehrte wollte jedoch seinen Einfluß am Hof nicht aufgeben, sicherlich in erster Linie wegen der königlichen Förderung der Wissenschaften und der Künste, aber auch wegen der gewohnten Anhänglichkeit an den Hof, den er gleichzeitig verachtete. Er hat es in den fünfziger Jahren überdies geschickt verhindert, daß die Kamarilla Einfluß auf den Bereich von Kunst und Wissenschaft nehmen konnte. Humboldt hielt, allen Widrigkeiten trotzend, weiterhin seine abendlichen Vorlesungen, auch wenn sein Herz für die Demokraten schlug. Es herrschte trotz aller Auseinandersetzungen in den Jahren der Restauration eine kulturelle Blüte, und Berlin wuchs in die Rolle einer Metropole für die Künste und Wissenschaften.

Elisabeth Lepsius, die Nachfahrin des Buchhändlers Nicolai, hat uns über die Geselligkeit unter den Gelehrten anschaulich berichtet, so auch über die »Griechheit«. Nach dem »Griechisch-Lesen« versammelte man sich in einem der Häuser, und die jeweilige Hausfrau »präsidiert bei Tische«.[49] Für Alexander von Humboldt hatte Elisabeth Lepsius »eine wahre Zärtlichkeit« gefaßt. Familien wie die von Lepsius spiegeln den geistig-bürgerlichen Aufstieg bis 1870 wider.

Die Ära Friedrich Wilhelms IV. reichte bis in seine letzten Lebensjahre, als er durch einen Schlaganfall zunehmend an der Teilnahme an kulturellen, also künstlerischen und wissenschaftlichen Vorgängen, gehindert war. Zu den vertrautesten Männern, mit denen er damals, in den Pausen der Krankheit, noch gelegentlich sprach, gehörte auch Alexander von Humboldt. Die Erinnerung an die Kunst blieb zumindest in Schemen erhalten. Einer der letzten Briefe, die er mit zitternder Hand schrieb, war an die Tochter Rauchs gerichtet. Rauch war am 3. Dezember 1857 gestorben; in dem Kondolenzschreiben Friedrich Wilhelms hieß es: »Ein hoher Leitstern im Gebiet der Kunst, ein älterer anhänglicher Freund und Diener seines Königs ... Die Kunstwelt werde ihn ... in dankbarem Andenken bewahren.«

Friedrich Wilhelm IV. und der Krimkrieg

Im Verlauf des Krimkrieges werden die Grundsätze Friedrich Wilhelms IV. ebenso deutlich wie die Bizarrerien seiner Persönlichkeit. Es ist hilfreich, zunächst die Chronologie dieser Weltkrisis sowie die Rahmenbedingungen des Geschehens darzustellen. Wenn schon die Solidarität der fünf größten europäischen Mächte in den vorausgegangenen Jahrzehnten aus den verschiedensten Anlässen in Frage gestellt und sogar aufgehoben worden war, so machte sich nunmehr der Primat der Interessenpolitik vollends geltend. Die doppelte Ursache des Krimkrieges lag in der Politik Petersburgs sowie in der der Westmächte, vor allem der englischen.

Im Vordergrund stand der Streit um das Schutzrecht über die Christen in der Türkei zwischen Frankreich und Rußland, genauer um den Zugang zu den heiligen Stätten Bethlehem und Jerusalem. Entscheidend wurde indes, daß Nikolaus I. nach der Niederschlagung der Revolutionen in Mittel- und Südeuropa den Zeitpunkt für gekommen hielt, die Expansionsrichtung des 18. Jahrhunderts wieder aufzunehmen, in die Donaufürstentümer Moldau und Walachei einzumarschieren und seinen dominierenden Einfluß im osmanischen Reich durchzusetzen. Der Zar schlug zunächst England vor, die Türkei, den »kranken Mann am Bosporus«, aufzuteilen. Als sich England aus Rücksicht auf seinen imperialen Reichszusammenhang widersetzte, wandte sich der Zar allein gegen die Türkei. Er besetzte die Donaufürstentümer und stellte so scharfe Forderungen, daß die Pforte im Oktober 1853 den Krieg erklärte.

Aus politischen und wirtschaftlichen Gründen entschloß sich London zu einem Bündnis mit Paris. Daß Napoleon in der orientalischen Frage die Gelegenheit zu einer »Aktion« wahrnehmen wollte, um die Ordnung von 1815 zugunsten Frankreichs zu verändern, war unverkennbar. Nachdem die Russen einen türkischen Flottenverband vernichtend bei Sinope geschlagen hatten, entsandten die Westmächte auf Bitten der Pforte ihre Flotten in das Schwarze Meer. Am 27. Februar richteten sie ein Ultimatum an Rußland, in dem sie die Räumung der seit Juli 1853 besetzten Fürstentümer Moldau und Walachei bis zum 30. April forderten. Friedrich Wilhelm ließ durch General von Rochow in Petersburg sagen, daß eine Ablehnung einer Reihe von vermittelnden Konferenzvorschlägen Rußland mit der Verantwortung für den Ausbruch eines Krieges belasten würde. So fanden Konferenzen statt, die in ihrem Stil sehr verschieden von den großen Konferenzen der Restauration waren. Noten wurden ausgetauscht, und diplomatische Sondermissionen, die eine große Rolle spielten, waren für Gang und Stil der Politik charakteristisch. Das Ultimatum der Westmächte ließ der Zar unbeantwortet. So trat zwischen den Parteien der Kriegszustand ein, den die Westmächte am 28. März, Rußland am 11. April verkündeten.

Wenn schließlich auch die deutschen Staaten nicht in den Krieg der europäischen Flügelmächte hineingezogen wurden, so hatte doch der deutsche Lebensbereich seinen Anteil an den Spannungen moralischer und politischer Art, welche diese Krisenjahre mit sich brachten. Die kriegführenden Mächte fochten einen diplomatischen Kampf um die Unterstützung durch Preußen und Österreich.

Das Ergebnis der Auseinandersetzung des preußischen Königs mit dem Krimkrieg wird vorweggenommen, wenn die durchaus nicht neue Feststellung wiederholt wird, der König habe sich schließlich gegenüber den konkurrierenden Einwirkungen auf sein empfängliches Gemüt durchgesetzt. Gewiß war die preußische Neutralität letztlich auch ein Ergebnis der Einflüsse von sehr verschiedenen Persönlichkeiten und Gruppierungen, aber darüber darf das durchaus selbständige und eigentümliche Verhalten Friedrich Wilhelms nicht unterschätzt werden. Die orientalische Frage war in besonderer Weise geeignet, die Akteure und die beobachtenden Zeitgenossen zu einer Parteinahme zu zwingen. Nächst der Revolution, nächst der Verfassungsfrage bieten im Bereiche der Außenpolitik Vorgeschichte, Verlauf und Abschluß der wieder virulent gewordenen orientalischen Frage einen Schlüssel zur Würdigung und zum Verständnis der Zeitgenossenschaft Friedrich Wilhelms IV. Gleichwohl – der Zugang zum Verständnis des Monarchen fällt weniger leicht als der zu seinen Beratern, deren Haltung von vornherein so gut wie feststand. Der internationale Konflikt stürzte den König in innere Schwierigkeiten, die nicht etwa nur mit der Natur des »Hamlets« zusammenhingen. Die Grenzen der preußischen Großmacht sind damals sichtbar geworden. Preußen wurde von den Kriegführenden umworben, aber es entzog sich diesen Werbungen. Daß aus den begrenzten militärischen Aktionen kein Weltkrieg wurde, hängt zunächst damit zusammen, daß nicht etwa Existenzfragen der beteiligten Mächte auf dem Spiele standen. Die Auseinandersetzung fand als

Kabinettskrieg statt. Es kam nicht zum Einsatz der vollen militärischen und ökonomischen Reserven. Die Chancen einer beweglichen Seemacht zeichneten sich ab, aber wurden nicht ausgenutzt. An der Begrenzung des Konflikts hatte auch Preußen einen Anteil.

Mehr noch als Details des täglichen diplomatischen Verkehrs führen große Denkschriften, grundsätzliche Instruktionen und Gesandtenberichte in die Problematik ein, vor die sich Friedrich Wilhelm IV. gestellt sah. Zu den Denkschriften, die über den Tag hinausreichen, gehört ein Pro Memoria, das Leopold von Ranke – neben anderen Gutachten aus seiner Feder – am 19. Juni 1854 verfaßte. Für den König war die Meinung des Historikers, die auch in Petersburg bekannt wurde, von besonderer Wichtigkeit. Der Kerngedanke der Denkschrift liegt in der Bewahrung des europäischen Gleichgewichtes, das durch das russische Vorgehen und den Krieg gefährdet werden konnte. Der Verfasser erkannte indes sogleich die seiner Auffassung nach von vornherein begrenze Dimension der operativen Entscheidungen. »Es ist also nicht ein Krieg auf Leben und Tod, den England unternimmt, sondern eine diplomatische Differenz, welche man dort durch Partei-Gegensätze und die öffentliche Meinung vorwärts getrieben mit den Waffen zu unterstützen sich entschlossen hat.«[1] Den Historiker interessiert vornehmlich das »allgemeine Interesse von Europa«, und unter diesem Gesichtspunkt wog er die Interessen der »kriegführenden wie der bisher neutralen Mächte ab«. Europäisches Gleichgewicht, Staatsräson und die Verpflichtung, die Christen im osmanischen Reiche zu schützen, sind die Stichworte, die den Gedankengang der Denkschrift begleiten. Die Gedanken dieser und anderer Denkschriften aus den fünfziger Jahren entsprachen den Grundzügen der Rankeschen Geschichtsschreibung: »Um die Unterhandlungen mit ruhiger Umsicht und Bestimmtheit pflegen zu können und die gärenden Gemüter zu beruhigen«, sollten solche Präliminarien abgeschlossen werden, »in denen die Sicherung der Integrität der Türkei und der Rechte der christlichen Untertanen zugleich ausgesprochen würden«. Rankes Urteil entsprach der Meinung auch des Königs. Weniger optimistisch als das Memorandum vom 19. Juni 1854 war jene Denkschrift, die ebenfalls für den König bestimmt war und etwa Mitte Dezember desselben Jahres niedergeschrieben wurde.[2] Diese Denkschrift, entstanden unter dem Eindruck der Situation, die sich inzwischen zugespitzt hatte, ist nüchterner, deshalb auch substantieller. Ranke warnte vor einem Bruch mit Rußland und vor einer von den Westmächten angetragenen Kooperation, die »in diesem Falle den Willen von Europa zu repräsentieren behaupten«. Er prognostizierte einen Zustand, der für Jahrzehnte erhalten bleiben sollte. »Die Türkei kann formell als gleichberechtigt in die europäische Gemeinschaft aufgenommen werden; faktisch wird sie immer unter der Protektion der Mächte stehen, welche ihr zunächst zu Hilfe gekommen sind. Diesen muß es überlassen bleiben, ihrerseits auch die Defensivkraft der Türkei durch eine Belebung sowohl der christlichen Elemente, unter der Autorität des Sultans, als durch andere auf die Osmanen berechnete Mittel und durch die Erhaltung des Friedens zwischen beiden Teilen so zu verstärken, daß nichts weiter von Rußland zu fürchten ist.« An dieser Position hat letztlich der König gegen alle Verführungen und Versuchungen aus noch so verschiedenen Lagern festgehalten.

Zu den großen Versuchern in der preußischen Englandpolitik gehörte vornehmlich der preußische Gesandte in London, Josias Bunsen. Die Korrespondenz zwischen ihm und dem König ist einer der interessantesten und aufschlußreichsten Dialoge, die in jener Zeit geführt wurden.[3] Schon vor Ausbruch des Krieges zwischen den Westmächten und Rußland hatte Bunsen über die »ungeheuren Schicksalslose, die in diesem Augenblick in des Kaisers [Nikolaus'] Schoße liegen«, geschrieben. Der König bestritt mit gutem Grund, daß die Wahrheit nur auf der einen Seite liege. Eine solche Aussage entsprach ganz seinem Charakter, um so mehr aber wollte er seine Haltung rechtfertigen: »Die nahende Gefahr *stählt* mich nur auf dem Wege, auf welchem mein Name in der Geschichte wenigstens rein vom Schlamme des Abgrunds bleiben wird.«[4] »Abgrund« bedeutete für ihn die Revolution, die eine Folge des bevorstehenden Krieges sein werde. Die intensive, fast tägliche Korrespondenz der beiden Persönlichkeiten entbehrte so gut wie nie der Pathetik. Es mochte zunächst scheinen, als ob ihre Auffassungen gerade in dieser Krise übereinstimmen würden. Das Gegenteil sollte sich bald ergeben; Bunsen beteuerte, daß für ihn allein »die Befehle Ew. Majestät maßgebend seien«, aber es besteht kein Zweifel, daß er gelegentlich die Mitteilungen seines Königs entweder falsch interpretierte oder sogar die etwa für den Prinzgemahl Albert bestimmten Briefe und Notizen zurückgehalten hat. Seine Beziehungen zur königlichen Familie in London waren in der Tat sehr eng. Nicht ohne Selbstgefälligkeit teilte er mit, er sei *allein* von der Königin nach Windsor eingeladen, um ihren vierzehnten Hochzeitstag im Kreise ihrer acht blühenden Kinder zu feiern.

Bunsen hat ebenso wie Baron von Stockmar, ebenfalls ein Mittler

Leopold von Ranke, der die Lebenszeit Friedrich Wilhelms IV. um fast ein Vierteljahrhundert überdauerte, schuf mit der von ihm ausgebildeten Quellenkritik die Grundlage der modernen Geschichtswissenschaft. Als enger Berater des Königs griff er in Gutachten und Denkschriften, aber auch in die Politik dieser Ära ein, am deutlichsten in den Memoranden zum Krimkrieg, die er 1854 abfaßte und in denen der Gedanke des europäischen Gleichgewichts im Mittelpunkt stand. Die kolorierte Radierung von H. Sachs nach dem Gemälde von Julius Schrader entstand 1868.

zwischen England und Preußen, die »Koburgische Lösung«, das heißt eine liberale und nationale Politik in Anlehnung an Großbritannien vertreten; so wie fast alle »Konstitutionellen« hat er allerdings die Chancen einer solchen Politik überschätzt. Der Prinzgemahl selbst hat Bunsens Geschäftigkeit nicht ohne Mißtrauen beobachtet, und es ist glaubwürdig, daß er zum badischen Minister, Freiherrn von Roggenbach, einmal äußerte: »Bunsen weint, dann will er lügen.«[5] Die überlieferte Äußerung des Prinzgemahls wird ergänzt durch andere Urteile. So hat Albert zu einem späteren Zeitpunkt seinem Bruder, dem Herzog Ernst von Sachsen-Coburg-Gotha geschrieben, Bunsen »sei das vollkommenste Gegenteil von einem Diplomaten; seine besten Eigenschaften wären für diesen Stand seine gefährlichsten, besonders seine unglaubliche Produktivität und Phantasie«.

Noch am 25. Februar 1854, also wenige Wochen vor der Kriegserklärung der Seemächte an Rußland, berief sich Friedrich Wilhelm IV. in einem Brief an den »Besten Bunsen« auf Leopold von Ranke, dessen Erläuterung des Edikts von Nantes »wie ein Blitz« für ihn gewesen sei. Gemeint war jenes Edikt Heinrichs IV. von 1598, das den Protestanten in Frankreich Religionsfreiheit gestattete. Damals hat Ranke »öfters aus seiner französischen Geschichte vorgelesen«. Der Eindruck solcher Lektüre ist in der Tat nachhaltig gewesen, und Friedrich Wilhelm schrieb: »Preußen soll in Neutralität verharren, nicht in einer neutralité vascillante et indécise – wie der russische Kaiser meinen Willen der Nichtbeteiligung zu bezeichnen liebte, sondern so, wie ich S. M. geantwortet habe, in neutralité souveraine... wirklich unbeteiligt, nicht hierhin, nicht dorthin neigend sein, aber selbständig und selbstbewußt... nur wenn nötig wird auch bewaffnet.« »Zu ungerechtem Kriege« lasse er Preußen nicht zwingen. Nur »um des guten willen« werde der König den Krieg »annehmen«.[6] Er war entrüstet über Bunsens »Explicationen«; undeutlich wurde er in seinen Worten indes, wenn er auf der einen Seite grundsätzlich einen »Kreuzzug« bejahte, auf der anderen Seite jedoch hinzufügte, »aber kein *voreiliges* Ziehen des Schwertes gegen Rußland«. Bunsen hatte sich in seinen Gesprächen inzwischen weiter vorgewagt, als es dem König und auch dem Ministerium recht war. Die Übermittlung von Nachrichten und Auffassungen war in der damaligen Situation und bei der Rollenverteilung der Führungsschichten allerdings sehr schwer durchschaubar und geradezu verwirrend. Der Appell an den König von Preußen, Partei zu nehmen, richtete sich auch an den »Vater des evangelischen Bistums in Jerusalem«, wie sich

Lord Shaftesbury, verheiratet mit einer Stieftochter Palmerstons, in einer Rede einmal ausgedrückt hatte.

Friedrich Wilhelm hat sich nahezu an alle Souveräne brieflich gewandt; unter der Fürstenkorrespondenz kommt neben der mit Zar Nikolaus und der Schwester Charlotte dem Briefwechsel mit Queen Victoria sowie mit dem Prinzgemahl Albert besondere Bedeutung zu. Es ist bezeichnend, wie sehr der preußische König damals bemüht gewesen ist, seinen persönlichen Einfluß im Verfassungsstaat, der Preußen ja inzwischen geworden war, erst recht geltend zu machen und die Außenpolitik als seine ganz persönliche Domäne zu betrachten. Bunsen konnte indes, wenn er eigene politische Vorstellungen durchsetzen wollte, durchaus mit der Unterstützung von Persönlichkeiten rechnen, die seine Auffassung von der »richtigen« Politik teilten.

Da England in der Vorgeschichte des Krieges eine Schlüsselrolle zufiel, war der preußische Gesandtenposten in London von besonderer Wichtigkeit. Die Anglophilie Bunsens, der eine wohlhabende Engländerin geheiratet hatte, war bekannt. Sie wurde vom Prinzen von Preußen ebenso verurteilt wie die Russomanie des Generals und Militärbevollmächtigten von Rochow in Petersburg. Wie sehr die Politik des preußischen Königs während des Krimkrieges von einem großen Teil der öffentlichen Meinung verurteilt wurde, lassen die Kommentare der *Times* erkennen. Es dauerte lange, bis der König das Staatsinteresse höher stellte als die Sympathie für den ihm so vertrauten Mann, mit dem er mannigfache gemeinsame Interessen und Neigungen teilte. In der Phase der Vorgeschichte des Krieges schienen König und Gesandter noch weitestgehend in der Beurteilung einig zu sein. So mußte der Gedanke einer Emanzipation der Christen, der nach Bunsens Meinung während der zweiten Novemberhälfte 1853 der englischen Politik zugrunde lag, Friedrich Wilhelm faszinieren. Auf solche Mitteilungen Bunsens reagierte er mit »Jauchzen und mit dem Gefühl eines Menschen, dem ein Zentner von der Brust genommen«.[7] Er interpretierte den unaufhaltsamen Zerfall der Türkei als »einen Ratschluß Gottes über den Orient«.

Die schriftliche Überlieferung reicht aus, ein begründetes Urteil über Bunsens Anteil an den Desinformationen in London wie in Berlin zu fällen – wenn er auch aus noch so patriotischen Gründen gehandelt haben mag. Daß ihn der König abberief, wurde schließlich unvermeidlich. Wie er es tat, läßt den Charakter Friedrich Wilhelms und vor allem seine Humanität in bestem Licht erscheinen. Es war ihm ein

Bedürfnis, den auf dem Höhepunkt der diplomatischen Karriere aus dem Amte entlassenen Mann rücksichtsvoll zu behandeln. Er machte sich die Mühe, die Queen Victoria in einem ausführlichen Schreiben vom 24. Mai 1854 über seine Gründe für Bunsens Abberufung zu informieren.[8] Der Brief will sein Verhalten erläutern, und er enthält gleichzeitig Indiskretionen und Verdächtigungen, die die Königin peinlich berühren mußten. Gewiß hatte Bunsen geglaubt, den König auf den »richtigen« Weg lenken zu können, und er war sicher, die wahren Absichten des Königs besser zu verstehen, als dieser sich selbst. Friedrich Wilhelm nannte Bunsen noch immer – und auch später – seinen »alten, geschätzten und geliebten Freund«. Er griff in seinem Schreiben – es handelt sich um ein Rechtfertigungsschreiben – zurück auf das Revolutionsjahr 1848, als Bunsen – angeblich – der Volkssouveränität huldigte und ihn zur Annahme der Kaiserkrone gedrängt habe. Er habe »die Majestät Karls des Großen und das ephemere Auftauchen des Frankfurter Wahnsinns für identisch gehalten« und ferner: Er »gab der rasenden Konstitution des Deutschen Reichs von 1848 dieselbe Ehre, wie der ersten Krone der Christenheit!!!« Der Brief wirkte ohne Zweifel befremdend, zumal, wenn man sich an die Äußerung der Queen erinnert, es gebe keinen Unterschied zwischen »Diplomatie- und Fürstenkorrespondenz«. Es ist unbestreitbar, daß das Schreiben an die Königin nicht nur weitschweifig, sondern auch umwegig ausgefallen ist. Es mag sein, daß zu jenem Zeitpunkt Spuren einer geistig-psychischen Erschöpfung zu beobachten sind, wobei die Frage nach der angeblich früh angelegten Gehirnerkrankung an dieser Stelle noch nicht beantwortet werden kann. Er glaubte offensichtlich, die Königin für sich gewinnen zu können, wenn er selbst die kirchliche Zuverlässigkeit Bunsens in Frage stellte. Er sprach von dessen »so außerordentlich wertvollen theologischen Schriften«, fügte aber nicht ohne Aufdringlichkeit hinzu, »in welchen [theol. Schriften] jedoch sein Abwenden von der Einfachheit der Evangelii leider unleugbar und sein Angreifen Alles zur Recht Bestehenden in der Kirche, namentlich sein Haß gegen die sonst von ihm fast vergötterte ehrwürdige Kirche von England offenbar ist«. Er sei »whiggistischer als die Whigs« geworden. Friedrich Wilhelm glaubte einen Zusammenhang zwischen Bunsens »verlangter Duldung der freigemeindlichen Gemeinden« und einem gefährlichen Liberalismus erkennen zu können. In der Tat irrte sich der König nicht, ein solcher Zusammenhang war durchaus vorhanden.

Wenn der König mit gutem Grunde den politischen Dissens zwischen sich und dem Londoner Gesandten hervorhob und beklagte, so ließ er gleichzeitig die Kontinuität seiner politischen Lagebeurteilung unmißverständlich erkennen. Mit einer blumenreichen Sprache verteidigte er seinen politischen Standpunkt: Er wollte sich weder »rechts noch links« binden und seinen Preußen den Frieden bewahren. »Meine Politik, die so schrecklich geschmähte, die angeblich ›schwankende‹, ist seit Anfang des unheilvollen Konflikts ein und dieselbe und ohne eines Haares-Breite Abweichung.« Er knüpfte an mannigfache Reden seit den Tagen der Huldigung an, und die Wiederholungen verringerten nicht den Ernst seiner Versicherungen: »Ich habe es vor Gott als Pflicht erkannt, meinem Volk und meinen Ländern den Frieden zu erhalten, weil ich den Frieden für einen Segen erkenne und den Krieg für einen Fluch.« In der Tat wurden in diesem Briefe Grundsätze ausgesprochen, an denen dieser König festhielt – mag er auch von der Illusion erfüllt gewesen sein, daß das Schutz- und Trutzbündnis mit Österreich vom 20. April 1854 »das ganze Zentrum Europas für die ganze Dauer des Krieges zu einem Ganzen macht, welches 72 Millionen Menschen umfaßt und mit Leichtigkeit eine Million Soldaten stellen kann«. Es war realistisch, wenn der König den Glauben bekundete, »daß sich der Charakter einer sogenannten [sic] Großmacht nicht durch das Schwimmen mit dem Strome, sondern durch das Feststehen wie ein Fels im Meer bewähren muß«. So zeichnete sich der König durch die Fähigkeit zum Realismus ebenso wie durch die Neigung zu romantischen Überschwenglichkeiten aus. Was war geschehen?

In den ersten Märztagen des Jahres 1854 hatte Bunsen dem Ministerpräsidenten eine Denkschrift zugänglich gemacht, die er »als sein politisches Glaubensbekenntnis bezeichnete, auf welches er zu sterben bereit sei«.[9] Er bezeichnete es als Ziel der Politik der Westmächte, die Macht Rußlands zu brechen und das Zarenreich auf seine »natürlichen Grenzen« zu beschränken. England traute er zu, für das »allgemeine Recht« zu kämpfen. Der Gesandte brachte auch das religiöse Moment ins Spiel, indem er Rußland unterstellte, in Preußen »den Vorkämpfer des Protestantismus« zu bekämpfen und das Bistum in Jerusalem vernichten zu wollen.[10] Die Denkschrift ging sogar auf die Details einer Veränderung der europäischen Landkarte ein. Zu Bunsens Wünschen gehörte die Wiederherstellung Polens, ein Vorhaben, dem selbst die Westmächte zurückhaltend gegenüberstanden. Schweden sollte Finnland und die Ålandinseln erhalten. Indem Österreich an Sardinien die Lombardei abtrat, sollte einer drohenden nationalen Revolution vorgebeugt werden. Das Habsburger Reich könne mit den Donaufürstentümern entschädigt, ferner sollte ihm die Küste des Schwarzen Meeres von der Donau bis zur Krim übertragen werden. Es handelt sich also darum, »daß man Rußland nicht allein die Krim, sondern auch Bessarabien, Cherson und Taurien entreißen müsse«. Diese Länderverschiebung wurde auf bezeichnende Weise ideologisch begründet; indem es nämlich »am Tage liege«, »daß man dieses [Österreich] vor allem durch Übernahme der Donaufürstentümer an die Verteidigung der Donau und Europas fesseln muß«. So wurde Österreich eine des öfteren beschworene Missionsaufgabe zugeschrieben, wie sie auch im Revolutionsjahr verkündet worden war.

Die Bunsenschen Argumentationen entbehren niemals einer »missionarischen« Idee. Vielleicht glaubte der Verfasser der Denkschrift damit rechnen zu dürfen, auf diese Weise den König für sich einzunehmen. Letzterer hatte doch »gejauchzt«, als Bunsen ihm in der zweiten Novemberhälfte des vorigen Jahres von der »Emanzipation der Christen« als dem eigentlichen Ziel der britischen Politik berichtete. Bunsen stellte den Gegensatz zwischen der russisch-orthodoxen Kirche und dem Protestantismus in den Mittelpunkt der Lagebeurteilung – in der Tat handelte es sich um einen Weltgegensatz, der oftmals die Interpreten des Zeitgeschehens, wie etwa Dostojewski, fasziniert hat. Konstantinopel war das Stichwort, das in der politischen Literatur des 19. Jahrhunderts ständig wiederkehrt. Es fehlte auch nicht der nachdrückliche Hinweis auf Jerusalem, »dieser schönen und wunderbar aufblühenden Stiftung Friedrich Wilhelms IV.« »Das Bistum mit seinen Schulen in Palästina und mit all ihren Verzweigungen bis nach den Quellen des Jordans und dem fernsten Mesopotamien geht notwendig unter. Die griechische Geistlichkeit hat ihm offen den Krieg erklärt. Was Rußlands Werkzeuge 1841 und später in Europa und Asien nicht zustande bringen konnten, die Vertilgung der protestantischen Schulen und Gemeinden, würde mit leichter Mühe in kürzester Frist geschehen, sobald Rußlands Protektorat von der Türkei anerkannt wäre. Was aber in Palästina und Syrien geschähe, müßte ebenso in Konstantinopel und unter den Chaldäern und Armeniern geschehen. Das evangelische Bistum würde mit Schmach untergehen.« Was den König in diesem Moment der »Weltbegebenheiten« beeindrucken sollte, verfehlte indes die Wirkung oder erreichte gar das Gegenteil. Bunsen fühlte sich von Friedrich Wilhelm »auf den Wachtturm und die Warte der Welt gestellt«. Seine Selbsteinschätzung war so stark, daß er in einem Privatbrief an den

König hinzufügen konnte, »und ich bin nirgends so sicher zu gebrauchen als in dem Amte eines Seemannes im Mastkorbe«. Von der Entscheidung des Königs (also Anschluß mit Österreich an die Westmächte) hing nach seiner Ansicht dessen Reputation ab.

Auf die Euphorie, die den Gesandten befallen hatte, folgte der jähe Sturz, indem er nämlich nur wenige Monate später genötigt wurde, seinen Abschied zu nehmen. Der König hätte aus Rücksicht auf Königin Victoria wie auf den Prinzen von Preußen dazu geneigt, den Gesandten schließlich doch noch zu behalten. Am 22. April fand die entscheidende Konferenz im Kabinett des Königs statt, an der neben Manteuffel auch der Oberstkämmerer Graf Dohna sowie General von der Groeben teilnahmen. Hier fiel die Entscheidung über die Annahme des Bunsenschen Abschiedsgesuchs.

Der Konflikt in Berlin erreichte einen Höhepunkt, als auch der Kriegsminister von Bonin in die Krise einbezogen wurde. Er gehörte zum Kreise der Wochenblattpartei und war ein Gegner Rußlands. Am 17. Januar 1854 hatte er Manteuffel geschrieben: »Eine Neutralität oder eine Verbindung mit Rußland ist: – der Krieg. Eine Verbindung mit den Westmächten ist: – der Friede. Preußen hat Krieg und Frieden in seiner Hand. Es wähle.«[11] Bonin teilte durchaus nicht die »weltpolitischen« Träume Bunsens; er zog sich den Zorn des Königs zu, weil er sich vor der Kreditkommission der zweiten Kammer trotz des königlichen Gebots, in auswärtigen Angelegenheiten Zurückhaltung zu wahren, auf Erläuterungen und Stellungnahmen eingelassen hatte. Er entwickelte überdies ein eigenes politisches Programm, das von der amtlichen Politik Preußens abwich. Die Gelegenheit dazu gab die Bemerkung des Abgeordneten Vincke, »es sei nach den letzten Vorgängen eine Allianz Preußens mit Rußland gegen die Westmächte denkbar: einen solchen Fall habe die Regierung ebenso wenig berücksichtigt wie Solon bei seiner Gesetzgebung den Vatermord«.[12] Nach sicherer Überlieferung, die auf Theodor von Bernhardi zurückgeht, hat Bonin zu dem General von Lindheim vor dessen Spezialmission nach Petersburg gesagt: »Sagen Sie dem Kaiser Nikolaus, so lange ich Kriegsminister bin, wird Preußen nicht in ein Bündnis mit Rußland willigen.« Es ist anzunehmen, daß dem Könige diese unbedachte Äußerung nicht verborgen geblieben ist. Jedenfalls fühlte er sich durch das Verhalten seines Kriegsministers vor der Kreditkommission in der preußischen Friedenspolitik kompromittiert. Die Verabschiedung Bonins erfolgte nicht etwa allein auf Drängen der Kamarilla, sondern das Maß der Entrüstung war so groß, daß den

Markus Niebuhr (links) war als Kabinettsrat ein enger Mitarbeiter Leopold von Gerlachs.

Auch Graf Dohna-Lauck (rechts) übte als Kammerherr beträchtlichen Einfluß auf den Monarchen aus.

Leopold von Gerlach, der Generaladjutant des Königs, war eines der einflußreichsten Mitglieder der Hofkamarilla.

König zunächst nur noch die Rücksicht auf seinen Bruder daran hinderte, sofort eine Entscheidung zu fällen. Es ist wiederum aufschlußreich zu beobachten, wie in diesem Augenblick erneut das militärische Element in den Vordergrund und Mittelpunkt einer Konfliktsituation rückt. Die Rücksicht auf die Armee spielte auf allen Seiten eine bedeutende Rolle. Während einer militärischen Übung auf dem Bornstedter Felde am 3. Mai machten der Generalfeldmarschall Dohna sowie General Wrangel, beide sehr alte Herren, ihrem Kriegsherrn energische Vorhaltungen, die darin gipfelten, »Bonin verdürbe ihm die ganze Armee«. Ein Stichwort der preußischen Geschichte! Als Bonin am nächsten Tage über die militärische Lage Vortrag hielt, erfuhr er von seiner Entlassung.

Nunmehr setzte eine Krise im Hause Hohenzollern ein. Für eine Biographie Friedrich Wilhelms ist die harte Auseinandersetzung mit dem Thronfolger wichtiger als die Frage, wer den König zu dem Entschluß, Bonin zu entlassen, gedrängt oder wer ihn darin bestärkt hat. Reibungen zwischen den Brüdern gab es schon länger.

Prinz Wilhelm, der wegen der Kinderlosigkeit des Königs gewiß sein konnte, dereinst den Thron zu besteigen, nahm nicht nur leidenschaftlich Anteil an der Politik, sondern er ergriff auch Partei. Noch bis in den Februar 1854 hinein schienen die Urteile der Brüder durchaus übereinzustimmen. In einer Denkschrift aus diesem Monat über »die russisch-türkische Frage« stellte Prinz Wilhelm fest, »daß Preußen und Österreich in ihrer vermittelnden Stellung stets korrekt und konsequent verfahren seien«.[13] Er erhob gegen das Verhalten beider Parteien Einwände. Rußland habe sich »unverzeihlich unbesonnen, unvorsichtig, illoyal und herausfordernd benommen«. Dem flagranten Unrecht der Besetzung der Fürstentümer, das »ein Traktaten-Bruch mitten im Frieden« gewesen sei, stellte er das Fehlverhalten der Seemächte gegenüber: Sie hätten es unterlassen, die Pforte zur unveränderten Annahme der Vorschläge der vier Mächte (Wiener Juliprotokoll) zu nötigen, obwohl Rußland ihnen schon zugestimmt hatte – und der zweite Fehler habe »im Vorgehen der comb. Flotte, d. h. Einlaufen in das Schwarze Meer« gelegen. Obwohl der Prinz noch Fehler sowohl im Osten als auch im Westen erkannte, wich er doch bereits von den Auffassungen des Königs ab. Ihre Zukunftserwartungen waren verschieden: »Deutschlands Interesse ist, sich den beiden Groß M. anzuschließen, in dieser expektiven Stellung, damit sie gemeinschaftlich dereinst ihr Gewicht in die Waagschale legen, die Recht und Interesse verlangen.« Noch legte auch der Prinz – so wie der König – den Nachdruck auf eine selbständige Neutralität, aber er sprach den Gedanken des Anschlusses an die Westmächte bereits aus.

Der Prinz glaubte, anders als sein Bruder, Rußland durch entschiedenere Parteinahme auf den rechten Weg zurückzwingen zu können. Realistischer schätzte der König die Lage ein. Er war nicht etwa aus »tatenscheuer Gemütsstimmung« entschieden abgeneigt, sich an irgendwelchen aggressiven Schritten gegen Rußland zu beteiligen,[14] sondern er war bemüht, dem Leitstern der preußischen Staatsräson zu folgen. Im Zentrum der Staatsräson, wie er sie für die »sogenannte Großmacht« verstand, stand der Gedanke des Friedens. Der Krieg zwischen Rußland und den Westmächten war trotz der im liberalen Lager Europas sich ausbreitenden »Kreuzzugsstimmung« kein Kampf auf »Leben und Tod«, wie sich Ranke sinngemäß in einer Reihe von Denkschriften ausgedrückt hatte. Er griff jedoch tief in die Auseinandersetzungen zwischen den Kabinetten, den Parteiungen, den Gestaltern der öffentlichen Meinung und den fürstlichen Familien ein.

Der König schlug einen Ton an, der sich von Tag zu Tag, von Woche zu Woche, von Monat zu Monat verschärfen sollte. Als der Prinz den Briefwechsel mit dem König, der den Eintritt seines Sohnes Friedrich Wilhelm in die Freimaurerloge betraf, zu publizieren beabsichtigte, verlangte der König öffentliche »Abbitte«: »Willst Du diese ekelhafte Seite, die noch niemals die Blätter der Geschichte unseres Hauses besudelt hat, mit eigener Hand schreiben? Ich verlange diese Bitte um Verzeihung nicht. Bitt' es Gott dem Herrn ab; nicht mir. In mir findest Du immer das alte treue Bruderherz.«[15] Am 12. März 1854 hatte der Prinz dem König ein Memorandum übersandt, das den Gegensatz der Anschauungen in der kriegsreifen Situation der orientalischen Frage deutlich machte. Er wandte sich gegen eine beabsichtigte Neutralitätserklärung des Königs, gegen eine passive Zuschauerrolle, die dem preußischen Staat die Qualität einer Großmacht nehmen werde. Er war der Auffassung, daß Österreich sich in Bälde den Westmächten aktiv anschließen werde und daß Preußen deshalb gar nicht vermeiden könne, zu einem ungünstigen Zeitpunkt im Schlepptau von Österreich mit in den Konflikt einzugreifen. So oder so werde Preußen verspätet gegen Rußland Stellung beziehen müssen. Vieldeutig schloß das politische Memorandum: »Du bist Herr und König nach Deinem Gewissen zu wählen. Deine Wahl mag ausfallen, wie sie will, ich bin Dein erster Untertan, also auch der Erste, der zu gehorchen hat.«[16]

Es würde die Dinge zu stark vereinfachen, wollte man das Verhalten des Königs aus der geistigen Nähe zur Kamarilla ableiten. Wenn er am 7. Mai 1854 dem Prinzen schrieb: »Denn regieren muß ich, so lange mir Gott die Kräfte erhält«, so beschrieb er einen Standpunkt, der sich in der damaligen Situation für das monarchische Preußen von selbst verstand. Die Angehörigen der Bethmann-Partei blieben aber nicht untätig, und es entsprach ihrem politischen Stil, ihre Vorstellungen mit Hilfe von einflußreichen Beratern, die dem Hofe nahestanden, durchzusetzen. In kaum einer anderen Ära der preußisch-deutschen Geschichte ist den »politischen Beratern« solch eine Rolle zugefallen. Man muß überdies von einer Rivalität zwischen dem Hofe des Königs und dem des Prinzen von Preußen sprechen. Es gehörte nicht zu den Rechten des Thronfolgers, in den Angelegenheiten der Armee befragt zu werden, aber der Brauch solcher Befragung hatte sich inzwischen ergeben. Bonin wurde vom Prinzen hoch geschätzt, er verdankte ihm seine Ernennung zum Kriegsminister. Als sich Prinz Wilhelm bei seinem Versuch, die Entlassung Bonins rückgängig zu machen, darauf berief, »als erster Offizier der Armee« zu sprechen, war das Stichwort gefallen. Friedrich Wilhelm reagierte schroff als Monarch, der den Oberbefehl über die Armee innehatte, wie auch als Chef des Hauses Hohenzollern. Die Schroffheit dieses Schreibens ist bemerkenswert und nicht etwa auf eine nervliche Befindlichkeit zurückzuführen. Der Konflikt zwischen König und Thronfolger ging ins Grundsätzliche. In dem Handschreiben des Königs an den Bruder heißt es: »Meine Ehre 1. als christlicher Mann, 2. als König von Preußen, 3. als Fürst meiner Völker, 4. als Christ befiehlt mir aber, 1. den Undank gegen treue Freunde wie die Pest zu fliehen, 2. meiner Krone Unabhängigkeit, 3. die freie Selbstbestimmung als sogenannte ›Großmacht‹ als schwer errungenes Kleinod Preußens zu wahren, 4. meinen Ländern die Segnungen des Friedens zu erhalten ... und 5. meines Teils niemals an dem Vergießen eines Tropfens von Christenblut für den Islam (!!) schuldig zu sein.« Prinz Wilhelm hatte sich auf die »Gesinnung der Armee« berufen, so wie er es später als König und Kaiser unter anderen Umständen wieder tun sollte. Der König reagierte: »Das Protestieren im Namen der Armee ignoriere ich diesmal noch. Das sollst, das wirst Du am besten beantworten, was jeder militärische Vorgesetzte dann tun muß (wenn er sein Amt nicht niederlegt), der im Namen von Truppen gegen höheren Befehl protestiert. Keine Armee ›darf‹ protestieren, und die Preußische ›tut‹ es nicht. Sie würde im selben Augenblick aufhören, die Preußische

Armee zu sein. Meine Armee ist unerschütterlich dieselbe wie vor 9 Monaten [also vor der Teilmobilisierung]. Aufrechterhaltung des Friedens aber mit den Kanonen, der Macht zugewandt, die Preußen in ihre Interessen hineinzwingen will!« Der schwerste Vorwurf, der sich gegen den der Armee so verbundenen Bruder richtete, lautete: »Du hast Dich an mir als Deinem Könige, als an Deinem Kriegsherrn, als an Deinem Bruder vergangen ... Mit einem Worte: Du hast meiner Armee und meinen Untertanen ein böses Beispiel gegeben.« Indem der Prinz einen Auslandsurlaub nach Baden-Baden antrat, war das Mittel gefunden, ihn »nicht unter Kriegsrecht zu stellen«. So lange der Prinz-Thronfolger im Ausland weilte, stand er nämlich »außerhalb der Kriegsgesetze«. Wenn es hieß, »die prinzlichen Funktionen« seien – solange sich der Prinz außerhalb Preußens aufhalte – »suspendiert«, so bleibt diese Formulierung weitestgehend unklar.

Es fällt im Zusammenhang mit diesem Konflikt auf, welchen Anteil eine Reihe hoher Offiziere am Verlauf der Krise genommen hat. So wie von einem »kulturellen Milieu« gesprochen wurde, so muß mit gutem Grunde auch das »militärische Milieu« berücksichtigt werden. Ähnlich wie 1848 und doch ganz anders lohnt es sich, während des Krimkrieges das Verhalten einer Reihe von Generalen zu beobachten. Sie blieben verwurzelt im Geist der Befreiungskriege, hatten sich damals ausgezeichnet, wurden im Generalstab wissenschaftlich ausgebildet und standen dem Hause der Hohenzollern sehr nahe. Sie wurden des öfteren in diplomatischen Spezialmissionen verwendet. Ihr dienstliches Leben wechselte zwischen militärischen und diplomatischen Funktionen. Sie waren gleichwohl nicht im engeren Sinne »politische Generale« – so wie etwa Radowitz und Leopold von Gerlach. Man darf sie wohl nur mit Vorbehalten zur »maison militaire« zählen, aber auch als Generaladjutanten kehrten sie immer wieder zu militärischen Kommandos zurück.

Friedrich Wilhelm IV. sind von seiner Umgebung und von der Geschichtsschreibung oftmals Sinn und Begabung für das eigentlich Militärische abgesprochen worden. Seine Manöverkritiken wurden indes von Fachleuten als gebildet und sogar als geistreich bezeichnet. Die Urteile des Königs über Offiziere zeugen von Menschen- und Sachkenntnis. Wer sich in der Umgebung, in der Friedrich Wilhelm als Kronprinz und König lebte, versenkt, dem fällt die Gestalt des Generals Groeben besonders auf. Sein Name begleitet das Leben des Königs. Der im Frühjahr 1852 zum General der Kavallerie ernannte Groeben übernahm 1853 die Führung des Gardekorps in Berlin. So blieb er in der Nähe des Königs und übernahm immer wieder diplomatische Missionen während des Krimkrieges, nach denen er sich nicht drängte.

Die Aufgabe, die Groeben im Zusammenhang mit der Entlassung Bunsens und Bonins zufiel, erforderte besonderen Takt, wenn man die Spannung zwischen König und Thronfolger bedenkt. In jener Situation hat Groeben größeren politischen Spürsinn erkennen lassen als jene »Parteimänner« in der Diplomatie, die ihre Wunschvorstellungen durchzusetzen versuchten. Groeben hat erfolgreich den Versuch gemacht, die durch Bunsens eigenmächtige Politik in London entstandenen Mißverständnisse aufzuklären und zu beseitigen. Kaum ein anderer war dafür besser geeignet. Er hat sich nicht gescheut, Bunsen in einem Brief am 12. März 1854 offen davon in Kenntnis zu setzen, daß er sich nach Prüfung aller Schriftstücke aus Bunsens Feder von den Eigenmächtigkeiten des Londoner Gesandten überzeugt habe. Groebens Charakter entsprach es, wenn er feststellte, er »könne von seinem Bericht an den König weder ein Wort zusetzen noch abnehmen«.[17] Als Groeben seine Mission in London antrat, glaubte Bunsen mit Sicherheit, in diesem General einen sehr bequemen Verhandlungspartner zu finden. Er hat sich gründlich geirrt. Groeben trieb ein eifriges und gründliches Aktenstudium, das ihn befähigte, die Bunsenschen Diversionen zu durchschauen. Hinzu kamen ausführliche Gespräche mit der Königin, mit dem Prinzgemahl sowie mit Kabinettsmitgliedern, die ihn befähigten, sein Urteil zu festigen. Wenn Bunsen sich nicht scheute, dem General die Kompetenz für Verhandlungen in London abzusprechen, so hätte Graf Groeben – hätte er von solchen Äußerungen gehört – kaum widersprochen. In der Bescheidenheit lag seine Stärke.

Nach seiner Rückkehr schrieb Groeben in einer für den König bestimmten Aufzeichnung am 21. März, die Bunsen zutreffend kennzeichnete und die für den Schreiber ebenfalls charakteristisch war: »Es ist zwar eine bekannte Erfahrung, daß bei einem Fehlgriff gemeinhin die meisten Stimmen gegen den Unglücklichen sich erheben; dennoch muß ich erwähnen, daß ich in London über Bunsen nur eine Stimme vernahm und zwar: daß in diplomatischen Dingen ihm Niemand mehr vollen Glauben beimesse und nicht etwa, weil er aus trügerischer Absicht, sondern aus einem Übermaß von Phantasie und selbstausgesprochenen Phantomen und endlich aus Mangel an Gedächtnis für das einfache feste Wort nicht mehr bei der Stange bleiben könne.«[18] Er empfahl Bunsen für das Katheder, nicht aber für die Diplomatie; er sei auch nicht geeignet für die höhere geistliche Verwaltung. Der Einfluß der Kamarilla auf die Vorgänge, die mit der großen Personalpolitik zusammenhingen und die in das erste Quartal des Jahres 1854 fielen, war mit Sicherheit groß, aber er darf nicht überschätzt, vor allem nicht verglichen werden mit jenem Einfluß, den die Kamarilla bei der Berufung Brandenburgs ausgeübt hatte. Groeben war es auch, der dem Prinzen von Preußen die Nachricht von der Entlassung Bonins übermittelte. Der Prinz hat dem Boten der schlechten Nachricht nicht das Vertrauen entzogen. Er sah in der Persönlichkeit des Generals vielmehr »die Gewähr für eine ritterliche, versöhnliche und gerechte Behandlung der Angelegenheit«.

Einen intimen Einblick in das Entscheidungszentrum der preußischen Politik gewähren die Tagebucheintragungen Leopold von Gerlachs. Der Hof stand weiterhin im Mittelpunkt. Der preußische Ministerpräsident, Otto von Manteuffel, erörterte die politischen Fragen, wie im Falle Bonins deutlich wurde, nicht vor dem Landtag, sondern im »Conseil« des Königs. Hier wurden die diplomatischen Sondermissionen und ihre Aufträge beschlossen. Leopold von Gerlach war so gut wie immer anwesend; auch die Königin fehlte selten. Nach Groebens Rückkehr aus London saß er bei dessen Vortrag »schweigend dabei«. Sein Urteil über Groeben lautete: »Gröben ist nunmehr von England zurück. Er hat sich dort wie ein nobler und ehrlicher Mann benommen.«[19] Es fällt schwer, Groebens Standort in einem politisch-geistigen Koordinatensystem zu beschreiben. Er war konservativ, aber nicht reaktionär. Er läßt sich nicht leicht einer bestimmten Gruppierung oder gar einer Partei zuordnen – wie etwa Leopold von Gerlach oder Rochow.

Im Offizierskorps waren die Meinungen ähnlich verschieden wie unter den Diplomaten. Es ist allerdings zutreffend, daß im Offizierskorps »ein auf der eigenen Kraft beruhendes Großmachtbewußtsein kaum vorhanden war«. Aus den Erinnerungen Hohenlohe-Ingelfingens geht hervor, daß ein Teil seiner Offizierskameraden bereit gewesen sei, sich den Westmächten anzuschließen, um den »Übermut des russischen Kolosses« zu dämpfen. Auf der anderen Seite erinnert sich Hohenlohe: »Da gab es Offiziere, in preußischer Uniform, welche laut und offen dafür schrien, Preußen müsse sich für Rußland opfern, und die nach Art der Ritter vor siebenhundert Jahren am liebsten an einem Kreuzzug gegen die Türken teilgenommen hätten.« Im Kreise der »Generalität« war bis auf wenige Ausnahmen – zu denen etwa der

General von Willisen gehörte – das Gefühl der Verbundenheit mit der Armee des Zaren aus der Zeit der Befreiungskriege ungebrochen. Preußische Gesinnung konnte nicht in Frage gestellt werden; es dauerte noch eine Reihe von Jahren, bis der deutsche Nationalgedanke das preußische Staatsinteresse überwölbte. Die Angst vor Liberalismus und Demokratie herrschte vor; nur in der Armee glaubte man einen Damm dagegen aufrichten zu können.

Wenn man von Bismarcks »Lehrjahren« während des Krimkrieges spricht, so trifft diese Feststellung auch auf die Armee, das heißt wiederum die Generalität, zu. Es bleibt interessant zu beobachten, wie das Ausscheiden einer Reihe militärischer Führer mit dem Ausklingen der Ära Friedrich Wilhelms IV. zusammenfällt. Der militärische Geist war noch mit der Bildung der Zeit eng verbunden. Das eigentlich Preußische, nicht das Nationale, war etwas Selbstverständliches. Im Grundsätzlichen gab es, solange es um die Armee ging, trotz aller Meinungsverschiedenheiten kaum einen Gesinnungsunterschied zwischen dem Hof des Königs in Berlin und Potsdam und dem Hof des Prinzen von Preußen in Koblenz.

Wenn vom Gegensatz zum »Zeitgeist« geredet wird, so darf über solche Klagerufe nicht vergessen werden, daß nach Überwindung der Revolution und trotz der Mobilmachung in den fünfziger Jahren, die gerade die bürgerlichen Offiziere der Landwehr hart traf, die Popularität der preußischen Armee nicht in Frage stand. Die Armee war in der Ära Friedrich Wilhelms in gar keiner Weise »unpolitisch« – so wie sie es auch später nicht war. Mögen aber die Auffassungen über den Kurs der preußischen Außenpolitik noch so weit auseinander gegangen sein, so stimmten doch die Repräsentanten dieser Armee darin überein, daß sie die militärische Führung *in,* nicht über Deutschland erreichen wollten. Die beiden gelegentlich rivalisierenden und so verschieden veranlagten Brüder waren in diesem zentralen Punkt durchaus einer Meinung. Es ist geradezu eine Ironie der Geschichte, wenn ausgerechnet Prinz Wilhelm durch seine politische Nähe zur Bethmann-Hollweg-Partei in den Verdacht geriet, zu den Befürwortern eines Krieges gegen Rußland zu gehören. Bei allem Oszillieren der Bekundungen zwischen den extremen Gruppierungen ist es letztlich Friedrich Wilhelm IV. gewesen, der konsequent bemüht war, das europäische Gleichgewicht im Sinne der Restauration fortzuführen. Daß die »Generalität« dazu neigte, die – wie es hieß – »Waffenbrüderschaft« mit Rußland zu pflegen, ist aus ihrer Lebensgeschichte begreiflich. Es war indes keine dogmatische Sympathie, und was Ludwig von Gerlach am 8. April 1854 in sein Tagebuch eintrug, traf sicherlich auf den größeren Teil des Offizierskorps zu: »Übrigens bekannte ich auf das entschiedenste russische Sympathien, behielt mir aber auch englische und Waterloo vor.«[20]

Es trägt zum besseren Verständnis des Lebens dieses Königs bei, seine militärische Umgebung stärker zu berücksichtigen, als das traditionell geschehen ist. Neben Groeben ragte aus ihr der Feldmarschall Graf zu Dohna-Schlobitten heraus. Es ist für ihn charakteristisch, daß er von vornherein die ihm von verschiedenen Seiten angebotene Chance ausschlug, in eine politische Spitzenstellung zu rücken. Leopold von Gerlach hat über ein interessantes Gespräch mit dem Zaren während der Warschauer Zusammenkunft im Mai 1851 berichtet. Die Auseinandersetzungen der letzten Jahre lagen hinter ihnen, die orientalische Krise stand erst noch bevor. Das Gespräch kam auf die preußische Armee. Der Zar verlieh seiner Hochachtung für diese Armee Ausdruck, »selbige sei auch gestiegen durch die Disziplin, mit der sie am 19. März abgezogen«. Er gab also dem Rückzug eine Deutung, die den Kern der Dinge traf. Sodann erwähnte er die Möglichkeit eines Krieges mit Rußland, um sogleich hinzuzufügen: »Ein Krieg für Preußen würde aber ein Jubel sein von Kemtschatka bis Warschau.« Sodann folgte die ebenso seltsame wie aufschlußreiche Bemerkung: »Dohna hätte im Falle eines Krieges Yorcks Rolle spielen müssen.«[21] Es handelte sich dabei um die Verlegung einer einzigartigen Situation aus der Vergangenheit in die Gegenwart. Daß dem Zaren gerade der Name Dohna einfiel in einer Situation, die beide Gesprächspartner für ebenso unerwünscht wie undankbar hielten, läßt die Sympathie für diesen General eindrucksvoll erkennen.

Der Feldmarschall zeichnete sich durch eine breite, auf wissenschaftlicher Grundlage beruhende Bildung aus, die er nicht zuletzt seinem Schwiegervater Scharnhorst verdankte. Nach Abschluß des preußisch-französischen Bündnisses trat er mit Clausewitz in russische Dienste. Am Abschluß der Konvention von Tauroggen hatte er Anteil – was die Bemerkungen des Zaren zum Teil erklärt. Dohna unterhielt stets gute Beziehungen zum Zaren, obwohl er die zu Olmütz führende Politik Rußlands nicht billigte.

Neben Groeben und Dohna darf Anton Graf zu Stolberg-Wernigerode nicht vergessen werden. Groeben und er gehören innerlich zusammen, auch wenn sich Stolbergs Wirken mehr im administrativen und höfischen als im militärischen Bereich vollzog. Beide waren der politisch-geistigen Gedankenwelt Friedrich Wilhelms IV. tief verbunden. Anton Stolberg hatte reichen Anteil an der Bildung der ersten Jahrzehnte des Jahrhunderts. Seit er nach dem Zusammenbruch Preußens die königliche Familie nach Ostpreußen begleitet hatte, verband ihn mit ihr eine enge persönliche Beziehung. So wie Friedrich Wilhelm als Kronprinz hatte auch Anton Stolberg an der verlustreichen Schlacht bei Groß-Görschen teilgenommen und war schwer verwundet worden. Zu Beginn der zwanziger Jahre trat er in Berlin in den Kreis derer ein, die wie so viele Teilnehmer am Befreiungskrieg von der religiösen Erweckungsbewegung ergriffen wurden. Dadurch entstand die Freundschaft mit dem Kronprinzen und König Friedrich Wilhelm IV. Er war in ständischen Angelegenheiten tätig; als Oberpräsident der Provinz Sachsen nahm er als Gegner rationalistischer Strömungen am kirchlichen Leben regen Anteil. Friedrich Wilhelm IV. berief ihn bei seinem Regierungsantritt mit Sitz und Stimme in das Staatsministerium. Er wurde gleichzeitig Mitglied des Staatsrats und engster Berater des Königs in Verfassungsfragen. Die Revolution beendete eine glanzvolle Karriere; der König indes hörte nicht auf, eine in wörtlichem Sinne enge Freundschaft mit Stolberg zu pflegen.

Der nur zum Teil erhaltene Briefwechsel gewährt intime Einblicke in die geistig-politisch-religiöse Welt beider Männer, die sich gegenseitig anzogen. Im Juni 1851 rief König Friedrich Wilhelm IV. den Freund als Oberstkämmerer und Minister des königlichen Hauses wieder nach Berlin zurück, wenn auch die alte Vertrautheit durch die Reizbarkeit des Monarchen zunehmend belastet wurde. Bismarck hat ihn damals »den alten Ritter« genannt und von ihm gesagt: »Wenn doch alle unsere vornehmen Leute diesem im besten Sinne adligen Blute Stolbergs ähnlich wären, dann sollte der Kampf zwischen Ständen und Kopfzahlen bald entschieden sein.«[22] Als Zar Nikolaus im Mai 1851 nach Potsdam kam, erwirkte Stolberg durch die Königin, daß Bismarck auf die Pfaueninsel befohlen wurde und dort lange Zeit mit dem Zaren sprechen konnte. Es entbehrt nicht der politischen Symbolik, daß Stolberg den König aus Anlaß eines Gegenbesuchs nach Warschau begleitete und daß diese Reise zu seinen letzten Erfahrungen gehörte.

In der Nachfolge dieser Militärs, die in der Ära Friedrich Wilhelms, aus dem Geist der Erhebung gegen Napoleon stammend, in hohe Führungsstellen rückten, fielen bereits jüngeren Offizieren Aufgaben von Bedeutung zu. Sie lassen die Verzahnung der Epochen erkennen. Zu ihnen gehören Männer wie Edwin von Manteuffel und Albrecht von

Roon. Letzterer trat auf Veranlassung Leopold von Gerlachs 1855 in die höchsten militärischen Führungszirkel; am Beispiel von Roon kam in den fünfziger Jahren wohl am schärfsten der preußische Machtstaatsgedanke zum Ausdruck. In einer Denkschrift aus dem Jahre 1854, in der die Bedeutung der Armee für den Staat beschrieben wird, finden sich keine neuen Gedanken, aber die alten werden schärfer als zuvor formuliert und weisen gleichsam in eine Zukunft jenseits der Ära Friedrich Wilhelms. Sie zeigen aber auch, daß die Voraussetzungen einer künftigen Machtpolitik in der Ära dieses Königs zu suchen sind.

In der Denkschrift ist die Rede von der »politischen Bedeutung« der Armee, die soeben im Kampf gegen die Revolution offenkundig geworden war. Die Brauchbarkeit dieser Armee wird unter dem Gesichtspunkt der politischen Zwecke des Staates beurteilt – ein Gedanke, der nicht neu ist, an dem aber die Schärfe der Sprache auffällt. Es kam nach Roons Auffassung nicht nur auf die »materielle Wucht«, sondern auf ihre Organisation und den »sie rationell und traditionell durchdringenden Geist« an.[23] Die Worte nehmen die Problematik der Heeresreform seit 1859 vorweg. Und ebenfalls sind die nächsten Sätze auf die Zukunft gerichtet, indem Roon von der Notwendigkeit einer größeren »Einigung der militärischen Kräfte der deutschen Nation« spricht. Zwar gehören diese Gedanken einer militärischen Führung Preußens in Deutschland ganz in den Rahmen der Ideen des Kreises um Friedrich Wilhelm IV., aber die Spitze gegen Österreich ist doch unverkennbar und läßt auf ein neues Großmachtsbewußtsein schließen. Die Forderung, Preußen solle die Befugnis haben, den Oberbefehlshaber im Krieg und im Frieden zu ernennen, wurde auch vom König erhoben – allerdings immer unter der Bedingung der ererbten Führerschaft Österreichs.

In den Beziehungen zwischen Berlin und Wien bedeutete der Abschluß des Schutz- und Trutzbündnisses vom 20. April 1854 einen diplomatischen Schritt, der damals und bis in die Forschung der Gegenwart sehr kontrovers interpretiert worden ist. Der Vertrag bestimmte, daß keine der beiden unterzeichnenden Mächte ein Sonderbündnis abschließen werde, »welches mit den Grundlagen des Vertrages nicht in der vollsten Übereinstimmung stehen werde«. Für Buol handelte es sich um die Vollendung des mitteleuropäischen Systems, das im Laufe dieses Jahres eine antirussische Spitze bekam, vielleicht bekommen mußte – auch wenn Buol eine militärische Konfrontation zu vermeiden wünschte. Seine Vorstellung von Mitteleuropa unterschied sich wesentlich von der des österreichischen Internuntius, des Freiherrn von Bruck in Konstantinopel, auch von der des Feldzeugmeisters Heß. Die Unterschiede der preußischen und österreichischen Intentionen wurden in den Äußerungen führender europäischer Politiker deutlich; Nesselrode und Clarendon gaben übereinstimmend der Meinung Ausdruck, die Bestimmungen über den Bündnisfall »seien wenig präzise formuliert und ließen divergierender Auslegung weiten Raum«.[24] Der preußische Ministerpräsident Manteuffel fand sein Land durch den Vertrag »nicht eben stark obligiert« und deutete an, »daß er Möglichkeiten sehe, sich allzu weitgehenden österreichischen Forderungen zu entziehen«. Im Gegensatz zu dieser Auffassung »sah Kaiser Franz Joseph die Voraussetzungen für ein aktives Vorgehen Österreichs geschaffen«.

Die Spannung steigerte sich, als österreichische Truppen in Galizien, der Bukowina und Siebenbürgen aufmarschierten, um auf die russischen Observationsarmeen sowie auf die Besatzungsarmee an der Donau Druck auszuüben. Österreich traf diese militärischen Maßnahmen damals bestimmt nicht in offensiver Absicht, wohl wissend um die fehlende Kriegsbereitschaft der eigenen Armeen. Der maßgebliche Grund für die Bewahrung des Friedens lag in den Finanzen; hinzu kam die Rücksicht auf die im allgemeinen russenfreundliche Stimmung an den deutschen Höfen und in den Kabinetten. Wenn auch nur wenige Jahre seit der russischen Hilfe für Habsburg vergangen waren, so blieb in Wien doch die Furcht vor einer russischen Expansion vorhanden. In Petersburg regierte ein machterfahrener und machtbewußter Zar; in Wien ein jugendlicher Kaiser, der indes die Fäden der Regierung fest in Händen hielt. Auf einer Ministerkonferenz vom 29. Mai 1854 kam zum Ausdruck, daß man sich bei der Aufforderung an Petersburg vom 3. Juni, die Fürstentümer zu räumen, durchaus des Kriegsrisikos bewußt war. Man befand sich auf dieser Stufe der komplizierten Auseinandersetzung noch im Einvernehmen mit Preußen. Wenn Franz Joseph entschlossen war, sein Ziel notfalls mit kriegerischen Mitteln zu erreichen, so bedeutete eine solche Entschlossenheit jedoch nicht, »daß er den Krieg anstrebte«.[25]

Unbestreitbar ist die Feststellung, daß Österreich ein saturierter Staat war. Sein vornehmstes Anliegen mußte sein, die Völker der Monarchie unter der Kaiserkrone von nationalen Revolutionen abzuhalten. Eine Veränderung der europäischen Landkarte, wie sie Napoleon III. für Frankreich wünschte, mußte für Habsburg unannehmbar sein. Wenn wir von allen Details in der Entwicklung der orientalischen Frage absehen, so stellen sich allerdings doch Zweifel an einer dauerhaft defensiven Haltung Österreichs ein. Seine Ziele wiesen nach dem Balkan und dem Orient. In dieser Richtung lag seine »europäische Mission«. Daß die amtliche Politik Preußens nach Maßgabe der geographischen Lage und des geschichtlichen Selbstverständnisses kaum einen Sinn für Habsburgs Politik besaß, ist ebenfalls unbestritten. Der Leiter der österreichischen Politik, Graf Buol, wollte im Jahre 1854 nicht den Krieg, aber das Kalkül eines Krieges spielte in der Konzeption der habsburgischen Gesamtpolitik eine Rolle. Darin lag der grundsätzliche Unterschied zwischen Wien und Berlin. Buol war sich dessen bewußt. Nachdem Rußland die Fürstentümer geräumt und Österreich dieselben besetzt hatte, teilte er am 16. September vertraulich dem österreichischen Bundestagsgesandten Prokesch-Osten mit, er lehne die Verpflichtung zu einer rein defensiven Kriegführung gegen Rußland ab: »Möglich ist, daß Preußen versucht, das uns gegebene Versprechen eines Beistandes an die Bedingung zu knüpfen, daß wir uns zur Beibehaltung der Defensive irgendwie verpflichten.«[26] Er schrieb weiter: »Die Zeit wird für uns wuchern ... – Die Räumung der Fürstentümer sind wir berechtigt, als eine gelungene Campagne zu betrachten. Daß der Kampf ein unblutiger war, benimmt ihm nichts von seinem Wert. Wir haben mit Zustimmung Europas, gegen den Willen Rußlands und ohne mit selbem faktisch in Krieg verwickelt zu sein, den überwiegenden Einfluß in den Fürstentümern.« Noch handelt es sich also um Defensivmaßnahmen, aber der Gedanke an den Krieg wird ebenfalls schon ausgesprochen: »Es kann uns die Notwendigkeit zur Tat drängen, auf der anderen Seite darf nicht übersehen werden, daß Österreichs Teilnahme am Kampfe demselben gleich einen allgemeinen Europäischen Krieg gibt.« Es mag dahingestellt bleiben, ob »das Kalkül der österreichischen Führung als Meisterleistung der diplomatischen Taktik angesehen werden kann«.

Über die preußische Politik während dieser Zeit fällte die *Times* das Verdikt: »Preußen muß immer sich an irgendwen anlehnen; es sucht immer nach fremder Hilfe, aber will selbst niemandem beistehen. Preußen wird immer verhandeln, aber es findet nie einen Entschluß. Es findet sich gern auf Kongressen ein, aber es fehlt auf den Schlachtfeldern; ... es ist immer bereit, eine Menge von Idealen und Gefühlsmomenten vorzubringen, aber seine Politik scheut zurück vor allem, was nach Realität und Aktualität schmeckt. Preußen besitzt eine starke Armee, aber diese ist bekanntermaßen nicht in der Lage zu fechten. Niemand zählt mit Preußen als Freund, niemand fürchtet es als Feind. Wie Preußen zu einer Macht wurde, erzählt uns die Geschichte; wie es eine bleiben will, kann niemand sagen ... Ohne fremde Unterstützung kann Preußen weder den Rhein noch die Weichsel gegen seine ehrgeizigen Nachbarn verteidigen.«

Diesem Urteil des englischen Weltblattes lagen die Erfahrungen der jüngsten Vergangenheit zugrunde. Friedrich Wilhelm hatte 1850 vor den drohenden Interventionen den in der Geschichte seltenen moralischen Mut zum Rückzug bewiesen. Er hatte ein sicheres Gefühl dafür, daß Preußen nicht mehr als eine zweitrangige, auf Frieden angewiesene Großmacht sei. Will man die preußische Politik auf dieser Entwicklungsstufe der orientalischen Frage beurteilen, so muß man unterscheiden zwischen der amtlichen und der sehr persönlichen Politik Friedrich Wilhelms IV. Von einer politischen Methodik kann – anders als im Falle des Grafen Buol – bei ihm nicht die Rede sein. In beiden Bereichen rang er darum, seinen eigenen Standpunkt durchzusetzen. Friedrich Wilhelm hat sicherlich sogenannte Gefühlspolitik betrieben; sein Kompaß schlug immer wieder nach verschiedenen Richtungen aus, aber sein Ziel der Friedenswahrung war keinen Schwankungen ausgesetzt. Seine persönlichen Bekundungen, die sich wechselnd sowohl gegen England als auch gegen Rußland richteten und die für die jeweils andere Macht Sympathien erkennen ließen, waren allerdings geeignet, die Verwirrung zu vergrößern.

Friedrich Wilhelm schien sich für einen Augenblick Rußland anzuschließen, als er aus Anlaß der Begräbnisfeierlichkeiten für den in Petersburg verstorbenen General von Rochow an den Zaren schrieb: »Pour moi et pour tous les bienpensants en Prusse, vous avez renouvellé notre vieille alliance.«[27] Als der König diesen Brief im Überschwang des Gefühls sowie in Erinnerung an die preußisch-russische Waffenbrüderschaft schrieb, war er sicherlich ein Raub des Augenblicks geworden. Er fühlte sich nicht in der Lage – wie ihm geraten wurde –, dem Brief eine neue Fassung zu geben, sondern er war nur bereit, den Zaren in einem Postskriptum um Geheimhaltung zu bitten. Für Unbefugte wäre eine Kenntnis des königlichen Schreibens willkommen gewesen, die preußische Politik in ihrer angeblichen Doppelzüngigkeit zu entlarven und zu denunzieren.

Die Korrespondenz mit den nächsten russischen Verwandten läßt immer wieder den Eifer erkennen, mit dem Friedrich Wilhelm seine Friedenspolitik rechtfertigte. Er benutzte mannigfache, nichtamtliche

Kanäle, um in Petersburg beschwichtigend und vermittelnd zu wirken. Vor allem die Hilfe seiner Schwester Charlotte, der Zarin, glaubte er in Anspruch nehmen zu können. Die zärtlichen Briefe, die er der »ganz russisch« gewordenen Schwester schrieb, enthielten stets »ein Stückchen Politik«. Er übernahm in diesen Briefen die Rolle des Interpreten des wahren Interesses der europäischen Mächte wie »des geängsteten Europas« (wobei der Hinweis nicht fehlt, daß der König von Preußen den »verfluchten Türken ... nicht zu den Europäischen Großmächten« zählte). Die Europabilder der in die Orientalische Frage verstrickten Souveräne und Kabinette waren sehr verschieden. Es kam einer Devotionalformel gleich, wenn Friedrich Wilhelm die Briefe an die Zarin gelegentlich mit den Worten schloß: »Wolle Gott des Kaisers Herz leiten und sein Auge schärfen für die unaussprechlichen Gefahren (nicht seiner, sondern) von Europas Lage, von der Lage der Legitimitäten und konservativen Interessen der Fürsten ›Von Gottes Gnaden‹.«[28]

Wenn er an den Zaren in geradezu kämpferischer Stimmung geschrieben hatte, so fiel der Brief an Charlotte vom 30. April aus einer resignativen Stimmung versöhnlich, ja weich aus.[29] »Der Beifall von Nix zu meinen Handlungen ist immer der Kompaß, dem ich folge, solange noch [?] höhere, wenn auch nicht liebere Pflichten nicht dazwischentreten. Das Zustandekommen des großen Schutz- u. Trutzbündnisses als Zentrum von Europa erachte und verstehe ich als Meine Erste Pflicht, denn nur durch dasselbe ist, menschlich zu reden, wenigstens eine Wahrscheinlichkeit geboten [?] aus den horreurs des Augenblicks (die wohl schwerlich schon ihre Höhe erreicht haben) mit Ehren und auf friedlichem Wege herauszukommen. Meinem lieben Preußen den Frieden zu erhalten (das fühlst Du gerade wie ich selbst) muß mein Hauptzweck sein.« Er beklagt die sogenannte »Berlinität«, worunter er die öffentliche Meinung versteht, die »von der ekeln Speise der Vossischen Zeitung« lebe. Er machte sich keine Illusionen »über die Auslegung, die Österreich unseren Abmachungen geben wird«. Er vertraute gleichwohl auf »die große europäische Zentralallianz«, die sein Hauptanliegen in allen Verhandlungen bleiben werde. Der Brief ist auch ein Dokument seiner Menschlichkeit, die er sich in den großen europäischen Interessenkonflikten bewahrte und die auch der Reputation des Staates zugute kommen sollte; sie fand Ausdruck in den anrührenden Worten, seinem »lieben Preußen« den Frieden zu erhalten. Hier sprach der König »von Gottes Gnaden«, der sich auch im Verfassungsstaat seine patriarchalische Staatsauffassung bewahrt hatte.

Das Unverständnis, auf das die Politik Friedrich Wilhelms in diesen Jahren stieß und das am drastischsten in der *Times* deutlich gemacht wurde, hatte wahrscheinlich noch einen tieferen Grund. Er ist in der politischen Ideologie zu suchen und bleibt über die Person Friedrich Wilhelms hinaus belangvoll für die europäische Urteilsbildung über Preußen. Jede Großmacht glaubte, eine politische Mission erfüllen zu müssen. Preußen entbehrte ihrer auf der »ideologischen Landkarte« Europas. In jenem Moment der Geschichte wurde Preußen nicht wegen der Bereitschaft zum Kriege angeklagt. Im Gegenteil: man klagte es an, weil es den Krieg nicht wollte. Die »Anklage« entsprach der geschichtlichen Erfahrung: Der Staat Preußen hat während der Dauer von 100 Jahren zwischen 1763 und 1863 keinen Krieg geführt. Das Ziel der Friedenswahrung reichte damals nicht aus, Sympathien zu gewinnen. Hier liegt einer der Gründe für das Mißtrauen gegen Preußen.

Als »der große europäische Krieg« im Frühjahr 1854 ausgebrochen war, stellte der Leiter der österreichischen Außenpolitik in einem Vortrag bei Kaiser Franz Joseph fest: »Es ist nunmehr die Epoche der bisherigen Vermittlungsversuche gänzlich abgeschlossen... es steht ein Krieg in großem Maßstabe zwischen Rußland einerseits, Frankreich, England und der Pforte andererseits bevor, ein Krieg, der über das Schicksal des türkischen Ländergebietes entscheiden wird.«[30] Er stellte die Frage: »Hat Österreich tätig einzuwirken, und ist der Moment der Entscheidung gekommen?« Buol glaubte, sich auf Preußens Unterstützung verlassen zu können, zumal Friedrich Wilhelm noch vor Abschluß des Aprilbündnisses von jener Allianz gesprochen hatte, die Österreich zur Seite stehen wollte, »falls es infolge einer Besetzung der Fürstentümer durch kaiserliche Truppen zu einer Verletzung österreichischer Grenzen von Seiten Rußlands kommen sollte«. Die Ambivalenz der politischen Auffassungen Friedrich Wilhelms in den Beziehungen zu Wien und Petersburg ist nicht zu verkennen. Schon in der Phase, als beide deutsche Mächte in der Beurteilung der »Weltfrage« weitestgehend übereinzustimmen schienen und sich auf ein Bündnis vorbereiteten, wurde allerdings ein grundsätzlicher Unterschied zwischen Berlin und Wien erkennbar. Wohl glaubte Buol, die preußischen Vorschläge kämen den österreichischen Forderungen an Preußen und Deutschland »hinreichend entgegen«; gleichwohl wünschte er aber schärfere Bestimmungen für den Fall eines russischen Angriffs auf die Monarchie. Er war der Überzeugung, für eine Großmacht sei es in diesem großen Kriege nicht möglich, in einer »rein passiven Stellung« zu verharren.

Eine Ambivalenz der politischen Überlegungen ist so wie in Berlin auch in Wien nachweisbar. In der Hofburg stellte man Überlegungen über die Eventualitäten des Krieges an und hielt es für möglich, die bisher abwartende Haltung aufzugeben, »wenn z. B. das Osmanische Reich zusammenbräche oder revolutionäre Bewegungen größten Ausmaßes entstünden oder sich der Krieg derart in die Länge zöge, daß die österreichische Wirtschaft, die schon jetzt erheblichen Belastungen ausgesetzt sei, ihrem Ruin entgegenginge«. Ein wirksames Auftreten Österreichs sei geboten, damit der »gegenwärtige beunruhigende Zustand« ein Ende finde.

Daß im preußischen Führungskreis Friedrich Wilhelm derjenige gewesen ist, der aus Überzeugung die österreichischen Interessen im Südosten anerkannt und verteidigt hat, läßt sich immer wieder beobachten. Differenzen zwischen den Monarchen gab es letztlich nur um die Interpretation der Neutralität in der Weltkrise der fünfziger Jahre. Wenn der österreichischen Politik von vornherein das Kalkül des Krieges immanent war – auch wenn der Krieg erst am Ende langer Überlegungen stand –, so ließ es sich Friedrich Wilhelm angelegen sein, den großen Krieg hinauszuschieben, möglichst zu verhindern. Während Österreich die Neutralität als eine vorläufig abwartende Haltung auffaßte, bis der Moment aktiven Eingreifens gekommen sei, verstand der König seine »Neutralität als eine selbständige und autonome Neutralität«. Er erkannte die Gefahr, die sich abzeichnete, falls Rußland sich anschicken sollte, nach der Besetzung der Fürstentümer die Donau zu überschreiten. Wenn Buol die Donau die »Lebensader Deutschlands« nannte, so fand er eine Formulierung, mit der Friedrich Wilhelm durchaus einverstanden war. Er hat seinen Standpunkt in den Verhandlungen, die zum Aprilbündnis führten, sowie im Laufe der Auseinandersetzungen mit einer Entschiedenheit vertreten, die ihm immer wieder von den Zeitgenossen und von der Historiographie abgesprochen worden ist. Seine Grundgedanken sind konstant geblieben, aber die Fülle der Spezialmissionen in verschiedene Richtungen ist geeignet, die Konstanz seiner politischen Überzeugungen »vor der Welt« in Frage zu stellen. In diesem Zusammenhang darf der Name Wilhelm Saegerts, des Direktors der Taubstummenanstalt in Berlin, nicht fehlen, dessen Vertrautheit mit dem König gerade in diesen Jahren ebenso bizarr wie unbegreiflich ist. Sein Einfluß war größer als der der amtlichen Diplomatie. Im Rahmen dieser seltsamen Beziehung hat Friedrich Wilhelm in Briefen und Diktaten Positionen beschrieben, von denen er nicht abweichen wollte. Die Erinnerung an das System der Heiligen Allianz, das in dieser säkularen Auseinandersetzung zusammenbrach, verblaßte offensichtlich: Es war »das Ideal meiner Jugend und meines Alters«; das Ideal seiner Generation.

Friedrich Wilhelm hatte sich bei den Beratungen über das Aprilbündnis stark engagiert. Er befand sich damals auf der Höhe seiner politischen Aktivitäten. Generäle, hochrangige Offiziere – vornehmlich aus der Generaladjutantur – sowie Sondergesandte waren in seinem Auftrage tätig. Die diplomatischen Sondermissionen, mochten sie gelegentlich noch so unglücklich ausgeführt sein, sollten der Vermittlung eines Friedens zwischen Rußland und den Westmächten dienen. Man mag einwenden, daß er die Möglichkeiten Preußens zu Friedensinitiativen überschätzte; entscheidend bleibt indes der Wunsch nach Wiederherstellung eines europäischen Friedenszustandes. Er bediente sich für diesen Zweck auch mannigfacher dynastischer Beziehungen, die er durch eine intensive Korrespondenz pflegte. Daß er die Zeit für eine sogenannte »Äternisierung« eines Bündnisses mit Österreich noch nicht für gekommen hielt, bleibt bemerkenswert und läßt frühzeitig die Distanz zu Wien erkennen – auch wenn es sich für ihn von selbst verstand, daß die enge Verbindung zwischen Preußen, Österreich und Deutschland niemals in Frage gestellt werden durfte.

Zu den Friedensinitiativen, die im Umfeld des Aprilbündnisses im Vordergrund der Fürsten- und Berufsdiplomatie stand, gehörte auch jene, die Großherzog Georg von Mecklenburg-Strelitz Anfang April im Auftrage des Zaren in Berlin unternahm. Es handelt sich um jenen »Georg«, der schon in den Briefen nach Petersburg wohlwollend und rühmend erwähnt worden ist. Friedrich Wilhelm, der ernsthaft der Überzeugung war, seit der Thronbesteigung als König die politischen Angelegenheiten besser als zuvor beurteilen zu können, hatte zunächst beabsichtigt, selbst nach Petersburg zu reisen. Diese Absicht erinnert daran, daß er in der vorausgegangenen europäischen Krise um Schleswig-Holstein ebenfalls die Absicht bekundet hatte, persönlich den dänischen König zu besuchen, damit alle Kontroversen zwischen dem König von Preußen und dem von Dänemark beseitigt werden konnten.

Indem Preußen neutral blieb, versperrte es den Seemächten den Durchmarsch durch Deutschland. Die Suche nach einem geeigneten Kriegsschauplatz gehört mit zu den Seltsamkeiten in der Geschichte der Weltkrise der fünfziger Jahre. Es ist nicht gelungen, den Kampf an die Weichsel zu verlegen und auf diese Weise die Last des Krieges auf

Preußen zu lenken. Im Sommer des Jahres 1854 stellte sich heraus, daß weder die Seemächte noch Rußland einen Verhandlungsfrieden wollten. Der Briefwechsel zwischen Friedrich Wilhelm und dem Schwager versiegte allmählich, während die Korrespondenz mit der Kaiserin in den Monaten des Sommers und Herbstes aufschlußreich bleibt.

Verblüffend sind die geographischen Kenntnisse des Königs vom Kriegstheater, wenn auch seine an die Zarin, und damit an Kaiser Nikolaus, übermittelten Vorschläge sehr unerbeten waren. So weiß er zu berichten, daß die alliierten Flotten »das Verbot erhalten [haben], sich aus den Gewässern zurückzuziehen. Dagegen sollen die Operationen im Schwarzen Meere mit verdoppelter Gewalt und zwar mit Landungstruppen auf Taurien betrieben werden. Es ist wohl von sich selbst klar, daß der ruhig verunglückten baltischen Campagne im russischen Interesse, eine durch tüchtige Schläge verunglückte Schwarzmeerische Campagne zur Seite gestellt werden muß. Dazu gehört die Stärke russischer Truppen, die die Siegesgewißheit gibt; denn vom Lande her, soll Sewastopol nicht so uneinnehmbar als von der See her sein. 40 bis 60 000 M[ann] können die vereinigten Flotten von Taurien [aussperren?].«[31] Er beruhigte Petersburg über die friedlichen Absichten Franzys [Franz Josefs], wenn dieser auch in die Fürstentümer einrückte: Für ihn lag dies sogar im russischen Interesse, da die österreichischen Truppen »einen neutralen Keil zwischen die kriegführenden Heere« trieben. Die strategischen Absichten Österreichs konnte man kaum krasser mißverstehen.

Ein überraschender Gesichtspunkt stellte sich in der Beurteilung der österreichischen Politik ein, auch wenn er durchaus in das geistig-politische Koordinatensystem des Königs paßt: Die Berücksichtigung der Konfession, die er der Politik Wiens unterstellte. Es scheint bei diesem christlichen Monarchen ebenso begreiflich wie verblüffend, daß er einen päpstlichen Einfluß auf Wien vermutete. Am 22. Oktober lautete sein Urteil über das habsburgische Kaiserreich: »Österreich ist jetzt in der Lage eines Menschen, der ein Verbrechen begangen.« Es handelte sich nach Friedrich Wilhelms Auffassung sogar um zwei Missetaten. »Zum 1. Verbrechen ist Österreich begriffen, in der ›Undankbarkeit‹.« Friedrich Wilhelm hat das Wort nicht geprägt, sondern greift das »geflügelte Wort« auf: Gemeint ist die »Undankbarkeit« Habsburgs gegenüber Rußland, das Österreich 1848/49 gerettet hat. »Dankbarkeit« oder »Undankbarkeit« sind in der politischen Vorstellungswelt, auch in der praktischen Politik, für den König von Preußen keine leeren Begriffe, sondern erfahrbare Werte. Sie stehen zur »Realpolitik« durchaus nicht im Widerspruch. Sie gehören überdies zum Wertekatalog eines christlichen Königs. Das zweite Verbrechen lag für Friedrich Wilhelm im »Bruch der Bundestreue«. Je mehr sich nämlich Österreich seit Abschluß des Aprilbündnisses besonders um die Jahreswende von 1854 zu 1855 den Westmächten näherte und die preußische Interpretation des Aprilbündnisses nicht länger teilte, desto mehr wurde es in der Vorstellung des Königs von Preußen zum »Feinde Deutschlands«. Der König hielt es gleichwohl für notwendig, und auch für möglich, Österreich auf diesem Wege aufzuhalten. So schrieb er: »Um Letzteres zu verhüthen, müssen Preußen und Deutschland ihm nachgehen, so weit als es Ehre und Pflicht irgend zulassen.« In dieser Forderung werden Unentschiedenheit wie Aufrichtigkeit des Königs von Preußen gleichermaßen erkennbar. Er stellte sich Ende Oktober eine schier unlösbare Aufgabe. Ihm schwebte noch immer das Ideal einer »zentral-europäischen Masse« vor; er erkannte die Annäherung Österreichs an die Westmächte und glaubte gleichzeitig durch Aufrechterhaltung einer »autonomen Neutralität« schließlich doch einen Beitrag zum Frieden zu leisten.

Der preußische König erkannte die Probleme in dieser Weltkrise, aber er war den gestellten Aufgaben nicht gewachsen. Sein Horizont verdunkelte sich in der Lagebeurteilung noch mehr, sobald er sich von den angedeuteten konfessionellen, in diesem Falle antirömischen Affekten hinreißen ließ. Er unterstellte Österreich, »mit dem päpstlichen Segen, auf päpstlichen Befehl« zu agieren. Seine Urteile entstanden aus Emotionen, wenn er etwa Österreich das »Verbrecher Calcül« zuschreibt, »daß Preußen nach Aller Menschlichen Wahrscheinlichkeit den Schlägen Englands, Frankreichs u. Österreichs im Bunde mit katholischen Revolten im Lande, unterliegen muß«.[32] Es handelt sich um ein von Ideologie erfülltes Mißtrauen, das sich im Laufe der preußischen Geschichte des 19. Jahrhunderts an der orientalischen Frage entzündet und das im »genial mißtrauischen Menschen« (Dostojewski), nämlich Bismarck, so kräftig und so unglaubwürdig zum Ausdruck kommen sollte.

Bei dem eigentlich um Verständnis für die katholische Kirche bemühten Friedrich Wilhelm wurde dieses Mißtrauen in einem Augenblick wach, als sich die Isolierung Preußens abzeichnete. Gedanken aus den Jahren der Konflagration und aus der Zeit der Jerusalemer Bistumsgründung kehren wieder. »Ich trachte jetzt Englands Augen über die katholische Conspiration zu öffnen. Ob es gelingt? Ich weiß nicht. Es kann – ich sage ›es kann‹ – der Moment kommen, wo meine Pflicht als evangelischer Christ mir befiehlt, mich mit England zu verständigen, um dem Papst- u. Jesuiten-Wahnsinnigen Österreich zu widerstehen.« Seine Gedanken und Überlegungen jagen sich geradezu; denn er fährt fort: »Es kann sich auch so wenden, daß ich Maßregeln treffe, um eine künftige Brücke der Verständigung Rußlands mit Frankreich aus Preußen zu machen.«

Der König sah selbst ein, wie konjunktivisch alle diese Überlegungen waren. Er schreibt an die Schwester und meint den Kaiser. Er bringt Verständnis auf für Rußlands Ablehnung der Wiener Vorschläge (Vier Punkte) und wirbt gleichzeitig um Petersburgs Entgegenkommen. Er macht den Vorschlag, in den Fürstentümern »ordentliche Dynastien« (»zunächst natürlich unter Pforten-Souveränität«) einzusetzen – »so wie bereits in Ägypten, nur nach dem christlichen Maßstabe, so wäre damit der einzige Zweck des Protectorats nicht bloß erreicht, sondern durch die Gewißheit einer segensreichen Zukunft für jene unglücklichen Länder, sogar bei weitem übertroffen«. Friedrich Wilhelm bezeichnete damit einen Weg, der zur Errichtung des künftigen Rumänien führen sollte. Der Vorschlag dieser Friedensgrundlagen sollte »an die Person des Kaisers Franz Joseph gerichtet werden«. »Dieser Herr ist juristisch genommen noch in diesem Augenblick nicht bloß im Frieden mit Rußland, sondern sogar Rußlands Alliierter.« Diese Briefe an die Schwester behalten während der Dauer des Krieges, des »Gotteslästerlichen«, denselben beschwörenden Ton. Friedrich Wilhelm kann sich auf Dauer der Einsicht in die Isolierung Preußens nicht verschließen und erschrickt »über den politischen Abgrund«, in den er »unwillkürlich geraten« sei. Er hofft immer noch auf die Wiederherstellung »der 3fachen Allianz«, die dann in der Lage sein werde, »das alte legitime Europa vom letzten Tritt in den Abgrund« zu bewahren. Er hat nicht aufgehört, zwischen Franz Joseph und Buol zu unterscheiden – eine Annahme, die den politischen Realitäten kaum entsprach. Bei dieser Unterscheidung hat es sich Friedrich Wilhelm ohne Zweifel zu leicht gemacht.

Die sommerliche Ferienzeit, während der die Hauptakteure nicht in ihren Hauptstädten weilten, war angefüllt mit diplomatischer Geschäftigkeit. Friedrich Wilhelm und der Hof hielten sich in Potsdam auf; London war wenig unterrichtet, zumal sich Prinz Wilhelm zurückhielt und die königliche Familie nicht mehr so wie bisher mit Nachrichten und mit seinen persönlichen politischen Auffassungen versorgte. Die Begegnungen zwischen König und Prinz Wilhelm waren selten geworden. Nach einer Soirée auf der Pfaueninsel kam es zu einer Unterhaltung zwischen beiden; aus der Feder des Thronfolgers stammt eine Aufzeichnung vom 30. Juni 1854. Über den bleibenden Meinungsverschiedenheiten sollte nicht ihre Übereinstimmung im Grundsätzlichen übersehen werden. Prinz Wilhelm behauptete, daß er »nur wisse, was in den Zeitungen steht«. Was der König mitteilte, entsprach nicht immer den Vorgängen, wie sie aus den Akten rekonstruierbar sind. Des Prinzen strategische Beurteilung der Kriegssituation wirkt seltsam und läßt sich zum Teil nur aus seiner Furcht vor einer Isolierung Preußens erklären, die größer war als beim König. »So wie die Sachen jetzt stehen, wird Rußland bald in der Avantage sein; trotz seiner militärpolitisch-moralischen Niederlage durch den Rückzug. Es nähert sich seinen Ressourcen, während die Gegner sich von den ihren entfernen. Er kann seine Streitkräfte nach eigenem Willen concentrieren wo er will und wird den Gegnern somit überlegen sein. So wird es jetzt dahin kommen, was Du selbst nicht willst, daß Rußland als Sieger aus dieser Frage heraustritt und dann ist sein Europäisches Übergewicht stärker als jemals.« König und Thronfolger waren sich darin einig, daß »die Besetzung der Fürstentümer durch Österreich« geeignet sei, einen Zusammenstoß der russischen und der alliierten Truppen zu verhindern. Beide stimmten in diesem Augenblick darin überein, daß alle »Arrière pensées« Österreichs zu paralysieren seien. Friedrich Wilhelm hielt an der »autonomen Neutralität« fest; sein Bruder Wilhelm wollte »in diesem Moment« eine sogenannte »aktive Neutralität«, fest mit Österreich verbunden. Beide wollten letztlich jedoch dasselbe – nicht direkt in den Krieg verwickelt werden.

Ein die preußische Politik damals mißtrauisch beobachtender Zeitgenosse wie Ernst II., Herzog von Sachsen-Coburg-Gotha, stimmte mit dem Urteil seines Bruders, des Prinzgemahls Albert, über die für die Russen günstige operative Bedeutung der Räumung der Fürstentümer überein. Es war sicherlich dem preußischen Drängen in Petersburg zuzuschreiben, wenn die russische Antwort auf das Verlangen nach Räumung der Fürstentümer befriedigend ausfiel. An dem maßvollen Verhalten des Zaren hatte Edwin von Manteuffel als persona grata in Petersburg einen nicht geringen Anteil. Die Wege der preußischen und österreichischen Politik trennten sich indes immer mehr. Friedrich Wilhelm war über die russische Antwort so begeistert, daß er an seine

Schwester am 6. Juli schrieb: »Sage dem Kaiser, daß ich vor Freude und Dank und Bewunderung schluchzend an seinem Hals hängen möchte wegen All der Dinge, die Manteuffel zurückgebracht hat.«[33] Es war charakteristisch – besonders für Preußen –, daß die Militärs die Diplomatie überflügelten. Edwin von Manteuffel konnte ironisch, aber nicht ohne Grund aus Petersburg berichten, »die Diplomaten hätten doch wirklich etwas Ausgezeichnetes geleistet, indem sie die beiden Kaiser, die sich zärtlich geliebt, fast bis zum Kriege getrieben, obschon einer des anderen Bild auf dem Schreibtisch stehen hätte«.[34]

Als der Beitritt der Mittelstaaten zum preußisch-österreichischen Vertrag bevorzustehen schien, war Friedrich Wilhelm von einem besonderen Sendungsbewußtsein erfüllt. Es handelte sich in der Tat um einen historischen Moment in der Geschichte der internationalen Beziehungen, aber es wirkt befremdlich, wie gerade der König von Preußen – der den Großmachtcharakter seines Staates so realistisch und skeptisch zu beurteilen pflegte – von seinem »weltgeschichtlichen Berufe« hingerissen wurde. Dem Kaiser Franz Joseph schrieb er nach Gerlachs Aufzeichnung vom 17. Juli: »Man muß in London und Paris fühlen, daß wir unsere Stellung erkannt haben, daß wir als die Pares der Welt-Metropolen ein gewichtig Wort mitzureden, so den Willen als die Macht haben... Es ist wohl leider gewiß, daß die Seemächte unseren Friedenswillen jetzt nicht teilen werden. Dann, theurer Kaiser, bleiben wir in imposanter Ruhe fest vereint, in vollem Frieden mit den Westmächten, aber ohne ihre Helfer bei dem Umsturz des Europäischen Gleichgewichts zu sein... Und Gott weiß es. Er hat uns einen Beruf gegeben, wie ihn die Weltgeschichte kaum je gegeben hat.«[35] Er meinte mit diesen Worten nicht nur »Berufung«, sondern durchaus auch »Beruf«, in dem man sich bewährt. Wie anders faßten die liberalen Gegner den »Beruf« eines Königs auf, den sie – so Gustav Freytag – in geradezu bürgerlichem Sinne einer täglichen Pflichterfüllung interpretierten.

Im Briefe Friedrich Wilhelms stehen ferner die wirklichkeitsfremden Sätze: »In unserer Eintracht aber hat die Vorsehung das Heil Europas und wohl ohne Übertreibung das Heil des Restes dieses Jahrhunderts gelegt.« Wie weit entfernt war die Illusion einer einigen europäischen Zentralmacht von der politischen Realität. Im Mittelpunkt der gelegentlich unübersehbaren Fülle der diplomatischen Aktivitäten stand die Ablehnung der »Vier Punkte« durch Rußland, an das die folgenden Forderungen gestellt worden waren: Das von Rußland über die Donau-

Fürstentümer und über Serbien geführte Protektorat muß durch eine europäische Gesamtgarantie ersetzt werden; die Donauschiffahrt muß bis ans Meer frei sein und von allen Hindernissen befreit werden. Der Vertrag der Mächte mit der Pforte vom 13. Juli 1841, das Einlaufen fremder Kriegsschiffe in die Dardanellen betreffend, soll im Sinne des europäischen Gleichgewichts sowie einer Beschränkung der russischen Macht verändert werden. Schließlich als vierte Forderung: »Keine Macht soll das Recht haben, ein offizielles Protektorat über die Untertanen der Pforte auszuüben, zu welchem Bekenntnis sie auch gehören, vielmehr sollen die Großmächte gemeinschaftlich dahin wirken, daß die christlichen Glaubensgenossen in der Türkei in ihren Rechten geschützt werden, ohne dabei die Würde und Unabhängigkeit der Pforte zu beeinträchtigen.«[36]

Die Unterzeichnung der »Vier Punkte« in Wien erfolgte parallel zu der russischen Mitteilung über die Räumung der Fürstentümer. Buol empfahl Petersburg in einer Depesche vom 10. August die uneingeschränkte Annahme der vier Punkte als Voraussetzung für einen dauerhaften Frieden. Manteuffel schloß sich am 13. August dieser Empfehlung an. Die »Vier Punkte«, die ja ein Mindestprogramm enthielten, offenbarten das eigentliche Kriegsziel der Seemächte. Nicht länger konnte die Rede sein vom Schutze einer bedrohten Türkei. Das Ziel war offenkundig: Die russische Vorherrschaft auf dem Balkan und auf dem Schwarzen Meer sollte gebrochen werden. Die Reaktion Rußlands kam in den gereizten Worten Nesselrodes zum Ausdruck: »In unsere Grenzen zurückgekehrt und uns in der Defensive haltend, werden wir in dieser Stellung abwarten, daß billige Wünsche uns gestatten, unsere Wünsche für den Frieden mit unserer Würde und unseren politischen Interessen zu vereinigen.«

Friedrich Wilhelm blieb in der Konsequenz seines bisherigen Verhaltens nichts anderes übrig, als in Wien und Petersburg auf Mäßigung zu drängen. Wenn Österreich die Fürstentümer besetzen sollte, dann möge es zuvor Petersburg benachrichtigen und nicht den Pruth [Grenze zwischen Moldau und Rußland] überschreiten. Zum Prinzen von Preußen sagte er: »Wenn Nicolaus mir nicht verspricht, die österreichische Grenze unter allen Umständen heilig zu halten, so bilde ich mit den deutschen Kontingenten eine große Reservearmee, die er auf den Leib kriegt beym 1. Schritt über die österreichische Grenze. Verletzt aber Österreich die russische Grenze, so ist der Tractat vom 20. April verletzt und ich kann nimmer mit Österreich cooptieren.« Gerlach war in diesen Tagen der kluge und beratende Beobachter: Er war mißtrauisch gegen die vielen beschwörenden Briefe, die nach Petersburg wie auch nach Wien gingen. Wenn sich der König so im Einvernehmen mit den deutschen Staaten fühlte und daraus eine vermeintliche Stärke ableitete, so war Gerlach – wie aus einem Brief an Bismarck hervorgeht – mit dem »germanomanischen Enthusiasmus« des Königs gar nicht einverstanden. Er warnte vor der Hektik, mit der über die Annahme der »Vier Punkte« verhandelt wurde.

Die deutschen Mittelstaaten sind in diesen Monaten Preußen gefolgt, weil sie den Frieden wollten. Gerlach, der nicht etwa einer Politik der Stärke das Wort redete, zitierte Ludwig XIV.: »l'Etat c'est moi« und bezog es auf Friedrich Wilhelm, der mit noch größerem Recht sagen könnte: »L'Allemagne c'est moi.«[37] In der Tat hätte der König von Preußen in diesem Moment Österreich »herausfordern« können, aber er hielt an seiner »autonomen« beziehungsweise »aktiven Neutralität« fest. Seine dringende Empfehlung an Petersburg, die Forderungen zu akzeptieren, bedeutete, vom Standpunkt des Königs, nicht etwa eine Preisgabe solcher Neutralität. Je entschiedener Wien zu den Seemächten neigte, desto problematischer wurde eine Politik, die auf jeden Fall an Wien festhalten wollte. Friedrich Wilhelm selbst war gelegentlich durchaus nicht frei von Zweifeln an seiner Fähigkeit, vermitteln zu können. An Leopold, den König der Belgier, der über große Autorität nicht nur im liberalen Lager verfügte, richtete er die Klage, die Seemächte wollten Preußen in eine Vasallenstellung zu Wien drängen. Er aber hielt an Wien wie an Petersburg fest; er wollte den Westmächten – da Rußland sich »schuldig« gemacht habe – wohl seine moralische, »aber niemals seine materielle Unterstützung leihen«. Für ihn besaß das Wort »Schuld« eine sehr reale Bedeutung. Er schrieb sie Nikolaus voller Trauer und Buol voller Empörung zu. Die Seemächte, die die russische Macht auf dem Balkan ablösen wollten, pflegten ebenfalls von einer »Schuld« des russischen Rivalen zu sprechen, aber der Begriff gehörte auf ihrer Seite in den großen Streit der Ideologien wie der realen Machtgegensätze. Der preußische König war erfüllt von dem exklusiven, ja auch nicht uneitlen Bewußtsein, nicht »schuldig« werden zu wollen. In diesem Sinne sind seine Worte zu verstehen: »Ich bin gerade dumm genug, um ehrlich und treu wie ein Tyroler Bub mein Spiel Cartes sur table zu spielen. Ich habe seit einem Jahr unverrückt und unbeirrt dasselbe gesagt und gethan. Eine Politik, die weniger als die meinige vascillante und indécise ist, ist nicht möglich.«[38]

Das waren decouvrierende und gleichzeitig sehr unpolitische Aussagen. Es waren auch sehr unkönigliche Worte. Eine der repräsentativen Figuren der Epoche, der Prinzgemahl Albert, glaubte, die preußische Politik zu durchschauen und verkannte gleichzeitig die Persönlichkeit Friedrich Wilhelms. Als Anfang August 1854 ein sogenannter Kriegsrat unter Vorsitz des Königs die Armierung der Ostseehäfen, den Bau einer neuen Telegraphenlinie und den Abschluß der schlesischen Manöver beschloß, handelte es sich dabei selbstverständlich nicht um gegen die Seemächte gerichtete Maßnahmen. Friedrich Wilhelm verhielt sich allerdings nicht gerade diplomatisch, als er in einem Schreiben an Prinz Albert diese Maßnahmen erläuterte und rechtfertigte. Dazu bestand überhaupt kein Grund. Die Armierung der Ostseehäfen war nicht zuletzt eine Maßnahme, die aus der jüngsten Geschichte, der Auseinandersetzung mit Dänemark, zu verstehen war.

Prinz Alberts Reaktion auf das Schreiben des preußischen Königs war brüsk und voller Hochmut. Zu den Vorwürfen an die Adresse Friedrich Wilhelms gehörte, »Preußen habe das Bündnis mit Österreich dazu benutzt, um Österreich von den Westmächten zurückzuhalten, sie [die preußische Macht] säe Zwietracht in Deutschland, lähme Österreich, befördere den russischen Handel, dadurch verlängere sie den Krieg, behindere den Frieden, öffne sie der Revolution Tür und Tor. Aber die Strafe werde nicht ausbleiben; denn das so ermutigte Rußland werde Preußen einst selbst zwingen, an seine eigene Sicherheit zu denken, dann aber werde es sich zwischen zwei Stühle setzen; denn Österreich und die Westmächte würden nicht vergessen, daß Preußen eine gemeinsame kräftige Action zur rechten Zeit verhindert hätte.«[39] Prinz Albert war mit dieser Bekundung ein schlechter Prophet – jedenfalls für jene Ära, die auf Friedrich Wilhelm folgte. Der König hätte Grund gehabt, über die englischen politischen Mitteilungen und Äußerungen entrüstet zu sein. Er war es auch, aber seine konsequente Friedenspolitik schloß die Bekundung solchen Unmutes aus.

Die diplomatische Spannung erreichte mit der Nachricht über den bevorstehenden Abschluß eines österreichischen Bündnisses mit den Westmächten, der am 2. Dezember 1854 erfolgte, einen Höhepunkt. Es provozierte die endgültige Trennung Berlins von Wien. In den Wochen vor und nach dem 2. Dezember war die Stimmung Friedrich Wilhelms besonders starken Schwankungen ausgesetzt. Je entschiedener der König den Willen bekundet hatte, den Frieden in Gemeinschaft mit Österreich zu sichern, desto mehr hatte sich die Beziehung zwischen

Monarch und Thronfolger entspannt. Es ist reizvoll zu betrachten, wie sich bei Prinz Wilhelm Gedanken wiederfinden, die auch in der Lagebeurteilung des Königs eine Rolle spielen. Prinz Wilhelm teilte damals allerdings nicht die Furcht vor einer »Katholischen Liga«. »Der König hat mir zweimal hierher geschrieben und kommt immer auf das Thema zurück, daß Österreich, Frankreich und der Papst ihm den Garaus machen wollen, weshalb er sich an England werde wenden müssen.«[40] Gerlach hat diese Furcht des Königs sofort registriert, und Manteuffel bestätigte in einem interessanten Privatbrief vom 6. November 1854 an Graf Hatzfeld diese so charakteristischen Vorstellungen Friedrich Wilhelms. Er beklagte die Besorgnis des Königs, aber er war – ähnlich wie Prinz Wilhelm – ratlos, auf welche Weise eine Annäherung an England möglich sei, zumal »die Flegelhaftigkeit« der englischen Presse in jenen Wochen besonders drastisch war. Manteuffel berichtete: »Einmal wird der König von der Besorgnis bewegt, daß zwischen dem päpstlichen Stuhle, Österreich und Frankreich eine jesuitisch-katholische Koalition zur Vernichtung Preußens entweder schon bestehe oder in der Bildung begriffen. Diese Meinung wird sowohl durch polizeiliche Rapporte als auch von der sogenannten Kreuzzeitung genährt.«

Noch von einer anderen Sorge war der Thronfolger erfüllt. Er sprach von der Gefahr einer »Germanisierung« der orientalischen Frage: »Vergesse Preußen niemals über eine germanisierte Frage die europäische. Darf Rußland triumphieren in derselben? Wäre dies der Fall, wer in Europa hätte dann noch einen Willen gegen dasselbe? Darin liegt die Quintessenz unserer Aufgabe.« Die Kategorie einer »Germanisierung« ist in der Geschichtsschreibung dem Leiter der österreichischen Außenpolitik, Buol, zugeschrieben worden, eine Hypothese, die so nicht haltbar ist.

Des Prinzen sorgenvolle Beurteilung der militärisch-politischen Lage kam am 4. November in der Feststellung und Frage zum Ausdruck: »Die Krim wird für die Alliierten das Moskau von 1854 werden. Was dann?« Nachdem sich am 2. Dezember die angeblich wahren Absichten der österreichischen Politik enthüllt zu haben schienen, glaubte Prinz Wilhelm »Recht« behalten zu haben. »Eine Aufstellung unserer Armee auf drei Kriegstheatern, ohne andere Alliierte als Rußland, ist eine Chimäre; solche coups de désespoire kann man nur wagen, wenn die Ehre und Existenz auf dem Spiele steht; so war es 1850, wo indessen England nicht einmal unser Feind gewesen wäre [sic!] ... eine Neutralität Preußens inmitten der sich bekriegenden Staaten halte ich für unausführbar.«[41] Gedankenspiele, konjunktivische Urteile beherrschen das Denken in allen Lagern. Daß Friedrich Wilhelm nach dem Allianzvertrag zwischen Österreich und den Westmächten vom 2. Dezember 1854 seiner Enttäuschung und Empörung kräftigen Ausdruck gab, ist von seinem Standpunkt einer Moralpolitik aus begreiflich. Und doch blieb er in seinem Selbstbewußtsein sowie in der Überzeugung, die richtige Politik zu führen, ungebrochen. Der Hinweis auf diese politisch-seelische Befindlichkeit Friedrich Wilhelms trägt dazu bei, die oftmals geäußerte Behauptung eines Ausbruchs einer frühzeitig angelegten geistigen Erkrankung zu entkräften. Seine Haltung war gerade damals keinen Schwankungen ausgesetzt, sondern sie war durch Stetigkeit und Konsequenz gekennzeichnet. Er drängte sich durchaus nicht – wie es behauptet wurde und wird – danach, an den Konferenzen der Alliierten teilzunehmen. Die leidenschaftliche und aufgeregte Sprachgebung darf nicht als Indiz nervlicher Erschöpfung gewertet werden. Nach dem Dezembervertrag, den er als »unerhörten Betrug« bezeichnete, versicherte er, ihm sei »an der Einheit Preußens und Österreichs am grünen Tisch des Taxis'schen Palastes gar nichts mehr gelegen«.

Von einem großen Teil seiner Zeitgenossen wie von der Historiographie ist fast einmütig der Vorwurf einer schwankenden Politik gemacht worden; wer indes seine mündlichen und schriftlichen Äußerungen verfolgt, vermag solche Urteile nicht zu teilen. Was der König von Sachsen ihm vorschlug, entsprach durchaus den eigenen Absichten: »daß man sich darüber klar ausspreche, was man von Rußland zu begehren gedenkt, und zu gleicher Zeit ebenso entschieden erklärt, daß, wenn keine Erklärung erfolgt oder diese Erklärung Eure Billigung nicht findet, Ihr mit der Sache nichts weiter zu thun haben wollt und Euch durch keine Drohung oder Zurückweisung erschrecken lassen werdet«.[42]

Im Echo des Herzogs von Sachsen-Coburg-Gotha auf das politische Verhalten des Königs von Preußen in den Jahren 1854 bis 1856 vernehmen wir den monarchischen Liberalismus in der Ära Friedrich Wilhelms IV. Die Fürstenkorrespondenzen zwischen Monarchen verschiedener politischer Herkunft und Zugehörigkeit zu weltanschaulichen Richtungen lassen die Konturen von Schreibern und Adressaten scharf wie in einem Brennspiegel erkennen, zumal »damals die gekrönten Häupter Europas mit Ausnahme der Königin von England eine sehr gehobene und unabhängige Stellung hatten, die mehr durch Gebote der Klugheit als verfassungsmäßige Pflichten beschränkt war, und die

Persönlichkeit der Herrscher in allen politischen Entscheidungen stark ins Gewicht fiel«.[43] Dies kam in den Jahren der Krise in der Mitte des Jahrhunderts drastisch zum Ausdruck. Es trifft in der Tat, wenn auch nicht so folgenreich, selbst auf die Queen und den Prinzgemahl zu. Sie waren noch dazu durch ihre weit verzweigten verwandtschaftlichen Beziehungen in der Lage, den Gang der diplomatischen Beziehungen zu beeinflussen. Ihr Einfluß auf die Politik der eigenen parlamentarischen Regierung war ebenfalls nicht unbedeutend. Vom Herzog von Coburg stammt das Wort: »Die ganze Friedens- und Kriegsfrage bewegte sich längst, über den Köpfen der Diplomaten und Minister hinweg, rein in den obersten Regionen der höchsten Herrschaften.«[44]

Zu den Briefpartnern des Königs gehörte auch Herzog Ernst von Sachsen-Coburg-Gotha, der einerseits Preußen wohlwollend gegenüberstand, ja dessen Führung in einem liberalen Deutschland anerkannte und sich andererseits als »Koburger« in besonders kritischer Distanz zu Friedrich Wilhelm befand. Nach seinem Besuch in Berlin am 2. Februar 1855 schrieb Herzog Ernst: »Der König erschien mir augenblicklich in weit höherem Grade als vorher sein eigener Herr zu sein, denn alle Parteien, welche ihn umgaben, hatten sich gegenseitig in jenem Momente vollständig neutralisiert. Es konnte kaum von einem Einfluß des Ministeriums, kaum recht von einer ministeriellen Regierung geredet werden. Manteuffel war nur noch das Werkzeug in des Königs eigener Hand. ›Endlich‹, so sagte mir letzterer wörtlich, ›hat der Minister gehorchen gelernt‹.« Zutreffend beurteilte er auch die Beziehungen des preußischen Königs zu Österreich: »Der alte österreichische Gedanke lebt noch immer im König.« Bei aller Erbitterung über die gegenwärtige Politik Österreichs, noch dazu bei seiner Furcht vor einer »liga catholica«, habe er die Absicht ausgesprochen, »Österreich die römisch-deutsche Kaiserkrone zu geben«. Preußen sollte »dabei eine Art Connetableschaft – die deutsche Königskrone erhalten«. Die Gedanken, die sich in den Jahren der deutschen Revolution gebildet hatten, zeichneten sich durch verblüffende Kontinuität aus. Zum festen Bestandteil seines Glaubensbekenntnisses, das er immer wieder aussprach und an dem er auch in diesem Momente tiefer Erbitterung festhielt, gehörte schließlich die Absicht, Österreich zu helfen, wenn es von Rußland geschlagen und über die Grenze zurückgeschlagen werden sollte. »Er werde Österreich nie fallen lassen. Dies ist offenbar eine der granitenen Partien in der Seele des Königs.« Der König glaubte gleichzeitig, den Gedanken der Heiligen Allianz neu beleben zu können.

Der Herzog irrte allerdings, wenn er meinte, der König werde schließlich zwangsläufig »auf die offensive Aktion gegen Rußland« eingehen. Mochte das Ansehen Preußens unter den Mächten noch so gering sein, so schien es gleichwohl, als ob sich gerade in dieser Phase der Isolierung ein Großmacht-Selbstgefühl beim König von Preußen und in seiner Umgebung, wohl zum Teil aus Trotz, regte. Der König lehnte es im Einvernehmen mit dem Ministerpräsidenten und einer Reihe von Beratern ab, nur unter Vorbedingungen an den künftigen Friedenskonferenzen teilzunehmen. Als Kaiser Franz Josef auf eine preußische Sondierung hin ausweichend meinte, er glaube nicht, daß Preußen ohne ein vorausgehendes Arrangement mit den Westmächten zugelassen würde, da es ja am Kriege unbeteiligt geblieben sei, »und nur die Mächte, die sich engagiert hätten, könnten beim Friedensschluß mitreden«, lautete Manteuffels autorisierte Antwort: »Das träfe für einen kleinen Staat, aber nicht für eine Großmacht zu, und Preußen bestünde darauf, in dieser Eigenschaft von den Westmächten respektiert zu werden.«[45]
Der König von Preußen und die Westmächte hielten an ihren sich ausschließenden Standpunkten fest. Der König wollte als Großmacht zur Friedenskonferenz zugelassen werden, bevor er ein Bündnis mit den Westmächten – und das auch noch unter Bedingungen – abschloß, während letztere umgekehrt zuerst das Bündnis als Voraussetzung der Einladung verlangten. Es handelte sich geradezu um eine »Silbenstecherei« zwischen Berlin und Paris. In Preußens Vorschlägen stand an Stelle von »alliance offensive et défensive« die Formulierung »coopération active«; bei der Bereitstellung militärischer Kräfte wurde das Wort immédiatement gestrichen. Auf das Verbot des Durchmarschrechts durch deutsches Bundesgebiet wollte der König nicht verzichten, während der Prinz von Preußen zur Nachgiebigkeit riet. Wenn also Preußen in den Konfliktbereich nicht hineingezogen wurde, so blieb das eine Folge der Festigkeit des Königs, so sehr diese auch durch widersprüchliche Bekundungen und vor allem durch Freundlichkeiten nach allen Seiten stets von neuem verdunkelt wurde.
Zu den Irritationen gehörte, daß der König überraschend eine Wendung zu einer offensiven Stellung gegenüber Rußland in Erwägung zog. So rief die »Aufstellung eines Corps an der russischen Grenze« Aufregungen hervor, obwohl ein offensiver Gedanke gegen Rußland sogar nicht in das politisch-geistige Koordinationssystem dieses Königs paßte. Eine solche Erwägung stand allerdings in engster Verbindung mit jenem Gedanken, der auch in späteren Epochen, die weit von der Ära Friedrich Wilhelms entfernt sind, gelegentlich aufblitzt: »Verteidigung

Österreichs, selbst wenn es der Angreifer ist, an der Grenze des Königreichs Polen un cas de revers.« Diese Rücksichtnahme auf das Habsburger Reich entsprach, unabhängig vom Dualismus zwischen beiden Reichen, offensichtlich der Staatsräson Preußens. Wenn allerdings sogar von der Möglichkeit einer »Gewaltanwendung« gegen Rußland die Rede war, so handelte es sich um nicht mehr als nur um einen vorübergehenden Gedanken. Es ging nämlich in Gesprächen mit den Vertretern der Mächte darum, die Annahme der »Vier Punkte« »von seiten Rußlands gegebenenfalls durch Gewaltanwendung herbeizuführen«. Für diesen Zweck sollte die »schon früher in Aussicht genommene Militäraufstellung an der preußisch-russischen Grenze stattfinden und zwar so, daß die Truppen jederzeit gegen Rußland würden vorgehen können«.

Die politische Landschaft veränderte sich, als Zar Nikolaus am 2. März 1855 unerwartet starb. Friedrich Wilhelm war in seiner Trauer um den Mann, dessen Politik er besonders in der ersten Phase der orientalischen Frage verurteilt hatte, der aber für ihn ein Waffenkamerad aus den Befreiungskriegen blieb, »russischer« als viele Angehörige der russophilen Führungsschichten. Die neue Kaiserin Maria Alexandrowna bemerkte: »Unser Unglück besteht darin, daß wir nur schweigen können, daß wir dem Land nicht sagen können, daß dieser Krieg auf unschöne Weise begonnen wurde, durch ein taktloses und rechtswidriges Vorgehen – die Besetzung der Fürstentümer [Moldau und Walachei], daß der Krieg schlecht geführt wurde, daß das Land nicht auf ihn vorbereitet war, daß es weder Waffen noch Munition gab, daß alle Zweige der Verwaltung schlecht organisiert waren, daß unsere Finanzen erschöpft waren, daß unsere Politik schon lange auf dem falschen Wege war und daß uns das alles in jene Lage gebracht hat, in der wir uns jetzt befinden.«[46]

Den ersten Teil dieser Einschätzung hat Friedrich Wilhelm stets geteilt. Der Schmerz des preußischen Königs äußerte sich auch außerhalb der diplomatischen Routine. Im Kondolenzbrief vom 2./3. März an die Witwe, seine Schwester Charlotte, gab sich Friedrich Wilhelm ganz der Trauer hin, auch wenn selbst dieser Brief nicht ganz unpolitisch blieb. Die stets vorhandenen Ausrufungszeichen und Unterstreichungen stellten sich jetzt erst recht ein und können nicht über die Echtheit des Schmerzes täuschen. »Der heißgeliebte Seelige hat mir ein Vermächtnis gelassen, dessen ich wert sein will. Ich bitte Gott, daß Er mich dessen wert mache. Es ist eine große Verantwortlichkeit vor der

Welt, der Freund eines solchen Mannes gewesen zu seyn.«[47] Gemeint konnte mit dieser Versicherung nur der Wille sein, die konservative Politik in Europa fortzusetzen und selbstverständlich die preußischen Interessen auf dem Friedenskongreß wahrzunehmen. Während sein Bruder Wilhelm auf ärztlichen Rat an den Trauerfeierlichkeiten nicht teilnehmen durfte, fand der König Worte, die die grundsätzliche konservative Gesinnung der Brüder erkennen ließ.

Die Kämpfe auf der Krim erreichten unter dem Nachfolger Nikolaus' Alexander II. einen Höhepunkt. Mit der Erstürmung der Festung Sewastopol durch die Engländer und Franzosen war Rußland noch nicht militärisch besiegt, aber doch so weit geschwächt, daß es schließlich im Januar 1856 ein alliiertes Ultimatum annahm und so die Friedensverhandlungen einleitete. Der Friede von Paris wurde am 30. März 1856 unterzeichnet.

Die in der Literatur vorherrschende Meinung, Preußen habe in den Jahren des Krimkrieges eine »klägliche Rolle« gespielt, ist vordergründig und kann so nicht aufrecht erhalten werden. Es wäre ebenfalls irreführend, die Stärkung seiner außenpolitischen Stellung nach Abschluß des Krieges auf die angebliche »Weisheit« seiner autonomen Neutralitätspolitik in den Jahren einer Weltkrise zurückzuführen. Preußen blieb auf dem Pariser Friedenskongreß, zu dem es verspätet zugelassen wurde, nicht mehr als eine zweitrangige Großmacht. Seine Politik hatte wohl wesentlich dazu beigetragen, daß sich aus dem »Krimkrieg« kein »Weltkrieg« entwickeln konnte. Daß Preußens Stellung für eine Vermittlung zwischen den Großmächten viel zu schwach war, hat – trotz widersprüchlicher Aussagen – keiner schärfer erkannt als Friedrich Wilhelm IV. An den weltgeschichtlichen Begebenheiten des Krimkrieges in den so verschiedenen Bereichen wie Strategie, Logistik, Technik, Verwundetenversorgung hatte Preußen keinen Anteil; es war auch nicht, und zwar im Gegensatz zu den Intentionen des Königs, beteiligt an den unzulänglichen Versuchen der Großmächte, die Krise zu bewältigen. Sie blieb außerhalb des damaligen preußischen Erfahrungsbereichs. Wenn also Preußen keine Wirkung auf die Begebenheiten hatte, so gehören doch die diffusen Aktivitäten seines Königs in einer Periode der Auflösung bisheriger Blockbildungen der Geschichte der Friedensbewahrungen zwischen 1815 und 1870 an. Dieser Krieg ist, unabhängig von seinen unvorhersehbaren Folgen für die Epoche der Reichsgründung, wichtiger für das Verständnis der Persönlichkeit Friedrich Wilhelms als für die Darstellung des Ganges preußischer Politik.

Die letzten Regierungsjahre

Verschiedene Affären verdüsterten den Ausgang der Ära Friedrich Wilhelms. Dazu gehörten der Briefdiebstahl bei Leopold von Gerlach und der sogenannte Lindenbergsche Prozeß. Die Wirkung dieser überaus peinlichen Angelegenheit auf den König war indes nicht vergleichbar mit der Erschütterung, die der Tod des geradezu unentbehrlich gewordenen Polizeipräsidenten Hinkeldey hervorrief.

Bei dem Diebesgut handelte es sich um Briefe, die dem General von Gerlach und dem Kabinettsrat Niebuhr gestohlen worden waren. Ihre Bediensteten hatten Originale und Abschriften dem früheren Polizeiagenten Techen, einem ehemaligen Zuchthäusler, verkauft, der sie der französischen Gesandtschaft gegen nicht unerhebliche Gratifikationen zugänglich machte, bis er am 29. Januar 1856 verhaftet wurde. Leopold von Gerlachs Verdacht richtete sich zunächst gegen den Ministerpräsidenten, der in der Tat – so wie andere Persönlichkeiten auch – in den Abschriften gelesen hatte, solange er den kriminellen Hintergrund nicht kannte. Nachdem der Ministerpräsident sein Ehrenwort gegeben hatte, mit Techen »in der Sache nicht verkehrt zu haben«[1], hat selbst Gerlach diesen Verdacht nicht länger aufrechterhalten. Dem Justizminister fiel »ein Stein vom Herzen«, als Gerlach ihm sagte, »daß [ich] Manteuffel für unschuldig hielte ... Das ist wirklich der Fall, denn nach der Vernehmung und dem Geständnis des Niebuhrschen Bedienten und überhaupt nach nochmaliger Durchsicht der Techenschen Papiere sieht es ganz so aus, als hätte man sich ohne Erfolg Mühe gegeben, Manteuffel in die Sache zu verwickeln.«[2]

Die Denunziationen wurden noch widerlicher, als sich unter den gestohlenen Briefschaften auch der Brief eines – ebenfalls vorbestraften – Redakteurs namens Lindenberg befand. Nach einem an Gerlach gerichteten Schreiben wurde der Thronfolger bespitzelt und verdächtigt, seine Opposition gegen die herrschende Konservative Partei unverhüllt zum Ausdruck gebracht zu haben. Prozesse wurden geführt, verschleppt und endeten, so im Falle Lindenbergs, mit Begnadigungen.

Wichtiger als der Versuch, die undurchsichtigen Machenschaften zu durchleuchten, ist die Frage nach der Reaktion des Königs. Während sich die Betroffenen Vorwürfe machten und um Selbstrechtfertigungen bemühten, blieben der König und auch die Königin auffallend ruhig und gelassen, obwohl doch gerade Friedrich Wilhelm Grund genug gehabt hätte, verletzt zu sein. In den gestohlenen Briefen hatte Gerlach nämlich wenig respektvoll über den König geschrieben. Friedrich Wilhelms Reaktion bestand bezeichnenderweise in dem Bemühen, seinen Generaladjutanten über das Geschehene zu beruhigen. Er bewahrte sich seine Fähigkeit zur Ironie, wenn er davon sprach, schließlich habe er ja selbst in den Briefen gelesen. Er bewahrte auch eine überlegene Ruhe, als im Abgeordnetenhause der Antrag gestellt wurde, von der Regierung Auskunft über den Vizepräsidenten der Oberrechnungskammer Seyffert – dieser war ebenfalls in die Affäre verwickelt – zu erhalten. Manteuffel hat zu jenem Zeitpunkt dankbar die Ratschläge Friedrich Wilhelms akzeptiert.

Die Details des Depeschendiebstahls verdienen nur unter dem Gesichtspunkt der Beurteilung des Königs Beachtung. Es trifft nicht zu, daß Friedrich Wilhelm durch die Vorgänge im Innersten erschüttert gewesen sei und daß sie den Ausbruch seiner Krankheit beschleunigt haben. Ludwig von Gerlach war gelegentlich zu scharfsinnig, um auch das Einfache erfassen zu können. So schrieb er dem Bruder Leopold: »Jedenfalls wird bestehen bleiben, daß Manteuffel, Hinkeldey und Seyffert inländische, politische Espionage mittels des schmutzigsten Subjektes, auf Staatskosten getrieben haben. – Der König hat nun so viele Jahre weder seine Familie noch seine Diener in Ordnung gehalten; nun fängt das Haus an zu wanken.«[3] Im Gegenteil ist der Anteil des Königs an einer friedlichen Beilegung der Konflikte, die mit dem Diebstahl, den Intrigen und Verleumdungen zusammenhängen, unverkennbar. Wenn Leopold von Gerlach seinem Tagebuch anvertraute, »es sei nicht zu verkennen, daß der König höchst liebenswürdig und groß im Verzeihen ist«[4], so traf er damit genau das Verhalten des Königs.

Der Depeschendiebstahl hat wechselseitiges Mißtrauen verbreitet und auf die Beziehungen zwischen dem Berliner und dem Koblenzer Hof übergegriffen. Der Generaladjutant kommentierte die Affäre, in die er selbst so tief verwickelt war, mit den Worten: »daß die Umgebung des Königs sich in zwei Klassen teilt: erstens, denen Briefe gestohlen werden und zweitens in solche, die die gestohlenen Briefe lesen«.[5] Und in sein Tagebuch trug er ein: »Die Briefgeschichte wächst mir über den Kopf. Niemand hat Lust zum Widerstand gegen die Personen, die kompromittiert sind... Und mir ist längst der goldene Mut erstorben! Wie faul sind nicht alle diese Zustände und Verhältnisse.«[6]

Tief erschüttert wurde Friedrich Wilhelm durch den Tod des Polizeipräsidenten Hinkeldey im Duell mit dem Herrenhausmitglied und Gardelieutnant Hans von Rochow am 10. März 1856. Hinkeldey genoß das Vertrauen des Königs, aber man kann ihn nicht einfach einen »Günstling« nennen. Aus dem Nachlaß Hinkeldeys geht hervor, daß er sich nicht scheute, dem König respektvoll zu widersprechen und seine eigene Auffassung energisch zu vertreten. Der König trug indes nicht unerheblich dazu bei, daß sich das Selbstbewußtsein des Polizeipräsidenten über das erträgliche Maß hinaus steigerte und daß dieser sich selbst in Fragen der großen Politik ein Urteil anmaßte. Er nahm die Grenzen nicht mehr wahr, die ihm gezogen waren. Der Konflikt mit der Kamarilla und mit dem Ministerium ging auf Auseinandersetzungen um die Kreuzzeitung zurück. Die schroffe Behandlung der Kreuzzeitung durch den Polizeipräsidenten, der schließlich zum Generaldirektor der Polizei in Preußen ernannt wurde, kam dem König gar nicht ungelegen; er befahl ihm, seine Aufmerksamkeit der Zeitung zu widmen, und zwar »mit der Meisterschaft, in der Niemand in Preußen Ihnen gleichkommt«.[7] Man solle meinen, alles »Polizeiwesen« habe dem König fern gelegen, aber im Gegenteil darf man von einem Polizei-Milieu sprechen, das den König umgab.

Die Vorgänge, die dem Duell – in dem Hinkeldey den mit Sicherheit vorhersehbaren Tod fand – vorausgingen, gehören in vieler Hinsicht der Gesellschaftsgeschichte an, aber sie gehören auch als charakteristischer Bestandteil zur Biographie Friedrich Wilhelms IV.. Schon längst bestand eine feindselige Spannung zwischen dem Polizeipräsidenten und den hochkonservativen Kreisen, unter denen das höfische Militär eine herausragende Rolle spielte. Friedrich Wilhelm IV. gehörte zu jenen Hohenzollern, die auf einen untadeligen Lebenswandel ihrer Offiziere, besonders der Gardeoffiziere, großen Wert legten; er hatte Groeben das Gardekorps übertragen und ihn verpflichtet, »seine Offiziere aus den Höhlen des Verderbens zu retten«.[8] Das Spielen im Jockeyklub, einem Zentrum hochadeliger Offiziere, war nur eine von vielen Versuchungen. Die Spiele fanden im Hotel du Nord, Unter den Linden, statt; man trank und machte Schulden.

Nach einem Pferderennen betrat ein von Hinkeldey entsandter Polizeilieutnant den Club mit den Worten: »Ich will sehen, was hier vorgeht.«[9] Es soll zu Tätlichkeiten mit den Gardeoffizieren gekommen sein, die geradezu nach einem Anlaß suchten, den Polizeipräsidenten zu provozieren. Hinkeldey hatte sich eine Macht von »Konstablern« aufgebaut, die so gut wie militärisch organisiert und mit weitgehenden

Vollmachten ausgestattet waren. Es ging also um einen Machtkampf zwischen Offizieren und Polizisten, der von einer gesellschaftlichen Ächtung des Polizeipräsidenten begleitet wurde. Den Bällen in Hinkeldeys Hause blieben Offiziere demonstrativ fern; wenn es unvermeidlich war, sich mit Hinkeldeys Familie auf gesellschaftlichen Veranstaltungen zu treffen, wurde die Parole ausgegeben »mit seiner Tochter, der Konstabler-Göhre« nicht zu tanzen.[10]

Nach dem Zwischenfall zwischen den Polizeioffizieren und den Garde-Offizieren im Jockey-Klub spitzte sich der Konflikt dramatisch zu. Für zwei Offiziere, die gemaßregelt worden waren, trat der greise Feldmarschall Wrangel ein. Die Kameradschaft unter den Offizieren der Garde war stärker als der Wunsch des Königs, ihre Spielleidenschaft zu zügeln. Der dramatische Höhepunkt der Auseinandersetzungen stand aber noch bevor. Bei einem Karrusselreiten der Hof- und Gardeoffiziere kam es zu einem neuen Eklat. Die Offiziere mit ihren Damen hielten die Anwesenheit von Polizeioffizieren für unzumutbar. Als Hinkeldey erschien, verlangte man seine sogenannte Eintrittskarte. Es kam zu einem scharfen Wortwechsel zwischen ihm und dem am Eingang weilenden von Rochow auf Plessow. Nach dem herrschenden Ehrenkodex mußte Hinkeldey einen der Offiziere auf Pistolen fordern. Rochow galt im Gegensatz zu Hinkeldey als »ein nie fehlender Schütze«. Nach Varnhagen von Ense haben »außer Herrn v. Rochow, ... auch ein Herr von Prillwitz und ein dritter Offizier die Verpflichtung übernommen, den Herrn von Hinkeldey durch Beleidigungen zum Zweikampf zu zwingen«.[11]

Der Ausgang des Duells war vorhersehbar. Am 10. März schrieb Manteuffel privat an den Gesandten Graf Hatzfeld in Paris: »Soeben erhalte ich die Nachricht, daß der General-Polizeidirektor v. Hinkeldey im Duell von Herrn v. Rochow-Plessow (Mitglied des Herrenhauses, Sohn des ehemaligen Hofmarschalls) erschossen worden ist.«[12] Das Duell rief ein breites Echo in den verschiedenen politischen Lagern und in der Öffentlichkeit hervor. Der König stand im Mittelpunkt dieses Gesellschaftsskandals, an dem so charakteristische Züge der damaligen Gesellschaft, der höheren Stände wie der einfachen Berliner Bevölkerung sichtbar wurden. Das Duell überschattete vorübergehend sogar das Interesse am Pariser Kongreß, zu dem Preußen gerade zugelassen worden war. Hinkeldey, so wird berichtet, habe Rochow in der Überzeugung gefordert, »daß der König ihn durch Verhinderung des Duells vor der unfehlbar tödlichen Kugel retten werde«.[13] Aufgrund zeitgenössischer Berichte wird die Szene beschrieben: »Am Morgen des 10. März 1856 stand auf der Jungfernheide in Berlin der Günstling des Königs, bleich und zitternd, dem kaltblütigen Pistolenschützen v. Rochow gegenüber... Noch auf dem Kampfplatze schaute er sehnsüchtig nach einem Flügeladjutanten aus und instruierte demgemäß seinen Kutscher.«

Nicht nur aus Gerlachs Tagebuchaufzeichnungen geht hervor, daß der König von dem bevorstehenden Duell gewußt hat. Der Flügeladjutant Prinz Hohenlohe unterbrach Gerlachs Vortrag nämlich und meldete den tödlichen Ausgang. »S. M. sehr afficiert, rühmten den Verstorbenen und waren nur gegen die beiden Spieler [aus dem Jockey-Klub] erbittert, in denen Sie die eigentlichen Urheber des Unglücks sahen. Von Rochow sagte der König, er sei ein Ehrenmann. – Es ist eine sehr traurige Geschichte. Hinkeldey war ein gutmütiger und durch Überhebung über seine Sphäre verdrehter Mann mit vielen ausgezeichneten Eigenschaften. Die Geschichte des Duells ist sehr lehrreich wegen des Geistes von Schuld und Entschuldigung.«[14]

Der Tod Hinkeldeys erregte die öffentliche Meinung und verkehrte gleichsam die Fronten. Der gefürchtete Generalpolizeidirektor wurde als Märtyrer des »Junkertums« beweint und gefeiert. Die Aufbahrung der Leiche in seiner Wohnung am Molkenmarkt sowie der Leichenzug von dort durch die Post- und Königstraße über den Alexanderplatz zum Prenzlauer Tor und auf den dortigen Kirchhof trugen alle jene Züge der bekannten Pomphaftigkeit und erinnern in manchen Zügen an den März 1848. Prinz Wilhelm schloß sich von diesen Trauerfeiern aus. Wenn auch das Duell einen festen Platz in der militärisch geprägten Gesellschaft Preußens besessen hat, so wirkten die Reaktionen jener christlichen Kreise, vom Pfarrer bis zum König, gleichwohl empörend. In seiner Leichenpredigt gab der Prediger »nicht seinem Gegner oder gar etwa einer Partei u.s.w., sondern ihm [dem Opfer] Schuld: ›Gebet nicht Raum dem Zorn‹, seid ›nicht schnell zur Tat‹, was außerordentlich schön« – so Gerlach in der Tagebuchaufzeichnung vom 13. März.[15]

Im Herrenhause dagegen fand der Präsident, Fürst Hohenlohe, die folgenden Worte über Rochow: »Meine Herren. Ich habe Ihnen ein betrübendes Ereignis mitzuteilen. Eines der edelsten Mitglieder dieses Hauses ist in die traurige Lage gekommen, zu wählen zwischen den Geboten seines Ehrgefühls oder gegen die Gesetze des Landes zu handeln. Derselbe hat, um das Bewußtsein seiner Ehre zu erhalten, gegen die Gesetze des Landes gefehlt... Wir können nur bedauern, den edlen

Hans von Rochow, ihn, der durch die Verhältnisse gezwungen wurde, so zu handeln, nicht in unserer Mitte zu sehen.« Graf zu Stolberg-Wernigerode hat sich ähnlich geäußert. »Rochow sei inzwischen aus der Untersuchungshaft entlassen und dem Militärgericht übergeben worden ... Ich glaube, die Sache wird nun ein Verfahren finden, wie er es verlangen kann.«[16]

Rochow verbüßte eine Festungshaft in Magdeburg, und auf Bitten ausgerechnet der Witwe Hinkeldeys wurde er bald begnadigt. Die Antwort des Königs auf das Gnadengesuch Rochows fiel peinlich und sentimental aus; dennoch war seine Erschütterung durchaus echt. Sein Weinen an der Bahre des Erschossenen war nun einmal die ihm eigentümliche Art eines Gefühlsausbruchs. Die Wohnung des Erschossenen am Molkenmarkt, wo sein Leichnam aufgebahrt wurde, bildete geradezu einen Wallfahrtsort für die Berliner Bevölkerung. Bürger-Deputationen erwiesen ihm die letzte Ehre; über einhunderttausend Berliner sollen dem Sarge gefolgt sein. Die Berufung auf Varnhagen ist an dieser Stelle legitim, auch wenn seine Interpretation voller Subjektivismus und vor allem nicht ohne Gehässigkeit ist. »Das Volk ist aufgeregt, drängt sich auf dem Molkenmarkt in Hinkeldeys Wohnung, wo dessen Leiche für jedermann zu sehen ist. Die Bürger, die Beamten, das ganze Zivil ist geneigt, für Hinkeldey Partei zu nehmen, aus Haß gegen die Junker, die Kreuzzeitung; die Polizei wirkt eifrig im Geist ihrer Körperschaft und schürt den Haß.«[17] Ob sich, wie Varnhagen schreibt, unter den Trauergästen, sei es im Haus des Erschossenen oder im Trauerzuge, auch Wrangel und Humboldt befanden, ist nicht nachweisbar, aber durchaus glaubwürdig.

Es war schließlich ein aufsehenerregender Skandal, der dazu beitrug, die bestehenden Gegensätze zu verschärfen. Zunächst handelt es sich um die Unverträglichkeit bürgerlicher und adeliger, ja feudaler Auffassung. Hinzu kam die Gegnerschaft zwischen Militär und Polizei: Hinkeldey hatte sich nicht dem stets vorhandenen Hochmut und der Arroganz der Offiziere gebeugt. Der König, der Hinkeldey für einen großen Staatsmann hielt, vermochte sich am Ende wieder einmal nicht zu entscheiden. Darüber darf aber nicht vergessen werden, daß Hinkeldey schließlich an seinem Ehrgeiz gescheitert ist. Er schützte und mißachtete gleichzeitig das Gesetz durch willkürliche Maßnahmen. Seine Kompetenzen waren so groß geworden, daß sie die Behördenstruktur gefährdeten. So gehört der »Fall Hinkeldey« auch zur preußischen Behördengeschichte.

Wie der König über das Duell dachte, geht schließlich aus den Zeilen hervor, die er am 2. April 1856 dem Minister von Westphalen schrieb: »Der Vorwurf, der mich selbst trifft, ist immer größer; denn ich wußte seit mehreren Tagen, daß es auf die Tötung Hinkeldeys abgesehen war, oder hatte wenigstens die Entschuldigung, es glauben zu können. Hier war aber eine höchst taktvolle und zarte Prozedur erforderlich, um den bereits verbreiteten Verdacht, ›Hinkeldey könne kein Pulver riechen‹, nicht unwiderruflich zu etablieren. Das, ich gestehe es offen, hat mich zaghaft gemacht. Nun, Gott hat es so gefügt. Die Sache ist nicht gutzumachen, aber – der Sieg seiner Feinde ist zu mindern.«[18] Christliche Bedenken haben in den Rechtfertigungen offensichtlich keine Rolle gespielt!

Die orientalische Frage tauchte im 19. Jahrhundert immer wieder als Problem der Politik auf. Nachdem auf der Pariser Friedenskonferenz, zu der Preußen erst spät zugelassen wurde, eine Bilanz aus dem Krimkrieg gezogen worden war, drohte die Neuenburger Krise die europäische Ordnung erneut in Frage zu stellen. Der König von Preußen geriet unversehens in den Mittelpunkt diplomatischer Geschäftigkeit.

Das Schicksal des Fürstentums Neuenburg beschäftigte Friedrich Wilhelm »in einem Maße, das zur tatsächlichen Bedeutung des kleinen Fürstentums in gar keinem Verhältnis mehr stand«.[19] Und doch wurden die Fürsten, die Staatsmänner und die Interpreten der öffentlichen Meinung durch das Geschehen in Neufchâtel herausgefordert. Selten greifen Individuelles und Allgemeines in dieser Intensität ineinander über wie in den letzten Lebensjahren des Königs. Die Versuchung ist groß, im Verhalten Friedrich Wilhelms Spuren einer nervlichen Erkrankung erkennen zu wollen. Die Erregung des Königs war in der Tat groß und befremdete die, die ihn beobachteten. Seine Umgebung teilte allerdings diese Erregung und hatte Anteil an den Plänen, die abenteuerlich dünken. Außerdem blieb seine Identität auch in dieser schwersten Krise seines Lebens erhalten; sein ungemein emotionales Verhalten griff auf einen Teil seiner vertrauten Umgebung über. Es reicht nicht aus, nur von einer »royalistischen Marotte« Friedrich Wilhelms IV. zu sprechen. Im Neuenburger Konflikt verdichten sich die eingewurzelten royalistischen Überzeugungen des Königs; sie spitzen sich zu und stoßen auf sehr verschiedene Reaktionen der großen Staaten. Die Unvereinbarkeit der Ideale des Königs mit seiner Umwelt wurde offenkundig.

Die politisch-historischen Voraussetzungen der diplomatischen

Aktionen des Hofes und des Verhaltens Friedrich Wilhelms im Verlaufe des Konflikts lagen über alle akuten Anlässe hinaus in der Auseinandersetzung zwischen Fürstenrecht und demokratischem Volkswillen. Auf dem Wiener Kongreß trat Neuenburg als 21. Kanton der Eidgenossenschaft bei und blieb gleichzeitig ein Fürstentum des Hauses Hohenzollern. Die Krise begann, als nach der Februarrevolution 1848 die demokratischen Schichten aus dem kleinen Orte des Juragebirges das bisherige ständisch-fürstliche Regierungssystem stürzten; es gelang, die dynastische Bindung an das »Haus Brandenburg« zu lösen. Die revolutionären Vorgänge des März 1848 in Berlin machten eine Intervention des Königs unmöglich: In einer Bekanntmachung vom 5. April 1848 stellte er seinen royalistischen Anhängern anheim, »einzig die Lage und das Glück ihres Landes zu Rate zu ziehen, ohne sich durch die Bande, die sie an ihn fesselten, aufhalten zu lassen«.[20] Diese Aussage war charakteristisch, weil sie undeutlich war. Der König erkannte in dem kleinen Ländchen das Idealbild altständischer Ordnung, die es gegenüber der Demokratie der Eidgenossenschaft zu verteidigen galt. Als preußische Truppen 1849 an der schweizerischen Grenze standen, war die Versuchung groß, die alten Zustände seines Fürstentums wiederherzustellen. Hier schien sich die Gelegenheit zu bieten, das Prinzip der Legitimität sichtbar geltend zu machen.

Nach der Niederringung der Revolution verhärteten sich in den fünfziger Jahren die Beziehungen zwischen Berlin und Bern zunehmend. Bezeichnend war, daß der preußische Gesandte von Sydow seine Geschäfte nicht in Bern, sondern in Sigmaringen führte, von wo aus eine Verbindung mit der royalistischen Opposition in Neuenburg leichter aufrechtzuerhalten war. Der König ließ es nicht an Hinweisen fehlen, daß er über die Treue der Neuenburger glücklich sei und die legitimen Prinzipien nicht aufgeben werde. Er variierte den Gedanken, daß »das Geringe des Gegenstandes vor der Größe der Prinzipien zu verschwinden habe«.[21] Preußen durfte es schließlich als einen diplomatischen Erfolg verbuchen, daß auf der Londoner Konferenz von 1852 die Rechtsansprüche des Königs gegen die Schweiz formell anerkannt wurden. Friedrich Wilhelm versuchte indes vergeblich, auf dem Friedenskongreß von Paris im Jahre 1856 die Neuenburger Angelegenheiten auf die Tagesordnung zu setzen. Napoleon, der nunmehr im Vordergrund der diplomatischen Bühne stand, stellte nicht mehr als einen Kongreß der Mächte in Aussicht, der eine Lösung bringen möge.

Es ist anzunehmen, daß die preußische Initiative in Paris die Führer der royalistischen Opposition zu Sondierungen in Berlin veranlaßte, ob mit einer militärischen Unterstützung eines eventuellen Aufstandes gerechnet werden könne. Ermutigend sollen die Gespräche mit dem Prinzen von Preußen, dem Ministerpräsidenten und dem General von Gerlach verlaufen sein. Für die Verantwortung der Vorbereitung des Putsches sind aus naheliegenden Gründen keine schriftlichen Zeugnisse nachweisbar. Oberst Friedrich von Pourtalès, selbst ein Alt-Neuenburger, hat überliefert, der Prinz von Preußen habe ihm in Berlin mitgeteilt, daß der König erklärt habe, »im Falle des Gelingens wisse er, was seine Ehre ihn zu tun verpflichten würde«.[22]

Offiziell hat Friedrich Wilhelm nichts gewußt; der Zeitpunkt der royalistischen Erhebung blieb ihm unbekannt; seine moralische Verantwortung ist dagegen unbestritten. Nachdem die Aufständischen in der Nacht vom 2. zum 3. September 1856 die Stadt Neuenburg und den Sitz der Regierung besetzt hatten, wurden sie bereits am 4. September von kantonalen Truppen überwältigt. Von den über 600 Gefangenen wurde der größte Teil bald entlassen, während gegen die 66 verantwortlichen Führer vor dem Staatsgerichtshof ein Prozeß eingeleitet wurde. Um die Freilassung dieser Gefangenen begann ein diplomatisches Ringen, in dessen Verlaufe die Illusionen und die Eigentümlichkeiten Friedrich Wilhelms drastisch zum Ausdruck kamen.

Unabhängig aber von den Verwicklungen, die der Aufstand in einem Kanton der Eidgenossenschaft ausgelöst hatte, gerieten der König und seine konservativen Freunde in ein Dilemma, das ihnen zunächst kaum bewußt geworden ist. Sie hatten nämlich, wenn auch ohne schriftliche Vollmacht, eine Verschwörung gebilligt, die die seit 1848 bestehende Rechtsordnung beseitigen wollte. Sie beanspruchten gleichzeitig, die wahren Vertreter des Rechts zu sein. Man kann den König und seine royalistischen Anhänger nur verstehen, wenn man das religiöse Element, ja den religiösen Eifer ihres Handelns in Rechnung stellt. Es sollte gleichsam ein Stück Gegenrevolution vorgeführt werden. Ein royalistischer Aufstand zur Wiederherstellung der Legitimität paßte geradezu ideal in die Vorstellung romantischen Rittertums.

In einer sehr persönlichen Note wandte sich Friedrich Wilhelm IV. an die europäischen Mächte, die das Londoner Protokoll von 1852 unterschrieben und somit Verantwortung für die Lösung der Neuenburger Affäre übernommen hatten. Was lag näher, als sich zunächst an London zu wenden? Die Chancen der Beziehungen zu England und die Beurteilung der Maßstäbe britischer Außenpolitik waren wiederum typischen Mißverständnissen ausgesetzt. Die Korrespondenz mit der Königin und Prinz Albert gewährt einen intimen Einblick in die geistig-politische Kluft zwischen beiden Ländern. Wie so oft hat auch diesmal der Traum von einer evangelischen Allianz hinsichtlich der politischen Beziehungen das Urteilsvermögen in Berlin getrübt.

Ein Gesamtbild entsteht allerdings nur, wenn man das Neben- und Durcheinander der Themen wahrnimmt. Evangelische Konferenzen und die Regelung der Ehescheidung beschäftigten ebenso die Gemüter in Charlottenburg und Potsdam wie die große Politik, in deren Mittelpunkt unversehens das Ländchen am Jura gerückt war. Leopold schrieb dem Bruder Ludwig von Gerlach, der gerade damit »beschäftigt war, Thesen ›über die Katholizität der evangelischen Kirche‹ für den nächsten Kirchentag ... zu formulieren«: »Während Lord Palmerston uns das gebrannte Herzeleid in der Neuenburger etc. Sache antut, während er zu dem schändlichen Zug gegen Neapel wirbt und Italien zu revolutionären sucht, ermahnst Du zur Anerkennung Englands und während Bonaparte England von seinen revolutionären Maßregeln zurückhält und uns auf alle Weise entgegenkommt, paukst Du auf ihn los. Ich weiß auch, daß England unser notwendiger Bundesgenosse und Bonaparte unser notwendiger Feind ist, aber so etwas ist und bleibt unwichtig und schädlich.«[23]

Ansätze zu realistischer Betrachtung scheinen für einen Augenblick sichtbar, aber dann setzt sich sogleich der Dogmatismus durch, als ob es nämlich so etwas wie »Notwendigkeit« in der Qualität auswärtiger Beziehungen gäbe. So wandte sich Friedrich Wilhelm in einer Situation – bevor der Aufstand ausgebrochen war – zunächst an England und ließ die Königin indirekt und insgeheim über den bevorstehenden royalistischen Aufstand orientieren: »Da zu erwarten ist, daß das Neuenburger Pronunciamento ein volltönendes sein wird, indem allem Anschein nach, in diesem Falle, der Ausspruch des Volkswillens mit dem Rechte zusammenfällt, so gibt der König sich der Hoffnung hin, der schwerwiegenden Unterstützung der Königin gewiß sein zu können.«[24] Der Prinzgemahl antwortete im Namen der Queen mehr ablehnend als unverbindlich. Er wies nicht zu Unrecht darauf hin, wie wenig berechenbar bevorstehende Ereignisse seien. Der König von Preußen setzte den Dialog fort, indem er in geradezu aufdringlichen Briefen die Hilfe Englands reklamierte: »Ich lege das Wohl und Wehe dieses herrlichen, noch vor neun Jahren so glückseligen, jetzt tiefgebeugten Ländchens in Ew. Majestät Hände.« Er beschwor die »katholische Gefahr«, wobei er Bedeutung und Sinn des der europäischen Revolution von 1848 vorausgegangenen Sonderbundkrieges vollkommen unberücksichtigt läßt. Am 8. September 1856 hieß es im Brief an Queen Victoria: »Wenden Ew. Majestät einen Augenblick Ihre Blicke auf Genf. Diese Metropole der reformierten Kirche des Continents ist in vollem Gange, eine römisch-katholische Stadt zu werden.«

Das persönliche Engagement, aber auch die Verstiegenheit des Königs fanden weder am Hofe von St. James noch bei den englischen Staatsmännern ein positives Echo. Die Korrespondenz mit der Queen und mit dem Prinzgemahl enthält geradezu Peinlichkeiten. Was seit der Revolution oftmals beobachtet werden konnte – die Konsequenzen eines Gottesgnadentums –, begegnet uns nunmehr gesteigert und maßlos; denn es scheint, als ob er die Schwelle zum Kriege von vornherein nicht scheut. In der Neuenburger Krise begegnet uns Friedrich Wilhelm IV. als ein Mann, dessen Nerven überanstrengt sind. Seine Illusionsfähigkeit, sein Wunschdenken haben sich nicht verändert, ebensowenig seine Einbildungskraft, wenn er nämlich glaubt, die Interessen der britischen Politik besser als die Engländer selbst zu verstehen.

Was er zuvor stets vermied, stellt sich nunmehr, wenn auch nur temporär; ein: die Bereitschaft, den Widerstand der Eidgenossen mit dem Mittel des Krieges zu brechen. Die Mächte, an die er um Hilfe appellierte, »ließen ihn im Stich«. Er fühlte sich verlassen. Die Schärfe der Antworten, die ihn aus London erreichten, wurde kaum verschleiert durch die diplomatische Höflichkeit, mit der sie verfaßt wurden. Zu den Merkwürdigkeiten (noch vor Ausbruch des royalistischen Aufstandes) gehörte der Vorschlag Friedrich Wilhelms, »England solle ihm für seine möglichen Freundesdienste im Krimkrieg Neuenburg ohne Klauseln zusichern«.

Während er in Ostpreußen bei Manövern weilte, erreichte ihn die offizielle Nachricht von dem gescheiterten Aufstand und der Gefangennahme der royalistischen, getreuen Aufrührer. Die Queen schlug nunmehr einen gütigen, ja einen herzlichen Ton an, aber im Falle kriegerischen Vorgehens wies sie auf eine Implikation »europäischer Fragen von dem schwersten Belange« hin. Friedrich Wilhelm befand sich in einer »Herzensnot«, in die er sich selbst gestürzt hatte. Die Ausdrücke, für die er sich entschuldigt, entbehren nicht der Exzentrizität – seine Handschrift wird gelegentlich unleserlich, sie ist fliehend und noch schwerer lesbar als sonst. Friedrich Wilhelm kam auf die Idee, Neufchâtel »den Großmächten gleichsam in Verwahrung zu geben«. Prinz

Albert reagierte kühl: »Das Despositum, welches Ew. Majestät den Mächten übergeben wollen, ist eben nicht in Ihrer Hand, sondern in der der Schweiz. Ew. Majestät würde es darum jenen nicht übergeben können, sondern die Mächte müßten es für Ew. Majestät erobern. Falls Frankreich dieses nun wirklich täte, woran ich indessen zweifeln muß, würde es sich mit der Ehre Ihrer Krone und Ihrer Armee vertragen, daß diese zusähe, wenn die französische mit ihrem Blute das erkaufte, was die Ew. Majestät mit dem ihrigen nicht zu tun gewagt hätte? Und würde, falls Frankreich die Eroberung vollzogen, es nicht in den Stand und das Recht gesetzt worden sein, Ihnen solche Bedingungen zu diktieren, als es für gut finden würde? Ich könnte mir keine schlimmere Lage für Preußen denken.«

Prinz Albert fuhr fort und erinnerte an die Unantastbarkeit der schweizerischen Neutralität, an die Verwicklungen der europäischen Mächte sowie an das Dilemma der preußischen Politik: »Ew. Majestät haben wirklich keine andere Alternative, als sich zu schlagen oder Ihrem Sekundanten zu erlauben, den Streit beizulegen. Im ersteren Falle werden Sie für ein äußerst geringes Opfer entsetzliche Opfer bringen müssen, ohne im geringsten voraussehen zu können, welches das Ende eines Krieges sein wird, der alle politischen Leidenschaften Europas in Flammen setzen muß, und während noch dazu das Recht Preußens, für den Fürsten von Neufchâtel Krieg gegen die Schweiz anzufangen, sehr zweifelhaft ist, die Pflicht Preußens als Großmacht aber, die Neutralität der Schweiz zu verteidigen und die Pflicht des Kantons Neufchâtel, mit der Schweiz gegen jeden fremden Angriff zu fechten – auf unleugbaren Verträgen beruht!«

Der Prinzgemahl wählte Ausdrücke wie »Ehre« von Krone und Armee, die exakt zu Friedrich Wilhelms Selbstverständnis paßten, aber der preußische König hat die feine Ironie nicht bemerkt oder bemerken wollen. In einem Schreiben, das – wie Bonjour richtig vermutet – wahrscheinlich nicht abgeschickt worden ist, bekundete er Gedanken, die man nur als abenteuerlich bezeichnen kann. Und trotzdem ist selbst in diesen extremen Urteilen die Identität des nunmehr sehr unglücklichen Königs erkennbar geblieben. Die Vorstellung eines Krieges um das kleine Ländchen am Jura rückte in der Tat in den Mittelpunkt der phantasievollen Gedanken. Die Auffassung vom Königsberuf erzeugte bunte Blüten einer grenzenlosen Phantasie. Es handelte sich dabei gleichwohl nicht um einen Rückfall in absolutistische Vorstellungen, wie Bonjour vorsichtig vermerkt. Der gescheiterte Aufstand der Royalisten erscheint wie ein Nachhall längst vergangener Epochen. Belangvoller indes als die Versuche einer historischen Interpretation bleibt der biographische Gesichtspunkt. Die Frage ist legitim, ob die hohe Erregtheit, die auch unvoreingenommenen Zeitgenossen auffiel, den Ausbruch der Krankheit etwa beschleunigt hat.

In dieser kritischen Situation überwand Friedrich Wilhelm IV. seine alte Ablehnung des Kaisers der Franzosen. In wiederholten Handschreiben an Napoleon, dessen Anerkennung ihm noch vor wenigen Jahren so schwer gefallen war, bat er darum, die Schweizer Bundesversammlung zu veranlassen, den angedrohten Prozeß niederzuschlagen und die Gefangenen freizulassen; die Gleichzeitigkeit seiner Hilferufe nach London, Paris und an den Deutschen Bund ist auffallend. Der preußische König trieb seine eigene Politik, indem er an Napoleon Handschreiben richtete, die sein Ministerpräsident weder kannte noch für besonders glücklich hielt; er gebrauchte Worte wie »mit blutendem Herzen, die Tränen in den Augen«. Er habe den Kaiser »seit den ersten Tagen seiner Regierung« bewundert. Er versicherte, ihm »ein ergebener, unbedingt zuverlässiger Freund« werden zu wollen. Napoleon konnte es nur erwünscht sein, vom preußischen König um Hilfe gebeten zu werden. Die Bitte kam seiner Reputation zusätzlich zugute, die auf dem Pariser Kongreß einen Höhepunkt erreicht hatte. Er schien sogar nichts dagegen einwenden zu wollen, »daß preußische Truppen eventuell die Schweiz besetzten«. So äußerte er sich im Gespräch mit dem preußischen Gesandten Graf Hatzfeld in Biarritz, während sein Schreiben vom 24. September 1856 so weit nicht ging.[25] Noch war ihm an der Erhaltung des Friedens gelegen. Er hat immerhin durch diplomatische Schritte und persönliche Gespräche nicht unwesentlich dazu beigetragen, die Schweiz zur Nachgiebigkeit zu bewegen. Neue Formen des Verkehrs zwischen dem König und Napoleon, über die die Ultrakonservativen mit gutem Grunde beunruhigt waren, wurden sichtbar; Friedrich Wilhelm sollte bald das Gewissen schlagen wegen seines so auffälligen Werbens um den Kaiser der Franzosen. Napoleon rückte nämlich bald ab von jenen immerhin weitgehenden Zusagen oder doch Andeutungen, die er in Biarritz gemacht hatte. Und doch schien der Konflikt um das kleine Ländchen am Jura die preußisch-französischen Beziehungen aufzulockern; Friedrich Wilhelm und Napoleon gingen für einen Augenblick aufeinander zu.

Als Napoleons Vetter, Prinz Jérôme, den Berliner Hof besuchte, hatte sich der Gesundheitszustand Friedrich Wilhelms bereits besorgniserregend verschlechtert. Napoleons Briefe an Friedrich Wilhelm waren überaus schmeichelhaft; er gab seiner Freude über den Besuch des Prinzen Wilhelm in Paris Ausdruck. »Il a fait notre conquête par ses bonnes et agréables qualités et a dignement représenté ici la famille du Grand Frédéric.«[26] So wurde Napoleon die Genugtuung zuteil, den preußischen König »Monsieur mon Frère« nennen zu dürfen und seine Briefe mit dieser Formel einzuleiten, so wie es zwischen den europäischen Dynastien selbstverständlich war. »Legitimitäten und Dynastien gehören zusammen«, sagte damals noch der Prinz von Preußen. Protokollfragen waren Machtfragen.

Daß aber ausgerechnet in der Korrespondenz mit dem Kaiser militärische Überlegungen eine Rolle spielten, stand im Widerspruch zu allen Überzeugungen, die der König bisher gehegt hatte. Unerhört war, daß Napoleon nichts dagegen einzuwenden schien, »daß preußische Truppen eventuell die Schweiz besetzen«.[27] Napoleons Haltung hat der französische Außenminister dem preußischen Gesandten auseinandergesetzt, und dieser, Graf Hatzfeld, hat darüber am 27. Dezember 1856 nach Berlin berichtet: »da die Schweiz Seinen Vorstellungen kein Gehör geschenkt hat, so hat der Kaiser eingesehen, daß er sich einem militärischen Vorschreiten Preußens nicht widersetzen könne.«[28] Der Ausdruck »Krieg« fiel allerdings noch nicht, denn er hätte in das Konzept Napoleons zu jenem Zeitpunkt und noch dazu gegen die Schweiz durchaus nicht gepaßt. »Unangenehm ist Ihm ein solches [militärisches Vorschreiten] aber immer, und er wünscht stets, daß es gelingen könne, dasselbe zu vermeiden. Obwohl dem Kaiser der Einfluß der Demagogie in der Schweiz höchst fatal ist, so influenciert dies doch nicht so auf ihn, daß Er, um diese Zustände zu ändern, einen Krieg gegen die Schweiz gern sehen würde. Die Idee, daß die Schweiz eine Lektion erhalte, weil sie die französischen Vorstellungen nicht befolgt habe, ist dem Kaiser fremd. Der Kaiser hat von Anfang an zwei Sachen gewollt, 1. Sich dem König gefällig und dienlich zu erweisen, 2. den Streit zwischen Preußen und der Schweiz friedlich und unter Vermeidung von Komplikationen auszugleichen und zu beseitigen. In diesen beiden Beziehungen ist es dem Kaiser sehr unangenehm gewesen, daß Seine Forderungen von der Schweiz nicht erfüllt wurden, aber deswegen wünscht Er doch nicht, daß die Verwicklungen noch größer werden und durch den Krieg das höchste Stadium erreichen. Der Kaiser ist daher bereit, gemeinschaftlich mit den anderen Mächten auch alles Mögliche zu versuchen.«[29]

Ob während des Neuenburger Konflikts eine reale Kriegsgefahr bestand, bleibt dahingestellt. Belangvoll ist für den, der sich in die Lebensgeschichte des Königs versenkt, daß Friedrich Wilhelm mit dem Gedanken an Krieg konfrontiert wurde und daß er sich die Frage nach Krieg oder Frieden selbst stellte. Es ist, als ob im Verlaufe dieser Krise die Gestalt Friedrich Wilhelms erst recht, selbst in der Verzerrung, deutliche Konturen gewönne. Er erwog die Anwendung kriegerischer Mittel, ja er ordnete sie an, ohne den Krieg zu wollen. In einer Frage von geringer Bedeutung – wenn auch nicht für den König – plante er eine militärische Warnung oder sogar Züchtigung der republikanischen Eidgenossenschaft. Er wollte Initiativen ergreifen, zu denen er kurze Zeit zuvor, nämlich in der weltpolitischen Auseinandersetzung des Krimkrieges, wegen der Bewahrung des Friedens für sein Land nicht bereit gewesen war. Jetzt schien in seiner Vorstellung der Augenblick gekommen, in dem er den Royalismus gegen den Republikanismus durchsetzen konnte. Er wollte sein Ziel mit militärischen Mitteln, aber ohne Krieg, erreichen. Diese Politik des Königs war von vornherein zum Scheitern verurteilt.

Die kriegsreife Situation aus Anlaß des Neuenburger Konflikts – auch wenn sie mehr in der Vorstellung als in der Realität bestand – klingt noch in einem Memoire nach, das aus der Rückschau der sechziger Jahre geschrieben worden ist. Der Name des Verfassers, General von der Groeben, verbürgt die Authentizität der Erinnerung. Groeben schildert, wie ihn am 25. August 1856 während des Manövers der Gardetruppen bei Hennigsdorf, »unfern der Havel«, der König zu sich rief »und mir im höchsten Vertrauen mitteilte: ›Soeben habe Er erfahren, daß die Neuenburger bereit seien, das Joch der Republik abzuschütteln, wenn Er diese Bewegung unterstützen wolle; was ich dazu meine?‹«[30] Groeben erwiderte ohne Bedenken: Wenn sich der König imstande glaube, diese loyale Bewegung »mit Daransetzung aller Kräfte Preußens durchzuführen und einen Ihrer Krone geraubten Besitz wieder zu erobern«, so könne er nichts dagegen einwenden. Er band indes diese militärische Unterstützung an die Voraussetzung, »daß die Unternehmer [die Aufständischen] der Republik den Eid der Treue nicht geleistet haben« – also auch in diesem Augenblick, als Groeben spontan und entschieden ein militärisches Eingreifen des Königs empfahl, fragte er nach dem Eid. Dieser Edelmann, der kein »Feldherr der Reaktion«,[31] wohl aber der »Gegenrevolution«, gewesen ist, stellte noch politische Erwägungen an. Er wies auf die Gefahr eines Kampfes mit Frankreich hin; zu diesem Zeitpunkt war es noch nicht zu Sondierungen bei Napoleon gekommen. Wenn der König diesen Krieg vermeiden wolle, so sei den Neuenburgern dringend zu raten, »jetzt nichts zu unternehmen«. Der König habe einen Augenblick nachgedacht und ihm gesagt: »Sie haben vollkommen recht, ich werde ihnen entschieden von dem Schritt abraten«. So seien die Manöver fortgesetzt worden.

Groeben begleitete den König zu den großen Revenuen des 2. und 1. Armeekorps nach Pommern und Preußen; Friedrich Wilhelm nahm auch jetzt Manöver und Besichtigungen sehr ernst. Militärische Fachleute haben betont, daß er imstande war, geradezu geistreiche Manöverkritiken abzuhalten. Über seinen künstlerischen und wissenschaftlichen Neigungen wird das Interesse an einer Steigerung der Militärkraft allzu leicht vergessen. Er hat eine Reihe von technischen Neuerungen eingeführt, zu denen die Ersetzung des Vorderladers durch den Hinterlader gehört.

Der Blick auf die militärischen Interessen des Monarchen ist geeignet, die Eigentümlichkeit der militärischen Führungsschicht zu würdigen. Es ging zunächst um den Oberbefehl über die Angriffsarmeen gegen die Schweiz, mit dem Schwerpunkt gegen Basel und Bern. Der König bestand darauf, daß Groeben, dem Kommandierenden General des Garde-Corps, das Kommando über die Angriffsarmeen übertragen wurde, obwohl Groeben selbst alles getan hat, diese Ernennung zu verhindern. Wie sehr sich Prinz Wilhelm verletzt und übergangen fühlte, geht aus Briefen des Thronfolgers hervor. Am 24. Dezember 1856 schrieb er: »Es ist der tiefste Schmerz des Soldatenherzens, mit dem ich mich dem Willen meines Königs und Kriegsherrn unterwerfe! Gegen das Ende meiner militärischen Laufbahn das Vertrauen eingebüßt zu haben, und mich daher von einer Stellung ausgeschlossen zu sehen, auf die ich Anspruch zu machen berechtigt war, endlich der Armee und dem Vaterlande die Dienste zu leisten, zu denen ich die mir anvertrauten Truppen und mich selbst während eines halben Jahrhunderts vorbereitet hatte – das ist ein Gefühl, das mir niemand nachempfinden kann.«[32]

Die Bitterkeit des Jahres 1854 im Zusammenhang mit Bunsens und Bonins Entlassung klingt hier nach. Der Adressat dieses Briefes war Groeben, der dem Prinzen von Preußen herzlich gern die Genugtuung eines Oberbefehls gegeben hätte. Aus der Überlieferung ist nicht ersichtlich, warum Prinz Wilhelm übergangen wurde. Wenn die militärischen Pläne auch Planspiele blieben, so sind sowohl Planung als auch die Auswahl der Kommandierenden und der Kommandeure aufschlußreich genug. Friedrich Wilhelm versuchte, dem Bruder begreiflich zu machen, aus welchen Gründen er nicht ihn, sondern Groeben mit dem Oberbefehl über die Operationsarmee gegen die Schweiz beauftragt habe. Aus den Briefen zwischen Koblenz und Berlin geht die Enttäuschung des Prinzen deutlich hervor. Er war um so enttäuschter, als es sich um einen Moment handelte, »wo ich mit Deiner Politik so ganz einverstanden bin«.[33] »Du leidest wegen Groebens Ernennung zum Befehlshaber der für die schweizerische Expedition bestimmten Truppen und hast Dir selbst dies Kommando ersehnt«[34], schrieb der König seinem Bruder. Er beruhigte ihn, daß ja die »halbe Armee im Vaterlande bleibe« und außerdem sich dem Thronfolger »noch größere Aufgaben stellen«. Der Bruderzwist, der zwei Jahre zuvor so heftig entflammt war, blieb latent vorhanden. Bunsen hat Prinz Wilhelm sein Herz ganz geöffnet; ihm schrieb er am 28. Dezember aus Koblenz: »Unsere Rüstungen sind vollständig vorbereitet; die Armee ist stark und gut; der Feind ist es auch, es gibt also einen ebenbürtigen Kampf. Mir verweigert man, denselben zu leiten und auszufechten. Das ist ein Schmerz, der ein Soldatenherz wie das meinige zu Boden wirft.«[35]

Die Eventualität einer »Expedition«, also einer Invasion in die Schweiz, eines Krieges, nimmt sich abenteuerlich aus; es schien, als ob die Prinzipien von Legitimität und Intervention noch immer anwendbar seien. Die Vorstellungen einer Intervention mit militärischen Mitteln waren aber nicht nur das Produkt der königlichen Phantasie. Vielmehr hatten an den Plänen auch Persönlichkeiten einen Anteil, denen man – wie etwa dem Prinzen Wilhelm – die Fähigkeit zur nüchternen Lagebeurteilung zuschrieb. Wie weit handelte es sich um militärische Demonstration, wie weit um echte Bereitschaft zu einem militärischen Konflikt? Der Prinz von Preußen hatte jedenfalls erhebliche Mitverantwortung für die kriegerische Stimmung im ausklingenden Jahre 1856. »Nur eine große Schnelligkeit in der Ausführung könne ... helfen, damit man den Truppen womöglich zuvorkommt.« Er rechnete mit der Aufstellung einer Armee von 100 000 Mann; in drei bis vier Tagen sollten 50 000 Mann vor Basel stehen.

In diesem Moment einer zum Kriege treibenden Entwicklung gingen wiederum politische und militärische Erwägungen ineinander über. Friedrich Wilhelms Entscheidungen wurzelten im Royalismus, so wie er ihn verstand und aufrechterhalten wollte. Der König wollte über die

Befreiung der Gefangenen hinaus die Demagogie in der Schweiz schlagen. Beim Prinzen von Preußen fällt auf, wie sehr in der Neuenburger Frage der Armeereform, die sehr bald in den Vordergrund rücken sollte, Bedeutung beigemessen wurde. Das Verhältnis von Linie und Landwehr wurde seit Jahren durchdacht. »Jetzt aber steht Krieg vor der Tür« – eine Ambivalenz zwischen der Überzeugung, den Krieg in diesem Momente führen zu müssen, und der Hoffnung auf diplomatische Vermittlung durch die Großmächte dominiert bei allen Überlegungen. Es gehört zu den geradezu skurrilen Begebenheiten in dieser Situation, daß Hilfe eher von Paris als von London aus erwartet wurde. Wieder einmal glaubte der König, die Interessen der Mächte besser als deren Repräsentanten verstehen zu können. Er »habe der Queen von der Nichtswürdigkeit ihrer höchsten Räte die Augen geöffnet«. Wenn sich der Prinz von Preußen gegenüber London auch maßvoller und taktvoller als der König verhielt, so bleibt doch das ungewohnte Bild einer Gemeinsamkeit zwischen den Brüdern. Allzu leicht wird die ausbrechende Krankheit des Königs an seinem Verhalten in der Neuenburger Krise nachgewiesen. Er hat sich damals jedoch vom Durchschnitt seiner militärischen und höfischen Umgebung durchaus nicht unterschieden.

Groeben wählte den Grafen von Reyher zum Chef seines Generalstabs. Sein Urteil über den Sohn eines Kantors, der 1828 geadelt worden war, lautet: »Er war der Erfahrenste, dabei geistig begabt, geschäftskundig und anspruchslos. Eitelkeit der Zeit war an diesem Ehrenmann spurlos abgeprallt.«[36] Er bekam bei der Wahl der nächsten militärischen Führer vom König freie Hand. Zum Chef des Bureaus wurde sein »treuer Oberst von Glisczinski«, der vormals Chef des Stabes des Garde-Corps gewesen war, ernannt. Zu den Kommandierenden Generalen gehörten von Werder, von Wussow und von Bonin. Für den Angriff beanspruchte Groeben etwa 125 000 Mann. Seltsam wirkt die Aussage in dem Memoire: »Nach meinem Wunsche sollte die Kriegserfahrung der ganzen Armee zu gute kommen und jedem Korps neue Lebenswärme und Erfahrung zurückbringen.« Es ist, als ob Groeben im Rückblick der sechziger Jahre in dem Operationsplan so etwas wie ein militärisches Lehrstück sehen wollte.

Der Operationsplan entbehrt nicht phantastischer Züge, die vielleicht gerade wegen der Kleinräumigkeit des Aufmarschgebietes so besonders befremdend wirken. Im Mittelpunkt der strategischen Überlegungen, deren Grundgedanke schon am 7. September konzipiert wurde, stand der Angriff auf Bern. Unter Vorsitz des Königs fand am

21. November 1856 eine Beratung des Ministerpräsidenten, der Generäle der Kavallerie Graf von der Groeben und von Reyher sowie des Kriegsministers Graf von Waldersee statt. Es ging um drei Punkte: »1) den Zeitpunkt, in welchem mit militärischen Maßregeln vorzugehen sei, 2) die Zahl der erforderlichen Streitkräfte, 3) die Auswahl der hierzu zu designierenden Truppen.« Anfang März wurde aus einer Reihe von Gründen, zu denen die klimatischen Verhältnisse gehörten, »als der zur Eröffnung von kriegerischen Operationen gegen die Schweiz in jeder Beziehung geeignetste Zeitpunkt erachtet«. Für die Mobilmachung und Konzentrierung der Streitkräfte an der Schweizer Grenze berechnete man, selbst mit Hilfe der Eisenbahnen, sechs bis acht Wochen. Auf die Teilnahme einer Division des Garde-Corps, »und zwar womöglich in erster Linie« wurde besonderer Wert gelegt.

Den kriegerischen Erwägungen und Planungen entsprachen militärische Strömungen und Planungen in der Eidgenossenschaft. Seit dem Sonderbundskrieg hatte sich das nationale Selbst- und Zusammengehörigkeitsgefühl der Schweizer gefestigt und verstärkt. Die Eidgenossenschaft wäre zu einem Verteidigungskrieg fähig und bereit gewesen. Gegen Ende des Jahres verschärfte sich der Konflikt dramatisch; am 16. Dezember wurde die Mobilmachung beschlossen. Im Zusammenhang mit der Zuspitzung der Situation, die schon das Stadium einer Konfrontation erreicht hatte, mag eine Bemerkung des badischen Großherzogs bis zu einem gewissen Grade decouvrierend wirken. Er machte nämlich im Gespräch mit einem preußischen Generalstabsoffizier am 6. Januar 1857 Andeutungen, »daß S. M. der König gar nicht wolle« und »S. M. Ihrem Rechte an das Fürstentum Neuenburg zu entsagen vorhabe«. Großherzog Friedrich I. kannte sich sehr wohl in der Psyche oder in der Mentalität des preußischen Königs aus. Über der kriegerischen Stimmung, die in den militärischen Kreisen damals herrschte, darf, trotz entgegenstehender Äußerungen, nicht sein Harmoniebedürfnis vergessen werden.

Bei den Vorgängen, die zur Beilegung des Konflikts führten, fiel ausgerechnet einem amerikanischen Diplomaten eine Mittlertätigkeit zu. Es handelt sich um Th. Sedgwik Fay, der seit 1837 Gesandtschaftssekretär in Berlin gewesen war und 1853 zum ständigen Gesandten der Vereinigten Staaten bei der Schweizerischen Eidgenossenschaft ernannt wurde. Zwischen Fay und dem König von Preußen bestand aufgrund der gleichen oder mindestens ähnlichen im christlichen Glauben wurzelnden Wertmaßstäbe ein bemerkenswertes vertrauliches Einvernehmen. Er war gleichzeitig auch ein gesuchter und geschätzter Gesprächspartner der republikanischen Schweizer.

Der Ton der Briefe und Gespräche Friedrich Wilhelms mit Fay war geprägt von Offenheit, Vertraulichkeit und Vornehmheit der Gesinnung. Fay ließ es sich in einer ausführlichen Unterredung mit dem König, die er am 31. Dezember 1856 führte, angelegen sein, den offenen Konflikt gleichsam »im letzten Augenblick« zu verhindern und sowohl dem König als auch dem Bundesrat gerecht zu werden. Der König sagte ihm: »You fulfil a noble mission, and may God bless you with success. I do not desire war.« Er wollte von seiner Armee keine Opfer erwarten, obwohl er sich stark und im Recht fühlte. Es käme ihm vor allem darauf an, die royalistischen Aufständischen aus dem Gefängnis zu befreien. »They have sacrificed themselves for me, their King. I am the Sovereign of Neuchâtel and their Sovereign. Neuchâtel is mine by treaties. European treaties cannot of be set aside so lightly; but I do not demand my province now. I have even told them I would be ready to negotiate after the release of the prisoners.«

In der Tat konnte sich Friedrich Wilhelm auf die Bestimmungen des Wiener Kongresses berufen, nach denen Neuenburg ein Fürstentum des preußischen Herrscherhauses Hohenzollern und zugleich Glied des schweizerischen Staatenbundes war. Es geschah nicht oft, daß der König einem Gesprächspartner wie dem amerikanischen Gesandten so geduldig und aufmerksam zuhörte. Der König hatte am Tage zuvor die Mobilmachung für fünfzehn Tage aufgeschoben, damit ein friedliches Arrangement erreicht werden konnte. Fay fand gute Worte, die ihre Wirkung auf Friedrich Wilhelm nicht verfehlten: »The whole world is appalled at the idea of a war carried on by Your Majesty against Switzerland; a protestant country, and as such the hand of God indicates Your Majesty as a protector rather than an enemy.« Sodann beschrieb er die Schweiz als ein friedliches und fruchtbares Land. Der König erwiderte: »God, bless you, Sir, for what you are undertakung to do. I do not wish war. War is a dreadful scourge. The time has now come for concessions on both sides. May God bless you with success in the noble mission you have undertaken.«

Wenn auch der König seinen Standpunkt nicht preisgab, so bedeutete es doch einen großen Fortschritt, daß er die Auffassung des Gesprächspartners tolerierte, letztlich anerkannte. Charakteristisch für ihn war die Meinung, »bis 1848 sei alles doch so gut gegangen«. Niemals seien die Neuenburger so glücklich wie unter seiner Herrschaft gewesen. So konnte die Auffassung seines amerikanischen Gesprächspartners für Friedrich Wilhelm letztlich nicht akzeptabel sein, aber er vernahm sie ruhig und würdig. Mr. Fay setzte den Vorstellungen des Königs von einem »Stillstand« in der Geschichte entgegen: »But, Your Majesty, the populations have changed, and tranquillity and order cannot be expected under two different forms of Government. The very present case illustrates it. These gentlemen [die Aufständischen] have committed an act which on one side of a line is a crime and on the other an act of heroism.«

Der noble Diplomat, der als Privatmann sprach, beschrieb exakt den Kern der Differenzen, um den es sich handelte. Bei aller Nähe zur christlichen Geschichtsauffassung des Königs und seiner nächsten Umgebung hat er es verstanden, die historische Situation der Eidgenossenschaft ins rechte Licht zu rücken. Daß er nicht mehr erreichen konnte als die Zusicherung des Königs, zur friedlichen Beilegung des Konflikts bereit und guten Willens zu sein, lassen die Schlußsätze seines denkwürdigen Berichtes erkennen. Fay hatte ihn gefragt, ob er aufgrund eines vorausgegangenen Briefes und dieser Unterredung von der Bereitschaft des Königs zur friedlichen Lösung ausgehen und mit dieser Botschaft in die Schweiz zurückkehren dürfe. Die Antwort lautete: »Oui, mon cher, oui and may God bless you. Go and have the affair settled and God give you success. God bless you for your exertions.« Der Schluß der Aufzeichnung enthält die nun schon bekannten und wiederholten Formeln: »God bless you.« Während dieser Äußerungen habe der König in der herzlichsten Weise Fays Hand genommen, und dieser fügte hinzu: »I shall return to Switzerland. I am far from pretending to have any influence, I act entirely as a private, humble individual. But whatever influence I may possess I shall use in favor of the liberation of those prisoners upon the strength of what Your Majesty has said to me and I shall give as the reason of my advice, the kind and friendly intentions of Your's Majesty with regard to Switzerland – ›Yes, he added, do so, and God speed you in your efforts‹.«

Die Vermittlung Fays war wichtig, aber die diplomatischen Auseinandersetzungen zogen sich trotzdem hin, bis im März 1857 in Paris eine Konferenz zusammentrat und am 26. Mai 1857 ein Abkommen erreicht wurde. Die Aufständischen wurden amnestiert. Noch während der Konferenz wurde zäh verhandelt; Bismarck nahm im letzten Stadium an diesen Verhandlungen teil, um den preußischen Bevollmächtigten zu unterstützen. Daß die Konferenz schließlich in einem besonderen

Protokoll beschloß, dem König von Preußen die Fortführung des Titels »Fürst von Neuenburg und Graf von Valangin« zu gestatten, bedeutete nicht mehr als eine Geste und konnte den Schmerz Friedrich Wilhelms kaum lindern. Die Ratifikation des Pariser Abkommens erfolgte am 16. Juni. Der König von Preußen unterzeichnete zwei Tage später eine Ansprache an die Neuenburger und enthob sie der Pflicht gegen ihren Fürsten. Es war der letzte Staatsakt, bevor Friedrich Wilhelm die Urkunde der Stellvertretung unterschrieb.

Die Idee der Legitimität, so wie sie Friedrich Wilhelm verstand, hatte eine Niederlage erlitten. Groeben notierte: »Nach langem, langem Zögern, bestimmt von dem Prinzen von Preußen, allen Großmächten und bewährten Diplomaten, gab der König endlich nach – und seitdem ist er nie mehr ganz froh gewesen ... Das unsägliche Wehe: eine Perle aus seiner Krone verloren zu haben, hat ihn getötet.«

Wenn man sich um ein Urteil über den Verlauf der Neuenburger Affäre bemüht, so bekommt man den Eindruck einer perfekten Dramaturgie. Am Ende ist Friedrich Wilhelm IV. der Verlierer; er mußte vor den Realitäten zurückweichen. Zu den Realitäten gehörte die Stellung des Kaisers der Franzosen, der sich anschickte, die europäische Landkarte zu verändern. Wie sehr Napoleon jetzt in alle politischen Überlegungen einbezogen wurde, geht aus Briefen und Aufzeichnungen privater Provenienz ebenso eindrucksvoll wie aus amtlichen Noten und Denkschriften hervor. In Bismarcks politisch-geistigem Ablösungsprozeß von den Altkonservativen etwa ist dem Kaiser eine zentrale Rolle zugefallen; der langsam von der Bühne abtretende König von Preußen ist um dieselbe Zeit genötigt gewesen, sein Urteil über Napoleon einer Revision zu unterziehen. Er ging so weit, seinen Neffen, Prinz Friedrich Wilhelm, dringend zu bitten, seinen Besuch in den Tuilerien möglichst zu verlängern. »Du darfst nicht unter 10 Tagen in Paris bleiben.« Er möge von »Dankbarkeit« sprechen, die er, Friedrich Wilhelm, nie vergessen werde.[37] Das Bild »der schönen Kaiserin ... wäre [in seinem Schlosse] in vielen Exemplaren zu finden«. Als Napoleon im Herbst 1857 auf der Durchreise das Großherzogtum Baden besuchte, hatte er mit dem Prinzen von Preußen eine »1 1/2stündige Unterredung. Der Prinz fertigte für den kranken König sogleich eine ausführliche Aufzeichnung an. In der Tat war das monarchische Europa mitten im Prozeß eines Wandels.«

Krankheit und Tod

Es ist schwer, die Anfänge der Erkrankung des Königs genau zu bestimmen. Das verbreitete Vorurteil, eine Nervenkrankheit habe sich seit langem vorbereitet und sei schließlich ausgebrochen, geht von einem feststehenden Urteil über die Persönlichkeit des Monarchen aus. Man ist angewiesen auf die Beobachtungen der dem König am nächsten stehenden Menschen sowie auf die wenig ergiebigen Bulletins der Ärzte. Wer wie Friedrich Wilhelm bis zuletzt in den Künsten und Wissenschaften zu Hause war, wer in den Krisen seiner Regierungsära bestrebt blieb, den Frieden, selbstverständlich zugunsten Preußens, aber von seinem Standpunkt aus auch zugunsten Europas, zu bewahren, kann nicht von vornherein als »Geisteskranker« bezeichnet werden. Die Exzentrik seiner Äußerungen war sicherlich größer als bei seinen Zeitgenossen. Gleichwohl übertraf er sie durch seine Bildung wie durch den Adel der politischen Gesinnung. Er blieb verwurzelt im christlichen Offenbarungsglauben und befangen in der Vorstellung einer idealisierten Vergangenheit, die so niemals Wirklichkeit gewesen war.

Alle Beobachtungen aus den letzten Lebensjahren ergänzen ein Bild, das uns aus gesunden Tagen längst bekannt ist. Der Mann, der am Sarge des Polizeipräsidenten schluchzt, kann nicht als krank bezeichnet werden. Die Pläne einer »Eroberung« Neuenburgs sind sicherlich die Gedankengänge eines exaltierten Fürsten, aber es beeindruckt immer wieder, wie sehr Friedrich Wilhelm, wenn es ernst wird, am Frieden festhält. Überdies war ja auch der seltsame Gedanke eines Feldzuges gegen die Schweiz durchaus nicht das alleinige geistige Eigentum des Monarchen; viele hatten daran Anteil. Wer wie Friedrich Wilhelm bis in den Juni 1857 hinein Briefe schreiben konnte, die zum Teil – wenn auch noch so unleserlich – sehr gehaltvoll sind, war in klinischem Sinne nicht »geisteskrank«.

Gerüchte, die aus Hofkreisen stammten, über einen körperlichen und geistigen Verfall des Königs drangen rasch in die Öffentlichkeit. Die Aufregungen der Mitte der fünfziger Jahre hatten sicherlich eine allgemeine Erschöpfung beschleunigt. Königin Elisabeth war wohl diejenige, die am frühesten geglaubt hat, Anzeichen einer nervlichen Erkrankung erkennen zu müssen. Gerlach notierte am 26. Mai 1856: »Hier droht eine neue Kalamität, wenn ein Sinken der Geisteskräfte bei

S. M. einträte, was I. M. befürchtet. Die Königin hat Massow weinend ihre Besorgnisse wegen der Gesundheit des Königs geklagt.«[1] Massow habe bei dieser Mitteilung »auch geweint«. In jenen Jahren wurde eben oft geweint und geschluchzt. Die Generation Friedrich Wilhelms und seiner Weggenossen wurzelte noch immer in der Romantik, die in der Literatur längst überholt war.

Gerlach dachte sogleich an die Frage der Machterhaltung. Er vermißte ein kompaktes Ministerium, mit dem »man getrost ins Gefecht gehen könne« und fuhr fort: »Aber so, wer ist denn da, wenn wir unsere Scharen mustern?« Hatte er gelegentlich an Rücktritt gedacht, so würde er darin jetzt Landesverrat sehen. Dohna, dem er von der Sorge der Königin erzählt hatte, riet ihm in dieser Situation dringend von einem Abschied ab. Im Sommer 1856 hatte der König zur Brunnenkur in Marienbad geweilt, die ihm immer wohltat. Gerlach notierte: »Der König ist jetzt ruhiger als lange; das gefürchtete geistige Baissieren ist nicht mehr der Fall, seitdem er in Marienbad gewesen.«[2] In den folgenden Monaten bündelten sich außen- und innenpolitische Probleme, unter denen die kirchlichen Fragen ihren alten Rang behielten. Der König entzog sich aber nicht den militärischen Verpflichtungen, zu denen Paraden und Revenuen gehörten.

Im Juli 1857 weilte das Königspaar zu Besuch in Wien; auf der Rückreise traf man sich mit den sächsischen Verwandten in Pillnitz, wo den König am 12. Juli nach ärztlichem Urteil ein leichter Schlaganfall traf. So wurde die Rückreise um einige Tage verschoben. Die Ärzte Schönlein und Weiß wurden gerufen. Die Symptome zeigten sich in Sprachschwierigkeiten. Die Ärzte waren wohl ernstlich besorgt, aber doch nicht ohne Zuversicht. Die Leibärzte äußerten immerhin, »dieser Zufall, bei dem der Gebrauch der Zunge aufhört, wobei die Extremitäten kalt geworden, stände nicht einzeln da und könne zu gefährlichen Dingen führen«.[3] Schönlein sagte: »Das ist ein Wetterleuchten, wie bald kann der Blitz einschlagen!« Die Leibärzte stellten aber auch fest, »daß ein solcher ›Zufall‹ ganz im Rahmen ihrer ärztlichen Erfahrung liege«. Einer der Leibärzte, Dr. Weiß, teilte dem Prinzen von Preußen am 21. Juli 1857 mit, bei »dem Unwohlsein in der Nacht v. 13. z. 14. Juli in Pillnitz« habe es sich um einen »der Ohnmacht ähnlichen Zustand« gehandelt.[4]

Gerlach reagierte zunächst gelassen auf die Nachrichten aus Sachsen. Er empfing den König am 17. Juli auf dem Anhaltischen Bahnhof. »Er war sehr wohl«, schrieb er. So gehörte Gerlach zu den ersten aus dem

Eine der wenigen Daguerreotypien (von Hermann Biow) aus den letzten Lebensjahren Friedrich Wilhelms IV. zeigt den stark gealterten König, dessen körperliche Fülle in einem allgemein empfundenen Gegensatz zu seiner geistigen Hinfälligkeit stand. Es war schon ein kranker Mann, der sich hier im Glanze seiner Orden in alter Manier präsentierte.

königlichen Gefolge, der einen persönlichen Eindruck vom König empfing. Im grünen Eisenbahn-Cabinett des großen Wagens fragte ihn der König »nach dem Stand der Dinge«. Nach vorübergehender Besserung im Befinden traten immer wieder Symptome auf, die auf eine Nervenerkrankung deuteten. Die Königin war besorgt über den vorübergehenden Verlust des Gedächtnisses, was der König auch selbst merkte. Am 24. Juli lautete Gerlachs Tagebuch: »Der König ist immer noch krank, obschon der Arzt heute sagte, daß Alles wieder in Ordnung wäre, aber stets fehlen die Worte im Sprechen.«[5] Es war unvermeidlich, daß die Nachrichten über den schlechten Gesundheitszustand in die Öffentlichkeit drangen. Einige Bulletins erschienen in den Zeitungen mit der Absicht, den Krankheitsfall zu verharmlosen. So kritisch die Tagebücher Varnhagen von Enses beurteilt werden müssen, in diesem Falle war der Gesellschaftschronist wohl unterrichtet. Er schrieb in seinem Tagebuch: »Schlimme Nachrichten im Betreff der Gesundheit des Königs! Seine Zustände wechseln zwischen Aufreizung und Abspannung, aber die letztere wird immer häufiger und größer, während die erstere abnimmt. Ganze Stunden bringt er in müder Stumpfheit zu, ohne Teilnahme, ohne Willensäußerung; bisweilen scheint es, als könne er sich nicht recht besinnen. Dann rafft er sich auf, tut alles wie sonst, zeigt Lustigkeit, nimmt seine Liebhabereien vor, allein später ist die Abspannung umso größer. Man bemerkt, daß die Königin öfter statt seiner antwortet, ihn gleichsam vertritt und ihn deckt ... Der König klagt seit einiger Zeit über die Abnahme des Gedächtnisses und zwar so, daß er sich der Dinge recht gut erinnert, aber die bezeichnenden Worte durchaus nicht finden kann. So konnte er vor kurzem bei einer Gelegenheit das Wort Nase nicht finden, bei anderen das Wort Köln nicht und rief nach mehrmaligem vergeblichen Ansetzen ungeduldig aus: ›Mein Gott, kann mir denn keiner helfen und sagen, wie die große Stadt am Rhein heißt?‹ ...[6] Seit Pillnitz soll der König bis zur Ungebühr häufig die Worte ausrufen: ›Mir ist so dämisch, so dumm im Kopf!‹«[7]

Die Königin war diejenige, die ihm am ehesten den Zustand erleichtern konnte. Wenn er nach Wörtern oder Namen suchte, nannte sie einen nach dem anderen, bis der König schließlich nickte und glücklich war, den Namen endlich gefunden zu haben. So siechte er langsam dahin, und es ist bemerkenswert, daß ihn die Gedanken an die Staatsgeschäfte und Kirchensachen, die sich ja stets bei ihm durchdrangen, nach wie vor beschäftigten. Er hörte nicht auf, von der »evangelical alliance« – wie in gesunden Tagen – voller Hoffnung »große Dinge« zu erwarten.

Selbst in diesen Tagen standen im Mittelpunkt der Gespräche Gerlachs mit dem König: »Die Kirche: Diakonat, Episkopat, Eucharistie u.s.w.«. Der Generaladjutant fügte hinzu: »Ich ließ mich möglichst wenig ein. Wie leid tut mir der Herr, der jetzt so liebenswürdig ist, auf diesen Irrwegen, in denen ihn nun auch Hoffmann und Nitzsch verlassen, wie er heute sagte.«[8]

Es bedurfte größter Anstrengungen, damit der König bis zu einem gewissen Grade seinen höfischen Verpflichtungen nachkam. Dazu gehörte der Besuch des russischen Kaiserpaars, wobei sich der kranke König von Preußen gemäß der Etikette eine russische Uniform anzog, ein in seiner Verfallenheit makabres Bild. Diners mit ausländischen Besuchern, auch Besuche von Museen und Theatern wurden weiter unternommen, und zwar noch im August. Am 6. Oktober hatte der König den Kaiser und die Kaiserin von Rußland, die mit ihren beiden Kindern aus Weimar kamen und im Neuen Palais in Potsdam wohnten, mit der Bahn bis zur Station Sommerfeld in Schlesien begleiten wollen. Anschließend hatte er die Absicht, der Taufe des ersten Kindes des Herzogs von Schleswig-Sonderburg-Augustenburg im Posenschen beizuwohnen. Auf dem Bahnhof in Berlin erreichte ihn ein neuer Anfall mit den bekannten Symptomen, so daß er sich rasch vom russischen Kaiserpaar verabschiedete und die Reise nach Schlesien aufgab. In Begleitung Groebens und eines Leibarztes reiste er nach Potsdam zurück, während die verängstigte Königin ihm mit ihren Schimmeln entgegenfuhr. Im Laufe des Tages verschlimmerte sich der Zustand, so daß der Prinz von Preußen herbeigerufen wurde. Die Gedanken derer, die dem Hofe Friedrich Wilhelms besonders nahestanden, mußten sich Babelsberg, dem Schloß des Prinzen, zuwenden, in Sorge, Angst oder Zuversicht.

Während der unaufhaltsamen Erkrankung des Königs, in deren Verlauf sich nur scheinbare Besserungen beobachten ließen, vollzog sich eine Annäherung an den Prinzen von Preußen sowie an dessen Hof. Gerlach fühlte sich vom Tode umgeben; in der eigenen Familie erlebte er die schweren Verluste von Tochter und Frau und in seiner politisch-militärischen Welt starben Männer, mit denen er sich im Grundsätzlichen einig gewußt hatte und die er nunmehr vermißte. »Mitten in dem Leben sind wir vom Tod umfangen«, schrieb er am 23. Juli. Der Militärbevollmächtigte, General von Rauch, war schon vor Jahren gestorben. Am 7. Oktober starb General von Reyher. »Wieder eine wichtige Stelle zu besetzen, der beste ist Moltke.« Markus Niebuhr, Kabinettsrat seit

1851 und enger Vertrauter des Königs und Gerlachs, mehr reaktionär als konservativ gesonnen, verfiel 1857 einer Nervenkrankheit, von der er 1860 erlöst wurde. Noch zum Weihnachtsfest 1857 schenkte der König ihm den Thomas a Kempis mit eigenhändiger Widmung: »Mit Gottes Hilfe für Sie und mich.«[9]

Die Frage nach der Einführung einer Stellvertretung oder gar einer Regentschaft wurde akut. In dieser Diskussion fiel den behandelnden Ärzten selbstverständlich eine wichtige Rolle zu. Sie wurden, worauf vornehmlich der Thronfolger bestand, zu schriftlichen Gutachten aufgefordert. Bis zum August 1857 ist in den Bulletins[10] vornehmlich von »Erschöpfung« die Rede. Im Oktober 1857 erklärten Dr. Schönlein und Dr. Grimm, Seine Majestät sei imstande, »Ihre Willensmeinung« betr. Vollmacht zur Übergabe der Regierungsgeschäfte an den Prinzen von Preußen »kund zu tun«. So konnte Friedrich Wilhelm diese Vollmacht »frei und ungehindert« erteilen. Erst am 29. Mai 1858 wurden den Ärzten präzise Fragen gestellt. Die Krankheit wurde von ihnen als »Gehirnleiden« bezeichnet. Auf die Frage, »ob Genesung zu erwarten« sei, wurde eine solche immerhin als nicht ausgeschlossen bezeichnet. Es ist unverkennbar, daß die Fragesteller die ärztlichen Auskünfte zunächst nach Maßgabe ihrer Wunschvorstellungen interpretierten. Als Therapie wurden Reisen in den Süden, vor allem »Alpenluft« empfohlen.

Die Ärzte durften nur über den Grafen Dohna Gutachten publizieren; ihre Auffassungen waren durchaus nicht so verschieden, wie es Gerlach vermutete und darstellte. Vielleicht aber hat er den Zustand der medizinischen Wissenschaft seiner Zeit gar nicht so falsch beschrieben, wenn er seinem Tagebuch vom 19. August anvertraute: »Die Medizin als Wissenschaft ist in dem Grunde dem Zweifel verfallen, was ich leider bei den vielen Krankheiten der Meinigen erfahren, daß es keine Medizinische Autorität und keine Medizinische Tradition mehr gibt. Die Diagnose ist weiter getrieben als je, die Heilung aber unsicherer als je... Dessenungeachtet wurde niemals ein größeres Elend mit den Ärzten getrieben, als eben jetzt. Ist der königliche Leibarzt aber kein Mann von Autorität, so spricht Jedweder hinein und macht die Krankheit und Kränklichkeit des Königs zur Grundlage seiner Absichten und Pläne.« Im Zusammenhang mit mannigfachen wohlgemeinten Ratschlägen sagte Schönlein: »Wenn sich die Kaiserin so für die Gesundheit ihres Herrn Bruders interessiert, warum frägt sie mich nicht, der ich den König in Pillnitz behandelt habe.«

So vermischten sich die verschiedenen ärztlichen Meinungen mit den inkompetenten Urteilen der fürstlichen Angehörigen. Die Zarin hatte ein besonderes Vertrauen zu einem Arzt namens Dr. Mandt, dem zufolge »des Königs Krankheit im Rückenmark und im kleinen Gehirn« säße.[11] Schönlein erklärte »das für einen Unsinn«. Mit gutem Grunde kommentierte Gerlach, auf solche Weise sei »so eine Unsicherheit in die ganze Behandlung des Königs« gebracht worden, und er schilderte die Situation: »Frühstück im Neuen Garten, zu dem ich auch noch kam. – Konferenz bei mir mit Dohna und Massow. Edwin Manteuffel konnte wegen des so sehr verspäteten Vortrags nicht kommen. Wir sprachen über die Kränklichkeit des Königs und wie er bei den bevorstehenden Manövern nach Möglichkeit zu schonen sei. Ich finde das Wichtigste: Den Widerspruch zwischen Schönlein und Mandt-Weiß ... Die Geschichte mit den Ärzten ist wirklich sehr wichtig. In Berlin ist kein wirklich berühmter Arzt und in Deutschland überhaupt nicht.«

Der General und medizinische Laie traf mit seinen Bemerkungen den Kern der medizinischen Situation in seiner Gegenwart. Die Medizin befand sich in den fünfziger Jahren in einer Phase des Umbruchs von der Naturphilosophie zur Naturwissenschaft. Schönlein selbst stand als vorwiegend empirisch orientierter Kliniker zwischen diesen beiden Richtungen. Von medizinhistorischer Seite wird er daher als der Begründer der sogenannten Naturhistorischen Schule angesehen, die in Deutschland vor allem während der dreißiger und vierziger Jahre tonangebend war.[12] Die eigentliche Grundlage zur Entwicklung eines tragfähigen theoretischen Konzepts der Medizin legte jedoch der Lehrstuhlinhaber des jungen Faches Pathologische Anatomie an der Berliner Universität, Rudolf Virchow. Im Jahre 1858 veröffentlichte er seine »Cellularpathologie«, mit der tatsächlich eine neue Ära in der Heilkunde begann. Bis fast zur Jahrhundertwende war diese neue Ära allerdings nur im Bereich der medizinischen Grundlagendisziplinen (Anatomie, Physiologie, Pathologie) zu spüren, während die Therapie zunächst weiter auf das traditionelle Arsenal verwiesen blieb. Anspruch und Realität der Medizin divergierten wohl selten in der Geschichte so stark wie gerade in der Zeit um 1860.

Die Wissenschaft hat nach einer sorgfältigen Beschreibung des Krankheitsverlaufes des Königs, die sich auf eine der wichtigsten zeitgeschichtlichen Quellen, nämlich die Erinnerungen Hohenlohe-Ingelfingens, bezieht, die prägnantesten Erscheinungen »aus heutiger Sicht«

des Mediziners erläutert und zusammengefaßt. Friedrich Vogel spricht von einer »cerebralen Gefäßerkrankung«. »Im Vordergrund der neurologischen Ausfälle stand von Anfang an, also seit dem ersten auffälligen Ereignis im Mai 1856, eine Störung der Sprache.«[13] Im Vordergrunde habe die Unfähigkeit gestanden, »bestimmte Worte und Begriffe zu finden«. In Situationen seelischer Anspannung »machte sie sich besonders bemerkbar«. Der Mediziner spricht von »Wortfindungsstörungen«, die von Hohenlohe und anderen Personen aus der Umgebung des Königs anschaulich und teilnehmend geschildert worden sind. Der Befund lautet »motorische Aphasie«. Wichtig für die Beschreibung der Krankheit ist die Diagnose, daß es »erst im weiteren Verlauf der Erkrankung (Herbst 1859) offenbar zu einem Schlaganfall unter Beteiligung der motorischen Region in der rechten Hirnhälfte, der eine Lähmung der linken Körperhälfte zur Folge hatte«, gekommen sei. Alles spreche dafür, »daß der König an einer Gehirnarteriosklerose litt«. Im Verlaufe der Erkrankung sei es zu weiteren Schlaganfällen gekommen, »die mehr und mehr auch eine allgemeine Hirnleistungsschwäche mit Erregbarkeit und effektiver Inkontinenz zur Folge hatte«. Es ist jedoch, so das abschließende Urteil, »unangemessen und in der Medizin unüblich, Patienten, die an einer derartigen Gefäßerkrankung leiden, als ›geisteskrank‹ zu bezeichnen«.[14]

Der kranke König wurde wohl regierungsunfähig, aber die anziehenden Eigenschaften seiner Persönlichkeit blieben erhalten, ja es scheint, als ob sie sich gesteigert hätten. So blieb die Menschlichkeit des Königs erhalten.

Solange die Unheilbarkeit noch nicht endgültig feststand und solange noch eine wenn auch nur geringe Hoffnung auf Genesung blieb, wurde von der Königin und den Konservativen wohl eine Stellvertretung, nicht aber eine Regentschaft überlegt und vorbereitet. In Unterredungen mutete man dem Generaladjutanten zu, den König zu bewegen, dem Prinzen von Preußen die Geschäfte mündlich zu übertragen. Seine Antwort: »Sie können nicht verlangen, daß ich den König in dem Zustande, in dem er ist, jemandem zeige.«[15] Eine mündliche Übertragung einer Stellvertretung hätte ja die Anwesenheit von Zeugen erforderlich gemacht: »Denn der König ist so unvernehmlich, daß er gar nicht gewußt, wo er mit seinem Bruder Wilhelm hinsolle ... Die Reden und die Verwechslung der Worte sind oft sehr merkwürdig. Der König sieht zwei neue Vasen, die sie ihm hingestellt haben. Das ist ja sehr schön, das sind ja zwei ganz neue – Freimaurer.« Von einer sogenannten

»Geschäftsübergabe« an seinen Bruder wollte der König in seinen lichten Momenten nichts wissen. Als ihm die Königin sagte, daß er »Wilhelm damit beauftragen sollte«, wurde er unwirsch und sprach davon, »bei lebendigem Leibe begraben« zu werden. Das Motto über dieser Leidenszeit lautet: »Der Tod klopft stark an unsere Türen.« Es dauerte lange, bis die Ärzte schließlich doch unverklausuliert von »Unheilbarkeit« sprachen.

In der Frage nach Stellvertretung und Regentschaft vermischten sich sehr diffizile Fragen des Haus- und Verfassungsrechtes. Gerlach war sich im klaren darüber, »daß diese Krankheit des Königs jedenfalls mein politisches Ende ist«. Sein Amt beruhte nach seinen zutreffenden Worten auf persönlichem Vertrauen und »auf der eigenen selbständigen, persönlichen Aktion, die der König auf die Regierung fortwährend ausübte. Dabei bediente er sich meiner und Niebuhrs.« Gerlach verwandte bereits die Vergangenheitsform. Der Hofrat Schneider wurde nach Berlin gesandt mit dem Auftrage des Prinzen Friedrich Wilhelm, »das Historische über Abdication und Regierungs-Antritte in der Familie zu ermitteln«.

Die Konservativen – also der Kreis der Kamarilla – veranstalteten eine Konferenz in kleinem Kreise, an der außer Leopold und Ludwig von Gerlach Otto von Bismarck, Feldmarschall Graf Dohna und Edwin Manteuffel teilnahmen. Ihr Programm war »baldiges Vorgehen mit der Geschäftsübernahme durch den Prinzen, Ableistung des Verfassungs-Eides, wenn es zur Regentschaft kommt, und das, je nach dem vorhandenen Rechtsgebaren, mit oder ohne Reservation, am besten mit denselben wie des Königs; der Anfang der Regentschaft ›open question‹«. Von Intrigen der »kleinen, aber mächtigen Partei« kann in dieser Phase des Übergangs zu einer neuen politischen Ära nicht die Rede sein. Wohl wurde hingewiesen auf »die quasi testamentarische Abmahnung des Königs von dem Verfassungs-Eide, aber der Eid selbst wurde nicht in Frage gestellt, gleichzeitig wurde über »Verbesserungs-Absichten« gesprochen, wobei die Meinungen, wie nicht anders zu erwarten, auseinander gingen.

Die Unterzeichnung jener »Ordre«, die den Prinzen Wilhelm mit der Stellvertretung für die Dauer von drei Monaten beauftragte, vollzog sich in würdigen Formen, was der Königin zu verdanken war. In einem Augenblick, als sich der König verhältnismäßig wohl befand, legte sie ihm die Ordre für die Stellvertretung zur Unterzeichnung im Oktober 1857 vor. Er reagierte mit den Worten: »Das habe ich schon längst gewollt, habe es aber nicht sagen können.« Friedrich Wilhelm IV. unterzeichnete, erklärte deutlich sein Einverständnis und fiel in den ihm geläufigen Dialekt. Es muß – trotz des würdevollen Verhaltens der Königin – eine shakespearisch gespenstische Szene gewesen sein, die sich im Schloß während der königlichen Unterzeichnung abspielte. Hinter der Tür des Krankenzimmers standen Dohna, Manteuffel, der Prinz Friedrich Wilhelm »als Zeugen«. Wieso sie gleichsam heimliche Zeugen sein konnten, bleibt unverständlich. Schönlein hatte das Zimmer verlassen und Ruhe für den Kranken angeordnet. Während der Unterzeichnung waren offensichtlich nur die Königin sowie Prinz Wilhelm beim König. Nach Gerlachs Bericht wurde der Prinz von Preußen erst auf Drängen des Grafen Dohna gerufen. »Hernach ist der König denkbar zärtlich gegen den Prinzen gewesen, sehr vergnügt ... Der Prinz ist sehr gerührt gewesen, hat geweint und gesagt: ›Ihr seid einen Stein vom Herzen los, mir ist aber einer aufgelegt.‹« Zu denen, die im Zusammenhang mit der Vorbereitung und dem Vollzug der Unterzeichnung am energischsten handelten, gehörte der Feldmarschall Graf Dohna, selbst ein sehr alter Herr. Vergleicht man die zeitgenössischen Berichte, so entsteht der Eindruck, das Siechtum Friedrich Wilhelms sei geradezu öffentlich zur Schau gestellt worden.

Während der Zeit zwischen der Unterzeichnung der ersten Stellvertretungsordre bis zur Einsetzung der Regentschaft versammelten sich noch einmal die Repräsentanten des alten Preußen der Ära Friedrich Wilhelms IV. und entfachten gelegentlich eine hektische Tätigkeit. Der 23. Oktober war in der Tat »ein merkwürdiger, trauriger Tag«. Die Männer, die sich bei noch so verschiedener Auffassung über die Form der Stellvertretung trafen und berieten, schwankten noch immer zwischen der leisen Hoffnung auf Genesung und Resignation. Dohna war es, der auf Einhaltung der Formen besonders geachtet hat; so verlangte er auch die Anwesenheit des Ministerpräsidenten Manteuffel. Neben Gerlach standen Dohna und Voß, auch Massow und Graf von Keller. Markus Niebuhr konnte nicht mehr raten; er war ohne Bewußtsein.

Der Takt des Prinzen garantierte, daß zunächst am Hofe und auch im Ministerium keine Veränderungen stattfanden. Der Feldmarschall Groeben hatte inzwischen aus Altersgründen seinen Abschied eingereicht. Im Zusammenhang mit der Stellvertretung stellte sich wiederholt die Frage nach einer Verbesserung der Verfassung und vor allem nach dem Verfassungs-Eide. Ludwig von Gerlach, der sich in Magdeburg zurückhielt, gab den Rat, »der Prinz solle (im Falle einer Regent-

Der Bruder des Königs, der spätere Kaiser Wilhelm I., sträubte sich lange, den offensichtlich kranken Friedrich Wilhelm IV. gegen dessen ausdrücklichen Willen der Regierungsgewalt vom Thron zu entsetzen, aber am 23. Oktober 1858 unterzeichnete der Monarch angesichts seines Gesundheitszustandes aus freien Stücken eine Ordre für seine Stellvertretung und setzte den Bruder als Prinzregenten ein, der am 8. November 1858 eine Ansprache an sein neues Ministerium hielt (unser Bild).

schaft) bei dem Zusammentreten des Landtags freiwillig die Verfassung beschwören«.[16] Dieser Ansicht waren auch große Teile der öffentlichen Meinung, vor allem der Presse, während die Konservativen am Hofe und im Ministerium den Zeitpunkt der Regentschaft so weit wie möglich hinauszuschieben trachteten. Mit dem Eintritt der Regentschaft wäre die Eidesleistung auf die Verfassung unvermeidlich gewesen.

Doch schon am 15. Oktober berichtete Gerlach nach einem Gespräch mit dem Ministerpräsidenten wegen des Verfassungs-Eides, der König habe »zwei versiegelte Scripta auf seinem Tisch, das eine über seine Beerdigung, das andere an seine Brüder, worin er ihnen die Veränderung der Verfassung anempfiehlt und von dem Verfassungs-Eide abrät. Das zweite haben der lange Kleist und auch Groeben gesehen, ich nicht, weil S.M. wußte, daß ich darüber anderer Meinung war. Kleist hielt es mit Eberhard Stolberg und mit Edwin Manteuffel für ein großes Glück, den Verfassungs-Eid los zu werden.« Wenn eine Reihe von Konservativen die Eidesleistung ablehnten, so läßt ihr Verhalten nicht etwa nur eine sogenannte reaktionäre Haltung erkennen. Es wird gleichzeitig auf paradoxe Weise deutlich, wie ernst der Verfassungs-Eid aufgefaßt wurde. Unabhängig von einer christlichen Grundüberzeugung, aus der eine Eidesleistung gewürdigt wurde, war an eine Beseitigung allerdings ernsthaft nicht zu denken; auch die Männer der Kreuzzeitung trugen sich nicht mit derartigen Gedanken. Wohl aber wurde erwogen, »Verbesserungen« der Verfassung durchzusetzen.

Friedrich Wilhelm IV., der nunmehr außerhalb des Geschehens, außerhalb der Zeit lebte, hatte wohl noch lange Zeit geglaubt, kraft seiner Machtvollkommenheit die Verfassung in einen Freibrief umwandeln zu können. Aus einem solchen »Freibrief« sollten die konstitutionellen Bestimmungen, vor allem das Recht der Ausgabenbewilligung des Parlaments eliminiert werden; solange er gesund war, blieb sein Ideal der »Vereinigte Landtag«. Manteuffel widerstand solchen königlichen Plänen, indem er es für ausreichend hielt, einige Verfassungsartikel im monarchischen Sinne zu interpretieren. Unter den Ministern hat allein Westphalen die Ansichten Friedrich Wilhelms geteilt und noch im Sommer 1857 ein Gutachten im Sinne des Königs ausgearbeitet. Westphalen wurde als erster Minister am 12. Oktober 1858 entlassen.

Am 29. Januar 1858 fand die Vermählung des Prinzen Friedrich Wilhelm mit der Prinzessin Viktoria von Großbritannien statt, wobei sich die Frage stellte, wer die Ehepakte unterzeichnen solle. Die Königin hielt die Unterzeichnung durch ihren Gemahl für möglich, »findet es aber besser, wenn es der Prinz tut«, wie es dann auch geschah. Im Prachtraum des Weißen Saales brachte der Prinz von Preußen einen Toast aus nicht nur »auf das hohe neuvermählte Paar«, sondern auch »auf die glückliche Allianz zwischen Großbritannien und Preußen«.[17] Der seiner Sprache nicht mehr mächtige König war nur noch in der Lage, den Neffen und dessen Gemahlin im Schloß Bellevue kurz zu begrüßen. Wenige Monate zuvor hatte der König von Preußen der Princess Royal in klarer Handschrift einen herzlichen Geburtstagsbrief geschrieben. Er war beglückt über die Verbindung »zwischen unserem Hause und dem des Großbritannischen Hauses«.[18]

An jene Vermählung haben sich immer wieder Erwartungen, vor allem aber auch Gerüchte über eine angebliche Verschwörung zwischen liberalen Kreisen in England und in Preußen, zwischen Prinz Albert und dem Koblenzer Hof, geknüpft; davon kann indes nicht die Rede sein. Bei dieser Fürstenhochzeit hat es sich nicht um eine Konspiration gehandelt, so als ob die künftige Thronerbin gleichsam dazu bestimmt gewesen sei, ihrer Mutter, der Königin von England, geheime Informationen über die Berliner Politik zu vermitteln. Die Hoffnung, daß durch diese Ehe die englisch-preußischen Verbindungen vertieft werden möchten, war durchaus begründet. Und die spätere Kaiserin Friedrich war willens, eine gute Preußin zu werden.

Seit der Entschließung über die »Stellvertretung« ruhten jene Staatsgeschäfte und Kirchenangelegenheiten, die zuvor so im Mittelpunkt gestanden hatten. Zu den Fragen, die nun vornehmlich diskutiert wurden, gehörte die Trennung zwischen Hausangelegenheiten und Regierungsgeschäften. Nach der Unterzeichnung der Stellvertretungsurkunde hatte der Prinz »zunächst befohlen, daß das Militär- und Civilkabinett in Potsdam bleiben sollten«.[19] Gerlach selbst sagte zum Prinzen, daß sein »Platz bei dem Könige sei«, »daß ich kein Ressort hatte, sondern nur in extraordinären und Vertrauenssachen gebraucht worden wäre«; er hatte seine Stellung in der unmittelbaren Umgebung des Königs mit diesen Worten allerdings nur unvollständig beschrieben. In dieser Zeit des Übergangs schien es nach Auffassung des Prinzen zweckmäßig, daß ihm die eigentlichen Geschäftssachen übertragen würden, »über die Familiensachen aber die Entscheidung I.M. der Königin einzuholen wäre«. Der Prinz von Preußen durfte sich stets des Willens der Königin versichern. Alte Spannungen waren ausgestanden.

Zu »Familiensachen« gehörte der erwähnte Ehepakt zwischen dem Neffen Friedrich Wilhelms und der Tochter der Queen. Zur Lösung solcher diffiziler Fragen hat der Takt des Prinzen, der jedes »Drängen« vermeiden wollte, entscheidend beigetragen. Von einer damals ebenfalls diskutierten »Mitregentschaft« wollte er indes nichts wissen. Er forderte statt der Zulassung eines solchen »Zwitterzustandes« – so schrieb er aus Baden-Baden am 18. Juli 1858 an Manteuffel – die Einsetzung der Regentschaft durch den ja durchaus zurechnungsfähigen König unter der Voraussetzung, daß die Ärzte bis zum Herbst keinen bestimmten Zeitpunkt für die Wiederaufnahme der Regierung durch den Kranken angeben könnten. Am 18. August verlangte er ein Gutachten des Ministeriums darüber, »ob der gegenwärtige Zustand ohne Verletzung der Landesgesetze noch länger verlängert werden dürfe«. Ferner heißt es in diesem Briefe: »Daß ich unter den obwaltenden Umständen an eine Abdication des Königs nicht denke, begreifen Sie nur zu gut.« Neuwahlen zum Abgeordnetenhaus standen bevor, so daß eine Entscheidung unaufschiebbar war. Die Stellvertretung wurde noch dreimal verlängert, im Januar, im April und im Juli.

Der kranke König nahm die Umstände wahr, die seine Person betrafen, aber sein Erinnerungs- und Erkennungsvermögen wurden immer schwächer. Der ihm eigentümliche Realismus drang durch, wenn er etwa gelegentlich über sich selbst sagte: »Ich werde immer dümmer.« Die Melancholie, die über diesen Monaten lag, kommt in Gerlachs Tagebuchaufzeichnungen zum Ausdruck: »Überall Untergehen, nirgend ein Aufgehen.« Er spürte, daß sich eine Ära dem Ende zuneigte. »Alle Bande lösen sich in der Welt, und das sieht man erst, wenn man alt wird und wenn die Freude an der Welt, das Individuelle überhaupt, und wenn die Ambition zu versagen anfängt.« Erinnerungen an die Abdankung des geisteskranken Kaisers Ferdinand stellten sich ein. Eine große Stille war in Sanssouci ebenso wie in Charlottenburg eingetreten. Und ein anderes Mal: »Media Vita in morte sumus verwandelt sich bei mir in media morte zwischen meiner Tochter, meiner Frau und dem König in vita sumus.« Er erkannte richtig: »Mein Posten schrumpft ohne königliches Vertrauen in nichts zusammen, ich bin also fertig, ebenso Raumer und Westphalen. Was wird aus dem Verfassungseid und wie wird sich Friedrich Wilhelm V. [sic] und Manteuffel dazu stellen? Ich glaube noch immer, er wird ihn unweigerlich leisten.«

Das Fortschreiten der Krankheit wurde immer wieder durch Stunden eines hellen Bewußtseins unterbrochen, so daß sich falsche Hoffnungen regten. Bemerkenswert und auch charakteristisch für einen Teil der Zeitgenossen ist die Bemerkung Leopold von Gerlachs über die Gleichzeitigkeit von politischen und physischen Krankheiten. Jetzt wurde die Erkrankung des Königs zum Anlaß, über den Sachverhalt nachzudenken. Es handelt sich um nur ganz gelegentliche Bemerkungen, die vornehmlich einem subjektiven Empfinden entstammten. Die Annahme der Gleichzeitigkeit, mindestens der Ähnlichkeit von Krankheitsbildern bei Menschen und Staaten findet sich damals immer wieder; solche Beobachtungen beschäftigten gleichzeitig die Medizin, vor allem die Hygiene. Gerlach sprach von der »Krankheit des Staates«, ein Thema, das einen Arzt wie Virchow seit langem beschäftigte. Was den König in gesunden Tagen brennend interessiert hatte, vollzog sich nunmehr fast ganz außerhalb seines Bewußtseinshorizontes. Dazu gehörten nicht nur die Probleme der großen Politik, sondern auch die Angelegenheiten der europäischen Fürstlichkeiten.

Die Einführung der Regentschaft wurde schließlich unvermeidlich. Unter den Ministern sprach sich nur noch Westphalen gegen sie aus. Am 29. März 1858 hatte das Staatsministerium wiederum »ein Gutachten der Allerhöchsten Leibärzte über den Gesundheitszustand des Königs« verlangt.[20] Der Minister des königlichen Hauses wollte so schonend wie möglich die erforderlichen Schritte unternehmen und wissen, ob »nach der Meinung der Leibärzte anzunehmen sei, daß des Königs Majestät« bald wieder »im Stande sein werden, ohne Nachteil für Allerhöchst Ihre Gesundheit die Regierungsgeschäfte wieder zu übernehmen?« Falls dies nicht der Fall sei, ob später auf vollständige Genesung gehofft werden dürfte.

Nach Maßgabe der Verfassung mußte auch der Landtag an der Frage der Regentschaft beteiligt werden. Am 20. September 1858 entschied sich das Gesamtministerium gegen die eine Stimme Westphalens nach einem Rechtsgutachten des Justizministers Simson für die Errichtung der Regentschaft.[21] Die Ärzte hatten einen Winteraufenthalt des Königs im Süden empfohlen. Diese Empfehlung gab der Königin die Gelegenheit, ihm am 7. Oktober den zuvor verabredeten Kabinettsbeschluß vorzulegen. So ersuchte er seinen Bruder, so lange, bis er die Pflichten des königlichen Amtes wieder selbst ausführen könne, die königliche Gewalt in seinem Namen als Regent auszuüben. Der König unterzeichnete in vollem Bewußtsein, ohne ein Wort zu sagen, und hielt sich beide Hände weinend vors Gesicht. In der Urkunde vom 7. Oktober 1858, die in »Sanssouci ausgefertigt und an des Prinzen von Preußen Königliche Hoheit und Liebden« gerichtet war, hieß es in den wesentlichen Abschnitten: »Da ich aber nach Gottes Ratschluß durch den

Zustand Meiner Gesundheit jetzt noch verhindert bin, Mich den Regierungsgeschäften zu widmen, die Ärzte auch für den Winter Mir eine Reise nach südlicheren Gegenden verordnet haben, so ersuche Ich, bei dieser Meiner noch immer fortdauernden Verhinderung, die Regierung Selbst zu führen, Ew. Königliche Hoheit und Liebden, so lange, bis Ich die Pflichten Meines Königlichen Amtes wiederum Selbst werde erfüllen können, die Königliche Gewalt in der alleinigen Verantwortung gegen Gott, nach bestem Wissen und Gewissen in Meinem Namen als Regent ausüben und hiernach die erforderlichen Anordnungen treffen zu wollen.« Die Ordre schloß: »Von den Angelegenheiten Meines Königlichen Hauses behalte Ich diejenigen, welche Meine Person betreffen, Meiner eigenen Verfügung vor.«

Die Ära Friedrich Wilhelms IV. war zu Ende. Die Berichte jener Personen, die den König auf seinen Reisen bis zu seiner Sterbestunde begleiteten, gehen oftmals auseinander, aber in der Substanz läßt sich das Übereinstimmende ohne Schwierigkeit erkennen. Die Reise an den Tegernsee, die noch während der letzten Stellvertretung im Juni 1858 stattfand, versammelte den König mit der wittelsbachischen Verwandtschaft. Von seinem Adjutanten Prinz Kraft zu Hohenlohe-Ingelfingen besitzen wir einen ausführlichen und anschaulichen Bericht. Die Reise mit höfischem Gefolge führte in einem Extrazuge über Leipzig.

Diese erste Reise des regierungsunfähigen Königs nach Bayern ließ ihn die verwandtschaftlichen Begegnungen mit den Wittelsbachern genießen, eine Begegnung, die für ihn eine »Labsal« war. Die Erfahrung solcher Begegnungen vertiefte das fürstliche Zusammengehörigkeitsgefühl, das allerdings nie ganz ohne Irritationen gewesen war. In Augsburg sah die Königin die Herzogin von Bayern, ihre Stiefschwester; nach kurzem Aufenthalt brachte sie die Eisenbahn nach Holzkirchen, wo die Wagen des Prinzen Carl von Bayern das Königspaar mit dem Gefolge erwarteten. Unter den bayerischen Verwandten fiel in Tegernsee diesem älteren Stiefbruder der Königin Elisabeth die Rolle des Gastgebers zu. »Er war der geistreichste Mensch der Welt, hatte alles gesehen und las alles. Er war ein eifriger Freund Preußens und ein großer Freund unseres Königs. Er kannte und verfolgte mit großer Teilnahme alle Fortschritte der Wissenschaften, aber er wollte keine Eisenbahn bis nach Tegernsee haben, denn die Lokomotive würde ihm seine Alpen verderben. Er hatte gern pikante und elegante Gesellschaft, aber er fühlte sich wohl in der Bauernkleidung.«[22] Unter den Besuchern war die Königin von Bayern, eine geborene preußische Prinzessin und

Schwester des Prinzen Adalbert. Die bayerische Verwandtschaft hat viel dazu beigetragen, das Gemüt des kranken Königs vorübergehend zu erheitern.

Der Aufenthalt in Bayern dauerte bis Ende August; die Fahrt ging nicht, wie vorgesehen, weiter nach Italien, sondern zurück nach Sanssouci. Auf dem Münchener Bahnhof waren Prinz und Prinzessin Luitpold und die Infantin Adalbert anwesend, um die königlichen Verwandten zu verabschieden; die Herzogin Max in Bayern begleitete mit ihren zwei Töchtern die königlichen Verwandten bis Augsburg. In Leipzig gab es ein Wiedersehen mit den Königinnen von Sachsen, der regierenden und der verwitweten, die mit ihrer Schwester und deren krankem Gemahl den Abend verbrachten. Am nächsten Morgen war sogar eine Begegnung mit dem vom Könige so geschätzten Dante-Forscher Carl Witte möglich. Sie erquickte den König. Es war, als ob die Sonne der deutschen Fürstlichkeiten noch einmal ihre Strahlen auf den König von Preußen niederfallen ließ.

Ähnliches wiederholte sich in Italien, wohin die letzte Reise Friedrich Wilhelms führte. Aber die Erinnerung an das einst Geschaute und Bewunderte konnte oftmals nur mühsam geweckt werden. Zu den Höhepunkten gehörte der Besuch in Rom. Am 23. Dezember fuhren König, Königin und Gefolge – untergebracht in neunzehn Wagen, begleitet von Postillonen durch die Porta del Popolo – nach Rom hinein. Das Königspaar wartete im preußischen Gesandtschaftshause auf dem Kapitol im Palazzo Caffarelli. Das Haus hatte seine eigene Geschichte, und der König fühlte sich von Erinnerungen bedrängt. In erster Linie war es die Erinnerung an die römische Architektur, und Friedrich Wilhelm war bemüht, seiner Frau die Namen der Paläste zu nennen – sofern er den sprachlichen Ausdruck fand; erstaunlich war wie vor dreißig Jahren noch immer die Kenntnis von Lokalitäten. Wenn der gesellschaftliche Verkehr auch begrenzt war, so bleibt die Begegnung mit den europäischen Fürstlichkeiten in diesem sich dem Ende zuneigenden Leben denkwürdig. Die Begegnungen konnten bei der Befindlichkeit des Königs nur von kurzer Dauer sein, aber gleichwohl bedeuteten sie den Abschied von einer Ära.

Zu den Höhepunkten des römischen Aufenthaltes gehörte die Begegnung mit dem Papst, auch wenn sie nur kurz und mit geringstem protokollarischen Aufwand verlief. Der katholische Diplomat Reumont hat über Vorbereitung und Verlauf dieser Begegnung unbefangener berichtet als der protestantische Flügeladjutant Prinz Kraft zu Hohenlohe-Ingelfingen. Dem königlichen Gefolge wurde zunächst ein Empfang zuteil, bei dem der Papst Französisch sprach. Er hätte den König gern gesehen, »um ihm zu danken für die Freiheit, die die katholische Kirche in Preußen genieße, die größer sei als in irgendeinem katholischen Lande. Auch sei er dem Könige besonderen Dank schuldig; als es ihm 1847 so schlecht gegangen, habe ihm Friedrich Wilhelm ein Schloß in Preußen als Zufluchtsort angeboten.«[23] Am 26. März, zwei Tage vor der Abreise nach Neapel, kam es in den vatikanischen Gärten zur Begegnung des königlichen Paares mit Pius IX. Noch einmal sah Friedrich Wilhelm den Papst, als er sich auf der Rückreise von Neapel nach Deutschland befand, diesmal war der Besuch protokollarisch vorbereitet worden. In den Berichten über die letzte Reise spielten die Landschaft und die Kunst kaum noch eine Rolle. Der kalte Hauch des nahenden Todes beeinträchtigte die Stimmung der Reisenden. Die Erinnerung an die revolutionären Vorgänge des Jahres 1849 stellten sich ein.

Nach seiner Rückkehr erfuhr er vom Tod des Oberstkämmerers, Feldmarschall zu Dohna, des greisen Humboldt sowie des Grafen Arnim. »Diese Verluste bewegten den König bis zu Tränen, und er vergaß darüber die Ministerwechsel«, also die Namen der Neuen Ära. Er fragte nur seinen früheren Minister: »Haben Sie etwas getan? Was denn?«

Vor dem erneuten schweren Krankheitsanfall am 9. August 1859 war er noch in der Lage, sich seiner Lieblingsbeschäftigung, der Architektur, zu widmen. Zwei Lieblingsbauten beschäftigten ihn. Fast täglich ging er zur Orangerie in Sanssouci und nahm Anteil am weiteren Ausbau. Sein waches Interesse zeigte sich – soweit es die sprachliche Fähigkeit erlaubte –, wenn Lenné anders als Stüler den Gartenanlagen den Vorzug geben wollte. Die Vollendung der Orangerie hat er noch erlebt. Ihre Vorgeschichte ist von römischen Erinnerungen gesättigt. Der mit einer von Friedrich Wilhelm so bevorzugten langen Säulenvorhalle versehene Bau war bestimmt, die Kopien Raffaelscher Bilder aufzunehmen; es sollte auch baulich zu einem Raffael-Sanktuarium gestaltet werden.

»Noch im Dunkel langsam tötender Krankheit bewährte sich an dem Leidenden die Macht der Schönheit, die das Leben des Gesunden getragen hatte. Auf seiner letzten Italienfahrt, angesichts der früh geliebten Villen Roms, deren Namen das zerstörte Gehirn nicht festzuhalten vermochte, wehte es ihn wie ein Hauch der Genesung an, und noch später,

Am Totenbett Friedrich Wilhelms IV. versammelte sich nur die engere Familie. In einer oft beschriebenen Szene (oben) umarmte Königin Elisabeth den Prinzregenten, der nun die Geschichte Preußens in ganz andere Bahnen lenken sollte. Die Totenmaske bringt noch einmal jenen Monarchen zur Erscheinung, dessen geistige Hoheit seinen Umkreis trotz aller Verzweiflung über seine Wankelmütigkeit immer wieder bezaubert hatte.

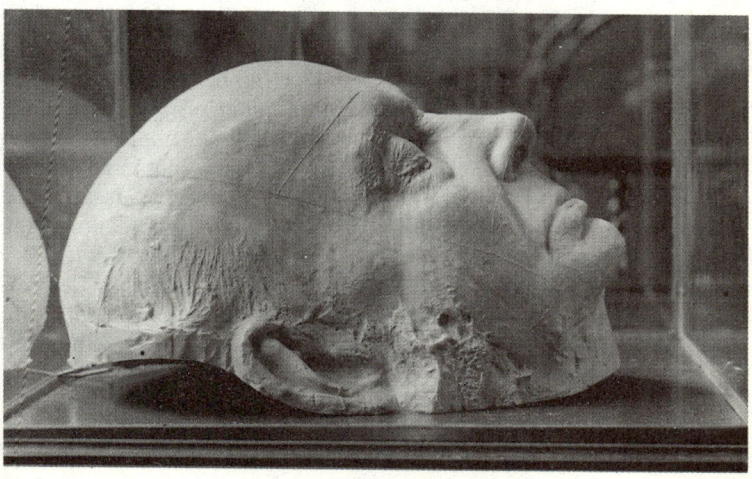

als er schon an den Rollstuhl gefesselt war, gewährte ihm in seinem Orangerieschloß der Anblick der ›göttlichen‹ Bilder Raffaels geheimnisvollen Trost. Als auch diese letzten Funken erloschen, da stand wohl eine Ära des Ruhmes, der Macht und des Reichtums vor der Tür. Aber den Strahl der Schönheit vermochte die glanzvoll erneuerte Krone nicht mehr auszusenden. Es zerfiel das uralte Bündnis von staatlicher Macht und großer Kunst, das der Dahingegangene auf eine letzte und sehr persönliche Art erneuert und verteidigt hatte.«[24] Ganz zuletzt widmete sich Friedrich Wilhelm dem Domprojekt, so kehrte im Ausklang seines Lebens noch einmal ein Plan wieder, der den Kronprinzen und König in der Auseinandersetzung mit Schinkel einst so gefesselt hatte. Daß dieser Plan nicht verwirklicht wurde, enthält ein Stück Symbolik im Leben Friedrich Wilhelms.

Während der letzten Lebenstage des Königs durchdringen sich Menschliches und höfisches Zeremoniell. Unter denen, die das Sterben miterlebt haben, gehört der Flügeladjutant Prinz Kraft zu Hohenlohe-Ingelfingen zu den zuverlässigsten Zeugen. »Es ist immer gut, wenn der Thronfolger beim Tode des Monarchen zugegen ist, und es war dem Bruder zu wünschen, daß er den scheidenden Königlichen Bruder noch einmal sehe, den er so sehr liebte.«[25] Zu den Aufgaben der Flügeladjutanten gehörte die Benachrichtigung der nächsten Anverwandten. Hohenlohe schrieb am 30. Dezember an die Königin von Bayern, Prinzeß Friedrich der Niederlande und Großherzogin-Mutter von Schwerin. Am Bett des Sterbenden befanden sich neben der Gemahlin der Geistliche Snethlage sowie die Ärzte. Um Mitternacht, als der 1. Januar des Jahre 1861 anbrach, telegraphierte Hohenlohe an den Regenten: »Plötzlich schnellerer Verlauf zum Ende als dies zu erwarten war. Ableben jeden Augenblick möglich. Alleruntertänigstes Anheimstellen, ob und wann von der Königlichen Familie dies in der Nacht mitzuteilen.« Sobald ein Extrazug frei war, fuhr der Regent nach Sanssouci. Zu denen, die zum Sterbenden eilten, gehörten das nächste Gefolge, die drei Flügeladjutanten sowie die Hofdamen der Fürstin Liegnitz. Der Regent traf in Begleitung des Prinzen Friedrich Wilhelm ein; die Prinzessin von Preußen und Prinzeß Friedrich Wilhelm waren ebenfalls am Sterbelager. Der Regent hatte die gesamte königliche Familie benachrichtigt. »Jeder nahm einen Extrazug. Bald fehlte es in Berlin an Lokomotiven. Einige fuhren zu Schlitten bis Sanssouci, so Prinz Friedrich Karl. Auch die Prinzesinen kamen und noch alle.«

Das Sterben vollzog sich fast öffentlich. Auf der Seite der Gemahlin

Schon in den ersten Jahren nach seiner Thronbesteigung ließ Friedrich Wilhelm IV. im Schloßpark von Sanssouci die Friedenskirche von Ludwig Persius planen, die dann nach dessen Tode Friedrich August Stüler erbaute und die die oberitalienischen Vorlieben des Königs sehr deutlich zeigt. Hier wollte der Monarch eines Tages begraben sein, und er legte die Beisetzung fast ein Jahrzehnt vor seinem Tode bereits testamentarisch bis in alle Einzelheiten fest: »Meine Ruhestätte soll die Friedenskirche sein, und zwar von den Stufen, die zum heiligen Tisch führen, zwischen dem Marmor-Pult und dem Anfang der Sitzplätze, zur Linken (vom Altar zur Rechten) der Mittellinie des Kirch-Schiffes, so daß einst die Königin zu meiner Rechten ruht.«

»standen und saßen die sämtlichen Mitglieder der Königlichen Familie. Auf der anderen Seite des großen Zimmers versammelten sich allmählich, den Augen der Gemahlin entzogen, alle Personen vom Gefolge, auch der ankommenden Herrschaften«. An die auswärtigen Verwandten wurde telegrafiert, so an die Großherzogin-Mutter Schwerin, den Prinzen Friedrich der Niederlande in Den Haag, den Großherzog von Baden in Karlsruhe und den Großherzog von Weimar mit den Worten: »Des Königs Entkräftung nimmt so zu, daß alles zu befürchten ist, binnen Kurzem.«

Die Beisetzung fand so statt, wie es der König schon 1854 testamentarisch bestimmt hatte: »Sobald mein Tod durch die Ärzte bescheinigt ist, will ich, daß man meinen Leib wasche und öffne. Mein Herz soll in ein verhältnismäßig großes Herz aus märkischem Granit gelegt und am Eingange der Gruft im Mausoleum zu Charlottenburg (folglich zu den Füßen meiner Königlichen Eltern) in den Fußboden eingemauert und von ihm bedeckt werden. – Meine Ruhestätte soll die Friedenskirche sein ... so, daß einst die Königin zu meiner Rechten ruht.«[26] Der Hofprediger Snethlage hat für die »Frau Kronprinzeß« am 8. Januar 1861 einen Bericht über »die letzten Tage des hochseligen Königs« niedergeschrieben. So ist überliefert, daß gemäß dem Wunsche des Verstorbenen »der Leib geöffnet« wurde. »Eine Trauer-Andacht an der Leiche im engeren Kreise der Königlichen Familie« mußte auf den nächsten Tag verschoben werden, denn: »Die Ärzte waren jedoch vor Abends noch nicht fertig geworden.«[27] Von einer Obduktion in medizinischem Sinne kann trotzdem nicht gesprochen werden, aber es besteht kein Zweifel, daß im letzten Schlaganfall die Ursache für Krankheit und Tod zu finden ist.

Epilog

Die Gestalt Friedrich Wilhelms IV. blieb in der geschichtlichen Erinnerung geringeren Schwankungen ausgesetzt als die irgendeines anderen Fürsten. Das negative oder zumindest zurückhaltende Urteil entstammte lange Zeit vornehmlich einer national-deutschen Geschichtsschreibung. Jenen Historikern, die nach Maßgabe des Ideals des Nationalstaats Geschichte darstellten oder die sich am Erfolg orientierten, mußte es schwer fallen, diesen Monarchen zu würdigen. Friedrich Wilhelm hat wenig getan, sich seinen Zeitgenossen oder der Nachwelt verständlich zu machen. Die facettenreiche Persönlichkeit des Monarchen paßte weder in das politisch-geistige Koordinatensystem der Konservativen noch der Liberalen.

Leopold von Ranke stand ihm zu nahe, um ein ausgewogenes Urteil zu fällen. Und doch hat gerade er Gedanken ausgesprochen, die nachdenken lassen. Daß der König für den Staat zuviel Gemüt gehabt habe, gehörte zwar zu seinen Einsichten, die weitergewirkt und das Bild lange bestimmt haben. Ranke hat es indes mit dieser Feststellung, die ja keineswegs nur positiv gemeint war, nicht bewenden lassen. Wenn er die auch im menschlichen Sinne gewinnenden Seiten Friedrich Wilhelms in den Vordergrund rückte und dessen Leistungen im Gesamtverlauf der preußischen Geschichte würdigte, hat er nicht als Hofhistoriograph geurteilt. Sein Urteil stellt den König vielmehr in einen universalen Zusammenhang, indem er die Überleitung des patriarchalischen Systems in einen Verfassungsstaat als ein »großes Resultat für alle Zeiten« würdigte. Die Unvermeidlichkeit des Systemwechsels wurde von Ranke anerkannt; der konservative Historiker rühmte den Anteil des Königs und bewahrte sich gleichzeitig Distanz. »Aber gestehen wir uns ein: Auf diesem Wege der Autorität allein war das große Ziel nicht zu erreichen. Eine auf eigenen Füßen stehende Opposition gehörte gleichsam dazu, um die Verfassung in Wahrheit zu realisieren.«[1]

Unter den großen Historikern, die vor 1914 und über den Ersten Weltkrieg hinaus nachhaltigen Einfluß ausgeübt haben, gab Heinrich von Treitschkes Urteil über Friedrich Wilhelm lange den Ton an. Er war Rankes bedeutender Antipode und hat stärker als dieser das Geschichts- und Nationalgefühl akademisch Gebildeter im deutschen Lebensbereich geprägt. Treitschkes Wirkung ist sicher in vieler Hinsicht verhängnisvoll gewesen, aber er ist im klassischen Humanismus verwurzelt geblieben. Von ihm kann eine gerechte Würdigung eines Königs, der so wenig geneigt war, »Geschichte zu machen«, kaum erwartet werden; Friedrich Wilhelm entsprach überhaupt nicht den Wertmaßstäben, an denen Treitschke Menschen und Geschehen maß. Um so überraschender sind die Würdigungen, zu denen Treitschke gleichsam wider Willen gelangt ist. Seine gelegentlich verblüffend positiven und einfühlsamen Urteile hängen mit der ursprünglichen Konzeption einer Deutschen Geschichte zusammen. Er hatte nicht etwa im Auge, Staaten- und Machtgeschichte, sondern eine Geschichte der öffentlichen Meinung zu schreiben. Er behauptete, die »Märchenwelt« der Kleinstaaten zu verachten, und unversehens gelangen ihm dennoch in der Schilderung des literarischen und künstlerischen Lebens in den deutschen Residenzen Kabinettstücke. Er vermochte die Feinnervigkeit des Königs zu begreifen und zu beschreiben. Treitschke gab sein Ideal des großen Handelnden und Trägers einer Idee im Sinne Hegels keineswegs auf, als er das erste Kapitel des letzten Bandes seiner Deutschen Geschichte mit der Überschrift »Die frohen Tage der Erwartung« versah.

Was Treitschke schrieb, spiegelt die Durchschnittsmeinung des deutschen Bildungsbürgertums wider: Erst mußten die Träume eines dem Weltbürgertum, der ästhetischen Kultur, der deutschen Bewegung entstammenden Geschlechts ausgeträumt werden, bevor eine ernüchterte, dem Wesen der Realpolitik zugewandte jüngere Generation fähig wurde, die angeblich historisch notwendigen Entscheidungen zu treffen, Deutschland durch Preußen zu einigen und einen kleindeutschen Machtstaat unter Ausschluß Österreichs zu gründen. Die Bedeutung der politischen Romantik für die Staats- und Lebensauffassung Friedrich Wilhelms erkannte er wohl, und er vermochte seinem Selbstverständnis gerecht zu werden, aber der Machtstaatsgedanke blieb eine Barriere, die Treitschke hinderte, die Problematik des Königs zu erfassen und das Positive des Wirkens in seiner Zeit angemessen zu würdigen.

Der Charakter dieses Königs blieb ihm »rätselhaft«. Er bescheinigte ihm eine »eigenartige Ansicht von der Vollgewalt des Königtums«, die von den bekannten Herrscherbildern der neueren Geschichte vollkommen abwich. »Eine so eigenartige Ansicht von der Vollgewalt des Königtums, wie dieser König sie in begeistertem Herzen hegte ... konnte, gleich dem künstlerischen Absolutismus König Ludwigs von

Bayern, nur auf deutschem Boden erwachsen, nur auf dem Boden jener romantischen Weltanschauung, welche in der schrankenlosen Entfaltung aller Gaben in der Selbstgewißheit und dem Selbstgenusse des stolzen Ichs ihr Ideal fand ... vor allem wollte er selbst frei sein, um auf den Höhen des Lebens sich selbst auszuleben, die Fülle seiner königlichen Weisheit und Gestaltungskraft zu betätigen. Er glaubte an eine geheimnisvolle Erleuchtung, die den Königen vor allen anderen Sterblichen durch Gottes Gnade beschieden sei.«[2] Aber das »Romantische« – so wie es von Treitschke verstanden wurde und für die Einsicht in die Persönlichkeitsstruktur wichtig bleibt – machte nur einen Teil der Persönlichkeit Friedrich Wilhelms aus. Der Wurzelboden des Königs war schichtenreicher.

Unter den Formeln, die das Rätsel zu fassen suchten, schien die vom »Romantiker auf dem Thron« am einleuchtendsten zu sein. Es ist übrigens kaum in das Bewußtsein der Biographen des Königs gedrungen, daß die vereinfachende Formel aus der Feder von David Friedrich Strauß stammte, der 1847 eine Reihe von zeitkritischen Vorträgen unter dem Titel »Der Romantiker auf dem Throne der Cäsaren oder Julian der Abtrünnige« veröffentlichte. Strauß schwebte ein bestimmter Vergleich vor: nämlich der zwischen dem Plan des römischen Kaisers, den Juden den zerstörten Tempel in Jerusalem wiederzuerrichten, und Friedrich Wilhelms Begeisterung für die Vollendung des Kölner Doms.

Immer gibt es große Einzelgänger, die seismographisch das Eigenste einer fremden Persönlichkeit in ihrer Zeit erfassen. Sie bringen Saiten zum Klingen, die für andere stumm bleiben; sie werden offensichtlich gerade von dem Ungewöhnlichen und Andersartigen angezogen. Nietzsche, der am 15. Oktober 1844, dem Geburtstag des Königs, geboren wurde, hat sich zeitlebens, bis in die Jahre geistiger Umnachtung hinein, eine Sympathie für diesen König bewahrt. Das »Krankheitsjournal Jena« enthält für die Monate 1889 die Eintragung: »Er ... bezeichnet die Ärzte sehr richtig, sich selbst als Herzog von Cumberland, bald als Kaiser ect., behauptet ›zuletzt bin ich Friedrich Wilhelm IV. gewesen‹.«[3] Sympathien für den König lassen sich oftmals dort nachweisen, wo sie am wenigsten erwartet werden. So schimmert bei Heinrich Heine unverkennbar Zuneigung durch die spöttischen Verse: »Ich habe ein Faible für diesen König. Ich glaube, wir sind uns ähnlich ein wenig. Ein vornehmer Geist, hat viel Talent. Auch ich, ich wäre ein schlechter Regent.«[4]

Zu denen, deren Urteile über den König besondere Aufmerksamkeit verlangen, gehören Namen, die für die Geschichte der Politik in engerem Sinne kaum von Belang sind und ganz verschiedenen wissenschaftlichen, kulturellen, militärischen und geistlichen Bereichen angehören. Sie kamen neben- und nacheinander zu Worte, wobei ihre besondere Beziehung zum König aufschlußreich ist. Vor allem waren es Kirchenmänner und Theologen, die Friedrich Wilhelms Leben auch im geistigen Sinne begleitet haben. Hoffnungen und kühne Erwartungen hatten sich an den Thronwechsel geknüpft. Die Vokabel eines »Laientheologen« oder eines »Erweckungschristen« auf dem Thron ist gelegentlich gefallen, und diese Bezeichnung dürfte mit größerem Recht als die eines Romantikers auf Friedrich Wilhelm IV. angewendet werden. Die Auseinandersetzung mit dem Glauben und der »rechten« Kirche rückte so gut wie nie aus dem Mittelpunkt seines Denkens und seines letztlich gerade auf diesem Felde erfolglosen Wirkens. Es ist geläufig, von einem »Bündnis zwischen Thron und Altar« zu sprechen, aber das Klischeehafte dieser Formel springt ins Auge; Friedrich Wilhelm hat vielmehr an eine »Föderation gleichgeordneter Mächte« gedacht. Dieser Hohenzoller gehört ja nicht etwa nur der sogenannten Staatenbeziehungsweise Dynastengeschichte, sondern erst recht der Kirchengeschichte an. Der »rechten Kirchenverfassung« war ein großer Teil seiner Arbeit gewidmet. Seine Pläne einer Befreiung vom Summepiskopat vermochte er nicht durchzusetzen und bezeichnete sie gelegentlich als seine »Sommernachtsträume«, aber dennoch hat er gerade im kirchlich-religiösen Bereich durchaus selbständige Gedanken entwickelt. Er erkannte das Notwendige, das »Zeitgemäße«, aber er erreichte nun einmal nicht eine zwingende Präzision seiner Vorstellungen; schon Hintze bemerkte: Das Kirchenregiment sei »zweifellos eine der schwächsten Seiten des preußischen Militärstaates« gewesen.[5]

Was Friedrich Wilhelm anregte und vorschlug, wollte er als »vornehmstes Glied der Kirche« tun. Es stellte sich aber heraus, daß er in der Praxis nicht in der Lage war, einen Unterschied zwischen dem »Staatsoberhaupt« und dem »Haupt der Kirche« zu machen. Wie hoch die Erwartungen an den König als »Kirchenmann« waren, läßt ein Chor zeitgenössischer Stimmen aus kirchlich-theologischen Kreisen erkennen. Führende Publizisten glaubten, seine eigentliche Bedeutung nicht auf dem Felde der Politik, sondern im Rahmen der Kirchengeschichte erkennen zu müssen. Ein scharfsinniger Beobachter wie Jarcke, einer der einflußreichsten Staatsrechtler, Mitherausgeber des »Berliner Politischen Wochenblatts« und zur römisch-katholischen Kirche konvertiert, nannte den Tod seines Vaters, Friedrich Wilhelms III., »eines der wichtigsten und bedeutungsvollsten Ereignisse der neuen Geschichte«. Er glaubte gewiß sein zu dürfen, daß »seit dem letzten Atemzug des verstorbenen Königs ein anderes Preußen bestehe«. Bei dem Nachfolger handele es sich um einen der »genialsten Denker« in seinem Lande. Das war sicher ein extremes Urteil aus diesen »frohen Tagen der Erwartung«; die Diagnose traf jedoch in die Mitte der Lebensproblematik des Königs.

»Der gesamte kirchliche Zustand von Preußen« sei in Frage gestellt; »die Religion ist schon und wird immer werden die Achse, um welche sich die Weltpolitik dreht, wenn auch nicht die der Kabinette, so doch die der Völker.« Aus ähnlicher Sicht haben auch protestantische Theologen geurteilt, unter anderen der evangelisch-lutherische Heidelberger Adolf Hausrath: »Aus tiefster Seele war er ein Kirchenmann. Man versteht die wunderlichen Wege, die dieser hohe Geist ging, und sein tragisches Schicksal nur dann, wenn man diesen Gesichtspunkt festhält ... wird uns einmal ein Biograph Friedrich Wilhelms geschenkt, so wird er gut tun, dieses Leben nicht als einen Teil preußischer Geschichte zu behandeln, sondern als ein Stück historia eclesiastica.« Der Autor der vorliegenden Biographie wollte sich um das religiöse Selbstverständnis Friedrich Wilhelms bemühen; für ihn bot der kirchlich-theologische Bereich aber nur einen der Wege der Annäherung an den problematischen König.

Die Leidenschaft Friedrich Wilhelms für Kunst und Wissenschaft hat tiefe, noch heute erkennbare Spuren in Bauten und in staatlichen Einrichtungen hinterlassen, die ihn an die Spitze der deutschen Fürsten seiner Epoche stellen. Ein Vergleich mit dem »Künstlerkönig« Ludwig I. macht deutlich, wie verschieden das Verhältnis des Königs von Preußen zu Künstlern und Wissenschaftlern von dem des Wittelsbacher Herrschers war, so vergleichbar beide Fürsten auch sind; Friedrich Wilhelm war mehr als nur ein bedeutender Anreger, ein ideenreicher Förderer und Kunstliebhaber. Als Gesprächspartner der Architekten war er vollkommen selbständig und die Anerkennung von Schinkel, Persius oder Stüler hatte mit höfischer Schmeichelei nichts zu tun. Der König begriff sich stets als Lernender und war ein rückhaltloser Bewunderer derer, die schöpferisch begabt waren; seine Fähigkeit zur Freundschaft und Dankbarkeit kam hier zur Geltung. Es wird ihm nicht gerecht, ihn als bloßen Mäzen zu bezeichnen; das würde seine Selbständigkeit schmälern, die in seinen Entwürfe etwa für Potsdam deutlich wird.

In der Ära Friedrich Wilhelms ist Berlin eine der großen Metropolen auch auf dem Feld der Wissenschaften geworden; die Berliner Universität wurde in seiner Zeit von einem Mekka der Philosophie zu einer Heimstätte der Naturwissenschaften. Ein Beispiel dafür war die persönliche Nähe des dem Liberalismus verbundenen Alexander von Humboldt zu dem König, der es ganz wörtlich meinte, daß er »von Gottes Gnaden« sei. Daß er als Stifter der Friedensklasse des Ordens »Pour le mérite« weiterlebt; das ist geradezu eine Metapher für die fortwirkende Kraft Friedrich Wilhelms.

Eine militärische Begabung ist dem König oft abgesprochen worden, aber das ist ein oberflächliches Urteil und wird der Problematik des königlichen Oberbefehls in Preußen nicht hinreichend gerecht. Wie er aus dem Kreise der militärischen Führer Persönlichkeiten aussuchte und zu seinen nächsten Beratern machte, ist aufschlußreich für die Beurteilung des Königs in seiner Beziehung zur Armee. Nach den Erschütterungen der Märzrevolution hat er alles getan, um den Militärstaat Preußen zu befestigen. Er war nicht nur übertrieben empfänglich für die Poesie, die militärischen Paraden eigentümlich sein kann, sondern er besaß Sachverstand und Verständnis für die Bedürfnisse der Armee. Die Rücksicht auf die Armee begleitete ihn sein gesamtes Leben hindurch; in seiner Ära wurden die Grundlagen für die Bewahrung des preußischen Militärstaats über die Reichsgründung hinaus befestigt. Das widersprach durchaus nicht dem Wunsch nach Friedenswahrung. Er hatte den seltenen moralischen Mut zum Rückzug, und sein Bestreben, die Armee zu schonen, ging über das klassische Bestreben der Regenten im Zeitalter des Absolutismus hinaus, aus ökonomischen Gründen den Bestand der Armee zu hüten. Die Friedensidee stand im Zentrum der Lebensgeschichte des Königs.

Aufschlußreich ist der Vergleich der Porträts Friedrich Wilhelms IV. mit denen seines Vaters. Franz Krüger hat beide Regenten porträtiert. Das Bild des alten Königs vermittelt den Eindruck einer soldatisch geprägten Persönlichkeit; das des Sohnes ist charakteristischerweise in der Schloßkapelle, seinem Arbeitszimmer im Berliner Schloß, gemalt. Friedrich Wilhelm IV. lehnt »mit überschlagenen Beinen und gekreuzten Armen nachlässig an einem Mappenschrank«.[6] Die Ausstattung mit Bildern und Büsten ist charakteristisch für den gebildeten Monarchen. »In die Form einer nüchternen Tatsachenschilderung gekleidet, nimmt hier das romantisch-christliche Königtum Friedrich Wilhelms Gestalt an.« Der Monarch neigte zur Fettleibigkeit, und das Bild Krügers hat

Die Porträts Friedrich Wilhelms III. vermittelten stets den Eindruck einer soldatisch geprägten Persönlichkeit, auch in dem berühmten Gemälde Franz Krügers. Aber den Sohn, den neuen König Friedrich Wilhelm IV., zeigte derselbe Maler in charakteristischer Nachlässigkeit, fast nonchalant »mit übergeschlagenen Beinen und gekreuzten Armen nachlässig an einem Mappenschrank« lehnend (Aquatinta von Friedrich Oldermann nach dem Gemälde von Franz Krüger). Das Arbeitszimmer des gebildeten Monarchen zeigt sozusagen den König der Künstler und Gelehrten, der er immer sein wollte; Statuetten, Gemälde und Mappenschränke prägen die Einrichtung des Raumes.

diese Tatsache nicht beschönigt. Wir wissen, daß vom Bild stets breitere Wirkungen als vom Wort ausgehen. Friedrich der Große hat erst durch die Illustrationen Franz Kuglers eine Popularität gewonnen, die das geschriebene Wort nie hätte hervorrufen können. Die Bilder des großen Friedrichs und später die Wilhelms I., des »Heldenkaisers«, schmückten die Wohnzimmer des patriotisch gestimmten Bürgertums. Es ist dagegen kaum denkbar, daß Friedrich Wilhelm IV. durch sein Porträt je hätte populär werden können.

Die geistige und persönliche Nähe des Königs zur Armee, besonders zu den Garden, beruhte nicht nur auf den Traditionen der Hohenzollern und des Militärstaats; sie wurzelte vielmehr im persönlichen Erleben. Die Teilnahme an den Befreiungskriegen war für ihn und seine Generation prägend gewesen; daß er in der Schlacht bei Großgörschen »im Feuer gestanden« hatte, war folgenreich für sein Kriegsbild. Das Erlebnis und die Erinnerung daran sind für das Verständnis des den Frieden bewahrenden Königs von lebenslanger Bedeutung. Über der Rolle, die dem jüngeren Bruder Wilhelm als König im Heereskonflikt sowie in den Kriegen zwischen 1864 und 1871 zugefallen ist, wird nur zu leicht vergessen, daß Friedrich Wilhelm IV. nach der Märzrevolution den königlichen Oberbefehl verteidigt und befestigt hat. Die Konflikte zwischen dem König und dem Thronfolger haben gelegentlich dramatische Formen angenommen und an den Rand des Bruchs zwischen den Hohenzollern geführt.

Der »Hof« des Regenten, die Krone und der Thron waren und blieben die Mitte seiner Existenz. Der Hof des Monarchen bildete in Berlin und Potsdam die Spitze der Gesellschaft. Im Potsdamer Hofreglement kam der Vorrang des Militärischen zum Ausdruck. Hier läßt sich Preußen als historische Figur in deutlichen Konturen erkennen.

Es gab während der Ära Friedrich Wilhelms IV. eine Verbundenheit der Höfe Europas, die den Gang der Begebenheiten nicht bestimmte, aber die Beschleunigung der Machtauseinandersetzungen doch immerhin retardierte. Die Solidarität der Fürsten fand in dynastischen Verbindungen einen Ausdruck. So ist Friedrich Wilhelms Gefühl der Zugehörigkeit zum dynastischen Familienverband durch seine Vermählung mit der bayerischen Prinzessin Elisabeth nicht unwesentlich gestärkt und bestätigt worden. Die vier Schwestern aus dem Hause Wittelsbach, die Königinnen Elisabeth Ludovika von Preußen, Amalie Auguste und Maria Leopoldine in Dresden sowie die Erzherzogin Sophie Friederike in Wien vermochten zwar nicht direkt in die europäische Politik einzugreifen; aber sie trieben eine Familienpolitik, deren Einfluß auf die internationalen Beziehungen nicht unterschätzt werden kann. Der Hof war Garant einer Internationalität, die über die immer deutlicheren nationalen Gefühle mitunter noch triumphierte; die Monarchien standen ja im Mittelpunkt der europäischen Herrschaftssysteme. Neue Dynastien suchten Anschluß an die älteren; um die »Anreden« wurde gerungen – so etwa im Falle Napoleons III. Vom Hof ging eine Anziehungskraft auch auf die neuen bürgerlichen Schichten aus. Die Verleihung von Orden hatte eine eminent politische Bedeutung. Ordens- und Hoffeste erhöhten den Glanz der Residenzen, unter denen nur wenige Metropole sein konnten. Friedrich Wilhelm gehört dem vorrevolutionären Zeitalter an, das er noch in der deutschen Staatenwelt, in Rußland und in Italien erlebt hat. Die Kenntnis des vorrevolutionären Europas trägt dazu bei, ihn selbst kennenzulernen.

Friedrich Wilhelm IV. blieb stets in den Ideen des Konservatismus der Ära vor 1848, der Jahre der Restauration, befangen, aber neben dieser geistigen Gebundenheit in der vorrevolutionären Zeit stand eine oftmals überraschende Einsicht in die Realitäten. Der romantische Monarch neigte dazu, sich die reale Welt durch »Bilder« zu verstellen, aber er verfügte durchaus über Einsichten in die materiellen Gegebenheiten. Ein Verständnis für die Beschleunigung der sozialen Entwicklung blieb ihm verwehrt, was insbesondere in seiner Verfassungspolitik deutlich wird. Dennoch lebt er nicht neben, schon gar nicht gegen seine Zeit. Sein Interesse an den Fortschritten der Handwerke und der modernen Manufakturwelt geht weit über das der anderen deutschen Herrscher hinaus. Das hing sicherlich mit den Voraussetzungen künstlerischen Gestaltens zusammen, vor allem im Bereiche der Architektur, deren neue Formen und Konstruktionen im aufkommenden Zeitalter des Eisens ihn faszinierten; die Bedeutung des Straßen- und Eisenbahnbaus hat er klar erkannt. Friedrich Wilhelm IV. kann weder von einem nationalstaatlichen noch von einem sozialgeschichtlichen Standpunkt aus allein gerecht gewürdigt werden. Der König wird erst begreifbar, wenn man ihn im Zusammenhang mit den Tendenzen seiner Zeit darstellt, die nicht identisch sind mit dem schwer bestimmbaren Geist der Zeit.

Das Bild Friedrich Wilhelms hat bei den Zeitgenossen und bei der Nachwelt unter der Überzeugung gelitten, bei ihm habe es sich um einen von vornherein nervlich kranken Menschen gehandelt; eine Geisteskrankheit, die ihn von den späten fünfziger Jahren an immer deutlich gekennzeichnet hätte, habe sich langsam vorbereitet. Die Symptome einer Krankheit sind in der Tat unübersehbar, aber auch bei einer genauen Untersuchung der verschiedenen Krankheitsmerkmale ist schwer zu sagen, worin er abweicht von dem, was angeblich »normal« sein soll. König Luise hatte in mütterlicher Fürsorge schon früh das Stichwort für eine Urteilsbildung gegeben: Er, der Kronprinz, werde leicht ein »Raub des Augenblicks«, sagte sie besorgt.

Sicherlich ist Friedrich Wilhelm exzentrischer als die meisten seiner Gefährten gewesen. In seiner Kindheit und Jugend zeigten sich Eigentümlichkeiten, die auffällig sind. Er hat solche jugendlichen Eigentümlichkeiten länger als seine Gefährten bewahrt; ja, er hat sie kaum abgestreift. Er hat viel geweint, aber auch seine Umgebung, sein Bruder Wilhelm zum Beispiel, hat oftmals geschluchzt, und der spätere Kaiser berichtet darüber ganz unbefangen. Die Fülle der Ausrufungszeichen in seinen Briefen wird oftmals als Indiz der nervlichen Überspanntheit gewertet, in der der Keim einer nervlichen Erkrankung gelegen haben soll. Seine Schwester Charlotte, die sich so rasch in die Rolle der Zarin hineingefunden hat, sprach in und nach den Befreiungskriegen ironisch davon, daß »wir in einer Zeit der Ausrufungszeichen leben«. Bei allen Analysen seines Verhaltens ist jedoch nichts zu sehen, was es rechtfertigen würde, von einer Geisteskrankheit in medizinischem Sinne zu sprechen.

Friedrich Wilhelm ist ein »interessanter« Mensch auf dem Throne der Hohenzollern gewesen. Er hat mancherlei bewirkt und vieles verhindert. Preußen ist gegen seinen Willen ein Verfassungsstaat geworden und hat durch seine unverwechselbare Inspiration den Ruhm eines Kulturstaats gemehrt. Unter den Regenten des 19. Jahrhunderts stand dieser Monarch vor der Aufgabe, Gottesgnadentum und Legitimität glaubhaft zu repräsentieren, die im Verlaufe des Wiener Kongresses Zaubermittel geworden waren, mit deren Hilfe alte und neue Herrschaften gerechtfertigt wurden. So wie Grillparzer den Staatskanzler Habsburgs einen »Don Quichote« der Legitimität genannt hat, ist auch der König von Preußen auf ähnliche Weise charakterisiert worden. In seiner Umwelt ist ferner viel vom »monarchischen Prinzip« die Rede; auch er selber spricht immer wieder davon. Es kommt weniger darauf an, die staatsrechtliche Begrifflichkeit zu klären, als vielmehr den Versuch zu unternehmen, den extremen Gebrauch dieser Kategorien im Denken und Wirken Friedrich Wilhelms darzustellen. Der König hat an ihnen in einer säkularen Welt mit Zähigkeit festgehalten; denn er glaubte, auf diese Weise der Wahrung des Friedens nach innen und außen am wirkungsvollsten dienen zu können. Daß sich Friedrich Wilhelm bei der Berufung auf hochkonservatives Gedankengut oftmals seltsamer und befremdlicher Mittel auf geradezu verwirrende Weise bedient hat, macht sich auf mitunter groteske Weise bemerkbar. Der Weg seines Denkens soll aber auch in solchen Fällen veranschaulicht werden und nicht in erster Linie die »Überholtheit« oder »Realitätsferne« seiner Gedanken nachgewiesen werden.

Von seinem Selbstverständnis her war die Solidarität der legitimen Monarchien das beste Mittel, das Ziel der Bewahrung des Friedens zu erreichen. Er hat daran auch festgehalten, als bereits im Verlaufe der großen Monarchenkongresse die säkularen Gegensätze zwischen den Großmächten deutlich wurden. Friedrich Wilhelm IV. hat die Bedeutung Preußens für die Pentarchie auf der einen Seite – so im Verlaufe des Krimkrieges – überschätzt; auf der anderen gehört er zu jenen, die sich der Fragilität seines Staates, des »Neuankömmlings in einer vorgeformten europäischen Gesellschaft«[7], bewußt geblieben sind. Er ertrug den Spott der *Times* über die schwächliche Politik eines Staates, der »auf den Schlachtfeldern fehle«. Er hatte das Schlachtfeld in seiner Jugend selbst kennengelernt und wollte seinem Volke einen Krieg ersparen. Auf diese Weise stand er als Monarch in der Tradition eines Staates, der zwischen 1763 und 1863 weder eine herausfordernde Politik noch einen Angriffskrieg geführt hat.

Die Revision des Geschichtsbildes, zu der die deutsche Geschichtsschreibung 1918 und 1945 genötigt wurde, ist dem Bild Friedrich Wilhelms IV. nicht zugute gekommen. Es gibt zwei politische Kategorien, die für das Verständnis Friedrich Wilhelms von Belang sind; den Gedanken der Föderation und den des Rechts. Beide gehören zusammen, und er verstand sie als Voraussetzungen jeder Friedensordnung. Es entsprach seiner Lebenserfahrung, der ihm vermittelten Bildung sowie dem Bewußtsein seiner Zugehörigkeit zur Fürstengeneration seiner Zeit, wenn er den Gedanken der Föderation im Sinne von Friedrich Gentz im Ideal einer monarchischen »Föderativverfassung« Europas wiederfand. Indem er an der Idee des Rechts festhielt, bewahrte er sich das Verständnis für Minderheiten in nationalen und kirchlichen Bereichen.

Er bemühte sich im Gegensatz zu seinen konservativen Zeitgenossen um das Bild Friedrichs des Großen, aber er wollte keineswegs eine friderizianische Politik treiben. Der Kern seines preußischen Staatsverständnisses ist durch eine Fülle von Bizarrerien, die er selbst hervorrief, oftmals kaum noch erkennbar. Er verstand Moralpolitik als eigentliche

Interessenpolitik; Preußen sollte gleichzeitig ein Militär- und Kulturstaat sein. Er hat nie ganz deutlich machen können, was er darunter verstand. Keine Proklamation hat seinen Überzeugungen so widersprochen wie jene vom 21. März 1848, »Preußen geht fortan in Deutschland auf«. Die Unionsverfassung von 1849 sah den Ausschluß Österreichs vor und war mit seinem Namen verbunden. Preußens und Deutschlands Trennung von Habsburg, in welcher Form sie auch vollzogen werden mochte, hätte indes seinem Geschichtsgefühl und seiner Vorstellung von einer wünschenswerten Gestaltung »Teutschlands« diametral widersprochen. So wie er für den »Neuankömmling« Preußen in der Pentarchie um Sympathie warb, wollte er unter den deutschen Fürsten und Völkern Frieden und Eintracht stiften. Er selbst hat alles getan, der Mit- und Nachwelt ein Urteil über seine widerspruchsvolle Persönlichkeit nicht leicht zu machen.

Der badische Gesandte Freiherr Marschall von Bieberstein notierte am 10. Februar 1858, der König habe zwei Seelen. »Er bewegte sich in Gegensätzen, die sein Interesse fesselten. Er hatte heute am Orient und morgen am Occident, heute an Bunsen und morgen an Stahl seine Freude; er glaubte aus beiden den Honig saugen und diese Gegensätze auf eine, auch alsbald ins Leben tretende und in das allgemeine Bewußtsein übergehende Weise bemeistern zu können.«[8]

Tatsächlich entzieht sich Friedrich Wilhelm immer wieder dem Verständnis; seine widersprüchlichen Aussagen hinterlassen auch bei Historikern Ratlosigkeit. Ottokar Lorenz hatte »einen der merkwürdigsten Briefe« von der Hand Friedrich Wilhelms IV. gelesen«. Das Schreiben begann mit der Erklärung: »Während in der Kanzlei die offizielle Antwort gebaut wird, beeile ich mich Euer Hoheit [Herzog Ernst II.] *meine* Ansicht mitzuteilen. Diese letztere verlautet sehr verschieden von dem offiziellen Aktenstück.« Lorenz folgerte aus dem verblüffenden Widerspruch zwischen dem offiziellen und inoffiziellen Friedrich Wilhelm: »Eine Tatsache dieser Art läßt vielleicht vermuten, daß das Wort von der fable convenue der Geschichte Friedrich Wilhelms in ganz besonderem Maße anhaftet, und es ist nicht unmöglich, daß die Welt dereinst eine Geschichte des geistvollen Königs ›nach seinen Briefen‹ und eine total verschiedene ›nach den Ministerial-Archiven‹ schreiben, lesen und glauben wird.«[9]

Friedrich Wilhelm IV. hatte mannigfaltige Talente, fühlte sich zu vielem berufen, zum Architekten und Künstler, zum Kirchenmann und Theologen, und er wollte zugleich Monarch von Gottes Gnaden sein. Liegt darin eine der Wurzeln seines Rätsels?

Anmerkungen

Kindheit und Jugend

1 J. W. von Goethe, Gedenkausgabe der Werke, Briefe und Gespräche, hrsg. v. E. Beutler, Bd. 12, 1949, S. 289.
2 G. Heinrich, Geschichte Preußens, S. 260.
3 G. Mander, Königin Luise, S. 47.
4 Ebd.
5 G. Heinrich, Geschichte Preußens, S. 272.
6 G. Mander, Königin Luise, S. 63.
7 Ebd., S. 79.
8 Königin Luise von Preußen. Briefe und Aufzeichnungen, S. 286.
9 Ebd., S. 289.
10 Vgl. Königin Luise, Ein Leben in Briefen, S. 290, Anm. 189.
11 Ebd., S. 214. P. Bailleu, Königin Luise, S. 199.
12 Die Deutschen Befreiungskriege, Bd. 2, S. 82.
13 F. Delbrück, Tagebuchblätter, Teil 1 bis 3.
14 E. Marcks, Kaiser Wilhelm I., S. 5.
15 E. Lewalter, Friedrich Wilhelm IV., S. 55.
16 Ebd., S. 64.
17 Ebd., S. 59.
18 F. Delbrück, Tagebuchblätter, Teil 2, S. 19.
19 Ebd. u. Teil 3, hier Teil 2, S. 359f. Hiernach auch die folg. Zitate.
20 Siehe H. Rothfels, Ein Brief von Clausewitz, S. 282ff.
21 Königin Luise, Briefe und Aufzeichnungen, S. 532.
22 Königin Luise, Ein Leben in Briefen, S. 448 (26. April 1810).
23 P. Bailleu, Königin Luise, S. 354f. Vgl. auch ders. (Hg.), Briefwechsel König Friedrich Wilhelms III. und der Königin Luise mit Kaiser Alexander I., S. 203.
24 P. Haake, Ancillon, S. 22. Hiernach auch die folg. Zitate.
25 L. v. Ranke, Sämtliche Werke, Bd. 53/54, S. 51.
26 P. Haake, Ancillon, S. 67. Hiernach auch die folg. Zitate.
27 H. Gollwitzer, Ludwig I., S. 167f.
28 Hohenzollernbriefe, S. 293 (23. Juni 1813).

Liebe und Vermählung

1 A. Schmidt, Fouqué, S. 393.
2 Zu dem Gerücht vgl. A. Clary-Aldringen, Geschichten eines alten Österreichers, S. 38ff.

3 E. Lewalter, Friedrich Wilhelm IV., S. 181 f. Hiernach auch die folg. Zitate.
4 P. Haake, Ancillon, S. 92.
5 E. Lewalter, Friedrich Wilhelm IV., S. 193 f.
6 Johann Georg Herzog zu Sachsen, Der Übertritt der Kronprinzessin Elisabeth, S. 17 ff.
7 E. Lewalter, Friedrich Wilhelm IV., S. 200.
8 H. Gollwitzer, Ludwig I., S. 92.
9 E. Lewalter, Friedrich Wilhelm IV., S. 225.
10 Ebd., S. 226.
11 Thierschs Leben I, S. 181 f.
12 Zit. nach Johann Georg Herzog zu Sachsen, Der Übertritt der Kronprinzessin Elisabeth, S. 23.
13 E. Lewalter, Friedrich Wilhelm IV., S. 240 f.
14 Ebd.
15 Ebd., S. 243 mit Anmerkung.
16 Beschreibung der Feierlichkeiten ... bei der Vermählung des Kronprinzen [Friedrich Wilhelm] von Preußen.
17 W. M. v. Bissing, Königin Elisabeth, S. 39.
18 Hessische Hausstiftung, Schloß Fasanerie, Archiv der Kaiserin Friedrich.
19 W. M. v. Bissing, Königin Elisabeth, S. 80.
20 E. Radziwill, Ein Leben in Liebe und Leid, S. 32.
21 Ebd., S. 60 (Brief v. 3. Juli 1823).
22 Ebd., S. 63.
23 Vgl. K. v. Rochow, Vom Leben am preußischen Hofe, S. 203; ferner E. Radziwill, Ein Leben in Liebe und Leid, S. 144.
24 E. Radziwill, Ein Leben in Liebe und Leid, S. 143 f.
25 E. v. Bernstorff, Ein Bild aus der Zeit, Teil 1, S. 142 ff.
26 A. Schmidt, Fouqué, S. 390.
27 Geheimes Staatsarchiv Berlin-Dahlem [künftig zit.: GStA], Hausarchiv, Nachl. Vaupel.
28 Ebd.
29 Zentrales Staatsarchiv Merseburg [künftig zit.: ZStA], Hausarchiv Rep. 50 J (an Friedrich Wilhelm III., 2. August 1831). Vgl. K. Kettig, Friedrich Wilhelms IV. Stellung zu Frankreich, S. 15. Hiernach auch das Folgende.
30 E. Lewalter, Friedrich Wilhelm IV., S. 322 f. Das folg. Zitat ebd.
31 K. Kettig, Friedrich Wilhelms IV. Stellung zu Frankreich, S. 16 f.
32 E. H. Ackerknecht, Geschichte und Geographie der wichtigsten Krankheiten, S. 22.
33 A. Bauer, Die Krankheitslehre auf dem Weg zur naturwissenschaftlichen Morphologie, S. 96. Danach auch das folg. Zitat.
34 K. Kettig, Friedrich Wilhelms IV. Stellung zu Frankreich, S. 16.
35 Ebd., S. 20.
36 K. v. Rochow, Vom Leben am preußischen Hofe, S. 249.
37 K. Kettig, Friedrich Wilhelms IV. Stellung zu Frankreich, S. 20.
38 B. Witte, Barthold Georg Niebuhr, S. 95. Hiernach auch die folg. Zitate.

39 W. v. Harrach, Fürstin von Liegnitz, S. 15.
40 E. v. Bernstorff, Ein Bild aus der Zeit, Teil 2, S. 34.
41 W. v. Harrach, Fürstin von Liegnitz, S. 19. Die folg. Zitate ebd., S. 19 ff., S. 21 f., S. 55 f., S. 61 und S. 65.
42 Zit. nach ebd., S. 58.
43 W. v. Harrach, Fürstin von Liegnitz, S. 65. Hiernach auch das folg. Zitat.
44 Ebd., S. 158.

Tod des Vaters und Thronfolge

1 K. v. Rochow, Vom Leben am preußischen Hofe, S. 291.
2 E. Vehse, Illustrierte Geschichte, Bd. 1, S. 261. Hiernach auch das folg. Zitat.
3 W. v. Harrach, Fürstin von Liegnitz, S. 158.
4 K. v. Rochow, Vom Leben am preußischen Hofe, S. 330.
5 H. Branig, Fürst Wittgenstein, S. 195.
6 S. Bahne, Verfassungspläne, S. 25 (Anhang).
7 R. Dietrich, Die politischen Testamente der Hohenzollern, S. 167.
8 Zit. nach ebd., S. 168.
9 Vgl. S. Bahne, Verfassungspläne, S. 23. Die folg. Zitate ebd. und S. 31 (Anhang).
10 H. Branig, Fürst Wittgenstein, S. 196f.
11 S. Bahne, Verfassungspläne, S. 36 (Anhang). Das folg. Zitat ebd., S. 24.
12 A. v. d. Bussche, Heinrich A. v. Arnim, S. 283.
13 Vgl. W. Bußmann, Eine historische Würdigung Friedrich Wilhelms IV. Das folg. Zitat ebd., S. 298.
14 Zit. nach F.-L. Kroll, Friedrich Wilhelm IV. und das Staatsdenken, S. 92f.
15 K. A. Varnhagen von Ense, Tagebücher, Bd. 1, S. 216 (16. September 1840).

Theologie und Kirchenpolitik

1 S. Mehlhausen, Friedrich Wilhelm IV. Ein Laientheologe, S. 190f.
2 L. v. Ranke, Briefwechsel Friedrich Wilhelms IV. mit Bunsen, S. 49. Die folg. Zitate ebd., S. 50f. und S. 60.
3 Zit. nach W. Bußmann, F. J. Stahl, S. 331.
4 Chr. C. J. Bunsen, Aus seinen Briefen, Bd. 2, S. 125.
5 Zit. nach E. Hirsch, Geschichte der neueren evangelischen Theologie, S. 181. Dort auch das folg. Zitat.
6 W. Bußmann, F. J. Stahl, S. 335.
7 E. R. Huber, Staat und Kirche, Bd. 1, S. 621.
8 Verhandlungen der evangelischen Kirchensynode. Zit. nach S. Mehlhausen, Friedrich Wilhelm IV. Ein Laientheologe, S. 208, Anm. 64.
9 W. Bußmann, F. J. Stahl, S. 336.

10 Vgl. hierzu E. Hirsch, Geschichte der neueren evangelischen Theologie, S. 181ff.; W. Bußmann, F. J. Stahl, S. 337.
11 Zit. nach W. Bußmann, F. J. Stahl, S. 338.
12 H. Hattenhauer, Stahl und Bunsen. Eine Kontroverse, S. 85.
13 K. F. Koglin, Briefe F. J. Stahls, S. 418 (Brief v. 2. Januar 1856). Das folg. Zitat S. 428.
14 Zit. nach S. Mehlhausen, Friedrich Wilhelm IV. Ein Laientheologe, S. 213, Anm. 69.

Orientalische Krise und das Bistum Jerusalem

1 E. Lewalter, Friedrich Wilhelm IV., S. 304.
2 M. Kühn, Schinkels Darstellung der konstantinischen Grabeskirche in Jerusalem, S. 75.
3 Vgl. W. Bußmann, Handbuch Bd. 5, S. 51.
4 Vgl. A. Hasenclever, Die orientalische Frage, S. 176. Die folg. Zitate S. 185, S. 181 und S. 188, Anm. 4, S. 205.
5 Ders., Friedrich Wilhelm IV. und die Londoner Konvention, S. 475. Das folg. Zitat hiernach.
6 GStA Berlin-Dahlem, Hausarchiv, Nachlaß Vaupel, Heft 1, Brief des Prinzen Wilhelm an den König v. 19. Juli 1840.
7 H. Ritter v. Srbik, Metternich, Bd. 2, S. 78.
8 Zit. nach A. Stern, Geschichte Europas, Bd. 5, S. 426.
9 Vgl. J. Hajjar, L'Europe et les destinées du Proche-Orient, S. 338.
10 Vgl. K. Schmidt-Clausen, Vorweggenommene Einheit, S. 89.
11 H. v. Moltke, Gesammelte Schriften und Denkwürdigkeiten, Bd. 2, S. 284.
12 Chr. C. J. v. Bunsen, Aus seinen Briefen, Bd. 2, S. 200. Hiernach die folg. Zitate S. 201, S. 151 und S. 196.
13 E. Benz, Bischofsamt und katholische Sukzession, S. 154. Hiernach das folg. Zitat S. 157.
14 Chr. C. J. v. Bunsen, Aus seinen Briefen, Bd. 2, S. 199. Hiernach die folg. Zitate S. 196 und S. 162.
15 E. Benz, Bischofsamt und katholische Sukzession, S. 167.
16 Chr. C. J. v. Bunsen, Aus seinen Briefen, Bd. 2, S. 164 (12. Oktober 1841).
17 Vgl. hierzu R. Blake, The Origins of the Jerusalem Bishopric, S. 90f.
18 Chr. C. H. v. Bunsen, Aus seinen Briefen, Bd. 2, S. 171. Hiernach die folg. Zitate S. 182.
19 L. v. Ranke, Briefwechsel Friedrich Wilhelms IV. mit Bunsen, S. 92.
20 Ebd., S. 96.
21 Vgl. E. Benz, Bischofsamt und katholische Sukzession, S. 178.

Evangelischer Staat und katholische Kirche

1 Zit. nach R. Lill, Kölner Wirren, S. 30. Hiernach auch das Folgende.
2 Ebd., S. 50.
3 Vgl. H. Raab, Joseph Görres, S. 72.
4 G. Rhode, Polen und die polnische Frage. In: Theodor Schieder (Hrsg.), Handbuch der europäischen Geschichte. Bd. 5, hrsg. v. Walter Bußmann, S. 717.
5 K. v. Rochow, Vom Leben am preußischen Hofe, S. 273. Vgl. auch M. Laubert, Polenpolitik, S. 63.
6 Zit. nach R. Lill, Kölner Wirren, S. 100f. Hiernach auch das Folgende.
7 Ebd., S. 146.
8 J. v. Geissel, Schriften und Reden, Bd. 1, S. 5–14.
9 Zit. nach H. Gollwitzer, Ludwig I., S. 576. Hiernach auch das folg. Zitat.
10 Vgl. R. Lill, Kölner Wirren, S. 228.
11 Sulpice Boisserée, Tagebücher und Briefwechsel, hrsg. v. Mathilde Boisserée. 2 Bde. Stuttgart 1862, Bd. 2, S. 125ff.
12 Vgl. U. Rathke, Die Rolle Friedrich Wilhelms IV., S. 130.
13 Friedrich Wilhelm IV., Reden und Trinksprüche, S. 30ff.
14 Vgl. F. Schnabel, Deutsche Geschichte, Bd. 4, S. 156ff.
15 Zit. nach H. Gollwitzer, Ludwig I., S. 645, Anm. 1372 [sic!].
16 Vgl. R. Lill, Kölner Wirren, S. 229f.
17 Rechtsgutachten über den Rechtscharakter des am Dom zu Altenberg bestehenden Simultaneum von H. Lehmann. In: Archiv für kathol. Kirchenrecht 127 (1955/56), S. 396ff. W. Weber: Das Simultaneum am Dom zu Altenberg. In: Zeitschrift für Evangelisches Kirchenrecht, 4 (1955), S. 31ff.
18 L. Ennen, Der Dom zu Köln. Köln 1880. Zit. nach Th. Nipperdey, Kirche und Nationaldenkmal, S. 179.
19 Zit. nach F. Schnabel, Deutsche Geschichte, Bd. 4, S. 158.
20 Zit. nach R. Lill, Kölner Wirren, S. 230.
21 Zit. nach Th. Nipperdey, Kirche und Nationaldenkmal, S. 180.
22 Zit. nach R. Lill, Kölner Wirren, S. 231.
23 F. Schnabel, Deutsche Geschichte, Bd. 4, S. 158.
24 Bayerisches Hauptstaatsarchiv München (künftig zit.: Bayer. HStA) Abt. III (Geh. Hausarchiv), Nachlaß König Ludwig I..
25 Vgl. ebd.
26 E. Lewalter, Friedrich Wilhelm IV., S. 314.
27 Bayer. HStA, Abt. III (Geh. Hausarchiv), Nachlaß König Ludwig I., Brief an Kaiser Franz II., Juli 1815 (Abschrift).
28 Ebd., Friedrich Wilhelm an Kronprinz Ludwig, Brief v. 2. November 1823.
29 H. Gollwitzer, Ludwig I., S. 759.
30 H. v. Treitschke, Deutsche Geschichte, Bd. 3, S. 348.
31 Bayer. HStA, Abt. III (Geh. Hausarchiv), Nachlaß König Ludwig I., Cornelius an Ludwig.
32 H. Gollwitzer, Ludwig I., S. 648.

33 Ebd., S. 759.
34 Bayer. HStA, Abt. III (Geh. Hausarchiv), Nachlaß König Ludwig I., 28. und 29. August 1827.
35 Zit. nach E. Lewalter, Friedrich Wilhelm IV., S. 125.

Gottesgnadentum und Vereinigter Landtag

1 L. v. Ranke, Friedrich Wilhelm IV., in: ADB, S. 767.
2 Zit. nach H. Obenaus, Anfänge des Parlamentarismus, S. 159 f.
3 Ebd., S. 180.
4 H. v. Treitschke, Deutsche Geschichte, Bd. 3, S. 98.
5 K. Kettig, Friedrich Wilhelms IV. Stellung zu Frankreich, S. 19.
6 J. M. v. Radowitz, Schriften, Bd. 4, S. 162 f. Danach auch das folg. Zitat.
7 S. Bahne, Verfassungspläne, S. 74.
8 Ebd., S. 84 ff. Die folg. Zitate ebd., S. 75 f., S. 77 (Anhang).
9 Ebd., S. 88 (Anhang) und S. 85.
10 H. Ritter v. Srbik, Der Prinz von Preußen, S. 98.
11 Zit. nach S. Bahne, Verfassungsversprechen, S. 94 (Anm. 220).
12 Ebd., S. 27.
13 Zit. nach H. Obenaus, Anfänge des Parlamentarismus, S. 523. Das folg. Zitat ebd., S. 553.
14 A. Stern, Geschichte Europas, Bd. 3, S. 266.
15 L. v. Ranke, Friedrich Wilhelm IV., in: ADB, S. 759.
16 A. Stern, Geschichte Europas, Bd. 3, S. 266 (Anm. 2).
17 Friedrich Wilhelm IV., Reden und Proklamationen, S. 28.
18 Zit. nach H. Beck, Humboldt, Bd. 2, S. 187.
19 Zit. nach S. Bahne, Verfassungspläne, S. 112.
20 A. Stern, Geschichte Europas, Bd. 3, S. 274.
21 Zit. nach H. Obenaus, Anfänge des Parlamentarismus, S. 707 f.
22 K. Biedermann, Geschichte des ersten preußischen Reichstags, S. 133.
23 Zit. nach H. Obenaus, Anfänge des Parlamentarismus, S. 708.
24 Rede O. v. Bismarcks vom 17. Mai 1847, in: Ders., Reden, S. 3.
25 O. v. Bismarck, Erinnerung und Gedanke, S. 17.
26 Ludwig v. Gerlach, Aufzeichnungen, Bd. 1, S. 477.
27 Zit. nach A. Stern, Geschichte Europas, Bd. 3, S. 273.
28 Zit. nach H. v. Petersdorff, Friedrich Wilhelm IV., S. 65.
29 Ebd.
30 Bd. 1, S. 121.

Revolution und preußische Verfassung

1. J. M. v. Radowitz, Nachgelassene Briefe, S. 55 u. ff. Die folg. Zitate ebd.
2. Leop. v. Gerlach, Denkwürdigkeiten, Bd. 1, S. 200 f.
3. Zit. nach V. Valentin, Geschichte der deutschen Revolution, Bd. 2, S. 67.
4. J. Hoffmann, Ministerium Camphausen, S. 13 ff.
5. Friedrich Wilhelm IV., Briefwechsel mit Camphausen, S. 174.
6. Ebd., S. 138.
7. A. Bergengrün, Hansemann, S. 530.
8. Revolutionsbriefe, S 116.
9. Zit. nach A. Stern, Geschichte Europas, Bd. 1, S. 171.
10. Zit. nach M. Botzenhart, Deutscher Parlamentarismus, S. 524. Hiernach die folg. Zitate.
11. H. V. v. Unruh, Skizzen, S. 57.
12. Zit. nach. M. Botzenhart, Deutscher Parlamentarismus, S. 527.
13. E. R. Huber, Dokumente, Bd. 1, Nr. 149, S. 373.
14. Revolutionsbriefe, S. 165.
15. ZStA Merseburg, Hausarchiv Rep. 50 J.
16. Revolutionsbriefe, S. 173.
17. ZStA Merseburg, Hausarchiv Rep. 50 J.
18. Zit. nach A. Stern, Geschichte Europas, Bd. 1, S. 290 f.
19. Ebd., S. 790 f. (Anhang). Hiernach auch das folg. Zitat, S. 292.
20. K. A. Varnhagen von Ense, Tagebücher, Bd. 5, S. 256.
21. Ebd., S. 268.
22. Prinz K. zu Hohenlohe-Ingelfingen, Aufzeichnungen, Bd. 1, S. 106.
23. Zit. nach E. R. Huber, Deutsche Verfassungsgeschichte, Bd. 2, S. 747.
24. Ludw. v. Gerlach, Briefe, Denkschriften, Aufzeichnungen, S. 607 ff. Hiernach auch das folg. Zitat.
25. Aufzeichnungen, Bd. 1, S. 100.
26. G. Grünthal, Verfassungsoktroi, S. 122.
27. Leop. v. Gerlach, Denkwürdigkeiten, Bd. 1, S. 249.
28. G. Grünthal, Verfassungsoktroi, S. 157.
29. Erzherzog Johann, Briefwechsel, S. 17.
30. Revolutionsbriefe, S. 232.
31. F. Meinecke, Weltbürgertum, S. 389.
32. Denkwürdigkeiten, Bd. 1, S. 258. Hiernach auch das Folgende.
33. Ebd., S. 249. Die folg. Zitate ebd., S. 240 und S. 248.
34. Zit. nach E. R. Huber, Dokumente, Bd. 2, S. 394.
35. Vgl. M. Botzenhart, Deutscher Parlamentarismus, S. 554.
36. Ludw. v. Gerlach, »Der fünfte Dezember« [1848], zit. nach W. Schwentker, Konservative Vereine, S. 241. Hiernach das folg. Zitat S. 243.
37. J. Jacoby, Briefwechsel, S. 544.
38. Leop. v. Gerlach, Denkwürdigkeiten, Bd. 1, S. 245.
39. Ebd., S. 428.
40. E. R. Huber, Dokumente, Bd. 1, S. 515 f.

Preußen und die deutsche Einheit

1 J. Burckhardt, Historische Fragmente, S. 200.
2 A. Graf zu Stolberg-Wernigerode, Ein Freund und Ratgeber, S. 33.
3 Revolutionsbriefe, S. 25f.
4 Zit. nach W. Bußmann, Das Scheitern, S. 159.
5 Ludw. v. Gerlach, Tagebuch, S. 81.
6 M. Lenz, Geschichte der Universität Berlin, Bd. 2, Teil 2, S. 200.
7 H. Ritter v. Srbik, Metternich, Bd. 2, S. 284.
8 L. v. Ranke, Friedrich Wilhelm IV. In: ADB, Bd. 7.
9 Leop. v. Gerlach, Denkwürdigkeiten, Bd. 1, S. 151.
10 H. Holborn, Deutsche Geschichte, Bd. 2, S. 279.
11 E. Marcks, Kaiser Wilhelm I., S. 73.
12 K. L. v. Prittwitz, Berlin 1848 (G. Heinrich, Einleitung, S. LVII). Hiernach auch das folg. Zitat S. LVIII.
13 Ebd., S. 353. Das Folgende ebd., S. 352f., S. 313, S. 275, S. 231 und S. 270.
14 Ebd., S. LIX (G. Heinrich, Einleitung).
15 K. A. Varnhagen von Ense, Tagebücher, Bd. 4, S. 325f.
16 K. L. v. Prittwitz, Berlin 1848, S. 346. Das folg. Zitat ebd., S. 347.
17 K. Haenchen, Flucht und Rückkehr, S. 54.
18 E. Lewalter, Friedrich Wilhelm IV., S. 411.
19 K. L. v. Prittwitz, Berlin 1848, S. 392.
20 Ebd., S. 396.
21 König Johann von Sachsen, Briefwechsel, S. 232.
22 V. Valentin, Geschichte der deutschen Revolution, Bd. 1, S. 447.
23 E. R. Huber, Dokumente, Bd. 1, S. 448f.
24 W. Andreas, Die russische Diplomatie, S. 13.
25 E. R. Huber, Dokumente, Bd. 1, S. 450.
26 O. v. Bismarck, Gedanken und Erinnerungen, Bd. 1, S. 22.
27 K. L. v. Prittwitz, Berlin 1848, S. 470 (Anm. 70).
28 Zit. nach W. Bußmann, Königliche Armee, S. 87.
29 K. A. Varnhagen von Ense, Tagebücher, Bd. 4, S. 315.
30 Vgl. A. v. d. Bussche, Heinrich A. v. Arnim, S. 208f.
31 Ebd., S. 218.
32 Ebd., S. 159. Danach auch das Folgende.
33 Ebd., S. 174.
34 E. v. Fransecky, Denkwürdigkeiten, S. 151. Die folg. Zitate ebd., S. 161 und S. 166.
35 L. v. Ranke, Briefwechsel mit Bunsen, S. 251 (27. März 1849).
36 ZStA Merseburg, Hausarchiv Rep. 50 J Nr. 340 (4. Mai und 31. Juli 1849).
37 Ernst II., Aus meinem Leben, Bd. 1, S. 422.
38 Revolutionsbriefe, S. 350f. (13. Februar 1849).
39 ZStA Merseburg, Hausarchiv Rep. 50 J Nr. 1210, vol. III.
40 Revolutionsbriefe, S. 114 (22. Juni 1848).
41 E. R. Huber, Dokumente, Bd. 1, S. 343. Hiernach auch die folg. Zitate.

42 R. Höhn, Verfassungskampf, S. 285. Danach auch das folg. Zitat.
43 Prinz K. zu Hohenlohe-Ingelfingen, Aufzeichnungen, Bd. 1, S. 94f. Das folg. Zitat ebd.
44 R. Höhn, Verfassungskampf, S. 291. Danach auch das folg. Zitat.
45 Revolutionsbriefe, S. 392.
46 F.-L. Kroll, Politische Romantik, S. 102.
47 Frhr. v. Kessel-Zentzsch, Erinnerungen, S. 61.
48 H. V. v. Unruh, Erinnerungen, S. 129.
49 Leop. v. Gerlach, Denkwürdigkeiten, Bd. 1, S. 308. Das folg. Zitat ebd.
50 Friedrich Wilhelm IV., Reden und Proklamationen, S. 53f.
51 ZStA Merseburg, Hausarchiv Rep. 50 J Nr. 1210, vol. III.
52 Ebd., Rep. 92 Nachlaß K. v. d. Groeben Ka 5, Bll. 24ff.
53 V. Valentin, Geschichte der deutschen Revolution, Bd. 2, S. 533.
54 J. M. v. Radowitz, Schriften, Bd. 2, S. 322ff.
55 F. Meinecke, Radowitz, S. 72.
56 Leop. v. Gerlach, Denkwürdigkeiten, Bd. 1, S. 357.
57 Ebd., S. 344.
58 ZStA Merseburg, Hausarchiv Rep. 50 J Nr. 939, Bll. 7ff. (mit dem Vermerk: »Nicht benutzen!«).
59 Leop. v. Gerlach, Denkwürdigkeiten, Bd. 1, S. 363.
60 J. M. v. Radowitz, Schriften, Bd. 3, S. 189.
61 Ebd., S. 191f.
62 A. Stern, Geschichte Europas, Bd. 1, S. 431.
63 K. A. Varnhagen von Ense, Tagebücher, Bd. 7, S. 191f.
64 ZStA Merseburg, Hausarchiv Rep. 50 J Nr. 1210, vol. III. Danach auch das folg. Zitat.
65 Ebd.
66 O. v. Natzmer, Denkwürdigkeiten, Bd. 4, S. 116.
67 A. Stern, Geschichte Europas, Bd. 1, S. 447.
68 J. M. v. Radowitz, Schriften, Bd. 3, S. 339.
69 Leop. v. Gerlach, Denkwürdigkeiten, Bd. 1, S. 451.
70 ZStA Merseburg, Hausarchiv Rep. 50 J Nr. 939, Bll. 34ff.
71 Preußens auswärtige Politik, Bd. 1, S. 35.

Kunst und Wissenschaft

1 H. v. Einem, Schinkel, S. 82. Das folg. Zitat ebd., S. 83.
2 L. Dehio, Friedrich Wilhelm IV., S. 431.
3 H. v. Einem, Schinkel, S. 88.
4 Zit. nach E. Lewalter, Friedrich Wilhelm IV., S. 118.
5 Vgl. L. Dehio, Friedrich Wilhelm IV., S. 117.
6 G. Poensgen, Die Bauten Friedrich Wilhelms IV., S. 32.
7 L. Dehio, Friedrich Wilhelm IV., S. 87. Das folg. Zitat ebd., S. 114.
8 G. Poensgen, Schinkel, S. 51.

9 P. O. Rave, Schinkel, S. 22.
10 Ebd.
11 H. v. Einem, Schinkel, S. 77.
12 E. Lewalter, Friedrich Wilhelm IV., S. 282.
13 H. v. Einem, Schinkel, S. 80. Das folg. Zitat ebd.
14 A. Geyer, Friedrich Wilhelm IV. und seine Bauten, S. 84.
15 L. Dehio, Friedrich Wilhelm IV, S. 49.
16 M. S. Cullen, Das Palais Raczynski, S. 25 ff.
17 Ebd.
18 M. S. Cullen, Leipziger Straße Drei, S. 37 ff. Danach auch das Folgende.
19 ZStA Merseburg, Hausarchiv Rep. 50 J.
20 G. Poensgen, Die Bauten Friedrich Wilhelms IV., S. 5 ff.
21 Ebd., S. 10.
22 L. Dehio, Friedrich Wilhelm IV., S. 261.
23 G. Poensgen, Die Bauten Friedrich Wilhelms IV., S. 12.
24 A. Geyer, Friedrich Wilhelm IV. als Architekt, S. 525 f. Danach auch die folg. Zitate.
25 ZStA Merseburg, Hausarchiv 2.2.1., Nr. 20625.
26 Chr. C. J. v. Bunsen, Aus seinen Briefen, Bd. 1, S. 50.
27 Zit. nach E. Lewalter, Friedrich Wilhelm IV., S. 300. Dort auch die folg. Zitate.
28 Chr. C. J. v. Bunsen, Aus seinen Briefen, Bd. 1, S. 50.
29 Vgl. U. Kaplony-Heckel, Bunsen, S. 65.
30 Ebd., S. 79.
31 M. R. Lepsius, K. R. Lepsius und seine Familie, S. 7.
32 Ebd., S. 9.
33 H. Abeken, H. Abeken. Ein schlichtes Leben, S. 121 ff. Dort auch die folg. Zitate.
34 A. v. Humboldt, Briefe, S. 42.
35 H. Beck, Humboldt, Bd. 2, S. 159.
36 A. v. Humboldt, Briefe, S. 22 f.
37 H. Beck, Humboldt, Bd. 2, S. 305.
38 Vgl. K. Bruhns, Humboldt, Bd. 2, S. 291 ff.
39 Ludw. v. Gerlach, Denkwürdigkeiten, Bd. 1, S. 119.
40 M. Lenz, Geschichte der Berliner Universität, Bd. 2, Teil 2, S. 169 ff. Danach auch die folg. Zitate.
41 A. v. Humboldt, Briefe, S. 23.
42 Th. Schieder, Pour le mérite, S. VII. Hiernach auch die folg. Zitate.
43 Chr. C. J. v. Bunsen, Aus seinen Briefen, Bd. 2, S. 140-143. Die folg. Zitate ebd.
44 Zit. nach H. de Terra, A. v. Humboldt, S. 235 f.
45 A. v. Humboldt, Briefe, S. 74.
46 Ebd., S. 71.
47 Tagebücher, Bd. 9, S. 116.
48 A. v. Humboldt, Briefe, S. 74. Hiernach auch das Folgende.

49 Zit. nach J. Kuczynski, Studien, Bd. 6: Gelehrtenbiographien, S. 82ff.
50 ZStA Merseburg, Hausarchiv Rep. 50 J.

Friedrich Wilhelm IV. und der Krimkrieg

1 ZStA Merseburg, Hausarchiv Rep. 50 E I Nr. 2276.
2 L. v. Ranke, Lebensgeschichte, S. 671ff.
3 Die Originale der Korrespondenz Bunsens sind derzeit nicht zugänglich, da eine Edition vorbereitet wird. Schriftliche Mitteilung des ZStA Merseburg (1985).
4 ZStA Merseburg, Hausarchiv Rep. 50 E I Nr. 27.
5 Ernst II., Aus meinem Leben, Bd. 2, S. 156.
6 K. Borries, Preußen im Krimkrieg, S. 352.
7 L. v. Ranke, Sämtliche Werke, Bd. 49/50, S. 547.
8 K. Borries, Preußen im Krimkrieg, S. 354ff.
9 Preußens auswärtige Politik, Bd. 2, S. 346.
10 Chr. C. J. v. Bunsen, Aus seinen Briefen, Bd. 3, S. 339f. Das folg. Zitat ebd.
11 Preußens auswärtige Politik, Bd. 2, S. 346.
12 O. v. Manteuffel, Denkwürdigkeiten, Bd. 2, S. 442.
13 K. Borries, Preußen im Krimkrieg, S. 347ff.
14 Ebd., S. 100.
15 ZStA Merseburg, Hausarchiv Rep. 51 J.
16 Ebd.
17 K. Borries, Preußen im Krimkrieg, S. 119.
18 Ebd., S. 124.
19 Leop. v. Gerlach, Denkwürdigkeiten, Bd. 2, S. 120.
20 Ludw. v. Gerlach, Tagebuch, S. 348.
21 Leop. v. Gerlach, Denkwürdigkeiten, Bd. 1, S. 627f.
22 K. v. Priesdorff, Soldatisches Führertum, Bd. 5, S. 488.
23 M. Messerschmidt, Militärgeschichte, Bd. 2, S. 175.
24 Nesselrode an Meyendorff (6. Mai 1854). Zit. nach B. Unckel, Österreich und der Krimkrieg, S. 100.
25 W. Baumgart, Akten zur Geschichte des Krimkriegs. Serie 1, Bd. 2, S. 18f.
26 Ebd., S. 426. Die folg. Zitate ebd.
27 Zit. nach K. Borries, Preußen im Krimkrieg, S. 187.
28 ZStA Merseburg, Hausarchiv Rep. 50 J Nr. 1210 vol. III.
29 Ebd.
30 21. März 1854. Zit. nach B. Unckel, Österreich und der Krimkrieg, S. 125f.
31 ZStA Merseburg, Hausarchiv Rep. 50 J Nr. 1210 vol. III.
32 Ebd. Danach auch die folg. Zitate.
33 Preußens auswärtige Politik, Bd. 2, S. 457.
34 Leop. v. Gerlach, Denkwürdigkeiten, Bd. 2, S. 179.
35 Ebd., S. 183.

36 Preußens auswärtige Politik, Bd. 2, S. 460.
37 Zit. nach K. Borries, Preußen im Krimkrieg, S. 209.
38 Ebd., S. 210 (Anm. 16).
39 Ebd., S. 212.
40 Preußens auswärtige Politik, Bd. 2, S. 540. Die folg. Zitate ebd., S. 553 und S. 574f.
41 Ebd., S. 584.
42 Johann von Sachsen, Briefwechsel, S. 327.
43 K. Borries, Preußen im Krimkrieg, S. 259.
44 Ernst II., Aus meinem Leben, Bd. 2, S. 290.
45 Zit. nach K. Borries, Preußen im Krimkrieg, S. 261.
46 Zit. nach E. Oberländer, in: Handbuch der europäischen Geschichte, Bd. 5, S. 673.
47 ZStA Merseburg, Hausarchiv Rep. 50 J Nr. 1210 vol. III.

Die letzten Regierungsjahre

1 O. v. Manteuffel, Denkwürdigkeiten, Bd. 3, S. 51.
2 Leop. v. Gerlach, Denkwürdigkeiten, Bd. 2, S. 363.
3 Zit. nach H.-Chr. Kraus, Königtum, S. 84.
4 Leop. v. Gerlach, Denkwürdigkeiten, Bd. 2, S. 396.
5 Ludw. v. Gerlach, Briefe, S. 892 (27. Januar 1856).
6 Leop. v. Gerlach, Denkwürdigkeiten, Bd. 2, S. 361.
7 ZStA Merseburg, Hausarchiv Rep. 50 J Nr. 512.
8 H. v. Petersdorff, Friedrich Wilhelm IV., S. 218.
9 E. Vehse, Illustrierte Geschichte, Bd. 2, S. 365.
10 Ebd., S. 364. Vgl. auch K. A. v. Varnhagen, Tagebücher, Bd. 12, S. 398.
11 K. A. v. Varnhagen, Tagebücher, Bd. 12, S. 401.
12 O. v. Manteuffel, Denkwürdigkeiten, Bd. 3, S. 112.
13 E. Vehse, Illustrierte Geschichte, Bd. 2, S. 366f. Dort auch die folg. Zitate.
14 Leop. v. Gerlach, Denkwürdigkeiten, Bd. 2, S. 403.
15 Ebd., S. 404.
16 Zit. nach E. Vehse, Illustrierte Geschichte, Bd. 2, S. 368.
17 K. A. v. Varnhagen, Tagebücher, Bd. 12, S. 402.
18 Zit. nach E. Vehse, Illustrierte Geschichte, Bd. 2, S. 366f.
19 E. Bonjour, Neuenburger Konflikt, S. 144.
20 Zit. nach A. Stern, Geschichte Europas, Bd. 2, S. 234.
21 Zit. nach E. Bonjour, Neuenburger Konflikt, S. 10.
22 Ebd., S. 90.
23 Ludw. v. Gerlach, Briefe, S. 912 (26. Oktober 1856).
24 Zit. nach E. Bonjour, Neuenburger Konflikt, S. 144f. Die folg. Zitate ebd., S. 150ff.
25 Preußens auswärtige Politik, Bd. 3, S. 253.
26 Zit. nach E. Bonjour, Neuenburger Konflikt, S. 164.

27 Preußens auswärtige Politik, Bd. 3, S. 253.
28 Zit. nach E. Bonjour, Neuenburger Konflikt, S. 163.
29 Ebd.
30 Ebd., S. 177f.
31 H. v. Treitschke, Deutsche Geschichte, Bd. 5, S. 24f.
32 Zit. nach E. Bonjour, Neuenburger Konflikt, S. 179 (Anm. 5).
33 GStA Berlin-Dahlem, Rep. 92, Nachlaß Vaupel (Prinz Wilhelm an Friedrich Wilhelm IV., 18. Dezember 1856).
34 Ebd., Brief vom 27. Dezember 1856.
35 Zit. nach E. Bonjour, Neuenburger Konflikt, S. 179 (Anm. 5).
36 Ebd. Die folg. Zitate S. 186f., S. 194, S. 203 und S. 40 (mit Anm.).
37 Kurhessische Hausstiftung, Schloß Fasanerie, Archiv der Kaiserin Friedrich (30. September 1857). Dort auch das folg. Zitat.

Krankheit und Tod

1 Leop. v. Gerlach, Denkwürdigkeiten, Bd. 2, S. 227f.
2 Ebd., S. 451.
3 E. Lewalter, Friedrich Wilhelm IV., S. 472f.
4 ZStA Merseburg, Hausarchiv Rep. 50 K 1 Nr. 3.
5 Leop. v. Gerlach, Denkwürdigkeiten, Bd. 2, S. 520.
6 K. A. v. Varnhagen, Tagebücher, Bd. 14, S. 79f und S. 82 (16. und 18. September 1857).
7 Zit. nach E. Vehse, Illustrierte Geschichte, Bd. 2, S. 372.
8 Leop. v. Gerlach, Denkwürdigkeiten, Bd. 2, S. 520 (24. Juli 1857). Die folg. Zitate ebd. und S. 536.
9 H. v. Petersdorff, Friedrich Wilhelm IV., S. 224.
10 ZStA Merseburg, Hausarchiv Rep. 50 K 1 Nr. 1ff.
11 Leop. v. Gerlach, Denkwürdigkeiten, Bd. 2, S. 527f. Dort auch das folg. Zitat (23. April 1857).
12 Vgl. J. Bleker, Naturhistorische Schule 1825–1845; ferner A. Bauer, Krankheitslehre.
13 F. Vogel, Krankheit Friedrich Wilhelm IV., S. 266.
14 Ebd.
15 Leop. v. Gerlach, Denkwürdigkeiten, Bd. 2, S. 542f. Die folg. Zitate ebd., S. 544, S. 546, S. 541 und S. 547.
16 Ebd., S. 629. Das folg. Zitat ebd., S. 633.
17 Zit. nach A. Stern, Geschichte Europas, Bd. 2, S. 262.
18 Kurhessische Hausstiftung, Schloß Fasanerie, Archiv der Kaiserin Friedrich.
19 Leop. v. Gerlach, Denkwürdigkeiten, Bd. 2, S. 551. Die folg. Zitate ebd., S. 552 und S. 537ff.
20 ZStA Merseburg, Staatsministerium, Rep. 90 a A III 2 Nr. 6.

21 Vgl. A. Stern, Geschichte Europas, Bd. 2, S. 263.
22 Prinz K. zu Hohenlohe-Ingelfingen, Aus meinem Leben, Bd. 2, S. 120.
23 Ebd., S. 161. Das Folgende ebd., S. 162 und S. 205.
24 L. Dehio, Friedrich Wilhelm IV., S. 118f.
25 Prinz K. zu Hohenlohe-Ingelfingen, Aus meinem Leben, Bd. 2, S. 232, S. 230 und S. 233.
26 Veröffentlicht in »Vossische Zeitung«, Nr. 9 v. 11. Januar 1861.
27 Kurhessische Hausstiftung, Schloß Fasanerie, Archiv der Kaiserin Friedrich.

Epilog

1 Leop. v. Ranke, Friedrich Wilhelm IV., in: ADB, S. 767.
2 H. v. Treitschke, Deutsche Geschichte, Bd. 5, S. 6f.
3 Zit. nach W. Ross, Friedrich Nietzsche, S. 791.
4 H. Heine, Die Menge tut es, in: Sämtliche Werke, Bd. 4, München 1964, S. 51.
5 O. Hintze, Epochen des evangelischen Kirchenregiments, S. 82.
6 R. Schoch, Herrscherbild, S. 96ff.
7 U. Scheuner, Preußen, S. 12.
8 Generallandesarchiv Karlsruhe, Abt. 48 Nr. 2658.
9 O. Lorenz, Staatsmänner und Geschichtsschreiber, S. 142.

Quellen- und Literaturverzeichnis

Archive

Geheimes Staatsarchiv Stiftung Preußischer Kulturbesitz, Berlin-Dahlem.
Kurhessische Hausstiftung, Schloß Fasanerie, Archiv der Kaiserin Friedrich.
Hausarchiv des ehemals regierenden preußischen Königshauses, Burg Hohenzollern, Hechingen.
Zentrales Staatsarchiv, Merseburg. Hist. Abt. II. Bestand Brandenburg-Preußisches Hausarchiv.
Bayerisches Hauptstaatsarchiv, München. Abt. III. Geheimes Hausarchiv.
Fürstlich Hohenzollernsches Haus- und Domänenarchiv, Sigmaringen.
Staatsarchiv Sigmaringen.
Bayerische Staatsbibliothek, München (Handschriftenabteilung).

Gedruckte Quellen

Abeken, Hedwig: Heinrich Abeken. Ein schlichtes Leben in bewegter Zeit, aus Briefen zusammengestellt. Berlin 1898.
Akten zur Geschichte des Krimkriegs. Serie 1. Österreichische Akten zur Geschichte des Krimkrieges. Hrsg. v. *Winfried Baumgart.* 3 Bde. München 1979/80.
Andreas, Willy: Der Briefwechsel Friedrich Wilhelms IV. von Preußen und des Zaren Nikolaus I. von Rußland in den Jahren 1848 bis 1850. Ein Beitrag zur Geschichte der russisch-preußischen Beziehungen. In: Forschungen zur brandenburgischen und preußischen Geschichte, 43 (1931). S. 129-166.
Arnim, Adolf Heinrich Graf von Boitzenburg: Bemerkungen des Grafen Arnim-Boitzenburg zu der Schrift: Die Berliner Märztage, vom militärischen Standpunkte aus geschildert. Berlin 1850.
Arnim, Bettina von: Dies Buch gehört dem König [1843]. Sämtliche Werke. Hrsg. v. W. Oehlke. Bd. 6. Berlin 1920.
Auerswald, Alfred von: Der preußische Huldigungslandtag im Jahre 1840. Königsberg 1843.
Darstellung der *Berliner Bewegung* im Jahre 1848 in politischer, sozialer und literarischer Beziehung. Jubiläums-Volksausgabe. Hrsg. von G. Gompertz. Berlin 1898.
Elise Gräfin von *Bernstorff:* Ein Bild aus der Zeit von 1789 bis 1835. Aus ihren Aufzeichnungen. 2 Bde. Hrsg. v. Elise von dem Bussche-Kessel. Berlin 1896.
Biedermann, Karl: Dreißig Jahre deutscher Geschichte 1840-1870. Mit einem Rückblick auf die Zeit 1815-1840 und eine Übersicht der ersten 25 Jahre des neuen Deutschen Reiches. 2 Bde. 3. Aufl. Breslau 1896.

Ders.: Geschichte des ersten preußischen Reichstags. Leipzig 1847.
Ders.: Mein Leben und ein Stück Zeitgeschichte. 2 Bde. Breslau 1886/87.
Bismarck, Otto von: Erinnerung und Gedanke. Kritische Neuausgabe auf Grund des gesamten schriftlichen Nachlasses von Gerhard Ritter und Rudolf Stadelmann. Berlin 1932 (= Die gesammelten Werke Bd. 15).
Ders.: Reden. Bearb. von Wilhelm Schüßler. Berlin 1928 (= Die gesammelten Werke Bd. 10).
Briefwechsel zwischen *Ernst von Bodelschwingh* und Friedrich Wilhelm IV. Hrsg. v. Hans-Joachim Schoeps. Berlin 1968.
Freifrau von Bunsen. Ein Lebensbild, aus ihren Briefen zusammengestellt von Augustus J. C. Hare. Deutsche Ausgabe von Hans Tharau. 2 Bde. 7. Aufl. Gotha 1899.
Breitenborn, Konrad: Aus dem Briefwechsel zwischen Friedrich Wilhelm IV. von Preußen und Graf Anton zu Stolberg-Wernigerode im Jahre 1848. In: Zeitschrift für Geschichtswissenschaft 30 (1982), S. 224-244.
Christian Carl Josias Frhr. von Bunsen. Aus seinen Briefen und nach eigenen Erinnerungen geschildert von seiner Witwe. Deutsche Ausgabe, durch neue Mitteilungen vermehrt von Friedrich Nippold. 3 Bde. Leipzig 1868-1871.
Canitz, Carl Ernst Wilhelm Frhr. von: Denkschriften. Berlin 1888.
Ceremonial-Buch für den Königlich Preußischen Hof. Von Graf Rudolf Maria Bernhard von Stillfried-Rattonitz. Abschnitt I-XII. Berlin 1877.
Clary-Aldringen, Alfons: Geschichten eines alten Österreichers. Berlin 1977.
Die Jugend des Königs Friedrich Wilhelm IV. und des Kaisers und Königs Wilhelm I. Tagebuchblätter ihres Erziehers *Friedrich Delbrück* 1800-1809. Teil I.: 1800-1806; Teil II.: 1806-1808; Teil III.: 1808-1809. Mitgeteilt von Georg Schuster. Berlin 1907.
Huber, Ernst Rudolf (Hrsg.): *Dokumente* zur deutschen *Verfassungsgeschichte.* Bd. 1: Deutsche Verfassungsdokumente 1803-1850. 3. neubearb. und vermehrte Aufl. Stuttgart 1978.
Ders./Huber, Wolfgang (Hrsg.): *Staat und Kirche* im 19. und 20. Jahrhundert. *Dokumente* zur Geschichte des deutschen Staatskirchenrechts.
Bd. 1: Staat und Kirche vom Ausgang des alten Reichs bis zum Vorabend der bürgerlichen Revolution. Berlin 1973.
Bd. 2: Staat und Kirche im Zeitalter des Hochkonstitutionalismus und des Kulturkampfes 1848-1890. Berlin 1976.
Aktenstücke und Aufzeichnungen zur Geschichte der Frankfurter Nationalversammlung aus dem Nachlaß von *Johann Gustav Droysen.* Hrsg. v. Rudolf Hübner. Neudruck der Ausgabe 1924. Osnabrück 1967.
Johann Gustav Droysen. Briefwechsel. 2 Bde. Hrsg. von Rudolf Hübner. Neudruck der Ausgabe 1929. Osnabrück 1967.
Ernst II. Herzog von Sachsen-Coburg-Gotha: Aus meinem Leben und aus meiner Zeit. 3 Bde. 6. Aufl. Berlin 1889.
Fontane, Theodor: Die Berliner Märztage 1848. Leipzig 1915.
Fransecky, Eduard von: Denkwürdigkeiten. Hrsg. von V. Bremen. Bielefeld 1900.

Briefwechsel König *Friedrich Wilhelms III.* und der Königin Luise mit Kaiser Alexander I. Nebst ergänzenden fürstlichen Korrespondenzen. Hrsg. v. Paul Bailleu. Leipzig 1900.

Beschreibung der Feierlichkeiten, welche bei der Vermählung des Kronprinzen von Preußen [*Friedrich Wilhelm*] K. D. mit der Prinzessin Elisabeth von Baiern K. D. so wie bei der Ankunft der Prinzessin K. H. in Berlin und an anderen Orten stattgefunden haben. Nach offiziellen Mitteilungen bearbeitet. Mit drei Abbildungen. Berlin 1824.

Aus dem Briefwechsel des Kronprinzen *Friedrich Wilhelm* und des Prinzen Wilhelm mit ihrer Cousine Prinzessin Friedrike von Preußen während der Freiheitskriege 1813–1815. Mitgeteilt von Hermann Granier. In: Hohenzollernjahrbuch 17 (1913), S. 173–209.

Materialien zur Regierungsgeschichte *Friedrich Wilhelms IV.* Heft 1–3. Königsberg 1842–1845.

Friedrich Wilhelm IV. Briefwechsel mit *Ludolf Camphausen* 1848–1850. Hrsg. von Erich Brandenburg. Berlin 1906.

Reden, Proklamationen, Botschaften, Erlasse und Orders des Königs *Friedrich Wilhelm IV.* von der Thronbesteigung bis zur Gegenwart. Berlin 1848–1850.

Schriften und Reden von *Johannes Kardinal von Geissel.* Hrsg. v. Karl Theodor Dumont. 4 Bde. Köln 1869–76.

Gerlach, Ernst Ludwig von: Aufzeichnungen aus seinem Leben und Wirken. 1795–1877. Hrsg. von Jakob von Gerlach. 2 Bde. Schwerin i. Mecklenburg 1903.

Ders.: Von der Revolution zum Norddeutschen Bund. Politik und Ideengut der preußischen Hochkonservativen 1846–1866. Aus dem Nachlaß von *Ernst Ludwig von Gerlach.* Hrsg. von Hellmut Diwald. 2 Teile. 1. Teil: Tagebuch 1848 bis 1866. 2. Teil: Briefe, Denkschriften, Aufzeichnungen. Göttingen 1970.

Aus den Jahren preußischer Not und Erneuerung. Tagebücher und Briefe der Gebrüder *Gerlach* und ihres Kreises 1805–1820. Hrsg. von Hans-Joachim Schoeps. Berlin 1963.

Denkwürdigkeiten aus dem Leben *Leopold von Gerlachs,* Generals der Infanterie und General-Adjutanten König Friedrich Wilhelms IV. Nach seinen Aufzeichnungen hrsg. von seiner Tochter. 2 Bde. Berlin 1891/92.

Häberlin, Carl Ludwig: Sanssouci, Potsdam und Umgebung. Mit besonderer Rücksicht auf die Regierungszeit Sr. Maj. Friedrich Wilhelm IV. König von Preußen. Berlin 1855.

Handbuch über den *Königlich Preußischen Hof und Staat.* Berlin, Jg. 1841, 1843 bis 1848, 1851–1866.

Denkwürdigkeiten des Staatskanzlers *Fürsten von Hardenberg.* Hrsg. von Leopold von Ranke. 5 Bde. Leipzig 1877.

Aus der *preußischen Hof- und diplomatischen Gesellschaft.* 2 Bde. Bd. 1: Aus der preußischen Hofgesellschaft. 1822–1826. Bd. 2: Ernestine von Wildenbruck. 1805–1858. Hrsg. von A. v. Boguslawski. Stuttgart/Berlin 1903.

Hohenlohe-Ingelfingen, Prinz Kraft zu: Aus meinem Leben. Aufzeichnungen. 4 Bde. Berlin 1897–1907.

Hohenzollernbriefe aus den Freiheitskriegen 1813-1815. Hrsg. von Hermann Granier. Leipzig 1913.

Alexander von Humboldt und das preußische Königshaus. Briefe aus den Jahren 1835-1857. Hrgs. von Conrad Müller. Leipzig 1928.

Jacoby, Johann: Briefwechsel 1816-1849. Hrsg. von Edmund Silberner. Hannover 1974.

Briefwechsel zwischen König Friedrich Wilhelm IV. und dem Reichsverweser *Erzherzog Johann von Österreich* (1848-1850). Hrsg. von Georg Küntzel, Frankfurt/Main 1924.

Lebenserinnerungen des Königs *Johann von Sachsen*. Eigene Aufzeichnungen des Königs über die Jahre 1801 bis 1854. Hrsg. von Hellmut Kretzschmar. Göttingen 1958.

Briefwechsel zwischen König *Johann von Sachsen* und den Königen Friedrich Wilhelm IV. und Wilhelm I. von Preußen. Hrsg. von Johann Georg Herzog zu Sachsen. Leipzig 1911.

Kessel-Zentzsch, Frhr. von: Erinnerungen. eines Gardeoffiziers aus der Regierungszeit des Königs Friedrich Wilhelm IV. [Gedruckt als Manuskript]. Berlin 1891.

Vom Leben und Sterben der *Königin Luise*. Eigenhändige Aufzeichnungen ihres Gemahls König Friedrich Wilhelms III. Mitgeteilt von Heinrich Otto Meisner. Berlin/Leipzig 1926.

Königin Luise. Ein Leben in Briefen. Hrsg. von Karl Griewank. Leipzig 1943.

König Luise von Preußen. Briefe und Aufzeichnungen. 1786-1810. Mit einer Einleitung von Hartmut Boockmann. Hrsg. von Malve Gräfin Rothkirch. München 1985.

Unter Friedrich Wilhelm IV. Denkwürdigkeiten des Ministers *Otto Freiherr v. Manteuffel*. Hrsg. von Heinrich von Poschinger. 3 Bde. Berlin 1901.

Preußens auswärtige Politik 1850-1858. Unveröffentlichte Dokumente aus dem Nachlasse des Ministerpräsidenten *Otto Freiherrn von Manteuffel*. Hrsg. von Heinrich von Poschinger. 3 Bde. Berlin 1902.

Peter von Meyendorff. Ein russischer Diplomat an den Höfen von Berlin und Wien. Politischer und privater Briefwechsel 1826-1863. Hrsg. von Otto Hoetzsch. 3 Bde. Berlin, Leipzig 1923.

Müffling, Friedrich Carl Ferdinand Frhr. von: Aus meinem Leben. Zwei Teile in einem Bande. Berlin 1851.

Unter den Hohenzollern. Denkwürdigkeiten aus dem Leben des Generals *Oldwig von Natzmer* (1820-1861). Hrsg. von Gneomar Ernst von Natzmer. 4 Bde. Gotha 1887-1888.

Persius, Ludwig: Das Tagebuch des Architekten Friedrich Wilhelms IV. 1840-1845. Hrsg. von Eva Börsch-Supan. München 1980.

Berlin 1848. Das Erinnerungswerk des Generalleutnants *Karl Ludwig von Prittwitz* und andere Quellen zur Berliner Märzrevolution und zur Geschichte Preußens um die Mitte des 19. Jahrhunderts. Hrsg. von Gerd Heinrich. Berlin 1985.

Raab, Heribert: Joseph Görres. Ein Leben für Freiheit und Recht. Auswahl aus seinem Werk. Urteile von Zeitgenossen, Einführung und Bibliographie. Paderborn u. a. 1978.

Radowitz, Joseph Maria von: Deutschland und Friedrich Wilhelm IV. Hamburg 1848.

Ders.: Gesammelte Schriften. 5 Bde. Berlin 1852-1853.

Ders.: Nachgelassene Briefe und Aufzeichnungen zur Geschichte der Jahre 1848-1853. Hrsg. von Walter Möring. Neudruck der Ausgabe 1922. Osnabrück 1967.

Radziwill, Elisa: Ein Leben in Liebe und Leid. Unveröffentlichte Briefe der Jahre 1820-1834. Hrsg. von B. Henning. 2. Aufl. Berlin 1911.

Ranke, Leopold von: Aus dem Briefwechsel Friedrich Wilhelms IV. mit Bunsen. Leipzig 1873.

Recke, Elisa von der: Tagebücher und Selbstzeugnisse. Hrsg. von Christine Träger. München 1984.

Revolutionsbriefe 1848. Ungedrucktes aus dem Nachlaß König Friedrich Wilhelms IV. von Preußen. Hrsg. von Karl Haenchen. Leipzig 1930.

Rochow, Karoline von: Vom Leben am preußischen Hofe 1815-1852. Aufzeichnungen von Karoline von Rochow geb. v. d. Marwitz und Marie de la Motte-Fouqué. Bearb. von Luise von der Marwitz. Berlin 1908.

Savigny, Karl Friedrich von (1814-1875): Briefe, Akten, Aufzeichnungen aus dem Nachlaß eines preußischen Diplomaten der Reichsgründungszeit. 1. Teil. Hrsg. von Willy Real. Boppard/Rhein 1981.

Schneider, Louis: Aus meinem Leben. 2 Bde. Berlin 1879.

Simson, Eduard von: Erinnerungen aus seinem Leben, zusammengestellt von B. Von Simson. Leipzig 1900.

Königlich Preußischer *Staatskalender* für das Jahr 1841, 1843-1848, 1851-1861. Berlin.

Stahl, Friedrich Julius: Das monarchische Prinzip. Eine staatsrechtlich-politische Abhandlung. Heidelberg 1845.

Ders.: Die gegenwärtigen Parteien in Staat und Kirche. Neunundzwanzig akademische Vorlesungen. Berlin 1863.

Ders.: Die Philosophie des Rechts nach geschichtlicher Ansicht. 2. Band: Christliche Rechts- und Staatslehre. 2. Abt. Heidelberg 1837.

Ders.: Wider Bunsen. Berlin 1856.

Ders.: Die Kirchenverfassung nach Lehre und Recht der Protestanten. 2. Aufl. Erlangen 1862.

Stieber, Wilhelm: Denkwürdigkeiten des Geheimen Regierungsrats Dr. Stieber. Berlin 1884.

Denkwürdigkeiten aus den Papieren des Freiherrn *Christian Friedrich v. Stockmar.* Zusammengestellt von Ernst Freiherr v. Stockmar. Braunschweig 1872.

Streckfuss, Karl: Der Preußen Huldigungsfest, nach amtlichen und anderen sicheren Nachrichten und eigener Anschauung zusammengestellt. Berlin 1840.

Die politischen *Testamente* der Hohenzollern. Bearb. von Richard Dietrich. Köln, Wien 1986.

Thiersch, Heinrich Wilhelm Josias: Friedrich Thierschs Leben. 2 Bde. Leipzig 1866.
Erinnerungen aus dem Leben von *Hans-Viktor von Unruh.* Hrsg. von Heinrich von Poschinger. Stuttgart 1895.
Ders.: Skizzen aus Preußens neuester Geschichte. Magdeburg 1849.
Varnhagen von Ense, Karl August: Tagebücher. Bde. 1-15. Neudruck der Ausgabe von 1861ff. Berlin 1972.
Vehse, Eduard: Illustrierte Geschichte des Preußischen Hofes, des Adels und der Diplomatie. Vom Großen Kurfürsten bis zum Tode Kaiser Wilhelms I. Fortgesetzt von Vehse redivivus. 1. Bd.: Vom großen Kurfürsten bis zum Tode Friedrichs des Großen. 2. Bd.: Von Friedrich Wilhelm II. bis zum Tode Kaiser Wilhelms I. Stuttgart 1901.
Voß, Sophie Gräfin von: 69 Jahre am preußischen Hofe. Aus Tagebüchern und Aufzeichnungen. Sachlich berichtigt und aus den zeitgenössischen Quellen ergänzt. 11. Aufl. Berlin 1935.
Wagener, Hermann: Erlebtes. Meine Memoiren aus der Zeit von 1848 bis 1866 und von 1873 bis jetzt. 2. Aufl. Berlin 1884.
Ders.: Die Politik Friedrich Wilhelms IV. Berlin 1883.
Kaiser Wilhelm I. Weimarer Briefe. Bearbeitet von Johannes Schultze. 2 Bde. Berlin/Leipzig 1924.
Witt, F.A.: Die feierliche Erbhuldigung der Stände des Königreichs Preußen und des Großherzogtums Posen am 10. September 1840. O. O. 1840.
Wolff, Adolf: Berliner Revolutionschronik. Darstellung der Berliner Bewegung im Jahre 1848 nach politischen, socialen und literarischen Beziehungen von Adolf Wolff. 3 Bde. Berlin 1849–1854.

Darstellungen über Friedrich Wilhelm IV.

Andreas, Willy: Die russische Diplomatie und die Politik Friedrich Wilhelms IV. von Preußen. In: Abhandlungen der Preußischen Akademie der Wissenschaften 26 (1927), S. 1-64.
Bahne, Siegfried: Die Verfassungspläne König Friedrich Wilhelms IV. von Preußen und die Prinzenopposition im Vormärz. Phil.-habil. Bochum (Masch.-schr.) 1971.
Barclay, David E.: König, Königtum, Hof und preußische Gesellschaft in der Zeit Friedrich Wilhelms IV. In: Jahrbuch für die Geschichte Mittel- und Ostdeutschlands. 36 (1987), S. 1-21.
Bissing, Wilhelm Moritz Frhr. von: Königin Elisabeth von Preußen (1801–1874). Ein Lebensbild. Berlin 1974.
Bleich, Erich: Der Hof des Königs Friedrich Wilhelms II. und des Königs Friedrich Wilhelms III. (= Geschichte des preußischen Hofes. Hrsg. von Georg Schuster.). Bd. III, 1. Teil, o.O. 1914.
Bussche, Albrecht von dem: Heinrich Alexander von Arnim. Liberalismus, Polen-

frage und deutsche Einheit. Das 19. Jahrhundert im Spiegel einer Biographie des preußischen Staatsmannes. Osnabrück 1986.

Dehio, Ludwig: Friedrich Wilhelm IV. von Preußen. Ein Baukünstler der Romantik. Hrsg. von Hans-Herbert Möller. München 1961.

Einem, Herbert von: Karl Friedrich von Schinkel. In: Jahrbuch der Stiftung Preußischer Kulturbesitz 2 (1963), S. 73-89.

Geldbach, Erich: Der gelehrte Diplomat. Zum Wirken Christian Carl Josias Bunsens. Leiden 1980.

Gersdorff, Bernhard von: Ernst von Pfuel. Freund Heinrich von Kleists, General, Preußischer Ministerpräsident 1848. Preußische Köpfe. Berlin 1981.

Geyer, Albert: König Friedrich Wilhelm IV. von Preußen als Architekt. In: Deutsche Bauzeitung 56 (1922), S. 525-562.

Ders.: König Friedrich Wilhelm IV. und seine Bauten. In: Mitteilungen des Vereins für die Geschichte Berlins 42 (1925), S. 81-88.

Grünthal, Günther: Zwischen König, Kabinett und Kamarilla. Der Verfassungsoktroi in Preußen vom 5.12.1848. In: Jahrbuch für die Geschichte Mittel- und Ostdeutschlands 32 (1983), S. 199-174.

Haake, Paul: Johann Peter Friedrich Ancillon und Kronprinz Friedrich Wilhelm IV. von Preußen. München/Berlin 1920.

Haenchen, Karl: Zur revolutionären Unterwühlung Berlins vor den Märztagen des Jahres 1848. In: Forschungen zur brandenburgischen und preußischen Geschichte 55 (1944), S. 83-114.

Ders.: Flucht und Rückkehr des Prinzen von Preußen im Jahre 1848. In: HZ 154 (1936), S. 32-95.

Harrach, Wichard Graf von: Auguste Fürstin von Liegnitz. Ihre Jahre an der Seite König Friedrich Wilhelms III. von Preußen (1824-1840). Preußische Köpfe. Berlin 1987.

Hassel, Paul: Joseph Maria von Radowitz. Berlin 1905.

Heckel, Johannes: Ein Kirchenverfassungsentwurf Friedrich Wilhelms IV. von 1847. In: Zeitschrift der Savigny-Stiftung für Rechtsgeschichte [Kanonistische Abteilung XII] 43 (1922), S. 444-459.

Ibbeken, Rudolf: Preußen 1807-1813. Staat und Volk als Idee und in Wirklichkeit. Darstellung und Dokumentation. Köln/Berlin 1970.

Johann Georg Herzog zu Sachsen: Der Übertritt der Kronprinzessin Elisabeth von Preußen zum Protestantismus. Köln 1920.

Jordan, Erich: Friedrich Wilhelm IV. und der preußische Adel bei Umwandlung der ersten Kammer in das Herrenhaus. 1850-1854. Berlin 1909.

Kettig, Konrad: Friedrich Wilhelms IV. Stellung zu Frankreich bis zur Errichtung des 2. Französischen Kaiserreiches. Berlin 1937.

Kraus, Hans-Christof: Das preußische Königtum Friedrich Wilhelms IV. aus der Sicht Ernst Ludwig von Gerlachs. In: Jahrbuch für die Geschichte Mittel- und Ostdeutschlands 36 (1987), S. 48-93.

Kroll, Frank-Lothar: Friedrich Wilhelm IV. und das Staatsdenken der deutschen Romantik. Phil. Diss. [Masch.schr.] Köln 1987.

Ders.: Politische Romantik und romantische Politik bei Friedrich Wilhelm IV.

In: Jahrbuch für die Geschichte Mittel- und Ostdeutschlands 36 (1987), S. 94 bis 106.

Kutzsch, Gerhard: Friedrich Wilhelm IV. und Carl Wilhelm Saegert. In: Zeitschrift für die Geschichte Mittel- und Ostdeutschlands 6 (1957), S. 133-172.

Lewalter, Ernst: Friedrich Wilhelm IV. Das Schicksal eines Geistes. Berlin 1938.

Mander, Gertrud: Königin Luise. Preußische Köpfe. Berlin 1981.

Mehlhausen, Joachim: Friedrich Wilhelm IV. Ein Laientheologe auf dem preußischen Königsthron. Vom Amt des Laien in Kirche und Theologie. In: Festschrift Gerhard Krause. 1982. S. 185-214.

Meinecke, Friedrich: Das Leben des Generalfeldmarschalls Hermann von Boyen. 2 Bde. Stuttgart 1896-1899.

Ders.: Werke. Hrsg. im Auftrag des Friedrich-Meinecke-Institutes der Freien Universität Berlin von Hans Herzfeld. Bd. 5: Weltbürgertum und Nationalstaat. München 1962.

Oncken, Wilhelm: Die Flucht des Prinzen von Preußen in den Märztagen 1848. In: Velhagen und Klasing's Monatshefte 17 (1902/03), S. 96-106 u. S. 169-178.

Petersdorff, Herman von: Kleist-Petzow. Ein Lebensbild. Stuttgart/Berlin 1907.

Ders.: König Friedrich Wilhelm der Vierte. Stuttgart 1900.

Poensgen, Georg: Die Bauten Friedrich Wilhelms IV. in Berlin. Berlin 1930.

Ders.: Schinkel, Friedrich Wilhelm IV. und Ludwig Persius. In: Brandenburgische Jahrbücher 7 (1941), S. 50-62.

Rachfahl, Felix: Deutschland, König Friedrich Wilhelm IV. und die Berliner Märzrevolution. Halle 1901.

Ranke, Leopold von: Zur eigenen Lebensgeschichte. Hrsg. von Alfred Dove. Leipzig 1890.

Ders.: Friedrich Wilhelm IV., König von Preußen. In: Allgemeine Deutsche Biographie [ADB], Bd. 7. Leipzig 1878, S. 729-776.

Rassow, Peter: Der Konflikt Friedrich Wilhelms IV. mit dem Prinzen von Preußen 1854. Mainz/Wiesbaden 1961.

Rathke, Ursula: Die Rolle Friedrich Wilhelms IV. von Preußen bei der Vollendung des Kölner Doms. In: Kölner Domblatt. Jahrbuch des Zentral-Dombau-Vereins 47 (1982), S.127-160; 48 (1983), S.27-68; 49 (1984), S.169-173.

Dies.: Preußische Burgenromantik am Rhein. Studien zum Wiederaufbau von Rheinstein, Stolzenfels und Sooneck (1823-1860). München 1979.

Reumont, Alfred von: Aus König Friedrich Wilhelms IV. gesunden und kranken Tagen. Leipzig 1885.

Rether, Hans: Die Museumsinsel in Berlin. Franfurt/M./Berlin/Wien 1977.

Rothfels, Hans: Theodor von Schön, Friedrich Wilhelm IV. und die Revolution von 1848. Halle 1937.

Schaper, Ewald: Die geistespolitischen Voraussetzungen der Kirchenpolitik Friedrich Wilhelms IV. Stuttgart 1938.

Schinkel, Karl Friedrich 1781-1841 [Katalog] Hrsg. von den Staatlichen Museen zu Berlin (Ost) in Zusammenarbeit mit den Staatlichen Schlössern und Gärten Potsdam-Sanssouci und mit Unterstützung des Instituts für Denkmalpflege in der DDR. Ausstellung im Alten Museum vom 23. Okt. 1980 bis 29. März 1981. Berlin, o. J.

Schmidt-Clausen, Kurt: Vorweggenommene Einheit. Die Gründung des Bistums Jerusalem im Jahre 1841. Berlin/Hamburg 1965.
Schütz, Christiane: Preußen in Jerusalem (1800–1861). Karl Friedrich Schinkels Entwurf der Grabeskirche und die Jerusalemspläne Friedrich Wilhelms IV. Berlin 1988.
Schuster, Georg: Die Flucht der königlichen Kinder von Berlin nach Danzig im Oktober 1806. Eine eigenhändige Ausarbeitung des Kronprinzen Friedrich Wilhelm IV. In: Hohenzollern-Jahrbuch 9 (1905), S. 44-57.
Srbik, Heinrich Ritter von: Der Prinz von Preußen und Metternich. In: Historische Vierteljahrsschrift 23 (1926), S. 188-196.
Stolberg-Wernigerode, Otto Graf von: Anton Graf von Stolberg-Wernigerode. Ein Freund und Ratgeber König Friedrich Wilhelms IV. München 1926.
Wagener, Hermann: Die Politik Friedrich Wilhelms IV. Berlin 1883.

Allgemeine Darstellungen

Ackerknecht, Erwin Heinz: Geschichte und Geographie der wichtigsten Krankheiten. Stuttgart 1963.
Bailleu, Paul: Königin Luise. Ein Lebensbild. Berlin/Leipzig 1908.
Bauer, Axel: Die Krankheitslehre auf dem Weg zur naturwissenschaftlichen Morphologie. Pathologie auf den Versammlungen Deutscher Naturforscher und Ärzte 1822-1872. In: Schriftenreihe der Versammlungen Deutscher Naturforscher und Ärzte. Bd. 5. Stuttgart 1989.
Adalbert Prinz von Bayern: Die Herzen von Leuchtenberg. Chronik einer napoleonisch-bayerisch-europäischen Familie. München 1963.
Ders.: Die Wittelsbacher. Geschichte unserer Familie. München 1979.
Beck, Hanno: Alexander von Humboldt. 2 Bde. Wiesbaden 1959/1961.
Die deutschen *Befreiungskriege*. Deutschlands Geschichte von 1806–1815. 2 Bde. Hrsg. v. Paul Kittel. Berlin 1901.
Blake, Robert: The Origins of the Jerusalem Bishopric. In: Adolf M. Birke und Kurt Kluxen (Hrsg.): Kirche, Staat und Gesellschaft. Ein deutsch-englischer Vergleich. München 1984, S. 87-97.
Bleker, Johanna: Die Naturhistorische Schule 1825–1845. Ein Beitrag zur Geschichte der klinischen Medizin in Deutschland. Stuttgart 1981.
Bloch, Peter: Die Kunst des 19. Jahrhunderts. Berlin 1966.
Bonjour, Edgar: Der Neuenburger Konflikt 1856/57. Untersuchungen und Dokumente. Basel, Stuttgart 1927.
Boockmann, Hartmut: Die Marienburg im 19. Jahrhundert. Frankfurt a. M. u. a. 1982.
Borries, Kurt: Preußen im Krimkrieg (1853–1856). Stuttgart 1930.
Botzenhart, Manfred: Deutscher Parlamentarismus in der Revolutionszeit 1848 bis 1850. Düsseldorf 1977.
Brandenburg, Erich: Untersuchungen und Aktenstücke zur Geschichte der Reichsgründung. Leipzig 1919.

Branig, Hans: Fürst Wittgenstein. Ein preußischer Staatsmann der Revolutionszeit. Köln/Wien 1981.
Bruhns, Karl: Alexander von Humboldt. Eine wissenschaftliche Biographie. Im Verein mit R. Avé-Lallemant u. a. 3 Bde. Leipzig 1872.
Burckhardt, Jakob: Gesamtausgabe. Bd. 7: Weltgeschichtliche Betrachtungen/Historische Fragmente aus dem Nachlaß. Hrsg. v. Albert Oeri und Emil Dürr. Berlin/Leipzig 1929.
Bußmann, Walter: Königliche Armee – Volksheer. Zur Geschichte des preußischen Heereskonflikts in den sechziger Jahren. In: *Ders.:* Wandel und Kontinuität in Politik und Geschichte. Ausgew. Aufsätze zum 60. Geburtstag. Hrsg. v. Werner Pöls. Boppard a. Rh. 1973, S. 83-102.
Ders.: Friedrich Julius Stahl. In: Gestalten der Kirchengeschichte. Bd. 9: Die neueste Zeit I. Hrsg. Martin Greschat. Stuttgart u. a. 1985, S. 325-343.
Ders.: Das Scheitern der Revolution in Preußen 1848. In: Preußen. Seine Wirkung auf die deutsche Geschichte. Vorlesungen von Karl Dietrich Erdmann u. a. Stuttgart 1985, S. 153-177.
Canis, Konrad: Der preußische Militarismus in der Revolution 1848. Rostock 1965.
Craig, Gordon A.: Die preußisch-deutsche Armee 1640–1945. Staat im Staate. Düsseldorf 1960.
Ders.: Krieg, Politik und Diplomatie. Wien/Hamburg 1968.
Cullen, Michael: Das Palais Raczynski. Vom Bauwerk, das dem Reichstag weichen mußte. In: Hans J. Reichhardt: Berlin in Geschichte und Gegenwart. Jahrbuch des Landesarchivs, Berlin 1984.
Ders.: Leipziger Straße Drei – Eine Baubiographie. In: Mendelssohn-Studien. Beiträge zur neueren deutschen Kultur- und Wirtschaftsgeschichte. Hrsg. v. Cécile Lowenthal-Hensel. Bd. 5, Berlin 1982, S. 9-77.
Daniels, Emil: Geschichte des Kriegswesens. Bd. VI. Das Kriegswesen der Neuzeit. Berlin, Leipzig 1913.
Doeberl, Michael: Entwicklungsgeschichte Bayerns. Bd. 3. Vom Regierungsantritt König Ludwigs I. bis zum Tode Ludwigs II. Hrsg. v. Max Spindler. München 1931.
Ebers, Georg: Richard Lepsius. Ein Lebensbild. Leipzig 1885.
Füssl, Wilhelm: Professor in der Politik: Friedrich Julius Stahl (1802–1861). Das monarchische Prinzip und seine Umsetzung in die parlamentarische Praxis. Göttingen 1988.
Gollwitzer, Heinz: Ludwig I. von Bayern. Königtum im Vormärz. Eine politische Biographie. 2. Aufl. München 1986.
Grosser, Dieter: Grundlagen und Struktur der Staatslehre Friedrich Julius Stahls. Köln, Opladen 1963.
Grünthal, Günther: Parlamentarismus in Preußen 1848/49–1857/58. Preußischer Konstitutionalismus – Parlament und Regierung in der Reaktionsära. Düsseldorf 1982.
Habermann, Paul und Gisela: Fürstin von Liegnitz. Ein Leben im Schatten der Königin Luise. Berlin 1988.

Hajjar, Joseph: L'Europe et les destinées du Proche-Orient (1815-1848). [Tournai] 1970.
Handbuch der deutschen Militärgeschichte 1648-1939. Hrsg. vom Militärgeschichtl. Forschungsamt durch Friedrich Forstmeier u. a. Bd. 2. Abschnitt IV.: *Manfred Messerschmidt:* Militärgeschichte im 19. Jahrhundert 1814-1890. München 1979.
Hattenhauer, Hans: Stahl und Bunsen. Eine Kontroverse um die Toleranz. In: Der gelehrte Diplomat. Zum Wirken Christian Carl Josias Bunsens. Hrsg. v. E. Geldbach. Leiden 1980, S. 84-100.
Hausrath, Adolf: Richard Rothe und seine Freunde. 2 Bde. Berlin 1902-1906.
Heffter, Heinrich: Die deutsche Selbstverwaltung im 19. Jahrhundert. Geschichte der Ideen und Institutionen. Stuttgart 1950.
Heinrich, Gerd: Geschichte Preußens. Staat und Dynastie. Berlin/Frankfurt a. M. 1981.
Herre, Paul: Von Preußens Befreiungs- und Verfassungskampf. Aus den Papieren des Oberburggrafen Magnus von Brünneck. Berlin 1914.
Hintze, Otto: Die Hohenzollern und ihr Werk. Berlin 1915.
Ders.: Die Epochen des evangelischen Kirchenregiments in Preußen. In: Ders., Regierung und Verwaltung. Gesammelte Abhandlungen zur Staats-, Rechts- und Sozialgeschichte Preußens. Hrsg. v. Gerhard Oestreich. 2., durchges. Aufl. Göttingen 1967.
Hirsch, Emanuel: Geschichte der neueren evangelischen Theologie im Zusammenhang mit den allgemeinen Bewegungen des europäischen Denkens. Bd. 5, 3. Aufl. Gütersloh 1964.
Höhn, Reinhard: Verfassungskampf und Heereseid. Der Kampf des Bürgertums um das Heer (1815-1850). Leipzig 1938.
Hoffmann, Jürgen: Das Ministerium Camphausen-Hansemann. Zur Politik der Preußischen Bourgeoisie in der Revolution 1848-1849. [Ost-]Berlin 1981.
Holborn, Hajo: Deutsche Geschichte in der Neuzeit. Bd. 2: Reform und Restauration, Liberalismus und Nationalismus (1790-1871). München und Wien 1970.
Huber, Ernst Rudolf: Deutsche Verfassungsgeschichte seit 1789.
Bd. 1: Reform und Restauration 1789 bis 1830.
Bd. 2: Der Kampf um Einheit und Freiheit 1830 bis 1850.
Nachdruck der 2., verb. Aufl. Stuttgart u. a. 1980; 1975.
Bd. 3: Bismarck und das Reich (3., wesentl. überarb. Aufl. Stuttgart u. a. 1988.)
Kaehler, Siegfried A.: Wilhelm von Humboldt und der Staat. Ein Beitrag zur Geschichte deutscher Lebensgestaltung um 1800. München 1927.
Kaplony-Heckel, Ursula: Bunsen. Der erste deutsche Herold der Ägyptologie. In: Der gelehrte Diplomat. Zum Wirken Christian Carl Josius Bunsens. Hrsg. v. Erich Geldbach. Leiden 1980.
Kliem, Manfred: Genesis der Führungskräfte der feudal-militärischen Revolution 1845 in Preußen. Berlin (Ost) 1966.
Kohut, Adolph: Alexander von Humboldt und das Judentum. Ein Beitrag zur Kulturgeschichte des 19. Jahrhunderts. Leipzig 1871.

Koch, Georg Friedrich: Schinkels architektonische Entwürfe im gotischen Stil 1810–1815. In: Zeitschrift für Kunstgeschichte 32 (1969), S. 262-317.
Kuczynski, Jürgen: Gelehrtenbiographien. Berlin 1977.
Kühn, Margarete: Schinkels Darstellung der konstantinischen Grabeskirche in Jerusalem. In: Karl Friedrich Schinkel, Lebenswerk. Bd. Ausland. 1989, S. 289-310.
Lenz, Max: Geschichte der Königlichen Friedrich-Wilhelms-Universität zu Berlin. 4 Bde. Halle 1910–1918.
Lepsius, Bernhard: Das Haus Lepsius. Vom geistigen Aufstieg Berlins zur Reichshauptstadt. Nach Tagebüchern und Briefen. Berlin 1933.
Lepsius, M. Rainer: Richard Lepsius und seine Familie – Bildungsbürgertum und Wissenschaft. In: Karl Richard Lepsius (1810–1884). Akten der Tagung anläßlich seines 100. Todestags, 10.-12.7.1884 in Halle. Berlin[-Ost] 1988.
Lill, Rudolf: Die Beilegung der Kölner Wirren 1840–1842. Düsseldorf 1962.
Lorenz, Ottokar: Staatsmänner und Geschichtsschreiber des neunzehnten Jahrhunderts. Ausgewählte Bilder. Berlin 1896.
Lutz, Heinrich: Zwischen Habsburg und Preußen. Deutschland 1815–1966. Berlin 1985.
Mander, Gertrud: Bettina von Arnim. Preußische Köpfe. Berlin 1982.
Marcks, Erich: Kaiser Wilhelm I. 5. Aufl. Leipzig 1905.
Martin, Theodore: Das Leben des Prinzen Albert, Prinz-Gemahl der Königin von England. Übers. von Emil Lehmann. 5 Bde. Gotha 1876.
Meinecke, Friedrich: Radowitz und die deutsche Revolution. Berlin 1913.
Meisner, Heinrich Otto: Die Lehre vom monarchischen Prinzip im Zeitalter der Restauration und des Deutschen Bundes. Breslau 1913.
Meyer-Abich, Adolf: Alexander von Humboldt in Selbstzeugnissen und Bilddokumenten. Reinbek 1967.
Nipperdey, Thomas: Deutsche Geschichte 1800–1866. Bürgerwelt und starker Staat. München 1983.
Ders.: Kirche und Nationaldenkmal. Der Kölner Dom in den 40er Jahren. In: Staat und Gesellschaft im politischen Wandel. Beiträge zur Geschichte der modernen Welt. Walter Bußmann zum 14. Jan. 1979. Hrsg. v. Werner Pöls. Stuttgart 1979, S. 175-202.
Nürnberger, Richard: Rauchs Friedrich-Denkmal historisch-politisch gesehen. Ein Beitrag zur Geschichte der preußischen Tradition im 19. Jahrhundert. In: Jahrbuch der Stiftung Preußischer Kulturbesitz 8 (1970), S. 115-124.
Obenaus, Herbert: Anfänge des Parlamentarismus in Preußen bis 1848. Düsseldorf 1984.
Oberländer, Erwin: Rußland von Paul I. bis zum Krimkrieg 1796–1855. In: *Schieder, Theodor* (Hrsg.): Handbuch der europäischen Geschichte. Bd. 5: Europa von der Französischen Revolution zu den nationalstaatlichen Bewegungen des 19. Jahrhunderts. Hrsg. v. Walter Bußmann, Stuttgart 1981, S. 616-676.
Parthey, Gustav: Jugenderinnerungen. Handschrift für Freunde. Hrsg. von Ernst Friedel. 2 Bde. Berlin 1907.
Rave, Paul Ortwin: Karl Friedrich Schinkel. München [1953].

Ross, Werner: Der ängstliche Adler. Friedrich Nietzsches Leben. Stuttgart 1980.
Rothkirch, Gräfin Malve: Prinz Karl von Preußen. Kenner und Beschützer des Schönen 1801–1883. Osnabrück 1981.
Scheuner, Ulrich: Preußen – ein Staat der Anstrengung und des Maßes. In: Wolfgang Böhme (Hrsg.): Preußen – eine Herausforderung. Karlsruhe 1981 (= Herrenalber Texte Bd. 32), S. 9-27.
Schieder, Theodor (Hrsg.): Handbuch der europäischen Geschichte. Bd. 5: Europa von der Französischen Revolution zu den nationalstaatlichen Bewegungen des 19. Jahrhunderts. Hrsg. v. Walter Bußmann. Stuttgart 1981.
Ders.: Der Orden Pour le mérite für Wissenschaft und Künste. Ein historischer Rückblick. In: Orden Pour le mérite für Wissenschaft und Künste. Die Mitglieder des Ordens. 1. Band: 1842 bis 1881. Berlin 1975.
Schiemann, Theodor: Kaiser Nikolaus vom Höhepunkt seiner Macht bis zum Zusammenbruch im Kriege 1840–1855. Berlin und Leipzig 1919.
Schmidt, Arno: Fouqué und einige seiner Zeitgenossen. Biographischer Versuch. 2. verb. u. beträchtlich vermehrte Aufl. Darmstadt 1960.
Schnabel, Franz: Deutsche Geschichte im 19. Jahrhundert. 4 Bde. Freiburg 1948 bis 1951.
Schoch, Rainer: Das Herrscherbild in der Malerei des 19. Jahrhunderts. München 1975.
Schoeps, Hans-Joachim: Das andere Preußen. Stuttgart 1952.
Schumann, Carl-Wolfgang: Der Berliner Dom im 19. Jahrhundert. Berlin 1980.
Schwentker, Wolfgang: Konservative Vereine und Revolution in Preußen 1848/49. Die Konstituierung des Konservatismus als Partei. Düsseldorf 1988.
Soldatisches Führertum. Hrsg. von Kurt von Priesdorff. Bd. 6, Teil 9: Die preußischen Generale vom Regierungsantritt König Friedrich Wilhelms IV. bis zum Jahre 1858. Hamburg 1937–1942.
Srbik, Heinrich Ritter von: Metternich. Der Staatsmann und der Mensch. 3 Bde. Darmstadt und München 1954–1957.
Stern, Alfred: Geschichte Europas von 1830 bis 1848. Bd. 3. Stuttgart/Berlin 1924.
Ders.: Geschichte Europas von 1848 bis 1871. Bd. 1. Berlin 1916.
Terra, Helmut de: Humboldt und seine Zeit. Wiesbaden 1956.
Treitschke, Heinrich von: Deutsche Geschichte im 19. Jahrhundert. 5 Bde. Leipzig 1923–1925.
Unckel, Bernhard: Österreich und der Krimkrieg. Studien zur Politik der Donaumonarchie in den Jahren 1852–1856. Lübeck/Hamburg 1969.
Valentin, Veit: Geschichte der deutschen Revolution von 1848–49. 2 Bde. Berlin 1930/31.
Wienand, Adam: Der Johanniter-Orden / Der Malteser-Orden. Der ritterliche Orden des heiligen Johannes vom Spital zu Jerusalem. Seine Aufgaben, seine Geschichte. 2., überarb. Aufl. Köln 1977.
Witte, Barthold C.: Der preußische Tacitus. Aufstieg, Ruhm und Ende des Historikers Barthold Georg Niebuhr 1776–1831. Düsseldorf 1979.

Namenregister

Abeken, Heinrich, Vortragender Rat 371 ff.
Aberdeen, George Hamilton-Gordon, Earl of, engl. Staatsmann 222
Adalbert, Prinz von Preußen 469
Adalbert Georg, Prinz von Bayern 469
Albert, Prinz von Sachsen-Coburg-Gotha, Gemahl von Viktoria, Königin von England 232, 308, 390, 392 f., 404, 420, 424, 427, 440 ff., 465
Albrecht, Daniel Ludwig, Kabinettsrat 111
Albrecht, Prinz von Preußen 357
D'Alembert, Jean le Rond, frz. Philosoph 378
Alexander, Salomon, Bischof von Jerusalem 173
Alexander I., Zar von Rußland, 20, 23, 30 ff., 57 f., 63, 65, 77, 92 ff.
Alexander II., Zar von Rußland 430, 457
Alexandra Feodorowna, siehe Charlotte, Prinzessin von Preußen
Alexandrine, Prinzessin von Preußen, Gemahlin von Paul Friedrich, Großherzog von Mecklenburg-Schwerin 111
Altenstein, Karl, Freiherr von Stein zum, Staatsmann 175, 177, 181 f., 184
Alvensleben-Erxleben, Albrecht, Graf von, Finanzminister 120
Amalie, Prinzessin von Hessen-Darmstadt, Gemahlin von Karl Ludwig, Markgraf von Baden 77, 79
Amalie Auguste, Prinzessin von Bayern, Gemahlin von Johann I., König von Sachsen 72, 79, 82, 85, 90, 329, 468, 482
Amalie Philippa, Prinzessin von Spanien, Gemahlin von Adalbert Georg, Prinz von Bayern 468 f.
Ancillon, Jean Pierre François, Prinzenerzieher und Staatsmann 46, 48 ff., 60 f., 64, 70, 74 f., 79, 97, 126, 189, 211, 216, 218 ff., 368
Anna Paulowna von Rußland, Gemahlin von Wilhelm II., König der Niederlande 85
Arago, Dominique François Jean, frz. Philosoph 385

Argelander, Fritz, Professor der Astronomie 42
Argelander, Kaufmann 28, 41 ff.
Arndt, Ernst Moritz, Dichter und Schriftsteller 121, 314
Arnim, Bettina von, Dichterin 121, 128, 254, 331
Arnim-Boitzenburg, Adolph Heinrich Graf von, Ministerpräsident 285 f.
Arnim-Suckow, Heinrich Alexander, Freiherr von, Minister 244 f., 277, 294 f., 297 ff., 324, 370, 470
Ashley, siehe Shaftesbury
Auerswald, Hans Jakob von, Staatsrat und Oberpräsident 25 f.
Auerswald, Rudolf von, Minister 246 f., 253
August Wilhelm, Prinz von Preußen 15, 99
Augusta, Prinzessin von Sachsen-Weimar, Gemahlin von Wilhelm I., König von Preußen 85, 88, 93, 267, 472, 474
Auguste, Prinzessin von Preußen, Gemahlin von Wilhelm II., Kurfürst von Hessen-Kassel 324
Auguste, Fürstin von Schwarzburg-Rudolfstadt, geb. Prinzessin Solms 94
Auguste Ferdinande, Gemahlin von Luitpold, Prinz von Bayern 469
Auguste Wilhelmine, Prinzessin von Hessen-Darmstadt, 1. Gemahlin von Max I. Joseph, König von Bayern 202

Becker, Carl Ludwig, Genre- und Historienmaler 123
Becker, Nikolaus, Dichter und Jurist 157
Beer, Ephraim, Arzt 376
Begas, Karl, Maler 353, 381
Bennigsen, Levin August Theophil, Graf von, General 23, 25 f., 30
Berends, Julius, Druckereibesitzer 244
Berger, Daniel, Kupferstecher 45
Bernadotte, Jean Baptiste, frz. Marschall, als Karl XIV. Johann, König von Schweden 53

Bernhard II. Erich Freund, Herzog von Sachsen-Meiningen 79 f.
Bernhardi, Theodor von, General und Militärschriftsteller 397
Bernigau, Karl von, Leutnant 323
Bernstorff, Albrecht, Graf von, Staatsmann 335
Bernstorff, Christian Günther, Graf von, Diplomat und Staatsminister 97, 104, 219
Bernstorff, Elise, Gräfin von, Gemahlin von Christian Günther, Graf v. B. 94, 104
Bethmann-Hollweg, Moritz August von, Jurist und Minister 402, 406
Beyme, Karl Friedrich von, Staatsmann 28, 111
Biermann, Peter, Zeichner und Aquarellmaler 351
Biow, Hermann, Photograph 455
Bismarck, Otto, Fürst von, Staatsmann 88, 113, 149, 226, 236 ff., 296, 305 f., 373, 406, 408, 418, 423, 452, 461
Blanckenburg, Henning Karl Moritz von, Politiker 237
Block, Caroline von, Hofdame 110
Block, von, Major 55
Blomfield, Charles James, Bischof von London 169 f.
Blum, Robert, Politiker 261
Blücher, Gerhard Leberecht, Fürst von, Feldmarschall 49, 53 f., 58, 99, 111, 199
Bodelschwingh, Ernst Albrecht Karl Wilhelm von, Minister 177, 184, 216 f., 222, 280, 284, 286, 289
Boeckh, August, Philologe 201
Boisserée, Melchior, Kunstgelehrter 192, 195
Boisserée, Sulpice, Kunstgelehrter 189, 192, 195
Bollinger, Friedrich Wilhelm, Kupferstecher 63
Bonin, Eduard von, General und Minister 303, 397, 400, 402, 404 f., 446, 448
Borsig, August, Industrieller 274, 293
Boyen, Leopold Hermann von, Generalfeldmarschall und Kriegsminister 36, 38, 117, 121, 217, 223, 226 f.
Brandenburg, Friedrich Wilhelm, Graf von, General und Ministerpräsident 131, 254 ff., 260 ff., 266 ff., 313, 329, 335 f., 405

Brauchitsch, von, Oberst und Flügeladjutant 111
Bruck, Karl Ludwig, Freiherr von, österr. Staatsmann 410
Brühl, Karl Friedrich Moritz, Graf von, Theaterintendant 96, 354
Brünneck, Karl Otto Magnus von, Oberburggraf 264
Brunelleschi, Filippo, ital. Baumeister und Bildhauer 346
Bülow, Heinrich, Freiherr von, Staatsmann 160
Bülow, Wilhelm, Maler 290
Bülow-Cummerow, Ernst Gottfried Georg von, Publizist 228
Bunsen, Christian Karl Josias, Freiherr von, Diplomat und Theologe 120, 133, 135 f., 150 f., 162, 164 ff., 174 f., 185, 188, 194, 232, 298, 303, 326, 359, 367 f., 370 ff., 375, 380 f., 390 ff., 404 f., 446 f., 486
Bunsen, Frances, Freifrau von, Gemahlin Christians K. J. von Bunsen 170 f.
Buol-Schauenstein, Karl Ferdinand, Graf von, österr. Diplomat und Außenminister 335, 409, 411 f., 414 f., 419, 423, 425
Bürde, Paul, Genremaler und Lithograph 268

Camphausen, Ludolf, Ministerpräsident 244 ff.
Canitz und Dallwitz, Carl Ernst Wilhelm, Freiherr von, Minister 221 f., 245, 280, 325
Carl Johann, Kronprinz von Schweden, siehe Bernadotte
Carl Theodor, Prinz von Bayern 85, 468
Catel, Franz, Maler 204
Cavaignac, Louis-Eugène, frz. General und Politiker 245, 256
Charlotte, Prinzessin von Mecklenburg-Strelitz, Gemahlin von Friedrich, Herzog von Sachsen-Hildburghausen 36
Charlotte, Erzherzogin von Österreich, Gemahlin von Maximilian, Erzherzog von Österreich 469
Charlotte (Alexandra Feodorowna), Prinzessin von Preußen, Schwester von Friedrich Wilhelm IV., Gemahlin von Nikolaus I. 25, 56, 59, 64, 67 ff., 91, 93 ff.,

104, 114, 153, 201 f., 212, 218, 224, 226 f., 248 ff., 309, 318 ff., 346, 367, 393, 413, 417, 419, 421, 429, 458, 484
Christian, Herzog von Schleswig-Holstein-Sonderburg-Augustenburg 303, 457
Christian VIII., König von Dänemark 228
Circourt, Adolphe, Comte de, frz. Diplomat 300
Clarendon, George William Frederik Villiers, Lord, engl. Politiker und Staatsmann 410
Claude Lorrain, frz. Maler 369
Clausewitz, Carl von, General 36, 38, 49, 53, 62, 98 f., 321, 407
Clausewitz, Maria von, Gemahlin Carls von Clausewitz, geb. Gräfin von Brühl 98, 102
Consentius, Kaufmann 28 f., 42 f.,
Cornelius, Peter von, Maler 198 f., 207, 380, 382
Cortés, Donoso Juan Maria, Marqué de Valdegamas, span. Staatsmann 102
Cumberland, siehe Ernst August II. und Friederike

Dähling, Heinrich, Historienmaler 45
Davoust, Louis Nicolas, frz. Marschall 53
Delbrück, Friedrich, Prinzenerzieher und Theologe 24 ff., 35 f., 38 ff., 44, 46 f., 181, 208
Diebitsch Zabalkanskij, Johann Karl, russ. Generalfeldmarschall 98
Diepenbrock, Melchior, Freiherr von, Fürstbischof von Breslau 186
Dohna-Lauck, Friedrich Carl Alexander, Graf zu, Obermarschall von Preußen und Kammerherr 398
Dohna-Schlobitten, Friedrich Karl Emil, Burggraf und Graf zu, Generalfeldmarschall und Oberstkämmerer 397, 400, 407, 458 f., 461 f., 470
Dostojewski, Fjodor, russ. Dichter 396, 418
Droste-Vischering, Clemens August, Freiherr von, Erzbischof von Köln 139, 171, 175 ff., 186 ff.
Drouyn de l'Huys, Edouard, frz. Staatsmann 444
Dunin-Sulgutowski, Martin von, Erzbischof von Gnesen-Posen 180 f.

Eduard (VII.), Prinz of Wales 188
Eichendorff, Joseph, Freiherr von, Dichter 128
Eichhorn, Johann Albrecht Friedrich, Kultusminister 135, 184, 187
Elisabeth Ludovika, Prinzessin von Bayern, Königin von Preußen, Gemahlin Friedrich Wilhelms IV. 45, 67 ff., 88, 90, 107 ff., 121, 154, 191, 201 f., 206, 264, 267, 282, 292, 309, 329 ff., 352, 357, 384 f., 403, 408, 453 f., 456, 460, 464 f., 468 f., 471 f., 474, 482 f.
Elisabeth, Prinzessin von Preußen, Gemahlin von Karl, Herzog von Hessen-Darmstadt 94
Engels, Friedrich, Politiker 231
Ernst II., Herzog von Sachsen-Coburg-Gotha 307 f., 334, 392, 420, 426 ff., 486
Ernst August II., König von Hannover, Herzog von Cumberland 261, 295
Eylert, Rulemann Friedrich, Hofprediger und Bischof 52, 74 f., 79 f., 84, 103, 106, 108

Fay, Theodore Sedgwick, amerik. Gesandter 449 ff.
Ferdinand, Herzog von Orléans 101, 156, 376
Ferdinand, Prinz von Preußen 18, 36, 91, 111
Ferdinand I., Kaiser von Österreich 466
Ferdinand I., König beider Sizilien 78
Ferdinand Karl Joseph, Erzherzog von Österreich-Este, österr. Feldmarschall 76 f.
Fichte, Johann Gottlieb, Philosoph 40
Firmenich, Josef, Landschaftsmaler 351
Fischer, Kaplan 84 f.
Flottwell, Eduard von, Oberpräsident und Minister 180, 182
Fontaine, Pierre François Louis, frz. Architekt 59
Fontane, Theodor, Dichter und Schriftsteller 91, 351
Fouqué, Friedrich Heinrich Karl, Freiherr de la Motte de, Dichter 50 f., 59, 96
Fouqué, Marie de la Motte de, Chronistin 102, 112, 114
Fransecky, Eduard von, Hauptmann 304 f.
Franz Joseph II. (I.), Kaiser von Österreich

56, 62, 86, 126, 202, 219, 266, 326, 328 ff., 333, 335 ff., 410, 414, 417, 419, 421, 428

Freytag, Gustav, Schriftsteller und Publizist 421

Friederike, Prinzessin von Mecklenburg-Strelitz, Gemahlin von 1) Prinz Ludwig von Preußen, 2) Prinz Friedrich Wilhelm von Solms-Braunfels, und 3) Ernst August II., König von Hannover, Herzog von Cumberland 18, 36, 94, 96

Friedrich, Prinz der Niederlande 69, 97, 107, 114, 154, 474

Friedrich, Prinz von Preußen 55

Friedrich I., Großherzog von Baden 323, 333, 449, 474

Friedrich I., König von Preußen 110

Friedrich II.(der Große), König von Preußen 13 ff., 18, 21, 28, 48 f., 55, 89, 110 f., 104, 203, 208, 232, 250, 259, 273, 300, 312, 315, 343, 345, 349, 351 f., 357, 359, 361 ff., 365, 379, 444, 482, 485

Friedrich III., König von Preußen und Dt. Kaiser 252, 296 f., 401, 452, 460 ff., 464 f., 472

Friedrich V., Landgraf von Hessen-Homburg 68

Friedrich VII., König von Dänemark 301 ff., 306 ff.

Friedrich August II., König von Sachsen 86, 276, 295, 329

Friedrich Karl, Prinz von Preußen, General 472

Friedrich Wilhelm (der »Große Kurfürst«), Kurfürst von Brandenburg 22, 110, 259, 311

Friedrich Wilhelm I., König von Preußen 74, 352

Friedrich Wilhelm II., König von Preußen 14 ff., 89, 111, 114, 347

Friedrich Wilhelm III., König von Preußen 13, 15 ff., 28 ff., 42 ff., 51 f., 55 f., 58, 61, 63, 65 ff., 70, 72 ff., 84 ff., 91 ff., 97, 100 ff., 142, 154, 163, 179, 183 f., 187, 196, 198, 204, 210 ff., 215, 218 ff., 254, 300, 311, 324, 340 f., 346 ff., 354 f., 357, 359 f., 367, 374 f., 377, 479, 481

Friedrich Wilhelm I., Kurfürst von Hessen-Kassel 276, 332

Friedrich Wilhelm, Prinz von Preußen, siehe Friedrich III.

Friedrich Wilhelm Karl, Prinz von Preußen 44

Gagern, Heinrich, Freiherr von, Präsident der Frankfurter Nationalversammlung 262

Gagern, Maximilian, Freiherr von, Politiker 294 f.

Galen, Ferdinand, Graf von, Diplomat 335

Gärtner, Friedrich von, Oberbaurat 200

Geissel, Johannes von, Bischof von Speyer, Koadjutor in Köln, Erzbischof von Köln und Kardinal 186 ff., 191, 195, 197 f.

Gennerich, Otto, Genre- und Historienmaler 268

Gentz, Friedrich von, österr. Publizist und Politiker 20, 140, 376

Georg Friedrich, Großherzog von Mecklenburg-Strelitz 34, 101, 103, 106 f., 416

Georg, Prinz von Sachsen-Hildburghausen 79

Gerhard, Eduard, Archäologe 370, 372 f.

Gerlach, Ernst Ludwig von, Oberlandesgerichtspräsident und Politiker 120, 134, 139, 148, 216, 237 f., 241, 253, 256, 266, 271, 277, 315 f., 407, 432, 440, 461 f.

Gerlach, Leopold von, Generaladjutant 120, 216, 221 f., 239, 241 f., 248, 254 f., 256, 258 f., 262 f., 270 f., 326 f., 377, 384, 398, 403, 405, 407, 409, 421, 423, 425, 431 f., 435, 439 f., 453 f., 456, 458 f., 460 ff., 464 ff.

Gerlach, Otto von, Theologe und Politiker 139

Gilly, David, Baumeister 355 f., 362

Gladstone, William Eward, engl. Staatsmann 170

Glisczinski von, Oberst im Generalstab 448

Gneisenau, August Neidhard, Graf von, General 36, 38, 43, 53, 62, 67, 98 f., 111, 223

Goethe, Johann Wolfgang von, Dichter 14, 26, 200, 207 ff., 354 f.

Görres, Joseph, Publizist 178, 189

Gosse, Nicolaus Louis François, Maler 33

Grabow, Wilhelm, Bürgermeister und Politiker 254

Gregor XVI. (Bartolomeo Cappellani), Papst 171, 175, 177 f., 185 ff.
Griesheim, Karl Gustav von, Oberst 312
Grillparzer, Franz, österr. Dichter 484
Grimm, kgl. Leibarzt 457 f.
Grimm, Jacob, Philologe 121, 123, 380 f.
Grimm, Wilhelm, Philologe 121, 123, 380 f.
Groeben, Karl, Graf von der, General und Generaladjutant 120, 159, 321 ff., 368, 397, 403 ff., 407, 433, 445 ff., 452, 457, 462, 464
Grolman, Karl Wilhelm Georg von, General 99, 156
Guizot, François Pierre, frz. Historiker und Staatsmann 160 ff.

Hacke, Virginie, Gräfin von, Hofdame 110
Haller, Karl Ludwig von, schweizer. Philosoph 139, 211
Hansemann, David, Bankier und Finanzminister 234, 244, 246, 253
Hardenberg, Friedrich von, Dichter 128
Hardenberg, Karl August, Fürst von, Staatsmann 25, 31, 34, 44 f., 52, 60, 77 f., 105, 111, 211 ff., 215, 224
Harkort, Friedrich, Industrieller und Politiker 244
Harrach, Gräfin Auguste von, Fürstin von Liegnitz, Gräfin von Hohenzollern, 2. Gemahlin von König Friedrich Wilhelm III. 87, 103 ff., 108 f., 115 f., 121, 357, 472
Hasenclever, Johann Peter, Maler 277
Hassenpflug, Hans Daniel Ludwig, Minister 138, 332
Hatzfeld, Paul Melchior Hubert, Graf von, Diplomat 425, 434, 443 f.
Hausrath, Adolf, Theologe 479
Hegel, Georg Wilhelm Friedrich, Philosoph 138, 142 f., 178, 295
Heine, Heinrich, Dichter 477
Heinrich (Henry V.), Herzog von Bordeaux und Graf von Chambord 97, 101
Heinrich, Prinz von Preußen 13, 18
Heinrich IV., König von Frankreich 392
Helene, Prinzessin und Erbgroßherzogin von Mecklenburg-Schwerin, Gemahlin von Ferdinand, Herzog von Orléans 94, 101

Henckel von Donnersmark, Wilhelm Heinrich Viktor, Graf 55
Hengstenberg, Ernst Wilhelm, Theologe und Publizist 134 f., 139, 149
Hensel, Wilhelm, Maler 91
Herder, Johann Gottfried, Theologe und Philosoph 181
Hermes, Georg, Theologe 177
Herz, Henriette 15, 376
Herz, Markus, Arzt 376
Heß, Heinrich, Freiherr von, österr. Feldmarschall 410
Heydeck, Johannes, Maler 29
Hildebrandt, Eduard, Landschaftsmaler 383
Hinkeldey, Karl Ludwig Friedrich von, Polizeipräsident 431 ff., 453
Hirt, Aloys, Archäologe und Kunsthistoriker 367
Hoffmann, Ludwig Friedrich Wilhelm, Hofprediger und Kirchenpolitiker 164, 457
Hohenlohe-Ingelfingen, Friedrich Ludwig, Fürst zu, General 20, 435
Hohenlohe-Ingelfingen, Karl August, Prinz Kraft zu, General und Staatsmann 255, 258 f., 297, 312, 405, 435, 459, 468 ff., 472
Hölderlin, Johann Christian Friedrich, Dichter 356
Hosemann, Theodor, Maler und Graphiker 95
Howley, Charles James, Erzbischof von Canterbury 169 f., 173
Hufeland, Christoph Wilhelm, Arzt 67, 106
Humboldt, Alexander, Freiherr von, Geograph und Kammerherr 87, 123, 184, 208, 232, 238 f., 254, 293, 308, 315, 359, 370, 372 ff., 382 ff., 436, 470, 480
Humboldt, Wilhelm, Freiherr von, Staatsmann und Gelehrter 111, 213, 347, 372, 376, 381

Itzenplitz, Heinrich August Friedrich, Graf von, Regierungspräsident 151

Jacoby, Johann, Arzt und Politiker 244, 256 f.
Jagow, von, General 82
Jahn, Friedrich Ludwig 121
Jansen, Arbeiterführer 323

Jarcke, Karl Ernst, Publizist 178, 478
Jellâic von Bužim, Josef, Graf, österr. General 252
Jentzen, Friedrich, Lithograph 47
Jérôme, siehe Napoleon
Johann, Erzherzog von Österreich 197, 261, 310 ff., 317, 319 f.
Johann I., König von Sachsen 79, 82, 85, 90, 218, 294, 330, 426
Johann Georg, Herzog von Sachsen 75
Jomini, Antoine Henri, Baron de, schweizer. General und Militärschriftsteller 54
Josephine Beauharnais, Gemahlin von Napoleon I. 20

Kalckreuth, Friedrich Adolf, Graf von, General 34
Kant, Immanuel, Philosoph 26 ff., 38
Kapodistrias, Johannes, Graf, griech. Politiker 154
Karl, Prinz von Preußen 36, 41, 93, 105, 118, 154, 335, 357
Karl II., (Groß-)Herzog von Mecklenburg-Strelitz 94, 101
Karl X., König von Frankreich 96, 100
Karl XII., König von Schweden 206
Karl XIV. Johann, König von Schweden, siehe Bernadotte
Karl Alexander, Großherzog von Sachsen-Weimar 474
Karl August, Großherzog von Sachsen-Weimar-Eisenach 82, 206, 208 f.
Karl Friedrich, Großherzog von Sachsen-Weimar 93
Karl Ludwig Friedrich, Herzog von Mecklenburg 15, 96
Karl Theodor, Kurfürst von der Pfalz und von Bayern 76
Karl Theodor, Prinz und Herzog von Bayern 81 ff.
Karl Wilhelm Ferdinand, Herzog von Braunschweig 14, 20, 22
Karoline Friederike Wilhelmine, Prinzessin von Baden, Gemahlin von Max I. Joseph, König von Bayern 72 ff., 81 f.
Keller, Graf von, Hofmarschall 120, 462
Kessel-Zentzsch, Friedrich, Freiherr von, Leutnant 314 f.
Kirchhoff, Johann Jakob, Maler 291

Kleist, Adolph, Graf von, Gerichtspräsident 120, 464
Kleist, Heinrich von, Dichter 254
Kleist von Nollendorf, Friedrich Wilhelm, Graf, General 111
Kleist-Retzow, Hans Hugo von, Politiker 120
Klenze, Franz Karl Leo von, Baumeister 154, 198, 204
Knesebeck, Karl Friedrich, Freiherr von dem, Generaladjutant 72 f., 189
Knobeldorffs, Hans Georg Wenzeslaus, Freiherr von, Baumeister 354
Koch, Robert, Bakteriologe 100
Konstantin Cäsarewitsch Pawlowitsch, Großfürst von Rußland 93, 98
Krethlow, J. F., Kupferstecher 37
Krüger, Franz, Maler 47, 123, 480 f.
Kübeck, Karl Friedrich, Freiherr von, österr. Minister 227
Kügelgen, Gerhard von, Maler 250
Kugler, Franz, Maler und Radierer 482
Küpfer, Heinrich Carl Wilhelm, Geh. Legationsrat 338

Ladenberg, Adalbert von, Minister 270
Lagarde, Paul Anton de, Orientalist und Philosoph 131
Langhans, Karl Ferdinand, Baumeister 354 f., 357
Leibniz, Gottfried Wilhelm, Philosoph 356
Lenné, Peter Josef, Gartenbaudirektor 105, 350, 352 f., 358, 360, 470
Leo XII. (Annibale della Genga), Papst 369
Leopold, Prinz von Sachsen-Coburg-Gotha 154
Leopold I., König der Belgier 97, 158, 276, 423
Leopold III. Friedrich Franz, Herzog von Anhalt-Dessau 353
Leopold IV. Friedrich, Herzog von Anhalt 82
Lepsius, Elisabeth, Gemahlin von Karl Richard Lepsius 386
Lepsius, Karl Richard, Ägyptologe 371 ff., 380
L'Estocq, Anton Wilhelm, General 26
Levin, Rahel, siehe Varnhagen, R. Liegnitz, Fürstin von, siehe Harrach
Lindenberg, Redakteur und Polizeiagent 431

Lindheim, von, Generaladjutant 397
Loeillot de Mars, C.F.G., Zeichner und Lithograph 89, 230
Lottum, siehe Wylich
Louis Charles Philippe Raphael von Orléans, Herzog von Nemours 376
Louis Ferdinand, Prinz von Preußen 20 f., 23, 179
Louis Philippe, Herzog von Orléans, König der Franzosen 97, 156 ff., 160 f., 219, 276, 376
Ludociva Wilhelmine, Gemahlin Maximilians Joseph, Herzog in Bayern 468 f.
Ludwig, Prinz von Preußen 18
Ludwig I., König von Bayern 60 ff., 68, 75 f., 85, 154, 157, 160, 184 ff., 188, 194 f., 199 ff., 206 ff., 476 f., 479
Ludwig XIV., König von Frankreich 423
Ludwig XVIII., König von Frankreich 62
Ludwig Joseph Anton, Erzherzog von Österreich 222
Ludwig Philipp, siehe Louis Philippe
Luise, Prinzessin von Brandenburg-Schwedt, Gemahlin von Ferdinand, Prinz von Preußen 36, 50
Luise, Prinzessin von Mecklenburg-Strelitz, Gemahlin von Friedrich Wilhelm III., König von Preußen 15 ff., 30 ff., 42 ff., 58 f., 69, 86, 101, 105, 111, 114, 122, 305, 346 f., 358, 484
Luise, Prinzessin von Preußen, Gemahlin von Friedrich, Prinz der Niederlande 107, 114, 472, 474
Luise Friederike, Prinzessin von Preußen, siehe Radziwill
Luise Marie (Elisabeth) Jelisaweta Aleksejewna, Prinzessin von Baden, Gemahlin von Alexander I. 30
Luise Wilhelmine Amalie Friedrike, Herzogin von Anhalt-Dessau, geb. Prinzessin von Preußen 94
Luitpold, Prinz von Bayern 469
Luther, Martin, Reformator 199, 208

Mahmud II., Sultan der Osmanen 155
Maistre, Joseph Maria, Comte de, frz. Philosoph und Diplomat 242
Mandt, Arzt 459
Manteuffel, Edwin, Freiherr von, Generaladjutant 256, 286, 313, 331, 408, 420 f., 459, 461 f., 464
Manteuffel, Otto, Freiherr von, Staatsmann 255, 266, 270, 329, 337 f., 395, 397, 405, 410, 425, 427 f., 431 f., 434, 439, 448, 462, 464, 466
Maria, Prinzessin von Hessen-Kassel, Gemahlin von Georg Friedrich, Großherzog von Mecklenburg-Schwerin 472, 474
Maria, Prinzessin von Sachsen-Weimar 110
Maria Leopoldine von Este-Modena, Gemahlin von Karl Theodor, Kurfürst von der Pfalz und von Bayern 468 f.
Maria Leopoldine, Prinzessin von Bayern, Gemahlin von Friedrich August II., König von Sachsen 86, 329, 469, 482
Maria Paulowna von Rußland, Großherzogin von Sachsen-Weimar, Gemahlin von Karl Friedrich, Großherzog von Sachsen-Weimar 93
Marianne, Prinzessin der Niederlande 94
Marianne, Prinzessin von Hessen-Homburg, Gemahlin von Friedrich Wilhelm Karl, Prinz von Preußen 19, 28, 68, 76, 94
Marie (Maria Alexandrowna), Prinzessin von Hessen-Darmstadt, Gemahlin von Alexander II., Zar von Rußland 429, 457
Marie Friederike, Prinzessin von Preußen, Gemahlin von Maximilian II., König von Bayern 94, 468 f., 472
Marie Luise Wilhelmine, Prinzessin von Sachsen-Weimar 93
Marschall von Bieberstein, Karl Wilhelm, Freiherr, badischer Diplomat und Staatsmann 486
Marwitz, Alexander von der, Offizier 376
Massenbach, Christian von, Oberst 14
Massow, Ludwig von, Kammerherr und Minister des Kgl. Hauses 120, 454, 459, 462
Mathis, Geh. Oberregierungsrat 127
Mauper, Pierre Louis Moreau de, frz. Physiker und Mathematiker 378
Max I. Joseph, König von Bayern 69 f., 72 ff., 79 ff., 154, 202
Maximilian I., Kurfürst von Bayern 207
Maximilian II., König von Bayern 209, 333
Mayer, Carl, Stahlstecher 192
Mehmed Ali, Statthalter in Ägypten 155
Meinecke, Friedrich, Historiker 262

Melbourne, William Lamb, Viscount, engl. Staatsmann 169
Mendel, David, siehe Neander
Mendelssohn, Dorothea, Gemahlin von Simon Veit 376
Mendelssohn, Joseph, Literat 376
Mendelssohn, Karl Theodor Nathan, Revisor 376
Mendelssohn-Bartholdy, Abraham, Bankier 358
Mendelssohn-Bartholdy, Felix, Komponist 249, 379, 382
Menzel, Adolf, Maler 291
Metternich, Klemens Lothar Wenzel, Fürst von, österr. Staatsmann 47, 53, 57 f., 77, 119, 128, 140, 157 ff., 184, 186, 191, 195 ff., 220, 222, 224 ff., 278, 327, 379 f., 484
Meyendorff, Peter, Baron von, russ. Diplomat 119, 222, 225 f., 232
Meyerbeer, Giacomo, Komponist 376, 379
Michelangelo Buonarotti, ital. Bildhauer, Maler und Baumeister 346
Mieroslawski, Ludwik von, poln. Revolutionär 292, 322
Milner, Isaac, engl. Kirchenhistoriker 132
Möllendorf, Wichard Joachim Heinrich, Graf von, Feldmarschall 14
Moltke, Helmuth, Graf von, General 155, 159, 162, 223, 457
Motte-Fouqué, siehe Fouqué
Motz, Friedrich von, Staatsmann 82, 216
Müffling, Karl, Freiherr von, General 54, 119, 216 f.
Mühler, Heinrich Gottlob von, Minister 115, 117
Müller, Adam Heinrich, Ritter von Nittersdorf, Staats- und Gesellschaftstheoretiker 128, 150
Müller, Johannes, Mediziner 278, 293
Müller, Johannes von, Historiker 199
Müller, Max, Indologe und Orientalist 372
Murat, Joachim, frz. Marschall, König von Neapel 34, 78

Napoleon I. Bonaparte, Kaiser der Franzosen 13, 19 ff., 28 ff., 40, 42, 51 ff., 60 ff., 102, 104, 155, 157, 199, 202 f., 323, 370, 408
Napoleon III. (Charles Louis Napoleon Bonaparte), Kaiser der Franzosen 157, 266, 387, 410, 438 ff., 443 f., 446, 452, 483
Napoleon Joseph Charles Paul (Jérôme), franz. Prinz, Vetter von Napoleon III. 443
Narváez, Ramon Maria, span. Staatsmann 245
Natzmer, Hans von, General 245
Neander, Johann August Wilhelm (David Mendel), Theologe und Oberkonsistorialrat 130 ff., 139, 293, 352
Nesselrode, Karl Robert, Graf von, russ. Staatsmann 54, 119, 410, 422
Neumann, August Wilhelm von, General 305
Newman, John Henry, Kardinal 166
Ney, Michel, Herzog von Elchingen, frz. Marschall 25, 54
Nicolai, Christoph Friedrich, Schriftsteller 376
Nicolovius, Georg Heinrich Ludwig, Staatsrat 111
Niebuhr, Barthold Georg, Staatsrat und Historiker 87, 102, 120, 367
Niebuhr, Marcus Carsten Nikolaus von, Kabinettsrat 120, 174, 384, 398, 431, 457 f., 461 f.
Nietzsche, Friedrich, Philosoph 477
Nikolaus I., Zar von Rußland 56, 67, 91, 93 ff., 98, 114, 119, 153, 156, 212 f., 219, 222, 226 ff., 252 f., 297, 307, 309 f., 328, 331, 334 f., 339, 352, 387, 390, 392 f., 397, 406 ff., 410, 412 f., 416 f., 419 ff., 429 f.
Nitzsch, Carl Immanuel, Probst 457
Novalis, siehe Hardenberg, Friedrich von

Oldermann, Friedrich, Lithograph 481
Olfers, Ignaz von, Museumsdirektor 371
Olga Nikolaijewna von Rußland, Gemahlin Karls I., König von Württemberg 109
Oppenheim, Louis, Porträtmaler 383
Oskar I., König von Schweden 85
Otto I., Prinz von Bayern, König von Griechenland 154, 200
Oudinot, Nicolas Charles, Herzog von Reggio, frz. Marschall 58
Overbeck, Johann Friedrich, Maler 380, 382

Palmerston, Henry John Temple, Viscount, engl. Staatsmann 158, 163, 170, 301, 393, 440
Paul Friedrich, Großherzog von Mecklenburg-Schwerin 101
Peel, Sir Robert, engl. Staatsmann 169
Persius, Ludwig, Baumeister 87, 89, 342 f., 346, 360, 364, 473, 479
Perthes, Friedrich Andreas, Buchhändler und Verleger 170
Pertz, Georg Heinrich, Historiker 371
Pestalozzi, Johann Heinrich, Pädagoge 38, 46
Peucker, Eduard von, General und Minister 310 f.
Pfuel, Ernst von, General und Ministerpräsident 253 f., 256 f., 284
Pictet, Marc-Auguste, Naturforscher 374
Pius VIII. (Francesco Saverio Castiglioni), Papst 175 f.
Pius IX. (Giovanni Maria Conte Mastai Feretti), Papst 470
Pound, D. J., engl. Stahlstecher 250
Pourtalès, Albert, Graf von, Diplomat 289, 359
Pourtalès, Friedrich von, Oberst 439
Prillwitz, von, Leutnant 434
Prittwitz und Gaffron, Karl Ludwig von, Generalleutnant 282, 284 ff., 306 f.
Prokesch-Osten, Anton, Freiherr von, österr. Diplomat 411
Pückler-Muskau, Hermann Ludwig Heinrich, Fürst von, Reiseschriftsteller und Gartenkünstler 350
Putbus, Wilhelm Malte, Graf von 87

Raczynski, Athanasius, Graf, Diplomat 358
Radetzky von Radetz, Joseph, Graf, österr. Feldmarschall 322
Radowitz, Joseph Maria, Freiherr von, General und Staatsmann 120, 124, 156, 163, 185, 221, 240 ff., 323 ff., 330, 332 ff., 403
Radziwill, Anton Heinrich, Fürst von, Statthalter von Posen 90 f., 111, 179
Radziwill, Elisa, Prinzessin von 90 ff.
Radziwill, Luise Friederike, Fürstin von, Gemahlin von Fürst Anton Radziwill 90 f., 111, 179
Radiziwill, Michael, Fürst von 180

Ranke, Leopold von, Historiker 14, 51, 87, 101, 141, 152, 210, 220, 273, 275, 279, 379, 389 ff., 475
Rauch, Christian Daniel, Baumeister 103, 112, 199 f., 342, 347 f., 352, 356, 359, 362, 366, 380, 382, 386
Rauch, Friedrich Wilhelm vom, General 112, 156, 286, 292, 307, 457
Raumer, Karl Otto von, Regierungspräsident und Kultusminister 277, 466
Reichensperger, August, Politiker 197
Reumont, Alfred von, Historiker und Diplomat 124 f., 469
Reyher, Karl Friedrich Wilhelm, Graf von, General 448 f., 457
Riegel, J., Radierer und Stahlstecher 364
Rietschel, Ernst, Bildhauer 199
Rochow, Karoline von, geb. von Briest, 2. Gemahlin von Friedrich de la Motte-Fouqué 91, 93, 110
Rochow, Gustav Adolf Rochus von, General und Minister 112, 114, 117, 121, 216
Rochow, Theodor Heinrich von, General und Diplomat 335, 387, 393, 405, 412
Rochow-Plessow, Hans von, Gardeleutnant 433 ff.
Röder, Karl Ferdinand von, General 55
Roggenbach, Franz, Freiherr von, badischer Politiker 392
Rohen, Adolphe, Maler 33
Roon, Albrecht, Graf von, General und Minister 223, 408 f.
Roß, Ludwig, Altertumsforscher 155
Rotteck, Karl von, Politiker und Historiker 281
Rückert, Friedrich, Dichter und Orientalist 200
Rühle von Lilienstern, Otto von, General und Schriftsteller 189
Russel, John, Lord, engl. Staatsmann 358

Sachs, Dr., Rabbiner 293
Sachs, Heinrich, Kupferstecher und Radierer 391
Sack, Friedrich Samuel Gottfried, Bischof und Hofprediger 51, 130
Sacy, Antoine Isaac, Baron Silvstre de, frz. Orientalist 371
Saegert, Carl Wilhelm, Direktor der Berliner Taubstummenanstalt 415

Sagert, Herman, Reproduktionsstecher 351
Sambuga, Joseph Anton Franz Maria, Theologe 75 f.
Sandon, Lord 171
Saucken-Tarputschen, Ernst von, Rittergutsbesitzer und Politiker 234
Savigny, Karl Friedrich von, Staatsrechtslehrer 92, 135, 139, 184, 223
Schack, von, Oberst und Adjutant 72 f.
Schader, E., Zeichner und Maler 341
Schadow, Johann Gottfried, Bildhauer 347 f., 362, 366 f., 380
Scharnhorst, Gerhard David von, General 37 f., 54, 61, 223, 407
Schelling, Friedrich Wilhelm von, Philosoph 123, 135, 168, 381
Schilden, Friedrich, Freiherr von, Oberhofmeister und Kammerherr 72 f., 106
Schill, Ferdinand von, Offizier 61
Schiller, Friedrich, Dichter 26
Schimonsky, Emanuel von, Fürstbischof 84 f.
Schinkel, Karl Friedrich, Architekt und Maler 50, 87, 89, 91, 96, 103, 105 f., 154, 190 ff., 198, 292, 341 ff., 348, 353 ff., 360, 362, 382, 472, 479
Schlabrendorff, Ernst Wilhelm von, Minister 359
Schlegel, August Wilhelm von, Schriftsteller und Kunsttheoretiker 376, 382
Schlegel, Friedrich von, Philosoph 128, 376
Schleiermacher, Friedrich Ernst Daniel, Theologe 40 f., 130, 143
Schleinitz, Alexander, Graf von, Minister 289, 329, 334
Schlüter, Andreas, Baumeister und Bildhauer 356
Schmedding, Johann Heinrich, Professor und Staatsrat 175
Schmidt, Ludwig Friedrich, Theologe und Ministerialrat 75
Schneckenburger, Max, Dichter 157
Schneider, Louis, Schauspieler und Hofrat 384, 461
Schnorr von Carolsfeld, Julius, Ritter, Maler und Museumsdirektor 204, 371, 380
Schön, Heinrich Theodor von, Staatsmann 27, 129, 221, 302
Schönlein, Johann Lukas, kgl. Leibarzt 454, 458 f.

Schoppe, Julius, Maler 113
Schöps, Auditeur 43
Schrader, Julius, Maler 391
Schultz-Wanzleben, Justizkommissar und Abgeordneter 247
Schulze-Delitzsch, Hermann, Sozialpolitiker 253
Schwanthaler, Ludwig, Bildhauer 199
Schwarzenberg, Karl Philipp, Fürst von, Feldmarschall 53, 58, 63, 325 f., 328, 333, 335, 338
Schwerin-Putzar, Maximilian Karl, Graf von, Rittergutsbesitzer und Minister 245, 292
Sefelog, Artillerist 331
Seyffert, Präsident der Oberrechnungskammer 432
Shaftesbury, Anthony Ashley Cooper, Earl of, engl. Politiker 164, 170 f., 393
Siegrist, Maschinenbauer 245
Simons, Louis (Ludwig), Justizminister 431, 467
Simson, Eduard von, Jurist und Politiker 314, 317
Sixdeniers, Alexander Vincent, Schabstecher 113
Snethlage, Hofprediger 472, 474
Sophia Dorothea Auguste Maria Feodorowna, Prinzessin von Württemberg, Gemahlin von Paul I., Zar von Rußland 30
Sophie Friederike, Prinzessin von Bayern, Erzherzogin von Österreich, Gemahlin von Franz Karl, Erzherzog von Österreich 87, 329, 482
Spiegel, Ferdinand August, Graf von, Erzbischof von Köln 175 ff.
Spittler, Christian Friedrich, Publizist und Missionar 164, 168
Spontini, Gasparo, Komponist und Generalmusikdirektor 96, 107
Stahl, Friedrich Julius, Staatsrechtslehrer und Politiker 131, 134 ff., 165, 168, 266, 486
Steffens, Henrich, Naturforscher, Philosoph und Dichter 139
Stein, Heinrich Friedrich Karl, Reichsfreiherr vom und zum, Staatsmann 23 ff., 40 f., 47, 111, 184, 214
Stein, Julius, Oberlehrer 247 f.
Stillfried von Alcántara und Rattonitz,

Rudolf Maria Bernhard, Graf von, Oberzeremonienmeister 82, 201 f.
Stirner, Johann Heinrich, Maler 95
Stockmar, Christian Friedrich, Freiherr von, Arzt und Staatsmann 232, 390
Stolberg-Wernigerode, Eberhard, Graf zu, Politiker und Kanzler des Johanniter-Ordens 464
Stolberg-Wernigerode, Anton, Graf zu, General und Staatsminister 55, 92, 117, 120, 176 f., 184, 215, 235 f., 286, 407 f., 436
Strack, Johann Heinrich, Baumeister 358
Strauß, David Friedrich, Theologe und Hofprediger 114, 270, 477
Strotha, Karl Adolf von. Minister 314
Stüler, Friedrich August, Baumeister 87, 89, 342 f., 346, 348, 360, 366, 470, 473, 479
Sydow, Adolf, Hofprediger und Abgeordneter 244, 293

Tauentzien, Lisinka, Gräfin, Hofdame 34
Techen, Polizeiagent 431
Therese, Prinzessin von Mecklenburg-Strelitz 30
Therese, Prinzessin von Sachsen-Hildburghausen, Gemahlin von Ludwig I., König von Bayern 202
Thiers, Louis Adolphe, frz. Politiker 157, 160 f., 184
Thiersch, Friedrich Wilhelm, Philologe und Pädagoge 78 f.
Thile, Ludwig Gustav von, General und Staatsminister 120, 286
Thorwaldsen, Bertel, dän. Bildhauer 204, 207, 352
Tholuck, Friedrich August Gottreu, Theologe 130
Tieck, Christian Friedrich, Bildhauer 87, 346, 366
Tieck, Ludwig, Dichter und Schriftsteller 123, 346
Tiedemann, Gustav Nikolaus, badischer Offizier 322 f.
Timm, Carl, Kämmerer 111
Tocqueville, Alexis de, frz. Historiker und Politiker 102
Treitschke, Heinrich von, Historiker 121, 199, 206 f., 218, 374, 379, 475 ff.

Uhland, Ludwig, Dichter 385
Unruh, Hans Viktor von, Bauingenieur und Präsident der preuß. Nationalversammlung 247, 256, 264
Urban, Tierarzt 245

Varnhagen von Ense, Karl August, Diplomat und Publizist 88, 103, 106, 108, 129, 255, 289, 331, 376, 378, 434, 436, 456
Varnhagen, Rahel Antonie Friederike von, Schriftstellerin, Gemahlin Karl August Varnhagens von Ense 15, 289, 376, 379
Veit, Philipp, Maler 204
Veit, Simon, Kaufmann 376
Viale-Prelà, Michael, Nuntius in München und Wien, Kardinal 75, 196, 198
Viktoria, Königin von Großbritannien und Irland 158, 232, 308, 390, 393 f., 397, 404, 426 f., 440 f., 448, 464 f.
Viktoria, Prinzessin von Großbritannien, Gemahlin von Friedrich Wilhelm, Prinz von Preußen 465 f., 472
Vincke, Georg, Freiherr von, Politiker 234, 237
Virchow, Rudolf, Mediziner 459, 467
Voltaire, François Marie Arouet, frz. Dichter und Philosoph 378
Voß, August Ernst, Graf, Gesandter 368
Voß, Marie Luise, Gräfin von, Gemahlin von J. M. von Radowitz 324
Voß, Otto Carl Friedrich von, Minister 216
Voß, Sophie, Gräfin von, Oberhofmeisterin 15, 25, 34
Voß-Buch, Carl, Graf von, Adjutant 117, 120, 216
Voß-Buch, Karl Otto Friedrich, Graf von, Konsistorialpräsident 462

Wagner, Richard, Komponist 327
Waldeck, Benedikt Franz, Geh. Obertribunalsrat und Politiker 247, 265
Waldersee, Friedrich, Graf von, General und Kriegsminister 449
Weber, Albrecht, Indologe und Orientalist 372
Weiß, Leibarzt 454
Weitsch, Friedrich Georg, Maler 17
Werder, August, Graf von, General 448

Werner, Josef, Freiherr von, österr. Politiker 227
Westphalen, Ferdinand von, Innenminister 437, 464, 466 f.
Wilhelm, Kurfürst von Hessen-Kassel 335, 338
Wilhelm, Prinz von Preußen 19, 68, 154, 292
Wilhelm I., Prinz von Preußen, König von Preußen, Dt. Kaiser 24, 41, 44, 49, 52, 55, 65, 69, 85 ff., 90 ff., 110, 117 f., 152, 159, 222, 224 ff., 230, 243, 252, 267, 280 ff., 288 f., 291, 303, 308, 321, 323, 331, 336, 339, 357, 393, 397, 400 ff., 405 f., 419 f., 422, 425, 428, 431, 435, 439, 444, 446 ff., 452, 454, 457, 460 ff., 472 f., 482, 484
Wilhelm I., König von Württemberg 333
Wilhelm II. (von Nassau-Oranien), König der Niederlande 85
Wilhelmine, Prinzessin von Preußen, Gemahlin von Wilhelm I., König der Niederlande 111
Wilhelmine Sophie Friederike, Prinzessin von Preußen, Gemahlin von Friedrich, Markgraf von Bayreuth 250
Willisen, Wilhelm von, General 335, 406
Winckelmann, Johann Joachim, Archäologe 208, 359, 360
Windischgrätz, Alfred, Fürst von, österr. Feldmarschall 261
Witte, Carl, Jurist und Danteforscher 469

Wittgenstein, Wilhelm Ludwig Georg, Fürst von Sayn-Wittgenstein, Staatsmann 41, 48, 92, 103 f., 107, 111 f., 114 f., 117 ff., 213 f., 216, 227
Witzleben, Karl Ernst Job Wilhelm von, General und Kriegsminister 106, 111
Wolf, Ulrich Ludwig Heinrich, Zeichner und Kupferstecher 63
Wrangel, Friedrich, Graf von, Generalfeldmarschall 258, 262, 270, 302, 304 f., 308, 400, 434, 436
Wrede, Karl Philip, Fürst von, Feldmarschall 73
Wussow, von, General 448
Wylich und Lottum, Karl Friedrich Heinrich, Graf von, General und Minister 111

Yorck von Wartenburg, Hans (Johann) David Ludwig, Graf, Generalfeldmarschall 51, 62, 252, 255, 407
Yorck von Wartenburg, Ludwig, Graf, schlesischer Magnat und Abgeordneter 235, 371

Zastrow, Friedrich Wilhelm Christian von, General und Diplomat 72 f.
Zelter, Karl Friedrich, Komponist 26, 355
Zippel, Heinrich, Maler 63
Zwirner, Ernst Friedrich, Baumeister 191 f.

Abbildungsnachweis

Aus dem Archiv für Kunst und Geschichte stammen die Abbildungen auf den Seiten 16, 33 unten, 37, 39, 63 unten, 71, 95 oben, 123 unten, 192, 250, 251, 268, 283 unten, 341, 349, 350, 381 oben, 383, 391, 399, 455, 473.
Dem Bildarchiv Preußischer Kulturbesitz verdanken wir die Abbildungen auf den Seiten 47, 83, 89 oben, 137, 204, 205, 223, 230 unten, 231, 233, 257, 269, 290, 291, 343, 347, 351, 362, 363, 364, 365, 381 unten, 398, 471 unten.
Die restlichen Abbildungen stammen aus Privatbesitz.

Hohenzollernkönige und -kaiser

Friedrich II.
1712–1786
1740 König

Friedrich Wilhelm II.
1744–1797
1786 König

Friedrich Wilhelm III.	*Ludwig*	*Wilhelmine*	*Auguste*
1770–1840	1773–1796	1774–1837	1780–1841
1797 König	⚭ Friederike v.	⚭ Wilhelm I.	⚭ Wilhelm II.
⚭ Luise v.	Mecklenburg-	König	Kurfürst v.
Mecklenburg-Strelitz,	Strelitz	d. Niederlande	Hessen
1776–1810			

Friedrich Wilhelm IV.	Wilhelm I.	*Charlotte*	*Karl*
1795–1861	1797–1888	1798–1860	1801–1883
1840 König	1857 Stellv. d. Königs	1825 Zarin	⚭ 1827 Maria v.
⚭ 1823 Elisabeth v. Bayern	1858 Prinzregent	(Alexandra Feodorowna)	Sachsen-Weimar
1801–1873	1861 König, 1871 Kaiser	⚭ 1817 Großfürst Nikolaus	1808–1877
	⚭ 1829 Augusta v.	1825–1855 Zar	
	Sachsen-Weimar		
	1811–1890		

Friedrich III.	*Luise*	*Alexander II.*	*Friedrich Karl*
1831–1888	1838–1923	1855–1881 Zar	1828–1885
9. März–15. Juni 1888	⚭ 1856 Friedrich I.		Generalfeld-
König und Kaiser	Großherzog v.		marschall
⚭ 1858 Viktoria v.	Baden		
Großbritannien	1826–1907		
1840–1901			

Wilhelm II.	*Heinrich*	*Alexander III.*	
1859–1941	1862–1929	1881–1894 Zar	
1888–1918 König und Kaiser	Großadmiral		
1. ⚭ Augusta Victoria			
v. Holstein-Augusten-			
burg † 1921			
2. ⚭ Hermine, seit 1922			
(Prinzessin Reuß ä. L.)			
† 1947			

Friedrich I.
1688 Kurfürst Fr. III, 1701–1713 König

Friedrich Wilhelm I.
1713–1740 König

August Wilhelm
1722–1758

Ferdinand
1730–1813

Wilhelmine
1751–1820
⚭ Wilhelm V.,
Erbstatthalter
der Niederlande

Luise
1770–1836
⚭ 1796 Anton
Fürst Radziwill

Louis Ferdinand
1772–1806
Generalleutnant

August
1779–1843
Chef der
preuß.
Artillerie

Heinrich
1781–1846

Wilhelm
1783–1851
⚭ Marianne v.
Hessen-Homburg

Elisa
1803–1834

Alexandrine
1803–1892
⚭ 1822 Paul Friedrich
Großherzog v.
Mecklenburg-
Schwerin
1800–1842

Luise
1808–1870
⚭ 1825
Friedrich der
Niederlande

Albrecht
1809–1872
⚭ 1830
Marianne der
Niederlande
gesch. 1849

Friedrich
1794–1863
⚭ Luise v. Anhalt-
Bernburg

Friedrich Franz II.
1823–1883
Großherzog v.
Mecklenburg-Schwerin

Albrecht
1837–1906
Regent des Herzogtums
Braunschweig 1885–1906

Helmut Schmidt

Die Deutschen und ihre Nachbarn

Siedler

Der zweite Band des Lebensberichts von Helmut Schmidt, der ausschließlich den Deutschen und ihren Nachbarn gewidmet ist, hat auf eine frappierende Weise Aktualität gewonnen. Denn im Mittelpunkt dieses Bandes stehen jene europäischen Regionen, die heute fast täglich die Schlagzeilen füllen. Im Vordergrund natürlich das andere Deutschland, wo Helmut Schmidt in der Auseinandersetzung mit Erich Honecker das Beste für die Deutschen diesseits und jenseits der Grenze herauszuholen suchte. Dann die Ungarn und die Polen, zu denen Helmut Schmidt während seiner Kanzlerschaft besonders enge Beziehungen pflegte, weil er diesen Nachbarn die Sorge vor einem wiedererstarkten Deutschland nehmen wollte.

Im Westen legte Helmut Schmidt vor allem Wert auf ein enges und harmonisches Verhältnis zu Frankreich. Denn die Erfahrungen der politischen Wirklichkeit lehrten ihn, daß Paris der eigentliche Partner für Bonn sei.

Schmidt gibt in diesem zweiten Band seines Rückblicks wieder jene Mischung von persönlichen Erfahrungen und sachlichen Einsichten, die schon der Titel des ersten Bandes zum Ausdruck brachte – Menschen und Mächte. Man kann diesen Band mit Recht das »Dokument eines deutschen Europäers« nennen.

592 Seiten mit Abbildungen, Leinen

Siedler Verlag